KB181377

Military History of Korea

한국군사사 7

조선후기 I

기획 · 주간

육군본부

"역사를 깨닫지 못하는 자에게
비극의 역사는 필연적으로 되풀이 된다"

인류의 역사에서 전쟁은 한 국가의 명운을 좌우해 왔습니다. 그렇기 때문에 모든 나라들은 전쟁을 대비하는 데 전 국가역량을 집중해 왔습니다. 한 나라의 역사를 이해하기 위해 군사사 분야의 체계적인 연구가 필요한 이유가 여기에 있습니다.

육군에서는 이러한 군사사 연구의 중요성을 인식하고 1960년대부터 지금까지 '한국고전사', '한국의병사', '한국군제사', '한국고대무기체계' 등을 편찬하였습니다. 이는 우리의 군사사 연구 기반 조성에 큰 도움을 주었지만, 단편적인 연구에 국한된 아쉬움이 늘 남아 있었습니다.

이에 육군은 그간의 연구 성과를 바탕으로 군사사 분야를 보다 체계적으로 연구·집대성한 '한국군사사(韓國軍事史)'를 발간하였습니다. 본서는 2008년부터 3년 6개월 동안 비록 짧은 기간이지만, 많은 학계 전문가들이 참여하여 군사, 정치, 외교 등 폭넓은 분야에 걸쳐 역사적 사실을 새롭게 재조명하였습니다. 특히 고대로부터 근·현대에 이르기까지 전쟁사, 군사제도, 강역, 군사사상, 통신, 무기, 성곽 등 군사사 전반이 망라되어 있습니다.

발간사

"역사를 깨닫지 못하는 자에게 비극의 역사는 필연적으로 되풀이 된다"라는 말이 있습니다. 미래에 대한 변화와 발전도 과거에 대한 깊은 이해와 성찰을 통해서 이루어 질 수 있습니다. 이러한 의미에서 우리나라 최초로 군사사 분야를 집대성한 '한국군사사'가 군과 학계 연구를 촉진시키는 기폭제가 되고, 군사사 발전을 위한 길잡이가 되길 기대합니다.

그동안 어려운 여건속에서도 연구의 성취와 집필을 위해 열과 성을 다해 준 집필진과 관계관 여러분의 노고를 치하합니다.

2012년 10월

육군참모총장 대장 김상기

일러두기

1. 이 책의 집필 원칙은 국난극복사, 민족주의적 서술에서 벗어나 국가와 민족의 생존의 역사로서 군사사(전쟁을 포함한 군사 관련 모든 영역의 역사)를 객관적으로 서술하는데 있다.
2. 한글 맞춤법과 표준어 등은 국립국어원이 정한 어문규정을 따르되, 일부 사항은 학계의 관례를 따랐다.
3. 이 책의 목차는 다음의 순서로 구분, 표기했다.
   : 제1장 - 제1절 - 1. - 1) - (1)
4. 이 책에서 사용한 전쟁 명칭은 다음과 같은 원칙에 따라서 표기했다.
   (1) '전쟁'의 명칭은 다음 기준에 부합되는 경우에 사용했다.
      ① 국가 대 국가 간의 무력 충돌에만 부여한다.
      ② 일정 규모 이상의 대규모 군사활동에만 부여한다.
      ③ 무력충돌 외에 외교활동이 수반되었는지를 함께 고려한다. 외교활동이 수반되지 않은 경우는 군사충돌의 상대편을 국가체로 볼 수 있는지를 검토한다.
   (2) 세계적 보편성, 여러 나라가 공유할 수 있는 명칭 등을 고려하여 전쟁 명칭은 국명 조합방식을 기본적으로 채택했다.
   (3) 국명이 변경된 나라의 경우, 전쟁 당시의 국명을 사용하는 것을 원칙으로 했다.
      (예) 고려-요 전쟁　조선-후금 전쟁
   (4) 동일한 주체가 여러 차례 전쟁을 한 경우는 차수를 부여했다.
      (예) 제1차~제7차 고려-몽골 전쟁
   (5) 일반적으로 널리 알려진 전쟁 명칭은 ( ) 안에 일반적인 명칭을 병기했다.
      (예) 제1차 조선-일본 전쟁(임진왜란)　조선-청 전쟁(병자호란)
5. 연대 표기는 다음과 같은 원칙에 따라서 표기했다.
   (1) 주요 전쟁·전투·역사적 사건과 본문 서술에 일자가 드러난 경우는 서기력(양력)과 음력을 병기했다.
      ① 전근대 : '음력(양력)' 형식으로 병기하는 것을 원칙으로 했다.
      ② 근·현대: 정부 차원의 양력 사용 공식 일자를 기준으로 구분하여, 1895년까지는 '음력(양력)' 형식으로, 1896년 이후는 양력(음력) 형식으로 병기했다.
   (2) 병기한 연대는 ( ) 안에 양력, 음력 여부를 (양), (음)으로 표기했다.
      (예) 1555년(명종 10) 5월 11일(양 5월 30일)
   (3) 「연도」, 「연도 월」처럼 일자가 드러나지 않은 경우는 음력(1895년까지) 혹은 양력(1896년 이후)으로만 단독 표기했다.
   (4) 연도 표기는 '서기력(왕력)' 형태를 기본으로 하되, 필자가 필요하다고 판단한 경우에는 왕력(서기력) 형태의 표기도 허용했다.
6. 외국 인명은 다음과 같은 원칙에 따라서 표기했다.
   (1) 외국 인명은 최대한 원어 발음을 기준으로 표기하는 것을 원칙으로 했다. 단, 적절한 원어 발음으로 표기하지 못한 경우에는 한자음으로 표기했다.

(2) 전근대의 외국 인명은 다음과 같은 원칙에 따라서 표기했다.

① 중국을 제외한 여타 외국 인명은 원어 발음을 기준으로 표기하고 한자를 병기했다.

(예) 누르하치[努爾哈赤] 도요토미 히데요시[豊臣秀吉]

② 중국 인명은 학계의 관행에 따라서 한자음으로 표기했다.

(예) 명나라 장수 척계광戚繼光

(3) 근·현대의 외국 인명은 중국 인명을 포함하여 모든 인명을 원어 발음 기준으로 표기하는 것을 원칙으로 했다.

(예) 위안스카이[袁世凱] 쑨원[孫文]

7. 지명은 다음과 같은 원칙에 따라서 표기했다.

(1) 옛 지명과 현재의 지명이 다른 경우에는 '옛 지명(현재의 지명)' 형식으로 표기했다. 외국 지명도 이 원칙에 따라서 표기했다.

(2) 현재 외국 영토에 있는 지명은 가능한 원어 발음으로 표기했다.

(예) 대마도 정벌 → 쓰시마 정벌

(3) 전근대의 외국 지명은 '한자음(현재의 지명)' 형식으로 표기했다.

(예) 대도大都(현재의 베이징[北京])

(4) 근·현대의 외국 지명은 원어 발음으로 표기하는 것을 원칙으로 하되, 학계에서 일반화되어 고유명사처럼 쓰이는 경우에는 한자음으로 표기했다.

(예) 상하이[上海] 상해임시정부上海臨時政府

본문에 사용된 지도와 사진

- 본문에 사용된 지도는 한국미래문제연구원(김준교 중앙대 교수)에서 제작한 것을 기본으로 하여 필자의 의견을 반영해서 재 작성했습니다.
- 사진은 필자와 한국미래문제연구원에서 제공한 것을 1차로 사용했으며, 추가로 장득진 선생이 많은 사진을 제공했습니다. 필자와 한국미래문제연구원, 장득진 제공사진은 ⓒ표시를 하지 않았습니다.
- 이 외에 개인작가와 경기도박물관, 경희대박물관, 고려대박물관, 국립중앙박물관, 국사편찬위원회, 규장각한국학연구원, 독립기념관, 문화재청, 서울대박물관, 연세대박물관, 영집궁시박물관, 육군박물관, 이화여대박물관, 전쟁기념관, 한국학중앙연구원, 해군사관학교박물관, 화성박물관 외 여러 기관에서 소장자료를 제공했습니다. 이 경우 개인은 ⓒ표시, 소장기관은 기관명을 표시했습니다. 사진을 제공해 주신 분들께 감사드립니다.
- 이 책에 실린 사진 중에서 소장처를 파악하지 못해 사용허가를 받지 못한 사진이 있습니다. 이 사진에 대해서는 저작권자가 확인되는 대로 게재 허락을 받고 통상의 기준에 따라 사용허가 및 사용료를 지불하도록 하겠습니다.

목 차

第3장 조선-청 전쟁(정묘·병자호란)과 군사제도의 정비

第4장 북벌론과 군사력 강화

제1장

동아시아 군사적 상황의 변화

제1절

16세기 동아시아 국제 질서의 변화

15세기에 정립되었던 명 중심의 동아시아 국제질서는 16세기에 들어서면서 점차 도전을 받기 시작하였다. 이는 동아시아 각국에서 나타난 경제적 변화에서 그 단초가 나타나기 시작하였다. 16세기 명, 일본, 조선에서의 농촌사회에 근거한 전국적인 농촌시장의 형성과 발달, 그리고 국제무역의 성행으로 대표되는 상품 유통의 획기적인 발전이 그것이다. 15세기 후반 명은 대규모 은광 개발을 통해 은이 기준 화폐의 역할을 하게 되었다. 또한 은으로 세금을 거두어들이는 지정은제地丁銀制를 시행함에 따라 은 수요가 더욱 증대하였다. 이는 상공업 발달에 새로운 전기를 마련하여 중국의 특산물인 비단, 도자기, 면포 등의 생산에 발전이 이루어졌다. 이러한 상품들은 은을 매개로 아시아지역뿐만 아니라 유럽 상인을 통해 유럽에까지 보급되었다. 15세기 후반 이래의 중국 경제의 이러한 변화는 동아시아 국제무역관계에도 큰 변화를 가져와 사무역이 성행하여 기존의 조공무역 중심의 교역체계를 교란시키게 된다.[1] 이러한 동아시아 국제무역의 발달은 각국의 농업생산력의 발달에 기인한 것이었다.

동아시아 3국은 12~14세기 사이에 농업기술사적으로 휴한법休閑法이 극복되고 연작상경농법連作常耕農法으로 전환되어 농업생산력이 급격히 증가하였다. 이는 시비施肥 기술의 발달에 따른 것으로 단위 면적당 생산력을 크게 증대시켰다. 동아시아 지

1 이태진, 「國際貿易의 성행」『한국사시민강좌 9』, 일조각, 1991, 68~70쪽.

역의 농촌시장의 발달은 이러한 성과를 토대로 한 것이었다. 동아시아 지역의 상업 발달은 거의 동시에 발생하였는데 이는 동아시아 국제무역을 통해 점차 3국이 서로 발전을 촉진시키는 계기로 작동하였다. 동아시아 상품유통 발달은 국제무역의 활성화와 함께 각국 화폐경제의 성숙을 함께 가져왔다.[2] 이러한 변화는 15세기에 정립된 동아시아 국제질서의 안정성을 급속히 무너뜨리는 기본적인 배경이 되었다.

농업생산력 증가와 농촌시장의 발달을 바탕으로, 16세기 중반에 들어서면서 안정적이었던 동아시아의 기존 국제질서를 근본적으로 무너뜨린 두 요소가 출현하게 된다. 하나는 은銀 사용의 확대이며 다른 하나는 동아시아 해상 교역의 급격한 활성화를 들 수 있다. 15세기 중반 명나라는 북방의 군사비를 조달하기 위해 전국에서 은을 징수하는 지정은제地丁銀制를 시행하였다. 이로써 은의 사용이 확대되기 시작하였고 15세기 후반 이후 본격적으로 활성화되는 동아시아 대외 교역에서 주요한 결제 수단으로서 은은 다른 결제 수단에 비해 절대적인 비중을 차지하기 되었다. 이는 16세기 조선과 일본에서 활발해지는 은광 개발과 은 생산의 확대로 나타났다.

1503년경 연괴鉛塊로부터 은을 분리하여 제련하는 연은분리법이 개발되어 원래 연鉛 산지였던 단천이 유명한 은 산지가 되는 등 조선의 은 생산량은 급격히 증대하였다. 이 새 기술은 곧 일본에 전해져 1530년대부터 일본에 이와미 은산銀山 등 대규모 은광이 개발되었다. 이 일본산 은은 조선을 매개로 하여 명-조선-일본을 연결하던 당시의 동아시아 국제무역을 통해 1538년경부터 조선에 유입되기 시작하였다.[3] 16세기 전반기 동아시아 삼국은 중국의 비단과 면포 및 도자기, 조선의 곡물과 면포 및 은, 일본의 구리 및 은 등의 상품을 중심으로 상호교역체제를 발전시켰다. 여기서 은은 매우 중요한 교역 상품이자 결제 수단으로 역할을 하였다.

1540년대가 되자 명나라 북방 몽골족의 위협이 고조되었다. 몽골의 새로운 지도자로 등장한 알탄 칸Altan Khan이 원조元朝의 계승자를 자처하며 명나라의 변경을 공격하였다. 그는 1542년 명나라 군에 큰 타격을 주고 옛 몽골의 수도였던 카라코룸을 탈

---

2 이태진, 「16세기 동아시아의 역사적 상황과 문화」『한국사회사연구』, 지식산업사, 1986, 308~309쪽.

3 이태진, 「16세기 한국사의 이해 방향」『한국사회사연구』, 지식산업사, 1986, 294~296쪽.

환하였다. 1550년에는 북경을 위협하여 이른바 경술지변庚戌之變을 초래하였다.[4] 명은 북방의 위협에 대비하기 위해 많은 군대를 주둔시킴에 따라 많은 은이 북방으로 흘러갔고 명나라 국내에서는 은 품귀현상마저 나타났다. 1540년대부터 명나라의 생사生絲와 교환되어 중국으로 유입되기 시작한 일본의 은은 중국 내의 은 소요 급증에 따라 급속히 확대되었다. 은의 수요가 상승하면 위험을 무릅쓰고 명 조정의 해금정책을 피해 사적인 밀무역에 나서는 자들의 이익도 증가하게 된다. 이른바 왜구의 존재가 그것으로, 1550년을 전후하여 나타난 명나라의 북로남왜北虜南倭의 위기는 이러한 상황의 한 반영이었다. 1560년을 전후하여 왜구 제압에 성공하자 명나라는 유화정책으로 전환하여 1567년 경에는 해금을 완화해 민간의 해상무역을 허락하는 정책 전환을 단행하였다. 그리고 1571년에는 몽골의 알탄 칸과 명 사이에 화의가 맺어져 북방의 군사적 긴장도 완화되었다. 1570년 전후의 긴장완화로 중국으로 흘러들어가는 일본 은의 양은 급속히 증대되었다.[5]

1545년경 발견된 페루의 안데스 지역에서 발견된 대규모 은 광산인 포토시 은광의 개발과 수은을 이용하여 은 함량이 비교적 낮은 광석에서도 은을 뽑아내는 새로운 기술 혁신으로 인해 신대륙의 은 생산은 1540년대 연 8만 5천kg 수준에서 1580년대에는 28만kg 수준까지 급증하였다.[6] 대량생산된 신대륙의 은은 1571년 멕시코와 필리핀의 항로가 개설되자 필리핀을 거쳐 대량으로 중국에 유입되기 시작하였다. 아울러 일본의 은도 대량으로 중국에 유입되었는데, 16세기 후반 중국으로 유입된 은의 총량은 2,300톤이었고 그 중 일본의 은은 1,300톤으로 막대한 양이었다. 일본은 멕시코에 이어 세계 2위의 은 수출국이며 생산국이었다. 따라서 일본은 동아시아 교역을 통해 막대한 이익을 창출할 수 있었다.

기존의 동아시아 국제질서에 더하여 대항해시대의 여파가 이 지역에 미치기 시작하였다. 1498년 포르투갈인 바스코 다 가마가 인도에 도착하였고 이어 1511년에는 포르투갈인들이 말래카를 점령하였다. 2년 뒤에는 중국의 광저우[廣州]에 도착하

4 룩 콴텐, 『유목민족제국사』(송기중 역), 민음사, 1984, 422~423쪽.
5 岸本美緒·宮島博史, 『明清と李朝の時代』, 中央公論社, 1998, 161~164쪽.
6 주경철, 『대항해시대 -해상팽창과 근대 세계의 형성』, 서울대학교출판부, 2008, 249쪽.

여 교역을 요구하였고 1543년에는 일본 규슈 남쪽의 타네가시마[種子島]에도 표류하였다. 1557년 포르투갈은 명으로부터 마카오를 얻어 이를 거점으로 무역에 종사하였다. 한편 마젤란이 이끄는 스페인 선단은 태평양을 횡단하여 1521년 필리핀에 도착하여 멕시코와 필리핀을 잇는 태평양 항로를 개척하는 계기를 마련하였다.[7] 일본의 은 유입과 함께 포르투갈과 스페인 상인을 매개로 남미의 은이 중국에 대량으로 유입되면서 중국은 완전히 은본위제 경제체제가 확립되었고 도시경제의 활성화를 이루는 등 큰 변화가 나타났다. 그리고 군량매수 등으로 북방에 운송된 은과 몽골과의 화친 조건으로 인정된 국경교역은 후방의 보급기지가 된 요동에 군수경기라고 할 만한 경제활성화를 가져왔다.

뿐만 아니라 인삼과 모피 교역에 종사한 여진족 중 건주여진의 발흥에 이바지하였다. 일본의 경우에도 해외 및 국내 교역을 통한 경제력을 바탕으로 전국 다이묘[大名]들은 막대한 이익을 얻게 되었을 뿐만 아니라 유력한 다이묘에 의한 일본의 재통일 시도가 나타나게 되었다.[8] 전국의 항쟁 속에서 각 다이묘들은 이에 필요한 대규모 군사력 유지에 필요한 재원 마련을 위해 상공업을 적극적으로 장려하게 되었다. 일본 전국통일의 주역인 오다 노부나가나 그 후계자 도요토미 히데요시 등이 모두 국내 상권과 국제무역을 정치적으로 매우 중요시한 것은 이러한 상황의 반영이라고 할 수 있다. 그리고 이전에 자신의 주군의 요구에 응하여 전투하던 토착성 강한 무사집단이 조직적인 보급을 받아 장기간 원격지에서 싸울 수 있는 전투 집단으로 변모하는 등 변화가 적지 않았다.[9] 이에 더하여 대항해시대의 여파로 일본에 신식 화승총인 조총이 전래되는 등 일본의 군사력 증강은 두드러졌다.

명나라의 은 사용 확대와 대규모 은의 중국 유입, 왜구로 대표되는 밀무역 상인의 활동과 유럽인의 동아시아 진출에 따른 동아시아 해상 교역의 급속한 확대 등으로 인

---

7 한명기, 「임진왜란과 동아시아 질서」 『임진왜란과 한일관계』, 경인문화사, 2005, 112쪽.

8 실제 동남아시아에서도 비슷한 시기인 16~17세기 국제교역의 확대에 따라 강력한 왕권을 가진 국가가 곳곳에 형성되었다. 예를 들어 타이의 아유타야 왕조, 자바의 마타람 왕조, 수마트라의 아체 왕국, 베트남의 레 왕조 등이 대표적인 사례이다. 즉 동남아시아의 국가 형성의 시대라고 할 수 있다.

9 須川英德, 「동아시아 해역 국제경제 질서와 임진왜란」 『류성룡의 학술과 경륜』, 태학사, 2008, 342~343쪽.

해 15세기 이래 책봉-조공체제에 따라 안정적이었던 동아시아 국제질서의 변동은 불가피해졌다. 특히 은의 대규모 유입과 교역의 발달에 따라 이의 진입 지역인 명나라 외곽 지역의 경제적 성장과 정치권력의 출현은 주목할 만한 것이었다. 대표적인 지역이 명의 연해 지역과 요동 지역이라고 할 수 있다.

요동 지역은 10세기 이후 요, 금 등이 흥기하는 등 동아시아 지역의 중심지 역할을 하였으나 15세기 이후 명나라의 외곽 지역으로 편입되었다. 그러나 이 지역 전체에 대한 명나라의 통제력은 완전하지 못한 상태였다. 16세기 중반 북로남왜의 위기 속에서 요동에 대한 명나라의 통제력은 상당히 약화되었고 북방 방위를 위해 파견된 무인들은 독자적인 군벌로 성장할 가능성이 적지 않았다. 가장 대표적인 요동 지역의 군벌로는 요동총병관인 이성량을 들 수 있다. 그는 요동 방위를 위해 중앙에서 내려진 막대한 경상 군비[10] 이외에도 마시馬市를 통한 말 무역, 그리고 당시 요동의 최대 상품인 담비의 모피와 인삼의 교역에 참여하여 많은 상업적 이익을 확보하여 세력을 떨쳤다. 담비 모피와 인삼의 채취와 교역에는 여진 상인들이 참여하였을 뿐 아니라 여진 부족을 통해 모아온 인삼은 부족의 수장들에게 공납되어 그 권력의 기반이 되었다.[11]

요동 지역에 대한 명의 장악력이 약화되는 것과는 상대적으로 이 지역의 서북부와 동부에 분포한 몽골과 여진의 여러 부족은 세력을 키워나갔을 뿐 아니라 이를 바탕으로 서로 각축하는 무질서한 힘의 공백 상태가 이 지역에 전개되었다.[12] 16세기 후반인 1580년대 두만강 하구 일대에서 여진 추장 니탕개에 의한 일련의 반란은 그 여파가 조선 국경에까지 미친 것이라고 할 수 있다. 이러한 상황에서 마치 삼투압처럼 외부의 힘을 끌어들이게 된다. 이는 만주 지역이 가지는 경제적 보고라는 성격과 함께 동북아시아 여러 지역의 교통상의 요지라는 속성에 기인한 것으로, 이 일대에 유력한 세력이 등장할 경우에는 급속히 이를 중심으로 세력이 확대될 가능성이 매우 높은 상황이었다. 건주여진의 누르하치 세력의 등장과 이후 후금, 청 건국으로 이어지는 급

---

10 북로남왜의 위기가 본격화되기 전인 1480~1520년대 명나라의 군사비 지출은 매년 43만냥이었으나 몽골의 알탄 칸의 위협이 계속되던 1567~1572년에는 230만냥으로 5배 이상 폭발적으로 증가하였다(토마스 바필드, 『위태로운 변경』(윤영인 譯), 동북아역사재단, 2009, 508쪽).

11 岸本美緒·宮島博史, 앞의 책, 1998, 208~210쪽.

12 김한규, 「임진왜란의 국제적 환경」『임진왜란, 동아시아 삼국전쟁』, 휴머니스트, 2007, 295쪽.

속한 발전은 16세기 후반기 국제 상황의 반영이라고 할 수 있다.

요동 지역과 함께 16세기 중반 명나라 연해 지역도 명 조정의 통제력이 충분히 확보되지 못한 지역이었다. 이는 명 초기부터 시행된 해안 지역 봉쇄 정책인 해금海禁 정책이 16세기 활발히 전개되는 동아시아 교역 양상과 조응하지 못해 일어난 현상이었다. 16세기부터 은을 매개로 하여 동아시아 각 지역의 교역이 활발히 이루어지고 있었음에도 불구하고 명은 교역의 독점을 위해 책봉-조공관계를 맺은 주변국과의 조공무역을 제외하고 민간인들이 사사로이 교역에 참여하는 것을 해금정책을 통해 금지하였다.[13] 이러한 양상은 점증하는 무역욕구와 충돌하면서 파열음을 내게 되었다. 16세기 전반기인 1510년(중종 5)의 삼포왜란, 1511년 포르투갈의 말래카 점령, 1523년 영파의 난 등은 책봉과 조공, 감합勘合(명이 무역을 통제하기 위해 발행한 일종의 상륙허가서), 해금海禁 등으로 상징되는 기존의 공적인 동아시아 교역시스템의 붕괴를 가져왔다.[14]

실제 1520년대부터 중국 연해에는 밀무역 거점이 출현하였다. 이광두나 허동 형제 등 유명한 중국인 두목들이 말라카의 포르투갈인이나 일본의 하카다[博多] 상인 등을 끌어들여 이 지역에서 막대한 이익을 얻고 있었다. 이들은 일본의 마쓰무라나 고토[五島]를 근거지로 하여 활동하였다. 당시 고토에는 수백 척의 배가 드나들며 중국의 물자와 일본의 은을 교역하였다. 아울러 일본인 우두머리를 고용하여 무력 기반으로 삼아 일본에서 중국, 태국 지역에 이르는 무역을 하였다. 즉 왜구는 중국 연안의 해적과 향신鄕紳, 일본의 상인과 무장 세력들이 긴밀하게 연결되어 있는 무장 상인세력이라고 할 수 있다.[15]

왜구의 출현은 활발해지는 동아시아 국제교역 상황과 달리 명나라가 폐쇄적 교역정책을 지속한 데 따른 현상이라고 할 수 있다. 16세기 전반기에는 아직 그 군사적인 위협과 선단의 규모에서 두드러지게 나타난 것은 아니었다. 이는 명나라의 대외 교역에 대한 압박이 강하지 않았을 뿐 아니라 일본의 막부도 왜구의 단속을 계속하였던

13 岸本美緒, 『東アジアの「近世」』, 山川出版社, 1998, 10~11쪽.
14 村井章介, 『中世倭人傳』, 1993, 岩波書店.
15 岸本美緒 · 宮島博史, 앞의 책, 1998, 157~161쪽.

것에서 기인한다. 아울러 감합무역 체제가 완전히 붕괴된 것이 아니었다. 그러나 막부가 쇠약해지고 호소카와[細川] 씨氏나 오우치[大內] 씨 등도 무력해지자 1549년 견명선遣明船을 마지막으로 감합 무역은 자연히 소멸하였다. 이 직후부터 명나라에서도 해상 자유무역에 대한 통제를 강화하였으므로 명나라 사람 중에서도 해적이 속출하였다. 그들은 왜구와 결탁하여 1540년부터 1556년에 걸쳐 화중華中과 화남華南의 해안 일대에서 활약하였다.[16]

왜구의 발호는 당시의 해상 교역의 욕구와 관련된 것이지만 동시에 명나라의 해금정책과도 관련이 있다. 명나라는 정화鄭和 함대의 마지막 원정 직후인 1436년 바다로 나갈 수 있는 선박의 건조를 중지하는 칙령을 발표하는 등 적극적인 해상 활동에 무관심해졌다. 이는 이 무렵 북방지역인 몽골 세력의 위협에 적극적으로 대처하기 위한 것이었다.[17] 동시에 왜구의 근심을 근본적으로 제거하기 위한 목적을 가진 것으로 이로 인해 명의 해군력은 급속히 약화되었고, 함께 시행된 사민정책徙民政策으로 연해 지역이 도적의 소굴이 될 가능성이 높아졌다. 연해 지역에 대한 실질적인 지배력이 약화되자 왜구 등 해적에게 근거지를 제공하였을 뿐만 아니라 일본 세력이 중국의 동남 연해 지역으로 진출하도록 유인하게 되었다. 실제 타이완 지역은 일본의 왜구와 중국 해적의 근거지 또는 기항지로서 이용되기에 이르렀다.[18]

이상에서 살펴보듯이 16세기 초반부터 활성화된 동아시아 교역으로 인해 기존의 해금과 조공, 감합 무역으로 대표되는 이 지역의 공식적인 교역 질서가 이완되고 아울러 명나라 외곽 지역에서 무역 등을 통해 부를 축적한 세력들이 새로이 성장하고 있는 상황이었다. 그러나 변화하는 국제상황에 적합한 새로운 교역체계가 마련된 것은 아니었다. 이러한 경제적 이익은 새로이 정비된 사회체제를 통해 합리적으로 분배되는 것이 아니라 기존의 정치세력을 중심으로 독점되거나 아니면 외곽세력이 불법적인 방법으로 그 이익을 취하고자 시도하였다. 왜구나 중국의 외곽 지역 군벌의 존

16 井上 清, 『일본의 역사』(서동만 譯), 이론과실천사, 1989, 132쪽.

17 이춘근, 「중국해군력 발전의 역사적 궤적」 『중국의 해양전략과 동아시아 안보』, 한국해양전략연구소, 2003, 81쪽.

18 김한규, 앞의 논문, 2007, 296~304쪽.

재는 후자의 대표적인 것이었다.

한편, 16세기 조선에서는 척신을 중심으로 한 권세가 및 궁가宮家들이 방납防納, 해택海澤의 언전堰田 개발, 중국과의 무역 등 당시 경제 변동의 주요 주체로 등장하였고 그 권력에 이른바 부상대고富商大賈 등의 사상들이 결탁하고 있었다. 이는 새로이 등장하던 정치세력인 사림파의 비판의 대상이 되었고 사화로 대표되는 격렬한 정치적 갈등이 나타났다.[19] 명나라에서도 만력 초기 장거정張居正의 주도하에 재정의 중앙집권화 정책을 중심으로 한 정치개혁을 단행하여 국가재정을 확립하고자 하였다. 장거정은 당시 몽골과의 강화 및 무역에 종사하던 산서상인山西商人 집안 출신 관료들의 적극적인 지지를 받았으나, 동림당東林黨을 중심으로 한 세력의 반발을 받아 만력 10년(1582) 장거정의 사후 개혁정치는 종식되었다. 이후 명의 관료세력은 다시금 분열하여 파당을 형성하고 당쟁을 전개하였다.[20] 즉 16세기 중반 변화하는 국제교역과 상업발달의 상황에서 이를 두고 여러 정치세력 간의 견해 차이는 적지 않았고 격렬한 정치적 격동으로 표출되기도 하였다.

명과 조선의 정치적 격동은 일본, 요동, 중국 연해 지역 등 동아시아의 주변 지역에서 나타나고 있던 정세 변화에 능동적으로 대처하지 못하게 하였다. 조선-일본 전쟁과 이후 명·청 교체로 대표되는 동아시아 패권교체의 격랑이 이 지역에서 시발된 것은 결코 우연한 것은 아니었다.

19 이태진, 「16세기 한국사의 이해 방향」『한국사회사연구』, 지식산업사, 1986, 298~299쪽.
20 崔晶妍, 「明朝의 統治體制와 政治」『강좌 중국사 Ⅳ』, 지식산업사, 1989, 28~31쪽.

제2절

16세기 동아시아 군사적 상황의 변화

1. 일본의 조총 도입과 전술의 변화

국제교역의 활성화와 서양 세력의 동아시아 지역 출현으로 대표되는 국제정세의 변화가 군사적 갈등으로 전환된 것은 이 지역의 군사적 상황의 변화에 기인할 것이었다. 즉 16세기 중반 이전까지 동아시아 중심 지역인 명과 조선 두 나라만이 독점하고 있던 당시의 전략 무기인 화약무기 제조 능력이 주변 지역으로 이전되기 시작한 것이다. 가장 대표적인 것이 일본에 신형 화승총인 조총鳥銃(혹은 철포) 제작 기술의 전래이다. 조총의 일본 도입은 당시 동아시아 세계에서 군사적 균형을 깨는 출발점이었다.

16세기 중엽 조총 도입 이전까지 일본의 전술은 기본적으로 원거리 무기인 활(궁시) 사격과 창과 장도를 이용한 근접 백병전이 주를 이루었다.[21] 14세기 초반 이전까지 일본의 전투방식은 기본적으로 말을 탄 기사의 대도大刀를 이용한 근접 전투가 중심이었고 보병은 보조적인 존재였다. 그러나 14세기 중반 가마쿠라 시대 말기부터 전투에서 보병의 역할이 커지기 시작하였다. 이는 무기의 변화와도 관련이 있었는데 창槍이 활과 함께 보병의 주요 무기로 정착하였다. 보병전에서 무사들은 먼저 상대에 화살을 쏘아 공격하였으나 이를 통해 치명적 타격을 입히지 못하였으므로 조組를 이

21 조총 도입 이전 일본의 전술에 대해서는 金子常規, 『兵器と戰術の日本史』, 原書房, 1982, 82~91쪽 참조.

루어 백병전을 통해 승부를 결정지었다. 이후 무로마치 시대에 들어서면서 보병이 더 증가하여 활 사격 이후에는 곧바로 창을 든 무사를 주체로 한 백병전이 중시되었다. 그러나 원거리 무기는 활 그대로였으므로 전쟁 양상의 근본적인 변화가 나타난 것은 아니었다. 일본의 전투 방식을 근본적으로 변화시킨 것은 조총의 전래와 보급이었다.[22]

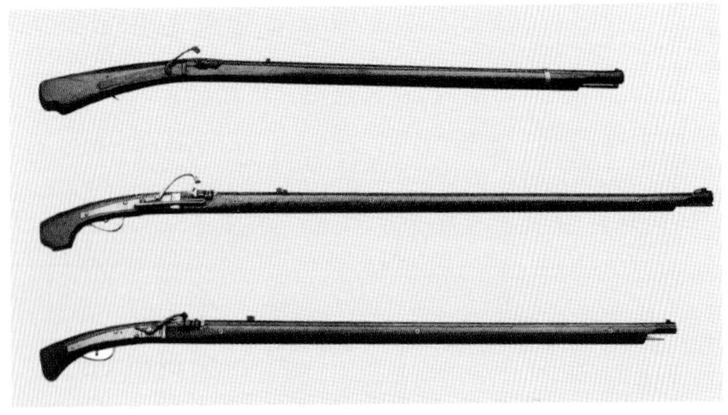
일본의 조총

조총이 일본에 전해진 것은 16세기 중엽 큐슈 남단 타네가시마[種子島]에 표류한 포르투갈인으로부터인 것으로 알려져 있다. 조총이 전투에 사용되던 초기에는 그 수량을 충분히 갖출 수 없어 전투의 승패를 결정짓는 무기는 아니었다. 즉 먼저 활과 조총 사격에 이어 장창을 든 보병(족경足輕) 집단이 돌격하여 적을 궤멸하는 전술이 일반적이었다. 점차 조총의 장비 비중이 증가하면서 전국시대 말기인 16세기 후반에 가면서 조총 보병(철포족경鐵砲足輕)이 전투의 주역으로 변화하고 장창 보병은 방어적, 보조적인 병종으로 그 성격이 변화하기 시작하였다. 이 시기에도 일본의 동국東國을 근거로 한 타케다[武田], 호조北條 군軍 등은 소수 정예를 지향한 기병 주도의 기보騎步 통합 체제를 유지하였다.[23] 그러나 1560년과 1575년 사이에 오다 노부나가가 마방책馬防柵 뒤에서 조총병들이 일제히 연속 사격하여 돌격해온 적의 기병을 전멸시킬 수 있는 조총 전술을 보급함으로써 전쟁 양상은 조총, 장창 등을 중심으로 한, 집단이 중시되는 방식으로 근본적인 변화가 나타났다. 따라서 전쟁에서의 승리를 위해 보다 큰 정치적, 경제적 역량의 집중을 위해 과거 긴급시 필요했던 조그만 산성은 방기되고 요새와 일상 거주지가 결합된 새로운 종류의 대규모 도시가 평지에 세워졌다.[24] 아

---

22 久保田正志, 『日本の軍事革命』, 錦正社, 2008, 120~121쪽.
23 金子常規, 앞의 책, 1982, 116쪽.
24 마크 엘빈, 『중국역사의 발전형태』(이춘식 等譯), 신서원, 1989, 92~93쪽.

울러 구체적 전투 양상의 변화도 함께 나타났다.

먼저 조총 도입 이전 일본의 장병기인 활에 비해 조총은 훨씬 원거리에서 사격하여 정확히 명중시켜 적군을 살상할 수 있었다.[25] 이는 조총이 가진 구조적 특성에 따른 것이었다. 조총은 구경에 비해 총열이 길어 추진력이 강하여 총탄이 곧바로 날아가고 조준기로 인해 명중률이 높고 관통력이 높았다. 따라서 조총으로 인해 야전에서 전투가 격화되면서 사상자 수는 매우 급증하였다. 특히 조총이 보급되던 초기에는 조총에 숙달되어 있지 않거나 인식이 낮아 조총을 제대로 장비하지 못한 적에 대해 조총을 대량으로 사격하여 일방적 승리를 거두는 예도 종종 있었다. 패배를 당하는 측은 병력을 크게 잃게 되면서 회복 불가능한 타격으로 이어져 중소 세력의 도태와 거대 다이묘大名의 출현으로 나타났다.[26] 실제 전국 통일의 주역이었던 오다 노부나가는 사카이堺의 상인을 지배하에 두고 다량의 조총 및 불랑기포를 장비하여 다른 다이묘들을 압도하였다. 다음으로 성곽의 입지에 변화가 나타났다. 앞서 언급하였듯이 대규모 역량의 집중이 필요한 상황과도 일부 관련된 것으로, 조총 도입 이후 공격 측은 조총의 화력을 바탕으로 성의 일곽을 집중적으로 공격해 제압하고 그곳으로 병력과 화력의 우위를 통해 성곽 전체를 단기

오다 노부나가 초상

25 전투용으로 주로 사용되던 구경 15.8mm 내지 18.7mm 조총의 경우 최대 사정거리가 500m 이상에 달하였고 명중 정확도의 경우에도 30m 떨어진 야구공 크기의 표적을 맞힐 수 있는 우수한 성능을 가졌다. 사람 크기의 표적에 대해서는 100m 정도 떨어진 곳에서 정확히 맞출 수 있는 있었다고 한다(洞富雄, 『鐵砲-傳來とその影響』, 思文閣出版, 1991, 79쪽). 이에 비해 일본의 궁시는 유효사정거리가 그 절반에 불과하였다.

26 久保田正志, 앞의 책, 2008, 131~132쪽.

간에 공략할 수 있었다. 조총 도입으로 인해 산성의 방어력 저하가 현저해졌으므로 산성 대신 평지에 물로 둘러싸인 성곽을 축조하고 조총으로 방어하는 양상이 전개되었다.[27]

조총의 일본 도입과 보급으로 인해 일본의 사회체제와 군사상 적지 않은 변화가 나타났을 뿐 아니라 동아시아 국가 간의 전략적 균형도 무너뜨렸다. 조선은 전통적으로 화기와 활 등 전통적인 장병기長兵器를 주무기 삼아 원격전에서부터 적을 제압하는 전술을 주로 구사하였다. 이에 비해 일본은 창검과 같은 단병기短兵器를 주무기로 하여 근접전에 치중하는 전술을 사용하였으므로 조선은 일본에 비해 전술적으로 우세하였다. 이러한 전통적인 전술상의 우열관계는 조선보다 성능이 우수한 개인화기인 조총의 일본 도입으로 깨졌다. 일본의 신무기 소지는 단순히 같은 장병기를 압도하는 데 그치지 않고 일본의 전통적 장기인 단병 전술의 장점을 충분히 발휘하게 하였다. 제1차 조선-일본 전쟁 초기 조선이 패배한 것은 이러한 전술상의 문제와 밀접한 관련이 있다.[28]

2. 명의 왜구 대응전술

조총이 가져온 동아시아 전술상의 파란은 조선만 겪은 것은 아니었다. 명나라도 16세기 중반 왜구 토벌의 과정에서 조총을 처음 접하면서 조총의 위력을 인지하였다. 그러나 16세기 말 제1차 조선-일본 전쟁을 통해 조총의 위력을 겪은 조선과 달리 명나라는 16세기 중반 이미 조총을 입수하고 곧바로 다량의 조총을 제조 장비하였다. 명나라에 조총이 전래된 경로에 대해서는 다소 논란이 있다.[29] 대체로 명나라가 조총을 직접 제조할 수 있게 된 직접적인 계기로는 1548년 밀무역의 거점이었던 닝보寧波

27 久保田正志, 앞의 책, 2008, 86~91쪽.

28 이태진, 「임진왜란에 대한 이해의 몇 가지 문제」『군사』 1, 1980, 148~149쪽.

29 조총의 중국 전래에 대해서는 여러 가지 설이 있는데, 원래 중국에 기원이 있다는 주장, 남이서번(南夷 · 西番: 유럽)에 기원이 있고 그들을 매개로 중국에 전래되었다는 주장, 일본을 경유하여 중국에 전래되었다는 주장 등이 있다(王兆春, 『中國火器史』 軍事科學出版社, 1991, 134~137쪽).

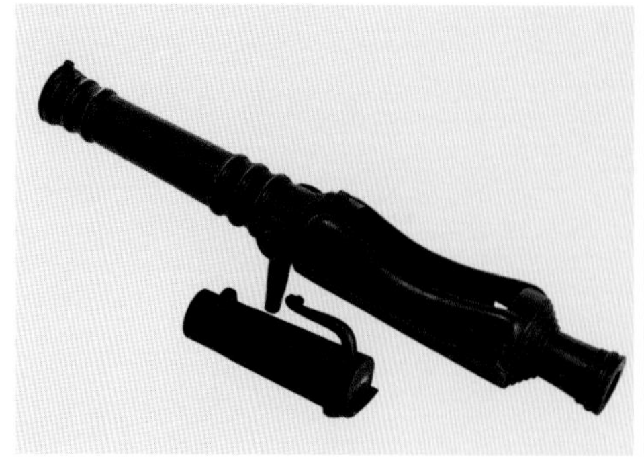
불랑기포(육군박물관)

불랑기 자포(육군박물관)

부근의 쌍서항雙嶼港을 명군이 공격하였을 때 왜구로부터 획득한 조총 및 포로가 된 일본인을 통하여 조총이 전해졌고 이후 명에 퍼진 사례가 가장 유력하다. 소탕 중 조총의 위력을 확인한 명나라는 바로 적극적인 조총 제조에 나서게 되었다고 한다. 조총의 명나라 전래와 관련하여 분명한 것은 16세기 중엽 주로 왜구 등 해외의 여러 세력과 교류가 활발하였던 각 지역에서 비슷한 시기에 여러 루트를 통해 명나라에 전해졌을 가능성이 크다는 것이다.[30]

조총 도입의 영향 이외에 명나라에서는 새로운 서양의 신식 화포인 불랑기도 16세기 전반 도입되어 명군의 전술과 무기체계에 적지 않은 영향을 함께 미쳤다. 불랑기는 포르투갈인을 통해 도입된 서양식 화포로서 몇 가지 측면에서 명나라의 기존 화포에 비해 우수한 성능을 가졌다. 먼저 포의 부리를 통해 화약과 탄환을 장전하는 기존의 전장식前裝式 화포와 달리 화약과 탄환을 장전한 자총子銃을 화포의 뒷부분에 결합하여 사격하는 새로운 체제의 화포였다. 따라서 발사간격이 짧고 화포(모총母銃)의 크기에 따라 사정거리가 길고 위력이 컸다. 다음으로 포신의 벽이 두꺼워 발사 시 그 압력에 견디는 힘이 강하였다. 그 외에도 조준구照準具와 포가砲架가 갖추어져 있어 명중률이 높고 사각射角 조정이 용이하였다.[31] 불랑기는 1522년 광동성 연안에서 명나라군과 전투 후 노획된 포르투갈 선박에서 20여 문이 노획되었다. 이후 명나라 병

30 久芳 崇, 「일본군의 선박과 무기의 과학적 검토」 『임진왜란과 동아시아세계의 변동』, 경인문화사, 2010, 29~231쪽.

31 王兆春, 앞의 책, 1991, 118쪽.

기 공장에서 각종 불랑기가 제조되어 북방 몽골과의 전투에서 많이 활용되었다.[32]

조총이 알려진 지 10년이 지난 1558년에는 명의 화기 제작기관인 병장국에서 1만 정이 제작될 정도로 조총은 빠르게 보급되었다. 신식 화기인 조총이 명군에 급속히 보급된 것은 1550년대 절강성과 복건성의 왜구 토벌에 큰 공을 세운 장수인 척계광戚繼光의 기여가 적지 않다.[33] 그는 불랑기 등 다른 신식 화기와 함께 조총을 왜구 토벌에 적극적으로 활용하였을 뿐 아니라 1570년대에는 북방의 몽골 방위에도 이를 적극 활용하였다.

척계광은 왜구 토벌을 위해 기존의 전술에 조총을 결합하는 차원이 아닌 완전히 새로운 체제의 군대 편성과 전술을 개발하였다. 이른바 절강병법浙江兵法 또는 척법戚法이 그것이다. 이 전술에서는 왜구의 단병 전술에 대응하기 위해 창검을 제압하는 신형 근접전 무기인 낭선, 당파 등을 개발하고 이를 운용하기 위한 군사 편제를 새로이 고안하였다. 그리고 각 대(12명) 마다 방패수 2명을 두고 조총 탄환을 막을 수 있는 솜옷을 개발하는 등 조총에 대응하기 편하도록 하였을 뿐 아니라 습지가 많은 남방 지형에 대응하고자 기병을 전혀 쓰지 않고 보병으로만 편성하는 등 독특한 체제를 갖추었다. 아울러 군사편성 내에 조총병을 편성하고 전통적인 화기인 화전火箭, 신식 화기인 불랑기 등을 활용하여 조총과 장도長刀 등으로 무장한 왜구에 효과적으로 대응할 수 있었다.[34]

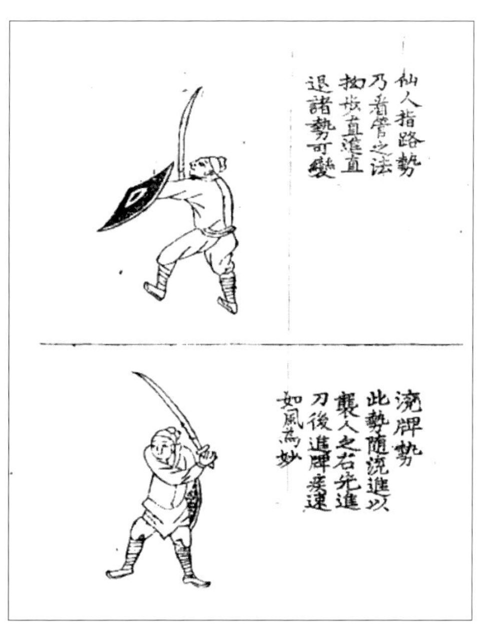

『기효신서』의 등패 조련도

척계광의 새로운 전술은 그의 저서

32 岸本美緖, 앞의 책, 1998, 52쪽.
33 岸本美緖, 앞의 책, 1998, 55쪽.
34 이태진, 앞의 논문, 1980, 150쪽.

인 『기효신서』에 정리되어 있다. 이후 그는 북방 방어에도 이 전술체계를 바탕으로 하되 불랑기를 장착한 전차를 이용한 전술을 고안하여 적지 않은 성과를 거두었고 그 내용은 그의 저서 『연병실기練兵實紀』에 정리되었다. 『연병실기』는 조선-일본 전쟁을 계기로 『기효신서』와 함께 조선에 전해져 조선후기 전술 및 군사제도 변화에 큰 영향을 미쳤다.[35] 16세기 전반기 불랑기와 조총 등 명나라에 도입된 서양의 신형 화기는 명군의 기존 화기 개발에도 영향을 미쳤고 신식 화기는 신기영神機營에 보급되어 중국 역사상 최초의 화기 전문 군제가 확립되는 등 명나라의 군사제도 변화에도 적지 않은 영향을 미쳤다.[36]

조선-일본 전쟁을 계기로 접한 일본의 조총과 포로로 잡은 일본군을 통해 명나라의 화기 제조와 전술에도 다소간의 변화가 나타났다. 조선-일본 전쟁 이전까지 명나라의 조총과 대포는 구리 주조 방식으로 제작되었다. 그러나 구리 주조 화포는 탄환을 5, 6발정도 발사하면 열이 생겨서 파열의 위험이 있었고 이로 인해 명중 정확도와 사거리에 문제점이 생겼다. 이에 비해 일본군의 조총은 단조제鍛造製였으므로 그러한 문제점은 드러나지 않았다. 조선-일본 전쟁을 계기로 일본의 조총을 노획하고 다수의 포로를 확보한 것을 계기로 신식 단조제 조총 제조가 확대되었다.[37] 아울러 일본군의 조총 사격 전술도 영향을 미쳤을 것으로 보인다.[38]

---

35 조선-일본 전쟁(임진왜란) 이후 『기효신서』, 『연병실기』의 조선 도입과 영향에 대해서는 노영구, 「선조대 기효신서의 보급과 진법 논의」 『군사』 34, 1997 참조.

36 백기인, 『中國軍事制度史』, 국방군사연구소, 1998, 227~228쪽.

37 久芳 崇, 「16世紀末, 日本式鐵砲の明朝への傳播-萬曆朝鮮の役から播州楊応龍の亂へ」 『東洋學報』 84-1, 東洋文庫, 2002, 40~41쪽. 명나라에는 이미 단조식 대형 소총인 노밀총이 1554년 명에 온 오스만제국 사절단을 통해 전래되었다. 이 총은 총가가 필요한 대형 소총으로 단철로 제조되어 총신이 견고하여 정확도가 높고 불발이 적어 수성전에 효과적이었다(久芳 崇, 「明末における新式火器の導入と京營」 『東洋史論集』 36, 九州大學文學部東洋史研究會, 2008, 169~173쪽). 따라서 17세기 초 명에서 단철제 조총이 제조된 것은 일본의 조총과 함께 노밀총의 영향이 적지 않은 것으로 보인다.

38 쿠바 다카시[久芳 崇]는 조선-일본 전쟁(임진왜란) 이후 명군에 편입된 일본군 포로를 통해 일본군의 조총을 이용한 전술인 여러 명이 한 조가 되어 조총 등의 화기를 교대로 연속하여 일제히 사격하는 전술이 명나라에 전파되었다고 주장하고 있다(久芳 崇, 앞의 논문, 2010, 236~237쪽). 그러나 『병학지남』 등 『기효신서』의 영향을 받은 조선의 병서에 조총윤방법이 제시된 것을 보면 이에 대해 다소 의문이 있다.

3. 조선의 국방체제 조정과 화기 개발

15세기 중반 이후 안정적으로 유지되던 동아시아 국제정세는 16세기 들어서면서 국제교역의 진전 등에 의해 유동적으로 변하기 시작하였다. 그 여파는 고스란히 조선에도 미쳤다. 15세기 후반에도 남방의 왜인 동태를 걱정하고 약탈에 대한 대비 논의가 나타나기도 하였다. 그러나 그것은 간헐적인 노략질 문제에 대한 대비 차원에 불과하였다. 따라서 조선초기 활발하였던 화포 개발 및 제조는 일시적으로 침체에 빠졌다.[39] 성종 후반기에 들어서면서 북방 여진족의 동향이 다소 소란해져 1491년(성종 22) 2차례 여진 정벌이 있었으나 그 규모와 기간이 그다지 큰 것은 아니었다.[40]

16세기 들어서면서 조선의 대외 상황은 이전과 달리 상당히 심각해졌을 뿐만 아니라 그 위협도 북방이 아닌 남방의 해안 지역으로부터 시작되었다. 이는 앞서 언급한 동아시아 국제교역의 진전과 관련된 것이다. 15세기 초 조선은 부산포, 내이포, 염포 등 세 곳의 포구에 왜관을 설치하고 1443년(세종 25) 체결된 계해약조를 통해 일본의 쓰시마와 제한된 범위의 교역만을 허락하였다. 점차 일본은 조선과의 교역 확대를 추구하였는데, 그중 일본에서 생산되지 않는 면포綿布 획득에 적극적이었다. 일본 상인들은 많은 종류의 물건을 가져와 조선의 면포와 함께 조선인이 중국 사행 무역에서 가져온 각종 비단을 확보하고자 노력하였다. 따라서 15세기 후반인 성종 초반에 이미 이러한 물건을 확보하려는 왜인들이 교역허가 제도의 규칙을 어기거나 무시하였다.[41] 왜관에 거주하는 일본인인 이른바 항거왜인恒居倭人이 1466~1494년의 약 30년 동안 2배로 급격히 증가한 것은 이러한 상황의 반영이었다.[42]

항거왜인의 수가 급증하자 여러 정치, 사회적 문제가 발생하였다. 공무역 등으로 지급되는 면포가 크게 늘어나 국가 재정의 궁핍을 초래하였고 일본 사절에 대한 접대

39 허선도, 『조선시대화약병기사연구』, 일조각, 1994, 136~138쪽.

40 성종 22년의 이마거 및 서북 여진 정벌에 대해서는 『國朝征討錄』 권下 참조.

41 이태진, 「16세기 국제교역의 발달과 서울상업의 성쇠」 『서울상업사』, 태학사, 2000, 83~85쪽.

42 세종초 규정에 의해 60호에 불과하던 항거왜인의 수가 1466년(세조 12) 1,650여호, 1474년(성종 5) 2,176호, 1494년(성종 25) 3,105호로 급증하였다(村井章介, 『中世倭人傳』, 岩波書店, 1993, 85쪽).

비용 증가 등의 문제가 나타났다. 이에 조선이 16세기 초 일본인에 대한 통제책을 강화하자 일본 측의 저항도 강해졌다. 1474~1509년 사이에 왜구의 약탈이 12회나 나타났고 이로 인해 양국인 사이의 충돌도 빈번해졌다. 조선 조정에서 3포의 통제를 더욱 강화하자, 1510년(중종 5) 4월 이에 반발한 제포와 부산포의 항거왜인 4~5천여 명이 쓰시마의 200여 척의 선단의 지원을 받아 대규모 폭동을 일으켰다.[43] 이후에도 왜구의 침범이 간헐적으로 계속되었다. 1523년(중종 18) 5월 왜구가 안면도를 침범하였고, 1544년(중종 39) 4월에는 왜인들이 경상도 사량진에 20여 척으로 침입해 왔다. 특히, 이 시기 왜인들은 군사적으로 매우 공세적이었다. 이는 이들이 화약 무기를 보유하여 군사적으로 자신감을 가진 데서 나타난 현상이었다.[44] 아울러 일본은 명나라의 선박 제조 기술을 배워 이전보다 견고한 선박을 제조하여 기존의 조선의 화포로는 대응하기가 어려워졌다.[45]

왜인들의 동향은 명종대 들어서 더욱 위협적으로 변하였다. 1555년(명종 10) 5월에는 왜선 70여 척이 전라도 해안에 대거 침입한 이른바 을묘왜변이 일어났다. 왜구의 조선 해안 침입은 이후에도 계속되어 1557년(명종 12)과 1559년(명종 14), 충청도와 전라도 및 제주도 일대에 출몰하여 약탈하였다. 중종대 후반부터는 북방의 여진족들도 여러 차례 조선의 북변을 침입하는 등 조선은 남북으로부터 위협을 받았다. 이는 당시 명나라의 북로남왜의 위협과 비슷한 양상이며 동북아시아 전반에 나타난 유동적 국제질서의 한 반영이라고 할 수 있다. 대형 선박에 화약 무기를 갖춘 왜구에 대응하여 조선은 전선에 실을 수 있는 천자총통 등 대형 화포의 주조에 노력하였다.[46] 1565년(명종 20) 삼강군三江郡에서 인간印刊한 것으로 알려진 『총통식銃筒式』은 이의 한 반영이라고 할 수 있다.

천자총통(진주박물관)

---

43 김동철, 「국제교역의 발달과 마찰」『한국사 28』, 국사편찬위원회, 1996, 131~133쪽.
44 허선도, 앞의 책, 1994, 168~169쪽.
45 허선도, 「조선전기 화약병기의 발달과 그 금비책」『동양학』 14, 1984, 490~502쪽.
46 허선도, 앞의 책, 1994, 199~208쪽.

화기로 무장한 일본의 위협이 증대하면서 화포 제작과 함께 새로운 전술의 필요성이 높아졌다. 이는 새로운 병서의 간행 요구로 나타났다. 1526년(중종 21) 7월에 영흥부사永興府使 서후徐厚는 군대에 필요한 규모를 수집해서 만든 『군문요람軍門要覽』 1질과 『손자』의 옛 주석에다 여러 사서史書의 내용을 추가한 『증손손무경주소增損孫武經註疏』, 그리고 장수에게 교훈이 되는 옛 사람의 일을 모아 정리한 『장훈원구將訓元龜』 수십 권을 바쳤다.[47] 그는 이전에 무게 백 근의 강노强弩와 극적궁克敵弓, 편조전鞭條箭 등 새로운 체제의 활(궁시)을 고안하기도 하였고, 벽력포霹靂砲와 같은 신형 화포를 제작하기도 한 인물이었다.[48] 새로운 무기 특히 화포의 제조와 도입에 적극적이었던 서후에 의한 여러 병서의 편찬은 화포가 점차 많이 사용되는 새로운 전쟁 양상의 대두로 인해 이전과 다른 전술의 필요성이 높아진 동아시아 전쟁 상황의 변화를 반영하고 있다. 실제 기존의 전술 체계인 조선전기 『진법陣法』에 나타난 전술 이외의 새로운 전법이 요구되기도 하였다.[49] 기병과 보병을 함께 운용하던 조선 초기의 전법은 이전의 화기를 가지고 있지 못한 여진족과 일본의 공격에는 효과적이었다. 그러나 일본의 화기 보유로 점차 화기가 전투의 주요 변수가 되기 시작하면서 다른 형태의 전술이 필요하였다.

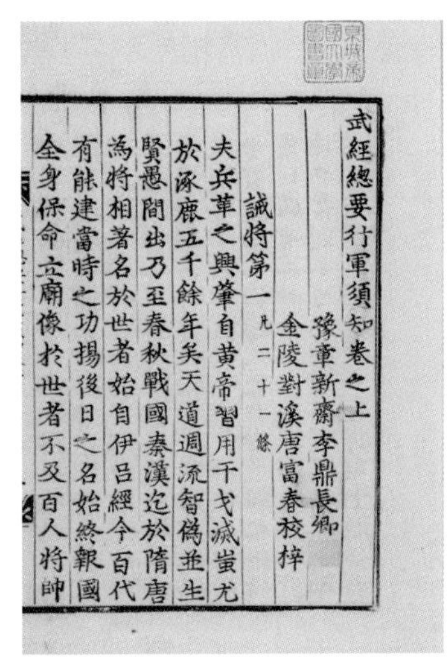
武經總要行軍須知卷之上
豫章新齋李鼎長卿
金陵對溪唐富春校梓
識將第一 凡二十一條
夫兵革之興肇自黃帝習用干戈滅蚩尤於涿鹿五千餘年矣天道週流智偽並生賢愚間出乃至春秋戰國秦漢迄於隋唐爲將相著名於世者始自伊呂經今百代有能建當時之功揚後日之名始終報國全身保命立廟像於世者不及百人將帥

『무경총요』(규장각한국학연구원)

이와 관련하여 이 시기 명나라에서 대형 병서인 『무경총요』가 수입되기도 하였다. 1547년(명종 2) 4월 사신으로 북경에 간 정응두鄭應斗가 이 책을 구입하여 바치니 명종은 곧 이를 인출하게 하였다.[50] 『무경총요』는 북송 시대인 1047년에 증공량曾公亮과 정탁丁度 등이 편찬한 총 40권의 병서로서 선장選將, 훈련, 편성, 진법, 보병과 기

47 『중종실록』 권57, 중종 21년 7월 정유.
48 『중종실록』 권41, 중종 16년 정월 기사.
49 『중종실록』 권81, 중종 31년 4월 계축.
50 『明宗實錄』 권5, 명종 2년 4월 을유.

병의 응용, 수전水戰, 축성 및 성곽전투, 무기와 장비 등 병학 전반에 대해 기술하고 있다. 특히, 이 책은 중국 병서사상 최초로 당시의 화기, 화약의 사용과 제조에 대해서 언급하고 있는 점이 특징이다.[51] 명종대 『무경총요』의 도입과 간행 움직임은 기존의 조선 전술과 활(궁시) 위주의 무기 체계만으로는 위협이 증가하는 일본 등에 대해서 점차 대처하기가 곤란해지고 있음을 반영하고 있다. 따라서 당시 이에 대비하기 위해 여러 가지 대안을 모색하고 있었음을 알 수 있다.

1550년대 후반 명나라의 왜구 토벌이 성과를 거두면서 조선에서도 1559년(명종 14) 이후 왜구의 침입은 소강상태에 접어든다. 북방의 정세도 1554년(명종 9) 5월 골간骨幹 여진족 4~500명이 조산보를 포위하여 조선군과 전투한 사건[52] 이후 1583년(선조 16) 이른바 니탕개의 난이 일어난 약 30년 동안 일시적으로 안정된 시기가 계속되었다. 따라서 새로이 모색되던 조선의 전술체계의 변화는 한동안 나타나지 못하였다.

16세기 후반 선조대에 들어서면서 북방 여진족의 동향이 점차 심상치 않았다. 이는 요동 지역의 정세 변화와 관련을 가지는 것으로, 16세기 중반 활발해진 동아시아 국제교역의 여파가 주변 지역에까지 큰 영향을 미치기 시작했기 때문이다. 요동 지역에서는 16세기 중반까지는 해서여진의 하다의 완한(Wan han, 王台)이 요동총병 이성량의 후원으로 해서 4부의 연맹을 주도하고 호시무역을 장악하고 있었다. 그러나 그가 죽은 이후 여진사회 내부에서는 명과의 대외교역권을 차지하기 위한 격심한 분쟁이 발생하였다.[53] 이후 건주여진의 누르하치가 이성량의 후원하에 명과의 인삼, 모피, 진주 등의 교역을 바탕으로 착실히 성장해 나갔다.[54] 이를 바탕으로 누르하치는 1585년부터 주변의 건주여진 부족을 통합하기 시작하였다. 16세기 후반을 계기로 여진 부족 내부의 충돌이 나타나면서 요동 지역의 국제정세가 점차 요동치기 시작하자 이는 조선의 두만강 하류 지역에 거주하던 여진족에게도 영향을 미치기 시작하였다. 1583

---

51 劉慶, 『中國宋遼金夏軍事史』, 人民出版社, 1994, 195쪽.

52 『명종실록』 권16, 명종 9년 6월 갑술.

53 노기식, 「만주의 흥기와 동아시아 질서의 변동」 『중국사연구』 16, 2001, 6~7쪽.

54 김선민, 「인삼과 강역」 『명청사연구』 30, 2008 ; 니콜라 디코스모, 「세계사적 관점에서 본 만주족의 정복」 『세계사 속의 중앙유라시아』, 서울대 중앙유라시아연구소, 2008, 61쪽.

년(선조 16) 회령진 부근에 거주하는 번호藩胡의 추장이었던 니탕개가 주변 번호와 함께 3만여 기를 동원한 대규모 반란을 일으켜 이후 4년에 걸쳐 두만강 연변의 여러 진보鎭堡를 공격한 사건이 일어났다.[55] 이 침입을 격퇴하는데 공을 세운 이일李鎰은 1588년(선조 21) 이러한 형태의 침입에 효과적으로 대처하기 위하여 함경도 각 진鎭과 이에 소속된 각 보堡의 방수防戍에 대해 논한 기존의 『제승방략』을 수정하여 새로이 저술하였다.

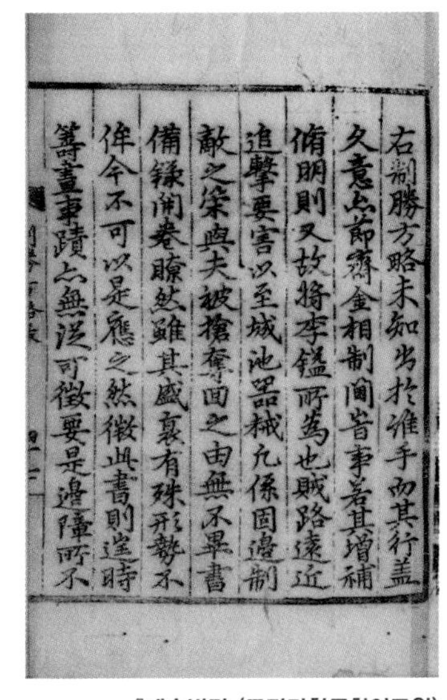
右制勝方略未知出於誰手而其行盖
久意亦節齋金相制閫旹事著其增補
脩明則又故將李鎰所為也賊路遠近
追擊要害以至城池器械允係固邊制
敵之策與夫被搶奪回之由無不畢書
備錄閱卷瞭然雖其盛衰有殊形勢不
侔今不可以是應之然徵此書則運時
籌畫事蹟亦無泯可徵要是邊陲所不

「제승방략」(규장각한국학연구원)

『제승방략』은 함경도 각 진보의 위치와 성곽, 병력과 무기의 종류 및 수량 그리고 봉수를 비롯하여 응변책應變策 등이 상세히 기록되어 있다. 아울러 주변의 추격처와 요격처 등이 기록되어 있어 침범하는 여진족들을 효과적으로 격퇴할 수 있는 지점이 잘 나타나 있다.[56] 비록 함경도에 국한되어 있지만 이를 통해 당시 조선의 북방 지역 방어 체제를 확인할 수 있다. 그러나 『제승방략』은 당시 요구되던 새로운 전술 체계를 제시한 것이라기보다는 북방 지역 군사체제를 재정비한 것이었으므로 전술 자체는 기존의 『진법陣法』과 무기체계를 따르도록 되어있다. 다만 병사兵使 김지金墀에 의해 새로이 고안된 화승총인 승자총통을 무기 체계에 도입하여 군사에게 그 사격 방법을 훈련시켜 성곽 방어와 요해처에서의 공격 시에 활(궁시)과 함께 사용하도록 한 점이 다소 주목된다.[57]

---

55 니탕개 난의 구체적인 경과에 대해서는 윤호량, 「선조 16년(1583) '니탕개의 난'과 조선의 군사전략」, 고려대학교 석사학위논문, 2009 ; 김순남, 「조선전기 5진 藩胡의 동향」 『역사와 실학』 46, 2011 참조.

56 『制勝方略』의 편찬과정과 그 내용에 대해서는 허선도, 「制勝方略 연구」 『震檀學報』 36, 37집, 1973 ; 김구진·이현숙, 「《制勝方略》의 북방 방어체제」 『국역 제승방략』, 세종기념사업회, 1999 ; 최창국, 「追擊處와 邀擊處의 疆域史的 意義-15~16世紀 北方 制勝方略과 고려 동북 9성을 中心으로」 『군사』 73, 2009 참조.

57 『제승방략』 권2, 「군무 29조(軍務二十九條)」, "一. 守城元軍幾名內 抄擇精兵追擊 次以依陣法分軍……一. 賊若長驅入 則鎭堡將 先相阻阨之地 及要害處 多設弓弩 亂布菱鐵 又選精銳勇敢之士 伏兵

장양공정토시전부호도(육군박물관)

그 이전까지 조선의 무기는 대형화기 위주로 개발되어 왔으나 기동력이 뛰어난 여진족에 대항하기 위해서는 군사들이 직접 휴대하여 즉각적으로 사용할 수 있는 소형화기의 필요성이 높았다. 승자총통은 화기를 가지지 못한 여진족에게는 매우 효과적이었다. 그러나 야전의 경우에는 현재 육군박물관에 소장 중인 「장양공정토시전부호도壯襄公征討時錢部胡圖」를 보면 아직도 활(궁시)을 가진 기병 중심의 전법이 주를 이룬 것으로 보인다.[58] 『제승방략』에서 화승총인 승자총통을 이용한 전법이 최초로 도

將差定 率精銳人 持勝字銃筒鐵丸藏藥 埋伏爲有如可 賊至其前 弓弩銃筒 一時齊發急擊.”

58 「장양공정토시전부호도(壯襄公征討時錢部胡圖)」에 나타난 조선군의 전술에 대해서는 강신엽, 「朝

입되었으나 아직 이를 중심으로 한 전법 체계가 고안된 것은 아니었다. 승자총통은 다만 기존의 활(궁시)을 중심으로 한 장병長兵 전술을 보다 강화하는 정도에서 도입된 것이다.

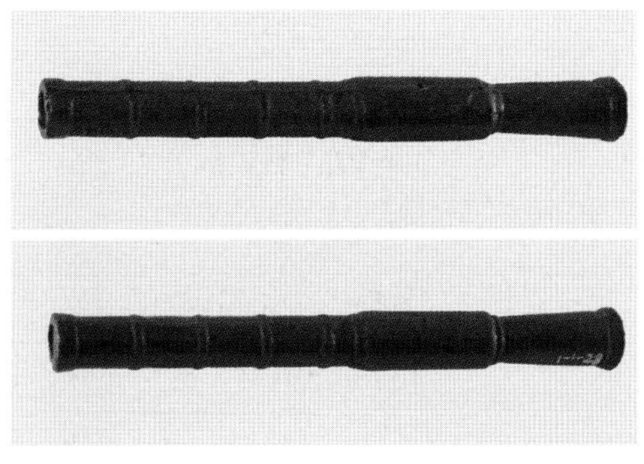
소승자총통(육군박물관)

16세기 후반까지 여진족은 아직 화약 무기를 가지고 있지 않았으므로, 기존의 전법에 바탕을 두고 승자총통을 『제승방략』의 전법에 보강한 전법으로도 이에 적절히 대응할 수 있었다. 그러나 이 전법으로는 앞으로 전개될 새로운 전쟁 상황, 즉 조총 등 다수의 신형 화기가 사용되어 조선이 가지고 있던 궁시 위주의 장병 전술의 장점이 충분히 발휘될 수 없으며 근접전에 사용되는 단병 무예에도 함께 대처하여야 하는 양상에 적절히 대응하기는 어려웠다. 이는 제1차 조선-일본 전쟁 초기 패전의 주요한 원인이 되었고 이후 급속히 새로운 전술로 대체되는 군사사적 배경이 되었다.

鮮 中期 李鎰의 關防政策」『學藝誌』 5, 1997, 213쪽 ; 노영구, 「임진왜란과 조선의 전술 변화」『한국학 그림과 만나다』, 태학사, 2011 참조.

제2장

조선-일본 전쟁 (임진왜란·정유재란)과 군사제도의 변화

제1절 1차 조선-일본 전쟁(임진왜란)의 전황과 조선군의 대응

제2절 절강병법의 도입과 훈련도감의 창설

제3절 전쟁 중 지방군 정비와 속오군의 창설

제4절 제1차 조선-일본 전쟁(임진왜란) 초기 수군의 활약과 전술

제5절 제2차 조선-일본 전쟁(정유재란)과 조선 수군의 위기 극복

제1절

제1차 조선-일본 전쟁(임진왜란)의 전황과 조선군의 대응

1. 일본의 조선 침략과 전황의 전개

1) 전쟁 직전 동아시아 국제정세

16세기에 들어서면서 나타난 동아시아 지역의 다양한 동요 현상과 신형 개인 화기인 조총의 도입으로 대표되는 혁신적인 군사적 변화의 양상은 곧 기존의 동아시아 국제질서에 균열의 가능성을 열게 되었다. 특히, 조선-일본 전쟁이 일어난 16세기 후반 동아시아 정세는 매우 유동적인 상황이었다.

조선의 경우 정치적으로 커다란 변동을 겪고 있었다. 16세기 전반기 대두하였던 퇴행적 형태의 정치인 척신정치는 선조의 즉위와 더불어 새로운 정치적 비판세력인 사림파가 중앙정계에 대거 진출하면서 변화를 맞게 된다. 사림파가 중앙 정계에서 중심적인 위치를 차지하게 되었지만 그 전환이 정변의 형식을 취한 것은 아니었으므로 구체제가 아직 청산되지 않은 상태였다. 따라서 두 계열의 대립과 갈등이 재연될 가능성이 있었다. 사림파 내부에서도 척신정치의 잔재 청산에 대한 강·온 두 입장의 차이로 인하여 동서 분당이 이루어졌다. 더 나아가 정여립 사건과 같이 혁신에 제약이 되는 선조의 왕위를 바꾸려는 혁명적인 움직임도 나타나는 등 과도기적 정국 상황이 계속되었다. 정치적 난맥상으로 인하여 조선 조정은 동아시아 지역의 정세 변화에 적절

히 대처할 수 있는 여유가 없었다.[1]

중국의 경우 16세기 중엽 칭기즈칸의 후계자라고 칭한 알탄 칸 지휘하의 몽골 세력이 성장하여 1550년에는 알탄군이 8일 동안 북경을 포위 공격하기도 하였다. 중국 연해 지역에는 1553년부터 해적 집단인 왜구가 해마다 명나라 연안 지역을 약탈하는 사태가 벌어졌다. 1570년을 전후하여 북로남왜의 문제는 해소되었다. 아울러 대항해 시대의 여파로 인해 남미산 은의 상당량이 포르투갈 및 스페인 상인의 손에 의해 중국으로 대량 유입되었다.

은을 매개로 한 국제 무역의 전개는 전국시대에 치열한 경쟁을 하고 있던 일본의 여러 다이묘들에게 대규모 군사력 유지에 좋은 재원을 마련해 줄 수 있었다. 당시 일본의 여러 다이묘들은 군사력 유지를 위해 상공업에 대한 적극적인 장려책을 실시하였다. 특히 무역에 필요한 금은을 마련하고자 광산 개발에 적극적으로 나섰다. 그러나 당시 일본은 동아시아 교역에서 다소 불리한 위치에 있었다. 삼포왜란을 계기로 조선과의 교역량이 절반으로 줄었고, 영파寧波의 난을 계기로 1547년 이후 명나라가 일본과의 감합무역을 폐쇄함에 따라 일본의 대외 교역은 매우 어려운 상황이었다. 이러한 상황에서 전국 일본을 통일한 도요토미는 전쟁을 통한 조선과 명나라에 대한 정복을 시도하여 동아시아 국제교역상의 불리를 전쟁으로 타파해보려는 고려를 하게 되었을 것이다.[2]

오다 노부나가의 뒤를 이어 1585년 7월 일본의 최고 권력자인 간바쿠[關白]가 된 도요토미 히데요시는 1587년 시마즈[島津] 세력을 복속시키고 규슈 지역을 평정하여 일본의 대부분 지역을 통일하였다. 백여 년 간의 전국시대를 마감한 도요토미는 규슈의 시마즈 세력을 복속한 직후 조선의 복속과 더 나아가 명나라에 대한 정복 구상을

1 이태진, 「임진왜란에 대한 이해의 몇 가지 문제」 『군사』 1, 1980 ; 한명기, 「임진왜란과 동아시아 질서」 『임진왜란과 한일관계』, 경인문화사, 2005.

2 이태진, 「16세기 동아시아의 역사적 상황과 문화」 『한국사회사연구』, 지식산업사, 1986, 315~316쪽. 조선-일본 전쟁(임진왜란)의 발발 원인에 대해서는 현재 다양한 견해가 있으나 대체로 1 무역·상업 등 경제적인 면을 중시하는 견해(감합무역부활설 등), 2히데요시 개인의 입장을 강조하는 견해(功名說 등), 3영주계급의 이익이나 도요토미 정권의 구조적 측면을 강조하는 견해(영토확장설, 도요토미 정권의 전제성 강조 등)으로 나눌 수 있다(박수철, 「15·16세기 일본의 전국시대와 도요토미 정권」 『전쟁과 동북아의 국제질서』, 일조각, 2006, 207~211쪽).

도요토미 히데요시 초상

본격화하게 된다. 그 일환으로 그는 쓰시마의 번주 소오 요시토시[宗義智]에게 명하여 조선 국왕의 알현을 요구하고 이를 거부할 경우 조선을 공격할 것이라고 통보하였다. 이에 1589년(선조 22) 승려 겐소[玄蘇]가 정사가 되고 소오 요시토시가 부사가 되어 조선에 사신으로 건너왔다. 이들은 선조를 알현하고 통신사 파견을 요청하였다.

1590년(선조 23) 3월 황윤길을 정사로, 김성일을 부사로 한 통신사 일행은 조선을 출발하여 일본에 도착하였다. 그리고 도요토미를 알현하고 일본이 명나라를 공격하는데 조선이 선도할 것을 요구하는 서한을 받게 된다. 이 서한을 받고 이듬해 3월 귀국한 황윤길 일행은 선조에게 그 결과를 보고하였으나 일본의 실제 침공 가능성에 대해서는 정사와 부사 간에 이견이 나타났다. 한편 통신사 일행과 동행한 겐소는 내년에 일본이 조선의 길을 빌려 명나라로 쳐들어간다는 이른바 '정명가도征明假道'를 통보하였다.

일본의 조선 침공 가능성에 대한 조선 조정의 논의와 함께 '정명가도'의 명나라에 대한 통보 문제는 매우 중요한 외교적 현안이었다. 당시 명나라도 조선의 통신사 파견과 도요토미의 중국 정복 계획에 대한 정보를 사쓰마에 있던 명나라인 허의후許儀後 등을 통해 입수하고 예의주시하고 있었다. 이를 통해 명나라는 조선이 일본과 합세하여 명나라를 공격할 가능성을 의심하고 있었던 상황이었다.[3] 조선 조정에서도 '정명가도' 등 일본의 명나라 공격 통보와 일본의 심상치 않은 정세를 명나라에 알리는 문제를 논쟁하다가 사신을 파견하여 이를 명나라에 통보하였다. 이처럼 조선-일본 전쟁 직전 일본의 조선 침공 가능성은 상당히 높은 상황이었다.

3 차혜원, 「조선에 온 중국 첩보원 -임진왜란기 동아시아의 정보전과 조선-」『역사비평』 85, 2008.

2) 조선의 전쟁 준비와 한계

통신사의 교섭 과정에서 일본의 침공 가능성이 높으며 그 양상도 종래의 단순한 변방에 대한 왜구의 노략질과는 다른 대규모 침입이 예상됨에 따라 조선에서도 전쟁이 일어날 것을 전제로 여러 대비책을 강화하기 시작하였다. 1589년(선조 22)에 의령 읍성이 축조되고 황해도 지역에도 해주 및 연안성 등이 수축되기도 하였다. 1591년(선조 24) 통신사 일행의 일본 침공 가능성에 대한 보고에 따라 보다 강화된 군사 대비책을 강구하였다.

먼저 지역 사정에 밝았던 인물인 김수, 이광, 윤선각 등을 각각 경상, 전라, 충청 세 도의 관찰사로 임명하여 성지城池의 수축과 병기의 수리 등을 독려하도록 하는 조치를 취하였다. 특히 조정에서는 일본이 육전보다는 수전에 능하다는 판단 아래 호남과 영남의 큰 읍성을 증축하고 수리하게 하였다. 경상도 지역의 경우 영천, 청도, 삼가, 대구, 성주, 부산, 동래, 진주, 안동, 상주, 좌·우 병영의 성곽을 증축하고 참호를 설치하였다. 이에 대해 일부 양반들은 일본이 침공하지 않을 것이라고 반대하였고 성곽 수축에 동원된 백성들이 수령과 병사 등에게 원망을 품기도 하였다.[4] 특히, 당시 수축한 성곽의 경우 높이도 2~3장丈에 불과하였고 단순히 넓게만 축조하여 많은 사람을 수용할 수 있도록 하였으므로 군사적인 측면에서 한계가 분명하였다.

다음으로 전시 국방체제 확립을 위하여 진관체제를 복구하고 이에 입각하여 군사 훈련을 시행할 것을 강구하였다.[5] 진관체제는 전국의 행정조직을 거진巨鎭을 중심으로 한 군사 방어체계 속에 편입시킨 것으로 적군이 한 진을 붕괴시키더라도 다음의 여러 진에서 군사를 정돈하여 방어할 수 있는 장점이 있었다. 조선-일본 전쟁(임진왜란) 직전 경상도 지역의 주요 고을 읍성에 대한 대규모 성곽 수축은 진관체제 복구를 고려한 전시 국방체제 확립의 과정이었다. 그러나 16세기 군사체계의 붕괴로 인해 진관체제는 명칭만 남아 있고 실제 군사의 동원과 운용은 제승방략 체제에 의해 이루어

---

4 『선조수정실록』 권25, 선조 24년 7월.

5 『선조수정실록』 권25, 선조 24년 10월 계사. 유성룡의 제안으로 이루어진 진관체제 복구 논의에 대해서는 이태진, 「'누란의 위기' 관리 7년 10개월」 『류성룡과 임진왜란』, 태학사, 2008, 171쪽 참조.

지고 있었다.

제승방략 체제는 적군의 침략이 있으면 지방군을 사전에 지정된 곳으로 집결하도록 하고 중앙에서 순변사, 방어사, 조방장, 도원수 등 지휘관을 파견하여 지휘하는 체제였다. 제승방략 체제는 어떤 지역에 위급한 사태가 발생할 경우 여러 지역의 확보 가능한 군사를 모아 중앙의 지휘관이 그 병력을 이끌고 현지로 달려가서 대처하게 하는 방식이었다. 이는 소규모 침입일 때는 유효한 점이 있을 수 있지만 대규모 전쟁에는 한계가 있는 것이었다. 즉 중앙의 장수가 미처 도착하기 전에 적병이 먼저 쳐들어올 경우 적절히 대처하기 어려울 뿐 아니라 이 군사들이 패배할 경우 내륙 지역의 방어가 불가능하다는 취약점이 있었다. 그러나 16세기 장기 재난으로 병농일치 하의 다수의 농민들이 피폐해진 상황에서 이들을 군사로서 적절히 활용하기 어려운 상황이었으므로 진관체제에 입각한 국방체제 재건은 어려운 현실이었다. 경상도 관찰사 김수가 제승방략에 따른 동원체제 유지를 주장한 것도 이러한 상황에 기인한 것이었다.

세 번째, 무신 중에서 뛰어난 재질이 있는 자를 서열에 구애받지 않고 발탁하였다. 형조정랑 권율을 의주목사로, 정읍현감 이순신을 전라좌수사에 임명한 것이 가장 대표적인 사례이다. 이외에도 유성룡은 일본이 침략해 오면 최전선이 되는 경상우도의 병마절도사에 조대곤 대신 당시 가장 명망이 있는 장수인 이일을 임명하여 사전에 대비하는 방안을 강구하기도 하였다. 그러나 유명한 장수를 변방에 보낼 수 없다는 이견으로 인해 이루어지지 못하였다. 이것은 중앙의 장수 파견을 전제로 한 제승방략 체제의 운용을 고려하였기 때문이다.[6] 다만 일부 중앙의 장수는 전쟁 발발 이전에 파견된 것으로 보인다. 동래성 전투에서 전사한 조선의 장수 중 한 명인 조방장 홍윤관의 존재가 그것이

권율 동상(행주산성)

6 『선조수정실록』 권25, 선조 24년 10월 계사.

다. 조방장은 성종대부터 비상시기에 국경 지역에 파견하였다가 다시 순환시키는 장수[7]로서 제1차 조선-일본 전쟁 이전 동래 지역에 조방장이 파견된 것은 이를 잘 보여준다. 이상의 여러 전쟁 준비에도 불구하고 제1차 조선-일본 전쟁 중 그 성과는 그다지 나타나지 않았다. 그것은 조선 건국 이후 쓰시마 등을 거점으로 하는 소규모 왜구의 침입은 적지 않았으나 통일된 일본이 모든 국력을 기울여 조선을 침략할 것이라고는 상상하기 어려웠기 때문이다. 따라서 조선의 방어전략도 확대된 왜구의 공격에 대비하는 전통적인 수준에 머물렀다.

16세기 이후 조선의 왜구에 대한 방어전략은 해상에서 수전을 통해 저지하는 것이 아니라, 방어체제를 갖추고 일본군이 상륙하기를 기다려 육지에서 일본군을 제압한다는 지상전 위주의 수세 전략이었다. 이른바 방왜육전론防倭陸戰論이 그것이다. 당시 조정에서는 일본의 침략이 전면전이 아닌 국지전일 것이라고 예상하고 침략 규모도 1만 명 정도이며, 침략 기간도 한 달 내에 일본군을 제압할 수 있을 것으로 판단하였다. 제1차 조선-일본 전쟁이 일어나기 직전 경상도 및 전라도 지역에 대규모 읍성 개축이 이루어진 것도 이러한 방어전략에 따른 것이었다. 지상군 위주의 방어전략에 따라, 제1차 조선-일본 전쟁이 발발하자 조정에서는 수군을 없애고 그 장사將士들은 육지에 올라와 방어하도록 명하기도 하였다. 다만 전라좌수사 이순신의 이의 제기로 호남의 수군만은 해상 방위를 계속할 수 있었다.[8]

3) 전쟁의 발발과 초기 전황

1591년 8월 도요토미 히데요시는 전국의 다이묘들을 교토[京都]에 소집하여 조선 출병의 결의를 선포하고 병력 동원계획과 동원 준비 명령을 하달하였다. 1592년 2월 규슈의 서북단에 나고야 성을 축조하고 전쟁 지휘 본부인 대본영을 설치하였다. 도요토미는 모든 부대들로 하여금 2월 21일(양 4월 3일)에 각기 영지를 출발하여 2월말까지 나고야에 집결하게 하였다. 3월 13일(양 4월 24일) 도요토미 히데요시는 일본군의

7 서태원, 「조선전기 유사시 지방군의 지휘체계」 『사학연구』 63, 2001, 52~53쪽.
8 장학근, 『조선시대 군사전략』, 국방부 군사편찬연구소, 2006, 148~150쪽.

조선 공격 명령을 하달하고 조선으로 출병할 병력을 1번대에서 9번대까지 총 15만 8천 7백 명으로 편성하였다. 그리고 해상 작전 및 엄호 등을 담당할 수군 4개대 9천 2백 명이 편성되었다. 이외에 나고야를 비롯한 일본 국내에 대기하는 병력이 11만 8천 3백여 명이었다. 구체적인 일본군의 부대 편성은 다음과 같다.[9]

제1군(고니시 유키나가小西行長) - 18,700명
제2군(가토 기요마사加藤清正) - 22,800명
제3군(구로다 나가마사黑田長政) - 11,000명
제4군(모리 가쓰노부毛利吉成) - 14,000명
제5군(후쿠시마 마사노리福島正則) - 25,100명
제6군(고바야카와 다카카게小早川隆景) - 15,700명
제7군(모리 데루모토毛利輝元) - 30,000명
제8군(우키타 히데이에宇喜多秀家) - 10,000명(쓰시마 대기)
제9군(하시바 히데카스羽紫秀勝) - 11,500명(이키도 대기)

조선을 공격할 일본군 9개 군은 3월부터 나고야를 출발하여 중간 지점인 쓰시마에 도착하여 약 1개월 간 전열을 정비하였다. 4월 13일(양 5월 23일) 오전 쓰시마를 출발한 고니시 유키나가의 제1군을 태운 7백여 척의 일본 선단은 부산진 앞바다에 늦은 오후 5시경에 도착하였다. 이 대규모 일본 선단은 부산진으로 항해 중 경상우수영 소관 가덕진加德鎭의 응봉과 연대의 봉수대에 의해 최초로 발견되었다. 부산진 앞바다에 도착한 일본군은 곧바로 상륙하여 부산진 첨사 정발에게 항복을 권고하였으나 정발은 시간을 끌며 항복을 거부하고 전투 준비를 갖추었다. 다음날 새벽 부산진성의 6백여 조선군은 성 주위에 능철菱鐵을 산포하고 접근하는 일본군에 대해 총통으로 포탄과 화전火箭, 활을 쏘며 약 4시간 동안 성을 지켰으나 결국 함락되

9 당시 동원된 일본군 부대의 인원수에 대해서는 자료별로 다소의 차이가 있다. 여기서는 『毛利家文書』에 기록된 내용을 정리한 것을 기준으로 하였다(北島万次, 『豊臣秀吉の朝鮮侵略』, 吉川弘文館, 1995, 35~36쪽).

었다.[10]

부산진을 함락시킨 일본군은 15일(양 5월 25일) 오전 동래성을 포위 공격하였다. 동래성은 동래부사 송상현의 지휘하에 양산, 울산 등지의 군사가 합세하여 약 3시간 동안 일본군을 저지하였으나 결국 성은 함락되고 5천여 명의 조선군이 전사하였다. 부산진과 동래성을 함락한 고니시 유키나가의 일본군 제1대는 그 후 좌수영-기장-양산-청도-대구-인동으로 진격하였다. 그 동안 일본군은 양산에서 밀양으로 오는 관문인 학원鵲院에서 밀양부사 박진 지휘하의 3백여 조선군의 저지를 받았으나 우회 공격으로 돌파하였다.

일본군의 후속 부대도 계속 상륙하여 왔다. 가토 기요마사의 제2군은 4월 18일(양 5월 28일) 부산에 상륙하여 양산-언양-경주 방면으로 진격하여 울산의 경상좌병영으로 전진하였다. 좌병영성에는 좌병영 소속 13개 고을의 군사들이 모여 수비하였으나 4월 22일(양 6월 1일) 성은 함락되었다. 이어서 경주 판관 박의장 등이 지키는 경주성을 함락시켰다. 제2군은 영천-군위 방면으로 계속 북상하여 4월 29일(양 6월 8일) 충주에서 제1군과 합류하였다.

부산진순절도(육군박물관)

동래부순절도(육군박물관)

10 부산진성 전투에 대해서는 최영희, 「壬辰倭亂 첫 戰鬪에 대하여」 『수촌 박영석교수 화갑기념 한국사학논총(상)』, 탐구당, 1992에 자세하다.

한편 4월 19일(양 5월 29일)에는 구로다 나가마사의 일본군 제3군이 낙동강 하구의 김해 죽도竹島에 상륙하여 20일(양 5월 30일) 새벽 김해성을 함락시켰다. 이후 제3군은 창원 방면으로 진격하고 이어 북상하여 낙동강을 도하한 후 영산-창녕-현풍으로 낙동강 동안을 따라 북상하였다가 다시 경상우도로 침입하였다. 이외에도 모리 가쓰노부, 고바야카와 다카카게 등의 일본군도 부산포에 상륙하였다. 아울러 후쿠시마 마사노리의 제5군도 경상도의 상주, 함창, 문경과 충청도 충주 등 남쪽의 주요 성에 주둔하였다.[11]

4) 조선군의 동원체계와 대응 양상

일본군의 침입 소식과 부산성 전투 소식은 부산포 일대의 봉수를 통해 주변 지역으로 전파되었다. 앞서 보았듯이 4월 13일(양 5월 23일) 가덕진 소속 응봉 및 연대에서 일본 선단의 접근 사실을 가덕진 첨사를 통해 다음날 오전 10시에 경상우수영에 보고하였다. 이 소식은 다음날 밤 8시 관문關文을 통해 전라좌수사 이순신에게도 알려졌다. 부산성 전투가 일어난 4월 14일(양 5월 24일) 새벽 6시 부산진 전투 소식은 황령산 봉수군을 통해 경상우수사 원균에게 알려졌다.[12] 이러한 사실은 전쟁이 발발한 시기에 봉수 및 파발을 통한 문서 전달체계 등 경상도 연해 지역 조선군의 통신 체계가 적절히 가동되고 있었음을 의미한다.[13]

실제 부산진 전투를 전후하여 경상좌병사 이각이 급히 동래성에 휘하 군사를 이끌고 들어오고 휘하 조방장으로 하여금 군사 수백 명을 이끌고 출격하여 일본군에 대한 탐색전을 행하도록 명하기도 하였다. 인접의 양산, 울산 등지의 군사들도 동래성으로 입성하여 수비태세를 강화하였다. 이외에도 경주판관 박의장도 군사를 이끌고 동래성으로 이동을 준비하였고, 밀양부사 박진도 군사 5백여 명을 이끌고 동래성을 구원하

11 일본군의 진격 양상에 대해서는 서인한, 『壬辰倭亂史』 국방부전사편찬위원회, 1987, 40~43쪽 ; 北島万次, 앞의 책, 1995, 41~42쪽 참조.
12 『壬辰狀抄』「因倭警待變狀」(1), (2), (3).
13 이호준, 「임진왜란 초기 경상도 지역 전투와 군사체제」 『군사』 77, 2010, 123~124쪽.

기 위해 이동하였다.[14]

경상도 연해 지역과 함께 내륙 지역의 통신 체계도 적절히 가동된 것으로 보인다. 이는 전쟁이 발발하였을 때 진주에 있던 경상도 관찰사 김수에 전해진 보고 내용 및 그의 조치를 통해 확인할 수 있다. 김수는 부산진이 일본군에 의해 함락된 다음날인 4월 14일(양 5월 24일) 부산진이 공격받고 있다는 소식을 듣고 경상 좌·우도의 군사들을 독촉 징발하여 구원하도록 하였다. 다음날에는 군대를 정비하여 함안을 거쳐 칠원에 이르렀다. 16일(양 5월 26일)에는 영산靈山과 밀양에 이르렀으나 일본군이 양산을 통과하였다는 소식을 듣고 영산을 거쳐 밤중에 초계로 후퇴하였다. 김수는 곧바로 전라도 관찰사에게 구원군 3, 4천명을 요청하였다.[15] 즉 경상도 관찰사 김수에게 전투 양상에 대한 연락이 잘 이루어지고 있으며 이에 따라 김수의 대응과 주변 지역 군사의 동원이 매우 신속하게 이루어지고 있었음을 알 수 있다. 즉 전쟁 발발 이전에 잘 준비된 듯한 행동 양상을 보이고 있다.

실제 전쟁이 발발하자 경상도 각 지역에 전쟁 발발에 대한 연락이 매우 신속하게 이루어졌고 군사 동원도 매우 적절히 이루어지고 있음을 여러 사례에서 확인할 수 있다. 예를 들어 경상도 북부 내륙 지역인 상주까지 왜선 수백 척이 부산 앞 바다에 나타났다는 내용이 담긴 관보가 전해지고, 이 지역 군사의 출동 명령이 내려진 것은 부산진 전투가 일어난 당일인 4월 14일(양 5월 24일) 점심 무렵이었다.[16] 4월 13일(양 5월 23일) 늦은 오후 일본 선단의 부산포 도착 소식을 듣자 조선에서는 이것이 일본의 군사적 행동임을 파악하고 있었으며, 이에 따라 상주 지역 군사들은 사전에 약속된 지역으로 이동하고 있음을 알 수 있다. 상주의 군사들은 대구에 집결하였으나 일본군의 급속한 진격으로 인해 일본군과 직접 전투하지도 못하고 와해되었다.[17] 이러한 양상은 성주 지역도 비슷하였다. 전쟁이 일어났다는 보고를 듣고 곧바로 성주목사 이덕열李德說은 성주의 경기병 5천을 거느리고 대구 인근인 현풍의 경계에 진을 쳤으나

14 노영구, 「임진왜란 초기 양상에 대한 기존 인식의 재검토」『한국문화』 31, 2003, 175쪽.
15 이탁영, 『征蠻錄』 乾, 임진년 4월 15일~16일 ; 『난중잡록』 권1, 임진년 4월 14~16일.
16 조정, 『壬辰日記』 임진, 4월 14일.
17 조정, 『壬辰日記』 임진, 4월 26일.

경상 감영 징청각(대구) 경상도 관찰사 처소이다.

헛된 경보에 군사가 흩어져 버렸다.[18]

경상도 감영이 있던 대구에 집결한 군사 이외에도 경상도 좌·우 병영 군사들도 각 병사들의 지휘하에 상당히 체계적으로 동원되고 있었다. 경상좌병영의 경우 가장 북쪽에 있던 예하 안동진관 소속의 안동 군사들이 매우 신속히 동원되어 4월 17일(양 5월 27일) 저녁에는 선발대가 영천을 지나 경상좌병영을 향하여 이동하고 있었고 다음 날에는 본대가 후속하였다.[19] 안동 진관에서 출동하였던 군사는 석전군石戰軍이라 불리는 투석 전문의 정예부대로서 1555년(명종 10)에 있었던 을묘왜변에 동원되어 큰 전공을 세우기도 하였다. 울산에 있던 경상좌병영에는 일본군의 공격을 받았던 동래부 군사를 제외한 13군현의 군사가 4월 21일(양 5월 31일)까지 좌병영성에 집결하여 일본군의 공격에 대비하였다. 이후 주장主將의 무능으로 일본군을 효과적으로 저지하지는 못하였지만 경상좌병영 소속 군사의 동원 양상을 통해 당시 경상도 좌병영 소속 조선군의 동원이 일반적으로 알려진 것보다 매우 신속히 이루어졌음을 알 수

18 『巖谷遺稿』 권1, 잡저, 「龍蛇日記」, 임진 4월 13일.
19 『芝軒集』 권3, 「壬辰日記」, 4월 17~18일.

있다.[20]

경상우병영의 경우 경상우도 소속인 선산의 관군도 4월 16일(양 5월 26일) 사목事目에 의하여 소집되고 이어 부산으로의 출동을 준비 중인 경상우병사의 명에 의해 18일(양 5월 28일) 오전에는 부사 정경달의 지휘하에 병영이 있는 창원에 도착하였다. 그리고 곧 부산으로 출동하여 낙동강을 건너 창녕에 도착하였다.[21] 선산의 사례를 볼 때 경상우도 군사들의 동원도 적절히 이루어졌음을 알 수 있다. 신임 경상우병사 김성일이 4월 20일(양 5월 30일) 병영에 도착하여 군사의 정비에 착수하였으나 곧바로 조정의 체포 명령에 의해 병영을 떠남에 따라 경상우병영 군사들은 흩어져 버리게 된다.[22] 즉 경상우병영의 경우에도 군사 동원 체제는 적절히 작동하고 있었음을 짐작할 수 있다.

이상에서 살펴보듯이 경상도 지역의 경우 전쟁이 일어난 다음 날까지 연락이 이루어지고 신속한 동원체제를 통해 좌·우병영과 감영 등 세 곳에 각 고을의 군사들이 집결하여 중앙의 장수를 기다리거나, 부산 지역으로 이동, 병영 수비 등을 수행하고 있음을 확인할 수 있다. 이는 동원 등 조선의 전쟁 대응 체제가 무능하였다는 기존 인식과는 차이가 있음을 보여준다. 실제 국왕 선조에게 전쟁 발발 보고가 올라온 것은 전쟁이 일어난 지 3일이 지난 17일(양 5월 27일) 새벽으로 경상좌수사 박홍의 보고였지만,[23] 경상도 지역을 중심으로 하

이일의 묘(경기 용인)

20 경상좌병영 군사의 동원 양상에 대해서는 노영구, 「임진왜란 초기 양상에 대한 기존 인식의 재검토」『한국문화』 31, 2003, 174~175쪽 참조.

21 『盤谷集』 권5, 「亂中日記」, 만력 20년 4월 16~18일.

22 李魯, 『譯註 龍蛇日記』, 韓日文化硏究所, 39~40쪽.

23 『선조실록』 권26, 선조 25년 4월 병오.

여 조선군의 대응은 그동안 상당히 체계적으로 이루어지고 있었다. 그리고 국왕에 대해 보고가 다소 지연된 것은 당시의 통신 및 보고 체계의 미비 때문이라기보다는 전쟁을 왜구의 확대된 침입 정도로 이해하여 자체적으로 해결하려고 한 것에서 기인한 것이었다.[24]

일본군의 침입을 보고받은 조정에서는 바로 이일을 순변사로 삼아 중로에, 좌방어사 성응길을 경상좌도에, 우방어사 조경을 서로西路에 내려 보내고, 조방장 유극량과 변기로 하여금 죽령과 조령을 지키게 하였다.[25] 이어 4월 20일(양 5월 30일)에는 좌의정 유성룡을 도체찰사, 병조판서 김응남을 부체찰사로 삼고, 한성판윤 신립申砬을 3도 도순변사로 임명하여 이일의 뒤를 따라 중로로 내려가 전체 조선군을 지휘하여 일본군을 저지하도록 하였다.[26]

조선의 최초 방어 계획은 경상도 자체 병력으로 저지가 어려운 상황에서 횡적으로는 조령을 중심으로 죽령-조령-추풍령을 연결하는 방어선을 구축하고, 종적으로는 이일-신립-유성룡으로 이어지는 방어체제라고 할 수 있다. 먼저 순변사 이일이 대구에 집결한 경상도 군사를 지휘하여 북상하는 일본군의 주력을 저지하는 동안 배후인 조령 일대에 방어선을 구축할 시간적 여유를 얻어 방어체계를 확보한 이후 추풍령과 죽령을 연결한 횡적 방어체계를 구축한다는 것이다. 이와 같은 횡적, 종적 지휘체제의 연결을 통하여 축차적으로 일본군의 진출을 최대한 억제하고, 내륙 깊숙이 진출한 적을 고립시키면 적군이 저절로 철군할 것이라는 구상이었다.[27]

조선의 방어계획은 기본적으로 제승방략에 따른 것이었다. 그 방어계획의 성공 여부는 경상도 연변에 있는 좌·우 병영 소속 조선군이 적절하게 대응하여 시간을 확보하고, 동시에 중앙의 지휘관 중에서 가장 먼저 출발한 이일이 대구에 집결한 문경 이

---

24 당시 한성에 있던 유팽로의 일기에 4월 16일(양 5월 26일)새벽에 이미 일본군의 선봉대가 바다를 건너왔다는 김시민의 서신이 도착하였다는 내용을 보면 조선의 정보 소통은 매우 원활히 이루어지고 있었음을 짐작할 수 있다(『月坡集』 권3, 「倡義日記」, 만력 20년 4월 16일).

25 『선조수정실록』 권26, 선조 25년 4월 계묘.

26 조선-일본 전쟁(임진왜란)초기 대응 양상에 대해서는 심승구, 「임진왜란의 발발과 동원체제의 재편」 『임진왜란과 한일관계』, 경인문화사, 2005, 187~188쪽 참조.

27 강성문, 『임진왜란 初期陸戰과 방어전술 연구』 한국학중앙연구원 박사학위논문, 2006, 46~51쪽.

하 군현의 경상도 군을 지휘하여 일본군을 저지할 수 있느냐 여부에 달려 있었다. 그러나 일본군의 빠른 진격으로 인하여 대구에 모인 조선군이 흩어졌으므로 애초의 방어계획은 달성하기 어렵게 되었다. 상주에서 이일이 주변에 흩어져 있는 군사 6천여 명을 급히 모아 대응하고자 했지만 역부족이었다.[28] 이일의 상주 패배로 일본군의 진격 속도를 지연시켜 주지 못함에 따라, 이후 조령, 충주 등에서의 조선군의 축차적인 방어전략 시행은 어렵게 되었다. 신립의 충주 패배는 전술적 측면과 함께 전체적인 방어계획의 차질에 따른 결과라고 할 것이다.

신립 장군 순절비(충북 충주 탄금대)

2. 일본군의 편성과 전술

일본군은 각 지역별, 다이묘 별로 상이하게 편성하고 운용하여 통일된 부대편성은 없었다. 그러나 도요토미 히데요시에 의해 일본의 군사체제는 다소 통일을 기하게 되었다. 도요토미는 중앙집권적인 군사 지휘 체제의 확립을 위하여 태합검지太閤檢地라는 토지 면적 및 곡물 수확량을 쌀로 환산하여 고쿠다카[石高]를 제정하는 조사사업을 실시하였다. 이 곡물 총량을 병력 동원의 기준으로 삼아 1만석 당 병력 동원 한도를 250인으로 규정하였다. 그리고 각 토지의 경작자를 검지장檢地帳에 등록하여 엄격히 토지에 속박되도록 하고 무사의 경우에는 촌락으로부터 분리하여 성하城下에 거주시켜 병농을 분리하였다.[29]

28 『선조수정실록』 권26, 선조 25년 4월 계묘.
29 井上 淸(서동만 역), 『일본의 역사』, 이론과 실천, 1989, 153~154쪽.

병농의 분리와 함께 군사편성도 개편하였다. 일단 전투원의 편성은 병종을 기병(사士=기사騎士)과 보병(족경足輕; 아시가루)으로 크게 구분할 수 있다. 평상시에는 일반 농공민을 제외하고 편성하지만, 전쟁으로 인해 병력 소요가 클 경우에는 농공민도 징집하여 병력을 확대하였다. 아시가루는 보통 유미구미(궁조弓組), 뎃포구미(철포조鐵砲組), 나가에구미(장병조長柄組) 아시가루의 세 조로 구분되어 있었다. 당시 한 대隊는 기사를 중심으로 궁조, 철포조, 장병조의 병졸을 배속하고 약간의 잡병이 추가되는 경우도 있었다. 아시가루의 병력이 부족할 때는 임시로 농공 서민층에서 징집하여 증원하였는데 이를 용족경傭足輕이라 하였다. 지휘 편제는 기사는 시대장侍大將이, 아시가루는 아시가루 대장(족경대장足輕大將 혹은 족경봉행足輕奉行)이 통솔하고 유미구미, 뎃포구미, 나가에구미 등 각 조에는 쿠미가시라[組頭]라는 하급 지휘관을 두었다.[30]

일본군의 각 병종별 구성원의 구분은 제후에 따라 서로 달랐으므로 통일적으로 언급하기 어렵지만, 제1차 조선-일본 전쟁 당시 일본군의 편성 기준은 도요토미 히데요시가 다카하시 무네시게[高橋宗茂], 다카하시 무네토라[高橋統虎] 형제에게 부과한 군역을 통해 대체로 짐작할 수 있다. 총 인원 3,000명 중 전투원은 1,400명으로서 구체적으로 보사步士, 기사騎士가 각 150명, 뎃포 아시가루(鐵砲足輕] 200명, 유미 아시가루[弓足輕] 100명, 야리 아시가루[槍足輕] 500명 등이었다. 그리고 비전투원은 1,600명으로 잡졸雜卒, 소자小者, 수졸輸卒 등으로 구성되어 있었다. 병기로 구분하면 창 800, 철포 200, 활 100 정도였다. 특히 조총의 비중이 전투원의 1/7, 비전투원을 포함할 경우 1/15 정도임을 알 수 있다.[31] 구체적인 편성표는 다음의 〈표 2-1〉과 같다.

그 밖에 비전투원으로 전령 업무를 담당하는 소인小人, 수송을 담당하는 하부下夫, 선박운항을 담당하는 선두船頭, 수주水主, 경리를 담당하는 용인用人, 문서를 작성하는 우필祐筆과 감찰을 담당 하는 대목부大目附 등이 있었다.

제1차 조선-일본 전쟁 당시 일본군의 기본적인 전투 형태는 두 군대가 2~3정町(1정은 대체로 110m)의 근거리로 접근하면 뎃포구미가 제1선에 전개하여 100미터 내외의 거리에서 발포하고 이어 유미구미가 그 간극에 화살을 발사하며, 창을 든 나가에

30 參謀本部 編, 『朝鮮の役』(德間書店 復刊本), 1965, 216~217쪽.
31 件三千雄, 「朝鮮役における兵器と戰法の變遷」『日本兵制史』, 日本學術普及會, 1933, 141쪽.

〈표 2-1〉 일본군의 각 병종별 구성원의 구분

	병 종	전투원	비전투원
장사(將士)	기사(騎士)	150	마졸(馬卒) 300
	보사(步士)	150	협상지(挾箱持) 150
	계	300	450
병졸(兵卒)	철포족경(鐵砲足輕)	200	소자(小者) 200
	궁족경(弓足輕)	100	소자(小者) 100
	창족경(槍足輕)	500	
	승족경(昇足輕)	100	
	도차물족경(徒差物足輕)	200	소자(小者) 200
	계	1,100	500
수졸(輸卒)			예비수졸(豫備輸卒) 650
합계		1,400	1,600
		3,000	

구미 아시가루가 돌격의 기회가 나면 제1선의 간극에서 돌진하여 적과 백병전을 벌여 승패를 결정짓는 것이 일반적이었다. 또한 전기戰機가 익으면 기사는 말을 달려 나가고 보사도 함께 나가며 창, 칼 등으로 백병전을 전개하였다.

기본적인 전투 형태와 함께 일본군은 이른바 '5진 3첩진'으로 일컬어지는 진법을 즐겨 사용하였다. 각 부대는 3개의 행렬로 이루어져 있으므로 3첩진이라고 한다. 유성룡의 다음 언급은 이를 잘 보여준다.

> 군대를 셋으로 나누어 편성하여 삼첩진을 만들고 행렬을 이루는데 앞에 선 한 행렬은 기치를 가졌고, 가운데 행렬은 조총을 갖게 하고 뒤의 행렬은 단병을 가지게 하였다. 적을 만나면 앞 행렬의 기치를 잡은 자들은 양쪽으로 나누어 벌려 서서 포위한 형태를 만들고, 중앙 행렬의 조총을 가진 자들은 일시에 조총을 발사하여 적진을 충돌하니 적군이 많이 조총에 피해를 입어 적진이 동요한다. 또 좌우에는 이미 포위된 군사가 있어 반드시 도망하여 달아나는 것이다. 그리고 후군 행렬의 창검을 가진 자들이 뒤에서 추격하여 마음대로 목 베어 죽인다.[32]

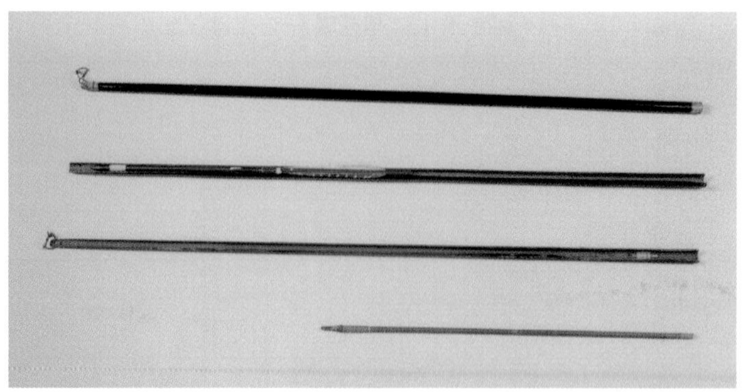

통아와 편전(육군박물관)
통아는 편전 같은 짧은 화살을 쏠 때 화살을 담아서
활시위에 얹어서 쏘는 가느다란 나무통이다.

첫 행렬은 하나의 진으로 정병이 되고, 다음 행렬은 조총수로 2개의 진으로 나뉘어 기병奇兵이 된다. 마지막 창검 등 단병短兵을 소지한 군사는 2개의 진으로 나뉘어 기병이 되므로 전체적으로 한 부대는 1정병 5기병으로 5진 3첩진이 되는 것이다. 깃발 사용도 매우 현란하였다. 하나는 장사기長蛇旗로 그 형상이 좁고 길어서 이 깃발을 들면 군사들이 장사행長蛇行을 펴서 긴 종대 대형을 취하였다. 다음은 계익기鷄翼旗로 그 모양이 부채 같아서 혹 말았다 폈다 하는데 펴면 군사들이 좌우로 열을 이루어 마치 닭이 날개를 편 것 같이 전진하였다. 셋째는 촉롱기燭籠旗로 모습이 초롱같은데 이를 들면 군사들이 사방에서 포위하도록 하였다.[33]

매우 유연하고 융통성이 높은 진법과 함께 일본군은 조선군에 비해 조총, 창검 운용 능력과 전투의지도 상당히 높았다.[34] 이는 전국 시대를 거치면서 많은 전투를 통하여 익힌 전투 기술 및 능력이라고 할 수 있다. 특히 일본군이 새로이 장비한 조총은 그 자체로는 사거리와 발사속도 등의 측면에서 조선의 편전片箭 등 궁시를 압도할 수 있는 것은 아니었다. 그러나 기존의 장병 위주 전술에 바탕을 둔 조선군의 전술적 우

---

32 『서애집』 권16, 잡저, 「倭知用兵」.
33 『서애집』 별집 권4, 잡저, 「記倭陣法」.
일본군의 진법에 대해서는 강성문, 앞의 논문, 2006, 160쪽 참조.
34 『서애집』 권14, 잡저, 「戰守機宜十條」, 長短.

위에 대응할 수 있을 뿐 아니라 조총의 집단 운용을 통해 조총의 장점을 극대화시켰다. 이른바 '삼단제사전술三段齊射戰術'이 그것이다.

'삼단제사전술'은 조총 부대의 사격조를 3줄로 배열하여 차례로 장전하고 사격하도록 한 것으로 중단 없이 사격을 반복할 수 있다는 장점이 있었다. 아울러 조총의 약점인 느린 발사 속도를 보완할 수 있었다. 이 전술을 통해 조총부대는 화망을 구성하는 전술적 운용의 힘으로 그 전투력을 극대화할 수 있었다. 이는 특히 기병대와의 전투에서 위력을 발휘할 수 있었다.[35] 조총의 연속적 사격은 공성 전투에서도 위력을 발휘하여 일본의 경우에는 조총의 보급에 따라 전국시대 초기 융성하였던 산성山城의 위력이 반감되기도 하였다.[36] 제1차 조선-일본 전쟁(임진왜란) 초기 산성이나 산을 배경으로 하고 있던 조선의 여러 성곽이 일본군의 공격에 쉽사리 함락되었던 것도 이와 관련이 있다.

3. 충주전투를 통해서 본 조선군의 편성과 전술

제1차 조선-일본 전쟁 초기 조선과 일본군의 편성과 전술이 극명하게 드러난 것은 충주의 탄금대 전투이다. 조선군과 일본군의 주력이 맞붙은 이 전투는 당시 두 나라 군대의 실상과 전법 양상을 여실히 잘 보여주는 전투로 주목된다. 16세기 중엽 포르투갈 사람을 통해 새로운 화승총인 조총이 전해지기 전까지 일본군의 전술은 창검을 위주로 하는 단병 전술이 중심을 이루었다. 이에 비해 조선은 보병과 함께 기병을 중시한 편제와 활(궁시) 및 화약 무기 중심의 장병 전법을 채택하고 있었다.

---

35 삼단제사전술은 오다 노부나가(織田信長)에 의하여 최초로 고안되어 1575년 나가시노 전투(長篠合戰)에서 3,000명의 조총병으로 다케다(武田)의 기마 군단을 전멸시킨 것으로 널리 알려져 있다. 이 전술은 유럽보다도 약 20년 이상 앞서는 것으로 평가되기도 한다. 그러나 최근 일본에서는 당시 조총 보급이 그다지 충분하지 않았고, 나가시노 전투에서 오다 노부나가가 삼단제사전술을 구사하였는지에 대해 의문을 제기하는 견해도 나타나고 있다(宇田川武久, 『鐵砲傳來』, 中央公論社, 1990, 60~63쪽).

36 久保田正志, 「近世城郭の立地についての一考察」『城郭史研究』 23, 2003.

조선은 화약무기를 보유하지 못하였던 일본군에 대해 일본의 전통적인 장기인 검술 등 단병 무예의 위력이 발휘되기 전에 효과적으로 대응할 수 있었다.[37] 실제 조총이 전래되기 이전 일본군의 대표적인 장병기인 활(궁시)은 유효 사정거리가 80m 정도에 불과하였다. 이에 비해 조선의 대표적인 화살 무기인 편전片箭은 유효사정거리가 130보, 약 200m에 달하여 일본의 활에 비해 2배 이상이나 먼 거리에서 사격할 수 있었다.[38]

16세기 중엽인 1543년 다네가시마[種子島]를 통해 조총이 보급되면서 조선의 전술적 우위는 상쇄되기 시작하였다. 조총은 활에 비해 발사 속도도 느리고 우천이나 습기에 약한 등 불안정한 요소가 적지 않았지만 관통력도 우수하고 사정거리도 일본의 기존 활에 비해 두 배에 달하였다.[39] 일본군이 기존의 장기인 검술 등 단병 전술에 더하여 우수한 장병기인 조총을 장비함에 따라, 전투에서 조선군의 대표적인 장병기인 활을 이용한 전술은 무력해질 가능성이 높아졌다.[40] 특히 일본은 조총의 취약점인 느린 발사속도로 인해 상대의 돌격에 무력한 취약점을 보완하기 위해 조총의 연속사격법인 이른바 삼단제사전술을 도입하였다. 그와 함께 장창대에 의한 엄호를 필요로 하게 됨에 따라 장창보병(창족경槍足輕)의 집단 운용전술도 함께 갖추었다.[41]

16세기 전국시대를 통해 다양한 전술 체계와 편제, 그리고 새로운 무기체계를 갖추었던 일본군에 비해 조선의 편제 및 전술상의 변화는 크게 나타나지 않았다. 북방의 대규모 군사동원체제를 위한 『제승방략』에서 화승총인 승자총통勝字銃筒을 이용한 전법이 최초로 도입되었으나 아직 이를 중심으로 한 전법 체계가 고안된 것은 아니었다. 승자총통은 다만 기존의 활을 중심으로 한 장병 전술을 보다 강화하는 정도에서 도입된 것이다. 그리고 승자총통의 운용도 기본적으로 수성전 등에서의 활용을 고려

---

37 이태진, 「임진왜란에 대한 이해의 몇 가지 문제」 『군사』 1, 1980.

38 강성문, 「조선시대 편전에 관한 연구」 『학예지』 4, 1995, 290쪽.

39 金子常規, 『兵器と戰術の日本史』 原書房, 1982, 101쪽.

40 당시 전투용으로 주로 사용되던 구경 15.8mm 내지 18.7mm 조총의 경우 최대 사정거리는 500m 이상에 달하였고 유효사정거리는 약 200m 정도로 조선의 편전 사정거리와 거의 대등하였다(洞富雄, 『鐵砲 - 傳來とその影響』, 思文閣出版, 1991, 79쪽).

41 金子常規, 앞의 책, 1982, 101~102쪽.

한 것이었다.[42] 16세기 후반까지 여진족은 아직 화약 무기를 가지고 있지 않았으므로, 기존의 전법에 바탕을 두고 승자총통을 『제승방략』의 전법에 보강한 전법으로도 이에 적절히 대응할 수 있었다. 야전의 경우에는 「장양공정토시전부호도壯襄公征討時錢部胡圖」에서 보이듯이 아직도 활을 가진 기병 중심의 전술이 주를 이루고 있었다.

그러므로 16세기 후반 조선의 전술과 군사조직으로는 앞으로 전개될 새로운 전쟁 상황, 즉 다수의 화기가 사용되어 조선이 가지고 있던 활 위주의 장병 전법의 장점이 충분히 발휘될 수 없으며 근접전에 사용되는 단병 무예에도 함께 대처하여야 하는 양상에 적절히 대응하기 어려웠다. 따라서 근접전 전술의 필요성이 제기되었으나 조선은 기사騎射 등 활과 기창騎槍 등 일부 단병 무예 이외에 근접전을 위한 단병 전술과 무예를 적절히 갖추지도 못한 상태였다. 다음의 언급은 이를 잘 보여준다.

> 오직 우리나라는 해외에 치우쳐 있어 예로부터 전해오는 것이 오직 궁시 한 기예만 있고 칼과 창은 단지 그 기계만 있고 도리어 그 익혀 쓰는 법은 없었다. 말 위에서 창을 쓰는 것은 비록 무과 시험장에서는 쓰이지만 그 방도도 상세히 갖추어져 있지 않으므로 칼과 창이 버려진 무기가 된 지 오래되었다. 그러므로 왜군과 대진할 때 왜군이 갑자기 죽기를 각오하고 돌진하면 우리 군사는 비록 창을 잡고 칼을 차고 있더라도 칼은 칼집에서 뽑을 겨를이 없고 창은 겨루어보지도 못하고 속수무책인 채로 적의 칼날에 꺾여버리니, 이는 모두 칼과 창을 익히는 방법이 전해지지 않았기 때문이다.[43]

충주전투는 이러한 조선군의 전술적 취약성을 극명하게 보여주었다. 충주 전투에서 도순변사 신립이 지휘한 수천 명의 조선군은 기병을 주력으로 편성되었다.[44] 따라

42 『제승방략』 권2, 「軍務二十九條」.
43 『무예도보통지』 권수, 技藝質疑.
44 『연려실기술』 권15, 선조조고사본말. 「壬辰倭亂大駕西狩」. 이에 비해 고니시 유키나가(小西行長) 휘하의 일본군 종군 승려인 天荊의 『서정일기』에는 조선군의 규모가 수만에 이르는 것으로 기록되어 있다. 그러나 충주 전투에서 치명적인 타격을 받은 조선군의 피해가 전사 3천여 명, 포로 수백 명에 이르는 것으로 보아 충주전투에 참여한 조선군의 전체 규모가 수만 명이라는 것은 상당히 과장된 것으로 보인다(北島萬次, 『朝鮮日日記 高麗日記 ; 秀吉の朝鮮侵略とその歴史的告發』, そしえて, 1982, 50쪽).

서 기병을 집중적으로 운용하기 적합한 평지 지대인 탄금대 일대에 진을 치고 보병 위주로 구성된 약 2만 명의 일본군에 대항하고자 하였다.[45] 당시 고니시 지휘하의 일본군 종군 선교사였던 프로이스의 탄금대 전투 기록은 당시 두 군대의 편성 및 전술 양상을 극명하게 잘 보여준다.

> 고려군(=조선군)도 전진戰陣을 정비하여 월형月型으로 진을 치고서 적이 소수인 것을 보고는 일본 군지軍地의 중앙을 습격하고 한 병사도 도망치지 못하게 포위하기 시작하였다. (양군이) 접근했을 때 고려군의 예상은 틀려졌다. 일본군의 기치가 나부끼고 다수의 병사가 모습을 나타내고 고려군의 양단을 향해 포화를 퍼부었다. 고려군은 이에 견딜 수 없어 조금 후퇴하였으나 곧 태세를 가다듬고 한 두 차례 공격해 왔다. 그러나 일본군은 계획적으로 진출하여 조총에 더하여 대도大刀의 위력(밑줄: 필자)으로 흩어져 습격하였기 때문에 고려군은 전장을 포기하고 앞을 다투어 달아났다.[46]

이 자료에 의하면 조선군이 '월형의 진형'을 치고서 먼저 기병의 장기인 기동력을 앞세워 일본군의 중앙을 향해 선제 돌격하여 포위하는 전술을 취했음을 알 수 있다. 이는 조선의 전술체계인 『진법』에서 보이는 언월진偃月陣을 연상시키고 있다. 신립은 최초 기병 1천으로 일본군의 중앙에 돌격하게 하여 일본군을 저지하고, 이어 1천 기병을 돌격하게 하여 일본군의 중앙 부분을 분단하였으나, 뒤이어 나타난 좌, 우익의 일본군 공격에 밀리게 되었다.[47] 이는 조선의 기병에 의한 일제 돌진 전법이 근거리에서 이루어진 일본군의 집중적인 조총 사격과 장검大刀에 의한 장병과 단병 배합 전법에 적절히 대적하지 못하였음을 보여준다. 게다가 일본군은 전열에 깃발을 나부끼며

---

45 조선군이 기병 위주의 전법을 고려했음은 신립이 일본군은 보병이고 조선군은 기병이므로 기마전을 하기 유리한 야전을 주장하여 탄금대를 전투장으로 선택한 것에서 확인할 수 있다 (『선조수정실록』 권25, 선조 25년 4월 경인).

46 フロイス, 『秀吉と文禄の役』, 中央公論社, 1974, 97~99쪽. 충주전투 당시 일본군의 전투 편성은 크게 3대로 나누고 예비대를 두었다. 중앙대는 고니시 유키나가(小西行長) 지휘하의 7천명이었고 우익은 마츠라 시게노부(松浦鎭信) 휘하의 3천명, 좌익은 소오 요시토시(宗義智) 휘하의 5천명으로 구성되어 있었다. 그리고 3천 7백 명의 예비대가 충주성에 있었다.

47 이형석, 『임진전란사 (상권)』, 임진전란사 간행위원회, 1967, 269~270쪽.

탄금대 전경
(충북 충주)

혼란을 가하는 기만전술도 아울러 구사하고 있었다.[48] 신립의 탄금대 패전은 조총과 검술, 장창 등을 배합하고 포위기동 등을 수행한 일본군에 대해 활을 중심으로 한 기존의 기병 돌격 중심의 전술을 무리하게 적용한 전법상의 한계에 기인하고 있다.

4. 의병의 봉기와 전술적 성과

일본군은 한성의 신속한 함락을 우선 목표로 하였기 때문에 조선군의 방어태세가 잘 갖추어진 경우에는 이를 우회하여 통과하기도 하였다. 예를 들어 가토 기요마사가 이끈 일본군 2번대는 좌방어사 성응길의 견제를 받게 되자 최초 계획하였던 죽령을 넘어 북상하는 것을 포기하고 1번대가 넘었던 조령을 넘어 북상하였다. 조령의 서쪽인 추풍령을 넘었던 3번대도 우방어사 조경 등의 저지를 받기도 하였다.[49] 이처럼 전쟁 초기 소백산맥을 연한 일대에서 이루어진 조선군의 저지로 인해 일본군은 이동하는 지역을 통제하지 못하고 곧바로 북상하였으므로 경상 좌우도 지역의 상당 지역은 일본군의 피해를 거의 입지 않을 수 있었다. 예를 들어 제1차 조선-일본 전쟁 초기

48 『선조실록』 권26, 선조 25년 4월 병오.
49 이호준, 「임진왜란 초기 경상도 지역 전투와 군사체제」 『군사』 77, 2010, 166~174쪽.

경상우도의 군현 중에서 일본군의 직접적인 피해를 입은 지역은 성주, 개령, 금산, 상주 등 몇 곳을 제외하고는 거의 없는 실정이었다.

일본군의 침공으로 관군이 여러 곳에서 패배하고 한성이 함락되는 등 위기를 겪자 각 지역에서 의병이 일어나기 시작하였다. 최초의 의병은 4월 하순 곽재우가 의령에서 조직한 것이었다. 곽재우가 의병을 조직한 시기는 일본군이 김해, 창녕을 함락시키고 창녕, 현풍, 진해, 고성 등 인접 지역으로 침입하던 무렵이었다.[50] 곽재우는 향리를 지키기 위해 가동家僮 10여인을 거느리고 사재를 내어 용사 수백 명을 모집하여 급히 의병 부대를 조직하게 된다.[51] 그러나 각 지역에 의병이 본격적으로 조직되기 시작한 것은 5월에 들어서면서 조정에서 임명한 각 지역의 초모사, 안집사 등이 도착하면서부터였다. 경상우도의 경우 5월 4일(양 6월 13일) 초유사 김성일이 전라도에서 함양으로 들어온 즉시 경상 우도의 여러 고을에 1~2인의 소모유사召募有司를 임명하여 주위의 군병을 모으도록 하고 격문을 내어 의병을 조직할 것을 호소하였다. 그리고 이미 의병을 편성한 곽재우를 격려하였다.[52] 김성일의 종용으로 경상 우도의 유력 인사인 김면과 정인홍은 5월 10일(양 6월 19일) 합천의 숭산동에서 회합하여 의병 기병起兵을 논의하게 된다.[53] 김면은 곧바로 자신의 근거지인 고령高靈에서 정예 무사를 모으기 시작하였고 5월 22일(양 7월 1일)에는 인근 고을인 안음, 함양, 산음, 단성, 삼가, 의병 등에도 기병유사起兵有司를 선정하여 군병을 추가로 모집하기 시작하였다.[54] 경상좌도 지역도 마찬가지로 경상도안집사慶尙道安集使 김륵金玏이 안동에 도착하고 그의 후원과 행정 체계의 정비로 6월부터 본격적으로 이 지역 유력 사족 주도하에 의병이 조직되었다.[55]

충의사 장검(경남 의령)
곽재우가 사용하던 칼이다.

---

50 이장희, 『곽재우연구』 양영재, 1983, 66~68쪽.
51 『망우집』 권3, 부록, 「龍蛇別錄」.
52 李魯, 『譯註 龍蛇日記』(이재호 역), 부산대 한일문화연구소, 50쪽.
53 『고대일록』, 임진년 5월 10일.
54 『고대일록』, 임진년 5월 22일.
55 노영구, 「임진왜란 초기 근시재 金垓의 의병 활동」 『군자리, 그 문화사적 성격』, 토우, 2001,

호남지방에서는 전라순찰사 이광의 2차에 걸친 북상군이 무너지기 전인 5월 중순, 광주와 나주지방에서 고경명과 김천일 등이 중심이 되어 의병이 조직되었다. 이외에도 남원, 순창 등에서는 양대박과 유팽로 등을 중심으로 의병이 조직되었다. 6월 초에는 이들 호남 의병 6천여 명이 담양에 집결하여 고경명을 의병대장으로 추대하여 북상하였다. 7월 10일(양 8월 16일)에는 금산성의 일본군을 공격하였으나 패배하였다. 그러나 일본군의 전라도 지역 침입을 단념하게 하는 전략적 성과를 거둔 것으로 평가할 수 있다. 충청도 지역에서는 조헌이 5월 21일(양 6월 30일) 옥천에서 의병을 일으켜 군세를 1천으로 확대하고 이후 승장 영규와 합세하여 8월 1일(양 9월 6일) 청주성을 수복하였다.[56] 이후 8월 중순 금산성의 일본군을 공격하였으나 패배하였다. 이외에도 전국 각지에서 많은 의병 부대가 조직되어 일본군에 큰 타격을 입혔다.

5월 이후 전국 각지에서 의병이 급속도로 조직되고 일본군 부대와 각지에서 대소 전투를 치르게 된 것은 당시의 전쟁 상황과 밀접한 관련이 있었다. 상륙한지 20일 만인 5월 초 한성을 함락한 일본군은 5월 중순 도요토미의 지시에 따라 조선 국왕 선조를 추격하여 북상하는 것과 아울러 조선 전역에 대한 지배에 본격적으로 착수하였다. 이는 조선-일본 전쟁의 기본 목표였던 명 정복을 통한 동아시아 지배 구상과 관련이 있는 것이었다.[57] 이를 위해 경부 축선의 주요 통로를 따라 곧바로 한성으로 올라갔던 일본군은 각 군별로 책임 맡은 지역으로 다시 이동하기 시작하였다. 아울러 확보한 지역에 대한 통제력을 확보하기 위해 노력을 기울이게 된다. 실제 6월에 들어서면서 일본군은 조선의 지배를 총괄하는 기구인 봉행중奉行衆과 그 아래에서 조선 각도의 지배를 담당하는 어소성중御小姓衆이라는 분담체제를 구상하였을 뿐만 아니라 한반도 안에 현지 기구인 대관소代官所를 두도록 하였다. 6월 초, 비후備後의 가토 기요마사 영역 내에서 일어난 반란(우메키타 이키梅北一揆)에서 보이듯 일본 국내에서도 명 공격에 대한 반대 여론이 적지 않은 상황이었다. 따라서 조선에 대한 통제력 확보를 우선적인 전략으로 고려하기 시작하였다.[58]

186~188쪽.

56 송정현, 「의병의 봉기」 『한국사 29』, 국사편찬위원회, 1995, 47~50쪽.

57 北島萬次, 『秀吉の朝鮮侵略』, 山川出版社, 2002, 16~17쪽.

칠백의총(충남 금산)
금산전투에서 전사한 이들의 유골을 모아 만든 무덤으로 조헌의 문인인 박정량(朴廷亮) 등이 만든 것으로 전해진다.

조선 영역에 대한 온전한 확보 노력에 따라 일본군의 각 지역 경략이 본격화되면서 조선군 및 의병과의 전투도 격렬해졌다. 의병 부대도 이에 대응하여 조직적이고 광역화되는 양상을 보이기 시작하였다. 예를 들어 경상우도의 경우를 보면 6월 22일(양 7월 30일) 초유사 김성일의 주도로 정인홍, 김면이 거창에서 함께 만나 일본군에 대한 작전을 함께 상의하면서 거주지 방어군의 성격이 크게 변하게 된다.[59] 이 모임을 계기로 김성일의 일원적인 통제하에 각개 군현 단위의 의병 부대적인 성격에서 몇 개의 군현이 연합한 군관구적인 성격으로 변하게 되었다. 정인홍 의병의 경우 합천가장陜川假將 손인갑이 전사하자 정인홍이 휘하의 여섯 고을 군병을 직접 통솔하였다.[60] 곽재우 의병도 의령을 중심으로 하여 삼가三嘉 지역의 군병을 통합하여 편성되는 모습을 볼 수 있다.[61] 즉 경상 우도의 의병은 초유사 김성일의 일원적인 통제하에 김면, 곽재우, 정인홍 등 주요한 세 의병대장이 대체로 해당 지역을 나누어 주변 해당 군현의

58 中野等, 『文祿·慶長の役』, 吉川弘文館, 2008, 80~81쪽.
59 『고대일록』, 임진년 6월 22일.
60 『고대일록』, 임진년 6월 29일.
61 『龍蛇日記』, 86쪽.

군사를 통합하여 작전을 수행하였음을 짐작할 수 있다.[62] 이는 다른 지역도 비슷한 양상으로 전개되었을 가능성이 있다. 이는 경상 좌도 지역도 김해金垓를 총대장으로 하여 다시 재편되기도 하였음을 통해서도 알 수 있다.

의병의 조직이 확대되고 광역화되자 의병의 전투는 시기가 지나면서 단순한 소규모 유격전에 그치지 않고 국가적 차원의 방어전에도 적극적으로 참여하였다. 의병의 단초가 조선인 반역자와 일본군으로부터 피난지나 근거지를 방어하던 상황이었던 것[63]과 달리 고경명, 조헌 등의 금산성 1, 2차 전투, 김천일 의병군의 2차 진주성 전투 참여 등은 이런 변화를 잘 보여준다. 이는 관군과 합세하여 이루어지는 경우가 대부분으로 전략적 의미는 적지 않지만 전술적으로 새로운 의미를 가지는 것은 아니었다.

이에 비해 단위 지역 차원에서 이루어졌던 소규모의 유격전은 의병 전투 초기부터 이루어졌고 전술적 의미도 적지 않았다. 의병은 초기에는 관의 지원을 받지 못하였으므로 무기나 군량 등의 측면에서 관군에 비해 한계가 분명하였다. 그러나 의병은 지역에 익숙할 뿐만 아니라 기본적으로 관군 출신이 다수를 점하고 있었으므로 그들의 개인 전술적 능력은 뒤떨어진 것이 아니었다.[64] 특히 의병에 의한 일본군 후방 지역 유격전의 전개로 인해 일본군이 계획대로 군세軍勢를 이동시키는 것은 용이한 것이 아니었다. 명을 공격하기 위해서는 일본군이 북상할 필요가 있었으나, 경상도 지역을 담당하였던 모리 데루모토[毛利輝元] 휘하의 일본군 상당수는 경상도에 잔류할 수밖에 없었다. 전라도를 담당하는 고바야카와 다카카게[小早川隆景] 휘하의 일본군 중 상당수도 전라도 경략에 나설 수밖에 없는 상황이 되었다.[65]

의병이 일본군에 대해 취한 유격전술은 곽재우와 양대박 부대의 사례에서 확인할 수 있다. 곽재우는 관군의 기존 전술인 수성전에 주력하지 않고 전략 요충지를 근거로 유격전을 전개하였다. 그는 전쟁에서 군수물자의 보급 중요성을 인식하였다. 따라서 낙동강을 오르내리며 군수물자를 운반하는 일본 선박을 차단하여 일본군의 활동

---

62 노영구, 「임진왜란 초기 경상우도 의병의 성립과 활동 영역」 『역사와현실』 64, 2007.

63 정진영, 「壬亂전후 尙州지방 사족의 동향」 『민족문화논총』 8, 1987, 115쪽.

64 의병의 다수가 관군 출신이라는 점에 대해서는 노영구, 「임진왜란 초기 양상에 대한 기존 인식의 재검토」 『한국문화』 31, 2003에 자세하다.

65 中野等, 앞의 책, 2008, 80~81쪽.

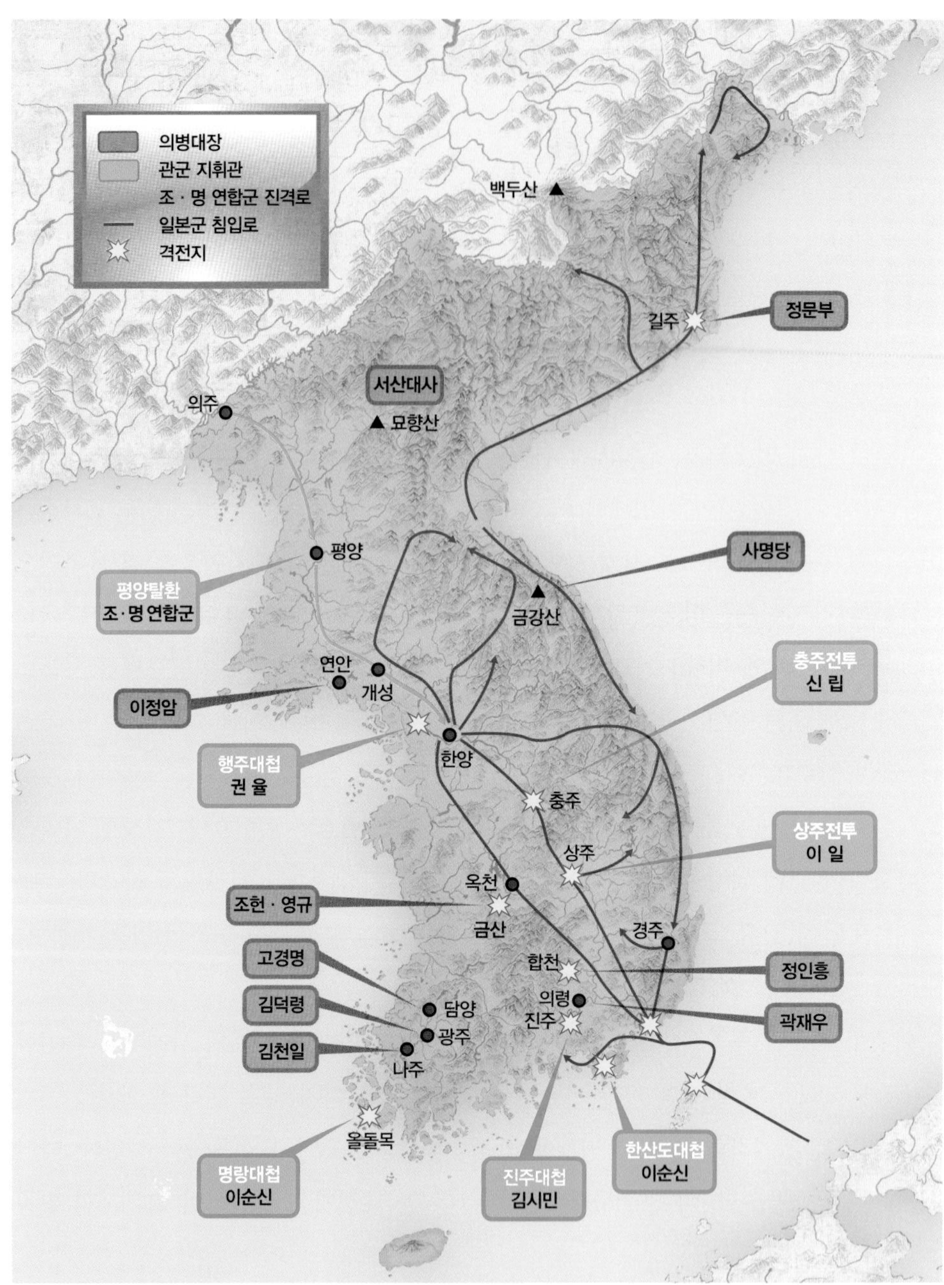

조선-일본 전쟁과 의병활동

에 장애를 주고자 하였다. 이를 위해 강 가운데 목장木杖을 설치하여 선박이 지나가다 걸리면 미리 숨겨놓은 복병으로 기습하여 일거에 적을 공격하였다. 이외에도 산 위에서 횃불을 들고 함성을 질러 서로 호응하게 하는 위계전술僞計戰術을 펴는 등 유격전의 진면목을 보여주었다.[66] 전라도의 양대박에 의한 운암전 등도 의병군의 유격전에 의한 전과로서 재물을 약탈 중이거나 식사 준비 중인 일본군에 대해 기습에 의한 협공으로 큰 전과를 거두기도 하였다.[67]

요충지에 매복하여 일본군을 기습하는 의병의 전술은 기본적으로 전쟁 이전 조선군의 전술적 장기인 활을 이용한 전술과 밀접한 관련을 가지고 있다. 의병의 대다수는 기존의 관군 출신으로 낙오된 이른바 산졸散卒로서 이들은 기본적으로 활을 다루는데 상당히 숙달되었다. 활은 숙달하는데 상당한 시일이 소요되지만 관군 출신이 다수를 점하였던 의병들은 곧바로 활을 이용한 매복전술 등을 수행할 수 있었다. 특히 일본의 장기인 조총은 화승에 불을 붙여야 하는 등 평지에서 여유가 있을 때에만 위력을 발휘하는 것에 비해 활은 언제든지 사용가능하여 전투에서 융통성이 컸다.[68] 이에 따라 의병들은 지세가 험한 곳에 매복하고 기습적으로 사격하여 일본군을 효과적으로 공격할 수 있었다.

조선-일본 전쟁을 통해 조총이라는 개인용 화기의 우수성이 확인되었지만, 동시에 험한 곳에 매복한 의병들의 활에 의한 기습 공격에는 제대로 대응하지 못하는 등 조총의 한계도 극명히 드러났다. 아울러 융통성이 높은 활의 전술적 유용성도 확인되었다. 조선-일본 전쟁(임진왜란) 중 명나라의 절강병법이 입수되고 여러 신형 단병기로 무장한 살수가 일본군의 단병 공격을 저지하는데 그 유용성이 확인되었지만 일부 전투의 경우에는 오히려 활을 위주로 편성된 조선군의 우수성이 확인되기도 하였다. 1592년(선조 25) 11월 경상도 안강에서 검술에 능한 명나라 남병이 일본군의 공격을 막아내지 못하고 많은 사상자를 낸데 비해, 오히려 활 등으로 무장한 조선군이 일본군을 저지하고 명나라군을 구한 사례 등은 그 대표적인 경우이다.[69] 따라서 조선-일

---

66 강성문, 『임진왜란 初期陸戰과 방어전술 연구』, 한국학중앙연구원 박사학위논문, 2006, 141~142쪽.
67 강성문, 「양대박의 운암전 고찰」 『학예지』 5, 육군사관학교 육군박물관, 1997.
68 『선조실록』 권57, 선조 27년 11월 임진.

본 전쟁 중 이루어진 조선군의 새로운 군사제도인 이른바 삼수병三手兵 체제에서 새로운 병종인 포수, 살수와 함께 활을 다루는 사수射手가 적지 않게 편성된 것은 의병의 활을 이용한 매복전 경험 등이 강하게 영향을 미친 것이라고 할 수 있을 것이다.

5. 명의 파병과 조·명연합군의 편성

조선-일본 전쟁이 발발하기 직전 명은 이미 여러 경로로 일본이 조선을 경유하여 명으로 쳐들어올 것이라는 정보를 접하고 있었다. 이는 당시 일본과의 무역에 종사하던 자 등을 통해 일본의 명 정벌 계획이 명 조정에 전해졌기 때문이다. 그런데 조선-일본 전쟁 발발 직전인 1591년(선조 24) 8월 유구에서 명나라로 전해진 통보에는 일본이 명을 공격한다는 사실 이외에 조선이 일본의 향도가 될 것이라는 사실이 함께 전해졌다. 이에 명에서는 조선에 자문咨文을 보내어 일본의 정세를 탐문하는 등 조선의 동향을 예의주시하기 시작하였다. 이때 조선에서는 사신을 파견하여 조선이 일본과 결탁하여 향도가 된다는 소문이 허위임을 적극적으로 알렸다. 즉 명은 조선-일본 전쟁 직전부터 일본의 조선을 통한 명 침공 계획을 알고 있었으며 조선이 일본의 향도가 될지 모른다는 점을 고려하기 시작하였다. 어떠한 경우라도 일본군이 조선을 침공하면 그 여파가 곧바로 명에 미칠 것이란 점에 대해 인식하고 방어책 마련에 부심하였다.[70]

1592년(선조 25) 4월 중순 일본군이 조선을 침공하자 조선 조정은 4월 하순 의례적으로 요동에 자문을 보내어 이 사실을 통고하였다. 5월 7일(양 6월 16일) 한성에서 평양으로 피난 온 선조는 곧바로 역관을 요동에 파견하여 사태의 심각성을 다시 한번 명나라에 통보하였다. 이때까지는 명나라에 정식으로 원병을 요청하지는 않았다. 그러나 5월 중순 조선군의 임진강 방어선이 무너지자 조선은 우부승지 유몽정을 명에 파견하여 원병을 요청하였다. 조선의 통보를 받은 명은 곧바로 조선으로의 파병을 결

69 『선조실록』 권35, 선조 26년 2월 을사.
70 조원래, 「명군의 참전과 전세의 변화」 『한국사 29』, 국사편찬위원회, 1995, 71~72쪽.

정하지 못하였다. 그것은 조선-일본 전쟁 직전 명나라가 조선이 일본과 공모하여 요동을 탈취하려 한다는 이른바 향도설嚮導說에 대한 의구심을 가지고 있었던 것에서 기인한다. 향도설에 대한 의구심이 완전히 불식되지 않았으므로 조선의 보고에도 불구하고 명은 곧바로 파병 결정을 내리기보다는 조선의 동정을 살피는데 주력하였다. 심지어 일본이 부산에 상륙한 지 20일이 채 되지 않아 수도 한성을 함락한 것도 명의 의심을 사기에 충분한 것이었다. 이에 명은 조선이 일본군의 향도가 될 것인지 여부를 탐지하고 평양의 선조가 진짜 조선 국왕인지를 확인하기 위해 여러 차례 사신을 보내기도 하였다. 아울러 요동, 산동 등지와 각 해안의 방어태세를 점검하였다.[71]

6월 들어 조선의 향도설이 허구임이 밝혀지고 조선의 거듭되는 원병 파견 요청에 따라 명에서는 본격적으로 파병 논의에 착수하였다. 특히 6월 중순 평양성이 일본군에 함락되자 명은 종래의 소극적인 자세에서 벗어나 조선에 파병하는 문제를 본격적으로 논의하였다. 특히, 병부상서 석성石星은 만일 일본군이 조선을 점령하게 된다면 곧바로 요동을 침범하고 이어 산해관山海關을 넘어 북경을 위협할 것이라고 하여 조선에 대규모 군대를 파병할 것을 주장하였다. 석성의 이 주장을 명의 황제 신종이 채택하면서 명군의 파병이 결정되었다. 이에서 보듯이 명 참전은 조선의 구원 요청을 수용하는 형식으로 이루어졌지만 더 중요한 배경은 명 자체의 필요성에 있었음을 알 수 있다. 즉 명의 참전은 조선을 구원한다는 목적보다는 조선이 일본에 넘어갈 경우를 우려하여 요동을 방어하고 궁극적으로 중국의 중심부인 북경 일대를 보호하려는 의도에서 이루어진 것이었다.[72] 이러한 상황에서 평양이 함락되는 등 조선 전역을 일본군이 석권할 가능성이 커지자 전쟁을 명 국내로 확대시키지 않기 위해 적극적으로 명군의 조선 파병이 이루어지기 시작하였다.

6월 중순 명이 조선을 구원하겠다는 통보가 이루어지고 명군 선발대의 조선 파병 소식이 전해지자 선조는 대동강 등 주요 강 방어를 통해 일본군의 북상을 저지하고 명군 파병에 필요한 시간을 확보할 것을 지시하기도 하였다.[73] 6월 15일(양 7월 23일)

71 최소자, 「명말 중국적 세계질서의 변화 -임진·정유왜화를 중심으로」『명말 청초사회의 조명』, 한울, 1990, 224~230쪽.

72 한명기, 『임진왜란과 한중관계』, 역사비평사, 1999, 31~33쪽.

부터 19일(양 7월 27일)에 걸쳐 유격遊擊 사유史儒, 대조변戴朝弁 등이 이끄는 명군 선발대가[73]압록강을 건너 조선으로 들어왔다.[74] 이때 파병된 명군은 명의 중앙군이 아니라 요동광녕진수총병관 양소훈楊紹勳 휘하의 요동지역 군병으로, 본격적으로 일본군을 공격하기에 앞서 일본군의 추가 북상을 저지하고 선조를 보호할 목적에서 선발대로 우선 파병된 것이었다. 이어 명의 부총병 조승훈祖承訓이 본대와 함께 7월 10일(양 8월 16일)경 압록강을 건너 조선으로 들어왔다. 이때 조선에 들어온 명의 요동군은 약 3,900명의 병력으로서,[75] 이들은 일본군의 북상을 일단 저지하고 평양을 우선적으로 확보하기 위해 곧바로 평양으로의 공격에 착수하였다.

조승훈은 먼저 유격장 사유를 선봉장으로 삼아 가산嘉山으로 남하하고 이어 순안을 거쳐 강행군으로 7월 17일(양 8월 23일) 이른 새벽 평양성 부근에 도착하였다. 조승훈의 명군은 기본적으로 요동의 기병이 주축이었다. 이들은 현지의 지형에 어두울 뿐 아니라 그 무렵 쏟아진 폭우로 인해 길바닥이 진흙탕이 되어 기병이 그 능력을 충분히 발휘하기 어려운 상황이었다. 그러나 조승훈은 기습을 통한 평양성의 조기 확보를 목적으로 당일 동틀 무렵 평양성 공격에 곧바로 착수하였다.

당시 도원수 김명원 휘하의 3천여 조선군도 그 뒤를 따르고 있었다.[76] 명군은 급속히 평양성으로 진격하여 보통문을 지나 대동문으로 진출하였다. 기습을 당한 일본군은 성문을 미처 닫지 못하고 별다른 저항도 하지 못하였다. 그러나 전열을 갖춘 일본군은 성 안의 요소에 매복하다가 명군이 칠성문으로 들어가자 좌우에서 일제히 조총을 발사하였다. 당시 내린 비로 진창이 되어 명 기병들은 미끄러지는 등 제대로 운신하지 못하였다. 이 공격으로 선두에 선 사유가 조총에 맞아 전사하고 후군後軍의 대부분이 큰 피해를 입었다. 사령관 조승훈은 급히 퇴각하였으나 유격장 대조변戴朝弁과 천총 장국충, 마세륭 등도 탄환에 맞아 전사하였다. 조승훈은 남은 군사를 인솔하

73 『선조실록』 권27, 선조 25년 6월 임인.

74 『선조실록』 권27, 선조 25년 6월 갑진.

75 『선조실록』 권28, 선조 25년 7월 무진.

76 이하 평양성 전투에 대해서는 『선조실록』 권28, 선조 25년 7월 정축 ; 『선조수정실록』 권26, 선조 25년 7월 무오 등을 종합하여 정리. 아울러 서인한, 『임진왜란사』, 국방부 전사편찬위원회, 1987, 145~146쪽 참조.

여 곧바로 순안과 숙천을 거쳐 안주로 철수하였다. 이후 조승훈은 조선의 만류에도 불구하고 요동으로 되돌아가 오히려 조선군의 한 진이 일본군에 투항하여 전세가 불리해졌다고 무고하여 조선을 어려움에 빠뜨리기도 하였다.

김명원 신도비(경기 고양)

평양성 전투에서 조·명 연합군은 패배하였지만 몇 가지 점에서 조선-일본 전쟁의 국면을 변화시키는 계기를 마련하였다. 먼저 명나라가 본격적으로 전쟁에 참여함으로 인해 전쟁의 양상이 조선과 일본을 두 주체로 한 전쟁에서 이제 명을 포함한 동아시아 전체의 전쟁으로 변하게 된 것이었다. 이는 일본에 있어 매우 불리하게 작용하게 되었다. 조선과 명(명 주변의 세력 포함)을 일방으로, 그리고 일본을 일방으로 하는 양상으로 전개되어 전략적 균형의 추가 전쟁 초기 일본에서 조·명 연합 세력으로 넘어오게 된 것이다.

다음으로 일본은 조선을 먼저 완전히 복속하고 그 여세를 몰아 명을 공격한다는 기존 전략의 근본적인 수정이 불가피해졌다. 실제 평양성의 고니시 유키나가는 명나라군의 조기 투입에 큰 충격을 받았다. 아울러 8월 초에는 평양 일대에 대한 1만 여명의 조선군에 의한 독자적인 평양성 공격도 감행되었다.[77] 따라서 일본군의 평양 이북으로의 진격은 매우 어려운 상황이었다. 그 직후인 8월 한성에서 소집된 군사 회의에서도 도요토미가 특파한 구로다 요시타카[黑田孝高] 등과 다수의 다이묘들은 병력과 군량의 한계를 고려하여 한성의 확보를 우선하기 위해 한성 주변으로 병력을 철수하는 방안을 내놓기도 하였다. 이 방안은 고니시의 반대로 실패하였지만 일본은 조선과 명의 압박으로 인해 더 이상 명으로의 진공이 현실적으로 어려워졌다.[78]

세 번째, 조승훈의 무모한 평양성 공격과 패배로 인해 명나라가 받은 충격도 적지 않았다. 명의 일본에 대한 위기의식은 더욱 커졌을 뿐만 아니라 일본군의 실력이 생

77『선조수정실록』 권26, 선조 25년 8월 무자.
78 北島萬次, 『豊臣秀吉の朝鮮侵略』, 吉川弘文館, 1995, 123쪽.

각보다 훨씬 강하다는 사실을 인식하였다. 그들을 제압하려면 요동병으로는 어렵고 왜구 토벌에 많은 전과를 거두었던 전술인 절강병법으로 훈련된 남방의 정예 군병인 이른바 남병南兵을 포함하여 대규모 병력을 파병하여야 한다는 것을 절감하였다.[79] 그러나 명군이 곧바로 파병되지는 못하였다. 이는 명나라의 어려운 대내외 사정과 관련이 있다.

이 무렵 명은 북방 몽골의 위협으로 인해 재정의 압박을 받던 상황이어서 남방의 일본의 침공에 대처하는 데에는 국력의 한계가 있었다.[80] 아울러 그해 3월부터 명의 부총병이었던 발배哱拜가 영하寧夏에서 일으킨 반란이 미처 수습되지 않아 많은 병력이 이곳에 머물러 있었다. 명은 조선 파병 준비가 지연되자 시간적, 재정적 여유를 얻기 위해 8월 절강성 출신의 심유경을 유격장군으로 삼아 조선에 급파하여 외교적으로 일본군의 북진을 지연시키고자 하였다. 심유경은 평양성에서 고니시와 회담하였는데 당시 고니시가 명의 봉공封貢을 원하였으므로 심유경은 이를 황제에게 아뢰어 재가를 받아야 하는 시간을 이유로 9월 1일(양 10월 5일)부터 50일을 기한으로 일시 휴전에 합의하였다.

9월 영하의 반란이 진압되자 명은 본격적인 파병 준비에 착수하였다. 8월 병부우시랑 송응창宋應昌을 군무경략軍務經略에 임명하여 명군 파병을 총괄하도록 하고 영하의 반란을 진압하는데 공을 세운 이여송李如松을 군무제독軍務提督으로 임명하여 중앙군을 포함한 대규모 명군을 총지휘하도록 하였다. 일시 휴전이 끝나고 11월말 다시 심유경과 고니시의 강화회담이 개시되었으나 명은 일본의 점령지 반환과 조선 왕자의 송환, 일본군의 완전 철수를 주장하였고 일본은 봉공과 조선 영토의 할양 등을 요구하여 교섭은 완전 결렬되었다. 그 직후인 12월 초 4만 3천여 명의 대규모

제독 이여송 초상

79 한명기, 앞의 책, 1999, 35쪽.
80 北島萬次, 앞의 책, 2002, 49쪽.

평양성 탈환도(국립중앙박물관)

명나라 원정군은 출정 준비를 완료하고 요양에 진출한 후 부총병 왕필적을 선봉으로 압록강을 건너 조선에 진입하였다. 3군으로 편성된 명군은 좌협대장左協大將에 부총병 양원楊元, 중협대장에 부총병 이여백李如栢, 우협대장에 부총병 장세작張世爵을 임명하여 각 군을 통솔하게 하였다. 제독 이여송은 12월 25일(양 1593년 1월 27일) 주력군을 이끌고 압록강을 도하하여 의주에 도착하였다. 28일(양 1593년 1월 30일) 의주를 출발한 명군은 정월 초 안주에 진출하였고 여기서 이여송은 도체찰사 유성룡과 작전을 협의하고 4일(양 2월 4일)에 평양에서 멀지않은 숙천에 도착하여 평양성 공격을 준비하였다.

1월 6일(양 2월 6일) 개시된 제2차 평양성 공격은 명군 이외에 도원수 김명원 휘하의 조선군 8천여 명이 가세하여 조·명 연합군을 편성하여 이루어졌다. 3일간에 걸쳐 전개된 평양성 전투에서 명군은 대형 화포의 포격과 대량의 화전火箭 공격으로 일본군의 기세를 꺾고 이어 남병에 의한 근접전을 통해 일본군을 완전히 제압하였다. 이 전투로 일본군 수천 명이 살상되고 다수의 군마를 노획하는 등 고니시의 일본군은 괴멸적 타격을 입었다.[81] 고니시의 잔존 병력은 가까스로 평양에서 한성으로 철수하였고 평양 패배의 소식은 후방인 중화中和, 황해도 일대에 주둔한 구로다 나가마사 등의 일본군에게도 충격을 주어 이들도 개성을 거쳐 1월 중순에는 모두 한성에 집결하였다.[82]

---

81 제2차 평양성 전투의 구체적인 전개 양상에 대해서는 서인한, 앞의 책, 1987, 148~151쪽에 자세하다.

82 北島萬次, 앞의 책, 2002, 51~52쪽.

순천 왜성의 천수기단(전남 순천)
제2차 조선-일본 전쟁 당시 고니시 유키나가와 1만 4천여 명의 일본군이 주둔하여 조·명연합군과 최대의 격전을 벌인 곳이다.

제2차 평양성 전투를 통해 조·명 연합군은 개성까지 탈환하여 평양, 황해, 경기, 강원 등 4도를 아울러 회복하게 되었다. 함경도의 가토 기요마사 군도 정문부가 이끈 조선군의 압박을 받아 패전을 거듭하던 상황에서 개성까지 조·명 연합군이 남하하였다는 소식에 철수로의 차단을 두려워하여 급히 한성으로 퇴각하기 시작하였다.

제2차 평양성 전투는 일본이 우세하던 조선-일본 전쟁 초기 국면을 완전히 조선과 명나라 연합 세력의 판도로 돌리는 계기를 마련하였다는 점에서 전쟁사적인 의미가 적지 않다. 아울러 신형 화기를 이용한 명군의 대규모 화력전과 신형 단병기에 의한 근접 전술의 소개 등으로 인해 이후 조선의 군사제도 변화에 전환기적 영향을 미쳤다. 명군의 대규모 화력전에 어려움을 겪었던 일본군도 이에 대처하기 위해 이후 조선의 남해안 일대에 구축한 이른바 왜성倭城 축조에서 외곽에 대규모 토성土城을 추가로 설치하는 등의 전술적 변화도 나타났다. 이러한 축성 양식은 이후 일본 본토의 성곽 축조에도 영향을 미쳤다는 점에서 역사적 의의가 크다.

6. 조·명연합군의 반격과 일본군의 남부 지역 철수

1) 조·명연합군의 반격과 벽제관 전투

1593년(선조 26) 1월 초 제2차 평양성 전투를 계기로 일본군은 큰 타격을 입고 평안도, 황해도, 경기 일대에 주둔하였던 일본군은 모두 1월 21일(양 2월 21일)까지 한성으로 집결하였다. 당시 한성에 집결한 각 군의 일본군 규모는 5만에 달하였지만,[83] 전투, 기아, 질병 등으로 인해 최초 개전당시 병력에서 30~40%를 소모한 상태로 전투력이 상당히 약화된 상태였다. 함경도로 올라간 가토 기요마사와 강원도의 모리 가쓰노부 휘하의 군사들도 미처 한성으로 집결하지 못하였다. 평양성 패배와 급속한 조·명 연합군의 남하, 그리고 함경도, 강원도 지역 일본군의 고립 등으로 인해 일본군 수뇌부는 적지 않은 충격을 받았다. 이러한 상태에서 한성의 일본군 수뇌부는 조·명연합군을 한성 일대에서 저지하여 전쟁의 국면을 전환시킬 필요성을 느꼈다. 우키타 히데이에 등 당시 일본군 수뇌부는 한성에서 농성하거나 혹은 철수할 것인가, 아니면 한성에서 나아가 조·명 연합군을 맞이하여 격파할 것인가를 두고 선택의 기로에 섰다. 당시 한성에 비축된 일본군의 군량미는 1만 4천 석으로서, 이는 한성에 집결한 일본군 전 병력의 2달치에 지나지 않았다. 한성에서의 농성전을 행할 경우 군량 부족에 빠질 위험성이 있었으므로 일본군은 한성 북방에 나아가 조·명 연합군을 공격하기로 방침을 세웠다.[84]

1월 9일(양 2월 9일) 평양성에 입성한 이여송의 명나라군 중 이여백, 장세작이 이끈 중군과 우군은 11일(양 2월 11일) 평양을 출발하여 18일(양 2월 18일)경 개성에 입성하였다. 이때까지 평양에 머물고 있던 이여송은 좌협대장 양원과 함께 명나라의 나머지 군병과 조선 기병 3천 명을 거느리고 평양에서 남하하여 1월 25(양 2월 25일)일 개성에 입성하여 명나라 선봉군과 합세하였다. 이에 앞서 이여백으로부터 정찰 임무를 받은 사대수와 고언백의 조·명 연합군은 임진강을 건너 한성 근교의 창릉昌陵 방면까지 진출하였다가 일본의 수색대와 조우하여 약간의 전과를 거두고 파주로 물러나 이 사실을 개성의 본진에 보고하였다. 한성의 일본군은 그들의 수색대가 조·명 연합군의 일부와 교전하자 조·명 연합군이 한성 부근에까지 진출한 것을 알고 적극적인 대응책을 수립하게 되었다. 우선 평양에서 큰 피해를 입고 철수한 고니시 유키나가 등에게 한성 수비를 담당하도록 하고 고바야카와 다카카게가 선봉으로서 2만여 병력을 4개 군으로 나누어 지휘하고, 우키타 히데이에가 지휘하는 본대 2만 1천여 명

83 中野等, 앞의 책, 2008, 102쪽.
84 北島万次, 앞의 책, 1995, 127쪽.

은 뒤를 이어 개성 방면으로 진군을 개시하였다.[85]

26일(양 2월 26일) 새벽 한성을 출발한 일본군의 선발대는 타치바나 무네시게[立花宗茂]가 지휘하는 2,600명을 전위로 한 보병 중심의 편성을 갖고 있었는데 구체적으로 타치바나 무네시게의 선봉대는 조총병 350, 창병 641명을 중심으로 편성되어 있었다. 이들을 포함한 일본군 주력은 파주의 여석령礪石嶺 일대에 진을 치고 남하 중인 조·명 연합군을 맞아 싸울 준비를 하였다. 이에 비해 조·명 연합군은 뒤에 각종 화기로 무장한 본대가 뒤따르고 있었으나 사대수와 고언백의 기병 3천여 명을 선봉으로 하여 소수의 화기 이외에는 대부분 검과 활로 경무장한 상태였다.[86] 특히 이 지역은 동서로는 구릉 지역이 펼쳐져 있고 남북으로 길고 좁은 길이 나있는 곳으로 북쪽에는 혜음령, 남쪽에는 망객현과 여석령이 차례로 있었다.[87]

따라서 기병의 기동력을 충분히 확보하기 어려울 뿐만 아니라 당시에는 진흙탕으로 인해 보병인 일본군에 비해 상당히 불리한 상황이었다. 먼저 타치바나 무네시게의 일본군 전위 부대를 사대수, 고언백의 조·명 연합군 선봉대가 공격하였으나 상황은 점차 불리하게 전개되었다. 이때 명군의 본대 선발대의 기병이 증원되어 격전을 벌이고 아울러 경기병 수백 명의 호위를 받은 이여송의 지휘부도 후속하였으나 일본군의 급습을 받아 큰 피해를 입고 이여송은 구사일생으로 포위망을 벗어났다. 한편 우키타 히데이에의 본대가 조·명 연합군의 우측방으로 진출하여 협공을 시도하였으나 화기를 가지고 후속하던 명군 좌협대장 양원 군의 저지로 실패하였다. 큰 피해를 입은 조·명 연합군은 더 이상 진격하지 못하였고 일본군도 혜음령에서 철수함으로써 이 전투를 마치게 되었다.[88]

벽제관 전투는 전술적인 측면에서는 좁고 긴 지형을 적절히 활용하여 기병의 기동력을 저하시키고 조총과 장창, 장검으로 무장한 보병의 활용을 통해 일본군이 큰 성과를 낸 전투 사례라고 할 수 있다. 전략적인 측면에서도 전쟁에 적지 않은 영향을 미

85 벽제관 전투 이전까지 조·명연합군의 동향에 대해서는 서인한, 앞의 책, 1987, 157~158쪽 참조.
86 金子常規, 『兵器と戰術の日本史』 原書房, 1982, 127~128쪽.
87 北島万次, 앞의 책, 2002, 53쪽.
88 이 전투에서 일본군은 2천 명의 피해를 입은데 비해 조·명 연합군은 5~6천여 명의 사상자를 낸 것으로 알려져 있다(金子常規, 앞의 책, 1982, 128~129쪽).

쳤다. 한성 이북의 일본군 병력을 집중 운용하여 조·명 연합군을 공격한 이 벽제관 전투를 통해 조·명 연합군은 큰 피해를 입었을 뿐만 아니라 평양성 전투 이후의 신속한 남진이 저지되었다. 따라서 조·명 연합군에게 일방적으로 유리하게 전개되던 전쟁의 국면이 다시 큰 전환을 맞게 되었다. 조·명 연합군의 입장에서는 군사력에 의한 단기간의 한성 수복 가능성이 낮아진데 비해 일본군의 경우에는 한성 방어의 가능성이 높아졌다. 이에 더하여 강원도, 함경도 일대에 진출해있던 일본군의 한성으로의 원활한 철수도 가능해졌다.

벽제관 전투 이후 이여송은 더 이상 일본군과의 전투를 기피하고 주 병력을 평양으로 철수시킴에 따라 군사력에 의한 한성 수복은 어려워졌다. 대신 명나라는 군사력 사용과 함께 강화를 통해 일본군의 한성 철수를 달성한다는 화전和戰 양면 전략으로 전환하였다. 실제 명나라는 평양성 전투를 계기로 일본군의 더 이상의 요동 진출 기도를 완전히 좌절시켰을 뿐만 아니라 한성 이북지역까지 밀어내는 등 조선 출병의 전략 목표는 상당 부분 달성한 상태였다. 더 이상 군사력을 통한 조선에서의 일본군 축출의 필요성은 상대적으로 적어졌다. 즉 벽제관 전투를 계기로 조선-일본 전쟁은 새로운 단계로 접어들게 되었다.

2) 행주산성 전투와 일본군의 한성 철수

조·명 연합군은 대규모 반격작전인 평양성 전투의 승리를 계기로 그 여세를 몰아 일본군을 한성 이북까지 압박하였다. 이에 호응하여 경기도 일대에 진출해있던 조선의 여러 부대들도 한성 탈환을 목표로 거점을 이동하기 시작하였다. 1593년(선조 26) 초 경기 일대에 주둔한 조선군의 현황은 다음과 같다. 먼저 애초 수원의 독산산성에 주둔한 전라도 순찰사 권율의 군병 4천명은 평양성 전투 이후 그중 2천 3백 명이 한강을 건너 행주산성으로 이동하였다.

행주산성 앞 한강 맞은편의 양천 일대에는 소모사 변이중의 군병이 주둔하였고, 통진에는 충청도 관찰사 허욱許頊, 강화에는 창의사 김천일, 한강하구에는 경기수사 이빈李蘋과 충청수사 정걸丁傑의 군대가 주둔하며 행주산성을 후원하였다. 그리고 파주

『망암집(望菴集)』(변이중)의 화차도설(火車圖說) 부분

의 도원수 김명원, 양주의 경기도방어사 고언백 등의 군대도 한성을 포위하는 형세를 이루고 있었을 뿐만 아니라 경기 외곽 지대에는 다수의 관군과 의병이 산재한 상황이었다.[89] 한성의 주변에서 나타난 조선군의 적극적인 동향은 당시 도체찰사 유성룡에 의한 일원적인 지휘에 의해 이루어진 것이었다.[90]

벽제관 전투로 인해 조·명 연합군의 남하가 저지되고 이여송이 개성으로 철수함에 따라 일본군은 한성 일대 고수가 가능하게 되었다. 이러한 상황에서 행주산성 주둔 조선군의 존재는 한강을 통하여 한성의 일본군 배후를 위협할 수 있는 것이었다. 이에 일본군은 우키타 히데이에를 대장으로 한성에 주둔하던 군사 3만명을 동원하여 2월 12일(양 3월 14일) 새벽부터 행주산성을 공격하였다. 행주산성의 조선군은 7대隊로 편성된 일본군의 7차례의 파상 공격을 각종 화기와 화차, 화살 사격으로 모두 저지하고 전투를 승리로 마치게 된다.[91] 이 전투의 승리 원인으로는 행주산성을 중심으로 경기도 일대에 포진한 조선군의 협력체제 구축, 변이중이 제작한 화차 300대로 대표되는 각종 화기의 효과적 운용 등을 들 수 있을 것이다.[92]

행주산성 전투는 조선-일본 전쟁의 국면을 다시 한번 전환시키는 계기를 마련하게 된다. 벽제관 전투를 통해 일본군은 한성 고수의 가능성을 확인하고 보다 유리한 입장에서 명과 협상을 추진할 수 있었다. 그러나 행주산성 전투를 통해 한성의 확보가 용이하지 않다는 사실이 확인된 것이다. 행주산성 전투 이후 권율은 2월 16일(양 3월 18일) 파주산성으로 군대를 이동시켰다. 이곳을 근거지로 조선군은 일본군의 북상을 견제하는 동시에 적극적인 유격전을 전개하여 일본군의 한성 외곽 지역 진출을

89 강성문, 『임진왜란 初期陸戰과 방어전술 연구』 한국학중앙연구원 박사학위논문, 2006, 89~90쪽.
90 이태진, 「'누란의 위기' 관리 7년 10개월」 『류성룡과 임진왜란』, 태학사, 2008.
91 행주산성 전투의 구체적인 양상에 대해서는 서인한, 앞의 책, 1987, 162~165쪽에 자세하다.
92 강성문, 앞의 책, 2006, 96~111쪽.

저지하였다. 당시 일본군은 부족한 식량과 마초馬草, 땔감 등을 확보하기 위해 한성 교외 지역에 출몰하였으나 조선군의 복병에 적지 않은 피해를 입기도 하였다.[93] 아울러 한강을 통한 조선 수군의 화포 공격과 한강 봉쇄, 그리고 용산 군량미 소각 등으로 인해 한성 주둔 일본군은 큰 어려움에 봉착하게 되었다. 당시 일본군은 행주산성 패배 이후 계속되는 조선군의 압박과 봉쇄, 추위, 군량 부족, 역병疫病의 유행 등으로 인해 사기가 크게 떨어져 한성의 확보가 현실적으로 어려운 상황이었다. 게다가 2월 하순 한성으로 철수한 함경도 및 강원도 지역의 일본군도 조선군의 집요한 추격과 추위로 인해 많은 사상자를 낸 상태였다. 2월 말 한성의 일본군 지휘부는 회의를 열어 일본군의 한성으로부터의 철수와 남해안 지역으로의 재배치를 도요토미 히데요시에게 건의하게 된다. 아울러 도요토미 히데요시의 바다 건너 조선 이동 계획 중지도 함께 건의하였다.[94] 즉 행주산성 전투와 이후의 조선군의 적극적인 압박 작전은 더 이상 일본군이 한성을 고수할 수 없도록 하여 한성의 일본군 철수를 앞당기고 조선-일본 전쟁을 새로운 국면으로 전환시키는 큰 계기를 마련하였음을 알 수 있다. 아울러 일본군은 더 이상 명나라로의 진격과 조선 전역에 대한 통치를 단념하게 되었다.

행주대첩비(경기 고양 행주산성)
행주대첩을 기념하여 1602년(선조 25) 건립한 비.
비의 앞면에는 '元帥權公幸州大捷碑 (원수권공행주 대첩비)'라는 비문이, 뒷면에는 행주산성 전투의 경과와 전과가 새겨져 있다.

93 3월 하순에 벌어졌던 노원평 전투는 한성 교외로의 진출을 시도하던 일본군에 대하여 조선군이 기습하여 승리를 거둔 대표적인 사례이다. 이에 대해서는 이향철, 「히데요시의 조선침략, 점령정책과 한성탈환전투 -임진왜란에 있어서의 노원평 전투의 위치와 그 세계사적 의미-」『인문사회과학논문집』 31, 2003 참조.

94 中野等, 앞의 책, 2008, 105~107쪽.

3) 일본군의 한성 철수와 진주성 전투

행주산성 전투 이후 조선군의 적극적인 동향은 한성 일대에 그치는 것은 아니었다. 행주산성 전투 직후인 1593년(선조 26) 3월 20일(양 4월 21일)까지 한성에 집결한 일본군은 당시 총 5만 3천여 명에 달하였다. 이는 조선-일본 전쟁 이후 수개월 간의 여러 전투와 질병으로 인해 많은 병력이 손실된 상태로서 대규모의 조·명 연합군의 한성 공격이 있을 경우 한성의 방어를 장담하기 어려운 상태였다. 게다가 부산에서 한성에 이르는 일본군의 여러 보급 혹은 연락 거점(번성番城)에 대한 조선군 2~3만 명의 포위로 인해 한성으로의 원활한 보급은 완전히 불가능한 상태였다.[95] 따라서 일본군의 한성 철수는 불가피한 상황이었다. 일본군은 철수할 때 조·명 연합군의 추격을 피하기 위해서는 명군과의 교섭을 통해 안전한 철수를 보장받을 필요가 있었다.

명나라도 일본군의 요동 진출을 저지하고 일본군을 한성 이북 지역까지 몰아냈으므로 출병의 일차적인 목적은 달성한 상태였다. 벽제관 전투에서 적지 않은 피해를 입은 이후 명군은 전투 의지를 상당히 상실한 상태였다. 아울러 명군의 군세가 일본군에 비해 특별히 우세하지 않다는 점 등으로 인해 명군 진영에서는 일본군과의 화의 교섭을 재개하여 전쟁을 종결하자는 의견이 대두하기 시작하였다. 당시 만성적인 재정적자를 안고 있던 명나라의 형편에서 조선 원정군에 들어가는 막대한 전비의 부담도 명군 지휘부를 강화론을 통한 전쟁 종결의 방향으로 몰고 갔다.[96]

경략 송응창은 3월 초 임진강을 지키던 부총병 사대수에게 한성의 일본군과 접촉을 하도록 하였다. 이는 송응창이 당시 한성의 일본군이 더 이상 전투를 지속할 수 없었던 상황을 알지 못한 상태에서 이루어진 결정이었다. 사대수는 그의 부장을 한성의 일본군 진영에 파견하여 일본군측과 접촉을 시도하고 조속한 시일 내에 화의 교섭을 재개한다는 원칙에 합의를 보았다. 이에 3월 7일(양 4월 8일) 명군측은 심유경 등을 한성으로 파견하여 일본군 점령 조선 영토의 반환, 일본에 포로가 된 조선의 두 왕자와 대신의 송환, 도요토미 히데요시[豊臣秀吉]의 사죄를 제시하고, 대신 이 조건이 이

95 北島万次, 앞의 책, 1995, 133쪽.
96 한명기, 앞의 책, 역사비평사, 1999, 44~45쪽.

행되면 그를 일본 국왕으로 책봉한다는 조건을 제시하였다.[97] 이에 일본은 명이 일본에 강화사講和使를 보내고 명군이 요동으로 철수하면 두 왕자 등을 송환하고 일본군은 4월 8일(양 5월 8일)부로 한성에서 철수하겠다는 4개항을 제시하였다. 이러한 회담 결과를 보고받은 송응창은 일본에 위장 강화사를 파견하여 강화 교섭을 추진하기로 하는 독자적인 결정을 내렸다.

4월 중순 송응창은 막료인 사용재謝用梓와 서일관徐一貫을 명나라 조정의 강화사로 위장시켜 일본 군영에 보내어 일본군의 철군과 도요토미 히데요시의 항복 문서를 받아오도록 하였다. 4월 17일(양 5월 17일) 이들 일행이 한성에 도착하자 일본군은 명나라가 강화사를 보낸 것으로 알고 다음날부터 한성에서 철수하기 시작하여 울산 서생포에서 거제에 이르는 경상도 남해안 지역으로 철수하였다. 한성에서 철수하는 일본군에 대해 명군의 이여송은 송응창의 명령을 들어 이들을 추격하지 않았을 뿐 아니라 조선군의 일본군 추격을 방해하기도 하였다. 따라서 한성의 일본군은 철수하는 과정에서 조선군의 산발적인 공격을 받았을 뿐 큰 피해를 입지 않고 남해안으로 철수할 수 있었다.

울산성 전투도

일본군의 남해안 지역 철수는 결코 일본으로의 철수를 의미하는 것은 아니었다. 2월말 일본군의 한성 철수를 건의 받은 도요토미 히데요시는 3월 중순 구로다 요시타카[黑田孝高], 아사노 나가마사[淺野長政] 등을 조선에 파견하여 일본군 병력의 재배치와 군량미 확보를 지시하였다. 이를 위해 조선에서 확보한 군량미를 이동시키고 일본에서 군량미를 공급하기 위

97 이형석, 『임진전란사』(중), 임진전란사간행위원회, 1976, 845쪽.

진주성 촉석루(경남 진주)

해 조선에 나가있는 선박의 일본 복귀를 명하였다. 아울러 우키타 히데이에를 총대장으로 병력을 집중하여 경상도 진주성을 공략하여 전라도와 경상도 일대를 통제할 것을 명령하였다.[98] 이는 일본군의 한성 철수가 당시 일본군의 어려운 군량 사정과 병력 부족에 따른 것으로 대신 남해안 일대에 군사를 집중하여 뒤를 도모하기 위한 화전和戰 양면 전략이라고 할 수 있다.

4월 18일(양 5월 18일) 한성을 철수한 일본군은 신속히 남하하여 4월 말에는 경상도 지역으로 모두 물러났다. 이들은 경상도 상주, 선산, 인동, 대구 등지에 분산하여 주둔하다가 명군이 5월 초 추격을 개시하자 다시 5월 10일(양 6월 8일)부터 15일(양 6월 13일) 사이에 다시 철수하여 밀양·이남 지역으로 이동하였다. 그리고 경상도 해안 지역에 축조한 왜성倭城에 주둔하여 명군과 거리를 두고 대치하였다. 일본군의 경상도 철수가 거의 마무리된 5월 하순 도요토미 히데요시는 나고야에서 명나라의 사절 일행과 화의 절충을 진행하는 동안 진주성 공격을 위한 구체적 명령을 하달하였다. 이에 의하면 제1대는 구로다 나가마사, 가토 기요마사 등이 이끄는 2만 명과 고니

98 北島万次, 앞의 책, 1995, 135쪽.

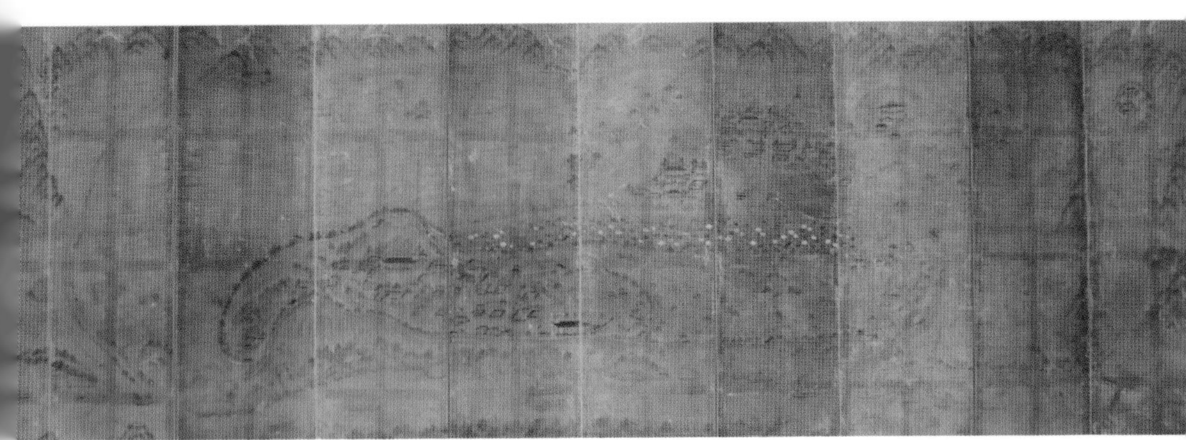

진주성도(계명대학교 행소박물관)

시 유키나가, 소 요시토시 휘하의 약 2만 6천 명으로 편성하였다. 제2대는 우키타 히데이에 휘하의 1만 8천 명, 제3대는 모리 데루모토, 고바야카와 다카카게 휘하의 2만 2천 명으로 편성하였다. 이외에 기타 병력을 포함하여 진주성 공격에는 총병력 9만 3천 명을 동원하도록 하였다.[99]

도요토미 히데요시의 진주성 공격 명령을 받은 고니시 유키나가는 심유경에게 진주성 공격 사실을 통보하고 성을 비울 것을 요구하였다. 이에 대해 명군은 일본군의 진영에 진주성 공격을 중지할 것을 요구하였으나 효과가 없었다. 조선군에서도 진주성 방어를 놓고 지휘부 간의 이견이 있었다. 당시 조선의 관군과 의병을 의령 일대에 집결시킨 권율은 곧바로 일본군을 적극적으로 저지할 것을 주장하였으나, 당시 조선군의 군세로는 일본군을 감당하기 어렵다는 곽재우 등의 이견으로 인해 뒤로 물러났다. 김천일 등은 진주성을 포기할 경우 전화가 전라도 지역까지 미칠 것이므로 일본군을 진주성에 끌어들여 격퇴하는 전략을 추진하고 진주성 사수를 결의하였다.

당시 진주성에는 3천 5백여 명의 군사와 6만여 명의 주민이 입성하여 창의사 김천일과 경상우병사 최경회를 도절제사로 삼아 방어 준비를 갖추었다. 일본군은 6월 15일(양 7월 13일) 창원을 출발하여 함안에 주둔 중이던 전라도 관찰사 권율 등의 군대

99 北島万次, 앞의 책, 2002, 63쪽.

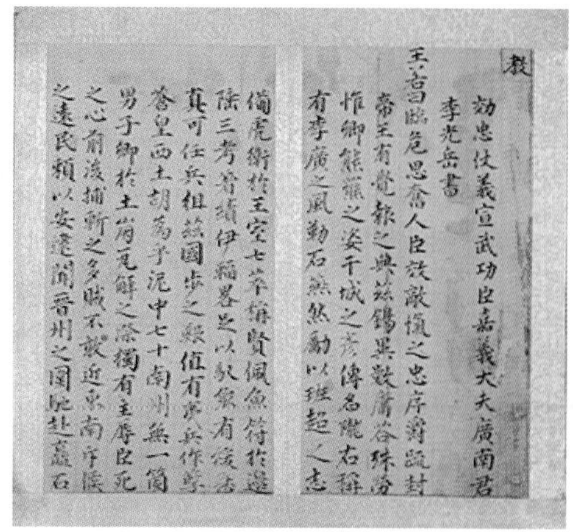
敎
効忠仗義宣武功臣嘉義大夫廣南君
李光岳書

이광악 선무공신 교서(문화재청)
1, 2차 진주성 전투에서 공을 세운
이광악(1557~1608)에게 내린 공신책봉 교서.

를 격파하고 함안을 점령하였다. 그리고 한 대의 일본군은 18일(양 7월 16일)에 정암진의 곽재우 군을 격파하고 의령으로 진출하는 등 여러 곳에서 진주를 향해 공격하기 시작하였다. 압도적인 일본군의 군세에 조선군들이 모두 전라도 지역으로 철수하였고 거창, 남원 등지에 주둔하고 있던 명군도 진주를 구원하지 않고 방관하는 등 진주의 수성군은 외부의 구원을 전혀 기대할 수 없는 상황이었다.

일본군은 22일(양 7월 20일)부터 8일 동안 진주성을 주야로 포위 공격하여 29일(양 7월 27일) 마침내 성벽을 무너뜨리고 진주성에 함락시켰다. 이 전투로 진주의 수성군과 주민 6만 명이 진주성 함락과 함께 전멸되었다.[100] 일본군은 진주성을 철저히 유린한 후 호남 지역을 점령하고자 하였으나 조선군의 저항과 명군의 군사적, 외교적인 견제로 인해 구례, 곡성 등 섬진강 일대까지만 진출한 후 다시 남해안 일대로 돌아와 여러 왜성倭城에 분산 주둔하였다. 이후 일본과 명나라 사이에는 조선을 배제한 채 1596년(선조 29)까지 지리한 강화 협상이 진행되었다. 강화 기간 중 일본은 남해안 일대에 장기간 주둔하면서 갖은 약탈을 자행하였고 명군도 그들과 대치하며 시간을 보냄에 따라 조선의 정치, 군사적 피해가 계속되었다.

100 진주성 전투의 구체적인 경과에 대해서는 서인한, 앞의 책, 1987, 171~173쪽에 자세하다.

제2절

절강병법의 도입과 훈련도감의 창설

1. 평양성 전투와 절강병법의 도입

충주전투 패배의 소식이 전해지자 선조는 4월 30일(양 6월 9일) 서북지역으로 피난길을 떠나게 되었다. 이러한 위급한 상황에서 명나라에 원병을 요청할 것을 결정하였다. 이에 6월 11일(양 7월 19일) 이덕형을 청원사請援使로 임명하여 명나라로 보내고 이후에도 계속하여 사신을 보내어 조선의 위급한 상황을 알리고 원병을 요청하였다. 당시 명나라는 제1차 조선-일본 전쟁(임진왜란) 전부터 일본의 침공 가능성을 예의주시하면서 그 방어책에 부심하고 있었다. 명나라는 일본군이 해륙 두 방면의 어느 쪽에서 조선을 공격하든지 전쟁이 조선 경내에서 그치지 않을 경우 명나라에 미칠 것을 분명히 인식하고 있었다.

제1차 조선-일본 전쟁이 일어나자 명나라는 조선의 동정을 살피는데 많은 주의를 기울였다. 이는 조선이 일본과 공모하여 요동을 탈취하려 한다는 향도설에서 비롯된 것이었다. 명나라는 조선을 계속 의심하면서 조선의 전황과 함께 일본군이 요동으로 향할 것인지를 분석하고 있었다. 아울러 일본군의 명 본토 공격 가능성에 대비하여 요동, 산동 등지의 각 방어태세를 정비하는 등 만일의 사태에 대비하였다.[101] 한편 6월

101 한명기, 앞의 책, 34쪽.

중순 평양성이 함락되자 이를 계기로 명나라는 조선에 대한 오해를 풀고 종래의 소극적인 자세에서 벗어나 조선 파병 문제를 본격적으로 거론하기 시작하였다. 당시 다수의 명나라 신하들은 요동 방어에만 전력하고 조선에 원병을 파병하는 것에 대해서는 반대하는 입장이었다. 이에 비해 병부상서 석성 등은 조선이 처한 전략적 위치와 명나라와의 전통적 관계를 고려하여 원병을 보낼 것을 적극 주장하였다. 명나라의 참전 배경으로는 조선을 구원한다는 목적 이외에 조선이 일본에 넘어갈 경우를 우려하여 요동을 방어하고, 궁극적으로 명나라 수도인 북경을 보호하려는 의도에서 이루어진 측면이 강하였다.[102]

7월에 파병된 명나라 군은 중앙군이 아니라 요동지방의 수비군으로 북방 기병에 대응하기 위하여 대부분 기병으로 구성되었다.[103] 이들은 7월 10일(8월 16일)경 부총병 조승훈의 지휘하에 유격遊擊, 사유史儒, 천총 마세륭馬世隆 등이 이끈 5천 병력이었다. 조승훈은 비가 내려 도로가 미끄러운 상황에서도 무리하게 평양 수복전을 시도하였다. 이 전투에서 명나라 군은 포를 쏘고 성 안으로 돌진하였으나 평양 시내의 지리에 어둡고 넓은 평지가 아닌 복잡한 시가의 민가 벽에 숨어 있다가 일제히 사격하는 조총의 공격에 큰 피해를 입고 철수하였다. 이에 명나라에서는 왜구 토벌에 큰 성과를 거두었던 중국 남방의 절강 지역 군사인 이른바 남병南兵을 함께 파견하기로 결정하였다.

절강 지역은 아열대 기후로서 습지와 수전이 많아 기병을 효과적으로 운용하기 어려운 곳이었다. 또한 높은 기온과 습도로 인해 활의 탄력이 떨어져 화살 사격도 위력을 발휘하기 어려웠다. 따라서 이들 남병은 대부분이 보병으로 편성되었다. 조총과 오늘날의 박격포와 유사한 형태의 호준포虎蹲砲 등 가벼운 화기와 함께 각종 단병기로 무장하고 집중적인 병력 운용을 통한 근접전을 중시하였다. 따라서 이들은 포수와

---

102 파병 결정 과정 및 파병 동기에 대해서는 조원래, 「명군의 출병과 임란전국의 추이」 『한국사론』 22, 1991, 111~112쪽 ; 한명기, 앞의 책, 1999, 31~42쪽 ; 劉寶全, 『임진왜란기 조·명 관계사 연구』, 성균관대 박사학위논문, 2004, 50~55쪽.

103 6월에 조선으로 출동한 명나라 군은 광녕유격 왕수관 등이 병사 506명, 말 779필을 거느렸고, 부총병 조승훈은 군사 1,319명, 말 1,529필을 거느리고 있는 것에서 알 수 있듯이 거의 전원이 기병으로 구성되어 있었다(『선조실록』 권27, 선조 25년 6월 무신).

검수 등으로 구성되어 있었다.[104] 이들의 용병술은 대단히 우수하고 일본군의 보병 전법과 상당히 유사한 것으로 평가받기도 하였다.[105] 남병 이외에도 명나라 군은 대규모 화약무기를 준비하고 있었다. 당시 준비하였던 명나라 군의 화기로는 대장군포, 호준포, 불랑기포, 멸로포 등의 각종 대포와 조취총, 삼안총, 쾌창 등의 개인 화기, 그리고 화전火箭 등이 있었다.[106]

이듬해(1593년) 정월 초 남병을 중심으로 보강된 4만여 명의 명나라 군과 8천여 조선군의 연합군은 평양성을 다시 포위 공격하여 큰 승리를 거두었다.[107] 당시 명나라 군은 평양성을 포위하고 외성과 성문에 다량의 포탄과 화전 등을 발사하여 일본군을 내성으로 몰아넣고 군량미를 태워 일본군이 전의를 상실하게 만들었다.[108] 이 전투에서 조·명 연합군은 일본군 1,285명을 베고, 말 2,985필과 군기 45,002건을 노획하였으며 조선인 포로 1,015명을 구출하는 대승을 거두었다. 이 전투 후 1월 하순에는 조·명 연합군은 개성까지 진출할 수 있었다.

평양성 전투를 지켜본 조선은 이 전투의 승리에 큰 역할을 담당하였던 남병과 그 전법에 대단한 관심을 가졌다. 평양성 전투 이전에도 조선은 남병의 용병이나 무기 체계 등에 대해 관심을 가지고 있었으나 이들의 전법 전체를 직접 확인한 것은 아니었다. 당시 남병의 전법은 기존의 것과는 판이하게 다른 것이었다. 다음은 평양성 전투에서 보여준 남병의 전투 방식을 잘 보여준다.

> 절강병(남병)이 압록강을 건너왔을 때 이들이 사용하는 방패와 낭선狼筅, 장창과 당파鏜鈀의 기예는 우리나라에서는 처음 보는 것이었으므로 우리나라 사람들은 모두 명군이 이것을 제대로 운용하지 못할 것이라고 의심하였다. 그러나 명군이 평양으로 진입한 다음 먼저 화포를 발사하고 뒤이어 화전을 발사하니 화염이 하늘을 가려 마침내 왜적의 기를 꺾었다. 명군은 곧 장창과 당파를 사용하는 병사를 동원하여 각기 운용 방식

104 『선조실록』 권28, 선조 25년 7월 계미 ; 『선조실록』 권29, 선조 25년 8월 임인.
105 『선조실록』 권29, 선조 25년 8월 정유.
106 『경략복국요편』 권1, 「檄天津永平山東遼東各兵巡分守等十二道」 만력 20년 9월 28일.
107 제2차 평양성 공격에 대해서는 『壬辰之役史料滙輯』 3卷, 『萬曆三大征考』 「倭」 上 212~214면 참조.
108 金子常規, 앞의 책, 1982, 125~126쪽.

에 따라 사용하였는데, 만약 적이 먼저 돌진해 오면 낭선부대를 집중시켜 대기하고 만약 적이 멈칫하여 움직이지 않으면 방패수들이 전진하니 적은 크게 궤주하였다.[109]

이 자료는 명나라 군의 화기 공격과 남병의 근접 전투 광경을 매우 상세히 보여주고 있다. 먼저 각종 화포와 화전을 이용하여 먼 거리에서부터 일본군의 기선을 제압하고, 이어 새로운 근접전 병기인 방패, 낭선, 장창과 당파 등을 이용하여 일본군의 장기인 근접 백병전에 효과적으로 대응한 것은 조선에 대단히 인상적이었다.

남병이 채용하고 있던 단병기들은 일본군의 장검에 대항하기 위해 척계광이 최초로 편제 무기로 채택한 것이었다. 특히 낭선은 가지를 남긴 대나무 끝에 창날을 부착한 창의 일종으로 길이 1장丈 5척尺, 무게 7근 정도의 독특한 형태의 무기였다. 낭선은 남겨놓은 대나무 가지 등으로 일본군의 칼날을 적절히 막을 수 있고 쉽게 잘려지지도 않았다. 또한 부분적으로 화살을 막아낼 수도 있었다.[110] 방패수들이 휴대하고 있는 등나무로 제작한 방패인 등패藤牌는 매우 가벼우면서 견고하여 방패수들은 한 손에 등패를 들고 한 손에 요도腰刀를 쥐고 일본군의 창수槍手 앞으로 바짝 접근하여 공격할 수 있었다.[111] 장창은 주로 적군을 찌르는 공격에 사용하는 것이었고, 날이 3개 달린 창인 당파는 일본군의 검을 막고 꺾어 일본검이 운신하기 어렵도록 만든 후 장창수가 찌르기 공격을 할 수 있도록 하였다.

남병의 전술이 일본군을 격퇴하는데 효과적인 것을 목격한 조선은 이를 습득하고자 하였다. 특히 이 전술의 내용이 명나라 장수 척계광의 『기효신서』에 수록되어 있음을 확인하고 이 책의 입수에 노력하게 된다.[112] 『기효신서』을 처음 입수한 것은 평양성 수복 후 얼마 지나지 않은 시기였다. 이여송의 군진軍陣을 방문한 선조는 이여송을 통해 남병의 전법이 바로 척계광의 『기효신서』에 실려 있음을 알고 역관을 통해

109 『兵學指南演義』 序.

110 『기효신서』 권4, 「狼筅解」. 낭선(狼筅)의 구체적인 제원과 운용법에 대해서는 篠田耕一, 『武器と防具 ; 中國編』, 新紀元社, 1992, 103~104쪽 참조.

111 『기효신서』 권4, 「藤牌解」.

112 이하 선조대 조선의 『기효신서』 입수에 대해서는 노영구, 「宣祖代 紀效新書의 보급과 陣法 논의」 『군사』 34, 국방군사연구소, 1997, 129~134쪽에 자세하다.

비밀리에 『기효신서』를 최초로 입수하였다.[113] 선조는 이를 활용하기 위해 이 책을 유성룡에게 보이고 강해할 것을 명하였다. 이에 유성룡은 유생인 한교韓嶠(1556~1627)를 낭속郎屬으로 삼아 명나라 장수의 아문衙門에서 의문나는 것을 질문하는 일을 전담하게 하였다. 이때 입수된 『기효신서』는 아마 완질본은 아니었던 것으로 보인다. 이는 최초로 『기효신서』를 입수한 지 몇 개월이 지나지 않은 그해 9월 선조가 동지사 허진許晉에게 전교하여 척계광의 『기효신서』를 몇 부 사오게 하되 되도록 왕세정王世貞이 서문을 쓴 것을 사오도록 한 것을 통해 알 수 있다.[114] 이 사실을 통해 몇 가지 중요한 사실을 확인할 수 있다.

먼저 당시 조선은 『기효신서』 여러 판본이 간행되었고 그중 좋은 판본이 어떤 것인지에 대해 정확히 알고 있었던 점을 들 수 있다. 다음으로 조선에서 최초 명나라 군중에서 입수하였던 『기효신서』가 완질본이 아니라 야전에서 손쉽게 사용하기 위해 제작된 소략한 요약본일 가능성을 보여준다. 그러면 선조가 이때 구입을 명한 왕세정의 서문이 붙은 『기효신서』 판본은 어떠한 것일까. 이를 확인하기 위해 여러 차례 간행된 『기효신서』 판본에 대해 간략히 살펴보도록 하겠다.

중국의 10대 병서 중 하나로 꼽히는 『기효신서』는 가정 39년(1560)에 처음 14권으로 간행되었다. 이는 후대에 많이 통용된 18권본 『기효신서』에서 포성布城, 정기旌旗, 수초守哨, 수병水兵 등 4편이 생략된 것으로 내용도 상당히 소략하였다. 이는 척계광이 휘하 군사를 교육시키기 위한 내부 교범의 성격을 가진 것이었다. 현재 널리 보급되어 사고전서四庫全書에까지 수록된 이 18권본 『기효신서』는 가정 45년(1566)에 간행된 것으로 왕세정이 가지고 있던 필사본을 근간으로 하여 서문을 붙여 만든 것으로 '왕세정본'이라고도 한다. '왕세정본'은 이후 간행된 『기효신서』 여러 판본의 바탕이 되었다.[115]

『기효신서』는 이 판본 이외에 또 하나의 주요 판본이 있다. 일명 '이승훈본李承勛本'이라고도 하는 것으로 척계광 사후인 만력 16년(1588)에 14권으로 간행된 것이었

113 『선조수정실록』 권28, 선조 27년 2월 경술 ; 『訓局事例撮要』 「創設」 선묘조 갑오 12월.

114 『선조실록』 권22, 선조 26년 9월 병자.

115 馬明達 校註, 『기효신서』, 人民體育出版社, 1988, 5~6면.

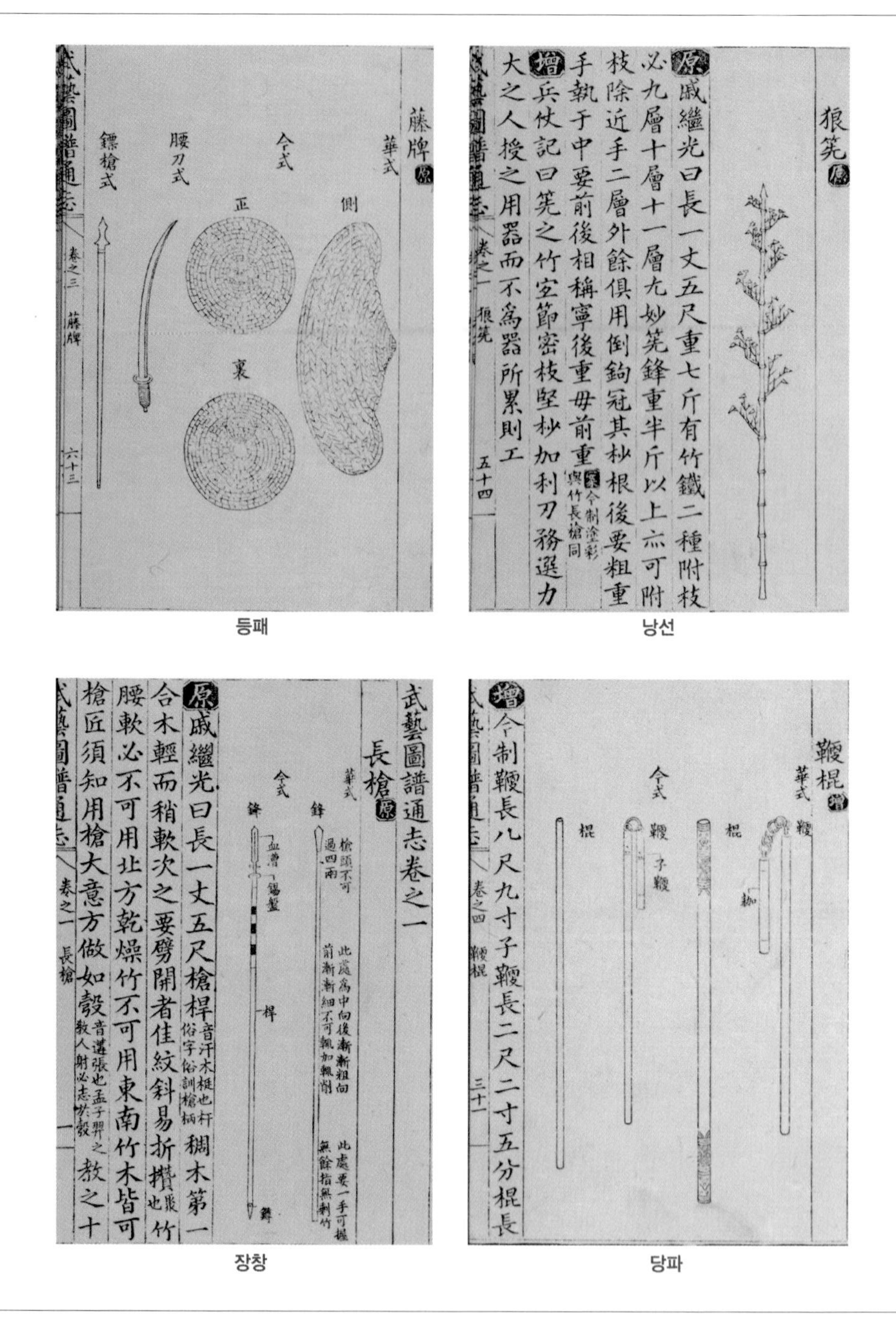

藤牌 原

華式 側

今式 正 裏

腰刀式

鏢槍式

武藝圖譜通志 卷之三 藤牌 六十三

등패

狼筅 原

原 戚繼光曰長一丈五尺重七斤有竹鐵二種附枝必九層十層十一層尤妙筅鋒重半斤以上亦可附枝除近手二層外餘俱用倒鉤冠其杪根後要粗重手執于中要前後相稱寧後重毋前重(案今制塗彩與竹長槍同)

增 兵仗記曰筅之竹宜節密枝堅杪加利刃務選力大之人授之用器而不爲器所累則工

武藝圖譜通志 卷之一 狼筅 五十四

낭선

武藝圖譜通志卷之一

長槍 原

華式 鋒 槍頭不可過四兩 此處爲中向後漸漸粗向前漸漸細不可輒加粗削 此處要一手可握無餘指無剩竹

今式 鋒 血漕 錫鑾 桿 鐏

原 戚繼光曰長一丈五尺槍桿(音汗木梃也杆俗字俗訓槍柄)稠木第一合木輕而稍軟次之要劈開者佳紋斜易折攢[illegible]也竹腰軟必不可用北方乾燥竹不可用東南竹木皆可槍匠須知用槍大意方做如彀(音遘張也孟子羿之教人射必志於彀)教之十

武藝圖譜通志 卷之一 長槍 一

장창

鞭棍 增

華式 鞭 棍

今式 鞭 子鞭 棍

增 今制鞭長八尺九寸子鞭長二尺二寸五分棍長

武藝圖譜通志 卷之四 鞭棍 三十一

당파

「무예도보통지」의 등패, 낭선(狼筅), 장창(長槍)과 당파(鎲鈀)
(규장각한국학연구원)

다. 척계광은 1583년 관직에서 물러난 이후 이미 간행된 『기효신서』의 내용을 수정하는데 진력하여 1584년 '만력 12년판' 『기효신서』를 편찬하였다.[116] 그리고 그의 사후 이승훈이 14권 체재의 이른바 '이승훈본' 『기효신서』를 간행하였다. '이승훈본' 『기효신서』는 다른 판본과 달리 체재상 기존의 18권에서 14권으로 바뀌었고 각 권 목차와 내용에 있어서도 많은 부분 차이가 있다. 판본 간의 이러한 차이는 척계광이 낙향 이후 『기효신서』 를 새로이 보완하면서 북방에서의 전법을 기록한 그의 또 다른 저서인 『연병실기』를 참고했기 때문이다. 그러므로 '이승훈본'은 그 이전의 판본보다 체재와 내용 면에서 보다 짜임새가 갖추어지고 풍부해졌다. 이러한 두 판본 외에도 몇 가지 판본이 전해지고 있지만 체재상으로 볼 때 이 두 판본이 가장 대표적이라고 할 수 있다.

1593년(선조 26) 선조가 동지사 허진에게 왕세정본 『기효신서』의 구입을 명한 것에서 그동안 이 책에 나타난 전술을 습득하기 위해, 각종 판본에 대한 정보 수집을 비롯하여 다양한 노력을 기울였음을 알 수 있다. 이때 왕세정본을 구입했는지에 대해서는 파악하기 어렵지만 『기효신서』 입수를 위한 노력은 이후에도 다양하게 이루어졌다. 예를 들어 명나라 부총병인 척금戚金을 통해 『기효신서』 정본의 입수를 시도하였다. 척금은 척계광의 일가로 알려진 인물로서, 그는 1594년(선조 27) 정월 철병할 때에 선조에게 이별의 선물로 『기효신서』를 선물하였다.[117] 이때 선물로 준 『기효신서』는 단순한 요약된 형태의 판본이 아니라 '왕세정본' 등 정본의 하나로 보인다. 이외에도 조선은 당시 조선에 주둔하고 있던 남병 장수로부터 『기효신서』 전법을 익히는 과정에서 이 책을 입수하기도 하였다.

조선이 『기효신서』의 전법을 익히는 데에는 남병 장수였던 참장參將 낙상지駱尙志의 역할이 컸다. 처음 조선은 그를 통해 조선군이 취약한 부분인 창검술과 각종 새로운 화기의 사격술, 그리고 일본군의 단병을 제압하는데 효과가 큰 명나라 단병기인 낭선 등의 습득에도 관심이 많았다.[118] 이 과정에서 창검술과 포술(조총 사격술) 등만

116 松田隆智, 『圖說 中國武術史』, 新人物往來社, 1972, 27~28면.
117 『선조실록』 권97, 선조 31년 2월 병자.
118 『선조실록』 권35, 선조 26년 2월 을사.

을 습득한 것이 아니라 『기효신서』의 전술 체계까지 전수받은 것으로 보인다. 다음의 자료는 이러한 사정을 잘 보여준다.

선조 26년 12월 승문원이 아뢰기를,

> 어제 소천총이 포수들을 모아놓고 진법을 가르쳤는데 직접 행오 사이를 뛰어다니면서 이리저리 지휘하는 등 많은 노고를 아끼지 않았습니다. 그리고 포(=조총)를 쏘고 진을 바꾸는 것을 일체 『기효신서』 법에 의하여 하였습니다.[119]

라고 하였다. 이러한 과정을 통해 자연스럽게 『기효신서』가 입수되었을 것으로 보인다. 여러 경로를 통해 『기효신서』가 입수되자 1596년(선조 29)에는 이 책을 군사 교련용으로 내려 보낼 수 있을 정도가 되었다.[120] 이 책에는 그동안 조선이 접하지 못했던 무기와 새로운 전법 등이 많이 수록되어 있어 이를 이해하고 활용하기에는 어려움이 있었다. 따라서 이의 해독을 위해 명나라 군진에 역관 등을 보내어 의문 나는 점을 질문하기도 하였다.[121] 더욱이 훈련도감과 같이 척계광의 전법에 의한 편성과 훈련이 이루어지던 군문에서는 『기효신서』의 내용을 구체적으로 파악하고 정리할 필요가 있었다. 이때 훈련도감의 낭청이었던 한교의 역할이 대단히 컸다.[122]

1593년(선조 26) 한 해 동안의 『기효신서』에 대한 몇 차례의 획득 과정과 선본善本의 입수, 이의 해득을 통해 이 책에 대한 이해가 깊어지면서 이듬해 전반기에 이르면 이제 조선군의 훈련을 기존의 전술을 수록한 『진법』이 아닌 『기효신서』의 방법에 의하여 전적으로 시행할 것을 고려하였다. 1594년(선조 27) 3월 세자 광해군의 분조分朝였던 무군사撫軍司에서는 당시까지 조선군의 전술체계는 기존의 5위진법을 사용하여 『기효신서』의 전술을 사용하는 명나라 군과 연합작전을 행하는데 지장이 있었으

119 『선조실록』 권46, 선조 26년 12월 계유.

120 『선조실록』 권78, 선조 29년 8월 병진.

121 『선조실록』 권43, 선조 26년 10월 병술.

122 한교의 생애와 병서 편찬 작업에 대해서는 노영구, 「한교-조선의 병학을 정립한 성리학자-」 『한국사인물열전』 2, 2003에 자세하다.

므로 경상도에 『기효신서』를 내려 보내고 이곳의 창수와 검수 훈련에 필요한 교관 등을 파견하도록 하였다.[123]

아울러 『기효신서』의 전법을 익히기 위해, 권수가 많아 군사를 훈련시키는데 불편한 완질의 『기효신서』 대신 군사 훈련에 보다 편리하게 사용하기 위한 『기효신서』 요약본의 제작과 번역 작업에 착수하였다. 1594년(선조 27) 5월 부모의 상을 맞아 사직하고 있던 한교를 기복起復시켜 『기효신서』의 번역 작업을 전담하도록 하였다.[124] 1594년(선조 27) 10월에는 『기효신서』 중에서 이미 번역이 이루어진 「속오해束伍解」를 우선 등사하여 각도에 내려보냈다.[125] 이는 당시 『기효신서』의 군사 편성방법인 속오법에 따라 조선군을 재편성하고자 하였던 움직임과 깊은 관련이 있다.

평양 전투 이후 여러 판본의 『기효신서』 획득과 해득 및 번역 작업 등을 통하여 조선군의 훈련과 편성은 『기효신서』에 의해 이제 급속히 이루어지게 되었다. 특히 새로운 병종인 포수와 살수를 중심으로 편성된 중앙 군영인 훈련도감의 창설과 지방군인 속오군의 배치는 평양 전투를 계기로 절강병법에 따라 조선의 군사제도에 근본적인 변화가 나타났음을 보여준다.

2. 훈련도감의 창설과 제도의 변화[126]

1) 훈련도감의 창설

제1차 조선-일본 전쟁을 계기로 조선의 전술 체계는 근본적인 변화를 맞게 되었

---

123 『선조실록』 권49, 선조 27년 3월 무술.

124 『선조실록』 권51, 선조 27년 5월 갑오.

125 『선조실록』 권56, 선조 27년 10월 을축.

126 훈련도감의 창설과 편성에 대해서는 차문섭, 「선조조의 훈련도감」 『사학지』 4, 1970 ; 이겸주, 「임진왜란과 새 군사제도의 기반확립」 『한국군제사-근세조선후기편』, 1977, 13~19쪽 ; 김종수, 『조선후기 중앙군제연구-훈련도감의 설립과 사회변동-』 혜안, 2003, 71~89쪽에 자세하다. 본 절의 주요 내용도 이 연구에 힘입은 바 크다.

다. 그중에서 가장 근본적인 변화는 절강병법의 도입에 따른 군사 편성과 훈련, 무기 체계 등에서 나타났다. 따라서 새로운 전술 체계인 절강병법을 익히고 보급하며 아울러 전쟁 중 한성의 수비를 위한 새로운 정예 군영의 필요성이 제기되었다. 훈련도감 창설의 근본적인 배경은 바로 여기에 있었다. 아울러 제1차 조선-일본 전쟁 초기 새로운 화승총인 조총으로 무장한 일본군에게 조선군이 패배하고 이후 평양성 전투에서 명나라 군이 여러 가지 화기를 다량으로 운용하여 일본군을 공격하는 전술을 목격한 이후 전쟁에서 화기의 중요성에 대해 보다 적극적으로 인식하기 시작하였다.[127] 점차 화기가 전투의 승부를 가르는 중요한 무기로 인식되고 일본군의 기존 장기인 단병도 화기로 제압할 수 있다는 인식이 확산되었다.

선조는 적이 번번이 싸움에 승리하는 것은 오로지 화포가 있기 때문이고 중국군이 적을 진압할 수 있는 까닭도 화포에 있다고 보았다. 그리고 우리의 약점은 바로 화포를 사용하지 못하는데 있다고 하여,[128] 화포를 전투의 가장 중요한 요소로 인식하였다. 선조는 심지어 '일본군의 장기는 조총뿐이다'고 단언하기에 이르렀다.[129] 따라서 일본군의 조총에 대항하기 위해 조총을 다루는 포수의 양성에 힘을 기울이게 된다. 선조는 중앙과 지방의 군사들로 하여금 조총을 익히도록 명령하고, 조총 사격술을 무과의 시험 과목으로 넣도록 하였다.[130] 포수 양성을 위해 조총의 확보와 그 제작, 보급에도 역점을 두었다. 초기에는 일본군으로부터 노획한 조총을 활용하다가 조총의 제작 기술을 알고 있는 항복한 왜군인 항왜降倭를 통해 그 제작 기술을 습득하기도 하였다. 그리하여 제1차 조선-일본 전쟁이 일어난 이듬해인 1593년(선조 26) 중반에는 자체적인 조총 제작도 가능해졌다.[131]

이와 함께 명나라 군영에서 절강병법에 필요한 새로운 단병 기예를 익히기 위한 노력도 계속되었다. 당시 조선은 절강병이 구사하는 새로운 전술을 완전히 습득하기 위

127 평양성 전투를 위해 이여송이 가져온 화기로는 대장군포 80위, 멸로포 210문, 호준포 20위, 소포 200개, 쾌쟁 500간, 삼안총 100간 등이었다(『經略復國要編』 권4, 「檄李提督」 12월 초8일).

128 『선조실록』 권39, 선조 26년 6월 임자.

129 『선조실록』 권45, 선조 26년 윤11월 임오.

130 『선조수정실록』 권27, 선조 26년 2월 병술.

131 『임진장초』, 「封進火砲狀」, 만력 21년 8월.

해 심지어 하삼도에서 올라온 번상병들을 명나라 총병 유정의 휘하에 임시로 편입시켜 남병과 함께 지내면서 의갑衣甲과 기계를 점차로 익혀 남병과 같게 되도록 하는 한편, 기복격자起伏擊刺하는 법을 훈련하게 하기도 하였다.[132]

포수의 중요성과 양성 문제가 부각되고 아울러 절강병법의 단병 전술을 바탕으로 한 전술 체계 이해와 보급을 위한 새로운 군사제도 창설의 필요성이 나타나기 시작하였다. 예를 들어 환도하는 도중인 1593년(선조 26) 7월 비변사에서는 병조로 하여금 한량, 공사천, 조관 중에서 가려 뽑아 포수 200명을 설치하고 이들에게 보병 2명을 봉족으로 주어 의식 문제를 해결하도록 할 것을 요구하기도 하였다.[133] 선조도 7월 북방에서 이미 포수 양성의 경험이 있는 이일을 시켜 행재소의 무신, 금군, 화포장 등을 선발하여 각종 화기 및 살수 기예를 익히도록 하였다.

또한 도체찰사 유성룡은 그해 6월 장계를 올려 정예한 군졸을 뽑아 훈련을 시키고 절강의 기기를 모방하여 화포와 여러 기구를 제조하여 전쟁에 사용할 수 있도록 할 것을 건의하기도 하였다. 특히 유성룡은 그 이전에 조선의 장정 70여 명을 선발하여 낙상지에게 보내어 화포, 낭선, 창검 등의 기술과 진법을 배우도록 하였다. 유성룡의 이러한 일련의 조치는 곧 훈련도감 설치의 주요 계기가 되었다.[134] 선조는 8월에 비망기를 내리고 훈련도감의 설치를 지시하였다. 이것이 훈련도감 설치의 직접적인 계기가 되었다. 이어서 훈련도감 사목을 발표하여 화포 연습을 주로 해야 되지만 화약이 넉넉지 못하므로 기사騎射, 보사步射나 용약격자踴躍擊刺 등을 모두 익히도록 지시하였다. 그러나 이 조치에도 불구하고 훈련도감이 곧바로 설치된 것은 아니었다.

훈련도감이 공식적으로 조직된 것은 그해 10월 선조가 한성으로 환도한 직후였다. 선조는 유성룡을 도제조로 임명하고 무반 재신[武宰臣]인 조경趙儆을 훈련대장으로, 병조판서 이덕형을 유사당상有司堂上으로, 그리고 문신인 신경진辛慶晉, 이홍주李弘胄를 낭속으로 삼아 조직을 갖추었다. 그리고 한성의 기민들을 모집하여 군대를 편성

132 『선조실록』 권41, 선조 26년 8월 갑오.
133 『선조실록』 권40, 선조 26년 7월 경진.
134 『서애선생연보』 권1, 만력 21년 계사 6월 신축.
이태진, 「'누란의 위기' 관리 7년 10개월」 『류성룡과 임진왜란』 태학사, 2008, 195~196쪽.

하였고 이들에게는 하루 2승의 급료를 지급하였다.[135] 이때 모집한 군사의 수효는 약 500명 정도로서[136] 최초의 편성은 두 개의 영營으로 나누어 이일과 조경이 맡아 조총과 기사를 가르치도록 하였다.[137]

훈련도감의 창설은 조선의 군사제도사에 있어 큰 변화를 가져온 사건이었다. 첫째는 이제까지의 병농일치의 원칙에서 바뀌어 국가 재원에서 급료를 지급하고 이를 바탕으로 양성되는 전문적 직업 군인이 등장하게 된 것이다. 이전까지 군인들이 기본적으로 스스로 양식과 무기 등을 징민하던 것에서 모집한 군사들에게 국가가 필요한 경비를 지원하는 병종이 탄생한 것이다. 다음으로 제1차 조선-일본 전쟁을 계기로 기존의 활(궁시) 중심에서 조총 등 화약 무기와 단병 위주의 무기를 중심으로 하는 전술체계로 변하게 되었는데, 훈련도감은 이러한 변화된 전술 체계를 수행하기 위한 조선 군사제도의 단적인 변화라고 할 수 있다.[138] 훈련도감은 이제 조선후기 군사제도의 규범으로서 의미를 가지게 되었다.

2) 훈련도감의 조직과 발전

창설 당시 포수를 중심으로 좌영과 우영의 2영 체제로 편성되었던 훈련도감은 곧 근접전 전문 군사인 살수殺手가 합류하면서 절강병법에 입각한 새로운 군영으로서 면모를 갖추기 시작하였다. 1594년(선조 27) 초 세자인 광해군의 호위부대인 의용대가 훈련도감의 살수로 편입되었다.[139] 의용대는 1593년(선조 26) 정월 광해군을 호위하기 위하여 대장隊長 1인이 각각 사수射手 2명, 창군槍軍 3명을 거느리는 총 40대로 구성된 부대로서 금군과 함께 윤번 입직하던 부대였다.[140] 이 의용대가 훈련도감의 살수

135 『선조수정실록』 권28, 선조 27년 2월 경술.

136 『선조실록』 권46, 선조 26년 12월 임자. 최초 선발한 훈련도감 군사의 수효에 대해서는 『서애집』에는 수 천 명이라고 되어 있으나 이는 다소 과장된 것으로 보인다(『서애집』 권16, 잡저 「훈련도감」).

137 『선조실록』 권44, 선조 26년 11월 임신.

138 오종록, 「서애 류성룡의 군사정책과 사상」 『류성룡의 학술과 경륜』, 태학사, 2008, 214~215쪽.

139 『선조실록』 권52, 선조 27년 6월 갑술.

140 『선조실록』 권34, 선조 26년 정월 임오.

로 편입되면서 훈련도감의 지휘체계와 조직이 정비되기 시작하였다.

1594년(선조 27) 4월 이전 훈련도감의 편제와 지휘체계는 다음의 〈그림 2-10〉에서 볼 수 있듯이 포수 2개초, 살수 4개초로 구성된 2개의 사司를 기준으로 구성되었고 4월경에는 포수 3개초가 추가되어 훈련에 참여하고 있었던 상황이었다.[141] 즉 최초 500명가량의 소규모 군영에서 출발한 훈련도감은 의용대의 합류와 포수의 지속적인 확대 등으로 인하여 1594년(선조 27) 4월 무렵에는 모두 9개초 약 1,000명의 군병을 가진 상당한 규모의 군영으로 확대되고 있음을 알 수 있다.

포수와 살수에 이어 1594년(선조 27) 6월에는 활(궁시)을 전문적으로 다루는 사수가 훈련도감에 편입되었다. 이 시기 훈련도감 군병 중 일부는 전선인 남쪽으로 내려가기도 하여 당시 훈련도감 군병의 수효는 포수 456명, 살수 334명 도합 790명으로 다소 줄어들었다. 따라서 도성의 수비 군병이 부족한 문제가 나타났으므로 수문장의 직임을 띠고 있는 자 중에서 각 성문을 파수하는 자를 제외하고 모두 훈련도감에 소속시켜 사수로 삼도록 하였다.[142] 당시 수문장의 직임을 띠고 있던 자는 430여명에 달하였다. 7월에는 수문장 이외에 부장, 내금위, 겸사복 등의 직임을 띤 자 중에서 원 이외의 인원을 모두 훈련도감으로 보내 조총과 활을 훈련시키도록 하였는데, 이들은 모두 포수와 사수로 편성되었던 것으로 보인다.[143]

적극적인 군병 확장으로 인하여 사수의 훈련도감 편입 이후 수개월이 지난 1594년(선조 27) 11월이 되면 훈련도감의 편성은 포수 7초, 살수 4초, 사수 2초 등 모두 13초로 이전의 9초에 비해 상당히 증가되었다.[144] 이후에도 훈련도감의 군액을 확장하기 위한 노력을 계속하였다. 이는 훈련도감의 편성을 『기효신서』의 5영 편제 방식에 일치하도록 하기 위한 것으로 병력의 다과에도 불구하고 일단 편성상 초관을 5영 체제에 준하여 임명하고 아울러 적극적으로 군사를 보집하고자 하였다.[145] 훈련도감의 규모가 커지면서 1595년(선조 28) 6월 한강 서안의 방어를 위한 새로운 군영으로 훈련

141 『선조실록』 권50, 선조 27년 4월 계해.
142 『선조실록』 권52, 선조 27년 6월 갑술.
143 『선조실록』 권53, 선조 27년 7월 신사.
144 『선조실록』 권57, 선조 27년 11월 계사.
145 『선조실록』 권60, 선조 28년 2월 임술.

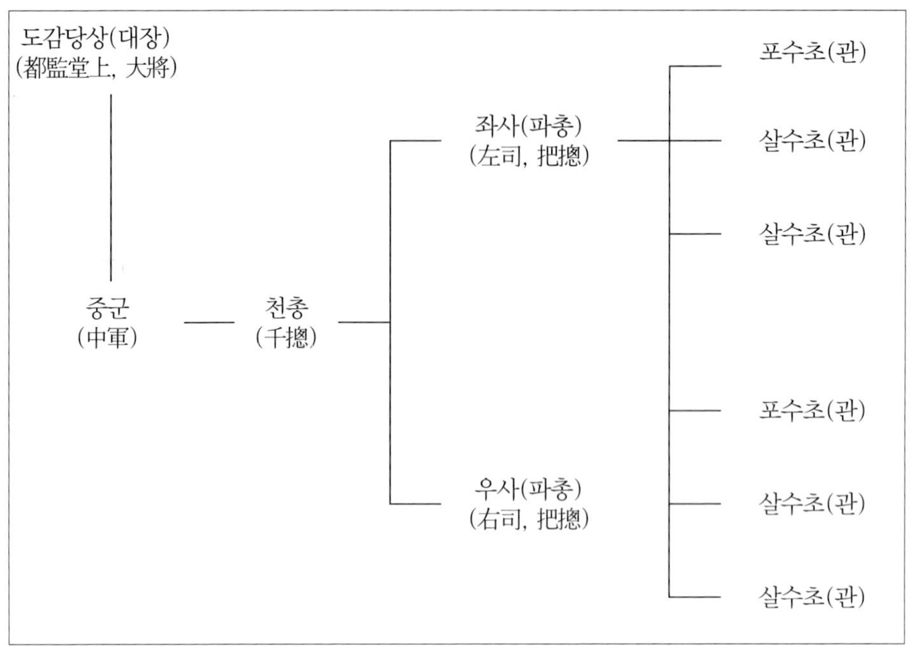

선조 27년 4월 이전 훈련도감 편성표

도감에 준한 군영인 훈련분도감訓鍊分都監의 창설이 시도되기도 하였다.[146]

이어 훈련도감의 역할은 이제까지의 국왕 숙위에 국한되었던 것에서 탈피하여 도성 방위를 전담하는 군영으로 점차 역할이 확대되었을 뿐만 아니라 지방군에 대한 포술, 창검술 등의 조련 등을 담당하기도 하였다. 더 나아가 조선전기 국방체제인 이른바 5위 체제를 훈련도감이 대신하는 것을 고려하는 정도에 이르게 되었다. 따라서 기존 훈련도감의 군사를 각각 현존하는 초관哨官에 따라 전·좌·중 3영에 나누어 예속시키고 후, 우 2영은 도감의 군사 모집을 기다려서 확대 편성하도록 하였다. 그리고 경기·충청·황해·강원도 등의 훈련시켜야 할 군사는 훈련도감에서 명부를 조사하여 군적을 만들어 5영이나 본영에 소속시키도록 하였다.[147]

선조대 훈련도감에는 이상의 기본 병종 이외에 교사대, 별무사, 아동대라는 새로운 병종도 창설되었다. 교사대는 지방군의 훈련을 담당하는 병종으로서 지방군에게 새로

146 『선조실록』 권64, 선조 28년 6월 경신.
147 『선조실록』 권71, 선조 29년 정월 신묘.

이 도입한 포술과 전술을 교육하기 위해 무예가 우수한 도감군을 교사대로 편성하여 전국 각지에 파견하였다. 별무사는 보병 중심의 훈련도감에서 편성된 마병이고, 아동대는 연소한 도감군을 중심으로 편성하여 중국이나 일본의 검법을 익히게 한 병종이었다. 훈련도감은 점차 조직이 확대되어 선조 말기에 이르면 훈련도감 편성은 훈련대장과 중군, 천총 아래에 전, 후, 좌, 우, 중의 5개 사가 있었고 매 사에는 전, 후, 좌, 우, 중의 5개 초가 있었다.

훈련도감 터(서울 종로)

즉 『기효신서』에서 제시된 한 영營의 기본적인 군사 편제에 입각한 군영으로 확장되었음을 알 수 있다. 이외에도 기병으로 이루어진 것으로 짐작되는 좌, 우 별초가 있어 모두 27개 초로 구성되어 있었다. 또한 좌우 교사대도 있었다.[148]

148 김종수, 앞의 책, 2003, 88~89쪽.

제3절

전쟁 중 지방군 정비와 속오군의 창설

1. 지방군 정비

1) 지방군 재건 착수

1593년(선조 26년) 1월 평양성 전투를 계기로 명나라의 절강병법이 일본군에게 매우 효과적인 전술체계임을 확인한 조선은 이 병법의 도입을 적극적으로 추진하였다. 이에 1594년(선조 27)에는 절강병법에 따른 군병을 양성할 군영으로 훈련도감이 설치되어 포수와 살수, 사수 등 삼수병이 양성되었다. 훈련도감의 설치와 함께 제1차 조선-일본 전쟁으로 상당히 붕괴된 지방군도 절강병법에 따라 재편에 착수하게 된다. 지방군에 대한 포수 중심의 편성과 훈련은 평양성 전투 직후에 최초 유성룡에 의해 검토되었다. 유성룡은 우선 1593년(선조 26) 1월 말 도원수 권율에게 전라도에 파견된 명나라 절강 포수를 우대하고 각종 무기와 조총의 사용법을 자세히 물어 정리할 것을 지시하였다.

그해 5월 25일(양 6월 23일)에 유성룡은 장계를 올려 남쪽 지방의 재력이 충실한 주군인 나주, 남원, 전주, 순천이나 병영, 수영이 있는 곳에 화포 제조 장인을 나누어 보내어 조총 등 화기를 제조하도록 하자고 하였다. 그리고 각 고을에서 담력과 용기가 있는 사람은 공사천이나 사족, 서얼을 구분하지 말고 가려내어 훈련시키면 총수銃

나주 관아 금성관(전남 나주)

手 수천 명을 확보할 수 있다고 주장하였다. 이들에 대한 훈련 방법과 수성법, 그리고 깃발 신호법 등은 절강병법에 따르도록 할 것을 건의하였다.[149] 이는 절강병법에 따라 기존의 지방군을 본격적으로 재편할 것을 검토한 것으로 이후 지방군 재편의 기준점이 되었다.

곧바로 조선의 지방군이 절강병법에 따라 재편된 것은 아니었던 것으로 보인다. 이는 절강병법이 이후 훈련도감을 통해 조선에 완전히 소개되고 훈련도감 중심의 중앙군 정비가 이루어지는데 적지 않은 시간이 소요된 것에서 기인한다. 지방군 재건은 이듬해 훈련도감 정비가 일단락되면서 본격적으로 착수되었다. 1594년(선조 27) 3월 비변사에서는 지방의 감사, 병사兵使, 수사水使의 영문 및 각 고을에서 인원의 많고 적음에 따라 형편대로 포수가 되기를 원하는 사람을 모집하여 훈련도감과 같이 조총 쏘는 법을 교습시키도록 할 것을 건의하여 선조의 허락을 받았다.[150] 이를 계기로 포수 양성을 중심으로 지방군의 재건이 본격적으로 이루어지기 시작하였다. 포수 양성

149 『서애전서』 권1, 再乞鍊兵且倣浙江器械多造火砲諸具以備後用狀.
150 『선조실록』 권49, 선조 27년 3월 기묘.

이원익 초상(국립중앙박물관)

과 함께 절강병법에 요구되는 창, 검의 단병 무예를 보급하기 위해 경상도 지역에 『기효신서』를 내려 보내고 아울러 교관을 파견할 것을 결정하였다.[151]

지방군을 포수와 살수 중심으로 새롭게 양성하려는 조선의 노력에도 불구하고 그 성과가 바로 나타나지는 못한 것으로 보인다. 이는 당시 한꺼번에 많은 조총을 구하기 어려웠을 뿐만 아니라 살수 기예에 대한 교육이 체계적으로 이루어지지 않아 포수와 살수의 편성이 제대로 갖추어지지는 못하였기 때문이다.[152] 조정에서는 포수의 양성을 위해 각읍各邑의 규모에 따라 대읍 200명, 중읍 100명, 소읍 50명씩의 포수를 교련하도록 하였으나, 지역에 따라서는 필요한 수량의 조총을 확보하기가 어려워 포수의 양성이 한동안 지연되는 경우도 있었다.[153]

조총 사격법과 단병 접전법을 익히기 위해 투항한 왜병인 이른바 항왜降倭를 훈련도감 등에 소속시켜 조총 사격법과 도창刀槍 등의 기예를 익히도록 하는 등 다양한 노력을 기울였다.[154] 이러한 일련의 노력으로 1594년(선조 27) 동안 북쪽 지방군을 중심으로 포수와 살수 양성에 적지 않은 성과가 나타났다. 예를 들어 평안도는 감사 이원익의 노력으로 평안도 군사에 대한 조총 사격술과 검술 훈련이 이루어져 1594년(선조 27) 1월경에는 상당한 수준에 이르렀다.[155] 황해도도 황해병사 조인득趙仁得의 노력으로 그해 10월경에는 황해도 군사 4,000여 명 중에서 포수 수백 명을 양성할 수 있었다.[156] 북방 지역인 평안도와 황해도의 포수와 살수 양성이 점차 본 궤도에 오른 후에는 남쪽 지역에서도 점차 포수와 살수의 양성이 이루어지기 시작하였다. 예를

151 『선조실록』 권49, 선조 27년 3월 무술.
152 『선조실록』 권49, 선조 27년 3월 무술.
153 『선조실록』 권49, 선조 27년 3월 병오.
154 『선조실록』 권48, 선조 27년 2월 무인. 항왜를 통한 군사 기술과 무예 습득 현황에 대해서는 이장희, 「壬亂時 投降倭兵에 대하여」 『韓國史硏究』 6, 1971, 145~47쪽 참조.
155 『선조실록』 권47, 선조 27년 정월 기유.
156 『선조실록』 권56, 선조 27년 10월 을축.

들어 충청도 군사의 경우 1596년(선조 29) 4월 이전까지 포수와 살수의 편성과 훈련이 완료되어 본격적인 전투에 참여할 수 있는 수준에 이르렀다.[157]

포수와 살수를 중심으로 지방군을 재편하려는 조선의 집중적인 노력에도 불구하고 한동안 조선의 전통적인 장기인 사수의 비중이 포수와 살수의 비중에 비해 상당히 높은 편이었다. 이는 1596년(선조 29) 평안도의 영변寧邊, 안주安州, 귀성龜城, 의주義州 네 진관의 속오군 편성을 구체적으로 보여주는 『진관관병편오책鎭管官兵編伍册』을 통해 확인할 수 있다.[158] 『진관관병편오책』의 「도이상都已上」 조에 나타난 삼수三手 군사의 구성을 보면 다음과 같다.

〈표 2-2〉 『진관관병편오책(鎭管官兵編伍册)』의 삼수병(三手兵) 구성

	영변진관	안주진관	귀성진관	의주진관	계
포수(砲手)	164	250	155	229	798(30.2%)
살수(殺手)	140	130	120	170	560(21.2%)
사수(射手)	272	428	270	316	1286(48.6%)

위의 〈표 2-2〉를 통해 확인할 수 있듯이 진관별로 다소 간에 차이가 있지만 사수가 전체의 48.6%에 달하여 전통적인 장기인 사수의 비중이 이 시기까지는 상당히 높았음을 알 수 있다. 그러나 새로운 병종인 포수와 살수의 비중이 합하여 약 52%에 달한 것을 보면 제1차 조선-일본 전쟁 발발 후 4년이 되지 않은 짧은 기간 동안 조선의 지방군 편성이 매우 급격하게 변화하였음을 짐작하게 한다. 『진관관병편오책鎭管官兵編伍册』 「도이상都已上」 조에서는 포수와 살수를 구분하지 않고 합하여 제시하고 있는 것을 보면 새로운 병종으로서 포수와 살수를 기존의 병종인 사수와 구분하고 있음을 알 수 있다.

평안도 지역은 앞서 보았듯이 다른 지역보다 포수와 살수의 훈련이 일찍부터 이루어진 지역으로서 다른 지방군의 경우는 이 시기까지 포수와 살수의 비중이 이보다 낮

157 『오리집』 속집 권2, 四道都體察使時狀啓, 병신 4월 10일.

158 『진관관병편오책』에 나타난 평안도 네 진관의 삼수병(三手兵)의 구성에 대한 분석은 김우철, 『朝鮮後期 地方軍制史』, 경인문화사, 2000, 61~70쪽에 상세하다.

았을 것이다. 그렇지만 점차 각 지방군에서 포수와 살수가 차지하는 비중이 꾸준히 증가하였을 것임은 짐작할 수 있다.[159] 심지어 1597년(선조 30)경 강원도 평강현平康縣의 경우에는 경내 군사 170인 전원이 포수로 편성되는 경우마저 나타났다.[160] 즉 조선의 지방군은 제1차 조선-일본 전쟁을 계기로 종래의 사수 중심의 군사 편제에서 새로운 병종인 포수와 살수 중심의 편성으로 급격히 바뀌어 가고 있었음을 알 수 있다. 중앙군과 지방군이 새로운 무기체계에 입각한 병종으로 급속히 전환됨에 따라 이에 필요한 무기의 제조와 조달도 중요한 문제가 되었다. 이에 따라 중앙에서는 훈련도감에서, 지방에서는 각 도의 감영과 병영, 수영 및 철산지가 소재한 각 고을을 중심으로 '도회都會'제 하의 조총과 염초, 궁시 생산이 활발히 이루어지기도 하였다.[161]

2) 진관체제(鎭管體制) 복구론과 지방군 체제 정비

지방군 재건을 위해 중요한 또 하나의 문제는 전국적 단위의 일원적 방어체계를 다시금 확립할 필요성이었다. 이는 1594년(선조 27) 3월 말 영의정 유성룡이 진관체제를 다시 복구할 것을 주장하면서 구체화되었다. 그는 제1차 조선-일본 전쟁 초기 조선군이 패배하게 된 원인을 한 도의 군병을 미리 순변사, 방어사, 조방장과 각 도의 병사와 수사에게 나누어 소속시켜 두었다가 전쟁이 일어나면 한 도의 군사를 모두 징발하여 국경 부근에 두고서 해당 지휘관을 기다리는 이른바 제승방략에 따른 문제로 인식하였다. 제승방략에 따라 해당 지휘관이 내려올 때까지 그 지역의 군사 지휘관이 그 군사를 운용하지 못하는 문제점이 있었다. 즉 제승방략의 근본적인 문제점은 장수와 병사가 분리되는 것이었다. 유성룡은 그 대안으로 조선전기의 진관체제를 복구할 것을 주장하였다.[162]

진관체제는 행정단위인 지방 군현을 군사조직 단위인 '진鎭'으로 파악하고 각 진을

159 차문섭, 「束伍軍 硏究」『朝鮮時代軍制硏究』, 단대출판부, 1973, 193~194쪽.
160 『秋灘集』 권2, 平康縣陳弊疎.
161 유승주, 『조선시대광업사연구』, 고려대출판부, 1983, 178~184쪽.
162 『선조실록』 권49, 선조 27년 3월 정미.

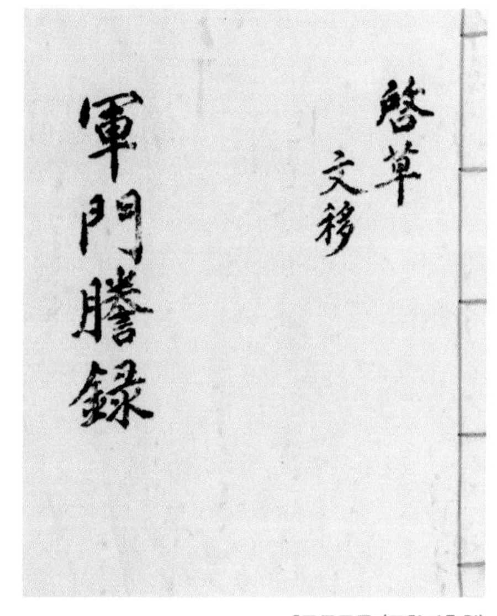

『군문등록』(국학진흥원)
유성룡이 4도 도체찰사로 재직하던 1595년~1596년의 군무 관련 공문을 모아 엮은 책이다.

진관으로 편성한 전국적인 단위의 군사체계였다. 즉 진을 군현의 대소에 따라 주진主鎭, 거진巨鎭, 제진諸鎭으로 구분하고 병마절도사가 지휘하는 주진이 아닌 거진 이하의 군사 지휘관은 해당 고을의 수령이 겸임하며 거진을 중심으로 주변의 병렬적인 제진을 묶어 진관을 편성하고 각 진관은 독자적인 군사단위로서 자체적으로 운용하는 것이었다. 지휘체제도 병마절도사에서 이하 첨절제사, 동첨절제사로 일원화되었다. 따라서 고을 단위로 통수 계통이 명확하였으므로 제1차 조선-일본 전쟁(임진왜란) 시기 지방군의 일원적 지휘체제 확립에 따른 재편을 위해 진관체제의 복구는 중요한 의미를 가지는 것이었다.

유성룡의 진관체제 복구 주장에 대해 선조는 적극적으로 찬성하며 곧바로 시행할 것을 지시하였으나 한동안 시행되지는 못하였던 것으로 보인다. 반년이 지난 1594년(선조 27) 9월 비변사에서 당시 진관체제가 아직 제대로 정비되지 못했음을 언급하고 충청도 공주진관을 시작으로 다시 진관체제를 정비할 것을 주장한 것을 보면 이를 알 수 있다.[163] 그러나 이듬해까지도 진관체제 복구는 전혀 이루어지지 않았다.[164] 심지어 황해도의 경우에는 진관체제 복구가 이루어지지 않았을 뿐 아니라 해당 지역의 지휘관들도 자신의 고을이 '진'임을 알지 못하는 실정이었다.[165] 후술하듯이 1594년(선조 27) 10월 유성룡은 '전수기의 10조'를 각도에 내려보내 지방군의 편성을 『기효신서』의 속오법에 따라 조직하도록 하고, 아울러 지방군을 진관체제에 따라 일원적으로 재

163 『선조실록』 권55, 선조 27년 9월 신묘.
164 『선조실록』 권59, 선조 28년 정월 을미.
165 진관체제 복구론의 제기와 양상에 대해서는 허선도, 「진관체제 복구론 연구-유성룡의 군제개력의 기본시책-」 『국민대학논문집』 5, 1973, 123~125쪽 참조.

편할 것을 고려하였다. 그런데 유성룡이 고려한 진관체제 복구는 조선초기 제도로의 회귀를 의미하는 것은 아니었다.

유성룡은 새로운 군사제도인 절강병법 체제에 따라 지방군을 영-사-초-기-대의 체제로 편성하고 병종도 사수, 포수, 살수의 삼수병으로 편제하도록 하였다. 이를 바탕으로 지방군을 과거의 진관체제에 나타난 통일적인 지휘체제와 군정체제에 따라 재편하고자 한 것으로 유성룡은 과거의 진관체제의 형식을 취하면서 하위 편제와 지휘체계는 『기효신서』를 적용하여 통일적 지휘체제를 갖추고자 하였다.[166] 1596년(선조 29) 초 『군문등록』의 다음 자료는 경기도 지방군의 재편 양상을 잘 보여준다.

> 경기도 내의 각 고을의 군사들은 이미 경기의 전영前營, 후영後營, 좌영左營, 우영右營으로 나누어 4영으로 만들고는 1영은 5사司를 통솔하고 1사는 5초哨를 통솔하게 한다. 경기 좌영은 용진龍津에 군영을 설치하고, 광주, 양근, 이천, 지평, 여주, 포천, 양주, 가평의 군대가 이에 속하게 된다. 5사 중에서도 이천은 전사前司가 되고, 여주가 좌사左司가 되고 양근과 지평이 중사中司가 되고, 광주가 우사右司가 되고, 양주·가평·포천이 후사後司가 되는데 또한 사전에 마련할 것이다. 1사의 군대는 대개 5초로 구성되는데 이를 합계하면 500명이 되며, 5사의 군사를 합하면 2,500명이 되는데 이 수효에 구애될 필요가 없으며, 있는 곳의 군사들의 수효에 따라 증감한다. 1사를 가지고서 또한 동·서·남·북·중앙으로 나누어 5초를 편성한다. 그리고 명칭을 좌초, 우초, 전초, 후초, 중초라 하고 그 길 거리의 멀고 가까운 것과 민가의 드묾과 빽빽함을 헤아려 왕래를 편리하도록 한다.[167]

이어서 유성룡은 각 면과 리의 크기에 따라 거주지별로 초-기-대를 편성하고 각급 지휘관인 초관哨官, 기총旗摠, 대총隊摠을 마을에서 영향력 있고 서로 친분이 있는 사람으로 나누어 정하고 백성을 모아 조련하도록 하였다. 즉 거주지별로 각 주민을 편성하고 각 단위별 지휘관을 같은 지역 주민으로 임명하도록 하여 거주지 중심의 편

166 오종록, 「서애 류성룡의 군사정책과 사상」 『류성룡의 학술과 경륜』, 태학사, 2007, 218~221쪽.
167 『국역 군문등록』, 약속수령장관문, 112~113쪽.

성, 훈련과 지휘 책임을 명확히 하도록 하였다. 유성룡의 경기도 군사 편성 방식을 보면 경기도를 네 개의 영으로 나누고 각 영에는 5개의 사司를 두되 각 사는 1~3개 대소 군현으로 편성하였다.

유성룡은 1595년(선조 28) 12월 경기도순찰사에게 보낸 「편오사목編伍事目」에서 경기도 지방군 재편에 따른 편제를 정리하였는데, 이를 종합하면 다음의 〈표 2-3〉과 같다.[168]

〈표 2-3〉 경기도의 진관 편성과 속진

영(營)	속진(屬鎭)
좌영(左營)-용진(龍津)	이천(前司), 여주(左司), 양근 · 지평(中司), 광주(右司), 양주 · 포천(後司)
우영(右營)-수원 독성(水原禿城)	수원, 남양, 인천, 부평, 양천, 통진, 김포, 안성
전영(前營)-용인 석성(龍仁石城)	죽산, 음죽, 진위, 안산, 양지, 용인, 과천
후영(後營)-파주산성(坡州山城)	고양, 파주, 교하, 풍덕, 장단, 연천, 삭녕, 영평, 개성부
중영(中營)-경성(京城)	훈련도감군(訓鍊都監軍)

이 표에서 보듯이 유성룡은 경기도의 지방군 재편을 통해 절강병법에 따른 군사편제를 바탕으로 전국적인 단위의 진관체제를 복구하고 일원적인 통일적 지휘체계 구축을 시도하였음을 알 수 있다. 이를 통해 제1차 조선-일본 전쟁(임진왜란) 초기 각 도의 군사들이 순찰사, 병사, 수사, 방어사, 조방장, 수령의 군사로 각각 나누어 소속되고 각급 지휘관들이 군사들을 다투어 많이 차지하려고 하여 군정이 문란해지는 문제점을 극복하고자 하였음을 알 수 있다. 유성룡에 의해 시도된 진관체제 복구 노력은 1595년(선조 28) 10월 그가 경기, 황해, 평안, 함경도 4도 도체찰사의 직임을 겸임하면서 이 지역 군사제도 개편에도 적용되었던 것으로 보인다. 유성룡은 4도 도체찰사 임명 직후인 10월 말에 평안도병마절도사에게 보낸 공문에서 병졸을 훈련하고

168 『국역 군문등록』, 이경기순찰사문, 을미 12월 18일.
차문섭, 앞의 논문, 1973, 191쪽.

편성하기 위해 진관체제를 복구할 것을 주장하였다.[169] 이에 따라 평안도 지방의 경우 평양, 영변, 안주, 의주, 성천, 구성 등의 진관에 6영營을 두었다.[170] 구체적인 평안도 지역 진관체제의 양상은 1596년(선조 29) 평안도 지방의 속오군 편제 자료로서 작성된 『진관관병편오책』에서 확인할 수 있다.

『진관관병편오책』에 의하면 영변 진관이 좌영, 안주 진관이 우영, 귀성 진관이 후영, 그리고 의주 진관이 후별영으로 되어 있다. 여기에 누락된 평양 진관은 관찰사가 있었던 지역이므로 아마 중영이라 칭한 듯하고 성천 진관은 전영이라 하였을 것이다. 각 영은 2~3개의 사司로 편성되었고 사 아래에 수 개의 초哨가 편성되어 고을의 군병 수에 따라 다양하게 편성되었다. 각 진관의 소속 군현은 다음과 같다.

영변진관 : 영변, 희천, 박천, 태천, 운산

안주진관 : 영유, 숙천, 안주, 가산

귀성진관 : 귀성, 선천

의주진관 : 용천, 미곶, 철산, 의주, 인산, 건천, 수구, 옥강, 방상, 청성, 청수[171]

평안도 진관체제를 통해 알 수 있듯이 유성룡의 지방군제 재건 구상은 조선초기의 진관체제로의 환원이 아니라 오히려 각 지역단위별로 자전자수自戰自守하는 진관체제의 정신을 유지하는 선에서 속오법에 의한 새로운 군사제도의 정립을 의미하는 것이었다. 유성룡의 진관체제 복구를 통한 지방군 정비는 제2차 조선-일본 전쟁(정유재란)이 일어나자 일본군의 북상을 저지하는 군사적인 뒷받침이 되었다는 점에서 그 역할이 적지 않았음을 주목할 필요가 있다.

전쟁이 다시 발발하자 유성룡은 경기우방어사 유렴柳濂에게 무한산성을 지키게 하고 별장 조발은 수원 독성, 좌방어사 변응성은 여주의 파사성을 각각 지키게 하였다. 그리고 연강 일대의 건너기 쉬운 여러 천탄淺灘을 경비하도록 하였다. 아울러 그가 도

169 『국역 군문등록』, 이평안도병마절도사문, 46쪽.

170 『국역 군문등록』, 이평안도순찰사절도사문, 16쪽.

171 정구복, 「1596년 평안도 진관관병편오책」 『고문서연구』 5, 1994, 106~110쪽.

체찰사로서 담당하고 있던 경기, 황해, 평안, 함경도 병력을 동원하여 한성으로 들어와 지키게 하였다. 한성을 중심으로 한 중부 지역의 안정은 일본군의 공격을 직산에서 저지하게 하는데 큰 힘으로 작용하였다는 점에서 강화 협상기에 유성룡을 중심으로 시행된 지방군 체제 정비의 효과를 확인할 수 있다.[172]

2. 속오군의 창설과 조직

1) 속오군 창설

조선후기 지방군을 상징하는 존재인 속오군은 제1차 조선-일본 전쟁(임진왜란) 중 설치되는 과정에서 최초에는 편오군編伍軍, 삼수군三手軍, 초군哨軍 등 다양한 명칭으로 불렸다. 이는 속오군의 창설이 전국적으로 일시에 이루어진 것이 아니며 지역별로 여러 과정을 통해서 이루어졌음을 반영한다. 따라서 속오군이 정확히 언제 창설되었는지에 대해서는 다소 분명하지 않다. '속오'라는 용어는 원래 중국의 병서인 『위료자尉繚子』의 「속오령束伍令」에서 대오隊伍를 편성한다는 말로 최초 사용되었는데, 군대 편제를 의미하였다. 조선후기 속오군이라는 용어의 유래는 제1차 조선-일본 전쟁(임진왜란) 중 지방군 재편을 맡았던 유성룡이 『기효신서』의 속오법에 나타난 군사편제 방식에 준하여 시행함에 따라 유래한 것이었다.[173]

제1차 조선-일본 전쟁 중 지방군 재건은 조총과 근접전 능력이 뛰어난 일본군에 대응하기 위해 새로운 개인 화기를 다루는 조총병인 포수와 낭선 등 새로운 단병 무기로 무장한 근접진 군사인 살수의 양성으로 시작되었다. 새로운 병종인 포수와 살수의 양성이 꾸준히 이루어지면서 지방군의 훈련도 포수와 살수 중심의 전술 체계에 따라 이루어질 필요성이 있었다. 이를 위해 『기효신서』에 나타난 전법인 절강병법의 훈

172 이태진, 「'누란의 위기' 관리 7년 10개월」 『류성룡과 임진왜란』, 태학사, 2008, 203~205쪽.

173 속오군 용어의 유래에 대해서는 차문섭, 앞의 논문, 1973, 179~180쪽 ; 김우철, 앞의 책, 2000, 30~32쪽 참조.

련 필요성이 높아졌다. 그러나 지방군에게 있어서 아직 절강병법에 따른 훈련이 확고하게 이루어진 것은 아니었다.

1594년(선조 27) 8월 비변사에서 절강병법 이외에 명나라 군의 여러 진법을 함께 익히도록 건의하여 선조의 승인을 받았다.[174] 이는 당시 조선군이 절강병법에 요구되는 포수와 살수의 양성에 집중하였지만 이들을 절강병법의 군사체제에 따라 편성하고 훈련하는 체제가 확고하게 정착되지는 못하였음을 보여주고 있다. 경우에 따라 지방군의 전술 체제와 군사편제는 아직 조선전기의 것을 답습하고 있는 경우도 나타났다. 절강병법 이외의 다른 진법이 고려되거나 조선전기의 것이 유지된 것은 당시까지 절강병법 체계에 적합한 군사 편성이 완비되지 못한 것에서 기인하고 있다. 지방군에서 점차 포수와 살수의 비중이 증대하면서 이들을 『기효신서』의 군사 편성법(속오법)에 따라 새로이 편성할 필요성이 있었다.

1595년(선조 28) 10월, 경기, 황해, 평안, 함경도 4도도체찰사로 임명된 유성룡은 진관체제에 의한 일원적 지휘체제의 확보와 함께 이듬해인 1596년(선조 29) 정월, 이 북방 네 도의 지방군을 『기효신서』에 따라 편성하려고 시도하였다. 유성룡이 북방 4도에 반포한 「연병규식鍊兵規式」은 지방군의 편성을 『기효신서』에 의하여 일원적으로 편성하도록 한, 조선의 군사제도상에 있어서 매우 획기적인 것이었다. 즉 일본군에 대항하기 위해 제1차 조선-일본 전쟁(임진왜란) 중 포수와 살수를 중심으로 군사 양성이 이루어졌지만 『기효신서』에 나타난 군사제도가 완전히 정착된 것은 아닌 당시의 상황에서 『기효신서』의 전법인 절강병법을 도입하기 위해서는 군사 편성에 있어서도 이를 기준으로 할 필요가 있었다.

「연병규식鍊兵規式」에 나타난 군사 편성, 즉 분군分軍 방법은 다음과 같다.

> 분군하는 법은 『기효신서』에 따르고 다소 가감을 더하여 한 영營에서 5사司를 통솔하고 1초哨에서는 3기旗를 통솔하고 1기에서는 3대隊를 통솔하고 1대에서는 화병火兵을 아울러 모두 11인으로 하니 이것이 대강이다. 지금 각 리 각 촌에 백성이 살고 있는 부

174 『선조실록』 권54, 선조 27년 8월 경신.

근마다 단결하여 대를 만들 것이며, 만일 사람이 많으면 3기 이외에 4, 5기라도 좋으며 3대 이외에 비록 4, 5대라도 좋다. 군사가 적어서 1대에 11인이 차지 않아도 되므로, 억지로 이쪽 것을 옮겨서 저쪽으로 보내거나 가까운 데 것을 떼어서 먼 데로 붙일 필요가 없다. …… 각 영은 군사를 계산하여 군량을 수합하고 반년을 지낼 양곡을 갖추고, 여유가 있으면 점차로 비축하여 재간이 있는 사람을 써서 그 사무를 주관하게 하며, 병기와 기치旗幟, 금고金鼓 따위는 각 영에서 책임지고 준비한다. 각 영은 모두 지형이 요새지로 험하고 앞에 평야를 두고 있어 훈련장을 마련할 만한 곳을 선택하여 성을 쌓고 흙을 사용한 누로樓櫓는 튼튼하게 만든다. 예하 각 사가 있는 곳도 지역을 선택하여 작은 보루를 만들어 평상시에는 5초의 군사를 집합하여 이곳에서 훈련하고, 유사시에는 근처의 노약자와 양곡을 수습하고 들판을 비워 그 안으로 들어와 보호한다.(사 예하의) 각 초는 각 마을에 또한 교련장을 마련하여 훈련에 편리하게 하도록 한다.[175]

이 「연병규식」이 반포되기 한 해 전인 1595년(선조 28)에도 황해도와 경기 등에서 『기효신서』 속오법束伍法에 따른 군사 편성을 도모하였으나 구체적으로 이루어지지는 못하였다.[176] 이 「연병규식」은 1595년(선조 28) 10월 이전 병조에서 반포하였다고 하는 「무학사목武學事目」을 바탕으로 한 것이다. 현재 「무학사목」의 구체적인 내용은 알 수 없으나 대체로 각 고을의 각 촌에서 초哨의 군사 지휘관인 초관哨官과 그 아래의 기총, 대총을 뽑고 거주지 별로 군사를 훈련시키는 것과 관련된 것으로 보인다.[177]

대체로 초 이하의 군사 조직과 훈련에 대한 내용을 규정하고 있었고, 사司 이상의 군사 편성에 대해서는 아직 정확히 규정되지 못하였을 뿐 아니라 『기효신서』의 군사 편성을 완전히 규정한 것은 아니었을 것이다. 이 「연병규식」 반포를 계기로 북부 4도

---

175 『서애집』, 연보, 권2, 만력 24년 정월, "分軍之法 依紀效新書 而稍增損 一營統五司 一司統五哨 一哨統三旗 一旗統三隊 一隊并火兵 凡十一人 此其大綱也 今從各里各村居民 附近團結爲隊 若人多 則三旗之外 雖四旗五旗亦可 三隊之外 雖四隊五隊亦可 軍少 則一隊雖不滿十一人亦可 不必移此而就彼 離近而附遠也."

176 『선조실록』 권65, 선조 28년 7월 경진 ; 『군문등록』, 을미 11월 26일.

177 『국역 군문등록』, 移京畿都巡察使文, 京畿教鍊軍兵移文, 을미 10월 18일, 7~8쪽. 「무학사목」의 내용과 반포일자, 그리고 「鍊兵規式」과의 관련성에 대해서는 김우철, 앞의 책, 2000, 49쪽에 정리되어 있다.

의 군대는 『기효신서』의 군사 편제에 따라 영營 이하 가장 말단의 편제인 대隊까지 일원적으로 편성하게 되었다. 특히 「연병규식」에는 영營, 사司, 초哨 별로 필요한 훈련장이나 방어 시설, 신호체계 등에 대해 규정되어 있어 지방군에 대한 완전한 개편을 기할 수 있었다.

「연병규식」에 따른 지방군 개편 조치는 단기간에 상당히 철저히 시행되었던 것으로 보인다. 이는 앞에서 언급한 평안도의 『진관관병편오책』을 통해 확인할 수 있다. 이 자료에 따르면 평안도 각 진관(영營)의 경우 휘하에 5사를 모두 갖추고 있는 경우는 없고, 좌사左司-우사右司의 2사 체제나 전사前司-중사中司-후사後司의 3사 체제를 택하고 있었다. 그리고 3사 체제 진관의 경우에는 진관이 설치된 군현이 중사가 되고 2사 체제인 경우에는 좌사를 차지하였다. 1사의 병력을 모두 한 고을이 충당하는 경우가 있는가 하면 한 고을이 1기旗의 병력만을 충당하기도 하는 등 고을의 크기에 따른 편차가 적지 않았다.[178] 그리고 가장 하위 편제인 각 대는 지휘자인 대장과 취사를 담당하는 병사인 화병火兵 각 1명씩을 포함하여 모두 12명으로 이루어져 있었다. 그리고 삼수병 체제에 따라 포수대砲手隊, 살수대殺手隊, 사수대射手隊 등으로 구성되었다. 특히 새로운 근접전 병기로 무장한 병종인 살수대의 경우에는 『기효신서』의 편성법을 그대로 채용하여[179] 등패수藤牌手 2인, 낭선수狼筅手 2인, 장창수長槍手 4인, 당파수鏜鈀手 2인, 그리고 대장과 화병 각 1인씩으로 구성되어 있었다. 『기효신서』에 따른 군제가 확립됨으로 인해 이제 조선은 이에 따른 전법 체계인 절강병법을 제대로 운용할 수 있는 토대가 마련되었다. 『기효신서』에 따른 부대 편성은 점차 전국의 각 지역으로 확대되어 나갔다.

『기효신서』의 속오법에 따른 부대 편성이 전국으로 확대되고 진관체제 복구론에 따른 전국적 군사체계가 정비되면서 1596년(선조 29) 말경에는 전국적인 차원에서 진관 중심의 속오군 조직이 거의 완성된 것으로 보인다. 이듬해 제2차 조선-일본 전쟁(정유재란)이 발발하자 이원익 휘하 속오군 5~6천 명의 부산 방어 동원이 논의되는 등 속오군 창설이 일단락되면서 전쟁의 일선에서 활용되기에 이르렀다.

---

178 김우철, 앞의 책, 2000, 59~60쪽.

179 『기효신서』 권1, 編伍法.

2) 속오군의 편성과 전술적 특징

조선-일본 전쟁 중 속오군의 구체적인 편제는 『진관관병편오책』에 자세히 나타나 있다. 앞서 보았듯이 『진관관병편오책』에는 평안도 6진관 중에서 영변, 안주, 구성, 의주 등 네 진관만 기록되어 있으므로 평안도 전체의 군사를 보여준 것은 아니지만 기록된 각 진관의 구체적인 편제 및 병력 수, 그리고 영장營將 직할의 다양한 참모진과 기능장의 규모 등을 알 수 있는 자료라는 점에서 의미가 있다.[180] 먼저 평안도 각 진관의 병력 현황은 다음의 〈표 2-4〉와 같다.

〈표 2-4〉 평안도 각 진관의 군사 현황

구분	영변	안주	구성	의주
영장(營將)	1	1	1	1
파총(把摠)	2	3	2	3
초관(哨官)	7	11	6	9
유초 초관(留哨哨官)		2		
기총(旗摠)	20	27	18	28
유초 기총(留哨旗摠)		3		
포살수(砲殺手)·대총(隊摠)	366	492	331	484
사수(射手)·대총(隊摠)	330	465	324	382
유초사수(留哨射手)·대총(隊摠)		105		
계	762	1109	682	907

파총把摠은 사司의 지휘관이며 초관은 초의 지휘관으로, 다음의 〈표 2-4〉를 통해 각 진관의 경우 한 영營에 사가 『기효신서』에는 5개로 규정되어 있는 것과는 달리 2~3개로 구성되어 있으며, 사 아래 초도 원래 5개로 규정된 것과 달리 3~4개로 이루어져 있음을 알 수 있다. 초 이하의 편성인 기旗와 대隊는 『기효신서』의 편성 방식 그대로 각각 3개씩 편성되어 있다. 그리고 병종별로 삼수병 체제에 따라 사수와 포·

180 본 절의 이하 『진관관병편오책』의 각 표와 분석은 김우철의 연구를 활용하였다(김우철, 앞의 책, 2000, 56~64쪽). 따라서 추가적인 내용 이외에는 따로 각주를 붙이지는 않는다.

살수로 크게 구분하고 있다. 이는 당시 새로운 병종인 포수와 살수를 통합하여 통계를 내었음을 알 수 있다. 다소 흥미로운 것은 각 진관에는 영 소속의 참모진과 기수旗手 등이 자세히 기록되어 있다. 예를 들어 영변 진관의 경우 중군中軍 1인, 기고관旗鼓官 1인, 기패관 3인, 서기書記 3인, 취타수吹打手 31인, 기수 37인, 군뢰軍牢 6인, 마부 6인 등 88명이 있었다. 특히 주목되는 것은 각각 30여 명씩 편성되어 있는 다수의 취타수와 기수의 존재를 들 수 있다.

조선전기에도 여러 형태의 취타 악기가 있었지만 이때 다수의 취타수가 등장하는 것은 『기효신서』의 군사 편성체제와 함께 절강병법을 수용한 것과 밀접한 관련을 가지고 있다. 대규모 군사를 복잡한 전장 상황에서 조직적, 효과적으로 운용하기 위해서는 상황별로 다양한 신호 체계를 확보할 필요가 있었다. 실제 『기효신서』의 전법에 따른 군사훈련을 정리한 병서인 『병학지남』에 의하면 교련장에서 이루어지는 훈련 절차만 해도 모두 34종에 이르고 있다.[181] 이러한 다양한 훈련에 대한 신호를 전달하기 위해 각角, 나팔, 호적, 금金, 솔발, 북 등의 각종 취타 악기가 취타대에 편성되었는데 30여인의 취타수의 존재는 이를 반영한다.[182]

이와 함께 37인의 기수의 존재도 매우 흥미롭다. 지휘관은 각종 훈련 상황에 따라 취타수의 신호와 함께 여러 가지 깃발을 다양하게 운용하여 구체적인 각 부대의 절차를 지시할 수 있었다. 조선후기에는 인기認旗 등 부대 단위 깃발, 진법용 깃발, 신호용 깃발, 기타 깃발 등 10여 종의 깃발이 있어 부대를 효과적으로 지휘할 수 있었다.[183]

특히 화약무기가 대량으로 사용되던 전쟁인 조선-일본 전쟁의 과정에서 전장 소음은 이전과는 차원을 달리할 정도로 커졌다. 따라서 시각적 신호 수단인 깃발의 대량 운용은 불가피한 것이었다. 다수의 기수는 엄격한 군사 통제를 중시한 『기효신서』의 전법 체계와 함께 화약무기가 전쟁의 주역으로 등장한 전쟁 양상의 변화와 관련이 있다.

다음으로 각 진관별 삼수병 구성을 대 단위별로 정리하여 그 편성상의 특징과 전술

181 『병학지남』 권5, 場操程式.

182 조선후기 군영에서의 취타 악대와 역할에 대해서는 이숙희, 『조선 후기 군영악대』, 태학사, 2007 참조.

183 조선후기 군사용 깃발에 대해서는 노영구, 「조선후기 반차도에 보이는 군사용 깃발」 『문헌과 해석』 22, 2003에 자세하다.

운용 양상에 대해 살펴보도록 하겠다. 먼저 영변 진관의 체제와 삼수병 구성은 아래의 〈표 2-5〉와 같다.

〈표 2-5〉 영변 진관의 체제와 삼수병 구성

	좌사			우사			
	전초	중초	후초	전초	중초	후초	유초
1기(旗)	살,살,살	포,포,포	살,살,포	살,살,포	살,살,포	살,살,포	사,사,사
2기(旗)	살,살,살	사,사,사	포,사,사	포,포,사	포,포,사	포,사,사	사,포,사
3기(旗)	포,포,포	사,사,사	사,사,사	사,사,사	사,사,사	사,사,사	
소계	살수대(殺手隊) 8, 사수대(射手隊) 11, 포수대(砲手隊) 8			살수대(殺手隊) 6, 사수대(射手隊) 18, 포수대(砲手隊) 9			

이 〈표 2-5〉에 따르면 영변 진관은 영변의 병력으로 구성된 좌사와 박천과 태천의 병력으로 구성된 우사의 2개 사로 구성되었다. 각 사에는 3개의 초를 기본으로 하고 우사에는 태천의 병력만을 모아 따로 유초留哨를 두었다. 이는 태천의 군병의 수가 적어 2기만 편성할 수 있어 3기로 이루어진 하나의 초를 만들기 어려웠기 때문이다.

각 초에는 『기효신서』 편성법대로 3기씩, 각 기에는 3대씩 편성하였다. 총 60대로서 살수대 14, 사수대 29, 포수대 17개로 편성되어 있다. 다음의 〈표 2-6〉은 안주 진관의 체제와 삼수병 구성을 보여주고 있다.

〈표 2-6〉 안주 진관의 체제와 삼수병 구성

	전사				중사			후사			미상
	전초	중초	후초	유초	전초	중초	후초	전초	중초	후초	미상
1기	살,살,살	사,사,사	살,살,포	사,사,사	살,살,살	사,사,사			포,포,포	살,살,포	사
2기	포,포,포	사,사,사	포,사,사	사,사,사	포,포,포	사,사,사		살,살,살	포,포,사	포,포	
3기	포,포,포	사,사,사	사,사,사	사,사,사	포,포,포	사,사,사	사,사,사	포,포,포	사,사,사	사,사,사	
소계	살수대 5, 사수대 23, 포수대 8				살수대 3, 사수대 12, 포수대 6			살수대 5, 사수대 7, 포수대 11			사수대1

이 표에 의하면 안주 진관은 크게 3개 사로 구성된다. 안주 병력으로 중사를 편성하고 정주 병력으로 후사를, 그리고 영유와 숙천의 병력으로 전사를 편성하였다. 각 사에는 전초, 중초, 후초를 두고 영유와 숙천의 병력 일부를 모아 유초를 두었다. 총 81대로서 살수대 13, 포수대 25, 사수대 43개로 구성되어 있다. 다만 안주 진관의 경우 중사의 후초와 후사의 전초의 병력이 3개 기가 아닌 1~2개 기로 구성되어 있어 영변 진관에 비해 규칙성이 떨어진다. 다음의 〈표 2-7〉은 구성 진관의 체제와 삼수병 구성을 정리한 것이다.

〈표 2-7〉 구성 진관의 체제와 삼수병 구성

	좌사			우사		
	전초	중초	후초	전초	중초	후초
1기	살,살,살	사,사,사	살,살,살	살,살,살	사,사,사	사,사,사
2기	포,포,포	사,사,사	포,포,포	살,살,살	사,사,사	사,사,사
3기	포,포,포	사,사,사	포,포,포	포,포,포,포	사,사,사	사,사,사
소계	살수대 6, 사수대 9, 포수대 12			살수대 6, 사수대 18, 포수대 4		

이 표에 의하면 구성 진관은 좌사와 우사의 2개 사로 구성되며, 구성과 곽산의 일부 병력으로 좌사를, 선천과 곽산의 일부 병력으로 우사를 편성하였다. 각 사에는 3기씩, 그리고 각 기에는 3개씩 대를 두었으나 예외적으로 전초의 3기는 포수대 4개로 구성하였다. 총 55대로서 구체적으로는 살수대 12, 포수대 16, 사수대 27개로 구성되어 있다.

다음의 〈표 2-8〉에 의하면 의주 진관은 전사, 중사, 우사의 3개 사로 구성되었다. 의주의 병력으로 중사를 구성하고 용천, 미곶, 철산의 군사로 전사를, 그리고 인산, 수구, 옥강, 방산, 청성, 청수의 군사로 후사를 편성하였다. 각 사는 초 3개씩으로 구성되어 『기효신서』의 편성법에 따르고 있지만, 전사의 경우에는 후초에 남은 병력으로 포수대와 사수대 1개씩으로 이루어진 여기餘旗를 따로 두고 있고, 후사의 경우에는 중초의 3개 기와 전초와 후초의 3기가 2개 대로 약간 감소 편성되어 있는 점이 눈에 띈다. 총 78대로서 살수대 17, 포수대 27, 사수대 34개로 구성되어 있다.

〈표 2-8〉 의주 진관의 체제와 삼수병 구성

	전사			중사			후사		
	전초	중초	후초	전초	중초	후초	전초	중초	후초
1기	살,살,살	사,사,사	살,살,포	살,살,살	포,포,포	사,사,사	살,살,살	포,사	포,포,사
2기	포,포,포	사,사,사	포,사,사	살,살,살	포,포,포	사,사,사	포,포,사	포,사	포,포,사
3기	포,포,사	포,포,사	사,사,사	살,살,살	포,포,사	사,사,사	사,사	포,사	포,사
여기(餘旗)			포,사						
소계	살수대 4, 사수대 14, 포수대 10			살수대 9, 사수대 10, 포수대 8			살수대 3, 사수대 9, 포수대 10		

이상의 평안도 4개 진관의 편성을 통해 당시 속오군 체제에서 몇 가지 특징적인 측면을 볼 수 있다. 먼저 기 단위에서 서로 다른 기예를 가진 대의 조합을 살펴보면 살수대와 포수대로 이루어진 기나 포수대와 사수대로 이루어진 기는 있지만 살수대와 사수대로 편성된 기는 없다는 점을 들 수 있다. 그 이유는 사수대와 살수대가 모두 냉병기冷兵器인 활(궁시)과 창검을 갖추고 있어 조합에 따른 상승효과를 기대하기 힘든 반면에 살수나 사수가 열병기熱兵器인 조총을 이용하는 포수와 결합할 경우 효과를 극대화할 수 있기 때문으로 보는 것이 일반적이다.[184] 그러나 다른 특성을 가진 무기의 조합을 기한다는 측면도 있지만 이보다는 새로운 화약 무기인 조총의 특성을 고려한 조합이라는 점을 생각할 필요가 있다.

조총은 이전의 개인용 화기에 비해 총열이 길고 화약을 많이 사용함에 따라 원거리 사격이 가능하지만 발사 속도가 활(궁시)에 비해 상당히 느린 문제점이 있었다.[185] 따라서 원거리 사격 이후에는 반드시 살수대의 근접 엄호를 받을 필요성이 있었다. 이에 비해 활은 발사 속도가 조총에 비해 빨라 여러 차례 사격이 가능하였으므로 추가적인 근접전 전문 창검 부대인 살수대의 엄호 필요성이 적었다. 조선-일본 전쟁을 거

184 김우철, 앞의 책, 2000, 62~63쪽.

185 통상의 조총 유효사거리는 200m 정도이지만 사람 정도 크기의 표적을 명중시킬 수 있는 거리는 100m 정도였다.(所莊吉, 『火縄銃』, 雄山閣, 1993, 50쪽). 당시 일본군의 경우 조총은 발사 후 장전에 걸리는 시간이 대체로 15~20초 정도 소요되는 것이 일반적이었으나, 사람마다 차이가 적지 않았다(藤本正行, 『信長の戰爭』, 講談社學術文庫, 2003, 199쪽).

치면서 원래 원거리용 장병기였던 활은 화기의 등장으로 인해 원거리에서의 전술적 효과가 상당히 반감되었다. 따라서 활을 종전처럼 원거리에서 사격하는 것이 아닌 상당한 근거리에서 사격하여 살상 효과를 증대시킨 이른바 근사법近射法이 개발되었다. 활의 빠른 사격 속도로 인해 원거리에서 근거리까지 계속적인 사격으로 적을 저지할 수 있었고 근사법 전술의 개발로 근접전에서도 효과적으로 활을 운용할 수 있었으므로 한 기에 사수대와 살수대를 혼성하여 편성할 필요성은 적었다.

다음으로 사수대射手隊만으로 구성된 초나 기가 다수 보이는 점을 지적할 수 있다. 심지어 구성, 안주 진관 등에는 각 사의 중앙인 중초가 사수대로 구성된 것을 볼 수 있다. 이는 당시 활(궁시) 사용 전술의 변화와 밀접한 관련을 가지고 있다. 종래에는 원거리에서 비가 오듯 집중 사격하는 난사亂射가 일반적인 운용 방법이었다. 그러나 화기의 등장으로 활의 효과가 반감될 뿐만 아니라 화살의 소모가 매우 컸다. 이에 궁시병을 세 집단으로 나누어 서로 잇달아 화살을 쏘아 끊어짐이 없도록 하는 이른바 질사법迭射法이 개발되었다. 질사법 운용으로 인해 원거리 발사가 주를 이루던 이전의 활 운용과 달리 근거리 운용 및 사격 통제가 용이해졌고 아울러 화기와의 통합된 운용이 가능해졌다.[186] 사수대만으로 이루어진 기나 초의 존재는 이러한 질사법을 고려한 군사편제라고 할 수 있다. 포수대와 사수대로 이루어진 기의 존재도 질사법 개발에 따른 것이었다. 특히 질사법에 대해 4도 도체찰사 유성룡이 그 중요성을 적극적으로 인식하고 있었다는 점을 고려한다면 속오군 편성에서 이러한 전술적 고려가 적지 않았을 것이다.[187]

세 번째, 기나 초에 보이는 삼수병의 기예별 배치가 대체로 살수-포수-사수의 순으로 배치된 경우가 많은 점을 들 수 있다. 이는 기본적으로 당시의 전술 체계와 밀접한 관련을 가지는 것이었다. 조총은 원거리 사격 능력과 함께 높은 관통력에도 불구하고 느린 발사 속도로 인해 장전하는 동안 적의 돌격에 취약점을 가지고 있었다. 이를 위해 포수의 전방에 살수를 배치하여 엄호하는 것이 반드시 필요하였다.

186 근사법, 질사법 등 조선-일본 전쟁(임진왜란)시기 궁시 전술의 변화 양상에 대해서는 강성문, 「조선시대 활의 군사적 운용」『학예지』 7, 2000, 70~75쪽에 자세하다.

187 『서애집』 권14, 잡저, 전수기의 10조, 迭射.

이는 유럽군사사에서 17세기 이후 보병의 주된 무기가 장창長槍에서 원거리 화약무기인 발사무기missile weapon, 즉 머스킷musket 총으로 단일화되면서 창병槍兵의 역할이 소총병小銃兵이 장전하는 동안 엄호하는 것으로 바뀐 것과 상당히 유사한 모습을 띤다.[188]

포수의 후방에 사수를 배치한 것은 전술적으로는 여러 측면에서 접근할 수 있다. 먼저 아직 새로운 단병기로 무장한 훈련된 살수의 수효가 다소 부족하고 전통적인 장기인 궁시병인 사수가 적지 않은 상황에서 조총병 후방에 사수대를 배치하여 살수대와 함께 근거리에서의 엄호 사격을 할 수 있도록 한 전술적 특징을 엿볼 수 있다. 아울러 척계광의 절강병법 전술 체계를 조선에서 받아들이는 과정에서 변형된 형태를 띤 것으로 이해할 수 있다. 절강병법의 전술체계를 조선에서 정리한 병서인 『병학지남』에 의하면 적군이 100보(1보=1.2m) 안으로 들어오면 신호에 따라 조총수가 일제히 발사하고 물러나고 이어서 화전수火箭手와 궁전수弓箭手가 조총수가 있던 자리로 나아가 화전과 화살을 발사하도록 규정되어 있다.[189] 따라서 이러한 절강병법의 전술체계를 고려하여 사수를 포수의 후방에 배치한 것으로 보인다.

이상에서 1596년(선조 29) 평안도 네 진관의 속오군 편성을 통해 당시 조선군이 척계광의 절강병법의 군사 편성과 전술 체계를 적극적으로 수용하고자 하였음을 짐작할 수 있었다. 다만 당시의 현실적인 측면에서 절강병법 체제로의 완전한 전환은 이루어지지 않은 것으로 보인다. 이는 전통적인 조선의 장기였던 사수가 상당히 많았던 불가피한 점(48.6%)에서 기인하고 있지만, 아울러 포수의 비중(30.2%)이 살수의 비중(21.2%)보다 많은 측면을 통해 확인할 수 있다.

제1차 조선-일본 전쟁 초기 전투를 통해 일본군의 장기가 조총과 함께 검술 등 단병임을 파악한 조선은 이 두 기예를 집중적으로 육성하였다. 그러나 전통적인 장기인 활(궁시)을 중심으로 한 장병長兵 위주의 전술에 익숙하였던 조선은 활을 대체할 수 있는 장병기인 조총을 보다 수월하게 받아들였다. 장병 전술에 익숙하였기 때문

188 Michael Roberts, "The Military Revolution, 1560~1660", The Military Revolution Debate, Westview Press, 1995, p.14.

189 『병학지남』 권5, 場操程式, 鳥銃鈀弓齊放第十七.

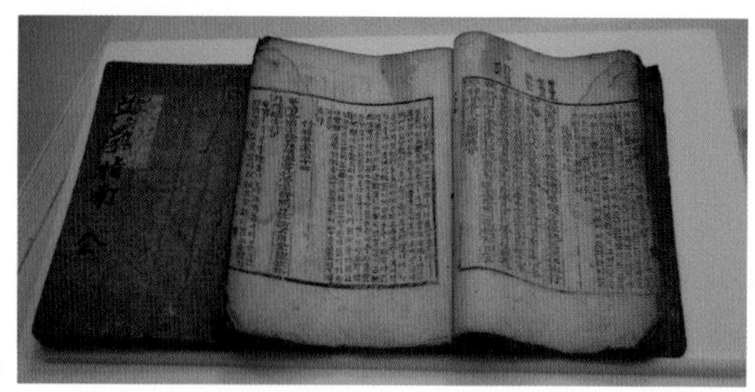

『병학지남』(전쟁기념관)

에 『기효신서』에 따라 군사를 편성할 때에도 포수의 비중이 규정 이상으로 상당히 높은 경우가 많았다. 그러나 『기효신서』는 기본적으로 화기 사용과 함께 수풀이 우거지고 도로가 좁은 지형에서 적절히 기동하기 위해 기병보다 단병으로 무장한 보병이 중요시되었다. 여러 종류의 살수들이 서로 협력하여 일본군의 검술에 대응하도록 하였다. 즉 단병 접전을 중요시하였다.[190] 이 전법을 제대로 구사하기 위해 절강병법에서는 한 사의 5개 초 중에서 4개 초를 살수로 편성하고 1개 초만 조총병으로 구성하도록 하였다.[191] 그러나 조선의 경우에는 이러한 원칙이 지켜지지 않고 있었다. 『진관관병편오책』이 작성된 시기와 비슷한 1596년(선조 29) 4월의 다음 자료는 이러한 사정을 잘 보여준다.

> 병조에서 아뢰기를 "『기효신서』의 「속오편」에 의하면 1사司 5초哨 내에 조총은 1초뿐이고 살수는 많을 경우 4초까지 되어 있습니다. 지금의 연병화명鍊兵花名은 현재의 숫자에 따라 모두 포수를 만들었는데, 화약과 조총을 어디서 얻어 사격을 익히겠습니까. 화약을 많이 얻을 수 없으니 포수의 숫자를 감축하여 정밀히 훈련하게 하고 그 나머지는 활을 쏘고 칼을 쓰는 기예를 가르치는 것이 진실로 무방하겠습니다."[192]

이 자료를 통해 살수에 비해 포수의 비중이 지나치게 높았음을 볼 수 있다. 살수 강

190 袁庭棟, 劉演模, 『中國古代戰爭』, 四川省社會科學出版社, 1988, 489~490쪽.
191 『기효신서』 권1, 編伍法, 2쪽.
192 『선조실록』 권74, 선조 29년 4월 정사.

화를 위해 조정에서는 다양한 육성책을 시행하였다. 예를 들어 각종 무과에서 살수는 그 합격 기준을 상당히 완화하여 살수를 채택한 무신들이 쉽게 합격할 수 있도록 배려하거나[193] 병조에서 창검술로 당하 무신을 선발하기도 하였다. 이러한 조치에도 불구하고 포수의 비중이 『기효신서』에 제시된 전체 병력의 20%를 넘어 대부분이 포수로 이루어져 조총과 화약의 수요를 감당하기도 어려운 경우도 있었다. 그러나 전쟁을 수행하면서 조총병의 비중 증가는 불가피한 측면을 띠는 것이었다. 제1차 조선-일본 전쟁(임진왜란)을 통해 화약 무기가 전체 무기체계에서 주도권을 장악하게 됨에 따라 조총병 비중의 증가는 당연한 과정이라고 할 수 있다.[194]

평안도 속오군 편성을 통해 16세기 중반 편찬된 『기효신서』에 비해 변화된 전쟁 양상에 대응하기 위해 조총병의 비중을 상당히 높였을 뿐 아니라 전통적인 장기인 활(궁시)도 완전히 폐기하지 않고 근사법, 질사법 등 새로운 전술 운용을 통해 그 역할을 새로이 확보하였음을 알 수 있다. 이를 통해 삼수병 제도에 입각하여 변형된 형태의 절강병법 상의 전술 체계를 고려하였음을 짐작하게 한다.

---

193 『선조실록』 권55, 선조 27년 9월 신사.

194 실제 일본의 경우에도 조선-일본 전쟁(임진왜란)초기 조총병의 비중이 10% 정도였는데 비해, 조선-일본 전쟁(임진왜란)직후인 1600년 일본의 패권을 놓고 벌인 세키가하라 전투에서는 토호쿠(東北) 지방의 다이묘(大名)인 다테 마사무네(伊達正宗)가 원병으로 보낸 3천 명 중에서 기병 420명 등을 제외한 전투원 2,300명 중에서 조총병이 1,200명에 달하여 전체의 절반을 상회하고 있는 것을 보면 조선-일본 전쟁(임진왜란)을 계기로 화약무기가 동아시아 전쟁에서 주도적인 지위를 차지하였음을 알 수 있다(舊參謀本部, 『關ケ原の役』, 德間書店, 2009, 295쪽).

제4절

제1차 조선-일본 전쟁(임진왜란) 초기 수군의 활약과 전술

1. 1592년 조선 수군의 활약

1) 개전 초기 양국 수군의 동향

제1차 조선-일본 전쟁은 전쟁이 발발하기 이전에 어느 정도 전쟁을 예견할 수 있는 상황들이 전개되었다. 이 때문에 조선 조정은 제1차 조선-일본 전쟁 직전 시기에 남쪽 변경의 수비태세 강화를 위해 새로운 인재들을 발탁하였다. 이런 과정에서 전라좌수사 이순신李舜臣과 우수사 이억기李億祺는 1591년(선조 24) 초에 임명되어 개전 때까지 약 1년여 동안 전쟁을 준비하였다.[195] 이에 비해 경상좌수사 박홍朴泓은 부임 시기가 분명치 않고, 우수사 원균元均은 1592년(선조 25) 초에 부임하여 전쟁에 대비할 시간적인 여유가 부족했던 것이 사실이었다.[196] 제1차 조선-일본 전쟁 개전 초기에 경상도 좌수사 박홍과 우수사 원균 등 일선 지휘관들은 자신들의 임지를 지켜내지 못하고 도주하거나 휘하 세력을 통솔하지 못했기 때문에 지탄을 받아 왔다.[197] 이들 여

195 『선조실록』 권25, 선조 24년 2월 기묘.

196 金幹, 「統制使元均贈左贊成公行狀」 『原陵君實記』(원제철 편), 原州元氏花樹會, 1956, 1~6쪽.

197 유성룡, 『징비록』 권1, '좌수사 박홍이 적세가 큰 것을 보고 감히 출병하지 못한 채 성을 버리고 도주하였다'.

「수군조련도」

러 장수들의 개전 초기 활동에 대해 좀 더 자세히 살펴보는 것은 전쟁 초기 상황을 이해하는 데 필수적이다. 이를 위해 개전 직후 경상도 수군의 동향과 전라좌도 수군의 제1차 출전 준비 과정을 구체적으로 살펴보기로 한다.

먼저 경상좌수사 박홍의 개전 직후 행적을 살펴보면, 그는 전쟁이 발발하자 이 사실을 가장 먼저 조정에 보고하고 주변에 전파하였다.[198] 이후 그는 한성까지 퇴각하여 도원수 김명원金命元 휘하에 들어가 임진강 방어전투에 참가한 바 있다.[199] 그러나 그 후에도 별다른 전공을 세우지는 못하였고, 이듬해 병이 들어 낙향했다가 사망하였다.

개전 이후 최초로 일본군에 맞서 항전하다가 순절한 정발鄭撥은 수군첨절제사水軍僉節制使로서 경상좌수영에 속한 부산진관釜山鎭管의 지휘관이다.[200] 그는 1592년(선조 25) 4월 13일(양 5월 23일) 절영도絶影島에 사냥 나갔다가 일본군의 침입을 최초로 목도하고 해전을 포기한 채, 이튿날 부산진성釜山鎭城에서 일본의 선봉군과 맞서 싸우다

198 유성룡, 『징비록』 권26, 선조 25년 4월 병오 ; 이순신, 『임진장초』 만력 20년(1592) 4월 16일 장계.
199 유성룡, 『징비록』 권32, 선조 25년 11월 임신.
200 『경국대전』 권4, 병전, 외관직.

가 전사했다.[201]

그에 이어서 같은 경상좌수영 소속의 다대포첨사多大浦僉使 윤흥신尹興信도 임지를 지키다가 전사하였다.[202] 유성룡의 기록에 의하면 윤흥신은 부산진첨사 정발이 순절한 같은 날(음 4월 14일, 양 5월 24일), 다대포성에 침입한 일본군을 맞아 전투를 벌여 그들을 물리쳤다. 이날 전투는 임진왜란에서 조선군이 거둔 첫 번째 승리였다. 그 후 퇴각하여 훗날을 도모하자는 이복동생과 부하들의 건의를 받았지만 그대로 임지를 지키다가 다음 날 일본군의 2차 공격을 받고 다대포성이 함락되면서 함께 전사하였다. 그 외에 박홍 휘하의 장수들은 대부분 전투를 포기하고 도주하였고, 이로 인해 경상좌도 수군은 세력 결집에 실패하고, 일본군에 의해 각개격파 되거나 무혈점령 당했다.

같은 시기에 경상우수사 원균도 휘하 세력을 결집하여 함대를 구성하는데 실패하였다. 개전 이후 그는 가용한 전력을 동원해 주변의 일본 함대 동향을 살피기 위해 출항했던 것으로 추정된다. 그 후 원균은 본영의 수비를 우후虞侯 우응진禹應辰에게 맡기고, 휘하 장수들과 전선 4척의 세력으로 출항하여 곤양昆陽 해구海口까지 물러나 있었다.[203]

한편, 개전 이후 한동안 양국 수군 간에는 해전이 있었다는 기록이 없다. 단지, 1592년(선조 25) 4월 29일(양 6월 8일) 원균이 이순신에게 구원을 요청하면서 '일본 수군 500여 척이 부산 등지에 정박하고 있다는 것과 자신의 세력만으로 일본 군선 10척을 분멸焚滅했음'을 밝힌 것이 유일한 것이다.[204] 그렇다면 일본 수군이 4월 13일(양 5월 23일) 개전 이후 4월말까지 조선 수군과 거의 해전을 벌이지 않았던 이유는 무엇인가?

그 답은 일본의 해양 전략에서 찾아 볼 수 있다. 일본은 이보다 앞선 전국시대를 통해 많은 전쟁을 경험했지만, 수군은 해전다운 해전이 없었다고 할 정도로 그 역할이 상대의 보급로 차단이나 병력 및 군수품 수송 목적으로만 제한되었다. 일본군은 제1

---

201 유성룡, 『징비록』 권26, 선조 25년 4월 임인.

202 유성룡, 『징비록』 권1, '倭分兵陷西平浦 多大浦 多大浦僉使尹興信 力戰被殺'.

203 「統制使元均贈左贊成公行狀」『原陵君實記』(원제철 편), 原州元氏花樹會, 1956, 1쪽.

204 이순신, 『임진장초』, 만력 20년(1592) 4월 30일 장계.

차 조선-일본 전쟁 개전 초기에도 이와 마찬가지로 수군의 역할을 병력과 군수물자 수송에 한정했고, 해전을 통해 조선 수군을 공격하고 제해권을 장악하는 것은 처음부터 목표로 하지 않았다.[205]

이 점은 당시 일본군에 내려진 도요토미 히데요시[豊臣秀吉]의 명령서인 주인장朱印狀을 통해서도 확인해 볼 수 있다. 우선 1592년 3월 13일(양 4월 24일)에 히데요시가 내린 주인장에는 제1군부터 제9군까지의 병력 구성과 이들에게 내린 5개 조항의 명령이 포함되어 있다. 이와 함께 원활한 병력 수송과 선단 관리를 위해 나고야[名護屋], 이키시마, 쓰시마, 부산 등 네 곳에 일종의 임시 '수군 감독관'이라고 볼 수 있는 2~3명의 '선봉행船奉行'을 임명하여 각각 파견하였다. 이 주인장의 제4, 5조항을 소개하면 다음과 같다.[206]

> 一.(四) 이번 출정에는 선박이 매우 중요하니 많이 준비하는 것을 공으로 삼을 것이며 모든 부대의 선박을 기록하여 선봉행船奉行에게 바치고 그 명령과 처분을 받은 다음에 순차로 건너가라. 조선 땅에 상륙을 마치면 각 부대의 선박에는 자대自隊의 봉행奉行 1명씩을 붙여서 쓰시마對馬島로 돌려보내 후속 부대가 도해渡海하도록 하라.
>
> 一.(五) 조선 왕이 일본으로의 입조入朝를 승낙하면 규정한 서열대로 순차로 상륙할 것이며 만약 입조를 거부하면 선박을 부근 도서島嶼에 집결하고 전군이 서로 협의한 후 규정한 서열 여하에 관계없이 일시에 조선의 여러 포구에 상륙하여 진지陣地를 선정하고 축성 공사를 견고히 하라. 이러한 경우에는 큐슈九州와 시코쿠四國와 츄코쿠中國 지방의 군사는 물론이고 담로병淡路兵과 구키 요시타카九鬼嘉隆 등의 수군도 동시에 모두 건너갈 것이다.[207]

205 정진술, 「조선 수군의 임란 초기 대응에 관한 연구」 『해양전략연구』 제25집, 2000, 해군사관학교 해군해양연구소, 103~109쪽.

206 池內宏, 『文祿慶長の役 正編第一』, 吉川弘文館, 1914, 310~317쪽.

207 이형석, 『임진전란사(상권)』, 서울대학교 출판부, 1967, 136쪽 참조.

위의 제4 조항은 선박이 많이 필요하다는 전제와 선봉행船奉行을 둔다는 사실을 밝히고, 각 부대가 보유한 선박을 쓰시마로 돌려보내 후속 부대가 계속 도해하도록 하라는 명령이다. 제5 조항은 조선을 침공할 때에는 일시에 여러 포구에 상륙하여 진지陣地를 정하고 축성할 것을 명령한 것이다.

이러한 조항 이외에 조선 수군을 공격하거나 해전을 통해 해로를 확보하라는 명령은 없다. 요컨대 일본은 당초 침략 계획에서부터 해전을 통한 조선 수군 격파와 해로 장악은 목표로 하지 않았고, 단지 상륙과 축성을 통해 교두보를 마련하고 조선 내지를 탈취하려는 육전의 개념만 존재했던 것이다.[208]

따라서 원균은 전선 4척을 거느리고 우수영을 떠나 일본 수군의 동태를 파악하는 한편으로, 휘하 장수 이영남李英男을 전라좌수사 이순신에게 보내 구원을 요청했다.[209] 그리고 이후 이순신은 4월 27일(양 6월 6일)자 장계를 통해 같은 달 23일(양 6월 2일) 작성된 좌부승지의 서장書狀, 즉 '원균이 일본 수군을 엄습할 계획으로 자신의 세력만으로 바다로 나갔으니 즉시 달려가 구원하라'는 명령을 받은 사실을 기록하고 있다.[210] 이때까지 전라좌수사 이순신은 경상도 해역 출전을 위해 조정의 승인 명령을 기다리고 있었는데, 개전 이후 13일 만에 경상도 해역으로 출전해 원균과 합세하라는 조정을 명령을 받았던 것이다.

이와 같이, 일본 수군은 경상좌수영과 주변 진영鎭營을 점령한 후 더 이상 조선 수군과의 해전을 추구하지 않았다. 이 때문에, 원균은 전황을 살피면서 구원을 요청할 수 있었고, 이순신은 휘하의 수군 세력을 단속하고 결집할 수 있는 보름 이상의 시간을 갖게 되었다.

한편, 이 기간 중 이순신이 이끈 전라좌도 수군의 전쟁준비 상황을 정리해 보면 다음과 같다.

4월 15일 ; 경상우수사 원균으로부터 일본군의 침략 소식을 전해 듣다.

---

208 有馬成甫, 『朝鮮役水軍史』, 海と空社, 1942, 17~18쪽 ; 民俗苑, 1992년 재발행.
209 원균의 구원 요청은 『징비록』, 『택당집』, 『선묘보감』, 『이충무공전서』 등 여러 자료에 남아있다.
210 이순신, 『임진장초』, 만력 20년(1592) 4월 27일 장계.

17일 ; 적정賊情을 전해 들었고, 잉번仍番 상번上番 수군들이 속속 도착하다.

19일 ; 신병新兵 700여 명이 본영에 도착하다.

21일 ; 순천부사順天府使가 와서 약속을 정하고 돌아가다.

22일 ; 배응록裵應祿 등 군관을 각지에 보내 망보는 일과 정찰 활동을 펼치다.

27일 ; 휘하 제장에게 수군을 이끌고 29일까지 좌수영에 도착할 것을 명령하다.[211]

이와 같이 개전 이후 첫 번째 출전이 시작된 5월 4일(양 6월 13일) 이전까지 이순신의 전라좌도 수군은 병력 모집, 병기 점검, 함대 집결 약속, 정찰 활동 강화 등 긴요한 조처들을 취하면서 다가올 해전을 준비하고 있었다.[212]

(2) 제1차 출전과 옥포해전

전라좌도 수군, 즉 이순신 함대의 경상도 해역 출전이 최종 결정된 것은 1592년(선조 25) 5월 3일(양 6월 12일)이었다.[213] 이보다 앞서 이순신은 4월 30일(양 6월 9일)에 경상우수영이 점령되었다는 원균의 공문을 받았다. 또 전라좌도와 인접한 경상우도 소속 네 진영의 장수와 병력이 적침 소식에 모두 흩어져 버렸다는 소식이 전해지자, 일본 수군을 저지할 수 있는 방어망이 붕괴된 상황을 알게 되었다.[214]

그 동안 해전 준비와 조정의 출전 승인을 받은 후 4월 30일(양 6월 9일)에 출전하려던 이순신 함대는 전라우수사 이억기가 30일 출발해 온다는 소식이 오자 이억기 함대를 기다렸다가 합세한 후 출발하기로 결정하였다. 그러나 이억기 함대는 이후에 연락이 끊겼다. 이때 더 이상 지체할 수 없다는 휘하 장수 정운鄭運 등의 건의가 있자, 이순신은 자신의 함대 단독으로 5월 4일(양 6월 13일) 새벽에 제1차 출전을 시작

---

211 이순신, 『난중일기』, 임진년(1592) 4월 12일~22일 ; 『임진장초』, 만력 20년(1592) 4월 27일 장계.

212 이하에서 전라좌도 수군을 '이순신 함대'라는 별칭으로 서술하기로 한다. 이는 서구 해전사에서 함대 지휘관의 이름으로 그 함대를 지칭한 통상적인 예를 따른 것이다.

213 이순신, 『임진장초』, 만력 20년(1592) 4월 30일 장계.

214 이순신, 『임진장초』, 만력 20년(1592) 4월 30일 장계.

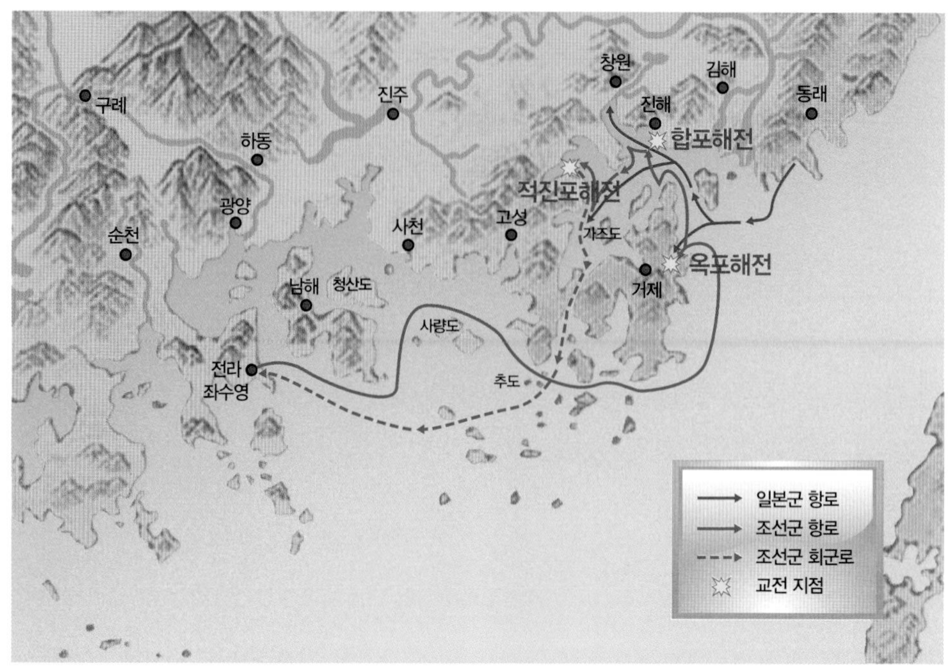

이순신 함대의 제1차 출전

하였다.[215]

이때 출전한 전라좌도 수군, 즉 이순신 함대는 판옥선 24척, 협선狹船 15척, 포작선鮑作船 46척 등 모두 85척으로 구성되었다.[216] 그러나 그 중 일명 사후선伺候船인 협선은 승선 인원이 5명 이하인 판옥선에 딸린 소형 부속선으로 전투 이외에 후망堠望, 연락, 보급 등을 담당하였고,[217] 포작선은 글자 그대로 어선에 불과했으므로 실제 전력은 판옥선 24척이 전부였다고 할 수 있다.[218] 이러한 단약한 전력과 일본 수군과의 전투 경험이 없었기 때문에 이순신 함대의 초기 행적은 신중할 수밖에 없었다.

먼저 첫 번째 출전 중 최초의 해전인 옥포해전玉浦海戰이 벌어지기 전까지 이순신 함대의 행적, 즉 출전 항로를 살펴보면 다음과 같다. 1592년(선조 25) 5월 4일(양 6

215 이순신, 『임진장초』, 만력 20년(1592) 5월 4일 장계.
216 이순신, 『임진장초』, 만력 20年(1592) 5월 10일자 장계.
217 김재근, 『속한국선박사연구』, 서울대학교 출판부, 1994, 112쪽.
218 실제로 포작선은 제2차 출전 때부터 전력에서 제외되었다.

월 13일) 새벽에 좌수영 본영을 출발한 이순신 함대는 종일 연안을 따라 항해하여 날이 저물 무렵 경상우도의 소비포所非浦 앞 바다에 이르러 정박하고 첫날밤을 지냈다. 다음날에도 새벽부터 출항하여 경상우도 수군과 합류하기로 한 미륵도 남서해안의 당포唐浦에 도착했으나, 우수사 원균이 도착하지 않아 이곳에 그대로 머물러 정박하였다.

5월 6일(양 6월 15일), 오전 8시쯤에 원균이 도착하였고 남해현령 기효근奇孝謹, 미조항첨사彌助項僉使 김승룡金勝龍, 소비포권관所非浦權管 이영남李英男, 영등포만호永登浦萬戶 우치적禹致績, 옥포만호玉浦萬戶 이운룡李雲龍 등 경상우도 소속 제장이 판옥선 3척과 협선 2척에 나누어 타고 합류해 왔다. 이로써 전체 세력은 판옥선이 28척으로 늘어났다. 이날 두 도의 장수들은 작전 회의를 한 후, 거제도 송미포松未浦에 이르러 정박하였다.[219]

이튿날인 7일(양 6월 16일) 새벽에 다시 출발한 이순신 함대는 일본 군선을 수색하며 천성天城과 가덕도 쪽으로 향하다가, 정오 경 옥포 앞 바다에 이르렀을 때 우척후장右斥候將 사도첨사蛇渡僉使 김완金浣 등이 신기전을 쏘아 적 함대의 발견을 보고하였다. 이로써 전라좌수영을 떠난 지 4일 만에 제1차 조선-일본 전쟁의 첫 번째 해전이 시작되었다.[220]

이순신 함대에 맞선 일본 함대는 소속이 명확하지 않은 30여 척이었는데,[221] 당시 거제도의 옥포만 일대에 상륙하여 주변 지역을 약탈하던 중이었다. 이들은 옥포만으로 돌입하는 이순신 함대를 발견하고 급히 군선에 승선하여 선봉 6척이 먼저 조선 함

---

219 송미포의 위치는 옥포해전 출전로와 관련해서 북로설과 남로설의 진위를 결정짓는 핵심적인 지명으로서 필자 등은 남로설이 타당함을 주장한 바 있다. 송미포의 위치는 경남 거제시 남부면 다포리 대포항이다(정진술, 「조선 수군의 임란 초기대응에 관한 연구」『해양연구논총』 제25집, 2000, Ⅵ. 옥포해전 ; 이민웅, 「경상도 남서해안의 수군 유적지에 대한 연구」『해양연구논총』 제37집, 2006, 28~29쪽).

220 이순신, 『임진장초』, 만력 20년(1592) 5월 10일 장계.
정진술, 앞의 논문, 2000.

221 (日本)參謀本部, 『日本戰史 朝鮮役』『本編·附記』, 1924, 214쪽, 德富猪一郎, 『近世日本國民史 豊臣氏時代 丁編朝鮮役 上卷』, 民友社, 東京, 1921, 620쪽 등은 도도 다카토라(藤堂高虎)의 함대로 보았다. 有馬成甫의 『朝鮮役水軍史』 73쪽은 모리(毛利)나 고바야카와(小早川)에 속한 선대로 추정하였다.

동란각(경북 영천)
임진왜란 때 전공을 세운 이순신 장군과 그의 부장 김완을 추모하기 위해 세웠다.

대와 맞섰다. 이들 군선을 맞아 조선 수군은 이들을 포위하면서 각종 총통과 화살을 쏘기 시작하였고, 이에 일본 군선에서도 조총을 쏘면서 대항하였다. 그러나 일본 군선들은 얼마 버티지 못하고 이순신 함대의 우세한 총통 공격에 의한 당파전술撞破戰術에 격파되었다.

이 전투에서 일본 수군은 화살에 맞아 사상당한 자들도 있었고 한편으로 바다로 뛰어들어 뭍으로 도망한 자들이 많았는데, 해안에서 펼쳐졌기 때문에 가능한 일이었다. 결국 이순신 함대는 이 해전에서 일본의 대선 13척, 중선 6척, 소선 2척 등 모두 26척을 불태워 없애는 전과를 올렸다.[222] 이 해전은 이순신 함대의 총통 등 화기를 사용한 당파전술, 활(궁시)을 이용한 사살, 그리고 불화살을 쏘아 일본 군선을 불태워 없애는 등 뛰어난 해전 전술 때문에 거둔 완승이었다.[223] 인명피해만 보더라도 조선 수군이 부상 1명인데 반해 일본군은 전사자가 부지기수라고 표현할 정도로 상당히 많았다. 옥포해전은 조선 수군이 첫 번째 해전에서 쾌승을 거둔 역사적 의의도 있지만,

222 이순신, 『임진장초』, 만력 20년(1592) 5월 10일 장계.
223 앞의 장계에 의하면 옥포해전은 부상병 1명 외에 손실이 없는 완벽한 승리였다.

옥포만 내부 전경 조선소 오른쪽이 해전이 펼쳐진 해역이다.

일본 수군과 맞서 싸워 승리할 수 있다는 자신감을 얻은 것도 큰 수확이었다.

이날 옥포해전에서 승리를 거둔 이순신 함대는 거제도 북단에 위치한 영등포永登浦로 이동하여 정박하려했는데, 오후 4시쯤 '그곳에서 멀지 않은 맞은 편 바다에 대선 4척을 포함한 일본의 선단 5척이 지나간다.'는 척후장의 급한 보고를 받았다. 이에 이순신 함대는 곧바로 추격을 시작하였다. 웅천 땅 합포에 이르자 다급해진 일본 수군은 배를 버리고 상륙하여 도망하였다.[224] 이것이 두 번째 전투인 합포해전合浦海戰이다. 이순신 함대는 뭍으로 올라 도망한 일본 수군의 빈 배를 모두 불태우는 전과를 올리고, 밤중에 건너편 창원 땅 남포藍浦에 이르러 정박하였다.

이튿날(5월 8일: 양 6월 17일) 새벽에 '진해 땅 고리량古里梁에 일본 배들이 머물고 있다'는 첩보를 받고 바로 출발하여 주변을 수색하면서 저도猪島를 지나 고성 땅 적진포赤珍浦에 이르러 큰 배 중간 배를 합쳐 13척의 일본 군선이 포구에 늘어서 있는 것

224 여기서 합포는 『임진장초』에 표기된 바와 같이 웅천(熊川 : 현재의 창원시 진해구 합포이고, 이은상과 이형석 등이 마산 합포로 비정한 것은 잘못된 것이다. 왜냐하면, 첫째 상황론적으로 오후 4시부터 추격하여 해질녘에 상륙할 수 있는 곳은 웅천 합포 만이 가능하다. 둘째 현재까지 진해구에 합개, 즉 합포라는 지명이 남아 있다. 셋째 『임진장초』에는 창원 땅 마산포(고려시대의 합포)라는 지명이 따로 나오기 때문이다.

을 발견하였다.[225] 이곳에서도 일본군은 주변 지역을 약탈 중이었는데, 갑작스런 조선 수군의 공격에 놀란 일본 수군은 선박을 포기하고 육상에서 조총으로 공격을 시도했다. 따라서 이번에도 이순신 함대는 일본의 빈 배를 공격하여 대선 9척과 중선 2척을 깨뜨리는 등 13척 모두를 불태워 버렸다. 이로써 세 번째 전투인 적진포해전에서도 승리를 거두었다.

이순신 함대는 이 해전을 마친 후 아침밥을 먹고 휴식하던 중에 전라도 도사 최철견崔鐵堅으로부터 국왕 선조가 관서(평안도) 지방으로 피난한 소식을 듣고, 이후 뱃길을 돌려 5월 9일(양 6월 18일) 정오 무렵에 전라좌수영으로 되돌아왔다.

결과적으로 조선 수군은 제1차 출전을 통해 일본의 대선 26척, 중선 9척, 소선 2척, 기타 선박 7척 등 모두 44척을 불태워 없애는 전과를 거두었다. 이와 함께 해전에서의 승리에 대한 자신감을 갖게 된 것도 큰 소득이었다.

3) 제2차 출전과 연합함대의 형성

이상과 같이 제1차 출전에서 큰 전과를 거둔 이순신 함대는 장병의 휴식과 다음 전투를 준비하기 위해 1592년(선조 25) 5월 9일(양 6월 18일)에 전라좌수군 본영인 여수麗水로 돌아왔다. 이후 제2차 출전이 시작된 5월 29일(양 7월 8일)까지의 행적을 알려주는 자세한 기록은 없으나, 대체로 해전을 위한 전술 연마와 훈련 및 무기 마련 등 전투 준비에 열중했을 것으로 예상된다.

제1차 출전에서 원균과 합세한 이후에도 판옥선이 28척에 불과했던 미약한 전력 때문에 이순신은 전라우수사 이억기에게 6월 3일(양 7월 11일)까지 좌수영에 도착할 것을 요청하였다.[226] 그런데 5월 27일(양 7월 6일), '적선 10여 척이 사천泗川·곤양昆

225 김일용, 「임진란 적진포해전」『제10회 전국향토문화사연구발표 수상자료집』, 전국문화원련합회, 1995, 153~176쪽은 적진포의 위치를 현재의 '거류면 당동만 일대'로 보았다. 그러나 정진술, 이민웅 등은 앞의 논문에서 '고성군 동해면 내산리 전도마을(적포)'로 비정하였다. 그 근거는 장계 내용의 정황상 해전을 마치고 아침을 먹을 수 있는 가까운 거리이면서, 당시 진해와 고성의 경계에 가깝다는 이순신의 보고 내용을 충족시키는 위치이기 때문이다.

226 이순신, 『임진장초』, 만력 20년(1592) 6월 14일 장계.

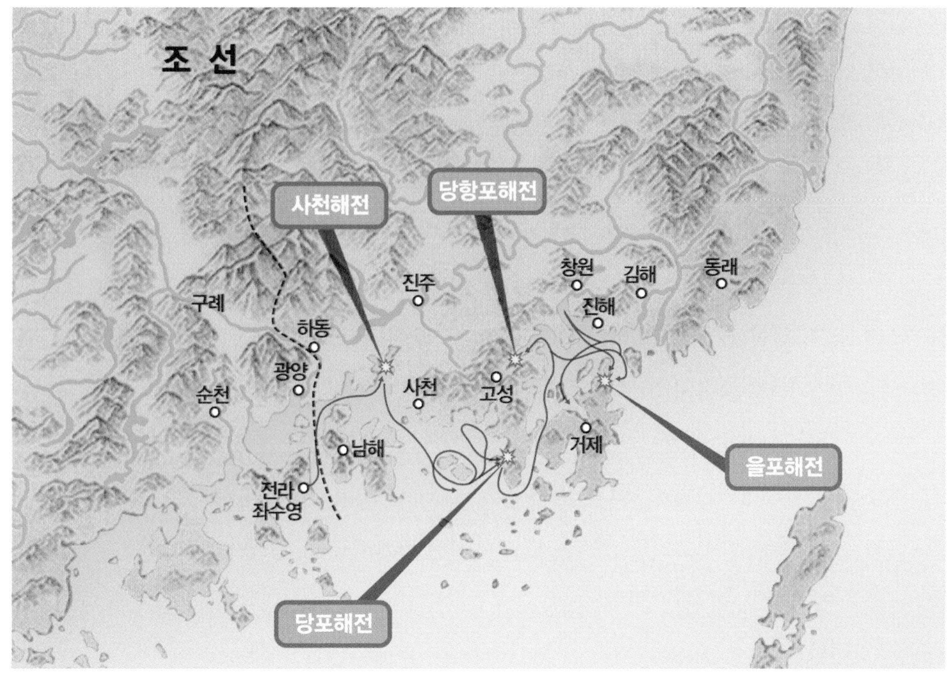

이순신 함대의 제2차 출전

陽 등지로 육박해 왔기 때문에 함대를 노량露梁으로 이동했다'는 경상우수사 원균의 급보가 도착했다. 이 때문에 이순신 함대는 약속된 6월 3일(양 7월 11일)까지 전라우도 함대를 기다리지 못하고, 우수사 이억기에게 뒤따라오라는 공문을 남기고 5월 29일(양 7월 8일) 새벽에 노량으로 출발하여 그곳에서 원균과 합세하였다.[227]

제2차 출전의 첫 번째 해전인 사천해전泗川海戰은 이날 근처를 지나는 일본 배 한 척을 추격하던 중 사천 선창에[228] 줄지어 정박해 있는 일본 군선 12척을 발견하면서 시작되었다. 일본 수군이 정박한 사천 포구는 바다에 인접한 구릉의 단면에 위치해 있기 때문에, 일본 수군은 지대가 높은 위쪽에서 조총을 발사할 수 있는 유리한 상황이었다. 처음 전투가 시작되었을 때는 포구의 지형이 좁고 썰물이었기 때문에 선체가 큰 판옥선이 진입할 수 없었다. 이 때문에 이순신 함대는 후퇴하는 체하며 유인 작전

227 이순신, 『난중일기』, 임진년(1592) 5월 29일.
228 사천 선창은 현재의 경남 사천군 읍남면 선진리로 비정된다.

을 펼쳤는데, 일본 수군은 추격해 나오지 않고 산 위에 있던 병력의 절반가량인 200여 명이 내려와서 배를 지키면서 조총으로 대항할 뿐이었다.[229]

일본 수군이 유인 작전에 빠지지 않고 오히려 맹렬한 조총 공격을 계속해오자 이순신은 물러날 수 없다고 판단하였다. 이때 마침 조수가 밀물로 바뀌어 판옥선이 포구 안으로 진입할 수 있었다. 알려진 바와 같이 이 해전에서 거북선이 처음으로 등장하는데,[230] 거북선이 돌격하여 각종 총통을 발사하는 동시에 여러 판옥선이 함께 공격하자 일본 수군은 언덕 뒤로 후퇴하였다. 이순신 함대는 이 기회를 타서 정박해 있던 군선 13척 모두를 불태워버렸다.

그런데, 이 해전의 결과로 일본 측의 사상자도 많았지만, 일본군이 유리한 위치에서 조총을 발사했기 때문에 조선 수군도 부상자가 여러 명 발생하였다. 특히 이순신은 왼쪽 어깨를 관통하는 총상을 입었고, 군관 내대용羅大用과 다수의 사부射夫와 격꾼(격군格軍)이 부상당했다.[231] 사천해전이 끝났을 때에는 이미 날이 저물었기 때문에 배를 돌려 사천 땅 모자랑포毛自郞浦에서 정박하였다.

출전하는 첫날에 해전을 벌인 사천 해안은 경상우도의 서쪽 경계 지역으로, 옆에 있는 노량해협만 지나면 전라좌도 해역과 연결되는 지역이다. 이와 같이 제1차 출전 이후 20여 일 동안에 일본 수군은 조선 수군의 아무런 저항도 받지 않고 경상우도 해역까지 진출해 왔던 것이다. 이런 움직임에 대한 견제와 방지 차원에서 시작된 제2차 출전은 사천에서부터 함대를 점차 동쪽으로 이동해 가면서 일본 수군을 수색하고 격파해 가는 작전을 펼쳐 나갔다.

다음날인 6월 1일(양 7월 9일)에는 함대를 이동하여 고성 땅 사량도蛇梁島의 뒤편 바다에 진을 치고 밤을 지냈다.[232] 이튿날 아침 8시경 '적선이 당포唐浦 선창에 정박하고 있다'는 소식을 듣고, 곧 바로 함대를 이동하여 10시쯤 당포에 도착하면서 당포해전이 시작되었다.[233] 일본군 약 300여 명이 반 정도는 성내에서 약탈하고 있었고 나머

229 이순신, 『임진장초』, 만력 20년(1592) 6월 14일 장계.

230 거북선에 대한 연구는 오래 전부터 진행되었는데 아래는 그 대표적인 논저이다.
國防史學會編, 『國防史學會報-논문집-』, 1977 ; 金在瑾, 『거북선』, 正宇社, 1992.

231 이순신, 『난중일기』, 임진년(1592) 5월 29일.

232 이순신, 『난중일기』, 임진년(1592) 6월 1일, "晴 蛇梁後洋 結陣經夜"

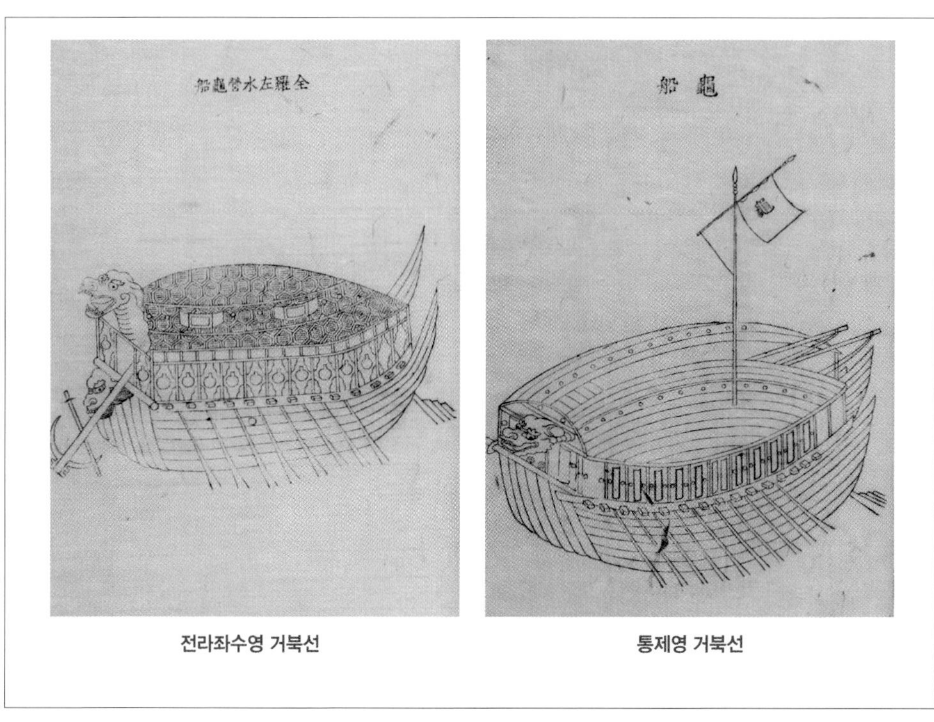

『충무공전서』에 수록된 거북선 모습

지 반은 험한 지형을 의지하고 조총으로 공격해 왔다. 이곳의 일본 군선은 판옥선 크기의 대선 9척과 중·소선 12척이었다. 그 중 대선 한 척은 높이가 6~7m 정도 되는 층루層樓가 있었는데 층루 밖으로 붉은 비단 휘장을 둘렀고 사면에 '황黃'자를 크게 썼으며 그 속에 지휘관으로 보이는 장수가 타고 있었다.[234]

이에 이순신 함대는 먼저 거북선이 층루선(안택선)으로 돌진하면서 용머리의 입으로 현자玄字 철환鐵丸을 쏘고, 또 천자·지자 총통과 대장군전을 쏘아 그 배를 깨뜨렸다. 이때 제2차 출전에 처음 동참한 중위장 권준權俊이 활을 쏘아 일본 장수를 맞추자 휘하 군관이 뛰어들어 그 장수의 목을 베었다. 이후 일본 수군은 더 이상 대항하지 못하고 도망했는데 그 와중에 철환과 화살에 맞는 자들이 많았고, 21척의 군선은 모두

233 이순신, 『임진장초』, 만력 20년(1592) 6월 14일 장계.

234 이순신, 『임진장초』, 만력 20년(1592) 6월 14일 장계. 여기서 말한 대선(大船)은 당시 일본의 주력함 '아다케부네(安宅船)'이다.

당포 전양(前洋)

불태워졌다.

이 해전에서 도망한 일본군을 추격하기 위해 상륙하려 할 즈음, 주변을 정탐하던 탐망선探望船으로부터 '일본의 대선 20여 척이 많은 소선을 거느리고 거제도로부터 항해해 오고 있다'는 보고를 받았다. 이에 추격을 멈추고 당포를 벗어나 바다에서 요격할 계획으로 바깥 바다로 나갔으나, 이순신 함대를 발견한 일본 함대는 신속하게 도주하였다. 여러 전선이 추격하였으나 날이 저물어 해전을 벌일 수 없었기 때문에 진주 땅 창신도昌新島에 정박하였다.[235] 이와 같이 6월 2일(양 7월 10일) 벌어진 당포 해전도 이순신 함대의 일방적인 승리로 끝났다.

이순신 함대는 6월 3일(양 7월 11일) 새벽부터 일본 함대의 흔적을 찾기 위해 추도楸島 근처의 섬들을 수색했지만 발견하지 못하고, 날이 저물자 그대로 고성 땅 고둔포古屯浦에 정박하여 밤을 보냈다. 그런데, 이날 정박하던 진중에서 야간에 수군 한 명이 자다가 갑자기 비명을 질러 군사들이 놀라 소란한 상황이 발생했는데, 이순신은 침착하게 있다가 사람을 시켜 령을 울려 병사들을 진정시켰다고 한다.[236] 이 상황은

---

235 이순신, 『임진장초』, 만력 20년(1592) 6월 14일 장계.

236 이홍의·이봉상, 『충무공가승』(1709) 권3, 紀述, 李芬 撰「行錄」, "是夜軍中夜驚 擾亂不止 公堅臥

아다케부네(안택선)

일종의 '전쟁공포증War-phobia'이라고 볼 수 있는데, 전투로 인해 피로한 상태에서 야간에 발생한 사건이었다.

이튿날인 6월 4일(양 7월 12일)에는 이순신 함대의 사기를 북돋울 좋은 소식이 전해졌다. 그 동안 해전에 동참하지 못했던 전라우도의 이억기 함대가 처음으로 합류해 온 것이다.[237] 이억기 함대는 원래 6월 3일(양 7월 11일) 전라좌수영에서 합류하기로 한 약속을 지켰고, 신속하게 이순신 함대의 뒤를 쫓아 이날 당포 앞 바다에 도착해 최초로 연합함대를 결성하였다. 이억기 함대의 판옥선 25척이 추가되어 조선 연합함대는 전선이 51척으로 배가되자, 그 동안 해전에 지쳤던 병력의 사기가 충천해진 것은 물론이고 다음 전투에도 자신감을 갖게 되었다. 이 날은 연합함대가 함께 일본 수군을 공격할 방책을 토의하고, 함대를 거제와 고성의 경계인 착량鑿梁으로 이동하였다.

6월 5일(양 7월 13일)은 아침부터 발생한 짙은 안개로 늦게까지 움직이지 못했는

不動 良久使人搖鈴乃定."

237 이순신, 『임진장초』, 만력 20년(1592)6월 14일 장계. 이외 여러 자료에서 이억기 함대의 합류 시점을 제1차 출전 때부터라고 잘못 기록하고 있으나, 제2차 출전의 세 번째 해전부터 합류한 것이 확실하다.

당항포해전지(한국학중앙연구원)

데, 주변 지역의 귀화인 김모金毛 등이 '당포에서 쫓긴 일본 함대가 고성 땅 당항포에 머물고 있다'는 소식을 알려주었다. 이에 급히 함대를 당항포로 이동하고 일본 군선을 바깥 바다로 유인할 계책으로 우선 전선 몇 척만을 포구로 돌입케 하였다. 잠시 후 먼저 진입한 전선들이 '빨리 들어오라'는 신호를 보내오자 함대가 한꺼번에 포구에 들어가 일본 수군의 대선 9척, 중선 4척, 소선 13척 등 26척과의 당항포해전이 시작되었다.

이제까지 여러 차례 전투에서 일본 수군이 해안에 정박해 있거나, 육상에서 공격해 온 경우가 많아 해전다운 해전을 해보지 못했던 이순신은 일본군을 해상으로 유인하는 전술을 사용하였다.[238] 그의 명령에 따라 진형을 풀고 퇴군하면서 한쪽을 개방하자 일본 함대는 대장선인 층각선層閣船을 옹위하며 모든 배들이 바다로 나왔다. 이때를 놓치지 않고 거북선이 층각선 밑에 접근하여 먼저 이 배를 깨뜨리고, 주변의 전선들도 집중 공격을 가해 먼저 대장선의 일본 장수를 사살하였다. 이 과정에서 조선 수군은 승기를 잡고 전선으로 달아나는 일본 군선들을 포위, 섬멸하여 일본군의 수급首級 43개를 베고 한 척만을 남겨 둔 채 나머지 군선 전부를 불살라버렸다.

이튿날인 6일(양 7월 14일) 새벽에 방답첨사防踏僉使 이순신은 전날 남겨둔 1척이 바다로 나올 것을 예상해 길목을 지키고 있다가 100여 명이 승선한 일본 군선을 급습, 50여 급 이상을 참획하였다. 특히, 이날 획득한 수급은 적장을 비롯해 장수급만 8명에 달하는 큰 전과였는데, 이것은 전날 뭍으로 피신했던 일본군 지휘부가 한꺼번에 배에 올랐기 때문이다.

당항포해전에서 패한 일본 수군은 대장선에 있던 깃발의 표식으로 볼 때 가토 기요마사 소속의 수군으로 추정된다.[239] 해전 이후에는 비가 오는 궂은 날씨 때문에 더 이상

238 申炅, 『再造藩邦志』 권2, "戰未數合 舜臣佯敗而退 層閣大船 見我兵退走 擧帆直出 諸軍挾擊 乘銳崩之 賊酋中箭而死"

행선行船하지 못하다가 저녁 무렵에 고성 땅 맛을간장亇乙干場으로 옮겨 정박하였다.

조선의 연합함대는 6월 7일(양 7월 15일) 새벽에 다시 출항하여 웅천 땅 증도甑島에 이르러 주변을 탐색하고, 함대를 돌려 정오경에 영등포 앞 바다에 이르렀다. 이때 율포栗浦에서 부산 쪽으로 도망하는 일본의 대선 5척과 중선 2척을 발견하고 역풍을 받으면서 추격하여 5리 정도를 서로 마주보고 해안까지 쫓아갔다. 이들 일본 군선 중 일부는 바다에서 따라잡아 불태워버렸고, 나머지는 육지로 도망하여 빈 배를 모두 격침시켰다. 이 율포해전의 결과 연합함대는 수급 30여 개를 베고 7척 모두를 불태워 없애는 전과를 올렸다. 이 해전에서 일본 국내에서 악명 높은 해적이었던 적장 구루시마 미치유키[來島通之]는 자신의 함대가 모두 나포되거나 불태워지는 모습을 보고 혈로血路를 뚫고 육지에 상륙하여 할복자결 했다고 한다.[240]

그러나 정황상 할복자결보다는 조선 수군의 화기와 화살 공격에 전사했을 가능성이 높다고 추정된다. 제1차 출전 때의 합포해전과 함께 율포해전은 해상에서 도주하거나 이동 중인 함대를 발견하고 추격전을 벌여 승리한 것으로 볼 때, 조선의 판옥선이 일본 군선에 비해 속도 면에서도 뒤지지 않았다는 사실을 알 수 있다.

율포해전 이후 연합함대는 부산 쪽을 향하여 가덕도 부근을 탐색하였고 몰운대沒雲臺 부근에서는 함대를 두 편으로 나누어 수색하였으나, 일본 군선을 더 이상 찾지 못하고 함대를 거제 땅 온천량溫川梁의 송진포松珍浦로 이동하여 정박하였다.[241]

이어 6월 8일(양 7월 16일)에도 창원 땅 마산포馬山浦, 안골포安骨浦, 제포薺浦, 웅천 등지로 탐망선을 보내 수색하였으나 일본 수군을 발견하지 못하고 그대로 송진포에서 머물렀다. 다음 날인 9일(양 7월 17일)에도 웅천 앞 바다에 진을 치고 일본 군선을 수색하였으나 찾지 못하고, 함대를 이동하여 당포로 돌아와 밤을 지냈다.

6월 10일(양 7월 18일)에는 미조항 앞 바다에서 연합함대를 해체하고 각각 본영으로 되돌아갔다. 연합함대에 참가한 각도의 수군은 장기간 출전으로 인해 군량이 떨어

---

239 이형석, 앞의 책, 1967, 316쪽 ; 太田雅男외, 『戰略·戰術·兵器 事典②』 (주)學習硏究社, 1994, 33쪽, 主要武將旗印 참고.

240 德富猪一郎, 『近世日本國民史 豊臣氏時代 丁編 朝鮮役 上卷』, 民友社, 東京, 1921, 646쪽.

241 이순신, 『임진장초』, 만력 20년(1592) 6월 14일 장계.

지고 사상자도 다수 발생하는 등 재정비가 필요한 상황이었다.

제2차 출전의 11일 동안 네 차례의 해전을 통해 일본 군선 72척을 불태워 없애고 수백 급을 벤 전과가 보고되자, 조선 조정은 이순신을 자헌대부로 이억기와 원균을 가선대부로 각각 승급시켰다.[242]

이상에서 살펴본 바와 같이 제 1, 2차 출전의 일곱 차례 해전에서 조선 수군이 일본 수군을 압도한 것은 총통 등 화기와 판옥선의 성능, 그리고 이순신의 뛰어난 전략 전술에 기인한 것이다. 또 한편으로 우리 함대에 맞선 일본 수군이 도요토미 히데요시 직속의 정예함대가 아닌 지방 다이묘[大名]에 소속된 30척 미만의 소규모 함대였다는 점을 간과할 수 없다. 이들은 대부분 소규모 전력으로 남해안 여러 포구를 약탈하던 중에 이순신 함대의 공격을 받아 패전했던 것이다. 요컨대 제1~2차 출전은 조선 수군이 전력상으로 우세한 상태에서 일본의 소규모 함대들을 차례로 쉽게 각개 격파했다고 볼 수 있다.

4) 한산대첩과 제해권 장악

5월 초순부터 6월 중순까지 남해안의 주요 해전에서 연패한 소식을 접한 일본의 도요토미 히데요시는 긴급 대책으로 당시 육전에 참가 중이던 와키자카 야스하루, 구키 요시타카[九鬼嘉隆], 가토 요시아키 등 휘하의 정예 수군을 남해로 내려 보내 조선 수군과의 대결을 준비하도록 조처하였다.[243] 또한 히데요시는 6월 23일(양 7월 31일) 명령서를 보내 해상 보급로 확보와 조선 수군 제거를 목표로 6월 14일(7월 22일) 이후 부산에서 해전을 준비 중이던 세 장수에게 일전을 펼치도록 명령하였다.[244]

그런데 이때 먼저 전투태세를 갖춘 와키자카 야스하루는 7월 6일(양 8월 12일), 구키와 가토 등이 군선 정비 등 출전 준비를 하는 동안 단독으로 김해를 떠나 출전하였다. 이때 그가 거느린 함대는 대선 36척, 중선 24척, 소선 13척 등 73척으로 지금까

242 신경, 『재조번방지』 앞과 같음.
243 有馬成甫, 『朝鮮役水軍史』, 海と空社, 1942, 90~91쪽.
244 北島万次, 「壬辰倭亂과 李舜臣」 『南冥學研究』 8, 경상대학교 남명학연구소, 1999, 228~229쪽.

지 해전에 참가한 일본 함대 중 가장 큰 세력이었다.[245]

한편 조선 수군은 제2차 출전을 마친 후 각기 본영에서 다음 해전을 위해 공문을 돌려 서로 약속을 정하고 전선을 정비하는 등 준비를 갖추면서 경상도 해역의 일본 수군 동태를 예의주시하고 있었다. 그 결과 '거제도와 가덕도 등지에 일본 선박 10여 척 내지 30여 척이 출몰하고 있다'는 첩보와 함께 전라도 금산錦山 지경에도 일본군이 다가와 수륙으로 침범할 조짐이 있다는 정보를 얻었다.[246]

이에 조선 수군은 일본 수군을 찾아 공격하기 위해 7월 4일(양 8월 10일)에 전라좌수영으로 합류하였다. 전라도 연합함대는 5일(양 8월 11일)에는 작전계획을 논의하고, 6일(양 8월 12일)부터 역사적인 제3차 출전을 시작했다. 이날 함대가 출항하여 남해의 노량에 도착하자 원균이 그간 준비한 전선 7척을 이끌고 합류하였다. 연합함대는 이날 진주의 창신도에 이르러 정박하고 밤을 지냈다.[247]

이순신 함대의 제3차 출전

245 德富猪一郎, 앞의 책, 1921, 652쪽.
246 池内宏, 「文祿役に於ける小早川隆景の全羅道經略」『文祿慶長の役(付編 · 解說)』, 1987 ; 李德悅, 『養浩堂日記』권1, 「星州記」, 임진년 7월 26일 일기 등 참고.
247 이순신, 『임진장초』, 만력 20년(1592) 7월 15일 장계.

이로써 우리에게 잘 알려진 한산대첩을 펼칠 조선 연합함대는 일본의 와키자카 야스하루의 함대를 향해 전진해 가기 시작하였다.[248] 한산대첩에 참가한 양측의 세력을 비교하면, 대소 70여 척으로 구성된 와키자카 함대와 이에 대항한 조선 수군은 대선(판옥선) 59척과 소선 50여척이었다고 한다.[249] 이것은 대체로 원균의 전선 7척과 전라 좌·우도의 전선 49척, 그리고 거북선 3척 등으로 구성되었던 것으로 추정된다. 이와 같이 양측 함대의 세력을 비교하면 전투 능력을 갖춘 군선 수는 비슷하지만, 조선의 연합함대가 대선인 전선이 많았기 때문에 실제 전력에서는 오히려 우세한 상황이었음을 알 수 있다.

다음으로 한산대첩의 주요 경과는 다음과 같다. 출항 둘째 날인 7월 7일(양 8월 13일)에는 동풍이 크게 불어 오전에는 항해하지 못하다가 오후 늦게 고성 땅 당포에 이르러 정박했다. 이때 이 섬의 목동 김천손金千孫이 미륵산 정상에서 이순신 등이 있는 연합함대로 달려와 '적선 70여 척이 오늘 오후 2시쯤 영등포 앞 바다를 지나 고성과 거제도의 경계인 견내량見乃梁에 머물고 있다'는 중요한 정보를 알려주었다.[250]

이 정보에 따라 연합함대는 7월 8일(양 8월 14일) 아침 일찍 일본 함대가 있는 곳으로 출발하였다. 견내량 근처 바다에 이르렀을 때 일본의 척후선인 대선 1척과 중선 1척이 우리 함대를 발견하고 저들의 본대가 있는 포구 쪽으로 들어갔다. 연합함대는 이들을 추격하여 일본 함대가 있는 곳까지 도달하였는데, 그곳에는 첩보의 내용대로 대소 73척이 대열을 이루고 있었다.

한산대첩에서 일본 함대를 처음 조우한 견내량은 수심이 얕고 암초가 많아 대형 선박이 항해하기 어려운 긴 해협으로 최소 폭이 약 180m, 최소 수심은 2.8m, 수로 길이가 약 4km인 곳이다. 그리고 당일 견내량 해역의 조류는 0.5노트 이하로 해전에 큰 영향을 미치지 않는 범위였다.[251]

이순신은 이곳이 위와 같은 해역 특성으로 인해 해전하기에 적절하지 않을 뿐 아니

---

248 정진술, 「한산도해전 연구」『임란수군활동연구논총』, 해군군사연구실, 1993, 159~194쪽.

249 参謀本部, 『日本戰史 朝鮮役』『補傳』, 1924, 48쪽.

250 이순신, 『임진장초』, 만력 20년(1592) 7월 15일 장계. 이순신은 탐망선을 운용하여 적정을 신속하게 파악하였는데, 주변의 피난민과 주민들이 전해주는 정보도 매우 유용하였다.

251 정진술, 앞의 논문, 1993, 160~161쪽.

라, 해협 주변에 육지가 가까워 일본 수군이 전투가 불리할 경우 도주할 경우를 고려하여 와키자카[脇坂安治] 함대를 넓은 바다로 유인하는 전술을 구사하였다. 이를 위해 먼저 전선 5~6척을 투입하여 일본 함대의 선봉과 전투하다가 거짓으로 패해 물러나는 것처럼 꾸미자, 일본 함대는 전 세력이 돛을 펴고 추격에 나섰다. 일본 함대가 추격을 멈추지 않고 한산도 앞의 넓은 바다에 도달하자, 기다리고 있던 조선 연합함대는 일시에 선회하여 '학익진鶴翼陣'을 형성하면서 일본 함대에 돌격하여 본격적인 해전이 벌어졌다.

이에 모든 전선이 지·현·승자 등 총통을 발사하면서 먼저 일본 군선 2~3척을 격파하자, 일본군은 사기가 꺾여 물러나려 하였다. 그러나 연합함대가 학익진을 통해 일시에 포위 공격을 펼치자, 일본 함대는 도주하지 못하고 참패하기 시작했다. 이런 해전 상황을 이순신은 '제장과 군사들이 승기를 타고 서로 다투어 돌진하며 철환과 화살을 발사하기를 바람과 우뢰 같이 하여 적선을 불사르고 적병을 사살하는 것을 일시에 모두 다 해버렸다'고 보고하였다.[252]

한산대첩의 결과를 종합하면 연합함대는 일본의 대선 35척, 중선 17척, 소선 7척 등 59척을 격파했고, 나머지 대선 1척과 중선 7척 등 14척만이 부산 쪽으로 탈출해 돌아갔다. 이 해전에서 일본 함대를 지휘한 와키자카 야스하루[脇坂安治]는 구사일생으로 도주하였으나, 해적 출신으로 유명한 그의 부장인 와키사카 사베에[脇坂左衛兵]와 와타나베 시치에몬[渡邊七右衛門] 등은 전사하고 선장의 한 사람인 마나베 사마노조[眞鍋左馬允]는 한산도로 상륙한 후 할복자결 했다고 한다.[253]

한산대첩이 펼쳐진 한산도 전양(前洋)

이뿐 아니라 일본 함대의 병력 손

252 이순신, 『임진장초』, 만력 20년(1592) 7월 15일 장계, "諸將軍吏 乘勝踊躍 爭先突進 箭丸交發 勢若風雷 焚船殺賊 一時殆盡."

253 德富猪一郎, 앞의 책, 1921, 657~658쪽 ; 佐藤和夫, 『海と水軍の日本史 下巻』, 1995, 284쪽.

한산대첩 기념비(경남 통영)

실도 매우 컸다. 이순신이 승전 보고에서 밝힌 바와 같이 일본군을 사살하는데 힘썼기 때문에 참급은 90여 급에 불과했지만, 한산도로 상륙한 400명과[254] 탈출한 14척을 제외하고, 일본군 9천여 명 이상이 전사한 것으로 추정된다.[255] 일반적으로 패한 쪽에서는 자신들의 사상자 숫자를 줄이는 것이 통례이므로, 이분李芬이 일본군에게서 들었다고 기록한 이 숫자는 신빙성이 높고, 오히려 이보다 많을 수도 있다고 추정된다.

한산대첩을 거둔 이날은 장병이 피로하고 날도 어두워져 견내량 안쪽 바다에 진을 치고 밤을 보냈다. 다음날인 7월 9일(양 8월 15일)에는 다시 '안골포에 일본 군선 40여 척이 머물고 있다'는 탐망선의 보고가 들어왔다. 이에 즉시 삼도의 수사들이 모여 이들 일본 함대에 대한 공격을 계획했으나, 이날은 역풍이 크게 불고 풍랑이 일어 항해를 할 수가 없었기 때문에 거제 땅 온천도에서 다시 하룻밤을 보냈다.[256]

7월 10일(양 8월 16일), 새벽부터 함대를 움직여 안골포에 도착하니 선창에 일본의 대선 21척, 중선 15척, 소선 6척 등 모두 42척이 정박 중이었다. 이곳에 있던 일본 수군 장수는 와키자카와 함께 부산에 내려왔던 구키 요시타카와 가토 요시아키이었고, 이들 또한 도요토미 히데요시 직속의 정예 수군이었다. 이들은 단독으로 출전을 감행한 와키자카 함대를 뒤쫓아 7월 7일(양 8월 13일) 김해로 이동하였고, 다음날 이곳 안골포로 옮겨와서 정박 중이었다. 이들은 도요토미 히데요시의 공격 명령을 수행하고, 앞서 출전한 와키자카 함대를 돕기 위해 서둘러 출발해 왔던 것이다.[257]

254 有馬成甫, 앞의 책, 1942, 97쪽의 일본 측 기록에는 200여 명이라 한다.
255 『이충무공전서』 권9, 부록, 「행록」(이분)의 한산대첩 부분 참조.
256 이순신, 『임진장초』, 만력 20년(1592) 7월 15일 장계.
257 宇田川武久, 『日本の海賊』, 誠文堂新光社, 1983, 238~240쪽.

안골포해전이 벌어진 포구는 입구가 좁고 수심이 얕아서 전선 같이 큰 배가 한꺼번에 들어갈 수 없었다. 이 때문에 연합함대는 다시 한 번 일본 함대를 유인하는 전술을 구사하였다. 그러나 견내량에서 주력 함대가 참패한 소식을 들은 일본 함대는 높은 곳을 의지한 채 바다로 나오지 않고 해전을 회피하였다. 이에 이순신은 종렬진縱列陣인 장사진長蛇陣을 펴고 전선이 차례로 포구에 들어가면서 각종 총통을 발사하고 장長·편전片箭과 불화살(화전) 등으로 일본 함대를 집중 공격하였다.

이런 방법으로 연합함대는 정박 중인 일본 군선을 불태우면서 승선해 있던 적장을 비롯한 일본군 다수를 살상하였다.[258] 이처럼 포구에서 전투가 종일 진행되자 일본 군선은 절반 이상 파괴되었고, 잔존 병력은 육지에 올라 도주하였다. 연합함대는 주변 산골에 숨은 우리 백성이 피해를 입을까 우려하여 공격을 중지하고 밤늦게 물러 나와 안골포 근처에서 머물렀다.[259]

이 해전의 전투 결과는 다른 해전에 비해 명확하지 않고, 단지 일본 군선이 절반 이상 파괴되었고 사살된 자가 부지기수라고만 기록되었다.[260] 그러나 일본측 연구 성과에 의하면, 이날 구키와 가토 함대는 20여 척의 군선을 잃었고, 조선 함대가 물러난 이후 전사자의 시신을 모아 불태우고 항해가 가능한 군선을 수습해 야음을 틈타 안골포를 탈출하여 부산으로 도주하였다.[261]

연합함대는 다음날인 11일(양 8월 17일) 새벽에 다시 안골포를 포위하였으나, 밤새 일본 함대가 도주하여 시신을 태운 흔적 등 전날 전투의 참혹한 양상만을 확인하였다. 이날은 오전 10시쯤 양산강梁山江과 김해 포구 일대까지 수색하였으나 일본 수군의 흔적을 찾지 못하고, 다만 가덕도 바깥 바다로부터 동래와 몰운대까지 함대를 배치하여 위세를 과시하였다.[262]

그런 다음에 가덕도 북쪽의 천성보에 잠깐 머물면서 일본 수군에게 우리 함대가 오

258 李德悅, 『養浩堂日記』 권1, 「星州記」, 임진년 7월 26일.
259 이순신, 『임진장초』, 만력 20년(1592) 7월 15일 장계.
260 이순신, 『임진장초』, 만력 20년(1592) 7월 15일 장계.
261 佐藤和夫, 『海と水軍の日本史』(原書閣, 1995), 285쪽.
262 강영오, 『한반도의 해상전략론』, 병학사, 1988, 273쪽. 이런 행위를 전략적 용어로 '해상시위(海上示威 : Naval Presence)라고 한다.

래 주둔할 것처럼 보인 후, 같은 날 야간에 회항하기 시작하여 12일(양 8월 18일) 오전 10시경에는 한산도에 도착하였다. 이때 한산대첩 때에 도주하여 상륙한 일부 일본 패잔병들이 섬 안에 남아있었지만 경상우수사 원균에게 이들의 처리를 맡기고, 8일간의 제3차 출전을 마치고 7월 13일(양 8월 19일)에 여수 본영으로 되돌아왔다.

이상에서 살펴본 제3차 출전의 결과와 역사적 의의를 정리하면 다음과 같다. 연합함대는 이번 출전을 통해 일본 수군의 정예함대 세력을 괴멸시키는 대승을 거두었다. 두 차례 해전에서 조선 수군이 거둔 전과는 격침시킨 군선이 80여 척이고, 참획한 수급이 340급, 그리고 그 외에 사상자는 1만여 명 이상으로 추정된다. 안골포해전의 결과가 정확하지 않아 확정할 수는 없으나 1만여 명 이상인 것은 확실해 보인다. 반면에, 해전이 치열했던 만큼 조선 수군의 사상자도 이전에 비해 다소 발생하였다. 이순신의 보고서에 포함된 명단을 확인하면 전사 19명, 부상자 116명으로 지금까지 조선 수군이 해전에서 입은 피해 중 최대 규모였다.[263]

한산대첩의 첫 번째 역사적 의의는 해전의 규모가 이전에 비해 가장 컸다는 사실,

진남관(전남 여수)
이순신이 전라좌수영의 본영으로 사용하던 자리로 1599년(선조 32)에 거대한 객사를 지어 진남관이라 하였다.

263 이순신, 『임진장초』, 만력 20년(1592) 7월 15일 장계.

유인작전과 학익진鶴翼陣 전술 성공, 그리고 압도적인 전력으로 일본의 정예함대인 와키자카 함대와 구키·가토 함대를 연파한 것은 해전사적인 면에서 큰 의의가 있다. 둘째는 제1차 조선-일본 전쟁 전체 국면에 끼친 영향을 들 수 있다. 이에 대해서는 서애 유성룡柳成龍의 잘 알려진 평가가 있다. 그는 "고니시 유키나가가 평양에서 조정에 편지를 보내 협박할 때에 '서해를 통해 10만의 수군이 올라온다.'고 했는데, 이순신이 한산대첩을 거둬 그 의도를 분쇄하였다"고 언급하였다. 또한 그는 더 나아가 전라도와 충청도가 보전되고 이를 바탕으로 조선이 중흥을 이룰 수 있었던 것도 이 한산대첩으로 인한 것이라고 높이 평가하였다.[264]

반면에 일본 역사가, 아리마 세이호[有馬成甫]는 이 해전에 대해 단지 일본의 일개 함대가 격파되었을 뿐 전쟁 전체에 미친 영향은 미미했으며, 반대로 제2차 조선-일본 전쟁(정유재란) 때의 칠천량해전에서 일본이 대승을 거둘 수 있는 밑바탕이 되었다고 평가하였다.[265] 한편, 일본 사학자인 도쿠토미 이이치로[德富猪一郎]는 한산대첩에서 일본 수군의 참패를 인정하고 그 원인을 일본 선박의 취약성, 수군 장수 간의 갈등, 도요토미 히데요시의 수군 경시 등으로 분석하였다. 또한 그는 한산도해전의 패배로 인해 일본군이 제해권을 상실하였고, 이 결과 일본군이 육전에서도 허송세월만 보내는 손해를 보았으며 평양까지 진격한 고니시 유키나가는 진퇴양난에 빠지게 되었다고 논평하였다.[266]

조선 수군의 제3차 출전에서 일본의 정예 함대가 모두 대패한 이후, 도요토미 히데요시는 일본 수군에게 '해전 금지'의 명령을 내렸고, 이후 해안에 축성하고 머물도록 하는 등 전략적인 변화를 가져왔다.[267] 한산도해전 참패 이후 일본 수군은 이 명령에 따라 조선 수군과의 해전을 회피하는 전술로 일관하였다. 요컨대 조선의 연합함대는 한산대첩의 결과로 남해의 제해권을 완전히 장악하여 일본군의 수륙병진 전략을 불가능하게 만들었을 뿐 아니라, 더 이상 일본 수군이 해전에 나서지 못하도록 확실하

264 유성룡, 『징비록』 권1, "先是賊將平行長 到平壤投書曰 日本舟師十餘萬 又從西海來 未知大王自此何之……國家得保全羅忠清 以及黃海 平安沿海一帶 調度軍食 傳通軍令 以濟中興……皆此一戰之功."

265 有馬成甫, 앞의 책, 1942, 98~100쪽.

266 德富猪一郎, 앞의 책, 1921, 667~677쪽.

267 이형석, 앞의 책, 1967, 338~339쪽 ; 北島万次, 『豊臣秀吉の朝鮮侵略』, 吉川弘文館, 1995, 111쪽.

게 제압하였다.

5) 제4차 출전과 부산포해전

조선 수군은 1592년(선조 25) 5월초부터 진행된 세 차례의 출전을 수행하면서 한편으로 전선을 더 건조하고 무기를 준비하는데 박차를 가했다. 이런 사실은 같은 해 8월 1일(양 9월 6일) 전라 좌·우도 수군이 좌수영에 모였을 때 전체 전선 척수가 7월초 한산대첩 때의 59척보다 25% 이상 늘어난 74척으로 증가한 것을 통해서 확인해 볼 수 있다.[268]

또한 제4차 출전에서는 8월 1일(양 9월 6일)부터 전라우도 수군이 좌수영에 미리 합류한 것도 이전에 없던 일이었다. 이보다 앞선 제2차 출전에서는 세 번째 해전인 당항포해전 때부터 합류했고, 제3차 출전 때에는 출항 2일 전에 합류한 바 있었다. 이처럼 20여일 전에 합류한 것은 연합함대의 훈련을 위해서였는데, 이순신의 장계는 이에 대해 '진陣을 치고 거듭 약속을 명확히 하였다'고 적고 있다.[269]

이후 경상우도 순찰사 김수金睟가 공문을 보내 '일본군이 양산과 김해 등지로 내려오는데 도망치려는 것 같다'는 정보를 제공해 왔다. 이 때문에 전라도 연합함대는 출항을 서둘러 8월 24일(양 9월 29일)에 좌수영을 출발, 제4차 출전을 시작하였다.[270] 출전한 첫째 날은 남해 땅 관음포觀音浦에 닿았다가, 자정 무렵 다시 행선하여 사천의 모자랑포毛自郞浦에서 정박하였다. 이어 25일(양 9월 30일)에는 약속한대로 사량蛇梁 앞 바다에서 원균과 합세하고 당포 앞 바다로 이동하여 정박했다.

다음날인 8월 26일(양 10월 1일)에는 비바람 때문에 항해하지 못하다가 날이 저물 무렵 거제도 근처로 이동하여 밤을 보냈다. 이어 27일(양 10월 2일)에는 웅천 땅 원포院浦로 이동하였고, 28일(양 10월 3일)에는 새벽부터 일본 군선을 수색하면서 김해와 양산 쪽으로 전진하였다. 한편, 이날은 가덕도 부근에 연합함대의 본대를 두고 방답

---

268 이순신, 『임진장초』, 만력 20년(1592) 9월 17일 장계.
269 이순신, 『임진장초』, 만력 20년(1592) 9월 17일 장계.
270 김종기, 「부산포해전」 『임란수군활동연구논총』, 해군 군사연구실, 1993.

첨사防踏僉使 이순신 등을 보내 적선을 탐색하도록 했는데 일본 함대를 발견하지 못하고 그대로 근처 천성보天城堡에서 밤을 보냈다.[271] 연합함대는 결국 출전 이후 5일 동안 일본 함대를 접촉하지 못한 채 수색작전을 펼치면서 부산 쪽으로 전진을 계속하였다.

8월 29일(양 10월 4일) 새벽에는 연합함대가 다시 출발하여 아침 무렵 양강兩江[272] 앞 바다에 도착했는데, 동래 땅 장림포長林浦에서 출전 6일 만에 처음으로 일본의 대선 4척과 소선 2척을 만나 이를 모두 불태워버렸다. 그러나 그 곳의 형세가 매우 좁아서 더 이상 올라가지 못하고 저물 무렵 가덕도 북쪽으로 되돌아와서 정박하였다.

연합함대는 9월 1일(양 10월 5일) 새벽에 다시 출발하여 아침 8시경 몰운대沒雲臺를 지났는데, 이때 동풍이 크게 불고 파도가 거세게 일어 간신히 함대를 수습하였다. 그럼에도 불구하고 연합함대는 동쪽으로 전진을 계속하여 화준구미花樽仇未에 이르러 대선 5척, 다대포多大浦에서 대선 8척, 서평포西平浦에서 대선 9척, 절영도 앞 바다에서 대선 2척을 각각 만나 이들 모두를 불태우는 전과를 거두었다.[273]

이후, 다시 절영도 주변을 수색하였으나 일본 함대를 발견하지 못한 연합함대는 작은 배를 보내 부산포를 정탐하도록 하였다. 이 결과 부산포에 일본 군선 470여 척이 정박 중인 것을 발견하고 곧 총공격을 감행하였다. 부산포해전은 새벽부터 계속된 이동과 몇 차례의 소규모 전투를 수행한 뒤였기 때문에 해전이 시작될 때는 이미 저물 무렵이었다.[274] 연합함대는 초반에 선두에 나온 일본군의 선봉인 대선 4척을 맞아 모두 격침시키고, 장사진長蛇陣으로 돌진하여 일본 진영을 공격하였다. 이때 일본군은 조선 함대에 맞서 싸우지 못하고 모두 산 위에 올라가 여섯 군데로 나뉘어 연합함대를 향해 철환과 화살을 쏘면서 공격하였다. 이에 연합함대는 돌진을 멈추지 않고 천·지자 총통과 불화살로 공격을 계속해 일본 군선 다수를 격파하면서 적지 않은 사상자

---

271 이순신, 『임진장초』, 만력 20년(1592) 9월 17일 장계 ; 『난중일기』, 임진년(1592) 8월 24일~28일.

272 양산강과 김해강을 뜻하는데, 낙동강 하구 바닷가 근처이다.

273 이순신, 『임진장초』, 만력 20년(1592) 9월 17일 장계.

274 安邦俊, 『隱峰全書』 권7, 「釜山記事」, "傑謂運曰 日旣暮 賊兵又盛 不若觀勢以明日進戰 運勃然曰 助防亦爲是言耶."

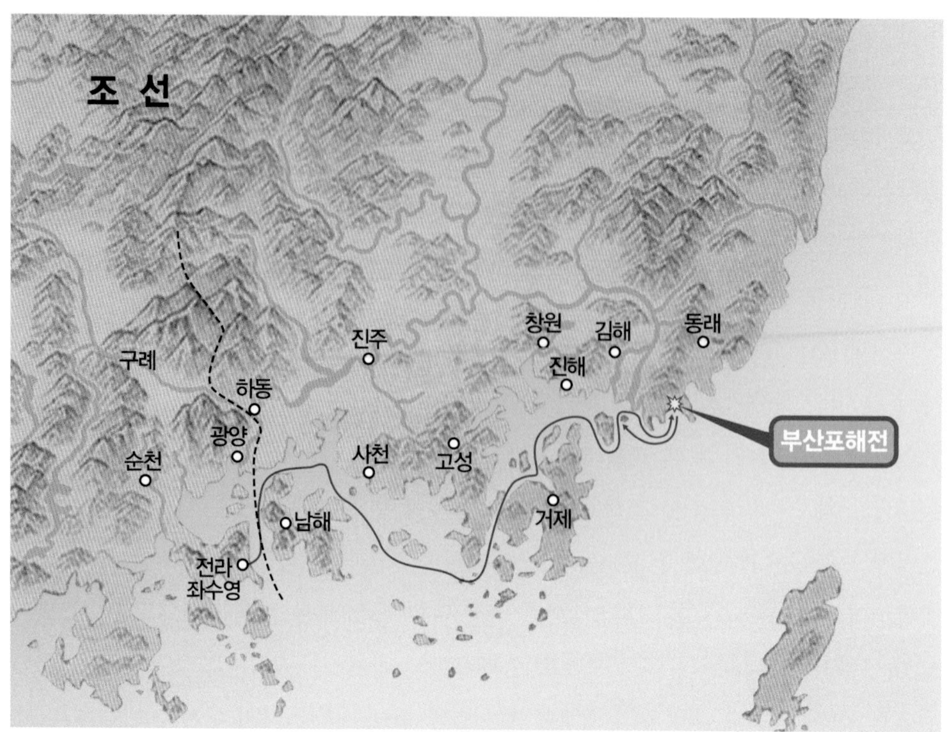

이순신 함대의 제4차 출전

를 냈다.[275]

이 날의 부산포해전은 이순신이 후일 직접 평한 바와 같이 작은 함대를 이끌고 4~5배가 넘는 대규모 세력에 맞서 싸운 해전이었을 뿐 아니라 일본 수군의 근거지를 공격한 중요한 일전이었다. 이 해전의 전투 결과는 연합함대가 일본 군선 100여 척을 격파하는 등 대승을 거두었다. 하지만, 이순신의 핵심 참모의 한 사람인 용장勇將 정운鄭運이 대철포에 맞아 전사하는 큰 손실을 입기도 하였다.[276]

또한 부산 해역은 남해의 외해와 연결되는 곳이기 때문에 파도가 심해 전선을 운

---

275 이순신, 『임진장초』, 만력 20년(1592) 9월 17일 장계.

276 박준섭 외, 『국역 충장공정운장군실기』, 충장공정운장군 숭모사업회, 1992. 정운(鄭運 : 1453~1592)은 해남 출신으로 1570년, 28세 때에 무과에 급제한 후 웅천현감과 제주판관을 거쳐 1591년 녹도만호로 부임하여 제1차 조선-일본 전쟁(임진왜란)을 맞았다. 이순신이 가장 믿고 의지한 동료이자 부하였으며, 모든 해전에서 앞장서 돌격한 용장이었고, 임진년(1592)의 10차례 해전에 모두 참가하여 큰 공을 세웠다(이순신, 『임진장초』, 만력 20년(1592) 9월 17일 장계).

용하기 힘든 곳이었다. 연합함대는 이곳에서 전투를 벌여 큰 전과를 거두었지만 정운 외에 전사 6명, 부상 25명이라는 인명 피해를 입었다. 그리고 항해와 전투 과정에서 전선이 파손되어 수리를 요할 뿐 아니라 군량을 다 소모했기 때문에, 더 이상 작전을 계속할 수 없었다. 따라서 연합함대는 9월 2일(양 10월 6일)에 해산하여 각자 본영으로 돌아갔다.[277]

이와 같이 부산포해전은 이전의 해전과는 달리 일본 수군의 근거지인 부산포를 공격했다는 점과 참전 규모와 그 전과 역시 매우 컸다는 점에서 해전사적인 의미가 적지 않다. 또한 이전부터 일본 수군이 조선 수군을 회피하면서 육전과는 반대로 해전 때마다 도주를 일삼았지만, 부산포해전 이후에는 해안에 축성한 뒤 육상에서만 조선 수군을 상대하려는 해전회피 전술이 고착화되었다. 이로 인해 조선 수군은 일본 수군을 제압하기 위한 수륙병진 작전의 필요성을 인식하게 되었다.[278] 이로써 1592년(선조 25) 한 해 동안 4회의 출전과 열 차례 해전은 마무리되었다.[279]

조선 수군이 임진년(1592) 해전에서 거둔 전승全勝은 전체 전국의 흐름에 큰 영향을 주었음은 물론, 육전에서의 고전을 해상에서 설욕한 의미도 있다. 또한 조선 수군이 제해권을 장악하여 일본의 수륙병진 전략이 좌절된 것은 물론이고 그들의 보급로마저 위협하는 상황이 되었다. 이 때문에 일본 수군은 해전을 포기한 채 해안 지역에 축성하여 주둔하면서 육군의 지원을 받아 조선 수군의 공격에 대비할 수밖에 없었다. 또한 도요토미 히데요시가 직접 바다를 건너와 전쟁을 지휘할 기회를 빼앗음으로써, 일본군의 전쟁 지도력에 결정적인 타격을 입혔다고 볼 수 있다.[280]

이상에서 살펴본 제1차 조선-일본 전쟁 첫 해에 있었던 역사적 사실인 '십전십승'의 해전 결과는 다음의 〈표 2-9〉로 일목요연하게 정리할 수 있다.

---

277 이순신, 『임진장초』, 만력 20년(1592) 9월 17일 장계.

278 김종기, 앞의 논문, 1993, 152~157쪽은 이와 같은 지적을 하고 있다.

279 당시 전선은 목선으로 겨울철에 항해와 전투가 불가능했다.

280 일본측 연구에 의하면 히데요시는 조선에 건너와서 전쟁을 직접 지휘할 것을 누차 언급했다고 한다. 이것은 그가 통일 과정의 여러 전쟁에 직접 출전하여 전승을 이끌었던 것을 통해 볼 때 당연한 것이었다. 그런 그가 조선에 건너오지 못한 것은 국내 사정도 있었겠지만, 일본의 제해권 상실도 근본적인 원인이었다.

〈표 2-9〉 1592년 해전 경과 일람표

구분	해전 명칭	일시	장소	참전세력 비교		일본 장수 (소속)	조선측의 전과		
				조선	일본		군선	인명/기타	비고
제1차 출전	옥포 해전	1592. 5. 7.	거제도 옥포만	전선 28 협선 17	30 여척	藤堂高虎堀內氏善	대선 13 중선 6 등 합 26척	사살 다수	서전 승리, 경상우도 5척 격파
	합포 해전	5. 7	웅천 합포	위와 같음	5척	불명	대선 4 소선 1척 분멸	사살 다수	일본 수군 도주, 추격전
	적진포 해전	5. 8.	고성 적포	위와 같음	13척	불명	대선 9 중선 2 등 13척	군량미 노획 등	44척 분멸
제2차 출전	사천 해전	5. 29.	사천 선창	전선 26 협선 20 여척(추정)	13척	불명	대선 12, 기타 1 등 13척	사살 다수	거북선 참전 이순신 부상
	당포 해전	6. 1.	당포 선창	위와 같음	21척	龜井玆矩	대선 9 중선 12 등 21척	사살 다수	
	당항포 해전	6. 5.	당항포 포구	전선 51 협선 50 여척(추정)	26척	加藤淸正의 수군	대선 9 중선 4 등 26척	43급 외 사살 다수	유인작전, 연합함대 형성
	율포 해전	6. 7.	율포 근해	위와 같음	7척	來島通之	대선 5 중선 2 등 7척	적장 사살 사살 다수	67척 분멸
제3차 출전	한산 대첩	7. 8.	한산도 양중	전선 59 협선 50 여척(추정)	73척	脇坂安治	대선 35 중선 17 등 59척	340여 급, 9천여 명 이상	脇坂安治 14척으로 탈출
	안골포 해전	7. 10.	안골포 포구	上同	42척	九鬼嘉隆 加藤嘉明	20여 척 분멸	사살 다수	79척 분멸
제4차 출전	부산포 해전	9. 1.	부산포 일대	전선 81 협선 92척 이상	대소 470 여 척	일본수군 본대	30여 척, 100여 척 분멸	사살 다수	본거지 기습 130여 척 격파

※ 출처 : 이순신, 『임진장초』; 이형석, 『임진전란사』 1967 등 연구 성과 종합.

2. 강화교섭기 조선 수군의 체제 정비와 전략전술

1) 강화교섭의 배경과 조선 수군의 피해

(1) 강화교섭의 배경

제1차 조선-일본 전쟁 초기 조선은 일본의 정예 병력과 조총을 이용한 새로운 전술에 밀려 패전을 거듭하였다. 1592년(선조 25) 6월 중순에는 평양성을 잃었고, 이후 순안順安 지역에서 전선을 형성하면서 일본군과 대치하는 형국이 이어졌다.[281]

이때까지 일방적으로 밀리기만 하던 전황은 몇 가지 요인에 의해 점차 변화가 발생하였다. 우선 개전 이후 곧바로 시작된 의병 활동이 5월 이후 남부지방부터 본격적으로 전개되었다. 잘 알려진 바와 같이 의병은 자신들의 향토방위를 목적으로 흥기한 소규모 집단에서부터, 주변의 세력을 규합해 게릴라 전법을 통해 각 지역 거점에 주둔 중인 일본군에게 타격을 가하는 집단에 이르기까지 다양한 형태를 띠었다. 비록 의병 활동이 전국戰局에 영향을 미칠 뚜렷한 전과를 올리지 못한 한계는 있지만, 전 국민의 항쟁 의지를 북돋우고 일본군의 병참선을 위협하는 성과를 올려 제1차 조선-일본 전쟁 전황 변화에 결정적인 계기를 제공한 것은 분명한 사실이다. 특히, 7월 초의 고경명高敬命이 이끈 제1차 금산전투와 8월 중순의 조헌 등 7백 명이 분전한 제2차 금산전투는 내륙을 통한 일본군의 전라도 침입을 방어한 중요한 전투였다. 이와 함께 9월 초에 이정암李廷馣이 이끈 연안성전투와 10월 초순의 제 1차 진주성전투 등에서도 의병은 매우 중요한 역할을 수행하였다.

다음으로 앞 절에서 살펴본 바와 같이 이순신 등이 이끈 조선 수군은 육전과는 반대로 첫해 4차례 출전과 10회의 해전에서 모두 일방적인 승리를 거두었다. 이로써 남해의 제해권을 장악하여 일본의 수륙병진 전략을 좌절시킨 것은 물론이고, 일본군이 후방의 병참선을 유지하기 위해 해변에 축성하여 주둔케 하는 상황을 이끌어 냈다.

다른 한편으로 조선은 6월 중순 이덕형李德馨을 청원사請援使로 요동에 파견하였

281 『선조실록』 권29, 선조 25년 8월 기해 ; 『선조실록』 권30, 선조 25년 9월 을축.

포충사(전남 광주)
제1차 금산전투에서 고경명과 차남 고인후, 유팽로, 안영과 진주성 전투에서 사망한 고경명의 장남 고종후 등을 모신 사당이다.

다.[282] 이후 8월에는 정곤수鄭崐壽 등을 명나라 조정에 진주사陳奏使로 보내고, 윤근수, 이덕형, 이유징, 한응인 등이 수시로 명측 인사를 만나 청병 외교에 주력하였다.[283]

사실 조선이 청병 사절을 보내기 전에 먼저 명나라는 요동의 관리들을 조선에 파견하여 전황을 파악한 후, 6월 17일(양 7월 25일)에 부총병副摠兵 조승훈祖承訓 등 3천여 병력을 파병해 왔다.[284] 조승훈 등은 7월 17일(양 8월 23일) 평양성 수복 전투에 나섰다가 유격장군遊擊將軍 사유史儒가 전사하는 등 패퇴하였다.[285] 이 한 차례의 전투는 명과 일본 양측 모두에게 충격을 준 사건이었다. 상대를 얕보고 함부로 평양성 전투에 나선 명군은 일본군의 전력이 예상외로 막강한 사실에 놀랐고, 일본군은 예상보다 훨씬 빨리 명군이 참전해 온 사실에 당황했다.

---

282 『선조실록』 권27, 선조 25년 6월 을사 ; 『선조실록』 권 28, 선조 25년 7월 경신.
283 『선조실록』 권29, 선조 25년 8월 정미 등 8월 기사에 청병 외교 기록이 있다.
284 『선조실록』 권27, 선조 25년 6월 무신.
285 『선조실록』 권28, 선조 25년 7월 정축.

소규모 병력이었지만, 이와 같이 명나라의 파병이 신속했던 것은 순망치한脣亡齒寒의 논리와 자국의 영토 밖에서 일본군을 저지하려는 적극적인 방어 전략에 의한 것이었다. 이 점은 아래와 같은 병부상서 석성石星의 언급을 통해 확인해 볼 수 있다.

> 조선의 일은 중국의 일과 같은 것이오. 만약 왜가 조선을 장악하여 요동을 침범하고 산해관山海關에 이르면 경사京師(북경)가 진동할 것이오. 이는 곧 심복의 근심인데 어찌 예외로 논할 수 있겠소! 만약 고황제가 계셨더라면 분명히 (병력을) 주셨을 것이오.[286]

그러나 명나라의 실질적인 원군 파병은 최초 파병보다 5개월이 지난 1592(선조 25)년 12월말이 되어서야 이루어졌다. 이처럼 파병이 늦어진 것은 명나라 내부에서 일어난 '영하寧夏의 변變' 등 몇 가지 이유 때문이었다.[287] 이 반란은 1592년 9월 중순에 진압되었고, 토벌군 사령관이던 이여송李如松이 다시 조선에 출병하기로 결정되었기 때문에 준비할 시간이 필요했던 것이다.

이런 이유로 명나라 조정은 상인 출신의 심유경沈惟敬을 일본군에 사절로 파견하였고, 심유경은 일본 측과 협상을 벌여 9월 1일(양 10월 5일)부터 50일간의 휴전에 합의하여 시간을 버는 목적을 달성하였다.[288]

한편, 일본군은 전술한 바와 같이 명군의 신속한 참전에 놀라지 않을 수 없었다. 일본군은 7월 17일(양 8월 23일) 평양성에 나타난 조승훈 부대를 본격적인 명군 출병에 앞선 선봉부대로 파악하였다. 이 때문에 일본군은 명의 대군과 맞서기 위한 대책 마련이 필요했고, 실제로 평양성에서 향후 대책 마련을 위한 군사회의를 개최하였다.[289]

이보다 앞선 7월 15일(양 8월 21일), 일본의 도요토미 히데요시는 기존의 명나라 공략 계획을 변경하여 '당년에는 조선 평정을 마무리하고 명년에 본인이 직접 조선으

286 『선조실록』 권27, 선조 25년 6월 을사.

287 손종성, 「임진왜란시 대명외교-청병외교-」 『국사관논총』 14, 국사편찬위원회, 1990, 183쪽에 의하면 남병의 도착 지연, 요동군의 방추(防秋 : 추곡 보호작전, 군량 준비 미흡 등이 파병 지연 이유였다.

288 『선조실록』 권30, 선조 25년 9월 을축.

289 국사편찬위원회, 『한국사 29 -조선중기의 외침과 그 대응-』, 1995, 75~79쪽.

로 건너가 명나라를 정벌하겠다'는 뜻을 밝혔다.[290] 히데요시의 이와 같은 주인장朱印狀과 함께 그의 군사軍師인 구로다 요시다카[黑田孝高] 등이 한성에 파견되어 향후 전쟁 대책에 대한 군사회의가 열렸던 것이다.

이 군사회의에서 다수의 일본군 장수들은 명군이 계속해서 나올 것으로 보고 전세를 유지하기 위해 한성 이북에 본영을 설치하고 보급선을 짧게 하자는 의견을 제시하였으나, 고니시 유키나가만은 평양성을 지키면서 군량 보급이 용이한 요동까지 쳐들어가자는 강경론을 주장하였다. 결국 군사회의는 뚜렷한 결론 없이 끝났는데, 한성 이북에 본영을 설치하지도 못하고 반대로 요동으로 진격하지도 못한 채 병력이 분산된 상태를 유지하게 되었다. 이런 상황에서 고니시 유키나가는 9월 1일(양 10월 5일)에 명나라 사절과 50일 간의 휴전에 합의했던 것이다.

일본군이 이런 결정을 내리게 된 원인은 전황이 소강상태에 빠지면서 불리한 상황으로 변했기 때문이었다. 전술한 바와 같이 의병과 조선 수군의 활약으로 후방의 병참선이 불안해졌고, 명의 원군이 신속하게 파병될 것이라는 위협을 느낀 상황에서 순안 지역에서 전선이 고착되었기 때문에 현 상황의 타개를 위한 대응책과 전력 재정비 필요성이 있었기 때문이다.

그러나 조선 측도 전쟁을 주도해 나갈 전략과 전력이 부재한 상황이었다. 6월 이후 각지에서 흥기한 의병의 활약은 일본군의 후방 병참선 위협과 곡창인 전라도를 방어한 전략적 의미가 있었지만, 평양과 함경도 등에 주둔한 일본군을 대항할 수준은 되지 못했다. 오히려 의병의 지휘체계가 문제로 인식되어 의병을 관군의 절제 하에 편입시키자는 논의가 진행되었다. 조선의 수군 역시 1592년(선조) 한 해 동안 전승을 거두었지만, 일본이 전쟁을 포기하도록 타격을 가한 정도는 아니었다. 이런 사정 때문에 조선 조정은 명에 대한 청병 외교에 총력을 기울일 수밖에 없었다. 이해 연말까지 명 원군의 신속한 파병을 위한 외교적 노력을 지속하였다.

1592년 12월 말경에 당초 예고되었던 규모보다 축소된 4만여 명의 명군이 파병되었다. 당초 명은 파병 규모를 10만 정도로 고려하고, 왜구전법에 익숙한 남병南兵을

290 池內宏, 『文祿慶長の役』 付編 · 解說, 吉川弘文館, 東京, 1987, 23쪽.

반드시 포함하도록 계획하였다. 그러나 '영하의 변'이 평정된 이후 조선에 파병할 원군 모집이 잘 되지 않아 지체되었고, 그나마 반수는 노약자였다고 한다.[291] 명 조정은 출병에 앞서 병부우시랑 송응창宋應昌을 '계요보정산동등처경략방해어왜군무薊遼保定山東等處經略防海禦倭軍務(이하 '경략經略'으로 약칭)'로 임명하여 원정군을 준비 감독하도록 하였다.[292]

파병군 사령관 이여송은 의욕적인 일본군 토벌의지를 보였지만, 한편으로 일본군을 경시하는 태도를 보여 조선 조정을 우려하게 만들었다.[293] 그는 경략 송응창과의 관계도 그리 원만한 편이 아니었다. 당시 명나라도 조선과 마찬가지로 문무차별이 심했고, 문신이 무장을 무시하는 경향이 있었다.[294] 따라서 명군은 이와 같은 지휘계통상의 불화 가능성 뿐 아니라, 남병과 북병의 혼재로 인한 갈등 가능성과 긴 출병 여정 등으로 인해 병력이 처한 상황은 좋지 못한 편이었다.

이듬해인 1593년(선조 26)으로 접어든 이후 삼국의 전쟁 상황은 크게 달라졌다. 연말에 조선에 도착한 명군의 파병 사실은 유성룡 등의 노력으로 기밀 유지에 성공하여 일본군에게 알려지지 않았다. 그 결과 1월 6일(양 2월 6일)부터 시작된 평양성전투는 조선군의 협조 하에 명군의 총공세가 이어져 치열한 전투 끝에 8일(양 2월 8일)에는 조·명 연합군이 평양성을 수복하는데 성공하였다.[295]

평양성전투는 조·명·일 삼국 모두에게 큰 영향을 끼친 전투였다. 먼저 조선은 전국의 돌파구를 찾던 중에 이 전투를 계기로 전세 역전의 발판을 마련하였다. 명나라는 적지 않은 병력의 손실이라는 대가를 치렀지만 조선에서의 일본군 방어라는 1차적인 전략 목표를 달성한 의미가 있었다. 일본군은 패전의 결과로 큰 병력 손실은 물

---

291 「經略復國要編」『壬辰之役史料滙輯』(북경대 조선문화연구소 편), 1990 ; 국학자료원, 1992 영인본, 6쪽.

292 「經略復國要編」『壬辰之役史料滙輯』(북경대 조선문화연구소 편), 1990 ; 국학자료원, 1992 영인본, 17~20쪽.

293 『선조실록』 권33, 선조 25년 12월 기유.

294 Ray Huang, *1587, a year of no significance : the Ming dynasty* in decline, New Haven : Yale University Press, 1981 ; 레이 황, 『1587 아무 일도 없었던 해』(박상이 역), 가지않은 길, 1997, 236~237쪽.

295 서인한, 『임진왜란사』, 국방부 전사편찬위원회, 1987, 148~152쪽.

벽제관 터(경기 파주) 한양으로 들어가는 입구의 역관이다.

론이고, 요충인 평양성을 잃게 되면서 수세에 몰리는 형국이 되었다.

평양성전투 이후 각국이 처한 상황을 통해 강화교섭의 배경을 정리하면 다음과 같다.

평양성전투에서 승리를 거둔 명군은 여세를 몰아 개성을 점령하고 진격을 서둘러 서울 근교까지 진출하였다. 그러나 1월 27일(양 2월 27일) 서둘러 휘하의 기병만을 대동하고 벽제관碧蹄館으로 진격하던 이여송은 일본군의 매복에 걸려 가병家兵을 모두 잃고 자신도 낙마하여 부상을 입은 채로 전투 의욕을 상실한 채 파주坡州로 퇴각하였다. 이후 명군은 전의를 상실하고 동파, 개성을 거쳐 평양까지 퇴군하는 등 더 이상 전투에 나서지 않았다.[296]

이와 같이 명군이 전의를 상실한 데에는 몇 가지 원인이 있었다. 첫째 평양성전투에서 비록 승리하기는 했지만, 치열한 전투로 인해 사상자가 3천여 명에 이를 정도로 피해가 컸다. 이어서 벽제관전투에서는 이여송의 가병 1천 5백 명을 추가로 잃는 등 전력 손실이 심각했다.[297] 둘째로, 평양성전투 이후 명군 내부의 갈등도 문제였다. 평양성전투에서 실제 공을 세운 것은 남병南兵인데, 논공행상에서는 북병을 우선했기 때문에 남병의 불만이 적지 않았다.[298] 전술한 문·무신 간의 갈등으로 예상되는 경략

296 국사편찬위원회, 『한국사 29 -조선중기의 외침과 그 대응-』, 1995, 85~88쪽.
297 『선조실록』 권34, 선조 26년 1월 기사 ; 『선조실록』 권35, 선조 26년 2월 경인.

송응창과 군문 이여송 간의 불화도 이 시기에 시작되고 있었다. 셋째로 조선이 힘을 다해 군량과 마초馬草를 준비했지만, 마초가 부족해 콩으로 대신하였다. 1593년(선조 26) 2월이 되면 오랜 행군으로 인한 피로와 먹이 등 환경 변화에 따라 전마戰馬 1만 2천여 두가 전염병에 걸려 죽었다. 이와 관련해 이여송은 벽제관전투 이후 봄비가 계속 내려 기병의 이동이 어려운 점, 군량이 부족한 점, 그리고 마역馬疫으로 전마의 손실이 큰 점 등을 후퇴의 이유로 들었다.[299] 결국 명군은 위와 같은 사정으로 인해 평양성 수복에 만족하면서 전쟁을 더 이상 진행할 수 없는 상황에 빠졌고, 일본군과의 강화교섭에 적극적으로 임하게 되었다.

한편 일본군은 전쟁 초기에 확보했던 군량이 소진되면서 점차 군량 부족에 시달렸다. 전술한 바와 같이 의병의 게릴라식 투쟁으로 병참선이 위협받는 것도 문제였고, 더 근본적인 문제는 조선 현지에서의 식량 조달이 예상과 달리 여의치 않았던 것이다.

당초 일본군은 조선을 점령하면 일본에서와 마찬가지로 농민들이 새로운 주인에게 조세를 바칠 것으로 판단하였다. 그러나 그것은 오산이었다. 개전 이후 농민들은 대부분 산으로 도망하였고, 그 중 일부는 의병에 가담하였다. 원래 조선은 양인이 군역을 담당하도록 되어 있었기 때문에 농민이 대부분 정병이었다. 전쟁이 시작된 후 농민이 도주하여 농사하는 시기를 잃는 바람에 식량 생산에 차질이 생겼고, 이는 곧 일본군의 군량 부족으로 연결되었다.

다음으로 일본군을 괴롭힌 것은 조선의 추운 겨울 날씨였다. 각각 함경도와 평양에 진출했던 일본의 선봉군은 남부 지방인 큐슈와 시코쿠 출신이 대부분이었다. 전란이 시작된 첫해인 1592년(선조 25)의 겨울 혹한기가 되자, 일본군에게 가장 무서운 적은 매서운 추위였다.[300]

여기에 더해 전염병이 발생하여 일본군에 고통을 더했다. 후방인 남부 지역에 주둔 중이던 일본군 진영에 대한 다음과 같은 정세 보고를 통해 당시 상황을 알 수 있다.

---

298 『선조실록』 권35, 선조 26년 2월 임진.
299 『선조실록』 권35, 선조 26년 2월 신묘 ; 申炅, 『再造藩邦志』 권 2, 계사년 1월.
300 『선조실록』 권32, 선조 25년 11월 계유.

> 또 김해성金海城 안에는 역질이 크게 번져 적의 형세가 매우 고단하므로……보고에 의하면 김해의 적은 거의 다 돌아갔고, 창원의 적도 오래 머물 의도가 없을 뿐 아니라 역질이 치성하여 사망자가 잇따르고 혹한으로 움츠려, 흉악한 예봉은 조금 꺾였습니다.[301]

일본군은 평양성 패배와 한성 집결 전후에 주둔지마다 전염병이 발생하여 환자가 늘어나고 있었다. 이 때문에 1593년(선조 26) 4월 12일(양 5월 12일)에는 일본 본국에서 조선의 일본 진영에 의사 28명을 파견하였다. 당시 전염병은 주로 역병, 학질(말라리아), 이질(장염, 설사) 등이라고 한다.[302]

이런 상황에서 1593년 연초의 평양성전투와 2월의 행주산성전투에서 연이어 대패함으로써 큰 병력 손실까지 입었다. 평양성에 머물고 있던 고니시 부대는 65%, 함경도의 가토 군도 45%의 병력 손실이 있었고, 그 외에도 대부분 30% 안팎의 손실이 있었다.[303]

결국 일본군은 군량부족과 전염병의 피해, 그리고 조선의 추위와 패전으로 인한 전력 손실 등으로 인해 명나라와 마찬가지로 더 이상 전투가 불가능해진 상황이었다.

조선 역시 전쟁을 이어가기 힘든 상황이었다. 가장 심각한 문제는 군량 부족이었다. 그나마 모집한 군량은 모두 명군에게 우선 지급하기 위해 비축하거나 운송해야 했고, 정작 조선의 관군과 의병은 군량이 없어서 며칠을 굶고 있다거나 혹은 해산해야 하는 지경이었다.[304]

이런 상황은 군과 민이 다르지 않았다. 오히려 피난 중인 백성 대부분이 기아에 시달렸다. 전쟁 초기 남원에서 의병장으로 활약했던 조경남趙慶男은 당시 참상에 대해 '각 도의 백성이 떠돌아 살 곳을 정하지 못해 굶어죽은 송장이 잇달았다. 산과 숲에 풀잎이며 소나무, 느릅나무의 껍질과 줄기도 모두 없어졌다.'고 기록하였다.[305] 이런

---

301 『선조실록』 권35, 선조 26년 2월 갑오.

302 (日本)參謀本部, 『日本戰史 朝鮮役』, 1924, 「附記」 2. 給養兵站及衛生, 92~94쪽 ; 김호, 「16세기 말 17세기초 '역병' 발생의 추이와 대책」 『한국학보』 71, 일지사, 1993, 127~128쪽.

303 이민웅, 『임진왜란 해전사』, 청어람미디어, 2004, 121쪽.

304 『선조실록』 권36, 선조 26년 3월 병인.

상황은 정도의 차이는 있었지만 전국적인 현상이었다.

둘째로 식량 부족은 전염병의 대유행으로 연결되었다. 1593년(선조 26) 봄부터 시작된 전염병의 피해는 군사들은 물론이고 일반 백성에게도 동일한 고통이었다. 이 시기에 의병장으로서 전공을 세워 경상우병사에 올랐던 김면金沔과 관군과 의병을 잘 조화시켜 영남에서 중망을 받았던 우도관찰사 김성일金誠一 등이 연이어 전염병으로 사망하였다.[306]

학봉 김성일 묘(경북 안동)

김면 장군 유적지(경남 고령)
김면의 묘와 신도비, 도암사, 도암재, 도암서당이 있다

이와 같은 전염병의 피해는 이상저온현상Little Ice Age과 맞물려 흉년이 계속된 1594년(선조 27)과 1595년(선조 28) 봄까지 3년여 간 지속되었다. 1595년 가을에 비로소 조금 풍년이 들었다는 기록으로 보아 절대적인 식량의 부족이 전염병 치성의 근본적인 원인이었다. 결국 조선은 전쟁 준비도 되지 않은 상태에서 전장의 피해를 당했고, 흉년에 따른 식량 부족과 전염병으로 인해 국왕 선조의 전쟁 노선과는 달리 전투 자체가 불가능한 상황이 계속되고 있었다.

요컨대 조·명·일 삼국이 전쟁을 중지하고 강화교섭에 나선 원인은 한 마디로 농경 실패와 흉년으로 인한 식량의 부족과 전염병의 대유행 등으로 인해 삼국이 모두 전쟁

305 趙慶男, 『亂中雜錄』 권2, 계사년 2월.
306 趙慶男, 『亂中雜錄』 권37, 선조 26년 4월 무술 ; 趙慶男, 『亂中雜錄』 권37, 선조 26년 4월 계축.

을 더 이상 진행할 수 없는 상황이었기 때문이다.

(2) 조선 수군의 피해

이와 같은 상황에서 조선 수군도 전염병 피해를 피할 수 없었다. 오히려 수군은 군선이라는 좁은 공간에서 일정 기간 공동생활을 하는 경우도 있었기 때문에 상대적으로 전염 가능성이 높았다.[307] 조선 수군이 1593년(선조 26)부터 1595년(선조 28)까지 입은 전염병 피해 상황을 정리하면 다음과 같다.

우선 조선 수군은 1593년(선조 26) 2월부터 수륙합동으로 일본군을 공격하라는 조정의 명령에 따라 연합함대를 형성하여 웅천에 주둔 중인 일본군 공략작전을 수행하였다.[308] 이순신이 이끈 조선 연합함대는 2월 10일(양 3월 12일)부터 3월 6일(양 4월 7일)까지 거의 1개월 간 유인작전과 상륙작전 등 다양한 방법으로 일본군을 공격하였다. 그러나 일본 수군은 육상에서 조총으로 응사할 뿐 해전 자체를 회피하였다. 결국 조선 수군은 이렇다 할 성과를 거두지 못한 채 작전을 종료하고 4월초에 본영으로 돌아왔다.

이순신은 이후 웅천 공략작전에 대한 결과를 보고했는데, 이 글에 전염병에 대한 내용이 처음 보인다. 그는 전쟁으로 인해 농사를 지을 수 없어 군량을 마련할 길이 없고, 전염병이 번져 사망자가 잇달아서 일본 수군과의 해전이 더 이상 어려운 상황이라고 보고하였다.[309]

전염병의 피해 상황은 같은 해 여름 이후 더욱 확대되었다. 이순신이 8월에 올린 보고서에는 당시 상황을 다음과 같이 밝히고 있다.

> 진중의 군사들이 태반이나 전염되어 사망자가 속출하고 있으며, 더구나 군량이 부족하

---

307 Garret Mattingly, *THE ARMADA*, 1959 ; 개릿 매팅리, 『아르마다』(박상이 역), 가지않은 길, 1997, 307~313쪽에는 16세기말 영국 해군과 스페인 무적함대 간의 전쟁 중에 발생한 전염병에 대한 예가 있다. 당시 무적함대는 중간 기착지에서 티푸스, 괴혈병, 이질 등 전염병이 퍼져 병력의 절반을 잃는 피해를 입었다.

308 『선조실록』 권34, 선조 26년 1월 갑신 ; 이순신, 『임진장초』 만력 21년(1593) 4월 6일 계본.

309 이순신, 『임진장초』, 만력 21년(1593) 4월 6일 계본.

> 여 계속 굶게 되고, 굶던 끝에 병이 나면 반드시 죽게 됩니다.……원래 6,200명 중에 전사자와 2, 3월 동안의 병사자를 합하면 600여 명이나 됩니다. 이들 사망자는 모두 활을 잘 쏘며 배도 잘 부리는 토병과 포작들이며, 남은 군사들이 조석으로 먹는 것이 2~3홉이라 궁색하고 고달픔이……[310]

이 보고서에는 중요한 두 가지 사실이 포함되어 있다. 하나는 전염병 사망자들이 모두 숙련된 정예 병력이라는 사실이고, 둘째는 호남 지역도 전쟁 물자와 인력 조달 때문에 다른 지역과 마찬가지로 곤란을 겪고 있었다는 점이다. 결국 조선 수군은 군량 부족과 전염병이라는 난관을 극복하기 위해 군량과 병력 확보라는 양대 과제를 갖게 되었다.

이순신은 1593년(선조 26) 8월 삼도수군통제사로 임명 받기 전인 6월부터 자신의 본영인 여수를 떠나 거제도 서편의 요충지인 한산도에 머물며 길목을 지키고 있었다.[311] 통제사 이순신이 이끈 연합함대의 임시 주둔지였던 한산도는 이후 1597년(선조 30) 7월 칠천량해전에서 조선 수군이 패배할 때까지 조선 수군의 통제영이 되었다. 이곳 한산도 통제영에 머물기 시작한 때부터 풍년이 드는 1595년(선조 28) 가을까지 전염병의 대유행은 계속되었다.

조선 수군이 입은 전염병 피해는 전체 병력의 변동을 통해서 확인해 볼 수 있다. 앞에 든 1593년(선조 26) 4월의 보고는 전라좌도 수군에 대해 보고한 내용이다. 통제사가 된 이후 1594년(선조 27) 4월의 보고에 나타난 피해 규모는 감염이 3,700여 명, 사망 1,900여 명, 도합 5,600여 명이다.[312] 이 수치는 전체 병력으로 볼 때 1/3이 감염되었고, 감염자 중에 1/3은 이미 사망한 것이었다. 상황이 가장 나빴던 1595년(선조 28) 봄에는 삼도 수군 병력이 기존 2만여 명에서 4,100여 명으로 줄었고, 그보다 약간 호전된 동년 가을에는 5,480명까지 회복되었다.[313] 대략 살펴보더라도 전체 병력

---

310 이순신, 『임진장초』, 만력 21년(1593) 8월 10일 계본.
311 이순신, 『임진장초』, 만력 21년(1593) 8월 10일 계본.
312 이순신, 『임진장초』, 만력 22년(1594) 4월 20일 계본.
313 『선조실록』 권60, 선조 28년 2월 을묘 ; 이순신, 『난중일기』 을미년(1595) 8월 27일.

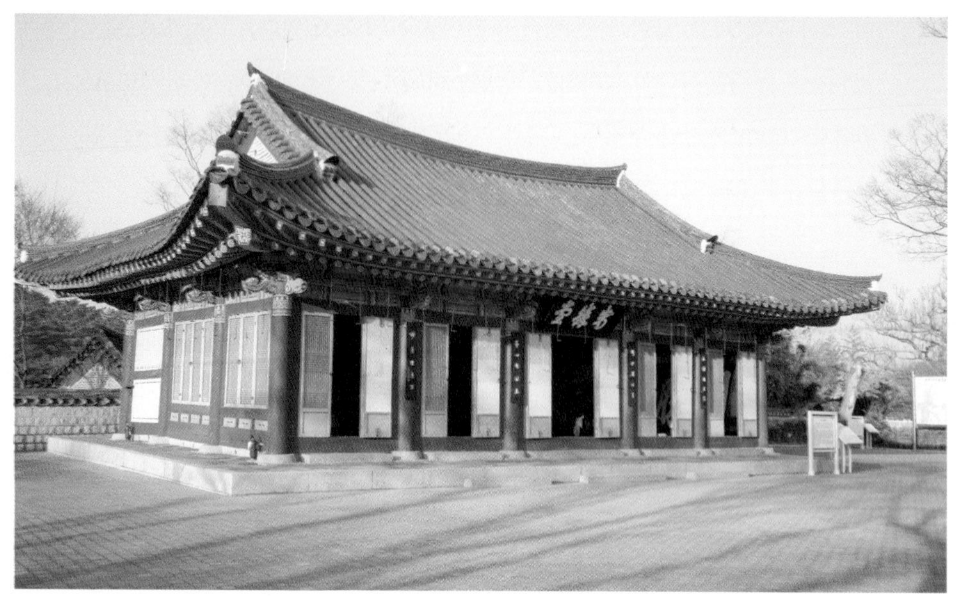

제승당(경남 통영)
이순신이 1593년 7월부터 진영을 설치한 곳으로 『난중일기』의 대부분이 여기서 쓰여졌다.

의 70~80% 정도가 손실된 것이었다.

또 다른 전염병 피해는 1594년 4월 10일(양 5월 29일)에 이순신의 핵심 참모 중 한 사람인 광양현감 어영담魚泳潭이 병사한 것이다.[314] 어영담은 영남 연해의 여러 진을 거친 관계로 이순신 함대가 경상도 해역에서 작전을 펼칠 때마다 길잡이 노릇을 한 해로 전문가였다.[315] 그의 병사에 대해 이순신은 1592년 9월 정운의 전사에 이어 가장 신뢰했던 핵심 참모의 손실로 '통탄함을 말로 할 수 없다'고 아쉬워했다.

한편, 1594년(선조 27) 3월에는 이순신 자신도 전염병에 걸려 보름 정도 고생하였다.[316] 이 사실은 『난중일기』의 기록과도 일치하는데, 3월 6일(양 4월 25일)부터 24일(양 5월 13일)까지 '몸이 몹시 불편하다', '종일 신음했다', '병세가 호전되었다' 등의 증상을 언급하고 있다.

그러나 한편으로 전체 병력의 70~80%의 손실 전체가 전염병으로 인한 것은 아니

314 『이충무공전서』 권4, 장계, 「請防踏僉使擇差狀」.
315 유선호, 「이순신과 어영담」 『임란수군활동연구논총』, 해군군사연구실, 1993.
316 이홍의 · 이봉상, 『충무공가승』 권3, 李芬 撰 「行錄」.

었다. 왜냐하면 이순신이 전염병 환자에 대한 치료가 불가능한 상황이었기 때문에 진영에서 스스로 내 보낸 자들과 진중에서 도망한 숫자도 있었을 것이기 때문이다.

이상에서 살펴본 바와 같이 1593년부터 1595년까지 3년 간에 걸쳐 조선 수군이 입은 전력 손실은 군량부족에 기인한 전염병에 의한 것이고, 이것은 조선 수군에게 극복하기 어려운 커다란 과제로 남았다.

2) 조선 수군의 체제 정비와 전략전술

(1) 조선수군의 체제 정비

전술한 바와 같이 강화교섭기의 조선 수군은 전염병의 유행 등 위기 상황이 계속되고 있었다. 그러나 그런 중에도 조정의 명령에 따라 크고 작은 해상 작전을 계속하였다. 실례를 들자면, 1594년(선조 27) 3월의 제2차 당항포해전과 같은 해 9월 말부터 10월 초까지 진행된 거제도 공략작전 등을 들 수 있다. 다시 말해 위기가 계속된 1593년부터 1595년까지 열악한 상황 속에서 병력의 절반 이상이 손실되는 피해를 감수하면서도 출전을 계속하고 있었다.

한편, 이순신과 조선 수군은 이러한 악조건 속에서 수군의 전력 재정비를 위한 노력도 함께 기울여 나갔다. 그 주요 내용은 병력 충원, 군량 확보, 전선 건조, 무기 제조, 군사 훈련 등으로 나누어 볼 수 있다.

첫 번째로 병력 충원은 전술한 강화교섭기의 위기 상황으로 인해 가장 절박한 문제였다. 이순신은 1593년부터 1597년, 통제사직에서 파직되기까지 병력 충원을 위해 많은 노력을 기울였다.

조선초기부터 수군의 군역은 고역이었기 때문에 회피 혹은 기피 대상이었다. 조선-일본 전쟁 시기에도 원래 고역인데다가 한 번 들어가면 죽기 이전까지 벗어날 수 없다는 부정적인 인식이 팽배하여 자진해서 육군이나 의병에 들어가거나 뇌물을 써서 수군을 벗어나는 등 다양한 방법으로 수군을 기피하는 분위기였다.

이런 상황에서 당시 수군에서는 결원이 발생하면 직계 가족이나 가까운 친족을 대신 징발하는 제도가 시행되고 있었다. 이것은 최소한의 수군 병력을 유지하기 위한 불가피한 것이었지만, 수군에 속한 백성들에게는 원성의 대상이 아닐 수 없었다. 이 때문에 조선 조정에서는 전쟁 중이지만 이 폐단에 대해 '친족이나 이웃을 대신 징발하는 제도를 일체 폐지하라'는 금지 명령을 내렸다. 그러나 이순신은 보고서를 통해 이러한 조정의 조치가 시의에 맞지 않는다고 지적하고 이 명령을 철회해 줄 것을 거듭 요청하였다.[317]

이순신이 이러한 주장을 한 것은 전쟁 중이라는 급박한 상황 때문이었다. 전라좌도 수군의 경우 이 제도를 갑자기 폐지한다면 성을 지키는 군사나 배를 부릴 곁꾼(격군格軍)을 충당할 방법이 사실상 없었기 때문이다.[318] 그는 이 제도를 일단 전쟁이 끝날 때까지 그대로 시행하고, 점차로 개선할 방안을 강구해서 백성의 원성을 풀어주도록 하자고 주장하며, 이 문제에 대한 자신의 뜻을 끝까지 굽히지 않았다.

병력 충원을 위한 또 하나의 해결 과제는 육군이 수군 소속 고을에서 병력을 징발해 가는 것을 막는 것이었다. 전쟁 초기부터 소모사召募使와 체찰사 등이 전라좌도의 수군 속읍에서 군사를 계속 징발해 갔기 때문에 좌수영 본영을 지킬 군사들까지 차출되었고, 연해의 수군 속읍이 텅 빌 지경이었다.[319] 이 시기에는 육군도 병력 모집에 비슷한 어려움을 겪고 있었다. 이 때문에 수군 장수들이 해상에 출동 중일 때 육군에서 연해의 수군 속읍에서도 병력과 물자를 징발해 갔던 것이다. 이 때문에 수군 속읍의 백성들이 이중으로 징발 당하는 고통을 겪자, 이순신이 보고서를 올려 명령체계의 확립 즉, 수군 속읍에서의 육군 징발 금지와 수령 및 장수들의 수군 전속을 거듭 주장하였다.[320]

이 외에 이순신은 병력 충원을 위해 다음과 같은 여러 가지 방안을 시행하였다.

첫째, 수군의 도망을 철저하게 금지하였다. 이순신은 최초의 출전 때부터 도망자는 처형하는 것을 원칙으로 삼고 이를 시종일관 고수하였다.[321] 수군은 육군과 달리 본영

---

317 이순신, 『임진장초』, 만력 20년(1592) 12월 10일 계본(啓本)이 첫 번째이고, 동일한 내용의 만력 21년(1593) 4월 10일자 계본과 만력 22년(15941월 초5일자 달본(達本)이 있다.

318 이순신, 『임진장초』, 만력 20년(1592) 12월 10일 계본.

319 이순신, 『임진장초』, 만력 20년(1592) 12월 10일 계본.

320 이순신, 『임진장초』, 만력 21년(1593) 4월 6일 계본. 만력 21년(1593) 윤11월 21일자 계본(啓本), 만력 21년(1593) 12월 29일자 달본(達本), 1594년 1월 16일자 계본 등이 동일한 내용이다.

321 강영훈, 「이충무공의 군법운용」『龜海 趙成都교수화갑기념 충무공이순신연구논총』, 해사 박물관, 1991.

과 군선으로 생활공간이 제한되었기 때문에 도망하는 것이 쉽지 않았다. 그럼에도 불구하고 혹독한 수군역을 벗어나기 위해 목숨을 걸고 도망하는 사례가 종종 있었다. 이순신은 도망을 방지하기 위해 개인적인 도망은 예외 없이 처형하였고, 집단인 경우 주모자는 처형하고 종범從犯은 장벌杖罰하는 방법으로 수군의 군기 유지와 도망자 발생 최소화를 위해 노력하였다.

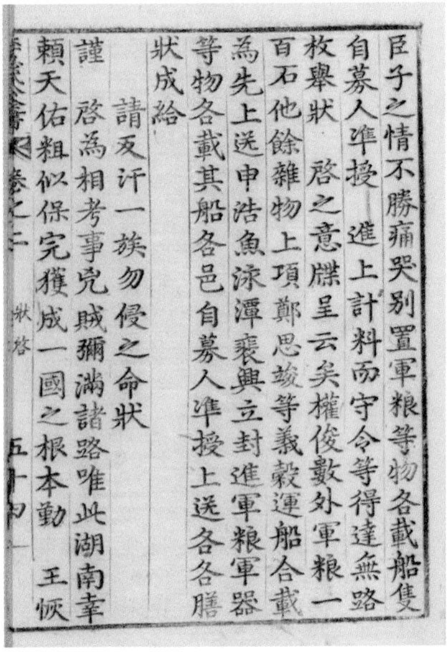
臣子之情不勝痛哭別置軍粮等物各載船隻
自募人準授 進上計料而守令等得達無路
枚舉狀 啓之意牒呈云矣權俊數外軍粮一
百石他餘雜物上項鄭思竣等義穀運船合載
爲先上送申浩魚泳潭裵興立封進軍粮軍器
等物各載其船各邑自募人準授上送各各膳
狀成給
請反汗一族勿侵之命狀
謹 啓爲相考事兇賊彌滿諸路唯此湖南幸
賴天佑粗似保完獲成一國之根本動 王[illegible]

친족을 대신 징발하는 제도를 금지하라는 명령을 철회할 것을 요청하는 이순신의 장계(『이충무공전서』 권2, 장계)

둘째, 의병과 승병을 모집하여 수군에 편입하였다.[322] 수군에 편입된 의병이나 승병은 일본군의 전라도 침입을 막기 위해 요충지에 복병으로 설치되기도 했고, 전선에 승선하여 해전에 참전하기도 하였다.[323] 이들 의병과 승병은 수군에 편입된 후 거듭 전공을 세웠고, 스스로 군량을 모집하여 여러 진영에 공급하는 등 공로가 컸다. 이 때문에 이순신은 조정에 이들의 포상을 요청하는 보고서를 올린 바 있다.[324]

셋째, 각 지방에 모병 책임자를 두고 징발을 독려하였다. 이순신은 각 고을의 모병을 위해 유위장留衛將, 색리色吏, 도병방都兵房 등에게 모병 책임을 맡기고 이를 독려하는 한편, 책임을 다하지 못한 모병 책임자는 법대로 처벌하였다. 그 실례로 1594년(선조 27) 1월에는 가장 많은 결원을 낸 남원南原과 남평南平의 도병방을 처형하였다.[325] 이러한 조치는 모병이 절박한 문제였기 때문에 모병 책임자들의 분발을 촉구하기 위한 것이었지만, 이후 원균과의 갈등이 문제 되었을 때 이순신의 가혹한 법 집행

---

322 조원래, 「임란해전의 승인과 전라도 연해민의 항전」 『임진왜란과 호남지방의 의병항쟁』, 아세아문화사, 2001, 276~286쪽.

323 이순신, 『임진장초』, 만력 21년(1593) 1월 26일 계본.

324 이순신, 『임진장초』, 만력 22년(1594) 3월 10일 계본.

325 이순신, 『난중일기』, 갑오년(1594) 1월 6일 ; 이순신, 『난중일기』, 갑오년(1594) 1월 8일.

에 대한 비난이 있었던 원인이기도 하다.

넷째, 이순신은 피난민과 유리민遊離民을 구호하고 군영 주변에 안집安集시켰다.[326] 이렇게 유입된 인구는 주로 둔전 경영에 투입되었고, 이들 중에서 수군에 편입되는 병력도 있었다. 이 시기에 연해의 수군 진영을 중심으로 백성이 모여 든 것은 군영을 의지해 살아갈 방도를 찾았기 때문이었다. 이들 백성 중 일부가 수군에 편입된 것은 당연한 수순이었을 것으로 추정된다.

다섯째는 병력 충원을 위해 조정의 정책적인 뒷받침을 이끌어 낸 것이다. 당시 선조와 조정은 일본군에 대적할 수 있는 유일한 전력으로 수군을 꼽았다. 이 때문에 수군의 병력 충원 요청에 대해 적극적으로 협조하는 상황을 만들었다. 실례로 1594년(선조 27) 8월에는 경상도 지역에 유입된 수천의 백성을 연해 지역에 안집시킬 것과 그 중 일부를 수군으로 징발할 것을 건의하여 선조의 승낙을 얻었다.[327]

또한 1596년(선조 29) 겨울에는 연해 지방의 육군과 공사천公私賤을 모두 수군에 징발할 것을 건의하여 승낙을 받고 곧 실행하였다.[328] 이처럼 조정에서도 수군의 병력 충원을 위해 적극적인 방안을 모색했음을 알 수 있다.

그러나 이와 같은 다양한 노력에도 불구하고, 병력 충원은 이순신이 원균과 교대하는 1597년(선조 30) 2월이 되어서도 완전하게 해결되지 못한 과제로 남아 있었다.

둘째로 병력 충원과 함께 절박한 문제의 하나는 '군량 확보'였다. 이 시기에 이순신은 군량 확보를 위해 다양한 노력을 기울였다. 먼저 그는 함경도 근무 시절 경험한 바 있는 '둔전'을 적극적으로 경영하였다. 전쟁으로 지주가 피난을 가 진황지陳荒地가 된 땅을 임시로 점유하고, 노약한 병력을 파견하여 군량을 자체 생산하도록 하였다.[329] 이러한 그의 둔전 경영은 조선-일본 전쟁 시기의 여러 둔전 중에서도 가장 좋은 성과를 거둔 예로 평가받고 있다.[330]

이 외에도 이순신은 군량 확보를 위해 다양한 노력을 기울였다. 그 내용을 요약하

---

326 이순신, 『임진장초』, 만력 21년(1593) 1월 26일 계본.
327 『선조실록』 권54, 선조 27년 8월 무진.
328 『선조실록』 권83, 선조 29년 12월 무인.
329 이순신, 『임진장초』, 만력 21년(1593) 1월 26일 계본 ; 『선조실록』 권43, 선조 26년 10월 정유.
330 이장희, 『임진왜란사연구』 아세아문화사, 1999, 제3부 「둔전 경영의 실태」 참조.

면, 먼저 어염魚鹽의 이익을 들 수 있다.[331] 어로를 통해 고기를 잡고 소금을 구워 이를 식량으로 바꾼 것이다. 실제로 그의 일기에는 고기 잡는 데 참관한 소감이나, 소금을 구워 얼마만큼의 군량을 얻었다는 식의 내용이 여러 차례 발견된다.

다음으로 각 지방에 계향유사繼餉有司를 임명하여 이들로 하여금 일종의 방위성금이라 할 수 있는 의곡義穀을 모집하게 하였다.[332] 이와 같이 노력한 결과, 1597년(선조 30) 2월 원균과 통제사직을 교대할 때 인수인계한 군량이 약 1만 섬(석石) 이었다고 한다.[333] 또한 제2차 조선-일본 전쟁 시기에는 일종의 통행 허가증인 '해로통행첩'을 발행하여 군량을 모집하는 등 모든 가용한 수단을 동원해서 군량 확보를 위해 노력하였다.

셋째로 이 기간에 조선 수군은 전선 건조에 주력하였다. 제1차 조선-일본 전쟁 첫 해 해전 당시 1차 출전부터 4차 출전까지의 전선 척수는 28척에서, 51척, 59척, 마지막에는 74척까지 늘어났다.[334] 이듬해인 1593년에는 최대 120척까지 늘어났다.[335] 이순신은 자신이 통제사로 임명받기 직전에 보고서를 통해 전라좌도 60척, 우도 90척, 경상우도 40척, 충청도 60척 등 모두 250척의 함대 건설을 목표로 전선을 더 건조할 것을 건의하였다.[336] 그의 건의는 조선 조정의 수군 강화 의도와 맞아 승인을 받은 것으로 추정된다.

그러나 250척 규모의 함대 건설은 절반의 성공을 거두는데 그쳤다. 전염병이 창궐하던 1594년 봄에는 전선이 140여 척으로 증가하였고, 전쟁이 다시 시작되는 1597년(선조 30) 5월 부체찰사 한효순은 조선의 전선이 180여 척까지 달성될 수 있다고 보고하였다.[337] 이러한 결과는 1597년 2월에 원균과 교체될 때까지 전선 건조를 계속

331 이순신, 『난중일기』, 을미년(1595) 11월 21일 ; 이순신, 『난중일기』, 을미년(1595) 12월 4일, 이순신, 『난중일기』, 을미년(1595) 5월 17일 ; 이순신, 『난중일기』, 을미년(1595) 5월 19일 ; 이순신, 『난중일기』, 을미년(1595) 5월 24일.

332 그의 일기에 기록된 계향유사로는 옥과의 조응복, 흥양의 박영, 진주의 하응문과 유기룡 등이 있다.

333 『이충무공전서』 권9, 부록1, 「行錄」, 정유년.

334 이민웅, 앞의 책, 2004, 106쪽 참조.

335 『선조실록』 권40, 선조 26년 7월 정묘.

336 이순신, 『임진장초』, 만력 21년(1593) 9월초 계본.

337 『선조실록』 권88, 선조 30년 5월 임인 ; 『선조실록』 권88, 선조 30년 5월 계묘.

천자총통(진주박물관)
지자총통(진주박물관)
현자총통(진주박물관)
황자총통(진주박물관)

각종 총통

한 이순신의 노력과 연안 백성의 희생을 바탕으로 성취될 수 있었다.

넷째로 이순신은 각종 화포 제작 등 무기 제조에 주력하였다. 그는 제1차 조선-일본 전쟁 초기 해전의 완승이 판옥선의 우수성과 함께 뛰어난 화포 성능에 있다는 사실을 인식하고 전술한 전선 건조와 동시에 화포 및 화약 제조에 심혈을 기울였다. 그는 휘하 군관 이봉수李鳳壽를 시켜 염초 제조 방법을 터득하여 자체 제작한 사실을 보고하면서, 반드시 필요한 석유황石硫黃과 총통 만들 철을 내려 보내 줄 것을 조정에 요청하였다.[338]

화약 준비와 함께 이순신은 각종 총통을 지속적으로 만들었는데, 특히 1593년(선조 26) 5월에는 일본군의 조총을 개량한 정철총통을 만들어 조정에 올려 보냈다. 그의 일기에 의하면 당시 만든 정철총통은 일본의 조총보다 성능이 더 우수했다고 한다.[339]

338 이순신, 『임진장초』, 만력 21년(1593)1월 26일 계본 ; 이순신, 『임진장초』, 만력 21년(1593) 윤11월 17일 장계.

339 이순신, 『난중일기』, 만력 21년(1593) 9월 14일.

서성 묘와 신도비(경기 포천)

이순신은 정철총통뿐만 아니라 기존의 천天·지地·현玄·황자黃字 총통 등의 제작도 계속하였다. 강화교섭기에 새로 건조한 전선에 비치할 총통을 준비하기 위해 본영과 몇몇 곳에서 제작을 계속하였다.[340] 그 결과 원균과 교대할 때 화약 4천 근斤과 총통은 각 전선에 싣고 남은 3백 자루 등을 인계하였다.[341]

마지막 다섯째로 이순신은 여러 가지 준비와 함께 군사 훈련을 병행하였다. 육군에 진법이 있듯이 수군은 함대의 운용을 위한 진형이 있는데, 수십 척 이상의 전선을 일사불란하게 움직이려면 진형 훈련이 필수적이었다. 이순신은 이미 첫해 해전시기부터 이억기 함대와 합동으로 전술 훈련을 시행하였다.

당시 훈련에 대한 명쾌한 기록은 없지만, 1594년(선조 27) 연초에 이순신이 모친을 뵙고 난 후 군사 훈련을 위해 본영으로 돌아갔다는 기록이 있고, 같은 해 4월에는 순무어사巡撫御使 서성徐渻이 훈련 참관을 요청하여 한산도 근해에 나가 전쟁 연습을 한 예가 있다.[342] 구체적인 내용과 훈련 절차 등은 자세하지 않지만, 진형 연습 등 해상

340 이순신, 『난중일기』, 만력 25년(1597) 8월 8일.
341 『이충무공전서』 권9, 부록1, 「行錄」, 정유년.
342 이순신, 『난중일기』, 만력 22년(1594) 1월 1일 ; 이순신, 『난중일기』, 만력 22년(1594) 4월 13일.

제승당(경남 통영) 이순신 장군이 삼도수군의 본영으로 삼았던 곳이다.

훈련을 시행한 것만은 분명하다.

또한 이순신은 평소 활쏘기를 일상적으로 행했는데, 이는 군사 훈련의 한 종목으로 중요한 의미를 지닌다. 그는 부하 장수나 지방관, 군관 등과 수시로 활쏘기 시합을 즐겼는데, 이는 훈련과 부대 단합을 동시에 추진하는 좋은 방안이었다. 최고 지휘관이 활쏘기를 자주 했다면, 실제 전선 당 20명에 이르는 사부射夫들은 훨씬 더 많은 연습을 했을 것이 자명하기 때문이다.

이상에서 살펴본 바와 같이 이순신은 강화교섭기의 위기 상황 속에서도 가용한 범위 내에서 조선 수군의 전력 유지 및 강화를 위해 여러 방면에서 최선의 노력을 다하고 있었다.

(나) 강화교섭기의 전략전술

강화교섭이 진행 중인 상황에서 조선 조정과 이순신은 전략적 견해 차이로 인해 갈등을 빚고 있었다. 흔히 알려진 바와 같이 이순신과 원균의 갈등 관계 속에서 원균이 이순신을 모함해서 파직에 이르게 했다는 내용은 사실과 다르다. 오히려 통제사 교체의 근본적인 원인은 국왕 선조를 비롯한 조정과 통제사 이순신의 전략적 견해 차이에 있었다고 볼 수 있다.

우선 이순신은 통제사 임명 이전에 이미 전라좌수영인 여수의 위치가 일본군을 방어하는 데 적절치 않다고 판단하고, 한산도로 이동할 것을 건의하여 조정의 허락을 받았다. 1593년(선조 26) 여름에 한산도로 이동 한 후 본영과 한산도를 왕래하며 주둔하였다. 그 중에도 대부분의 시간을 한산도 통제영에 머물며 견내량見乃梁을 막아 지키는 전략을 선택하였다.[343]

이순신은 전술한 강화교섭기의 위기 상황으로 인해 이러한 전략을 선택할 수밖에 없었다. 수군의 전력을 강화하여 일본 수군을 압도할만한 세력으로 전력을 증강하는 것이 목표였지만, 현실은 현재의 전력 유지도 불가능한 상황이었다. 이 때문에 조선 수군의 전력으로 한산도에 주둔하면서 일본군이 반드시 거쳐 갈 수밖에 없는 요충인 견내량을 지키려 했던 것이다.

그러나 선조와 조정은 조선이 믿을 수 있는 전력은 수군 밖에 없다는 인식을 갖고, 수군으로 하여금 적극적으로 부산 앞바다로 진출해서 일본군을 공략하라는 적극적인 해양 전략을 견지하였다.[344] 이에 따라 선조는 강화교섭기에도 수시로 이순신에게 부산 해역으로 출전할 것을 명령하였다.[345] 이에 대해 이순신은 부산 해역으로의 출전은 세 가지 이유, 즉 가까운 외해에서의 파도로 인한 항해 불가, 일본군에게 우리 함대의 움직임 노출, 그리고 정박할 만한 항구의 부재 등으로 불가하다고 주장하고, 견내량에서 일본군의 남해 진출을 막아 지키는 전략을 고수하였다.

이러한 전략적 견해 차이는 곧 이순신이 통제사가 된 이후 게을러졌다는 선조의 오해로 연결되었다. 그리고 주변의 잘못된 정보와 몇 가지 이순신에게 불리한 사건이 더해져서 결국은 통제사를 이순신에서 원균으로 교체하는 상황으로 발전하였다.

---

343 이민웅, 「임진왜란과 동북아 삼국의 해양전략」『도서문화』 25, 목포대학교 도서문화연구소, 2005, 114~118쪽. 영국의 해양전략 개념 중 해양통제전략의 하위 개념 중 하나인 '현존함대전략', 즉 지키고 존재하는 것만으로도 전략적 가치가 있고, 점차 유리한 상황을 만들어 공략하자는 전략과 유사하다.

344 이민웅, 앞의 논문, 2005, 114~118쪽. 앞의 '현존함대전략'과 반대되는 '결전전략', 즉 적 함대의 존재를 용인하지 않는 적극적인 공세 전략이다.

345 이순신, 『임진장초』와 『난중일기』 기록에 의하면, 1593년 이후 일본군을 찾아 격멸하라는 조정의 명령이 지속적으로 내려지고 있었다.

한편, 원균은 통제사가 되기 직전에 올린 상소를 통해 부산으로 출전해서 무위를 떨치겠다는 의지를 표명하였으나,[346] 실제 통제사가 되고 난 뒤에는 이순신과 동일한 이유를 들며 부산 출전을 회피하였다. 이에 대해 선조 등은 도원수로 하여금 군령권을 행사해서 원균이 수군을 이끌고 부산 쪽으로 출전하도록 강요했고, 이런 흐름 속에서 조선 수군이 참패한 칠천량해전이 시작되었다.

결국 선조와 조정의 공세적인 해양 전략과 이순신 등 현장 지휘관의 현실에 입각한 방어적인 전략의 시각 차이는 통제사 교체와 칠천량해전 패전 등의 결과로 이어졌다고 볼 수 있다.

강화교섭 시기, 일본은 첫 해 해전에서의 참패를 반성하며 조선 수군에 대응하기 위한 전략전술을 마련하고 있었다. 이와 관련된 내용, 즉 일본 수군의 전략전술은 일본에 명나라 사신을 수행한다는 근수跟隨 명목으로 파견되었던 황신黃愼이 올린 1596년(선조 29) 12월 보고서를 통해 살펴볼 수 있다.

> 야나가와 노리노부[柳川調信]가 또 역관 이언서李彦瑞에게 말하기를 "조선 수군이 수전水戰을 잘하고 선박도 견고하니 피차가 맞서 진퇴하면서 싸운다면 반드시 이기기 어렵다. 만약 어두운 밤에 몰래 나가서 습격하되, 조선의 큰 배 한 척에 일본의 작은 배 5~6척 내지 7~8척으로 대적하고 시석矢石을 무릅쓰고 돌진하여 일시에 붙어 싸운다면 격파할 수 있다."[347]

이와 같이 일본 수군은 제1차 조선-일본 전쟁 첫 해 해전에서 패전하게 된 원인을 철저하게 반성하면서 조선 수군 격파를 위한 전략전술을 마련했던 것이다. 그 내용을 부연 설명하면 다음과 같다.

첫째는 야간기습이다. 조선 수군이 강하기 때문에 정상적인 공격으로는 안 되고 야음을 틈탄 기습 공격을 택했던 것이다. 둘째는 포위협격이다. 조선의 전선 한 척의 전력이 강하기 때문에 일본 배 5척에서 8척까지 동원해서 한꺼번에 공격하자는 것이다.

346 『선조실록』 권84, 선조 30년 1월 계축.
347 『선조실록』 권83, 선조 29년 12월 계미 ; 黃愼, 『秋浦集』 권2, 啓, 「通信回還後書啓」.

셋째는 등선육박이다. 첫 해 해전에서는 등선육박 전술을 펼쳐볼 기회조차 갖지 못해 패한 것으로 판단하고 야간기습과 포위협격을 하는 동시에 일본 수군 고유의 등선육박 전술을 펼치자는 것이다. 마지막 넷째는 수륙합동이다. 위의 내용에는 포함되지 않았지만, 조선 수군이 패할 경우 주변 해안에 육군을 배치하여 도주하는 병력을 공격하자는 전술이다.

이와 같은 내용의 일본 측 전략전술이 제2차 조선-일본 전쟁 이전에 조선 조정에 전달되었음에도 불구하고, 곧이어 펼쳐진 칠천량해전에서 패한 것은 수군 지휘부가 교체되면서 제대로 대응책을 세우지 못한 데 원인이 있었다.

광화문 이순신 동상
盟海魚龍動 誓山草木組
바다에 서약하니 물고기와 용이 움직였으며
산에 맹세하니 풀과 나무가 알았습니다.

또, 한편으로 일본 측은 통제사 이순신을 파직시키기 위해 반간계를 폈다. 강화교섭 파기와 일본의 재침이 기정사실화된 1596년 가을 이후 고니시 유키나가와 소오 요시토시[宗義智], 두 사람이 주동하여 반간계를 폈다. 고니시와 가토 두 사람간의 갈등을 가장하여 이순신을 함정에 빠뜨린 것이었다.

이 점에 대해서는 20세기 초 일본 학자들이 우리 측 기록인 『재조번방지再造藩邦志』 등의 관련 부분을 인용하면서 반간계가 성공을 거둔 것으로 자평한 것을 통해서도 확인해 볼 수 있다.[348] 이에 대해 조선 측의 당시 영의정 유성룡도 자신의 저서를 통해 일본의 계책에 속았다는 점을 인정하며 아쉬워했다.[349]

---

348 德富猪一郎, 『近世日本國民史 豊臣氏時代 己篇 朝鮮役 下卷』, 民友社, 東京, 1922, 449~455쪽.
349 유성룡, 『징비록』 권2, 「逮水軍統制使李舜臣下獄」(西厓全書편찬위원회, 『西厓全書』 권1, 1991).

이상에서 살펴본 일본 측의 수군 대책은 주로 전술적인 차원이고, 전략으로 보기에는 한계가 있다. 제1차 조선-일본 전쟁 초기에 병력과 군수품의 수송에 주력하면서, 조선 수군 격파를 통한 제해권 장악이라는 해양 전략이 별달리 없었던 한계를 강화교섭 말기까지 벗어나지 못한 것이라고 볼 수 있다.

제5절

제2차 조선-일본 전쟁(정유재란)과 조선 수군의 위기 극복

1. 칠천량해전 패전의 경과와 영향

1) 칠천량해전의 배경

제2차 조선-일본 전쟁은 4년 여의 명·일간 강화교섭이 결렬되고, 도요토미 히데요시가 재침을 선언하면서 시작된 전쟁이었다. 그리고 이보다 앞서 강화교섭이 진행 중이던 1594년 10월에는 '만일 일본이 다시 전쟁을 시작한다면 반드시 전라도와 충청도를 침범할 것이고, 조선의 수군을 공략한 뒤 수륙으로 함께 진격할 것'이라는 일본의 전쟁 전략도 여러 경로를 통해 조선과 명에 알려졌다.[350]

강화교섭이 진행되는 동안 일본군은 전쟁 초기 해전의 패배 원인을 분석하고 수군 전력을 강화하기 위한 몇 가지 노력을 기울였다. 그 내용은 대략 수군 병력 증강, 군선 건조, 전략전술의 개발, 그리고 반간계反間計의 시행 등이다. 그 중 조선 수군에 대응하기 위한 전략전술의 개발과 이순신을 통제사직에서 끌어내리기 위한 반간계의 실행은 전술한 바와 같고, 앞의 두 가지 내용을 정리하면 다음과 같다.

일본 수군은 전력을 강화하기 위해 첫 해 해전에서 큰 손실을 입었던 병력의 증원

350 『선조실록』 권56, 선조 27년 10월 갑인.

을 추진하였다. 우선 히데요시는 줄어든 수군 병력을 보충하기 위해 죠소카베 모토치카[長宗我部元親], 구루시마 미치후사[來島通總] 등 육군 장수들과 해안 지역의 다이묘 등을 추가로 수군에 편입시켜 중앙의 직속 수군을 증강하였다.[351]

1592년(선조 25) 당시 일본 수군은 해전에서의 패전으로 인한 병력 손실, 조선의 추위, 그리고 군량 부족 등 열악한 환경 때문에 동원한 선원의 절반 이상을 잃었다. 이를 보충하기 위해 일본에서는 큐슈 뿐 아니라 여타 해안 지역까지 선원의 추가 징발을 위한 조처가 시행되었다. 나아가 히데요시는 직할령에서의 선원 징발을 늘려 직속 수군을 확대하는 한편, 각 지역 다이묘들에게 목표 인원을 할당하여 전국적 범위의 수군 병력과 선원 징발을 강행하였다.[352] 이 시기의 일본은 직접적인 전쟁의 피해를 입지 않았기 때문에 상대적으로 조선보다는 병력 충원이 용이한 상황이었다.

다음으로 일본은 조선 수군과의 해전 연패로 인한 320여 척의 군선 손실을 보충하기 위해 군선 건조를 추진하였다. 1592년(선조 25) 9월 이후 히데요시의 명령에 따라 도도 다카토라[藤堂高虎], 구키 요시타카[九鬼嘉隆] 등이 수군 전력 강화 방안을 논의한 결과, 군선 설계에 능한 구키를 중심으로 대량의 아다케부네[安宅船] 건조를 결정하였다.[353]

이와 비슷한 시기에 히데요시는 간파쿠[關白]인 도요토미 히데쓰구[豊臣秀次]에게 이듬 해 봄 자신이 조선에 출병할 시기를 기한으로 하는 매우 상세한 선박 건조 명령을 내렸다.[354] 명령을 받은 히데쓰구는 직접 다이묘들에게 군선 건조를 위한 명령서를 하달하고, 독려하는 서신을 보내는 등 전국적인 범위에서 아다케부네 건조를 추진하였다.

이 시기에 작성된 구키 요시타카의 설계도와 관련 자료 등에 의하면, 당시 아다케부네는 길이 18칸(32.4m), 폭 6칸(10.8m)으로 당시로서는 초대형 군선이었다. 이것

351 (日本)參謀本部 編, 『日本戰史 朝鮮役』, 1924, 「文書」 第96號, 98~100쪽 ; 三鬼淸一郎, 「朝鮮役における水軍編成について」 『名古屋大學文學部 20周年記念論集』, 1968, 272쪽, 278쪽.

352 三鬼淸一郎, 앞의 논문, 1968, 280~284쪽.

353 有馬成甫, 『朝鮮役水軍史』, 海と空社, 1942, 187~190쪽.

354 渡辺世祐, 「朝鮮役と我が造船の發達」 『史學雜誌』 46編 5号, 1935, 576~579쪽 ; 이민웅, 『임진왜란 해전사』 청어람미디어, 2004, 171~172쪽 참조.

은 첫 해 해전에서 대결한 조선 수군의 대형 판옥선에 대응하기 위한 것이었다. 강화교섭기 동안 일본은 전국적인 범위에서 아다케부네 건조를 추진하여, 제2차 조선-일본 전쟁 이전까지 전쟁 초기의 세끼부네[關船]를 대체하는 주력 군선으로 2백여 척 이상 건조했던 것으로 추정된다.

이와 같은 병력 징발과 군선 건조를 통해 일본 수군은 제1차 조선-일본 전쟁 초기보다 전력이 더욱 강화되었고, 그 결과는 제2차 조선-일본 전쟁 개전 초에 펼쳐진 칠천량해전을 통해 살펴볼 수 있다.

한편, 조선은 제2차 조선-일본 전쟁을 앞둔 상황에서 강화교섭기 동안 수군 전력의 강화를 위해 다양한 노력을 펼치고 있던 통제사 이순신을 원균으로 교체하였다.[355] 전쟁이 재개되기 직전에 수군의 지휘관을 교체한 것은 중요한 문제가 아닐 수 없다. 지금까지의 연구 성과는 대부분 이순신과 원균의 갈등, 그리고 원균의 모함 때문에 발생한 결과로 보아왔다.[356] 이 점은 칠천량해전의 패전과도 연결되는 문제이므로 좀 더 살펴볼 필요가 있다.

이순신과 원균의 갈등은 1592년(선조 25) 해전을 위해 연합함대를 결성했을 때부터 시작되었다. 즉, 이들의 갈등은 1592년 7월 8일(양 8월 14일)의 한산대첩 시기부터 시작된 것으로 추정된다.[357] 그리고 이후 양인의 갈등은 점점 심해졌다. 이순신의 1593년(선조 26)과 1594년 일기 곳곳에는 원균이 술 취해 망발한 일, 도리에 어긋난 행위, 불법 행위 등에 대해 '가소롭다' '통분하다'는 식의 소회가 자주 발견된다. 첫해부터 시작된 양인의 갈등은 1594년 10월 거제도 공략작전 이후에 이순신이 스스로 체직을 요청할 정도로 심각한 상황으로 발전하였다.[358]

같은 시기, 양인에 대한 선조의 입장을 정리하면 다음과 같다. 그는 이순신이 통제사가 된 이후 게을러졌다고 의심하기 시작하였고,[359] 반면에 원균에 대해서는 보기 드

---

355 『이충무공전서』 권9, 부록1, 「行錄」에 의하면 정유년(1597)2월 26일에 서울로 압송되었고, 3월 4일 저녁에 하옥되었다.

356 李殷相, 『李忠武公 一代記』, 국학도서관출판, 1946, 65~67쪽.

357 北島万次, 『豊臣秀吉の朝鮮侵略』, 吉川弘文館, 1995, 107~108쪽. ; 이민웅, 앞의 책, 2004, 182쪽.

358 『선조실록』 권57, 선조 27년 11월 병술.

359 『선조실록』 권54, 선조 27년 8월 병인.

문 명장이자 쓸 만한 장수로 인식하였다. 이러한 인식의 원인은 각각 남인과 서인이 지지를 받고 있었던 정치적인 이유도 있었다. 이 시기의 갈등은 1594년 연말에 양인의 갈등을 더 이상 방치하지 않는 차원에서 충청병사 선거이宣居怡와 경상우수사 원균을 맞바꾸는 것으로 일단락되었다.

이후 양인의 갈등이 다시 한 번 논의된 것은 제2차 조선-일본 전쟁이 예고된 1596년(선조 29) 가을 무렵이었다. 당시 하삼도 체찰사 이원익李元翼은 1596년 10월초에 조정에 들어와 약 한달 가량 머물며 양인에 대한 논의에 참석하여 의견을 개진하였다.[360] 이원익의 평가를 정리하면, 이순신에 대해서는 '많은 장수들 중 가장 쟁쟁한 자이며, 태만한 모습을 보지 못했다', '경상도에 있는 장수 중 제일 훌륭하다'는 호평이었고, 반면에 원균에 대해서는 '미리 군사를 주어서는 안 되고, 전투에 임해서 군사를 주고 돌격하게 해야 한다'는 혹평에 가까운 견해를 밝히고 있다.[361]

같은 해 11월에는 황신黃愼의 비밀 보고서를 통해 일본의 재침이 확실해졌고, 일본이 전라도 공략과 수륙병진으로 침략할 것이라는 전략도 알려졌다. 이에 대한 조선의 대응 전략은 육상의 '청야전술淸野戰術'과 해상의 '해로차단전술' 두 가지 방책으로 구체화되었다. 당시 조정의 여론은 믿을 만한 전력이 수군뿐이기 때문에 수군으로 하여금 해상에서 적을 격퇴하게 하는 전략을 선택하였다.[362] 실제로 조선 조정은 '해로차단전술'을 실행하기 위해 수군 병력의 충원, 거제도 공략, 그리고 인사조치 등을 논의하고 추진하였다.

이 시기에 윤근수는 원균의 경상우수사 재임명을 건의하였다.[363] 이때 제기된 원균의 수사 재임명 문제는 해를 넘겨 1597년(선조 30) 연초까지 논란이 계속되었다. 그 과정에서 선조는 이순신에 대해 '한산도의 장수는 편안히 누워서 어떻게 해야 할 줄을 모른다'고 지적하는 등 불편한 심기를 표출하였다.[364] 이때 선조와 조정의 적극적

---

360 李德悅, 『養浩堂日記』 권25, 銀臺記, 병신년(1596)10월 초5일, "慶尙道都體察使 李元翼入朝 上引見敷陳 兩南形勢弊瘼 諸將能否 及民生彫弊 怨苦之狀."

361 『선조실록』 권81, 선조 29년 10월 무진 ; 『선조실록』 권81, 선조 29년 10월 갑신.

362 『선조실록』 권82, 선조 29년 11월 기해.

363 『선조실록』 권82, 선조 29년 11월 신축.

364 『선조실록』 권84, 선조 30년 1월 갑인.

인 '해로차단전술'에 대해 이순신은 견내량 봉쇄를 통한 일본 수군의 남해 진출 방어를 목표로 하고 있었다. 즉, 조정과 현장 사령관 간의 전략적인 시각 차이가 있었고, 이 점이 곧 통제사 교체의 근본적인 원인이 되었다.

이런 상황에서 이순신에게 불리한 사건들이 연속해서 발생하였다. 먼저 1596년(선조 29) 연말에는 부산의 일본 군영에 큰 화재를 일으켜 가옥 1천여 채를 태운 방화사건이 있었다. 이때 이순신은 휘하 군관의 보고에 따라 방화에 따른 군공을 청한 장계를 올렸는데, 바로 다음 날 체찰사로부터 같은 내용의 장계가 또 올라왔다. 방화사건은 한 건인데, 육군과 수군이 서로 공을 세웠다고 주장하는 상황이 되었고, 이에 대해 선조는 이순신의 허위보고라고 판단하였다.[365]

이 사건 이후 얼마 지나지 않아 요시라要時羅에 의한 반간계가 펼쳐졌다. 결국 가토 기요마사의 도해渡海와 관련된 반간계로 인해 선조의 의심은 폭발하였다. 여기에 기존의 전략적인 시각차로 인한 이순신의 부산 해역 출전 회피가 명령불복종으로 인식되면서, 선조는 이순신을 용서할 수 없다는 뜻을 표명하게 되었다.[366]

결국 선조는 자신의 뜻에 부응하는 사헌부 지평 김대래金大來의 탄핵 상소를 계기로 비변사의 동의를 받은 후 이순신의 체포 명령을 내렸다.[367] 요컨대 칠천량해전의 참패로 이어지는 통제사 교체는 기본적으로 조정과 현장 지휘관의 전략적 시각 차이에서 출발해서 일본 군영 방화사건과 일본의 반간계 등으로 이어진 미묘한 상황, 그리고 잘못된 정보 때문에 원균을 훌륭한 장수로 과대평가했던 선조의 오판에서 비롯된 것이었다.

원균이 통제사가 된 직후 이순신의 측근 배흥립裵興立이 경상우수사직에서 교체되었다.[368] 그러나 통제사 원균의 임명과 함께 분위기 쇄신을 위한 인사 조치는 이것뿐이었다. 전쟁을 앞둔 긴급한 상황이었기 때문에 경상우수사를 제외하고 전라우수사 이억기, 충청수사 최호崔湖 등 거의 대부분의 장수들이 유임되었다.

---

365 『선조실록』 권84, 선조 30년 1월 무오.
366 李德悅, 『養浩堂日記』 권27, 1597년 1월 21일~2월 5일 기록에 자세하다.
367 『선조실록』 권84, 선조 30년 2월 정묘.
368 『선조실록』 권85, 선조 30년 2월 무진.

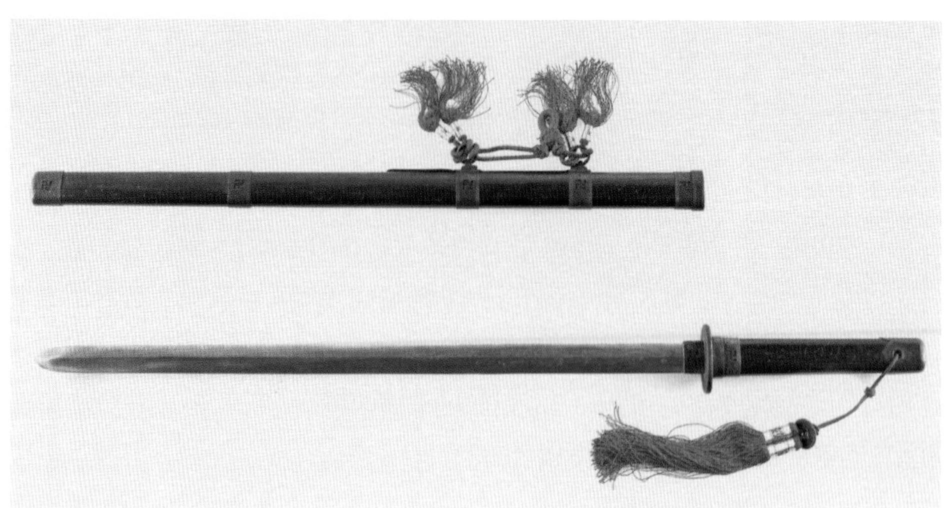

칠성검(육군박물관)
선조가 전라우수사 이억기에게 내린 칼이다.

이런 상황에서 원균은 자신의 지휘권을 확립하는데 실패한 것으로 보인다. 뒷날 이순신 휘하의 장수들이 원균의 지휘를 따르지 않았고, 오히려 통제사가 고립된 상황을 미처 해결하지 못한 상황에서 칠천량해전이 벌어졌다는 이덕형의 진술을 통해 이점을 확인해 볼 수 있다.[369] 이런 결과는 평소 그가 원만하지 못하고 과격한 성품 때문에 부하들을 잔혹하게 다루어 군심을 잃은 데서 비롯되었다.[370]

그런데 원균 역시 통제사가 되고 난 뒤에는 선조와 조정이 주장한 적극적인 해로차단 전술과는 다른 주장을 제시하였다. 즉, 수군 단독으로 부산 쪽으로 출항하는 것은 한계가 있기 때문에 육군으로 먼저 안골포 등의 일본 수군을 바다로 몰아내면 수군이 해전을 펼칠 수 있다는 이른바 수륙합동작전을 주장하였다.[371] 이런 주장에 대해 선조와 조정은 기존의 주장을 거듭하며 원균에게 부산 앞바다로 출전할 것을 여러 차례 종용하였다.

---

369 『선조실록』 권133, 선조 34년 1월 병진.
370 『선조실록』 권99, 선조 31년 4월 병진의 '사론' 참조.
371 『선조실록』 권87, 선조 30년 4월 기묘.

2) 칠천량해전의 경과

칠천량해전에 참가한 조선과 일본 양측의 준비 상황과 전력을 살펴보면 다음과 같다. 먼저 조선은 이순신과 원균의 통제사 교체시에 군량과 화기 등 군수품은 어느 정도 준비된 상태였다.[372] 그러나 한 가지 해결하지 못한 과제는 강화교섭기 동안 전염병의 피해 등으로 격감한 수군 병력의 충원 문제였다. 조정까지 나서 여러 방책으로 병력 충원을 추진한 결과, 칠천량해전 직전에는 전선 180여 척 규모의 함대를 구성하였다.[373] 당시 전선 한 척에 120명이 승선했으므로, 180척 함대를 유지하기 위해서는 대략 21,600명의 수군이 필요했다. 이 인원을 모두 충원했는 지는 알 수 없지만, 충원했다 하더라도 조선 수군은 해전을 얼마 앞 둔 상황에서 전투 경험이 없고, 훈련도 제대로 받지 못한 병력으로 채워졌다고 볼 수 있다.

한편, 이 해전에 참전한 일본 수군의 세력은 정확하지 않다. 20세기 초에 편찬된 책에는 '수백 척'이라고 표현되었을 뿐 정확한 척수는 알 수 없다.[374] 다만, 강화교섭기 동안 일본에서도 대형 군선을 건조한 결과, 전쟁 초기와는 달리 세끼부네[關船] 대신 아다케부네[安宅船]가 주력선이 된 변화가 있었다.

원균은 이 해(1597) 5월에 '부산 앞 바다는 정박할 만한 곳이 없고, 앞뒤로 일본 수군에게 포위될 수 있는 위험이 있다'고 지적하면서 수륙합동작전을 다시 한 번 주장하였다.[375] 그러나 이에 대해 조선 조정은 기존의 입장을 되풀이하면서 '수군을 반으로 나누어 절반은 부산 앞바다에 출전하고 절반은 한산도에 머물도록 하라'는 출전 명령을 계속해서 내렸다.[376]

칠천량해전에 앞서 6월 중순과 7월 초에 두 차례의 소규모 전투가 벌어졌다. 원균

---

372 『이충무공전서』 권9, 부록1, 「行錄」, 정유년조에 의하면 군량은 본영것만 9,914석, 화약 4,000근, 총통은 각 전선에 실은 것 외에 300자루 등을 인계하였다.

373 『선조실록』 권88, 선조 30년 5월 임인.

374 (日本)參謀本部 編, 『日本戰史 朝鮮役』「本編」, 1924, 349~350쪽. ; 德富猪一郎, 『近世日本國民史 豊臣氏時代 己篇 朝鮮役 下卷』, 民友社, 東京, 1922에도 정확한 척수는 언급이 없다.

375 『선조실록』 권89, 선조 30년 6월 경오.

376 『선조실록』 권89, 선조 30년 6월 기사.

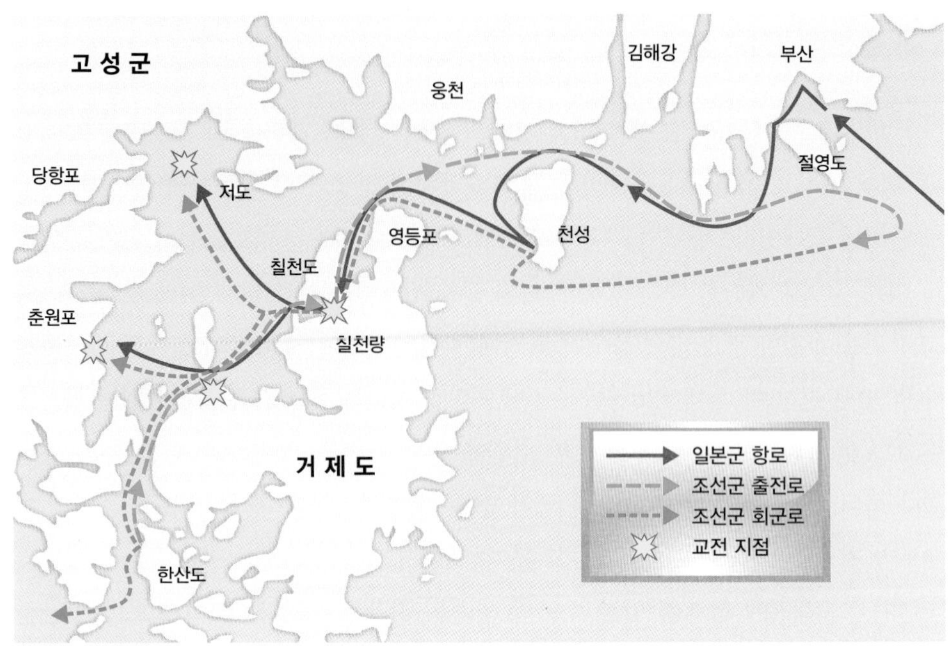

칠천량해전 상황도

은 조정의 출전 명령에 따라 6월 18일(양 7월 31일) 부산으로 출항하였다. 이튿날인 19일(양 8월 1일)에는 안골포와 가덕도 부근에서 소규모 해전이 발생하여 적선 몇 척을 포획하였으나, 전투 중에 보성군수 안홍국이 전사하는 피해를 입었다.[377] 이후 7월 4일(양 8월 16일)에도 부산으로 출전했는데, 이때 적선 10여 척을 격파하는 전과를 올렸다. 그러나 이 작전 중에 풍랑이 일어 조선 함대의 전선 10여 척이 서생포 등에 표착하여 상륙을 시도하다가 매복 중인 일본군에게 전멸당하는 피해를 입었다.[378]

이와 같이 칠천량해전에 앞서 조선 함대는 부산 앞바다에 왕래하면서 두 차례의 해전을 벌여 소소한 전과를 거두기도 했지만 적지 않은 피해를 입고 있었다. 이후 조정의 지시에 따라 도원수 권율이 통제사 원균을 불러 소극적인 태도를 꾸짖고 곤장을 때리며 출전을 종용한 사건이 있었다.[379]

---

377 『선조실록』 권89, 선조 30년 6월 무자 ; 이순신, 『난중일기』, 만력 25년(1597) 6월 25일.
378 이순신, 『난중일기』, 만력 25년(1597) 7월 14일 ; 이순신, 『난중일기』, 만력 25년(1597) 7월 16일.

그 후 본격적인 칠천량해전은 7월 14일(양 8월 26일)에 원균이 전체 세력을 이끌고 출전하면서 시작되었다.[380] 이 날 새벽에 출전한 원균 함대는 부산 앞바다에 이르러 일본 수군과의 해전을 시도하였다. 그러나 일본 수군은 시종일관 회피전술로 맞서 해전은 벌어지지 않았다. 그 원인은 조선 함대의 세력이 성대하여 일본 수군이 처음에는 맞서 싸울 의사가 없었기 때문이다.[381]

이날은 아침부터 바람이 불고 파도가 높아 항해에 적절하지 않은 일기였다. 조선 함대는 이런 상황 속에서 일본 함대를 추격하다가 부산 앞바다의 외해에 해당하는 물마루[水宗]를 지나쳐 전선의 운용이 어려운 지점까지 이르렀다. 원균 함대는 풍랑에 표류해 간 일부 전선을 잃고, 겨우 함대를 수습하여 날이 저물 무렵 가덕도로 퇴각하였다.

가덕도로 퇴각한 조선 수군은 피로와 기갈飢渴에 시달려, 도착하자마자 물과 땔감을 구하기 위해 서둘러 상륙하였다. 그러나 가덕도에는 다카하시 나오쓰구[高橋直次] 등이 이끄는 일본 육군이 매복 중이었다. 일본군은 그들이 준비한 전략전술대로 수륙합동작전을 펼쳤고, 이곳에 상륙했던 조선 수군 400여 명은 일본군의 매복 공격을 받고 살해당했다.[382]

원균 함대는 가덕도에 상륙하다가 큰 피해를 입은 후 거제도 북단의 영등포로 이동하였다. 그러나 이곳에도 일본군이 매복하고 있는 것은 마찬가지였다.[383] 원균 함대는 지치고 긴 하루를 보내고 일단 이곳에 정박하였다.

이튿날인 7월 15일(양 8월 27일)은 아침부터 비가 내리고 해상 상태가 나빴다. 이 때문에 양측은 모두 해상 작전을 중단한 채 관망할 수밖에 없었다. 이날 오후에 기상

---

379 『선조실록』 권94, 선조 30년 11월 신묘에는 사헌부가 권율에 대해 '경솔한 생각과 부질없는 행동으로 원균을 엄장으로 독촉하여 수군이 패망했다'고 탄핵하고 있다.

380 金一龍, 「戰跡地로 통해 본 漆川梁海戰」 『全國鄕土文化硏究發表會』 제8회 수상자료집, 1992, 85~115쪽.

381 公爵島津家編纂所 編, 『薩藩海軍史 上卷』, 原書房, 東京, 1968, 114쪽.

382 趙慶男, 『亂中雜錄』 권3, 정유년(1597) 7월 16일.
德富猪一郎, 앞의 책, 1922, 461쪽.

383 趙慶男, 『亂中雜錄』 권3, 정유년(1597) 7월 16일.
(日本)參謀本部, 『日本戰史 朝鮮役』 「本編」, 1924, 349~350쪽.

이 약간 좋아진 틈을 타서 원균은 함대를 거제도와 칠천도 사이의 칠천량漆川梁으로 이동하였다.[384] 칠천량은 이전 시기에도 조선 수군이 바람과 파도를 피해 자주 머물던 곳이다.

칠천량해전을 되돌아 볼 때, 가장 아쉬운 순간이었다. 또다시 후퇴할 경우 국왕과 조정의 더 큰 압박을 우려한 원균이 가까운 거리에 있는 한산도 본영까지 후퇴하지 않고 중간의 피항지인 칠천량에서 15일 밤을 지내려했던 것이다.

이날 밤 이러한 조선 함대의 이동 상황을 파악한 일본 수군은 야간기습을 위해 출동하여 칠천량의 조선 함대를 에워싸기 시작했다. 최초로 15일 밤 10시경에 일본 수군은 원균 함대의 복병선 4척을 급습하여 불태웠다. 이후 본격적인 칠천량해전은 15일 밤에 일본 수군이 조선 함대를 에워싸기 시작해서 16일(양 8월 28일) 새벽 4시경에 전투가 시작되었다.[385]

14일(양 8월 26일) 첫날부터 양일간 계속된 함대 이동과 식수 부족 등으로 인해 피로와 기갈에 지친 원균 함대는 기본적인 원칙인 '경계'에 실패해 일본 수군에 의해 야간기습 및 포위협격을 당한 것으로 보인다. 이런 상황은 아래와 같은 『난중잡록』의 기록을 통해 살펴볼 수 있다.

> 밤중에 적이 가만히 비거도鼻居舠 10여 척으로 우리 전선 사이를 뚫어 형세를 정탐하고 또 병선 5~6척으로 우리 진을 둘러쌌는데, 우리 복병선(척후선探候船)의 장수와 군사들은 모두 모르고 있었다. 이날 이른 아침에 복병선이 이미 적에게 불태워져 없어졌다. (원)균이 크게 놀라 북을 치고 바라를 울리고 불화살(화전火箭)을 쏘아 변을 알리는데, 문득 각 배의 옆에서 적의 배가 충돌하며 총탄이 발사되니 군사들이 크게 놀라서 실색하였다.[386]

---

384 金涜, 『海蘇實記』 「龍蛇日錄」(영천전통문화연구소, 『海蘇實記 國譯本』(安在珍 譯), 1987), "十五日 風勢險惡 移陣溫川(漆川梁)."

385 『선조실록』 권90, 선조 30년 7월 신해.

386 趙慶男, 『亂中雜錄』 권3, 정유년(1597) 7월 16일.

최초에 원균 함대의 복병선 4척이 불탔을 때, 일본의 공격에 대비했어야 했는데, 결국은 전술한 바 있는 일본 수군의 전술대로 해전이 진행되었다. 일본 수군은 야간을 이용해서 조선 군선을 겹겹이 포위한 뒤, 16일(양 8월 28일) 새벽 무렵 전투 병력이 조선 전선에 뛰어들어 육박전을 펼치면서 본격적인 해전을 시작하였다.

이와 같은 전투 양상은 패배 소식이 전해진 뒤 긴급대책회의 과정에서 '일본 수군이 우리 배에 접근하여 올라오자 우리 장사들은 손 한 번 써보지 못하고 패몰하였다'는 언급을 통해서 확인해 볼 수 있다.[387] 일본 수군은 군선의 돛대(범주帆柱)를 사다리로 이용하여 조선의 판옥선에 올라 탄 후 일본 고유의 전법인 단병전술, 즉 등선육박전을 펼쳤던 것이다.[388] 초기 전투 과정에서 조선 수군의 일부 세력은 물러서지 않고 반격을 가해 격전이 벌어져 양측이 다수의 사상자를 내기도 하였다.[389]

해전이 시작된 후 원균 등 지휘부는 서둘러 대응해보려 하였지만, 이미 대세는 걷잡을 수 없을 정도로 기울었고 조선의 함대는 통제 불능 상태에 빠졌다. 16일(양 8월 28일) 오전 8시경, 칠천량 남단 부근까지 후퇴한 경상우수사 배설 휘하의 군선 10여 척은 견내량 쪽으로 퇴로를 열고 탈출에 성공했다. 그러나 그 나머지 조선 함대는 일본 수군에 의해 여러 곳에서 각개격파 당하며 궤멸적인 패배를 당하였다.[390]

칠천량 해역에서 벗어난 조선 수군은 전투를 계속하며 퇴로를 찾았으나 실패하고, 견내량 입구 위쪽에 있는 가조도 부근에서 일본 수군의 공격을 다시 받았다. 조선 수군은 가조도 부근 해전에서도 많은 피해를 입었고, 나머지 세력은 북쪽으로 탈출을 시도하여 일부는 고성의 안

원균 장군 묘(경기 평택)

387 『선조실록』 권90, 선조 30년 7월 신해.
388 佐藤和夫, 『海と水軍の日本史 下巻』, 原書房, 1995, 300쪽.
389 『선조실록』 권91, 선조 30년 8월 병인.
公爵島津家編纂所 編, 『薩藩海軍史 上卷』, 原書房, 1968, 114쪽.
390 『海蘇實記』 권1, 敍述, 「本道巡察使李用淳狀啓」(永川傳統文化硏究所, 『海蘇實記 國譯本』, 1987, 215쪽).

정만을 향했고, 일부는 진해만 쪽으로 이동하였다.

이후 통제사 원균을 포함한 일부 세력은 고성 땅 추원포秋原浦로 물러나 상륙하였다. 당시 60세에 가까운 고령의 원균은 군관 등에 업혀서 5리 정도를 후퇴하였으나, 결국 추격해 온 일본군에게 살해당했다.[391] 그와 함께 도주하던 일부 장병은 일본군의 추격을 벗어나 흩어졌고, 안정만과 진해만 해역으로 후퇴했던 조선의 잔여 군선들은 일본군에 의해 모두 격파당하고 말았다.[392]

이로써 제2차 조선-일본 전쟁의 첫 번째 전투로 벌져진 칠천량해전은 통제사 원균을 비롯해, 이억기와 최호 등 수사를 포함한 조선 수군의 지휘부가 전사하고, 10여 척의 전선을 제외한 조선 수군의 전 세력이 궤멸되는 참패로 끝났다.

3) 칠천량해전 패전의 원인과 영향

칠천량해전의 경과를 요약해 보면, 일본 수군은 강화교섭 기간 동안 증강된 전력을 바탕으로 조선 수군의 동향을 파악하면서 준비한 전술대로 해전을 이끌어 갔다. 반면에 원균이 이끈 조선 수군은 기존의 우수한 무기체계와 전법을 제대로 활용하지 못하고, 일본 수군의 전술에 휘말려 궤멸적인 패배를 당했다. 특히, 일본군이 준비한 수륙합동작전에 의해 해안에 상륙해 도주하던 조선 수군이 당한 인명 피해는 상당한 규모로 추정된다.[393]

조선 수군이 이와 같은 참패를 당한 원인을 좀 더 자세히 분석하면 다음과 같다.

첫째, 수군에 대한 '군령권'을 행사한 주체가 잘못된 것이다. 해상 작전에 대한 통제를 국왕의 명령을 받은 도원수가 행사한 것은 육군에게 해군의 지휘 권한을 준 것과 다름이 없다. 패배 소식 이후 선조는 이 점에 대해 도원수가 지나치게 출전을 독촉한 것을 지적했지만, 사실은 자신부터 조정의 여론을 몰아 체찰사와 도원수에게 수군

391 金一龍, 앞의 논문, 1992, 106쪽.

392 『海蘇實記』 권1, 「傳記」; 『海蘇實記』 권1, 「本道巡察使李用淳狀啓」.

393 일본의 논저들은 칠천량해전 당시 시마즈 요시히로(島津義弘)의 육군이 연안에서 협격한 사실을 높이 평가하고 있다.

에 대한 군령권을 행사하도록 명령한 책임을 면할 수는 없을 것이다.

둘째는 장병將兵의 도망이다. 칠천량해전 직후 도망이 언급된 논의를 예로 들면 다음과 같다.

○ 정기원鄭期遠이 치계하였다.……"그 밖에는 모두 지레 물에 뛰어들어 죽거나 혹은 해안으로 기어올라 도망하여 흩어지니 적들이 비웃으며 말하기를 '우리가 조선 군사를 패망시킨 것이 아니라 조선 군사 스스로 패망한 것이다'라고 하였다."[394]

○ 사헌부가 아뢰기를……"장수들 중에 어떤 자는 수군 전부를 이끌고 도망해 버렸고 어떤 자는 해안으로 올라가 도망해 버리고 주장主將을 구하지 않았다."[395]

앞의 인용문은 중국 장수 누국안婁國安이 총병 양원楊元에게 보고한 내용을 정기원이 조정에 알린 것이다. 그 내용은 조선 수군이 스스로 무너져 도망했다는 것으로, 당초부터 조선 수군이 전의를 상실하고 있던 사실을 알려준다. 또 하나는 사헌부가 주장主將을 구하지 않고 도주한 장수들을 처벌하도록 건의한 내용으로 수군 병사들뿐 아니라 장수들이 도망에 앞장선 사실을 지적하고 있다. 이와 같이 도망이 광범위하게 발생한 한 가지 원인은 병력 충원이 원활하지 못한 상황에서 급조된 병력이 훈련도 제대로 받지 못해 생긴 결과로 추정해 볼 수 있다.

셋째는 원균의 지휘 실패 책임이다. 우선 원균은 전술한 바와 같이 부임 이후 휘하 장수들에 대한 지휘권을 확보하지 못했다. 오히려 장수들로부터 반감을 산 나머지 실전에서 장수들이 먼저 살 길을 찾아 도망하는 상황이 발생하였다. 다음으로 해전 당일에 습격을 당한 후 함대를 통솔하여 피해를 최소화하고 함대 세력을 온존시킬 대책을 마련하지 못한 점, 그리고 야간 기습이 예상되는 상황에서 경계에 실패한 점 등은 그가 지휘 실패 책임을 면할 수 없는 결정적인 요인으로 꼽을 수 있다.

칠천량해전의 참패 소식은 7월 22일(양 9월 3일), 통제사와 함께 있었던 선전관 김

394 『선조실록』 권91, 선조 30년 8월 갑자.
395 『선조실록』 권91, 선조 30년 8월 병자.

식의 보고를 통해 조정에 알려졌다. 이 날 조정은 긴급 대책회의를 열어 이순신을 삼도수군통제사로 재임명하고, 권준을 충청수사로 삼아 패전 수습과 수군의 재건을 추진하기로 결정하였다.[396]

이에 앞서 도원수 진영에 있던 이순신은 7월 18일(양 8월 30일), 패전 소식을 듣고 도원수와 대책을 상의한 후 상황 파악을 위해 현지를 직접 돌아보기로 하였다.[397] 7월 21일(양 9월 2일)에는 노량에 도착하여 거제현령 안위 등 장수들을 만나 패전 경위를 듣고 대책을 마련하였다. 이순신은 7월 25일(양 9월 6일) 원수부로 돌아올 때까지 경상우수사 배설裵楔을 비롯한 주요 장수들을 만나 패전 이후의 대책을 논의하는 등, 수군 재건을 미리 준비하였다.

한편, 칠천량해전에서 대승을 거둔 일본 수군은 본국에 결과를 보고하고 논공행상을 하면서 휴식을 취했다.[398] 그러나 일본 수군은 여세를 몰아 조선 수군을 추격하고 소탕하는 작전을 통한 남해의 제해권 장악을 추진하지 않았다. 그뿐 아니라 이어 펼쳐진 8월초의 남원성 전투에 일본 수군을 참여시킴으로써, 통제사로 재임명된 이순신을 중심으로 한 조선 수군이 패전을 수습하고 조직을 재건할 수 있는 시간을 제공하는 결과를 가져왔다.[399] 조선 수군에게는 천만다행으로 일본 수군이 적극적인 해상작전을 지속하지 않고 육전에 참전하는 전략적인 한계를 보인 것이었다.

제2차 조선-일본 전쟁 시기의 일본군은 제1차 전쟁 초기와 달리 살육과 약탈을 자행하는 잔혹한 점령정책을 폈다.[400] 이 때문에 전라도의 백성은 일본군을 피해 깊은 산 속으로 숨거나, 선박을 이용해 도서 지역으로 피난할 수밖에 없었다. 대개 재력이 있는 백성은 선박을 이용해 도서 지역으로 피했는데, 상대적으로 안전한 전라우도의 다도해 방면으로 집중되었다. 이들에게 통제사 이순신의 재부임은 희망적인 소식이었고, 생존을 위해 피난민들은 통제영 주변에 모여들었다. 그리고 이들은 이후 조선 수군의 재건 과정에서 큰 힘이 되었다.

---

396 『선조실록』 권90, 선조 30년 7월 신해 ; 이순신, 『난중일기』, 만력 25년(1597) 8월 3일.
397 이순신, 『난중일기』, 만력 25년(1597) 7월 18일.
398 川口長孺, 『征韓偉略』(18C초) 권4, 31면.
399 慶念, 『朝鮮日日記』, 1597년 7월 29일(辛容泰 역, 『壬辰倭亂 從軍記』, 경서원, 1997, 57쪽).
400 趙慶男, 『亂中雜錄』 권3, 정유년(1597) 8월 4일.

칠천량해전을 통해 남해의 제해권이 일본군에 넘어간 결과, 바다에서는 아무런 저항 없이 서진西進이 가능한 상황이었다. 그리고 이런 상황은 명나라에 신속하게 통보되었다.[401] 이보다 앞서 명나라 조정은 수군의 조선 파병을 이미 결정한 상태였는데, 이 해전의 패전을 계기로 파병이 실행되었다. 명나라가 긴장한 것은 그동안 해상에서 일본의 침략을 방어하던 울타리가 없어진 결과, 해상을 통한 일본의 명나라 본토 침입이 가능해졌기 때문이었다.[402]

요컨대 칠천량해전을 통해 제해권을 장악한 일본 수군은 수륙병진작전을 잠시 중단하고 8월초까지 남원성 전투에 참전함으로써 조선 수군은 통제사 이순신을 중심으로 전열을 재정비할 수 있었다. 또한 이 해전의 결과 명나라 조정은 총병總兵 주우덕周于德과 진린陳璘 등으로 하여금 각각 강화도 서쪽과 이남 해역을 맡아 해방을 강화하도록 조처하였다.

2. 조선 수군의 재건과 명량해전 승리

1) 조선 수군의 재건 과정

1597년(선조 30) 8월 3일(양 9월 13일), 이순신은 진주晋州 수곡의 손경례孫景禮 집에서 삼도수군통제사 재임명 교지를 받고 당일 출발하여 다음 날 새벽에 구례현求禮縣에 도착하였다.[403] 이후 8월 19일(양 9월 29일) 회령포會寧浦에서 경상우수사 배설로부터 10여 척의 함대를 인수할 때까지 각처에 흩어져 있던 수군을 집결시키면서 군량과 무기를 준비하는 등 수군의 재건을 추진하였다. 이 과정에 대해 좀 더 자세히 살펴보면 다음과 같다.

통제사 이순신은 8월 4일(양 9월 14일) 곡성을 거쳐, 5일(양 9월 15일)과 6일(양 9

401 『선조실록』 권90, 선조 30년 7월 신해.
402 諸葛元聲, 『兩朝平攘錄』, 「日本 下」(국학자료원, 영인본 『壬辰之役史料匯輯 3』, 1992, 131~132쪽).
403 이순신, 『난중일기』, 만력 25년(1597) 8월 3일.

월 16일)에는 옥과에 머물렀다. 7일(양 9월 17일)에는 순천으로 이동하였고, 8일(양 9월 18일)에는 순천부에 들어갔다. 이어서 9일(양 9월 19일)에는 낙안을 거쳐 보성에 도착했는데, 이 과정에서 흩어졌던 휘하 장수들이 속속 합류해 왔고, 병력도 120명으로 증가했다.[404] 이후 8월 19일(양 9월 29일)까지 주로 보성과 강진 등지에 머무는 동안에도 제1차 조선-일본 전쟁 초기부터 이순신을 보좌했던 송희립宋希立을 비롯해서 거제현령 안위安瑋, 발포만호 소계남蘇季男, 경상우후 이몽구李夢龜 등 대부분의 첨사·만호급 장수들과 군관들, 그리고 각지에 흩어졌던 병력이 속속 모여들었다. 여기에 더해 순천과 보성 등지에서는 산재해 있던 화기 등 무기를 수집하는 등 수군의 전력 증강을 꾀하였다.

이순신은 8월 19일(양 9월 29일) 회령포에서 12척의 전선을 배설로부터 인수받고, 이튿날인 20일(양 9월 30일)에는 이진梨津으로 이동하였다. 20일부터 3일간 이진에서 토사곽란吐瀉癨亂 증세로 인사불성에 빠지는 등 곤란을 겪었으나, 조금 회복한 24일(양 10월 4일)에 곧바로 어란포於蘭浦로 이동하였다. 그리고 28일(양 10월 8일)에는 어란포에서 추격해 온 일본 수군과 최초의 접촉이 있었다.

8월 28일(양 10월 8일) 오전 6시경, 8척의 일본 군선이 불시에 어란포 진영으로 돌입해 온 것이었다. 이순신은 이들을 해남 반도 남단의 갈두葛頭까지 추격했다가 되돌아왔다. 이후 29일(양 10월 9일)에는 진도 땅 벽파진碧波津으로 들어가 명량해전 전날인 9월 15일(양 10월 24일) 이전까지 이곳에서 보름 동안 머물렀다.[405] 이순신이 진도의 벽파진을 선택한 것은 잘 알려진 바와 같이 진도의 농업 생산량이 풍부하고 주변 지역으로부

명량대첩을 기념하여 건립한 벽파진 전첩비(전남 진도)

404 『이충무공전서』 권9, 부록1, 「行錄」, 정유년 8월 초3일.

405 이순신, 『난중일기』, 만력 25년(1597) 8월 28일 ; 이순신, 『난중일기』, 만력 25년(1597) 8월 29일.

터의 군수 지원이나 병력 충원이 용이했기 때문이었다.

그러나 명량해전 직전까지 조선 수군이 확보한 전력은 판옥선 13척과 초탐선 32척이 전부였다. 초탐선은 작은 부속선에 불과했으므로 실재로는 판옥선 13척뿐이었다고 볼 수 있다.[406] 회령포에서 전선을 인수받기 직전 선조의 유지諭旨에 답한 상소에서 12척을 언급한 것 때문에 명량해전 당시 조선 수군의 세력을 판옥선 12척으로 보는 경우가 있으나, 해전 결과보고를 토대로 기록된 실록의 13척이 정확한 척수이다. 선조에게 상소를 올린 이후 명량해전 이전까지 1척의 전선이 증가한 것으로 추정된다.

언제나 그랬듯이 통제사 이순신은 망군望軍을 활용한 정보전을 통해 적의 동향을 예의주시하고 있었다. 그러던 중 9월 14일(양 10월 23일) 군관 임준영이 대규모 일본 함대가 어란포에 도착해 온 사실을 보고하였다. 또한 붙잡혔다가 도망해 온 김중걸金仲傑이 '일본 수군이 우리 함대를 공격하기 위해 접근 중'이라는 소식도 전해주었다. 이러한 정보에 따라 이순신은 즉시 주변의 피난 선박들에게 대피 명령을 내리고, 9월 15일(양 10월 24일)에는 진영을 벽파진에서 전라우수영으로 옮겼다.

그는 휘하 장수들에게 전라우수영으로 진영을 옮긴 이유와 구체적인 전술을 설명한 후, 우리에게 잘 알려진 '반드시 죽고자 하면 살고, 살려고만 하면 죽는다(필사즉생 필생즉사必死則生 必生則死)'는 훈시를 통해 장병들에게 필사의 각오로 해전에 임할 것을 당부하였다.[407]

2) 명량해전의 경과와 승인

명량해전은 9월 16일(양 10월 25일) 이른 아침에 별망군別望軍이 셀 수 없이 많은 일본 군선이 명량해협을 통과해 조선 수군이 주둔 중인 우수영 쪽으로 다가오고 있다는 보고가 전해지면서 시작되었다. 이때 공격해 온 일본 수군의 척수는 133척이었는데, 피난민들이 높은 봉우리에서 헤아린 숫자는 300척 이상이었다고 한다.[408] 이것은

406 『선조실록』 권94, 선조 30년 11월 정유.
407 이순신, 『난중일기』, 만력 25년(1597) 9월 15일.
408 李弘毅 · 李鳳祥, 『忠武公家乘』(1709), 권3, 紀述, 李芬 撰 「行錄」.

명량 해협(전남 해남) 울돌목

명량해협 밖에서 대기한 척수까지 포함한 일본 함대 전체의 척수로 볼 수 있고, 그 중 133척이 해협을 통과해서 명량해전에 참전했던 것으로 추정된다.[409]

이순신이 해전 장소로 택한 명량해협은 진도와 해남 땅 화원花源반도 사이에 위치한 좁은 수로로서 길이가 약 2km 내외이고 가장 좁은 곳의 폭은 200m 정도이다. 이 해협의 최저 수심은 1.9m이고, 조류의 속도는 최대 11.5노트로 매우 빠르다.[410] 이곳은 20리 밖에서도 물 흐르는 소리가 들린다 해서 '울돌목'이라 이름 할 정도로 물살이 빠르고 수심이 얕아 항해하기 위험한 협수로狹水路였다.

이와 같은 환경 때문에 일본 함대는 해협 통과가 어렵다고 판단되는 대형 군선인 아다케부네를 해협 밖에 대기시키고, 중소형 군선인 세끼부네 만으로 협수로를 통과하여 이순신 함대와 대결하게 되었다.[411] 당시 일본의 주력선인 아다케부네가 해전에

409 (日本)參謀本部, 『日本戰史 朝鮮役』「本編」, 1924, 368쪽 ; 佐藤和夫, 『海と水軍の日本史』, 原書房, 1995, 303쪽에 의하면 일본 함대는 도도 다카토라(藤堂高虎), 가토 요시아키(加藤嘉明), 와키자카 야스하루(脇坂安治), 스게 다쓰나가(菅達長), 구루시마 미치후사(來島通總) 등이 이끈 300여 척이었다.

410 趙成都, 「명량해전연구」 『鳴梁大捷의 再照明』, 海南文化院, 1987, 102~104쪽. 노트(knot)는 선박의 항해 속도를 표시하는 단위로써 1시간에 1해리(1852m)를 움직인 속도이다.

411 (日本)參謀本部, 앞의 책, 1924, 368~369쪽. ; 宇田川武久, 『日本の海賊』, 誠文堂新光社, 1983, 265쪽.

참가하지 못했기 때문에 조선 수군은 전투력 면에서 한 수 아래인 세끼부네 중심의 일본 수군과 접전을 펼쳐 승리할 수 있었던 것이다.[412]

해전 당일인 9월 16일(양 10월 25일) 명량해협의 조류는 오전 7시경에 정조(停潮)가 된 이후 북서류가 시작되어 일본 함대가 명량해협으로 진행하기 용이한 방향으로 흘렀다.[413] 일본 함대는 오전 7시 전후에 어란진을 출발한 것으로 추정된다. 이러한 움직임은 즉시 이순신에게 보고되었고, 그는 휘하 장수를 소집해 작전을 숙의하고 결전을 준비하였다.

명량해협까지 진격해 온 일본 함대는 명량 입구에서 대형 군선인 아다케부네는 대기하고, 세끼부네 133척만으로 해협을 통과하였다. 해협을 통과한 일본 함대가 곧바로 우수영 앞바다로 돌진하여 조선 함대를 에워싸면서 해전이 시작되었다.[414] 해전이 시작된 시각은 오전 11시경으로 추정된다.

명량대첩비(전남 해남)
명량대첩을 기념하여 1688년(숙종 14) 세워진 비석으로 비문은 1686년(숙종 12)에 쓰여졌다. 비문에는 이순신이 벽파진에 진을 설치하고 일본군을 격파한 전황을 상세히 기록하였다.

해전이 막 시작되었을 때 이순신의 대장선이 홀로 앞에 나서 일본 함대와 대치하다가 여러 겹으로 포위되어 공격을 받는 상황이 되었다. 대장선을 제외한 조선 수군의 전선들은 모두 일본 군선의 척수와 기세에 눌려 싸울 엄두를 내지 못하고 그대로 물러날 태세였다.

한참 동안 일본 군선들과 전투를 벌이던 이순신이 뒤쳐진 휘하 장수들에게 전진 명령을 내리자, 거제현령 안위와 중군장 김

412 『선조실록』 권126, 선조 33년 6월 병술에는 안위의 전선 한 척을 일본 수군이 깨뜨리지 못한 것은 일본 군선이 작았기 때문이라는 병조판서 이항복의 언급이 있다.
413 이민웅, 「명량해전의 경과와 주요 쟁점 고찰」 『군사』 47, 군사편찬연구소, 2002, 188~190쪽.
414 이순신, 『난중일기』, 만력 25년(1597) 9월 16일.

응함이 먼저 나아 왔다. 이순신은 이들에게 군법을 들어 질책하고 전공을 세워 만회하도록 명령하였다. 이에 안위와 김응함의 전선이 전투에 나섰고, 뒤로 물러났던 전선들이 바뀐 조류를 타고 일제히 공격해 와 잠깐 동안에 일본 군선 31척을 격파하였다.[415]

이와 같이 이순신 함대는 짧은 시간에 31척을 격파하는 전과를 올렸고, 이후 양측은 서로 반대편으로 물러나 대치했는데, 이때는 대략 오후 1시~2시 사이였다. 이후로 한동안 양측이 대치하다가 일본 함대가 피해 물러났고 다시 공격해 오지 못했다.[416]

명량해전에서 승리를 거둔 이순신은 다시 바뀐 조류를 타고 이날 밤에 곧바로 함대를 당사도唐笥島(현재의 전남 신안군 암태면)로 이동하였다. 이와 같이 신속한 후퇴를 단행한 것은 일본군의 주력 부대가 다시 공격해 올 경우, 당시 조선 수군의 전력으로는 대응하기 어려웠기 때문이다. 때문에 이순신은 일단 후퇴를 단행하여, 일본에게는 조선 수군의 건재 사실을 알리고 세력을 유지하면서 조선 수군의 재건을 추진하는 전략을 선택하였다.

그가 전투 당일 일기의 마지막에 '이는 실로 하늘이 도운 것이 다행[此實天幸]'라고 피력한 소감처럼 조선 수군은 가능한 모든 수단을 동원해 명량해전에서 승리를 거둔 것이었다. 명량해전의 극적인 승리 원인을 분석하면 다음 몇 가지로 정리할 수 있다.

첫째, 규모는 작지만 강력해진 함대 전력을 들 수 있다. 명량해전 이전까지 조선 수군이 정비한 전선은 13척뿐이었다. 그러나 13척에는 다수의 첨사와 만호, 군관들, 그리고 정예 장병이 합류하여 전력이 증강됨으로써 함대 규모는 작았지만 나름대로 강력한 전투력을 구축할 수 있었다. 이와는 반대로 일본 수군은 명량의 협수로 때문에 주력함인 아다케부네가 해전에 참가하지 못하고 세끼부네만으로 전투에 임해 상대적으로 약한 전력일 수밖에 없었다.

둘째, 이순신의 뛰어난 전략전술과 리더십을 들 수 있다. 이순신은 해전 바로 전날 전라우수영으로 진영을 옮기면서 울둘목을 해전 장소로 선택하였다. 즉, 명량의 지형

415 이순신, 『난중일기』, 만력 25년(1597) 9월 16일.

416 이순신, 『난중일기』, 만력 25년(1597) 9월 16일, "諸船知不可犯 一時鼓噪齊進 各放地玄字 聲震河岳 射矢如雨 賊船三十一隻撞破 賊船避退 更不近."

지물과 조류를 이용한 점과 해로차단 전술을 채택한 뛰어난 전략전술이 명량해전 승리의 가장 중요한 요인으로 작용하였다. 이와 함께 해전 초기의 위급한 상황에서 대장선이 선봉에 서서 장시간 전투를 지속함으로써 휘하 함대가 전의를 가다듬고 전투에 임할 수 있는 상황을 이끌었다. 그의 이러한 솔선수범하는 리더십, 위기에서 빛난 뛰어난 통솔능력 또한 승리의 요인이었다.

명량대첩탑(전남 해남)

셋째, 현지 백성의 적극적인 전투 참여와 군수 지원이다.[417] 해남과 진도 주변의 백성들은 마하수馬河秀 일가와 같이 한 집안이 모두 참전해서 다수의 전사자를 내는 등, 자발적인 전투 참여와 해전을 전후하여 수군에 대한 군수보급에 큰 역할을 하였다. 이러한 현지 백성의 역할이 명량해전 승리의 중요한 요인이 된 것은 분명한 사실이다.

3) 명량해전의 의의와 주요 쟁점

1597년(선조 30) 9월 16일(양 10월 25일), 칠천량해전 패전 이후 2개월 만에 펼쳐진 명량해전에서 통제사 이순신이 이끈 조선 수군은 10배가 넘는 일본 함대를 맞아 31척을 격파하면서 기적과도 같은 승리를 이끌어냈다. 조선-일본 전쟁(임진왜란)의 여러 해전 중, 명량해전은 가장 어려운 조건에서 극적인 승리를 거둔 것은 물론이고 역사적으로도 중요한 의의를 갖는다.

명량해전의 첫 번째 의의는 일본 수군에게 빼앗긴 제해권을 되찾기 시작한 의미와 함께, 일본 수군의 서해 진출을 막고 그들의 수륙병진전략을 좌절시킨 것이다. 이 점에 대해서는 『선조실록』에 명나라 장수들이 명량해전의 승리에 대해 큰 찬사를 보내

417 해남문화원, 『鳴梁大捷의 再照明』, 1987의 논문에서는 두 번째와 세 번째 승인을 언급하였다. 조원래는 특히 세 번째 요인, 즉 전라도 연해민의 협조를 강조하였다.

고 이순신에게 선물을 보냈다고 한 것 등을 통해서도 그 의의를 짐작해 볼 수 있다.[418]

둘째는 비록 규모는 작지만 조선 수군의 존재를 알리는 동시에 수군력 재건에 가속을 붙이는 계기를 마련한 것이다. 실제로 이 해전 승리 이후 이순신은 함대를 서해안의 고군산열도古群山列島까지 후퇴했다가 월동할 수 있는 장소를 물색하는 등 조선 수군 재건을 위한 노력을 본격화하였다.

반면에 20세기 초에 나온 일본의 관련 저서에는 명량해전에 단지 수십 척이 참전하여 침몰된 것은 단지 몇 척뿐이고, 이순신 함대가 늦게 당사도로 후퇴했을 때 일본 수군은 해로에 어두워서 추격하지 않았다고 언급하고 있다. 그러나 그 말미에 이 해전 이후 일본 수군이 웅천 지역으로 후퇴하여 더 이상의 서진西進이 좌절되었다고 기록하여 결국 명량해전의 의의를 스스로 인정하였다.[419] 그리고 기타지마 만지 교수는 최근 연구 성과에서 명량해전에서 이순신이 험한 수로와 조류를 이용하여 승리를 거두었고, 133척의 일본 함대는 패퇴했다고 사실대로 서술한 바 있다.[420]

한편, 명량해전은 전술한 바와 같이 큰 전력 차이를 극복하고 극적인 승리를 거두었기 때문에 역사적 사실 외에 설화적인 요소가 첨가되어 현재까지 여러 가지 역사 인식의 오류가 남아 있는 실정이다. 또한 이러한 이유로 인해 다음과 같은 몇 가지 중요한 쟁점이 남아 있다.

그 첫째는 명량해전의 승인과 관련하여 철쇄를 가설했다는 설의 진위 여부이다. 철쇄 가설의 내용은 명량해전에서 조선 수군이 해협의 가장 좁은 곳에 철쇄를 가설하여 수백 척의 일본 군선을 격침시켰다는 것이다. 이에 대해 결론부터 밝히자면, 검토 결과 역사적 사실로 볼 수 없고, 단지 후대에 '조상의 전쟁 영웅담' 즉, 설화가 만들어지는 과정에서 역사적 사실과 허구가 혼합된 오류로 볼 수 있다.

먼저 지금까지의 연구 성과를 보면 '철쇄 가설'에 대해 연구자마다 서로 다른 의견과 시각차가 있다. 우선 고故 조성도는 철쇄설을 소개하면서 진위 여부는 좀 더 연구되어야 한다고 신중한 태도를 취한 바 있다.[421] 조원래는 일본의 관련 연구 성과를 언

418 『선조실록』 권93, 선조 30년 10월 정축.

419 (日本)參謀本部, 앞의 책, 1924, 369쪽.

420 北島万次, 『豊臣秀吉の朝鮮侵略』, 吉川弘文館, 1995, 210~214쪽.

급하면서 철쇄와 관련된 역사적 기록을 들어 가설되었을 가능성도 있다고 보았지만, 결론적으로는 재검토되어야 할 과제로 남겨둘 수밖에 없다고 유예적인 입장을 취했다.[422] 한편 필자(이민웅)는 2002년 이후 일관되게 철쇄 가설이 역사적 사실이 아님을 주장하였고,[423] 최근에는 공학적 검토 결과를 토대로 철쇄 가설이 불가능했음을 밝힌 연구 성과가 나왔다.[424]

철쇄 가설이 역사적 사실이 아니라는 것은 정황상 가능성이 낮고, 문헌상 증명할 수 있는 근거가 부족하다는 두 가지로 나누어 설명할 수 있다. 우선 다른 논저에서 예로 들고 있는 전라좌수영의 철쇄와 이 곳 울둘목의 철쇄는 서로 연결지어볼 근거가 미약하다. 즉, 이순신의 『난중일기』에 나오는 전라좌수영의 철쇄는 본영의 배를 정박시키는 시설인 선소船所 출입구에 설치한 일종의 항만 방어 장치로 길이가 짧은 차단 장치였다.

통제사 이순신이 벽파진에 머문 보름 동안의 어떤 기록에도 이곳 우수영의 어느 지점에 철쇄를 걸었는지 확인되지 않을 뿐 아니라, 군사를 모집하고 군량과 무기를 준비하기에도 바쁜 상황이었기 때문에 철쇄 가설이라는 대규모 공사를 진행하기에는 무리가 있었다고 여겨진다. 또한 우수영으로 해전 하루 전날 이동했기 때문에, 그 이전에 철쇄가 가설되었어야 하는데, 당시 조선 수군의 정황상 이곳 울둘목에 철쇄를 가설했을 가능성은 희박하다고 판단된다.

둘째로 문헌 자료를 분석해 보면 철쇄 가설 가능성은 전혀 없다. 만약 철쇄 가설이 승인勝因이었다면, 이순신의 기록 습관으로 볼 때 반드시 관련된 언급이 있어야 하는데 당일의 자세한 일기에도 관련된 언급은 전혀 없다. 더 나아가 당시의 공식 기록이나 당대 인물들이 작성한 어떤 사료에도 철쇄와 관련된 기록은 전무하다. 즉, 이 해전에서 일본 군선 31척을 격침하고 수백 명을 사살했다는 『선조실록』의 기록 이외에, 철쇄를 통해 전과를 올린 사실을 기록한 당시의 사료는 찾아 볼 수 없다.[425]

---

421 조성도, 앞의 책, 1987, 101쪽.

422 조원래, 앞의 책, 1987, 83~84쪽.

423 이민웅, 『임진왜란 해전사』, 청어람미디어, 2004, 231~232쪽.

424 조정수, 「명량해전의 복원과 쟁점 연구」, 국방대학교 석사학위논문, 2009, 62~69쪽.

425 이순신, 『난중일기』, 만력 25년(1597) 9월 16일자 일기의 내용과 『선조실록』 권94, 선조 30년

철쇄 가설에 대한 기록은 조선-일본 전쟁(임진왜란) 이후 150여 년이 지난 18세기 중반 이후에 등장하기 시작한다. 그 중 먼저 실학자 이중환李重煥의 『택리지擇里志』의 철쇄 관련 기록을 살펴보면, 조선-일본 전쟁(임진왜란) 관련 기록이 간략할 뿐 아니라 부정확한 부분이 많고, 그가 여러 지방에서 들은 설화를 채록했을 가능성이 높아 전체적으로 신빙성이 낮다고 볼 수 있다.[426]

또 다른 대표적인 문헌으로는 18세기 말에 작성된 『호남절의록湖南節義錄』과 김억추의 후손이 20세기 초에 편찬한 『현무공실기顯武公實記』가 있다. 당시 전라우수사 김억추金億秋가 홀로 철쇄를 가설하고 이를 통해 수백 척의 일본 군선을 격침시켰다는 것이 그 요지이다.[427] 그런데, 이 자료들은 18세기 말 이후에 작성된 저술로서 역사적 사실과 다른 기록이 많이 포함되었고, 특히 현실성이 없는 설화가 포함되었음을 쉽게 알 수 있다.

이상과 같이 당시의 정황이나 관련 문헌을 검토해 본 결과, 철쇄 가설은 역사적 사실로 보기 어렵고, 후대에 '조상의 전쟁 영웅담'이 확대 재생산 되는 과정에서 역사적 사실과 설화가 혼합되면서 만들어진 것으로 판단된다.

명량해전의 두 번째 쟁점은 해전의 장소 문제이다. 지금까지 명량해전의 전투 장소는 명량해협의 가장 좁은 곳 근처로 알려졌고, 지도상에도 현재의 진도대교 부근에서 해전이 펼쳐진 것으로 표시되어 왔다. 그런데 실제로 해전이 이곳에서 벌어졌는지는 의심스럽다. 왜냐하면 이곳은 해협의 폭이 좁아 상대적으로 조류가 가장 빠른 곳으로, 판옥선이 이곳에 정지한 상태로는 해전이 불가능했을 것이기 때문이다.

명량해전이 펼쳐졌을 것으로 추정되는 장소는 1597년(선조 30) 9월 16일(양 10월 25일), 해전 당일의 『난중일기』의 서두 부분에서 실마리를 찾아 볼 수 있다. 즉, '아침 일찍 별망군의 일본 함대 접근 보고를 받고 전투 준비를 마친 후에 바다로 나갔더니

11월 정유의 명량해전 전과 관련 기록은 대략 일치한다.

426 李重煥, 『擇里志』, 八道總論, 全羅道.

427 「一道擧義諸公事實」『湖南地方壬辰倭亂史料集 4-湖南節義錄-』(全羅南道), 1990, 355~356쪽을 검토하면 사실과 다른 내용도 있고 김억추의 용력(勇力)에 관한 것과 일본 장수의 용모 등은 설화적인 요소가 다분하다. 錦江祠, 『顯武公實記』, 靑友堂出版社, 1970은 20세기 초에 저술된 실기를 바탕으로 후손들이 관련 기록을 재편집하고 국역해서 펴낸 책이다.

곧 일본의 133척 함대가 우리 함대를 둘러쌌다'고 한다.[428] 이 기록에서 볼 때 명량해전이 펼쳐진 장소는 우수영에서 가까운 앞바다로 명량해협의 입구와 양도羊島 사이의 상대적으로 조류가 약해지는 넓은 바다 어귀 부근이라고 추정된다. 그러나 명량해전의 해전 장소 문제는 앞으로도 심층적인 분석이 필요한 부분이다.

충무사(전남 해남)
이순신이 명량에서 승리한 사실을 기록한 명량대첩비가 있다.

세 번째 쟁점은 거북선의 참전 여부이다. 명량해전에 거북선이 참전했는지의 여부에 대한 기록은 이순신의 조카 이분李芬이 기록한 그의 「행록行錄」에 '전라우수사 김억추를 불러 병선을 수습하게 하고 또 장수들에게 명하여 거북선을 만들어 군세軍勢를 돋구도록 하였다'는 내용이 발단이 되고 있다.[429]

그러나 이분은 이전 시기에 통제영에 자주 드나들었지만, 명량해전을 전후한 시기에는 종군한 사실이 없다.[430] 따라서 이 기록은 훗날 전해들은 바를 정리한 것으로 추정된다. 명량해전 이전 8월 19일(양 9월 29일)에 회령포에서 함대를 인수한 이후 이순신은 계속 진영을 서쪽으로 이동했다. 그 이후 진도 벽파진에 보름간 머물렀지만, 당시 정황상 전선을 거북선으로 개조할만한 시간적 여유가 없었을 것으로 판단된다. 따라서 거북선의 재등장은 명량해전 이후 수군의 본격적인 재건이 추진되는 고금도 통제영 시절 이후에나 가능했을 것으로 추정해 볼 수 있다.

이와 같이 세 가지 쟁점이 남겨진 원인은 명량해전이 결정적인 순간에 극적으로 거둔 승리였기 때문에 훗날의 많은 사람들이 관심을 가졌던 것에 비해 남겨진 관련 문

---

428 이순신, 『난중일기』, 만력 25년(1597) 9월 16일.

429 『이충무공전서』 권9, 부록1. 李芬 撰 「行錄」, "(八月)十八日 到會寧浦 戰船只十艘 公召全羅右水使 金億秋 使收拾兵船 分付諸將 粧作龜艦 以助軍勢."

430 『난중일기』에는 조카 분이 갑오년(1594) 이후 1년에 한두 차례 다녀간 사실이 확인되지만, 정유년(1597)4월 천안에서 배웅한 이후에 종군한 기록은 없다.

헌자료가 부족했기 때문이라고 볼 수 있다.

4) 명량해전 이후 양측 수군의 행적

명량해전은 비교적 짧은 시간 동안 교전이 벌어졌고, 31척의 군선을 잃은 일본 함대가 물러나 전투는 한 동안 소강상태에 머물렀다. 당일의 조류 흐름을 분석하면 오후 7시 이후에는 일본함대가 물러날 수 없는 방향으로 흘렀고, 조선 함대는 후퇴에 용이한 조류 흐름이었다.[431] 이 조류를 타고 이순신은 해전 당일 야간에 당사도唐笥島로 이동하였다. 음력 16일로 보름달에 가까웠고 늦가을 바람을 타고 상당한 거리를 빠르게 후퇴하였다. 지금까지 명량해전 이후 일본 수군이 곧바로 후퇴하여 물러갔다고 본 것은 역사적 사실이 아니다. 양측의 명량해전 이후 움직임을 좀 더 살펴보면 다음과 같다.

먼저 통제사 이순신은 명량해전 당일 전투를 마친 후 일본군과 대치하다가 전술한 바와 같이 야간을 이용해 당사도까지 후퇴를 단행하였다. 일본 측 연구에 의하면 그들은 이 부근의 지리와 해로를 알지 못했기 때문에 추격을 포기할 수밖에 없었다고 한다. 조선 수군은 당사도를 거쳐 17일(양 10월 26일)에는 어외도於外島, 19일(양 10월 28일)에는 법성포法聖浦를 거쳐 홍농弘農 앞바다에 머물렀고, 이어 20일(양 10월 29일)에는 위도猬島에 들렀다가, 21일(양 10월 30일)에 고군산도古群山島에 도착하였다. 고군산도에서 10일 이상 머무른 다음 통제사 이순신은 함대를 다시 남쪽으로 이동했다. 10월 3일(양 11월 11일)에는 법성포, 8일(양 11월 16일)에는 어외도를 거쳐 9일(양 11월 17일)에는 우수영으로 되돌아 왔다.[432]

이와 같은 조선 수군의 함대 이동은 다음과 같은 목적이 있었다. 첫째는 서남해안 일대의 일본군 상황을 살피는 동시에 조선 수군의 존재를 주변에 알리기 위한 것이었다. 둘째는 도서 지역에 머물고 있던 피난선들을 규합해 군수 보급과 병력 조달을

---

431 최두환, 「명량해전과 강강수월래」『구해 조성도교수 화갑기념 충무공이순신연구논총』, 해군사관학교 박물관, 1991, 577쪽의 〈도표-4〉 참조.

432 이순신, 『난중일기』, 만력 25년(1597) 9월 17일~10월 9일.

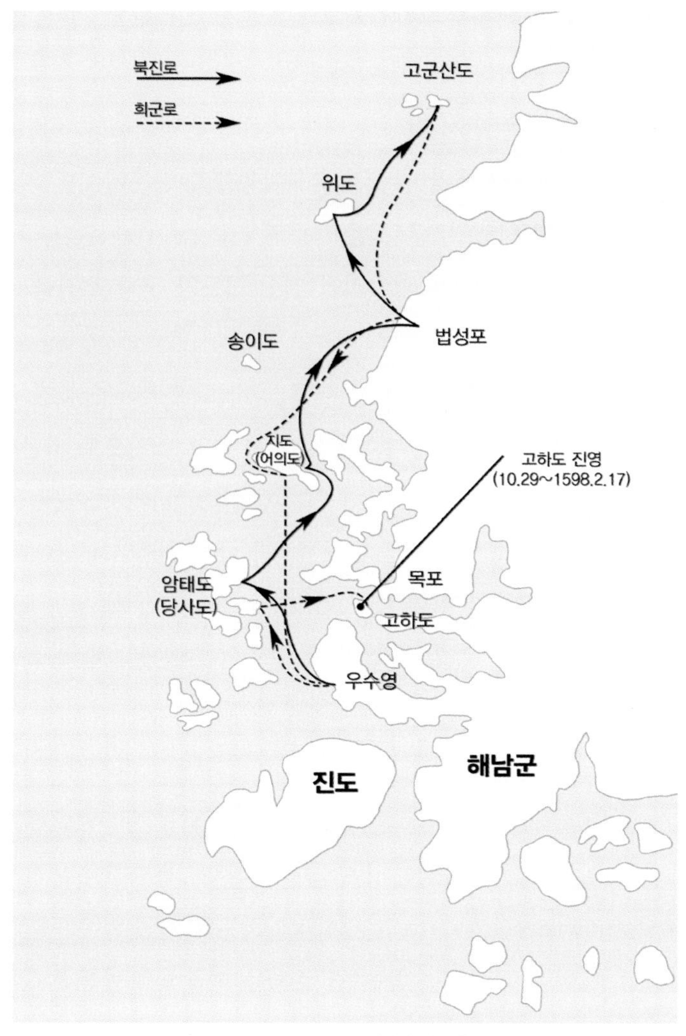

명량해전 이후 이순신 함대의 이동 상황도

원활하게 하여 수군의 재건을 위한 터전으로 삼기 위한 것이었다. 셋째는 일본군의 후퇴 여부와 서해의 해로 상황을 둘러보면서 한편으로 월동 장소를 물색하기 위함이었다. 사실 조선 수군은 명량해전에서 그동안 준비한 전력을 모두 소모했기 때문에 이 시기에 절실한 문제는 병력 충원과 군량 조달, 그리고 월동 대책 등이었다. 우수영으로 이동한 조선 수군은 월동 장소를 계속해서 물색하다가 10월 29일(양 12월 7일) 오늘날의 목포 앞바다에 위치한 고하도高下島로 진영을 옮겼다. 이곳은 북서풍을 막아주는 남향南向의 포구를 가졌고, 영산강 주변의 곡창 지대에서 생산되는 식량 이동의 인후咽喉에 해당하는 지리적 특징이 있었다.[433]

이곳 고하도에서 이순신은 먼저 임시로 머물 가옥과 군량 창고를 지었다. 겨울에는 차가운 날씨 때문에 군선에서 생활하는 것이 불가능했기 때문에 수군 병력이 임시로 지낼 병사兵舍를 먼저 건설하였고, 군량 창고 등의 건축이 계속되었다. 또한 이순신은 고하도에 머무는 동안 수군 재건에 필수적인 전선 건조와 군량 모집을 위한 여러 가지 노력을 계속하였다.

한편, 명량해전 이후 일본 수군은 패전 이후 곧바로 후퇴하여 웅천熊川까지 물러난 것은 아니었다. 이 점은 명량해전 전후 가족을 이끌고 배편으로 피난하던 중에 무안 앞바다에서 일본 수군에게 포로로 잡혀 일본에 끌려갔다가 돌아온 강항姜沆의 기록을 통해 살펴볼 수 있다. 당시 강항은 일가친척과 함께 배 두 척으로 피난을 나왔다가 부친이 탄 배와 헤어져 서로 찾던 중, 9월 23일(양 11월 1일) 무안 부근의 바다에서 일본 수군에게 붙잡혔다.[434] 붙잡힌 후 그가 일본 수군의 행적을 살펴본 바에 의하면 600~700척의 대함대가 조선 수군을 추격해 무안 앞바다까지 올라왔던 사실을 확인해 볼 수 있다.

이보다 앞서 9월 7일(양 10월 16일)의 직산전투와 16일(양 10월 25일)의 명량해전에서 각각 패한 일본의 육군과 수군은 장수 회의를 거쳐 남해안 지역으로 후퇴를 결행하였다.[435] 때문에 명량해전 직후 무안 앞바다까지 추격했던 일본 수군도 강항의 기록 등에 의하면 9월 27일(양 11월 5일) 무렵 후퇴를 시작해서 웅천 땅 안골포까지 이동하였다.[436]

따라서 10월 초에는 호남의 대부분 지역에서 일본군이 물러났고, 그들은 남부지방의 동쪽 서생포로부터 순천 예교성曳橋城에 이르기까지 왜성을 쌓고 머물렀다. 그 후 이순신은 10월 초에 일본군이 호남 지역에서 완전히 철수한 것을 확인하고,[437] 우수영

433 이순신, 『난중일기』, 만력 25년(1597) 10월 29일.
434 姜沆, 「涉亂事迹」 『看羊錄』, 1600(이을호 역, 『간양록』 서해문집, 2005, 189~191쪽).
435 이형석, 『임진전란사 하권』, 서울대학교출판부, 1967, 1815쪽 '경과일람표' 9월 14일 井邑軍議.
436 姜沆, 「涉亂事迹」 『看羊錄』, 1600(이을호 역, 『간양록』 서해문집, 2005, 189~191쪽).
437 이순신, 『난중일기』, 만력 25년(1597) 10월 7일. 호남 지역에서 일본군이 완전 철수했음을 확인

주변에서 월동 장소를 찾다가 10월 29일(양 12월 7일)에 고하도로 진영을 옮겼던 것이다.

3. 노량해전의 경과와 역사적 의의

1) 노량해전의 배경

(1) 고금도 통제영과 조선 수군의 재건

1598년(선조 31) 2월 17일(양 3월 23일), 이순신은 통제영을 고하도에서 완도 우측의 고금도로 이동하였다.[438] 월동 장소였던 고하도는 장점도 있었지만, 약간 서해 쪽에 치우쳐 있기 때문에 남해안 작전에 부적절한 점과 섬이 좁고 경작지가 적어 백성을 수용할만한 여건이 안 되는 문제점이 있었다. 이순신은 고금도로 통제영을 옮긴 이유에 대해 다음과 같이 설명하였다.

> 고니시 유키나가는 (순천)예교曳橋에 주둔하고 있으며… 우리 수군은 멀리 나주 경내에 있는 고하도에 있으므로 낙안과 흥양 등의 바다에 출입하는 왜적이 마음 놓고 마구 돌아다녀 통분합니다.……고금도 역시 호남 좌우도의 내 · 외양을 제어할 수 있는 요충지로 산봉우리가 중첩되어 있고 후망이 잇대어져 있어 형세가 한산도보다 배나 좋습니다.……농장도 역시 많고 한잡인도 거의 1천 5백여 호나 되어 그들로 하여금 농사를 짓게 하였습니다.[439]

인용문에서 볼 수 있듯이 고금도는 농경지가 많아 군량 조달이 용이할 뿐 아니라 백성의 유입을 수용할 수 있는 넓은 섬이다. 또한 주변에 사방을 관망하기에 편리한

하였다.

438 『이충무공전서』 권9, 부록1, 李芬 撰 「行錄」, "戊戌年(1598二月十七日 移陣古今島."

439 『선조실록』 권98, 선조 31년 3월 계묘.

산이 있고, 지도智島와 조약도助藥島 등 섬들이 병풍처럼 둘러 있어 요충지의 요건을 갖춘 곳이다.

고금도로 통제영을 옮긴 뒤 조선 수군은 본격적인 재건 작업을 추진하였다. 그 내용은 대체로 강화교섭 시기 조선 수군이 추진했던 병력 충원, 군선 건조, 군량 모집, 무기 제조 및 군사 훈련 등과 비슷한 내용일 것으로 추정된다. 이 점에 대해서는 생략하기로 하고 과연 어느 정도 재건을 달성했는지에 대해 살펴보면 다음과 같다.

통제영을 고금도로 이동한 이후 전술한 바와 같이 제반 환경이 좋았기 때문에 유입된 인구가 많았고, 이로 인해 수군 병력도 자연스럽게 증원되었을 것으로 추정된다. 이런 상황은 아래와 같은 당시 사료를 통해서 확인해 볼 수 있다.

> 지세가 기이하고 또 그 곁에 농장이 있어 편리하므로 공은 백성들을 모아들여 농사짓게 하고 거기서 군량을 공급받았다. 그리하여 군대의 위세가 이미 강성해져서 남도 백성들로 공을 의지해 사는 자들이 수만 호에 이르렀고 군대의 장엄함도 한산도의 진영鎭營 때보다 열배나 더하였다.[440]

이 인용문의 수만 호는 다소 과장된 것으로 볼 수도 있지만, 전쟁 중인 상황에서 연해안으로 피난했던 백성들이 이순신 휘하로 모여들고 있었기 때문에 전혀 근거 없는 사실이라고 볼 수는 없다. 따라서 휘하 병력이 점차 증강되었을 것은 쉽게 예상해 볼 수 있다. 그리고 고금도 이동 이후에 영의정 유성룡이 군사가 8천인데 군량 부족이 염려된다고 한 언급을 통해서도 당시 병력이 적지 않았음을 추정해 볼 수 있다.[441]

병력 충원과 함께 가장 중요한 군선의 건조 상황은 고하도 시절부터 호남 각 지역에서 건조한 것이 1598년(선조 31) 2월까지 40여 척에 달한 사실이 확인된다.[442] 고금도로 이동한 이후에도 지속적으로 군선을 건조했기 때문에 노량해전 이전까지 건조

440 『이충무공전서』 권9, 부록1 李芬 撰 「行錄」.
441 유성룡, 『징비록』 권2(西厓先生記念事業會, 影印本 『西厓全書』, 1991, 권1, 613쪽).
442 『선조실록』 권97, 선조 31년 2월 정축.

한 군선 척수는 대략 80척에서 100척 사이라고 추정된다.[443]

노량해전 당시 군선 척수를 80척이라고 가정한다면 척당 120명이 승선했으므로 9,600명이 필요하고, 부속선에 탈 인원까지 합하면 대략 1만여 명으로 추정된다. 1597년(선조 30) 8월 이래 전선 13척 규모에서 불과 1년 만에 이 정도의 전력을 갖추게 된 것은 이순신의 지휘 역량에 의한 것이기도 했지만, 근본적으로 호남 연해 지방의 모든 민력을 수군에 집중했기 때문에 가능한 것이었다.

결과적으로 1598년(선조 31) 2월 중순에 고금도로 통제영을 이동한 것은 사회경제적 배경이 양호해진 의미는 물론이고, 고니시 유키나가의 진영인 예교성曳橋城으로부터 100여 리 떨어진 곳에 주둔함으로써 일본 수군의 작전에 대응할 수 있는 전략적 위치를 확보한 의미가 있다.

(2) 사로병진작전(四路竝進作戰)

노량해전의 배경을 이해하기 위해서는 사로병진작전四路竝進作戰에 대해 먼저 살펴볼 필요가 있다. 사로병진작전은 처음에 1597년(선조 30) 연말의 울산성 공략작전이 실패로 끝난 뒤에 경리 양호楊鎬가 제시한 것이었다.[444] 그 내용은 '조선의 지세가 각 지역이 서로 나눠져 있고 산수도 험조險阻하여 군사를 한 데 모으면 성공하기 어렵다. 따라서 제장이 각 지역의 전수戰守를 분담해서 책임지는 것이 좋겠다'는 것이었다. 군문軍門 형개邢玠 등이 동의하면서 이 작전이 채택되었고, 1598년(선조 31) 3월 하순에는 조선 조정에도 통보되었다.[445]

조선에 처음 통보된 때에는 동·중·서로 삼로三路 밖에 없었고 수군은 따로 편성되지 않았다.[446] 그러나 전술한 바와 같이 울산성 공략작전의 실패에 대한 반성 과정에

443 선조 33년(1600) 1월 체찰사 이항복의 보고에 의하면 당시 80여 척의 군선이 있었다. 전쟁이 끝난 후에 더 이상 군선을 건조하지 않았다고 가정하면, 노량해전에서 피해를 입은 군선 척수를 감안해서 100척을 최대 척수로 추정해 볼 수 있다.

444 諸葛元聲, 『兩朝平攘錄』(국학자료원, 영인본 『壬辰之役史料匯輯 3』, 1992), 163~166쪽.

445 『선조실록』 권98, 선조 31년 3월 정미.

446 『선조실록』 권98, 선조 31년 3월 갑인.

장양상동전마애비(경남 남해)
임진왜란 때 참전한 명나라 장수 이여송과
진린의 전승기념비로 노량해전 이후 쓰여진 것으로 보인다.

서 수로군이 반드시 필요하다고 인식하고 수로군을 따로 독립시켜 사로병진작전이 결정되었다. 사로병진작전은 전쟁을 조기에 종식시키고자 노력한 명나라의 적극적인 전쟁 노선에 따른 것이었다.

사로의 대장은 중로에 이여매李如梅, 동로에 마귀麻貴, 서로에 유정劉綎, 그리고 수로에 진린陳璘이 각각 맡기로 하였다. 후에 이여매가 그의 형 이여송이 전사한 뒤 그를 대신해 요동총병이 되자 동일원董一元으로 교체되었다.[447] 사로병진작전의 주요 경과를 살펴보면 다음과 같다.

이 작전이 본격적으로 시작된 것은 사로의 대장이 서울을 출발한 8월 18일(양 9월 18일)부터였다.[448] 수로대장水路大將 진린은 이보다 앞서 7월 16일(양 8월 17일)에 이순신 함대와 합류한 상태였다.

먼저 제독 마귀가 지휘한 동로군은 선봉장 해생解生과 유격 파귀頗貴 등이 경상우병사 김응서 군과 합류해 9월 중순에 울산의 도산성을 다시 한 번 포위하였다.[449] 그러나 잠시 가토 기요마사 군과 대치하던 마귀는 곧 도산성에 대한 포위를 풀고 경주와 영천 지역으로 후퇴를 거듭하였다.[450]

제독 동일원이 지휘한 중로군은 경상우도 지역으로 진격하였다. 다른 지역과 달리 중로군은 작전 초기에 적지 않은 전과를 거두며 연이어 승전보를 전해 왔다. 즉, 중로군은 성주와 고령을 거쳐 9월 18일(양 10월 17일)에는 진주를 지나고 28일(양 10월

447 諸葛元聲, 『兩朝平攘錄』(국학자료원, 영인본 『壬辰之役史料匯輯 3』, 1992), 166쪽.
448 『선조실록』 권103, 선조 31년 8월 신미.
449 徐仁漢, 『壬辰倭亂史』, 국방부 전사편찬위원회, 1987, 255~256쪽.
450 『선조실록』 권105, 선조 31년 10월 임신.

27일)에는 사천성泗川城을 포위 공략하려 하였다. 그러나 중로군과 맞선 일본군은 효용驍勇으로 유명한 시마즈 요시히로였다. 시마즈는 거짓으로 패하는 척하면서 병력을 사천 신성으로 집중하였고, 서둘러 공격을 감행해 온 동일원과 맞대결을 펼쳐 1만여 명을 살상하는 큰 승리를 거두었다.[451] 그리고 중로군의 이 패전은 서로의 유정 등이 전의를 상실하고 후퇴하게 만든 계기가 되었다.

제독 유정이 지휘한 서로군은 순천의 예교성에 주둔한 고니시 유키나가 군을 공격하기 위해 9월 중순에 현지에 도착하였다. 서로군은 고니시 군을 공략하기 위해 다른 곳과 달리 진린의 수로군과 합동작전을 펼치기 위해 대치중이었다. 당시 진린의 수로군은 전라좌수영을 거쳐 예교성 바로 앞에 있는 유도柚島를 점거하고 주둔하였다.[452]

유정의 서로군은 예교성 근처에 주둔하면서 최초에는 고니시를 유인 생포하는 작전을 폈으나 실패하고, 이후 수륙합동으로 예교성을 공략하기로 계획하였다. 그러나 유정은 처음부터 예교성을 적극적으로 공격할 생각이 없었다. 동로군의 마귀와 유정 등이 이와 같이 소극적인 태도로 나온 것은 이미 도요토미 히데요시의 사망 소식이 전해졌기 때문에 전쟁이 곧 끝날 것이라는 정세 판단에 의한 것이었다.

이런 상황 때문에 유정이 표면적으로 '적을 일거에 섬멸하겠다'고 공언했

예교성(순천 왜성)

451 『선조실록』 권105, 선조 31년 10월 경신.
452 이순신, 『난중일기』, 만력 26년(1598) 9월 15일 20일.

을 때, 이것이 진심이 아니라는 것을 조선 조정도 정확히 알고 있었다.[453] 서로군은 9월 20일(양 10월 19일)과 22일(양 10월 21일)에 걸쳐 수로군과 합동작전을 펼치며 예교성을 공격했으나 실패하였다. 이후 서로군은 전투를 중지했다가 10월 1일(양 10월 30일)부터 3일(양 11월 1일)까지 다시 공격에 나섰지만 이때도 유정은 소극적인 태도로 일관하였다. 이와 같은 유정의 무성의한 태도로 인해 수륙합동작전에 의한 예교성 공략은 실패하였고, 결국 유정은 포위를 풀고 부유창富有倉으로 퇴각하였다.[454]

예교성 근처로 물러난 유정은 10월 중순 이후 고니시 측과 강화 협상을 벌여, 고니시 군의 철군을 허락하는 대가로 예교성과 수급 1천 개를 받기로 약속하였다.[455] 더 나아가 유정은 일본군의 요구에 응해 군량과 무기 등의 통상通商까지 허락하여 양 진영 사이에는 인적 물적 교류가 진행되었다.[456]

결국 사로병진작전은 수로군의 진린을 제외한 나머지 대장들의 작전 실패와 소극적 대응으로 인해 목표를 달성하지 못하고 실패로 끝났다. 다만 수로군의 진린은 이순신과 함께 적극적으로 예교성 공략 작전에 임했다가 마지막 노량해전까지 함께했는데 그 과정은 다음과 같다.

2) 노량해전의 주요 경과

1598년(선조 31) 10월 초순, 유정이 예교성 공략작전을 중단하면서 수로군의 진린과 통제사 이순신은 수군 단독으로 예교성(순천왜성) 공략작전을 계속하였다. 그러나 수군 단독으로 예교성을 함락시킬 수 없었기 때문에 다음 단계로 고니시 군의 퇴로를 차단하는 봉쇄작전에 돌입하였다. 이러한 해로차단전술은 고니시 군이 해로를 통한 철수를 선택할 수밖에 없는 상황이었기 때문이다. 즉, 순천에서 경상도를 거쳐 부산까지 육로를 이용하면 거리가 멀 뿐 아니라 중간에 조선군에게 습격을 당할 우려도

453 『선조실록』 권102, 선조 31년 7월 임인.
454 趙慶男, 『亂中雜錄』, 무술년(1598) 10월 7일.
455 北島万次, 『豊臣秀吉の朝鮮侵略』, 吉川弘文館, 東京, 1995, 254~255쪽.
456 『선조실록』 권107, 선조 31년 12월 기미.

있었다.[457]

고니시 군은 유정과의 강화 협상으로 육전을 회피하는 데 성공했지만, 해로를 통한 철수는 진린과 이순신의 조·명 연합수군에 의해 제동이 걸렸다. 철군 기한인 11월 중순이 되자 고니시는 여러 차례 부산 쪽으로 구원을 요청하는 선박을 파견하였으나 번번이 연합수군에 의해 저지당하고 말았다.

상황이 이렇게 되자 고니시는 철군을 성사시키기 위해 진린과의 협상을 모색하였다.[458] 이 협상 결과에 대한 정확한 내용은 알 수 없지만, 결과적으로 고니시 군이 진린의 퇴로 허용 약속을 받는데 실패한 것으로 추정된다.[459] 또 다른 한편으로 고니시는 이순신에게도 뇌물을 전달하며 퇴로 허용을 요청하였으나, 일언지하에 거절당하고 말았다.

노량해전은 이러한 상황에서 출발하였다. 즉, 궁지에 몰린 고니시는 주변의 사천과 남해 등지에 주둔 중인 일본군에게 구원을 요청하는 것 외에 달리 선택할 방안이 없었다. 그러나 전술한 바와 같이 조·명 연합수군이 봉쇄하고 있는 해역을 통과해서 구원을 요청하는 것도 쉽지 않았다.[460] 결국 고니시는 진린 측에 뇌물을 써서 전령을 남해 쪽으로 보내 구원을 요청할 수 있었다.[461]

이 사실을 알게 된 이순신은 장수들과 대책을 논의하였다. 논의 결과, 고니시 군을 구원하기 위해 구원군이 온다면 조·명 연합수군은 앞뒤로 적에게 포위될 위험이 있기 때문에 예교성의 고니시 군을 그대로 두고 우선 구원군부터 공략하기로 작전을 세웠다. 이순신은 이 사실을 진린에게 통보했다. 진린 역시 고니시와 협상이 결렬된 상

---

457 『이충무공전서』 권13, 부록5, 「紀實 上」, "劉綎·權慄 亦據曳橋西北而分兵 截蟾津陸路 以斷泗川聲援 相守數月 行長果粮竭勢窘."

458 이순신, 『난중일기』, 만력 26년(1598) 11월 14일~16일.

459 北島万次, 앞의 책, 1995, 254쪽에 의하면 진린이 퇴로 허용 대가로 예교성을 요구하자 고니시 측은 이미 유정에게 넘기기로 약속된 사실을 말하고 대신 남해성을 제시했다. 이에 진린이 거부 의사를 밝혔다고 한다.

460 『이충무공전서』 권13, 부록5 「紀實 上」에 의하면, 고니시는 두 차례나 선발대 10여 척을 보냈다가 이순신에게 격퇴 당하였다.

461 『이충무공전서』 권13, 부록5 「紀實 上」; 安邦俊, 『隱峰全書』 권7, 「露梁記事」, "賊因請送人于 嶺南諸帥 與之俱還 都督不禁 小船乃出."

태였기 때문에 구원군의 협공을 받을 수 있다고 판단하고 이순신과 함께 노량해전에 나서게 되었다.[462] 이로써 1598년(선조 31) 11월 18일(양 12월 15일)과 19일, 이틀 동안의 노량해전이 시작되었다.

먼저 노량해전에 참전한 양측의 전력을 비교해 보면 다음과 같다. 먼저 조·명 연합수군은 진린이 거느린 명나라 수군이 200여 척이고,[463] 여기에 이순신이 거느린 조선수군의 전선 80~100여 척을 더한 것이 전체 세력으로 추정된다. 반면 일본 구원군은 사천의 시마즈 요시히로와 남해의 소오 요시토시, 다치바나 무네시게, 그리고 부산에 주둔했던 데라자와 마사나리와 다카하시 무네마스 등이 거느린 500여 척의 대규모 세력이었다.[464]

이순신은 일본 함대가 노량해협을 통과해 올 것을 예측하고 진린에게 연합수군을 이동시켜 이 해협에서 막아 지키다가 일본 구원 함대를 요격하자는 작전계획을 전달하였다.[465] 이후 조·명 연합수군은 11월 18일(양 12월 15일) 밤에 유도柚島를 떠나 노량해협으로 이동하였다. 이때 진린 함대는 노량해협 좌측에 있는 곤양의 죽도竹島 부근에 대기하였고, 이순신 함대는 해협 우측인 관음포 위쪽에서 일본군을 기다렸다.[466]

노량해전은 11월 19일(양 12월 16일) 새벽 미명未明을 전후해서 양측 함대가 노량해협 입구 부근에서 조우하면서 시작되었다. 최초의 교전 상황은 조·명 연합수군이 노량해협으로 전진하다가 일본 함대와 마주쳤고, 일본 함대가 먼저 조총으로 공격을 가하면서 전투가 시작되었다고 한다.[467]

이렇게 시작된 노량해전은 초반에 조·명 연합수군이 화공을 펴면서 일본 함대가

462 安邦俊, 『隱峰全書』 권7, 「露梁記事」, "則言于都督 都督亦大驚自責 兩師俱蓐食潛."

463 이순신, 『난중일기』, 만력 26년(1598) 9월 30일 일기에 의하면 이날 합류한 왕원주(王元周등은 병력이 6,000여 명이었다. 이들이 100여 척이었으므로 진린(陳璘휘하의 명나라 수군은 최대 200여 척 정도로 추정해 볼 수 있다. 諸葛元聲, 『兩朝平攘錄』에는 이들을 포함하여 13,000여 명에 수백 척이라고만 기록하고 있다.

464 (日本)参謀本部, 『日本戰史 朝鮮役』「本編」, 1924, 417쪽 ; 有馬成甫, 『朝鮮役水軍史』, 1942(民俗苑, 1992년 재간행본), 275쪽.

465 『선조실록』 권109, 선조 31년 2월 임자.

466 趙慶男, 『亂中雜錄』, 무술년(1598) 11월 19일.

467 安邦俊, 『隱峰全書』 권7, 「露梁記事」.

타격을 입고 크게 불리한 상황이 되었다.[468] 이날의 화공은 11월 중순, 겨울에 부는 북서풍을 이용해 바람을 등진, 즉 풍상에 위치한 조·명 연합수군이 풍하에 위치한 일본 함대를 공략할 수 있는 가장 확실한 전술이었다.

조·명 연합수군의 화공에 타격을 입은 일본 함대는 전투를 계속하면서 한편으로 퇴로를 찾아 남해도 연안을 따라 내려가다가 관음포 포구 안으로 함대를 이동하였다. 일본 함대는 이곳을 남해도를 돌아 나가는 해로로 착각하고 포구로 진입했던 것이다. 그러다가 19일(양 12월 16일) 아침, 날이 밝자 관음포 안에 갇힌 사실을 알게 된 일본 함대는 일부가 남해도로 상륙하여 도주하기도 했지만 대부분 포구를 탈출하기 위해 죽기를 각오하고 해전에 임하게 되었다. 이후 조·명 연합수군, 특히 이순신 함대는 우세한 화력을 바탕으로 격렬한 전투를 벌여 일본군에게 큰 타격을 가하면서 이들을 궁지로 몰아갔다.[469]

이런 상황 때문에 노량해전은 조선-일본 전쟁 해전사상 가장 격렬한 전투 양상으로 전개되었다. 노량해전은 한 마디로 격전이자 혼전이었다. 예를 들어 진린의 배에 일본군이 뛰어 올라 칼을 휘두르자 진린의 아들 구경九經이 몸으로 이를 막다가 부상을 입었고, 이처럼 진린이 위기에 처하자 이순신이 일본의 대장선을 공격하여 진린의 포위를 풀어주었고, 반대로 이순신이 위험에 빠지자 진린이 구해주었다고 한다.[470]

결국 이 해전은 11월 19일(양 12월 16일) 정오경까지 계속되었다. 결과는 화력과 군선 면에서 우세했던 조·명 연합수군의 대승으로 끝났다. 조·명 연합수군이 거둔 전과는 일본 군선 200여 척 분멸焚滅(불태워 없앰), 100여 척 나포, 그리고 500여급 참급斬級과 익사자는 부지기수로 조선-일본 전쟁 해전사상 가장 큰 규모였다.

반면에 20세기 초에 나온 일본측 연구 성과들은 노량해전의 피해 규모를 언급하지 않고, 다만 시마즈 등의 도움으로 고니시 군이 무사히 탈출하여 귀국함으로써 전쟁이 끝났다는 식으로 노량해전에 대해 애써 외면하는 태도를 보이고 있다.[471] 그러나 한편

---

468 趙慶男, 『亂中雜錄』, 무술년(1598) 11월 19일.

469 『이충무공전서』 권13, 부록5 「紀實 上」, "兩軍亂投薪火延燒賊船 賊不能支退入觀音浦港口 天已曙矣賊旣入港而後無歸路 遂還兵殊死戰 諸軍方乘勝蹙之."

470 『이충무공전서』 권13, 부록5 「紀實 上」.

471 有馬成甫, 『朝鮮役水軍史』, 海と空社, 1942, 267쪽 ; (日本)參謀本部, 『日本戰史 朝鮮役』「本編」,

관음포 이충무공 전몰 유해지(경남 남해)
첨망대에서 본 바다, 임진왜란의 마지막 격전지로 이순신 장군이 순국한 곳이다.

으로 당시 전투에서 일본 수군이 고전했고 사상자도 많았으며, 퇴각하던 중 암초에 걸쳐 많은 함선이 파괴되는 등 피해가 컸다고 서술한 예도 있다.[472] 결국 당시에도 노량해전에서 큰 피해를 입은 사실을 간접적으로나마 시인한 것으로 볼 수 있다.

전술한 바와 같이 해전이 격렬한 혼전 양상을 띠었기 때문에 조선 수군의 피해도 적지 않았다. 해전 중에, 통제사 이순신이 근거리에서 날아든 총탄을 흉부에 맞아 전사하였다. 또한 그와 함께 순절한 휘하 장수들도 10여 명을 헤아릴 정도로 많았다.[473] 대표적인 예를 들면 가리포첨사 이영남李英男, 낙안군수 방덕룡方德龍, 흥양현감 고득장高得蔣 등이 전사하였고, 뒷날 제5대 통제사가 된 유형柳珩도 이 해전에서 적의 탄환을 여섯 발이나 맞았다고 한다.

반면에 진린 함대에서는 노장老將 등자룡鄧子龍 외에 부장 진천陳蚕의 중군 도명재陶明宰가 전사한 것만 확인된다.[474] 노량해전이 격전이었던 것에 비해 명군의 전사상자가 적었던 것은 노량해전에서 선봉에 나가 혈전을 벌인 주체가 이순신이 이끈 조선

1924, 418~419쪽.

472 (日本)參謀本部, 『日本戰史 朝鮮役』「本編」, 1924, 418~419쪽.

473 20세기 초에 추가된 『이충무공전서』의 16권 「동의록」을 분석하면 전체 전사자의 30% 이상이 노량해전에서 전사한 것으로 나타난다.

474 諸葛元聲, 『兩朝平攘錄』(국학자료원, 影印本 『壬辰之役史料匯輯 3』, 1992), 184쪽.

수군이었다는 사실을 증명한다고 볼 수 있다.

3) 노량해전의 역사적 의의

노량해전을 끝으로 조선-일본 전쟁 7년 전쟁이 마무리되었다. 전쟁 마지막 해에 진행된 사로병진작전이 명군 장수들의 무성의와 소극적인 태도로 실패한 가운데, 유일하게 조·명 연 합작전이 성공을 거둔 노량해전의 역사적 의의를 정리하면 다음과 같다.

노량해전 직후 전쟁이 종료될 무렵, 명군 지휘부는 일본군이 철수한 11월 중순 이후 일본군이 떠나고 빈 성들을 점령하면서 대승을 거둔 것으로 과장하여 본국 조정에 보고하면서 이런 사실을 조선 조정에도 통보해 왔다.[475] 이와 같은 명군의 태도에 대해 선조와 조선 조정은 실망하지 않을 수 없었다. 이런 상황 때문에 선조는 진린陳璘이 노량해전 이후 올린 전과 보고에 대해서도 터무니없는 과장이 아닌가라는 의문을 표시한 바 있다.[476]

오히려 사로병진작전이 별다른 성과 없이 끝난 가운데, 노량해전을 통해 유일하게 조·명 연합작전이 성공을 거두었을 뿐 아니라, 특히 조선 수군이 승리에 결정적인 역할을 했기 때문에 노량해전 승리의 역사적 의의는 더욱 커질 수 있었다. 이 점은 노량해전 이후 선조가 아래와 같이 언급한 바를 통해서도 확인할 수 있다.

> 왜적이 명군과의 전투에서 승리한 뒤에 까닭 없이 일시에 물러갔으니 사세로 보건대 그럴 리가 없다. 그러나 해상에서의 승리는 왜적의 간담을 서늘하게 하기에 충분하였으니 이는 조금 위안도 되고 분도 풀린다.[477]

요컨대 노량해전은 조선-일본 전쟁의 마지막 전투로써 일본군이 스스로 전쟁을 끝

---

475 『선조실록』 권106, 선조 31년 11월 갑진.
476 『선조실록』 권109, 선조 32년 2월 임자.
477 『선조실록』 권106, 선조 31년 11월 경술.

내고 철군하려 할 때 그 퇴로를 막고 일격을 가한 쾌승이자 대승이었다. 이 해전은 조선-일본 전쟁 전체의 승패 문제에도 영향을 끼쳐 조선후기에 조선에서는 조선-일본 전쟁이 결코 패배한 전쟁이 아니라는 인식을 갖게 하였다. 그리고 이와 함께 주변 국가인 명과 일본에게 조선은 수군이 강한 나라라는 인식을 갖게 하기에 충분한 결과였다고 볼 수 있다.

조선-일본 전쟁 전체를 통해 볼 때, 조선 수군은 첫 해 해전에서 연전연승을 거둠으로써 위기에 빠진 전쟁 국면을 전환시키는 역할을 하였다. 이후 강화교섭이 진행되는 동안 어려움 속에서도 전력을 강화하기 위해 노력하였으나, 칠천량해전의 패배로 인해 궤멸적인 타격을 입고 수군 폐지와 해전 포기의 위기까지 몰렸다. 그러나 조선 수군은 통제사로 재임명된 이순신을 중심으로 두 달 만에 명량해전에서 극적인 승리를 거둠으로써 조선 수군이 재건되는 계기를 마련하였고, 1년여 뒤 전쟁 말미에 벌어진 노량해전에서 다시 한 번 큰 승리를 거둠으로써 조선-일본 전쟁(임진왜란)의 대미를 승리로 장식하였다. 또한 조선-일본 전쟁 시기 수군의 승리는 조선 후기의 국가방위 체제에도 영향을 끼쳐 17~8세기까지 해양방위체제가 강화되고 유지되는 데 영향을 미쳤다고 볼 수 있다.

제3장

조선–청 전쟁 (정묘 · 병자호란)과 군사제도의 정비

제1절 광해군대 군사제도의 정비

제2절 인조 초기 대청방어체제의 재정비

제3절 조선–후금 전쟁과 군사체제의 정비

제4절 조선–청 전쟁(병자호란)과 조선의 군사적 대응

제5절 조선–청 전쟁(정묘 · 병자호란) 전후의 전술 변화

제1절

광해군대 군사제도의 정비

1. 여진족의 대두와 조선의 군사적 정비

1) 17세기 初 여진족의 대두

명나라 중심의 동아시아 국제질서는 16세기 후반에 접어들면서 명나라의 주변 지역을 중심으로 점차 요동치기 시작하였다. 명의 동아시아 패권체제에 대한 도전으로 야기된 1592년(선조 25) 일본의 조선 침략은 변화하는 동아시아 국제질서를 대표적으로 보여주는 사건이었다. 이러한 변동의 과정에서 남만주 일대 여진의 여러 세력들도 점차 독자적인 세력을 형성하였다. 그 과정에서 여러 부족 간의 세력 충돌이 나타나기 시작하였는데, 그중에서 특히 1580년대 건주좌위의 실권자로 등장한 누르하치의 움직임은 매우 주목되었다. 누르하치는 1583년 5월 그의 부조의 원수를 갚는다는 명분으로 군사를 일으켜 멀리 떨어진 부족과는 화친하되, 가까운 부족은 무력으로 정복하기 시작했다.[1] 1586년에는 니칸 와일란의 소극소호 부족을 복속시키고, 1587년에는 소자하 부근의 흥경興京(현재의 요녕성 신빈新賓)에 성을 축조하였다. 1588년에는 파저강 일대의 동고부족을 끝으로 누르하치는 건주 5부를 통일하여 소자하에서 남쪽

1 임계순, 『청사 : 만주족이 통치한 중국』, 신서원, 2000, 24쪽.

으로는 파저강 일대까지 이르는 영역을 확보하였다.[2]

누루하치 초상

1592년(선조 25) 제1차 조선-일본 전쟁의 발발로 명나라 군의 요동 지역 증강과 조선 파병으로 인해 전쟁 기간 중 누르하치의 팽창은 일시 완화되었으나,[3] 1593년에는 자신을 견제하고자 공격한 해서海西 여진을 물리치고 장백산 3부部(눌은부訥殷部, 주사리부朱舍利部, 압록강부鴨綠江部)를 병합하여 만주 일대에 대한 지배력을 점차 장악해 나갔다.[4] 누르하치는 제1차 조선-일본 전쟁 초기인 1592년 9월 위기에 처한 조선에 원병을 보내주겠다는 제안을 하기도 하였으나 누르하치의 의도를 의심한 조선에 의해 거부되었다.[5] 누르하치의 원병 제안을 계기로 조선은 건주여진의 적극적인 움직임에 대해 주의를 기울이기 시작하였다. 1595년(선조 28) 유성룡을 경기, 황해, 평안, 함경도 4도도체사로 임명한 것과 조선-일본 전쟁(임진왜란) 중 북부 지역의 군사조직, 관방 시설 등 주요 군사제도를 정비한 것은 이를 반영한 것이었다.

조선-일본 전쟁 기간 중 다소 소극적이었던 건주여진의 군사 활동은 종전 직후부터 다시 적극적으로 변하기 시작하였다. 누르하치는 군사 활동을 재개하여 요동의 해서여진과 야인여진의 여러 부족에 대한 공략을 본격화하였다. 구체적으로 누르하치는 1599년~1601년 사이에 해서 여진의 하다부[哈達部]를 완전히 복속시켰고 이후 1607년(선조 40)에는 호이파부[輝發部]를 공격하여 병합하였다. 특히 광해군 초기인 1609년(광해군 1) 건주여진과 경쟁을 하며 조선을 위협하던 함경도 건너편의 해서여

2 김종원, 『근세 동아시아관계사 연구』, 혜안, 1999, 30쪽.
3 계승범, 「임진왜란과 누르하치」 『임진왜란 동아시아 삼국전쟁』, 휴머니스트, 2007, 362쪽.
4 김두현, 「청조정권의 성립과 전개」 『강좌 중국사』 4, 지식산업사, 1989, 147~149쪽.
5 한명기, 「임진왜란 시기 류성룡의 외교활동」 『류성룡의 학술과 경륜』, 태학사, 2008, 288~289쪽.

진인 홀온忽溫 세력을 종성 건너편의 문암 전투에서 승리하면서 완전 복속하였다.[6] 이를 계기로 누르하치는 예허부葉赫部를 제외한 해서여진의 3부족을 완전 통일하였고 특히 해서여진 부족이 보유하였던 명나라와의 무역권도 장악하였다. 이 전투의 승리를 통해 누르하치는 영고탑寧古塔(현재의 닝안寧安)을 점령함으로써 건주위를 넘어 군사 원정까지 수행할 수 있는 노동력과 군사력을 갖추게 되었다.[7] 누르하치의 건주여진 세력은 이제 명나라와 조선에 직접적인 위협이 되었다.

1611년(광해군 3)이 되면 누르하치의 건주위 세력은 조선에 직접적인 위협을 가하기 시작하였다. 광해군 3년 8월 건주위의 군병이 두만강을 건너 경원의 아산보阿山堡 경내에 들어와 조선의 영향력 아래에 있던 번호藩胡 부락을 수색하고 노략하기도 하였다.[8] 특히 1613년(광해군 5) 초 누르하치가 군병을 거느리고 홀온의 근거지를 함락시키고 홀온 추장이 도주하면서 건주위 세력이 두만강 및 압록강 상류 지역의 지배권을 장악한 이후 건주위 세력의 조선에 대한 본격적인 위협이 시작되었다. 1616년(광해군 8) 2월 종성과 그 일대에 다수의 건주위 군사가 출현하여 번호 부락을 공격하기도 하였다. 이 공세로 번호 세력은 다수가 건주위에 복속되고 이들은 조선의 영향력이 미치지 않는 북쪽 지역으로 강제 이주되었다.[9] 그 이전 주변 여진족의 정보를 알려주던 번호가 약화되면서 조선의 여진에 대한 영향력은 급속히 약화되었다. 변화된 북방의 정세 속에서 이제 조선에서도 일본군에 대한 기존 대비책과 함께 여진족의 침입에 대한 대비책을 아울러 세우기 시작하였다.

2) 대 여진 방어 전략과 방어 체계의 정비

조선-일본 전쟁 초기 누르하치의 원병 파견 제안을 계기로 건주여진의 군사적 능력에 대해 재인식한 조선은 채삼採蔘사건 등을 계기로 건주여진과 교섭을 유지하면서

---

6 한명기, 『임진왜란과 한중관계』, 역사비평사, 1999, 225~229쪽.
7 임계순, 앞의 책, 2000, 25쪽.
8 『광해군일기』 권44, 광해군 3년 8월 기묘.
9 『광해군일기』 권100, 광해군 8년 2월 갑자 ; 『광해군일기』 권100, 광해군 8년 2월 무진.

이들의 전력을 포함한 자세한 정보를 파악하고자 노력하였다. 대표적인 사례로 1595년(선조 28) 12월 남부주부南部主簿 신충일을 건주여진의 근거지인 흥경노성興京老城에 파견하여 교섭하도록 하고 아울러 건주여진의 여러 제도 등에 대한 정보를 입수하게 한 것을 들 수 있다.[10] 이후에도 이러한 노력은 계속되었다.

조선-일본 전쟁 중 조선의 대여진 방어 전략은 기본적으로 여진 기병의 돌격에 대비하여 성곽을 수축하고 여기에 각종 화기를 사용하여 저지한다는 단순하고 소극적인 것이었다. 이는 여진족 특유의 공성전술에 대응하기 위한 것이었다. 여진족의 공성전술은 유성룡의 다음 언급에 구체적으로 잘 나타나 있다.

> 북쪽 오랑캐가 성을 공격하는 것은 남방의 적병과는 다른 점이 있습니다. 북쪽 오랑캐는 매번 말 위에서 군사마다 한 부대의 흙을 가지고 한꺼번에 함께 몰려 와서 성 아래에 흙을 쌓으면 잠시 동안에 성 높이와 같이 편편해지므로, 사람과 말이 이를 밟고서 성을 넘어가게 됩니다. 다만 병졸들이 모두 철갑을 입었고 말도 갑옷을 입었기 때문에 화살이 이에 상처를 줄 수 없으므로 만약 화기가 아니면 이를 제압할 수 없습니다.[11]

이 글에서 보듯이 조선의 기존 성곽 구조와 수성 전술로는 군사와 전마가 철갑으로 방호되고 기병의 기동성을 활용한 여진족의 성곽 공격을 저지하기 어렵다는 것을 알 수 있다. 따라서 관통력이 높은 화기를 이용하여 원거리에서부터 이들을 저지하는 것이 절대적으로 필요하였다. 이를 위해서는 기존의 성곽 제도가 화기를 이용하기 편리하도록 새로이 정비될 필요가 있었다. 당시 조선의 성곽은 성벽과 성가퀴의 높이가 낮아서 적군의 화살과 돌이 성 위에 쏟아지면 성을 지키는 군사들이 머리를 내밀지 못하므로 적이 성 아래에 쉽게 도달하게 되는 문제점이 있었다. 따라서 조선-일본 전쟁 중 소개된 중국과 일본의 성제城制를 도입하여 현안懸眼과 곡성曲城 등을 성곽에 추가로 설치하고 포루砲樓를 설치하여 각종 화기를 편리하게 사격할 수 있도록 하는

10 『선조실록』 권71, 선조 29년 정월 정유.

11 『군문등록』 을미 11월 26일, "北虜 則每於馬上 人持一帒土 一時俱進 積於城下 則頃刻 與城平 而人馬踐踏踰越 但兵皆鐵甲 馬亦被甲 故弓箭 不能傷 如非火器 則不可制."

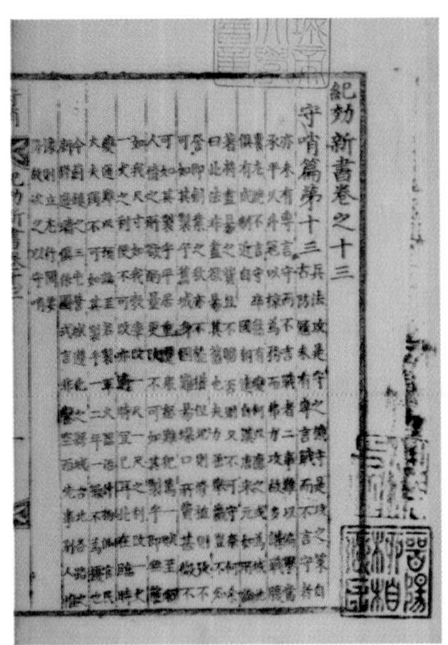

「기효신서」 수초편(규장각한국학연구원)

방안이 강구되었다.[12]

이 시기 화기를 중시한 수성 위주의 전법이 채택된 것은 당시 조선이 일본과 대치하고 있었으므로 여진에 대해 공세적인 전략을 채택하기 어려운 상황과 밀접한 관련이 있다. 이와 함께 일본군의 전술에 대응하기 위해 절강병법을 도입함에 따라 포수와 살수를 중심으로 한 보병 위주의 군사 편성과 전법을 채택하였으므로 야전에서 여진 기병의 돌격에 맞대응하기 곤란한 상황과도 관련이 있다. 특히 전란을 거치면서 각 지역 목장의 말들이 거의 다 고갈되어,[13] 기병 중심의 『진법』의 전술을 구사하기도 매우 어려운 상황이었다. 여진족들이 아직 화기를 보유하지 않았으므로, 정비된 성곽에 화기를 배치하여 여진 기병을 방어하는 전술만으로도 충분히 이들을 저지할 수 있었다. 이러한 방어 전략의 채택에 따라 광해군대 초부터 북방의 주요 지역에 다수의 성곽을 수축하기 시작하였다.

광해군 전반기 평안도 방어를 위해 정주, 안주, 평양, 성천, 영변, 구성 등의 내지 요해지를 중심으로 방어 체계가 정비되기 시작하였다.[14] 1608년(광해군 즉위년) 8월 비변사에서는 정주, 안주성과 곽산과 숙천 두 지역의 산성을 정비하도록 요청하였다. 그리고 평안도의 주진主鎭인 평양, 영변의 방어체계를 점검하고 추가적인 축성을 통해 영변성의 방어력을 높이도록 하고 그 수성 전법은 『기효신서』「수초편守哨篇」에 따라 시행하도록 하였다. 아울러 자산산성과 용강의 공룡성의 방비를 강조하였다.[15] 이듬해 8월에는 정주, 안주, 영변, 평양, 곽산의 능한산성 축조가 강조되었

12 『선조실록』 권68, 선조 28년 10월 신유.
13 『선조실록』 권121, 선조 33년 정월 무오.
14 광해군 초기 평안도 지역 방어 체제 정비에 대해서는 장성진, 「광해군 시대 국방 정책 연구」, 국방대학교 석사학위논문, 2008, 24쪽 참조.
15 『광해군일기』 권7, 광해군 즉위년 8월 신미.

다.[16] 1611년(광해군 3)에는 한교가 평양, 성천, 영변, 안주, 구성 등에 5진관을 설치하여 서로 구원하여 성세를 서로 의지하며 이 다섯 지역을 반드시 방어할 것을 주장하였다.[17] 광해군 전반기 평안도 주요 요해지에 대한 방어 시설 정비와 방어체계에 대한 논의는 기본적으로 유성룡의 관방론에 영향을 받은 것이었다. 유성룡은 안주와 영변을 서로 의지하게 하여 적군이 평안도 내지 지역 깊숙이 들어오지 못하도록 할 것과 안주성 축성을 강조하였다. 이와 함께 유성룡은 자비령을 통해 내지로 들어오는 적군을 막고 평양과 함께 대동강 유역에서 적군을 막기 위해 성천 지역 방어를 강조하였다.[18] 아울러 평안도 후방인 황해도의 황주 지역 방어를 강화하기 위해 광해군 전반기 황주 읍성 개축과 병영으로의 승격이 이루어졌다.[19]

광해군대 초기 함경도 지역의 방어는 압록강 상류 북쪽에 근거지를 가진 건주위 여진의 위협이 증가함에 따라 삼수三水, 갑산甲山의 중요성이 커졌다. 이는 건주위 세력이 폐사군 지역에서 삼수의 별해別害로 진출하여 곧장 함흥을 공격할 경우 함경도 남부 지역에 직접적인 위협이 될 가능성이 매우 높았기 때문이다. 따라서 그 배후지역인 단천端川 이남 지역의 방어 체제 정비가 필요했다.[20] 내지 방어를 위해 1610년(광해군 2)을 전후하여 함경도 감영이 있던 함흥 일대에 대한 방어 태세 강화에 착수하여 함흥 읍성의 개축과 추가 축성이 추진되었다. 아울러 감영 소속 속오군의 조련 강화와 군관 증원이 이루어졌다.[21] 삼수, 갑산에서의 위협에 대응하기 위해 함흥 후방의 정평 지역 방어의 중요성이 강조되기도 하였다.[22]

북방 지역 방어 체계의 정비와 함께 광해군 초기에는 한성 일대의 수도권 방어 체계의 정비에도 착수하였다. 이를 위해 여주의 파사산성과 죽산의 산성, 수원 독성 등

---

16 『광해군일기』 권19, 광해군 원년 8월 갑인.

17 『광해군일기』 권39, 광해군 3년 3월 기사.

18 『군문등록』, 을미 10월 19일, 移平安道巡察使節度使文 ; 『군문등록』, 병신 2월 초5일, 移平安道兵馬節度使文.

19 고승희, 「조선후기 황해도 내지 방어체계」 『한국문화』 38, 2006, 394쪽.

20 『광해군일기』 권7, 광해군 즉위년 8월 경오.

21 광해군 초기 함경도 내지 지역 방어 체계 정비에 대해서는 노영구, 「조선후기 함경 남도 간선 방어 체계」 『한국문화』 36, 2005, 378~380쪽 참조.

22 『광해군일기』 권35, 광해군 2년 11월 기미.

파사산성(경기 여주)
남한강 동측 강변에 위치한 산성으로 선조 때 수축하였다 한다.

한강 이남 지역의 방어 체계를 집중적으로 정비하였다.[23] 아울러 한강에 별영別營을 다시 설치하고 장수를 배치하여 한강 일대 방어체계를 강화하였다.[24]

1613년(광해군 5) 홀온 세력을 복속시켜 두만강과 압록강 상류 지역까지 판도를 넓힌 누르하치의 건주위는 이제 본격적으로 요동 지역의 명나라 판도로 세력을 확장하기 시작하였다.[25] 1610년(광해군 2) 요양 공격을 시작으로 영안보寧安堡(1612, 광해군 4), 청하보淸河堡(1615, 광해군 7) 등 명나라의 요동 지역 외곽 거점이 함락되었다. 여러 차례의 전투를 통해 북으로 흑룡강黑龍江 중하류와 우수리강 유역까지, 동으로는 조선의 육진, 남으로는 압록강 중류인 관전寬甸, 서쪽으로는 요동변장遼東邊墻에 이른 건주위는 1616년(광해군 8) 정월, 국호를 대금大金으로 정하고 본격적으로 명나라에

23 『광해군일기』 권24, 광해군 2년 정월 무자 ; 『광해군일기』 권26, 광해군 2년 3월 임인.
24 『광해군일기』 권71, 광해군 5년 10월 갑인.
25 누르하치의 요동의 명나라 거점으로의 진출은 선조 38년(1605) 명나라와 조선의 압록강 하류 일대에 건설하였던 명나라의 6개 보를 요동의 군사책임자인 이성량이 포기한 것과도 밀접한 관련을 가지고 있다. 이 영토 포기 사건을 계기로 누르하치의 요동 지역 진출은 촉진되었다(황지영, 「이성량사건을 통해 본 17세기 초 요동 정세의 변화」 『조선시대사학보』 21, 2002, 11~15쪽).

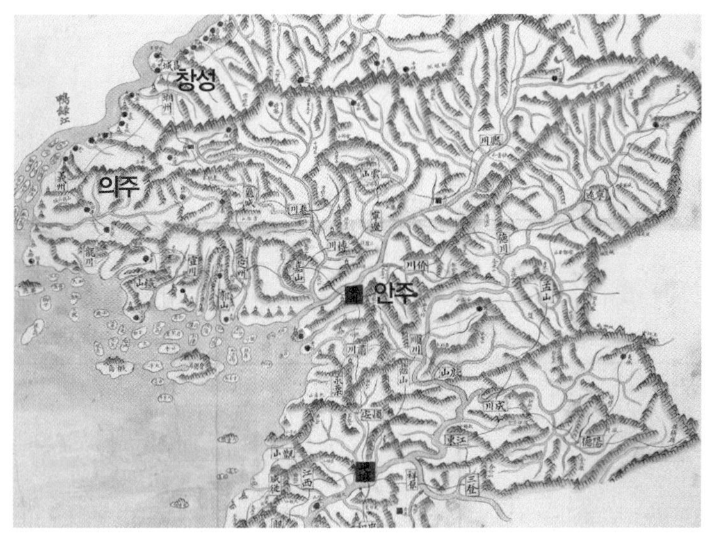

『여지도(輿地圖)』
압록강 하류 부근의
창성(昌城), 의주(義州),
안주(安州)가 보인다.

대한 공세를 취하기 시작하였다. 광해군 10년(1618) 4월, 요동 지역에 대한 본격적인 공격에 나선 후금군은 이 지역의 명나라 주요 거점인 무순撫順과 그 주위의 무안보撫安堡를 점령하였다.[26] 무순의 함락은 압록강 중, 상류에 국한하여 조선과 마주하였던 후금 세력이 이제 압록강 하류 지역까지 확장되었음을 의미한다.[27] 이를 계기로 그 이전 북방 방어의 중심이 함경도에서 평안도의 압록강 하류 지역으로 변하게 되었다. 조선은 국경 방어체계에서 압록강 하류 지역의 방어 체계 정비에 본격적으로 착수하였다.[28]

압록강 하류 지역 방어 체제의 중점을 어디에 둘 것인지에 대해서는 조선 조정에서 다소 논란이 있었다. 광해군은 명과 후금의 전투를 앞둔 당시 시점에서 의주에 방어의 중점을 두었다. 이는 향후 후금과의 전투가 있을 경우 그 파장이 우선적으로 의주 지역으로 미칠 가능성이 적지 않은 상황을 고려한 것이었다.[29] 그러나 비변사에서는 직접 후금과 접하고 있는 창성昌城 지역 방어를 우선 고려하여 창성과 벽동碧潼 지

---

26 傅仲俠, 『中國軍事史 下』, 解放軍出版社, 1986, 410쪽.

27 『명사』 권320, 열전208, 조선, 만력 48년 정월.

28 광해군대 평안도 지역 방어 체계 정비에 대해서는 노영구, 「조선후기 평안도지역 內地 거점방어체계」 『한국문화』 34, 2004, 237~239쪽 참조.

29 『광해군일기』 권129, 광해군 10년 6월 병술.

강화지도(국립중앙도서관)

역 방어체계의 정비를 주장하였다.[30] 압록강 하류는 창성과 의주를 통해 내륙으로 이어지는 두 대로가 출발하는 곳으로, 창성과 벽동은 삭주-구성, 운산을 거쳐 영변에 이르는 평안도의 주요 대로 중 하나인 내륙직로內陸直路가 출발하는 매우 중요한 요충지였다. 또한 의주는 의주-용천-선천, 정주-안주로 이어지는 의주대로의 출발지였다.[31] 그러나 창성, 벽동 등의 방어 체계는 아직 후금의 공격을 저지하기 어려운 상황이었다.[32] 따라서 평안도 내지의 주요 대로상의 주요 군현에 대한 방어책 마련을 통해 평안도 지역 방어체계의 종심을 확보하는 것이 시급해졌다. 이에 대로가 거치는 주요 지역인 영변, 평양 등 평안도 내륙 지역 방어 대책을 강구하게 되었다.[33]

평안도 지역 방어 체계 정비와 수도권 방어를 위해 한강과 임진강 일대 방어 체계 정비도 본격적으로 착수되었다. 먼저 보장지인 강화도 방비를 위해 1614년(광해군 6) 강화도 해변에 목책을 설치하고 경강에 수군을 편성하게 하고 아울러 덕진, 승천부, 갑곶진 등 강화도의 주요 지역에 관방 시설을 갖추도록 하였다.[34] 그리고 1616년(광

30 『비변사등록』 1책, 광해군 10년 윤4월 18일.

31 평안도 지역 주요 도로에 대해서는 고승희, 「조선후기 평안도지역 도로 방어체계의 정비」 『한국문화』 34, 2004에 자세하다.

32 『광해군일기』 권130, 광해군 10년 7월 무자.

33 『광해군일기』 권129, 광해군 10년 6월 갑신 ; 『광해군일기』 권129, 광해군 10년 6월 병술.

34 『광해군일기』 권80, 광해군 6년 7월 임자 ; 『광해군일기』 권80, 광해군 6년 7월 신유.

해군 8)에는 강화도의 책임자로 부윤을 두고 아울러 비변사에는 강화도를 담당할 강화도 유사당상을 두도록 하였다.[35] 강화도 방어 체계 정비와 함께 광주의 남한산성과 파주의 파주산성에 대한 방어체계도 정비하였다. 이에 따라 황해도의 군병은 남한산성에 들어가 지키도록 하고 경기와 강원도의 군병들은 파주산성에 들어가 방비하도록 하였다.[36] 이는 파주산성 방비로 임진강 일대를 방어하고 남한산성 방어로 적군의 수도권 진입을 차단하고자 한 것이었다. 이상을 통해 광해군대 수도권 방어는 보장처(국왕의 전시 피난지)인 강화도와 광주의 남한산성, 파주산성을 중심으로 정비되었음을 짐작할 수 있다.[37]

3) 대 기병 전술의 도입과 기병 강화

조선-일본 전쟁(임진왜란)이 끝나자 명나라와 조선은 점차 세력이 커지고 있던 건주 여진에 대해 보다 적극적 전략을 강구하기 시작하였다. 명나라는 조선에서 회군하는 군사를 동원하여 조선군과 함께 건주위를 공격할 것을 고려하기도 하였다.[38] 조선의 경우에도 방어의 중점이 일본에 집중되면서 북방 여진에 대한 통제력이 약화됨에 따라 조선에 협조적이었던 번호들이 배반하여 1600년(선조 33) 이들에 대한 응징 작전이 시행되기도 하였다. 아울러 1603년(선조 36)부터는 홀온忽溫 세력이 함경도 북부 지역에 진출하여 주변 번호 부락을 약탈하고 이어 조선의 동관潼關을 함락시켰다.[39]

조선은 조선-일본 전쟁 기간 중 채택된 수성 위주의 수세적인 전략과 달리 공세적인 전략을 고려하기 시작하였다. 이에 따라 야전에서 여진 기병에 대응할 전술의 필요성이 제기되었다. 이를 위해 여진족에 대해 야전에서 총포와 궁시(활과 화살)를 함께 운용하는 적극적인 전술을 고려하기 시작하였다.[40] 이 시기까지는 아직 여진족을

35 『광해군일기』 권103, 광해군 8년 5월 기사.
36 『광해군일기』 권129, 광해군 10년 6월 계유 ; 『광해군일기』 권129, 광해군 10년 6월 병자.
37 장성진, 앞의 논문, 2008, 51~52쪽.
38 『선조실록』 권97, 선조 31년 2월 무오.
39 강성문, 「조선시대의 여진정벌에 관한 연구」 『군사』 18, 1988, 65~69쪽.
40 『선조실록』 권115, 선조 32년 7월 갑술.

공격하기 적합한 전술 체계를 확립한 단계는 아니었다. 다만 견고한 갑옷의 여진족을 공격하기 적합한 포수의 비중을 높이는데 중점을 두고 있었다. 새로운 대 기병전술이 필요한 상황에서 조선에 새로운 기병 대응 전술이 소개되기 시작하였다. 대표적인 것으로 『기효신서』의 필자인 척계광의 또 다른 병서인 『연병실기練兵實紀』가 그것이다.

『연병실기』는 척계광이 북방의 기병에 대항하고자 전차를 중심으로 하여 보병과 기병을 동시에 활용하는 전술에 대한 내용을 수록한 병서였다. 보병의 경우 그 이전 살수手 중심의 대隊에 화력을 충실히 강화한 편제를 채택하였다. 예를 들어 『기효신서』에서는 한 대에 당파수鏜鈀手 2명에게만 일종의 로켓 화기인 화전火箭 30지枝를 지급하여 당파에 걸쳐놓고 사격하도록 규정하고 있다.[41] 조총은 한 사司(약 600명)의 5개 초哨 중에서 한 초만을 조총초로 따로 편성하였다. 이에 비해 『연병실기』에서는 보병 각 대마다 대장 아래 조총과 쌍수장도雙手長刀를 가진 오장伍長 2명을 두고, 이어서 장병쾌창수長柄快鎗手 2명을 두도록 하였다. 장병쾌창수의 뒤에는 등패수藤牌手 2명, 낭선수狼筅手 2명, 그리고 화전을 장비한 당파수 2명을 배치하였다.[42] 조선이 『연병실기』를 입수함으로써 기존의 절강병법을 보완한 대 기병 전법을 고려할 수 있게 되었다. 특히 절강병법이 살수 위주의 보병 전술을 채택하고 있는 것과 달리 『연병실기』에서는 전차와 기병, 보병을 배합한 전술을 구사하였다. 무기도 당파 등 기존의 단병短兵과 함께 조총과 쾌창, 그리고 화전 등의 화기를 아울러 갖추도록 하여 적 기병의 공격을 먼 거리에서부터 막을 수 있도록 한 점은 조선의 대기병 전술 개발에 중요한 시사를 주었다.

조선전기의 전술 체계인 『진법』에서는 기병이 궁시(활과 화살)와 장창長槍만을 장비하고 화기는 장비하지 않았으나, 『연병실기』에서는 기병들도 장병長兵과 단병을 함께 장비하도록 하여 조총 등 여러 화기를 함께 장비한 점이 매우 특징적이다. 즉 보병의 대隊와 마찬가지로 조총수와 쾌창수 각 2명을 두도록 하되 조총수는 쌍수도雙手刀로,

41 『기효신서』 권4, 鏜鈀解.

42 『연병실기』 권1, 練伍法, 보병, "以有力伶俐者二名 爲一伍長 · 二伍長 各爲鳥銃手兼雙手長刀一把 第一名在左 第二名在右 又二名 爲長柄快鎗手 鎗柄卽代短棍 爲第三名第四名 以便捷骨柔者二名 爲藤牌手 爲第五名第六名 又以力大貌黑而粗猛者 爲狼筅手 二藝俱有短無長 爲第七名第八名 以年少有精神殺氣者二名 爲鏜鈀手 仍兼火箭 以其鈀上可架火箭便於放也 爲第九名第十名 以庸碌者一名 爲火兵."

쾌창수는 쾌창快鎗에 붙은 긴 자루의 곤봉으로 단병 접전을 하도록 하였다. 단병을 가진 당파수, 도곤수刀棍手, 대봉수大棒手 각 2명의 경우에도 당파수는 화전을, 도곤수와 대봉수는 궁시를 각각 가지도록 하여 장병과 단병을 함께 장비하도록 하였다.[43] 따라서 『연병실기』의 기병 편성은 조선 전기의 기병 편성보다 다양한 단병기로 무장하고 여기에 화력을 대폭 보강한 점이 특징이었다.

이와 함께 『연병실기』에는 전차를 활용하였으므로 이를 다루는 거병車兵이라는 병종이 있는 것이 큰 특징이다. 평탄한 야전에서 적 기병의 일제 공격을 받을 경우, 각종 화기 등으로 사격한다 하더라도 당시 화기의 성능상 기병의 일제 돌격을 완전히 저지하기에는 어려움이 많았다. 이에 척계광은 평탄한 중국 북방의 지형적인 특성과 몽골 등 북방 기마 민족의 충격 전술을 고려하여 포차砲車의 기동성과 불랑기의 뛰어난 살상력을 결합한 전술을 고안하였다.[44] 이 전술은 수레 주위에 방패를 설치하고 불랑기 2문을 장치한 전차를 제작하고 128량의 전차를 사방으로 둘러싸고 그 안에 기병과 보병을 둔 진법을 바탕으로 하였다. 전차의 불랑기 등 화기의 일제 사격으로 적의 대형이 흩어지면 거영車營 내부에 둔 기병과 보병을 돌격시켜 적군을 공격하도록 하였다.

거영의 기본 단위는 전차 1량을 중심으로 거병車兵을 편제한 '종宗'으로, 그 편성은 먼저 전차를 운용하고 그 속에서 불랑기 등을 조작하는 전차병인 정병正兵 10명과 전차 주위에서 조총 등을 사격하는 유격병(기병奇兵) 10명으로 각각 한 대隊를 편성하도록 하였다. 정병대는 지휘자인 거정車正 1명과 불랑기 2문을 조작하는 불랑기수 6명, 화전을 사격하는 화전수 2명, 그리고 전차의 뒤에서 전차를 조정하는 타공舵工 1명으로 구성되어 있었다. 유격병대(기병대)는 전차의 좌우에서 전차를 보호하고 전차 사이로 들어오는 적 기병을 공격하는 부대로서 대장 1명과 조총수 4명, 등패수 2명, 당파수 2명, 그리고 화병火兵 1명으로 이루어졌다.[45]

1603년(선조 36) 이후 점차 북방의 상황이 긴박해지면서 훈련도감을 중심으로

43 『연병실기』 권1, 編伍法, 騎兵.
44 王兆春, 『中國科學技術史 ; 軍事技術卷』, 科學出版社, 1988, 233쪽.
45 『연병실기』 권1, 編伍法, 選車兵.

『연병실기』에 의한 전차 중심의 군사 편제와 전법을 도입할 것을 적극적으로 고려하였다.

1604년(선조 37) 12월 훈련도감에서 아뢰기를,

> 경기·충청·전라·경상 네 도는 『기효신서』의 법으로 가르치고, 강원·황해·평안·함경 네 도는 『연병실기』의 법으로 가르쳐서, 일체 중국에서 남북을 방비하는 제도와 똑같이 하는 것이 또한 마땅하겠기에, 훈련도감이 현재 한교韓嶠로 하여금 거車·기騎·보步의 조련규목操鍊規目을 찬정하도록 하였습니다. 『연병실기』를 우선 인출하고 『기효신서』 및 『조련도식』과 『권보拳譜』도 인출하는 것이 어떠하겠습니까?

하니, 이에 대해 선조는 윤허하였다.[46] 이 조치를 계기로 북쪽의 네 도인 강원·황해·평안·함경도 등에서 『연병실기』에 따른 군사 편성과 훈련이 이루어지기 시작하였다. 이와 함께 한교로 하여금 거·기·보병을 조련하는 규목을 찬정하도록 하여 『연병실기』에 입각하되 조선의 사정에 맞는 통일된 훈련 및 전법을 마련하도록 하였다. 이는 이후 『연병지남』의 간행으로 구체화되었다. 『연병실기』의 거·기·보 통합 전법으로 여진족을 저지하고자 한 움직임은 조선의 산천이 험하여 전차를 사용하기 어렵다는 주장 등에 의해 적지 않은 반대에 부딪치기도 하였다. 그러나 『연병실기』의 전술 체계는 야전에서 적 기병에 대응할 수 있는 대안의 하나였으므로 완전히 포기되지는 않았다. 특히 『연병실기』에 나타난 기병과 보병의 편성과 전법은 『기효신서』에 제시된 보병 위주의 전술체계보다 화력을 중시하고 『기효신서』에 없는 기병의 편성과 전술을 제시하고 있는 점에서 유용하였다. 이에 따라 선조 후반~광해군 초기 통일된 규격의 전차 제작과 함께 거병, 기병, 보병을 함께 훈련시킬 교련서 편찬이 시도되었다.

평안병사 유형柳珩은 도체찰사 이항복과 전차 전법을 논의하고,[47] 1603년(선조 36)에 훈련원 주부 정준붕이 고안한 전차를 일부 보완하여 직접 전차를 제작하기도 하였다. 유형은 전차의 제작과 함께 이 지역의 기병 강화에도 힘을 기울였다. 1610년(광

---

46 『선조실록』 권182, 선조 37년 12월 신유.
47 『광해군일기』 권14, 광해군 원년 3월 신묘.

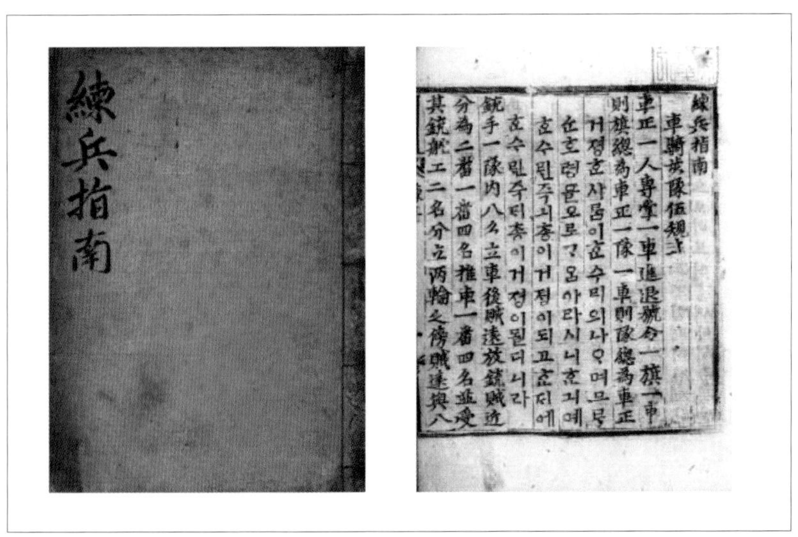

『연병지남』

해군 2) 병사 유형의 독려로 당시 휘하의 삭주부사 이경립이 3대 규모의 기병을 양성하였음을 알 수 있다.[48] 이경립이 모집하여 양성한 마군은 산의 경사로를 치달리며 마상에서 기립하고 창검을 잘 사용하는 정예병으로서[49] 이들은 『연병실기』의 전술에 따라 조련되었다.

이와 함께 도체찰사 이항복은 기병을 양성하기 위해 평안도 철산과 선천 마장馬場의 말 수백 필을 전사들에게 지급하자는 평안도 순찰사 최관의 건의에 따라 김유金瑬를 시켜 시재試才에 합격한 병사들에게 평안도 마장의 말 50~60필을 지급하도록 하였다.[50] 기병 강화를 위한 병사 유형의 노력과 김유를 통한 각종 권장책의 시행으로 평안도 여러 고을에서 상당한 기병이 육성된 것으로 보인다.

평안도와 함께 함경도에서도 전차 제작이 시도되었다.[51] 함경도는 1612년(광해군 4) 영흥부사로 부임한 최기남崔起男과 당시 도체찰사부의 서북교련관으로 있던 한교

48 『광해군일기』 권27, 광해군 2년 윤3월 임술.
49 『인재집』 권6, 경연강의, 무진.
50 『광해군일기』 권27, 광해군 2년 윤3월 임술.
51 『계곡집』 권13, 有明朝鮮國贈純忠積德秉義補祚功臣大匡輔國崇祿大夫議政府領議政兼領經筵弘文館藝文館春秋館觀象監事世子師完興府院君行通政大夫永興大都護府使崔公神道碑銘.

의 노력에 의해 전차 제작이 이루어졌다.

한교는 또한 『연병실기』의 전법을 효과적으로 보급하기 위해 『연병지남』의 편찬에도 박차를 가하였다. 이 책은 1604년(선조 37) 이미 「거기보조련규목車騎步操鍊規目」을 만들려는 훈련도감의 노력으로 편찬에 착수되었으나, 선조 후반기 『진법』 채택으로 인해 작업이 일시적으로 중단되었다. 그러나 광해군대에 들어 시도된 전차 제작 및 기병 강화 노력으로 다시 이 책의 편찬이 재개되었다.

『연병지남』은 그 내용이 『연병실기』의 것을 바탕으로 하되 그대로 따르지는 않고 조선에 적합한 전술 체계를 정리한 점에서 주목된다. 『연병지남』은 몇 가지 점에서 『연병실기』와 차이가 있다. 먼저 총수와 함께 살수, 궁수로 따로 대隊를 만들고 있는 것을 들 수 있다. 이처럼 총수銃手, 살수殺手, 궁수弓手별로 대를 편성하는 것은 조선-일본 전쟁 이후 새로이 확립된 삼수병三手兵 체제를 고려하면서 이 책이 저술되었음을 보여준다.

다음으로 거병을 따로 편성하지 않고 총수대가 전차의 뒤에서 있으면서 적이 멀리 있으면 사격을 하고 가까이 접근할 경우 전차의 곁에 서서 호위하도록 하여 거병의 역할을 대신하도록 하였다. 그리고 살수대의 경우 『기효신서』나 『연병실기』에는 없는 '도곤수'가 편성되어 있었다. 도곤수는 단병기의 일종인 협도곤夾刀棍을 장비하고 있는 군사로 길이 3~4척의 칼날을 7척 정도 되는 자루에 꽂은 창의 일종으로 주로 보병이 기병에 대항하기 위해 많이 사용되었다.[52] 도곤수의 존재를 통해 북방 기병에 대항하기 위한 병서로서 『연병지남』의 성격을 분명히 알 수 있다.

『연병지남』의 전술 체계는 적군이 100보에 도달하면 조총 · 쾌창快鎗(혹은 승자총통勝字銃筒) → 화전·대포(호준포虎蹲砲, 불랑기) → 궁시의 순으로 차례로 발사한 후 전차를 중심으로 하여 적 기병의 돌격을 여러 단병기를 든 보병들이 협동하여 저지하는 것이었다.[53] 아울러 후진에 있던 마병이 좌우에서 나와 적군의 측면을 공격하는 전법

52 『무예도보통지』 권3, 挾刀. 일본에서는 협도를 '장도' 혹은 '치도'라고 하였는데, 이를 장비한 보병은 적 기병과 대적할 때 먼저 말의 다리를 찌르고 낙마한 기병을 벨 수 있었으므로 전장에서 매우 유효하였다(戶田藤成, 『武器と防具-日本編』, 新紀元社, 1994, 85~86쪽).

53 『연병지남』, 車騎步大操節目, 23~25쪽.

을 구사하였다.

이상과 같이 『연병지남』은 척계광의 『연병실기』 거·기·보 통합 전법에 조선의 장기인 궁수를 도입하는 등 당시 조선의 실정에 적합하게 새로이 편찬한 병서였다. 이 책의 편찬으로 선조대 후반 이후 『연병실기』의 거·기·보 전법의 구체적인 내용과 채택을 둘러싼 논의는 일단락될 수 있었다. 이 책이 편찬된 직후 거·기·보 전술 체계는 조선에서 전면적으로 채택되지는 못하였다. 그것은 기본적으로 여진 기병을 저지하기 위해 야전을 포기하고 화기를 이용한 수성을 주요 전략으로 채택한 것과 깊은 관련이 있다. 그러나 기병 양성을 완전히 포기한 것은 아니었다. 1604년(선조 37) 훈련도감에 마병을 추가로 설치하는 것이 시도되었고 다시 1616년(광해군 8) 8월 훈련도감의 군병인 별대, 별무사, 초군 중에서 마병 50명을 선발하여 '기병'이라 호칭하고 훈련하도록 하였다.[54] 아울러 훈련도감의 군병에게 말 위에서 하는 훈련인 마상재馬上才를 검술과 함께 익히도록 하였다.[55] 이외에도 평안도에는 기병으로 추정되는 정초군병精抄軍兵의 존재가 보이고 있다.[56]

2. 심하 전투 패배와 광해군 후반기 군사제도 개편

1) 광해군대 화기 제작과 포수의 확대

선조 후반~광해군대 초기 경기 이북 지역에서 전차를 중심으로 한 대기병 전술 체계와 이에 바탕을 둔 군사제도의 개편이 모색되었다. 그러나 화기를 이용한 수성 전략이 조선의 기본적인 대후금 방어 전략으로 채택됨에 따라 조선의 군사제도도 화기를 위주로 급격히 변화되기 시작하였다. 당시 조선의 식자들 사이에서는 수성 전략 이외에는 여진의 기병을 저지할 수 있는 방법이 없는 것으로 인식되었다.[57] 수성 작전

54 『광해군일기』 권106, 광해군 8년 8월 기미.
55 『광해군일기』 권33, 광해군 2년 9월 정묘.
56 『광해군일기』 권93, 광해군 7년 8월 신사.

에서 화기가 가장 중요한 것으로 인식되었다. 윤근수의 다음 언급은 대표적이다.

> 이 오랑캐가 두려워하는 것은 오직 포砲라고 합니다. 평안도의 상하 강변에 많은 포수를 보내어 각 보루를 지키며 이 오랑캐의 진로를 방해하도록 하여야 합니다. 오랑캐가 만약 강을 건널 경우, 평원을 내달려서 수많은 기병으로 일제히 돌격하는 것이 그들의 장기이니, 우리가 적을 막는 방도는 그 장기는 피하고 성을 쌓아 수비를 하고 있다가 오랑캐가 성에 접근할 것 같으면 일제히 총포를 쏘아서 그 예봉을 꺾어야 합니다. 그러면 철기로서 성을 포위하는 것은 그들의 단점이므로 혹 승리를 거둘 수도 있을 것입니다.[58]

윤근수의 이 방안은 기본적으로 여진족과의 야전을 회피하는 것으로 수성 전법 이외에 특별한 전법을 고려할 필요가 없었다. 이를 위해 광해군 초부터 조총과 함께 현자총玄字銃과 5호 불랑기 등 신형 수성용 화기 제작에 힘을 기울였다.[59] 따라서 광해군대 초부터 화약 무기의 제조와 보급이 매우 활발히 이루어졌다. 가장 대표적인 사례로 1613년(광해군 5) 조총청을 화기도감으로 확대 개편한 것을 들 수 있다.[60]

1613년(광해군 6) 7월부터 이듬해 3월까지 화기도감에서는 삼안총 등을 비롯한 다양한 화기를 제조했는데 그 현황은 다음의 〈표 3-1〉과 같다.[61]

이때 제조된 화기 중에서 삼안총 50병, 소승자장가 220병, 쾌창 300병 등은 함경도와 평안도로 보내었고, 불랑기와 현자총통, 백자총통은 군기시에 임시로 보관하였다. 화기 제조를 위한 노력에 따라 화기수 양성이 급속히 이루어졌다. 화기수의 급격한 증가는 1614년(광해군 6) 명나라에서 후금 공격을 위해 조선에 원병을 요청하였을 때, 화기수 1만명을 선발하여 의주에 집결시킨 것을 통해 확인할 수 있다.[62] 다수

57 『광해군일기』 권79, 광해군 6년 6월 병오.

58 『광해군일기』 권7, 광해군 즉위년 8월 정묘 ; 『月汀集』 권4, 禦胡方略箚.

59 『白沙集』 별집 권1, 請鑄大砲啓, 기유(광해군 원년4월 초10일, "蓋守城之具 專以大砲爲重 本國大砲如天地字銃 則制度過大 藏藥過多 火力激猛 箭發不直 水戰城守 俱不中用 唯玄字銃新制五號佛狼機砲最關於用 諸道請之者 不勝其紛紛."

60 화기도감의 조직과 화기 제조에 대해서는 이왕무, 「광해군대 화기도감에 대한 연구」 『민족문화』 21, 1989 ; 김호, 「1614년 火器 제작과 火器都監儀軌」 『火器都監儀軌』, 규장각, 2003에 자세하다.

61 『화기도감의궤』 을묘 3월 26일.

〈표 3-1〉 화기도감 제작 화기와 수량

삼안총(三眼銃)	203 병(柄)	4호자포(四號子砲)	250 문(門)
소승자장가(小勝字粧家)	304 병(柄)	불랑기(佛狼機) 5호	50 위(位)
쾌창(快鎗)	726 병(柄)	5호자포(五號子砲)	250 문(門)
불랑기(佛狼機) 4호	50 위(位)	현자총통(玄字銃筒)	50 위(位)
백자총통(百字銃筒)	20 위(位)		

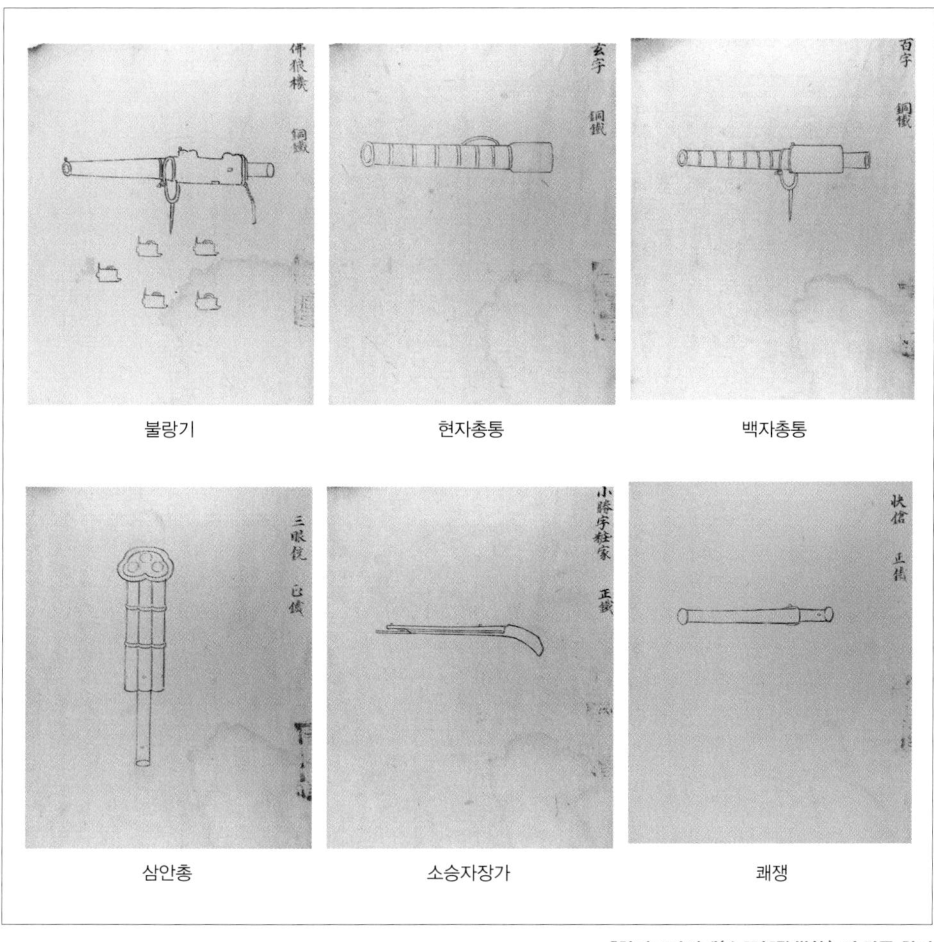

불랑기 / 현자총통 / 백자총통

삼안총 / 소승자장가 / 쾌쟁

『화기도감의궤(火器都監儀軌)』의 각종 화기

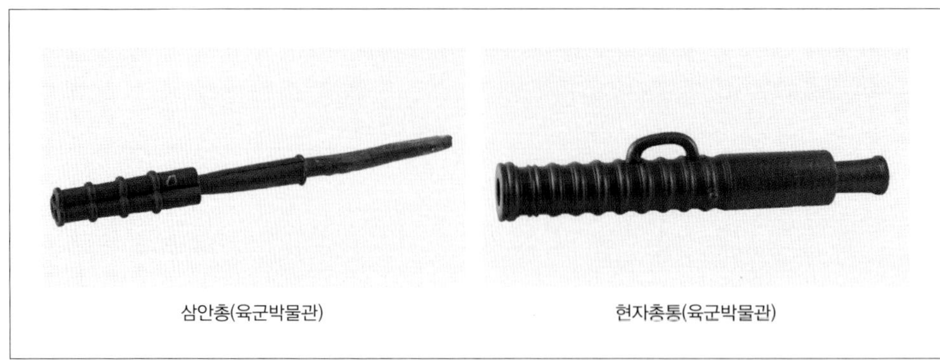
삼안총(육군박물관) 현자총통(육군박물관)

각종 화기

의 화기수 양성이 이루어지자 이제 보다 성능이 우수한 개인 화기인 조총의 확대 보급에도 힘을 기울이게 된다. 이는 화기도감에서 주로 제작되던 개인 화기인 쾌창과 삼안총, 승자총통 등이 조총보다 총열이 짧아 사정거리가 짧고 아울러 관통력과 정확성도 많이 떨어졌기 때문이다. 조총이 다른 화기에 비해 성능이 우수하여 그 제작에 노력하였으나 많은 수량을 일시에 확보하기는 어려웠다.[63] 예를 들어 1618년(광해군 10) 6월경 평안도에서 보유하고 있던 조총이 2천 자루에 불과한 것으로 보아 조총이 아직 지방군에 충분히 보급되지는 않았음을 알 수 있다.[64] 따라서 이무렵 조총의 소요가 높아지자 여러 경로를 통해 일본으로부터 다량의 조총이 수입되기도 하였다.[65]

조총의 확보와 포수 양성을 위한 적극적인 노력으로 1618년(광해군 10) 6월경에는 각 도에 수천 명의 포수가 확보되어 위급한 지역인 서북 지역으로 보낼 수 있을 정도가 되었다.[66] 사정거리가 멀고 관통력이 우수한 조총이 다수 확보되자 이제는 이전의 수성 중심 전술과 함께 야전에서의 조총 운용을 고려한 적극적인 전술을 고려하기 시

62 『비변사등록』 2책, 광해군 10년 윤4월 12일.
63 『광해군일기』 권80, 광해군 6년 7월 신미.
64 『광해군일기』 권129, 광해군 10년 6월 정묘.
65 예를 들어 1607년 조선통신사는 일본에 체재하던 중 교토에서 장병 100병을, 사카이(堺)에서 조총 500정을 구입하였고, 1617년 조선통신사도 상품의 일본제 총검 구입을 논의하였다. 당시는 부산의 왜관 개시무역을 통해 일본제 총검이 조선에 유입되었다고 한다(윤유숙, 「17세기 朝日間 日本製 武器類의 교역과 밀매」 『사총』 67, 2008, 95쪽).
66 『광해군일기』 권129, 광해군 10년 6월 무인.

작하였다. 1618년(광해군 10) 윤4월 19일(양 6월 11일) 비변사에서 아뢰기를,

> 이 노적奴賊이 야전에 특징이 있음은 견고한 갑옷과 빠른 말이 있기 때문입니다. 그러나 구릉인 험한 곳에서는 말이 달릴 수 없어 우리나라의 총검과 궁시로도 족히 제어할 수 있습니다. 반드시 조총, 화약, 장창長鎗, 삼지창, 환도, 거마작拒馬柞, 장단갑, 엄심 등의 물건이 있어야 모두 족히 쓰일 수 있습니다.[67]

라고 하였다. 당시에도 물론 여진족을 우리의 보병으로는 상대할 수가 없으므로 수성책을 마련하는 것이 급선무라는 의견도 있었지만, 구릉지대를 이용하여 전열에 거마작 등 대기병 장애물을 설치하고 조총과 궁시의 연속 사격으로 여진족을 제압할 수 있다는 적극적인 전술이 제시되었다. 이와 아울러 장창, 삼지창 등으로 무장한 살수는 기병의 돌진을 막아 포수와 사수를 보호하는 역할을 맡도록 한 것으로 보인다.

조선의 포수 수가 급격히 확대되고 전술적 능력도 향상되자 후금에 대해 반격을 준비하던 명나라에서도 조선의 포수를 필요로 하였다. 예를 들어 심하 파병 1년 전인 1618년(광해군 10) 윤4월에 명나라는 파병될 조선군은 포수 7천명을 주축으로 할 것을 강력히 주장하기도 하였다.[68] 광해군대를 거치며 조선군 전체에서 포수의 비중은 급격히 커졌고 이후 포수를 중심으로 조선의 군사제도가 변하는 계기를 마련하였다.

2) 심하 전투의 경과와 조선군의 한계

1616년 후금을 건국한 누르하치는 1618년(광해군 10) 4월 이른바 '일곱 가지 원한[七大恨]'을 내걸고 명의 요동 지역 주요 거점인 무순을 공격하여 점령하고 이어 주변의 17개 성을 점령하였다. 그리고 7월에는 심양 서남쪽의 청하성淸河城을 점령하여 요동의 중심 도시인 심양을 공격할 태세를 갖추었다. 이에 명나라는 양호楊鎬를 요동경략遼東經略으로 임명하고 10만여 명의 병력을 동원하여 후금에 대한 반격을 준비하

67 『비변사등록』 2책, 광해군 10년 윤4월 19일.
68 『광해군일기』 권127, 광해군 10년 윤4월 계유.

고 조선에 지원군의 파병을 요청하였다. 명나라 군은 전군을 북로군, 중로군(중로좌익군, 중로우익군), 남로군 등 모두 4로군으로 편성하고 후금의 수도인 흥경을 최종 점령 목표로 일제히 공격을 개시하였다. 강홍립이 거느린 조선 파병군은 유정이 지휘하는 남로군에 함께 편성되어 진군하였다. 1619년(광해군 11) 2~3월 사이에 명나라와 후금 사이에서 벌어진 이 전투는 이후 '사르후 전투' 혹은 '살리호薩爾滸 전투'라고 부르고 있다. 이 전투를 계기로 동아시아의 명·청 간의 패권 교체가 이루어지게 되었다는 점에서 역사적으로 의미 있는 전투이다.[69]

명나라의 강력한 요청에 따라 조선은 강홍립을 도원수로 하여 군사 파병을 준비하였다. 명나라의 반격이 본격적으로 이루어기 시작한 1619년(광해군 11) 2월, 명나라 총병으로 남로군을 맡은 유정은 조선에 포수 5,000명의 파병을 독촉하는 격문을 보내게 된다. 이에 도원수 강홍립은 우영 포수 2,000명, 좌영左營 포수 1,500명, 중영中營 포수 1,500명 등 5,000명의 포수를 주축으로[70] 13,000명의 병력을 곧 파병하였다. 당시 종사관으로 파견되었던 이민환李民寏의 「책중일록柵中日錄」에는 명나라의 요청에 의해 총수 1만 명을 징발한 것으로 기록되어 있다.[71] 따라서 파병된 조선군은 균형 잡힌 삼수병 체제라기보다는 포수 중심으로 군사 편제가 이루어졌음을 확인할 수 있다. 특히 조선군 포수의 실력이 뛰어난 것을 알고 있던 명나라 군은 자신의 부족한 포수를 보완하기 위해 조선군 본대가 파병되기 직전인 1619년(광해군 11) 정월에 총수의 파견을 요청하였다. 이에 따라 평양 포수 400명이 먼저 파병되었다.[72]

조선군은 1619년 1월부터 부원수 김경서의 제1진이 평안도 창성에서 압록강을 도하하기 시작하였고 강홍립의 본진은 2월 23일(양 4월 7일) 압록강을 건넜다. 그리고 관전寬甸에서 명나라 총병 유정劉綎이 지휘하는 남로군과 합세하여 동가강 유역으로 이동하여 수차례 작은 전투를 거치면서 흥경을 향해 북상하기 시작하였다. 그러나 3월 4일(양 4월 17일) 심하深河(혹은 삼하三河) 지역에서 후금 기병의 일제 공격을 받아

---

69 사르후 전투 자체에 대해서는 陸戰史研究普及會 편, 『明と淸の決戰』, 原書房, 1972 ; 孫文良 · 李治亭, 『明淸戰爭史略』, 江蘇教育出版社, 2005 등에 자세하다.

70 『광해군일기』 권137, 광해군 11년 2월 을묘.

71 『紫巖集』 권5, 「柵中日錄」, 만력 무오 4년.

72 『紫巖集』 권5, 「柵中日錄」, 만력 기미 정월.

양수투항도(兩帥投降圖)
심하전투에서 항복을 거부하고 싸우다가 순국한 김응하의 전공을 기려 편찬한 『충렬록(忠烈錄)』에 수록된 그림.
대원수 강홍립과 부원수 김경서가 누루하치에게 항복하는 장면을 묘사하였다.

초전에는 선전하였으나 기상이변으로 크게 패하고 전군이 항복하였다.[73]

이 전투는 포수 중심의 당시 조선군의 편성과 전술의 실상을 매우 잘 보여주고 있다. 「책중일록」에는 당시의 전투 상황을 다음과 같이 자세히 묘사하고 있다.

> 연기와 먼지가 하늘을 덮었는데 이는 필시 적군이 있는 조짐이었으므로 곧 좌영은 맞은 편 높은 산봉우리에 진을 치고, 원수의 중영은 오른편 언덕에 진을 치고, 우영은 남쪽 변두리 한 언덕에 진을 치도록 명하였다. 중영과 우영은 곧바로 진을 펼쳤으나 좌영은 이미 벌판에 진을 쳤으므로 원수가 별장 박난영朴蘭英에게 좌영으로 달려가 높은 언덕으로 옮기도록 명하였으나 적의 기병이 진의 앞에 이미 닥쳐서 이동하기 어려운 형편이었다.……적의 기병이 크게 닥치는데, 양익이 멀리서 에워싸자 좌영의 군관 조

73 심하 전투의 경과에 대해서는 한명기, 「한국 역대 해외파병 사례 연구-1619년 「深河 전투」 참전을 중심으로」 『軍事史 研究叢書』, 군사편찬연구소, 2001, 19~22쪽에 자세하다.

득렴趙得廉이 달려와 위급함을 고하였으므로 그 고립된 위급함을 걱정하여 바로 우영으로 하여금 달려가 구원하게 하여 좌영과 진을 합하여 겨우 열을 이루자, 적의 기병이 달려와 충돌하니 기세가 마치 풍우 같았다. 포와 총을 한 번 쏘고 나서 두 번째 화약을 재기도 전에 적의 기병은 벌써 진중에 들어와……순식간에 좌영, 우영이 모두 함몰되었다.[74]

『광해군일기』에도 당시의 사정이 상세히 기록되어 있는데 「책중일록」과 다소 차이가 있다. 『광해군일기』는 좌영의 분전을 중심으로 기록하고 있는 점이 특징이다. 김응하金應河가 지휘하는 조선군 좌영은 들판에 진을 치고 거마목拒馬木을 설치한 후 화포를 일제히 사격하여 적 기병의 일차 공격을 제압하였다. 그러나 갑자기 바람이 불어 화약을 장전할 수 없는 틈을 타서 적의 기병이 돌진하여 전멸된 것으로 기록되어 있다. 그리고 우영은 미처 진을 치기 전에 전멸된 것으로 되어있다.[75]

이 자료를 통해 당시 조선군은 포수대의 전방에 기병 장애물인 거마작을 설치하고 일제히 사격하여 후금 기병의 첫 돌진은 저지하였으나 두 번째 장전을 미처 하지 못한 상태에서 기병의 재차 돌격에 전멸하였음을 확인할 수 있다. 특히 「책중일록」에 의하면 조선군이 한 차례의 조총 일제 사격 후 곧 바로 들이닥친 후금 기병의 공격에 큰 피해를 입었음을 알 수 있다. 이는 대다수가 포수로 구성된 조선군이 한 차례 사격 후 다음 정전까지의 시간을 벌어줄 적절한 대항 수단을 가지고 있지 못했음을 보여준다. 당시 조총은 장전 시간이 궁시(활과 화살)보다 길었으므로 이에 대응하기 위해 제사전법齊射戰法으로 연속적으로 사격하거나 근거리에서 궁시 사격이나 창병에 의한 엄호를 통해 적의 돌격을 막은 후 다시 조총 사격을 하는 전술이 필요하였다.

그러나 대다수가 조총으로 무장되어 있는 상태에서 적절한 사격 통제가 이루어지지 않을 경우 제사전법을 사용하지 못하여 기병의 연이은 집중 공격을 막아낼 수 없게 된다. 아울러 기상이변이 잦았던 17세기 초 상황에서 『광해군일기』의 기록에서 보듯 화기는 안정성의 측면에서도 분명한 한계가 있었다.[76]

---

74 『紫巖集』 권5, 「柵中日錄」, 만력 기미 3월 초4일.
75 『광해군일기』 권138, 광해군 11년 3월 을미.

파진대적도(擺陣對敵圖)
『충렬록(忠烈錄)』에 수록된 그림. 강홍립 휘하의 조선 원정군이 후금군과 맞서고 있는 장면을 묘사하고 있다.

당시의 조총은 위력과 사거리, 정확도 등의 측면에서는 그 이전의 화기에 비해 우수하였으나 발사속도, 안정성 등에는 이전의 화승총보다 성능상의 한계가 있었다.[77] 따라서 기병 돌격을 완전하게 저지하기는 어려웠다. 후금에서 돌아온 후 이민환李民寏이 올린 「건주견문록建州聞見錄」에서 언급한 다음의 내용은 이를 잘 보여준다.

> 조총은 매우 멀리 사격할 수 있는 기예인데 화약을 재고 발사하는 것이 매우 늦어 만일 성과 험한 곳에 의지하지 않으면 손을 쓸 수 없으므로 평원과 평탄한 땅에서는 결코 철기와 승리를 다툴 수 있는 기계가 아니다. …… 지난해 우리 군대는 오로지 포수만을 믿고 그 충돌을 감당하였으나 미처 다시 장전하기도 전에 적군의 기병이 이미 우리의 진영 가운데로 들이닥쳤다.[78]

---

76 특히 17세기에는 다른 시기보다 강우, 대풍 등의 자연 현상이 빈번히 일어났음을 최근의 실록 자료 분석을 통해 확인되고 있다(이태진, 「'小氷期'(1500~1750년)의 天體 現象的 원인 -『朝鮮王朝實錄』의 관련 기록 분석 -」『國史館論叢』 72, 1996).

77 Trevor N. Dupuy, *The Evolution of Weapons and Warefare*, Da Paco Press, 1984, p.115.

78 『紫巖集』 권6, 「建州聞見錄」, "鳥銃 極是遠技 而藏放甚遲 若非憑城據險 則難以措手 平原易地 決非

이 자료를 통해 성능상의 제한이 분명히 존재하는 조총에 지나치게 의존한 조선군의 군사제도와 전술이 심하 패전의 결정적인 원인이었음을 분명히 확인할 수 있다. 이는 광해군 전반 이후 화기 중심의 수성 전략을 채택하면서 포수 중심의 군사제도 편성과 전술로 과도하게 편중된 것이 심하 패전의 주요한 원인이었음을 보여준다. 단 한 차례의 공격에 조선군 수천 명이 전사한 심하 패전의 경험은 이후 조선의 군사제도와 전술에 적지 않은 변화를 가져온 계기를 마련하였다는 점에서 의미가 적지 않다.

3) 광해군 후반기 군사제도 개편의 착수

사르후 전투의 큰 승리를 계기로 후금은 요동 지역에 대한 직접 통치를 목표로 적극적인 영토 확장에 나서게 된다. 후금은 사르후 전투의 여세를 몰아 1619년 6월 개원開原, 7월 철령鐵嶺 등 무순 북방의 명나라 근거지를 함락하고 이어 개원 북방에 있던 나머지 여진족인 예허부葉赫部까지 통일하여 배후를 안정시켰다. 그리고 이듬해 3월 심양과 요양을 점령하여 요동 일대를 완전 장악하였다. 1622년 1월에는 요하를 건너 광녕廣寧(현재의 랴오닝성[遼寧省] 베이닝[北寧])을 점령하여 요하 서쪽으로 영토를 확장하였다.[79] 이로 인해 조선과 명나라 간의 육로 교통이 단절되어 명나라와 육상을 통한 연결이 불가능해졌다. 후금의 전면적인 위협 하에 놓이게 된 이후 조선은 명나라와의 연결을 통한 후금 견제가 어려워졌다. 따라서 후금의 전면적인 공격에 대비하기 위한 독자적인 방어전략의 수립과 군사력 재건이 필요했다.

광해군은 우선 후금에 대한 유화책을 지속시켜 나가고 가능한 후금을 자극하는 일이 없도록 하여 국제정세를 다소 안정적으로 관리하고자 하였다.[80] 요동에 파병된 전체 1만 5천명의 조선군 중 9천여 명이 전사하였고 나머지 생존자들 대부분도 포로로 잡혀 억류되었다.[81] 이는 파병 직전 조선군의 실제 병력이 6만에 미치지 못한 것을 감

與鐵騎角勝之器……上年 我軍專恃砲手 當其衝突 未及再藏 而賊騎已入陣中矣."

79 이상창, 「명·청 覇權戰爭으로서의 丙子胡亂 원인 재해석」, 국방대학교 석사학위논문, 2007, 58쪽. 광녕의 함락으로 몽골 세력도 후금의 영향 하에 들어가게 되었다.

80 김종원, 『근세 동아시아관계사 연구』, 혜안, 1999, 57~58쪽.

81 한명기, 『임진왜란과 한중관계』, 역사비평사, 1999, 288~289쪽.

광해군과 부인 유씨 묘(경기 남양주)

안한다면 약 25% 정도의 병력이 손실되어 후금의 공격을 저지하기 어려웠던 상황에 따른 것이었다.[82] 이와 함께 후금의 전면적 공격에 대비하기 위해 기존의 북방 방어 중점인 창성과 의주 등 국경상의 변진 방어에 더하여 전면 공격시 예상되는 기동로상의 주요 요충지에 대한 방어체계 정비에도 착수하였다.[83] 평안도의 주요 대로인 의주대로 및 내륙직로상의 주요 요충지인 구성, 정주, 안주, 평양 등을 중심으로 주변의 군병을 조정하는 등 방어 대책을 강구하였다.[84] 북방 지역 방어 체계 정비와 함께 도성이 공격받아 함락될 경우에 대비하여 여러 곳의 보장처堡障處(국왕의 전시 피난지)를 검토하고 도성에서 가까운 강화도의 방비를 강화하였다. 특히 수도권 방어를 강화하기 위해 1621년(광해군 13)에 한성 북방인 장단에 방어영을 추가로 설치하여 수원과 함께 짝이 되도록 하였다.[85]

방어전략의 변화와 함께 심하 전투를 계기로 조선에서는 몇 가지 전술상의 변화가 나타나기 시작하였다. 먼저 화기를 중심으로 한 야전의 전술로는 후금 기병의 공격을

82 『광해군일기』 권125, 광해군 10년 3월 경신.
83 장성진, 앞의 논문, 2008, 75~77쪽.
84 『광해군일기』 권150, 광해군 12년 3월 정해 ; 『광해군일기』 권168, 광해군 13년 9월 병오.
85 차문섭, 『조선시대 군사관계 연구』, 단국대학교 출판부, 1995, 258~259쪽.

효과적으로 저지할 수 없으며 또한 기존의 수성 전술로도 후금의 공격을 막기 어렵다는 인식을 하기 시작하였다. 1619년(광해군 11) 12월, 광해군과 찬획사 이시발李時發의 대화에서 이시발은 심하 전투 이후 야전에서 기병의 공격을 감당한다는 것이 매우 어려운 일이지만 수성을 할 경우에는 승산이 있는 것으로 보고 있다. 이에 비해 광해군은 후금의 공성 전법이 발달하여 기존의 수성 전법만으로는 승리하기 어렵다고 판단하고 있었다.[86]

이러한 인식의 변화는 1618년(광해군 10) 화기를 제대로 갖추지 못하였던 후금이 무순 일대의 명나라 주요 성곽을 공격하여 함락시킨 것에서 연유한다. 후금은 심하 전투 이후인 1621년(광해군 13) 3월 명나라의 심양과 요양을 연이어 함락시켰다. 특히 이곳은 해자 설치 등 새로이 축성 공사를 실시하고 명나라 군 수만 명이 각종 화기로 방어하였으나 성은 끝내 함락되었다.[87] 이는 당시 후금의 공성 전술이 대단히 높은 수준에 달했음을 보여주는 것이다.[88] 특히 후금의 진영에 들어가 이들의 정세를 자세히 살피고 돌아온 만포첨사 정충신의 보고를 통해 후금군 1초哨(=400명)에는 공성 전문 군사인 양중갑兩重甲 100인이 편성되어 있음을 확인하였다. 이제 수성 위주의 전법에 대한 근본적인 재검토가 불가피해졌다.[89] 즉 새로운 수성 전법의 고안과 함께

진충사(충남 서산) 정충신을 모신 사당이다.

86 『광해군일기』 권147, 광해군 11년 12월 갑술.
87 傅仲俠 등, 앞의 책, 1986, 412~413쪽.
88 『南坡相公集』 권5, 咸鏡監司時書狀, "人之恒言曰 奴賊長於野戰 短於攻城 而近觀伊賊 攻陷堅城 無異摧枯拉朽 會寧通事崔潔 隨梁諫出來 詳問賊中情形 則說稱奴賊措備攻城器械 極其精利 如雲梯等物 無不備具云."
89 『광해군일기』 권169, 광해군 13년 9월 무신.

야전에서의 전투를 아울러 고려하지 않으면 안되었다.

다음으로 심하 전투를 통해 포수 위주의 편성과 전술 체계로는 야전에서 기병의 일제 돌격을 제대로 저지할 수 없다는 사실을 확인하였다. 특히 후금군은 조선 포수의 장점을 무력화하기 위해 말에서 내려 원거리에서 활을 쏘고 이어 철퇴와 곤을 사용하는 기병 전술을 사용하여 조선군을 무력화시켰다.[90] 따라서 조총 사격 후 다음 장전 때까지 시간을 확보해 주고 기병의 접근을 저지할 수 있는 살수와 사수의 존재가 다시금 부각되었다. 아울러 후금 기병의 활동을 견제하고 다양한 상황에 대응하기 위해 융통성 높은 병종인 기병의 중요성이 부각되었다. 이를 위해 1619년(광해군 11) 9월에 시행된 관무재觀武才에서는 포수와 함께 기사와 마상재에 능한 자와 살수를 함께 선발하도록 하였다.[91] 10월에는 여러 가지 활쏘기 시험을 실시하기도 하였다.[92] 이처럼 포수 이외에 사수와 살수, 그리고 마병의 양성에도 점차 관심을 기울이기 시작하였다. 화기의 경우에도 조총을 지나치게 중시하던 것에서 일부 탈피하여 화전을 아울러 제작하기도 하였다.[93]

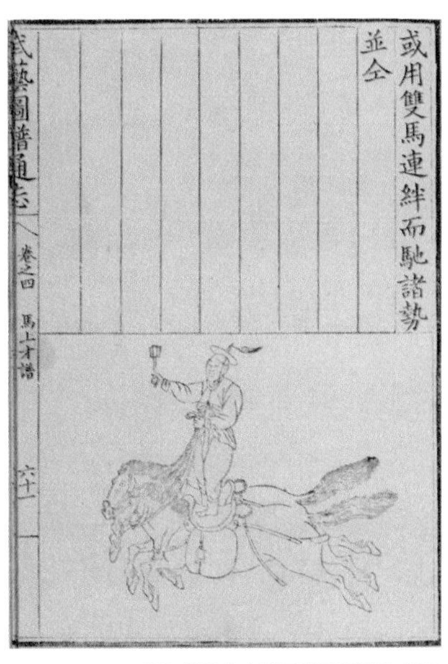

마상재(馬上才)(『무예도보통지』 권4, 마상재보(馬上才譜), 규장각한국학연구원)

심하 전투를 계기로 후금 기병의 우수한 능력을 직접 겪고, 적지 않은 병력 손실을 입은 조선은 광해군 후반부터 군사제도상 개편이 불가피하였다. 아울러 방어체계 전반에 대한 정비가 필요하였다. 이러한 흐름은 인조반정이라는 정치적 급변 이후에도 지속되었다.

---

90 장성진, 앞의 논문, 2008, 66쪽.

91 『광해군일기』 권144, 광해군 11년 9월 무술.

92 『광해군일기』 권145, 광해군 11년 10월 신해.

93 광해군 14년 10월 병기도감에서 보고한 바에 따르면 병기도감에서는 지난 16개월 동안 조총·환도 이외에 대포 90문과 화전 1,500개를 제작하였다(『광해군일기』 권182, 광해군 14년 10월 임진).

제2절

인조 초기 대청방어체제의 재정비

1. 대후금 방어전략과 이괄의 난

1) 대후금 방어전략

1623년 3월 인조반정의 성공으로 집권한 서인 중심의 조선의 새 정권은 광해군의 중립적 외교노선을 배격하고 친명배금親明排金 정책을 대외적으로 표방하였다. 이에 따라 우선 가도에 주둔하고 있던 명나라 장수 모문룡을 우대하여 그에게 군량 등 필요한 물자를 제공하고 휘하 군병이나 주민들이 조선의 영내에서 활동하도록 용인하였다.[94] 친명배금의 외교정책은 후금과의 군사적 충돌 가능성을 매우 높이는 것이었다. 조선과 합세하여 후금을 위협할 계획을 가진 모문룡은 조선 정부에 자주 군량과 무기를 요구하였고 후금의 배후를 적극적으로 공격하였다.

실제 모문룡은 후금 배후의 호이파輝發를 습격하거나 남만주의 안산과 살이호薩爾滸를 공격하여 후금 내부를 교란시켰다. 일부 모문룡 부대의 경우 함경도 북부 지역까지 진출하기도 하였다.[95] 이에 따라 후금의 요서 진출에 적지 않은 장애가 생겼다.

---

94 인조반정 이후 조선이 표방한 친명배금의 외교정책이 명과의 관계를 더 강화하는 방향으로 전환된 것 이외에는 대후금정책이 광해군대와 근본적으로 달라진 것은 없었다는 평가가 최근 제출되어 주목된다(한명기, 앞의 책, 1999, 361~366쪽).

모문룡을 매개로 조선과 후금 사이의 알력이 잦아졌고 후금의 조선 침공 가능성이 더욱 높아졌다. 1619년(광해군 11), 명·청 결전인 사르후 전투에 조선군이 참전한 것을 계기로 이미 조선과 후금 사이에는 점차 긴장감이 높아지고 있었다. 후금 내부에서는 조선과 단교하고 일전을 불사하자는 강경론이 나타났고 1621년(광해군 13)에는 누르하치가 강경한 협박문을 조선에 보내기도 하였다.[96] 인조반정 직후 조선의 친명배금 정책 표방과 모문룡에 대한 적극적인 지원으로 인해 후금과의 군사적 충돌 가능성은 더욱 높아졌다. 이에 따라 조선은 적극적인 대후금 방어전략의 채택이 불가피했다.

조선의 대북방 방어전략은 기본적으로 서북방 지역의 방비를 튼튼히 하고 도성일대 방어체계를 아울러 갖추는 것이었다. 이에 따라 도체찰사와 부체찰사를 두어 전국적인 군사지휘체제를 갖추는 한편, 평안도와 황해도에도 특별히 도원수와 부원수를 파견하여 두 도의 군사를 통합 지휘하도록 하였다. 후금의 침입을 서북 지역에서 방어하지 못할 경우에 대비하여 수도권 일대를 확보하여 지구전을 전개할 방안도 논의되었다. 이에 따라 강도(강화도)와 남한산성의 방어시설 정비와 함께 수원, 개성 등 한성을 둘러싼 곳의 주요 요충지의 군사제도 정비에도 힘을 기울였다.

후금의 침공시에는 국왕의 개성 등으로의 친정親征을 적극적으로 고려하여 불리한 형세를 타개하는 방안도 강구하였다.[97] 인조대 어영청, 총융청, 수어청 등의 중앙 군영이 발족한 것은 이러한 여러 상황이 반영된 것이었다. 국왕의 친정 계획과 함께 수도권 지역 방어가 어려울 경우에 대비하여 나주, 안동 등 후방의 안전한 지역을 국왕의 전시 피난지인 보장처로 준비하는 예비 계획도 마련되었다.[98]

인조반정 직후 서북 지역 방어를 위한 적극적인 조치를 행하였다. 장만을 도원수로, 이괄을 부원수로 임명하고 평안도 지역 병력을 집중적으로 보강하였다.[99] 이에 따

95 『비변사등록』 1책, 인조 2년 4월 27일. 인조 초 모문룡 군대의 후금 공격 양상에 대해서는 최소자, 『명청시대 중·한 관계사 연구』, 이화여대 출판부, 1997, 93쪽 참조.

96 최소자, 앞의 책, 1997, 92쪽.

97 『인조실록』 권3, 인조 원년 11월 무진.

98 『인조실록』 권2, 인조 원년 7월 계사.

99 이태진, 『조선후기의 정치와 군영제 변천』, 한국연구원, 1985, 90~91쪽 ; 유승주, 「南漢山城의 行宮·客館·寺刹建立考」 『한국사연구』 120, 2003, 247~248쪽.

라 기존 서로 지역의 군병 3만을 중심으로 하여 방어체계를 갖추도록 하고[100] 이에 더하여 하삼도의 번상 군병 5천명을 부원수 이괄이 거느린 군병에 추가하여 1만 5천 명의 전략 예비 병력을 확보하였다. 당시 조선에서는 후금군이 창성과 의주 두 지역에서 압록강을 도하하여 구성 등을 경유하여 안주로 들어오는 직로를 침공로로 이용할 것으로 판단하고 이들 지역의 방어체계를 정비하였다. 아울러 이 직로에서 약간 벗어난 곳인 영변은 후금군이 모르고 지나칠 것으로 예상하였다.[101] 이에 이괄이 거느린 1만 5천 명의 전략 예비 병력은 영변에 주둔하면서 나양한 상황에 대처할 수 있도록 준비하였다.[102] 주요 요충지 방어를 위해 첨사나 만호 등이 지휘하는 소규모 거점인 영營·보堡의 군사를 주요 진영을 중심으로 통합하여 방어하는 방안이 이귀李貴 등에 의해 제시되었다.[103] 주요 거점을 중심으로 주변의 군사를 통합하여 방어하는 체계는 후술하듯이 이괄의 난 당시 평안도 지역에서 실제 작동되었다.

군사력의 한계로 인해 수세적 방어전략을 위주로 하였지만 수세적 방어전략만을 준비한 것은 아니었다. 당시의 유동적인 국제 상황에 따라 요동 지역으로의 조선군 투입을 염두에 두기도 하였다. 이 경우 후금의 정예 기병을 야전에서 저지하기 어려

정충신 묘(충남 서산)

100 『인조실록』 권2, 인조 원년 5월 을미.
101 『인조실록』 권2, 인조 원년 7월 신묘.
102 『인조실록』 권2, 인조 원년 8월 을해.
103 『인조실록』 권3, 인조 원년 9월 기축.

웠으므로 포차砲車 등을 활용한 전술을 고려하기도 하였다. 정충신은 훈련된 군사 10여 만을 확보하면 요동을 확보할 수 있다고 주장하였다.[104] 실제 1626년 2월 영원寧遠(현재의 랴오닝성 싱청[興城])을 공격하던 누르하치가 홍이포를 동원하여 방어한 요동순무 원숭환袁崇煥의 저항에 의해 부상을 입고 후퇴함에 따라 후금의 세력이 일시적으로 위축되었던 시기에 모문룡의 요동 지역 공격에 호응하여 조선군을 동원하는 문제를 고려한 것은 이러한 대후금 전략의 일환으로 보인다.[105]

홍이포(『실학박물관』)

조선의 대후금 방어전략은 서북방면의 거점 방어와 수도권 방어를 중심으로 보장처 확보, 요동 진출 등이 다양하게 고려되었음을 알 수 있다. 이에 따라 진관체제 복구, 중앙 군영 창설, 주요 지역 축성 등이 이루어졌다. 이러한 방어전략을 수행하는데 필요한 군사를 확보하기 위해 군적 정비와 호패법 시행 등이 논의되었다. 아울러 통일적 지휘체계를 위한 도체찰사 및 도원수, 부원수 등이 임명되었다. 1624년(인조 2) 정월에 일어난 이괄의 난은 인조반정 직후 계획된 대후금 군사전략에 입각한 조선 군사체계의 작동 과정을 보여주며, 동시에 그 붕괴와 새로운 모색의 한 전환점이었다.

2) 이괄의 난의 전개와 대후금 방어체계

1624년(인조 2) 1월 말 일어난 대규모 내란인 이괄의 난은 인조반정 주도 세력 내부의 갈등이 폭발한 것이지만 이전의 내란과는 두드러진 차별성을 보이고 있다.[106] 면

104 『인조실록』 권5, 인조 2년 3월 무진.
105 『인조실록』 권12, 인조 4년 4월 무자.
106 이괄의 난에 대해서는 하현강, 「길마재에 꿈을 묻고-이괄-」 『한국의 인간상 2』, 신구문화사,

저 성공한 군사적 정변을 제외하고 한국 역사상 일국의 수도가 반란군에 의해 함락되었던 거의 유일한 내란이었다. 역사상 주요 변란이 비록 그 규모에 있어서는 이괄의 난보다 대규모이고 그 정치적인 지향의 측면에서도 전쟁에 준하는 성격을 가지는 것도 있었지만 수도가 반란 세력에 함락되는 경우는 없었다. 다음으로 군사적인 측면에서 볼 때 이 반란에 동원된 병력은 영변에 주둔하던 조선의 전략 예비 병력으로 부원수 겸 평안병사 이괄에 의해 지휘되었다는 점에서 이전의 반란과는 그 전개 양상에 차이를 보이고 있다. 이괄의 난에 대응하기 위해 평안도 및 황해도, 경기도, 충청도 등의 군병이 대규모로 동원되었다. 당시 조선군의 대응 양상은 예상되는 후금의 침공에 대비하기 위해 인조 초 계획된 대후금방어체계의 일단을 보여준다는 점에서 의미가 있다. 이괄의 난을 계기로 평안도 일대에 준비되었던 대후금 방어체계는 상당히 약화되었으므로 이후 새로운 방어체계 정비가 필요하였다. 따라서 이괄의 난은 인조 초 조선의 군사제도 변화에 적지 않은 영향을 미친 사건이었다.

장만 초상(문화재청)

1624년(인조 2) 정월 14일(양 3월 3일), 문화文晦, 이우李佑 등의 고변告變으로 여기에 연루된 이괄의 아들 이전과 한명련을 잡으러 1월 21일(양 3월 10일) 영변과 구성으로 들어간 선전관과 금부도사가 피살되면서 반란이 시작되었다.[107] 이괄은 영변 인근의 수령에게 군사를 거느리고 다음날 해시(9~11시)까지 모이도록 하였다. 한편 22일(양 3월 11일) 늦은 오후인 신시(3~5시)에 원수부가 있는 평양에 반란 사실이 전해지면서 조선 관군의 대응은 시작된다. 도원수 장만은 먼저 인근 각 고을에 명령을 전

1965 ; 김웅호, 「우리 부자를 역적으로 몰다니」 『모반의 역사』, 세종서적, 2001 등에 개괄적으로 정리되어 있다.

107 이괄의 난의 전개에 대해서는 도원수 장만의 종사관인 김기종이 난의 시말을 정리한 『서정록』을 중심으로 『인조실록』 등의 자료를 보완하여 정리하였다.

달하여 군사를 거느리고 빨리 평양으로 들어오게 하고, 함경감사와 남·북 병사에게도 군사를 이끌고 오도록 하였다. 아울러 창성과 의주에도 군관을 보내어 군사들이 그곳에 모이도록 하였다. 그리고 군관 강용과 수안군수 이정에게는 정예 포수(정포精砲) 1초哨를 주어 서흥과 수안 등지의 군병을 모아 새원塞垣을 차단하도록 하였다.[108]

22일(양 3월 11일) 밤 영변을 출발한 이괄 군은 평안도 요충으로 청천강에 연한 안주로 향할 것이라는 예상과 달리 내륙인 개천으로 가는 길을 택하게 된다. 평양에 들어왔던 안주방어사 정충신은 그날 출발하여 순안順安에 도착하자 이괄 부대가 개천길로 향한다는 소식을 듣고 평양에 알리고 안주로 들어가 그곳을 지키도록 하였다. 아울러 숙천부사에게 명령을 전하여 안주로 들어오도록 하여 23일(양 3월 12일) 밤 안주에 들어왔다. 노강첨사老江僉使도 토병土兵을 거느리고 안주로 들어왔다. 23일부터 평양으로 인근 고을의 군사들이 들어오며 평양의 방어태세가 강화되었다. 중화 부사 유대화柳大和가 중화 군사 1천여 명을 모두 거느리고 왔고, 황주 포수 1천여 명도 합세하였다. 24일(양 3월 13일)에는 성천 부사 정두원鄭斗源이 군사 3백여 명을 거느리고 평양으로 들어왔고 이어서 자산 군수 이몽윤安夢尹, 삼화 현령 유대일, 강동 현감 최응일, 상원 군수 이숙, 용강 현령 신유, 강서 현령 황익, 증산 현령 장돈, 광량 첨사 장훈 등도 합세하였다.

한편, 청천강 유역의 주요 거점인 안주의 방어태세도 갖추어지기 시작하였다. 24일(양 3월 13일) 순찰사 이상길이 철산으로부터 안주로 달려왔고, 이어 용천 부사 이희건李希建, 곽산 군수 민여검閔汝儉, 선천 부사 김경진金慶雲, 정주 목사 정호서, 선사포 첨사 이택李澤, 복수장 김량언金良彦에게 명령을 전해져 군사를 거느리고 안주로 와서 모이게 하였다. 삭주 부사 민인호閔仁佶, 영원군수寧遠郡守 안준安浚도 잇달아 안주로 들어가 방어태세를 강화하였다. 이를 통해 조선의 대후금 주요 방어 거점은 평양과 안주이며, 후금의 침입 입구에 있는 의주와 창성의 방어도 중시되었음을 알 수 있다. 또한 영변에는 조선군의 전략 예비대가 주둔하고 있었다. 그리고 황해도 군병 중

108 『서정록』에는 색원으로 되어 있으나 『인조실록』 등에는 색장)으로 되어 있다. 색장)은 평안도 삼등에서 상원으로 넘어오는 고개로서 평양 동쪽에서 우회하는 곳이므로 색장이 맞는 지명일 가능성이 있다. 그러나 수안으로 들어오는 곳에 방환령이 있는데 정황상 방환령일 가능성이 크다.

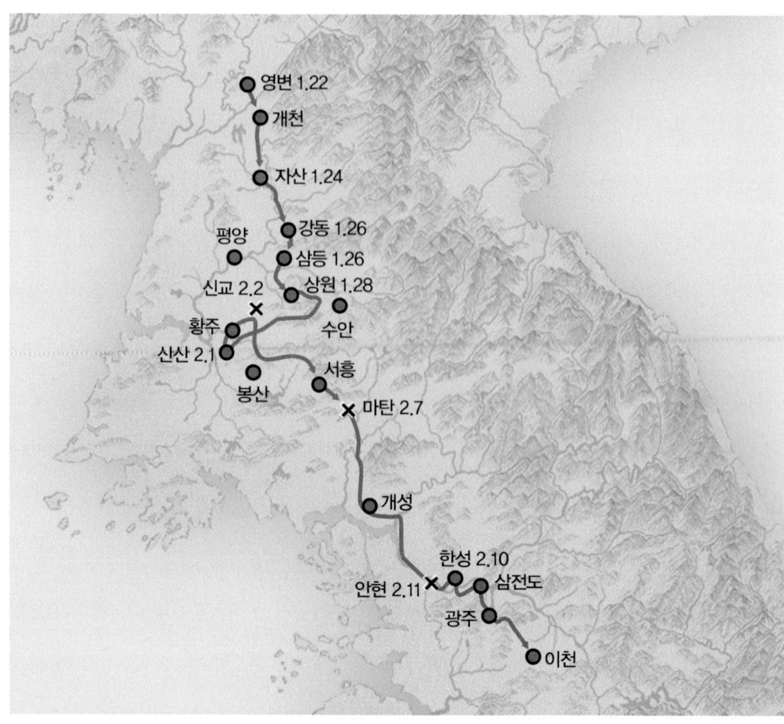

이괄 군의 진격로

일부는 수안 북방의 고개 일대를 차단하도록 계획되어 있었다.

24일(양 3월 13일) 이괄 군의 선봉은 이미 자산에 도착한 것으로 보인다. 자산에 도달한 이괄 군은 주요 장수 4명(이윤서, 유순무, 이신, 이타)과 군사 3천여 명이 이탈하였다. 이는 도원수 진영의 적극적인 회유책에 따른 것이었다. 이로 인해 이괄의 군정이 동요되어 강동으로 진격하려던 것을 포기하고 다시 군사를 거두어 자산慈山으로 돌아왔다. 25일(양 3월 14일)이 되면 도원수 장만은 이괄이 평양을 경유하지 않고 우회할 계획을 가지고 있음을 파악하고 군사를 출동시켜 이괄 군을 추격하기로 결정하였다. 이에 정충신으로 전부대장前部大將을 삼아 여러 장수를 이에 소속시키고, 전 부사 박영서朴永緖를 선봉장으로 삼아 정예병을 소속시키고, 유효걸로 좌협장을 삼아 상마대上馬隊와 북병北兵을 소속시키고, 조시준趙時俊을 돌격장突擊將으로 삼아 상마대 2초를 소속시켰다. 그리고 장돈을 우협장으로 삼아 포수 1천명과 용강현령 신유를 소속시키고, 평양 판관 진성일陳誠一을 전후장으로 삼아 기병·보병 각각 절반씩과 전 만호 김태흘을 소속시키고, 자산 군수 안몽윤으로 관향관을 삼고, 강동 현감 최응일을 향도장으로 삼고, 정주의 천총인 홍심을 척후장으로 삼았다. 출동 군사는 모두 1천 8백여 명이었다.

26일(양 3월 15일)에도 추가로 군사를 출동시켜 중군 남이흥으로 계원대장繼援大將을 삼고, 박진영으로 별장을 삼아 원수부의 군관과 기병·보병을 소속시켰다. 그 외에도 별장 박상朴瑺으로 하여금 군사 8백 명을 거느리고 계속 뒤에서 응원하게 하였다. 이날 이괄 군은 강동을 경유하여 삼등三登 경내에서 숙영하고 있었다. 이에 원수는 정예 포수 100여 명을 뽑아 허익복許益福과 김천국金天國을 장수로 삼아 밤중에 적의 진영을 공격하여 이괄 군이 많이 무너졌다. 『인조실록』에 의하면 이날 이괄 군이 강동의 신창新倉에 주둔하여 창고의 곡식을 죄다 흩어 주고 본현의 궁시, 갑주를 가져다가 불사르기도 하고 부수기도 하였다고 한다.[109] 이를 통해 이괄 군은 낮에는 강동을 통과하여 노략질을 하며 식량, 무기 등을 보충하고 바로 삼등으로 이동하여 숙영하였음을 알 수 있다. 26일(양 3월 15일) 저녁 삼등으로 이동하였던 이괄 군은 27일(양 3월 16일)은 이 지역을 중심으로 큰 이동 없이 휴식 등을 취하였을 것으로 생각된다. 이상의 양상을 통해 이괄 군은 4일 정도 이동하고 하루 휴식을 취하는 패턴을 보이고 있다.

이괄 군은 28일(양 3월 17일) 매우 활발한 움직임을 보이고 있는데 삼등에서 출발하여 상원祥原 방향으로 향하였다고 한다.[110] 29일(양 3월 18일)에는 평안 감사 이상길이 군사를 거느리고 평양에 도착하였다. 도원수 장만은 군사를 출동시키기 위해 각 부서의 장령을 임명하고 군사를 정돈했다. 유순무가 중군이 되고, 유몽룡劉夢龍이 좌협장이 되고, 정호서가 우협장이 되고, 김대건金大乾이 좌척후장이 되고, 이수경李守敬이 우척후장이 되었다. 순찰사는 평양의 포수와 아병 1천명을 모두 동원하여 곽산 군수 민여검閔汝儉에게 속하게 하였다. 28일(양 3월 17일) 상원으로 진입한 이날(29일) 이괄 군은 수안遂安으로 향하다가 강용과 이정李靖이 수안을 지키는 것을 확인하고 이를 우회하여 황주의 마장馬場으로 진입하였다. 이에 정충신 등이 이끌고 평양에서 중화 방향으로 남하하던 관군이 그 뒤를 쫓아 벌판을 사이에 두고 서로 대치하였다.

109 『인조실록』 권4, 인조 2년 정월 갑신.
110 『인조실록』 권4, 인조 2년 2월 병술.

남하하던 이괄 군은 당시 황해도 군이 새장을 차단하고 아울러 평양에서 출발한 정충신의 군대가 추격하자 이를 피하기 위해 새장, 수안 등지에서 매우 복잡한 움직임을 보였다.

2월 1일(양 3월 19일) 수안으로 향하던 이괄 군은 황해 감사 임서林惰가 황해도 군사와 경기 방어사가 거느린 군사 5천으로 새장을 차단하자 이를 피하여 황주와 봉산 사이에 있는 산산蒜山에 물러가 주둔하였다.[111] 2월 2일(양 3월 20일) 황주 마장에서 이른 아침인 묘시卯時(오전 5~7시)에 관군과 전투를 벌이게 되었다. 2월 2일 전투가 있었던 마장이 있는 이곳은 상원에서 황주로 가는 중간에 있는 평원 지역으로 상원 남쪽에 위치하고 있다. 이곳은 넓은 평원 지대로서 전투가 있은 곳에 대해서는 『인조실록』에는 구체적으로 신교薪橋라고 표시되어 있다. 이 전투 이후 이괄 군은 봉산 경내로 진입하였지만 봉산읍으로 들어오지 않고 관군을 추격을 피하여 험한 기린로麒麟路를 통하여 서흥으로 남하하였다.

이시발 신도비(충북 진천)

이괄 군이 신속하게 남하하여 황해도 경내에 들어옴에 따라 조정의 대응도 매우 다급해졌다. 2월 1일(양 3월 19일) 당시 조선군의 개괄적인 배치 상황은 다음과 같다.[112] 평양에서 남하하여 이괄을 추격하는 안주방어사 정충신의 2천여 선발대와 함께 도원수 장만이 중군 남이흥과 함께 뒤를 따르고 있었다. 이와 함께 황해감사가 황해병사와 함께 군병 5천으로 황주산성에 주둔하고 있었다. 체찰부사 이시발은 한성의 훈련도감 포수(경포수京砲手) 2천을 거느리고 평산산성에 주둔하였다. 동로좌방어사 이중로와 동로우방어사 이성부가 각각 정병 1천 5백을 거느리고 산군山郡의 사잇길을 차단하고 있었고, 5도 부원수 이

111 『인조실록』 권4, 인조 2년 2월 을유.
112 『비변사등록』 3책, 인조 2년 2월 1일.

서가 경기 각읍의 군병 3천을 거느리고 황해도 지역으로 출동하였다. 그리고 어영사 이귀가 1만 2천여 병력으로 도성 내외를 호위하도록 하였다. 이외에도 수원방어사 이경립의 수원 군병을 임진臨津에 주둔시키고 강화병江華兵은 한성에 주둔시켜 호위를 담당하도록 하였고,[113] 남병사 신경원과 함경감사 권반의 함경도 군사들도 동원되어 이괄의 사잇길을 차단하도록 하였다.[114] 2월 2일(양 3월 20일)에는 장단방어사와 개성유수로 하여금 개성 북방의 요충인 청석동 입구를 차단하도록 하고 체찰부사 이시발로 하여금 서로의 모든 군병을 통합하여 지휘하도록 하였다.[115]

이괄의 난이 발발하자 한성의 방위를 강화하기 위해 평안, 황해, 경기 군병 이외의 다른 지역 군병 동원도 이루어졌다. 2월 초에는 강원도 군병 1천 1백 명이 도착하였고, 2월 4일(양 3월 22일)에는 충청도 군병 중 일부가 충청병사 이완의 인솔 하에 한성에 도착하였다. 이어 충청도 태인, 서산의 군병과 영광 군수 등이 거느린 전라도 군병이 도착하는 등 수천 명의 군병이 한성에 이 무렵 도착하여 임진강 일대로 출전하거나 호위를 맡기도 하였다.[116] 다만 경상도 군병은 일본의 침입 우려 때문에 동원되지는 않았다.

이중로 초상(경기도박물관)

한편 황주의 신교 전투에서 패한 관군은 다시 전열을 정비하여 평안감사 이상길의 1천여 명과 곽산 삭주의 군사 5백 명을 보강하여 평산의 수비군과 함께 평산을 막도록 하였다. 황주 이남 지역은 여러 갈래의 도로가 발달해 있어 차단하기 어려웠으므로 평산과 임진강 일대에서 방어할 수

113 『비변사등록』 3책, 인조 2년 정월 27일.
114 『인조실록』 권4, 인조 2년 정월 경진.
115 『비변사등록』 3책, 인조 2년 2월 2일.
116 『비변사등록』 3책, 인조 2년 2월 2일 ; 『비변사등록』 3책, 인조 2년 2월 4~7일.

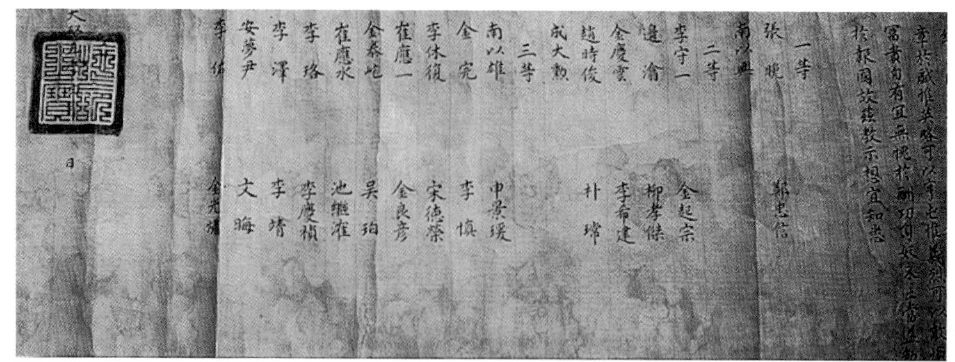

一等
張晩 鄭忠信
南以興
二等
李守一 金起宗
邊瀹 柳孝傑
金慶雲 李希建
趙時俊 朴瑺
成大勲
三等
南以雄 申景瑗
金完 李愼
李休復 宋德榮
崔應一 金良彦
金泰屹 吳珀
崔應水 池繼漼
李珞 李慶禎
李澤 李靖
安夢尹 文晦
李佑 金光潗

장만에게 내린 진무공신녹권(振武功臣錄券)(인동장씨태상경파충정종친회)
도원수 장만을 진무공신 1등에 봉하면서 내린 교서. 장만 등 32명의 공신이 기록되어 있다.

밖에 없었다.[117] 그러나 2월 7일(양 3월 25일) 관군은 평산의 마탄馬灘에서 이괄 군의 기습을 받아 크게 패하고 방어사 이중로李重老와 임성부李聖符 등이 전사하였다.[118] 평산을 돌파하여 이괄 군이 신속히 남하함에 따라 이제 최종적으로 개성과 임진강 일대의 방어체계를 정비할 필요가 있었다. 따라서 신계에 있던 이서를 개성 북방의 요충지인 청석동으로 보내어 방어체계를 강화하도록 하였다.[119] 아울러 이천방어사 신경진으로 하여금 개성의 동쪽에 있는 백계치를 파수하여 토산 등으로 가는 길을 차단하도록 하였다.[120] 어영사 이귀는 2월 6일(양 3월 24일) 임진강 일대 방어를 위해 출전하였다.[121]

마탄 전투 이후 청석동에 도착한 이괄은 이곳을 지키는 이서의 방어군을 항복한 왜인인 항왜 수십 명으로 교란하는 한편 주력군은 청석동을 경유하지 않고 산예狻猊의 옛 길을 따라 개성의 서문 밖을 지나 임진臨津으로 곧바로 진출하였다. 임진에서는 어영사 이귀의 지휘하에 수원방어사 이흥립의 수원군 등이 방어하고 있었으나 2월 8일(양 3월 26일) 파주목사 박효립의 내통으로 인해 방어선은 쉽게 붕괴되었다.[122] 인조는 2월 9일(양 3월 27일) 훈련도감군과 어영군의 호위를 받으며 공주로 피난하였다. 당

117 『비변사등록』 3책, 인조 2년 2월 3일.
118 『인조실록』 권4, 인조 2년 2월 신묘.
119 『비변사등록』 3책, 인조 2년 2월 7일.
120 『인조실록』 권4, 인조 2년 2월 신묘.
121 『인조실록』 권4, 인조 2년 2월 경인.
122 『인조실록』 권4, 인조 2년 2월 임진.

시 한성에는 호서(충청도)와 호남에서 동원된 군병이 주둔하고 있었으나 한강을 건너는 과정에서 상당수는 흩어졌고 이괄 군은 10일(양 3월 28일) 한성에 입성하였다. 평산 패배 이후 도원수 장만의 군대는 이서의 경기군과 합세하여 10일 한성의 서북 입구인 안현鞍峴에 도착하여 11일(양 3월 29일) 이곳에서 대승을 거두었다. 이후 이괄은 삼전도, 광주를 거쳐 이천으로 가던 중 휘하의 부장 기익헌 등에게 살해되어 내란은 끝나고 인조는 2월 22일(양 4월 9일) 도성으로 돌아왔다.

이괄의 난으로 도성이 함락된 경험은 인조의 서인 정권에게 군사력 강화의 필요성을 절감하게 하였을 뿐만 아니라 이전에 준비하였던 대후금 방어체계의 적절성을 검토하도록 하는 계기를 마련하였다. 특히 이 내란을 계기로 평안도 방어체계가 상당히 약화됨에 따라 상대적으로 수도권 방어의 중요성과 체계적 대응체계의 마련이 매우 중요해졌다. 이괄의 난은 이후 중앙 군영의 창설과 증강에 주요한 계기가 되었다.

2. 호위청 · 총융청 · 어영청의 창설

1) 숙위체제(宿衛體制) 재건과 호위청(扈衛廳)의 창설[123]

인조반정의 성공은 광해군 및 대북정권의 정치적 취약점이 드러난 결과이지만 동시에 숙위체제가 지닌 문제점에서 적지 않게 기인하였다. 1623년(광해군 15) 3월 반정군이 도성 안으로 들어와 창덕궁에 도착할 때까지 이들을 막아야 할 훈련대장 이흥립이 반군과 내통하여 아무런 조치도 하지 않았으므로 쉽게 반정에 성공할 수 있었다. 인조반정 성공 이후 서인 정권은 무너진 숙위체제를 한층 강화된 형태로 재건할 필요가 있었다. 기존 숙위군의 주축을 이루었던 금군과 훈련도감에 대한 부분적인 수정 및 보강 작업을 통해 문제점을 해결하고자 하였다. 이와 함께 새로운 숙위 전담 군

123 호위청 창설과 체제에 대해서는 이태진, 앞의 책, 1985, 85~90쪽 ; 최효식, 『조선후기 군제사연구』, 신서원, 1995, 115~117쪽 참조.

영의 창설에 착수하였다.[124]

인조반정 성공의 가장 중요한 원인의 하나는 한성 방어 및 궁궐 숙위의 임무가 기본적으로 훈련도감에 집중되어 있었던 것과 밀접한 관련을 가지고 있다. 당시 한성에는 훈련도감 이외에 병조 소속 군사들도 숙위를 담당하고 있었지만 군정기관인 병조에서 실질적으로 부대를 통제하는 데는 한계가 있었다. 따라서 한성 일대에서 긴급한 사태가 발생할 때 체계적으로 동원할 수 있는 병력은 훈련도감의 군사밖에 없었으므로 훈련도감의 군권 향배에 따라 정권의 명운이 갈릴 수 있었다. 집권 서인 세력은 숙위를 전담할 새로운 군영 창설을 모색하였는데 인조초 호위청扈衛廳 창설이 대표적이다.

인조반정에 동원된 반정군은 한성 주위의 장단과 이천의 관군과 함께 참가자 각자가 모집한 이른바 사모군私募軍이 중심이었다. 이 사모군의 규모는 대체로 김류, 이귀, 심기원, 최명길, 김자점 등이 모은 700여 명과 정두원이 모은 500여 명 정도였다. 반정 직후 정두원의 자모군은 해산되었으나 나머지 군관 중 500여 명은 7월까지 아직 해산되지 않고 한성에 남아 반정공신의 군사력으로 남아 숙위 등을 담당하고 있는 실

연평부원군(이귀) 신도비(충남 공주)

124 인조초 숙위체제 재건에 대해서는 윤훈표, 「조선후기 동궐의 宿衛 체계의 변화」 『서울학연구』 30, 2008, 7~12쪽 참조.

정이었다. 인조는 관군 이외에 이 사모군의 해산을 명하였지만 이귀는 이 군병들을 바탕으로 병력을 확충하여 군영을 창설하여 훈련도감과 함께 한성에 상주시켜 도성 호위군으로 편성할 것을 제안하였다.[125]

이귀의 도성 호위군 편성 제안 직후 발각된 기자헌奇自獻, 유경종柳慶宗 등의 역모 사건으로 국왕 호위 부대의 창설 필요성이 다시 제기되었다.[126] 이에 사모군 가운데 자원자만 다시 군으로 들어오는 것을 허락하게 되고[127] 이를 바탕으로 1623년(인조 원년) 8월 이전에 호위청이 창설되었다. 호위청은 대장大將 4인과 당상관 2인을 정하여 사모군 중에서 대장은 각 100명, 당상관은 50명씩 뽑아 군관으로 삼아 국왕 호위를 담당하도록 하였다. 따라서 호위청은 군관 500인 정도로 최초 편성되었음을 알 수 있다. 이는 당시 해산하지 않고 도성에 남아 있던 사모군을 바탕으로 호위청이 창설되었음을 보여준다.

호위청의 최초 대장 4인에는 이서, 김류, 신경진, 이귀가 임명되고 김자점과 심기원이 당상관에 각각 임명되었다. 호위청 군관은 500인으로 최초 편성되었으나 당시의 재정 상황으로 인하여 이들 모두에게 급료를 지급하기 어려웠다. 따라서 정수는 400인으로 정하고 번을 나누어 호위청에서 숙직하면서 궐내에서 근무하도록 하였다.[128] 급료를 받지 못하는 군관들은 집에 있으면서 변란에 대비하거나 변란을 기찰하게 하였다.[129] 정원은 400인으로 정하였지만 교대 근무 형태를 띠고 있었으므로 각 대장이나 당상관들은 각 지방의 무사들을 적극적으로 모집하였다. 이에 호위청 군관의 수효는 이듬해 3월 무렵에는 이미 1,000명에 달할 정도로 확대되었다.[130] 군관들의 입직소는 인정문 밖 월랑月廊, 영자문合紫門 정전 월랑과 그 중간 지점의 만나는 곳이었으며, 궁궐 밖 남산이나 동소, 북소 등에 파견 근무하는 경우도 있었다.[131]

---

125 『인조실록』 권2, 인조 원년 7월 계묘.
126 『인조실록』 권2, 인조 원년 7월 을묘.
127 『인조실록』 권2, 인조 원년 7월 정미.
128 『인조실록』 권3, 인조 원년 윤10월 임진.
129 『인조실록』 권47, 인조 24년 4월 임오.
130 『인조실록』 권5, 인조 2년 3월 계유.
131 최효식, 앞의 책, 1995, 148쪽.

호위청은 기본적으로 반정공신들이 사적으로 모집한 병력을 정규화하여 설립한 군영이었으므로 그 군관들도 반정공신인 대장이나 당상관과 사적으로 연결되어 있었다. 따라서 선발 방식과 절차도 명확하지 않았고 대장들이 적당한 사람을 임의로 선발하는 경우도 있었다. 인조 초기에는 호위대장이나 당상은 문제가 있어 물러나거나 외직으로 전출되어 자리가 비더라도 새로운 인물로 보충하지 않았으며 휘하 군사들의 경우 다른 대장에게 나누어 소속시켰다. 그 뒤 복귀하면 다시 그 대장이나 당상에게 환속하게 하였다. 따라서 운영상의 문제에 병조나 도총부에서 간여할 것이 없었고 국왕과 직접 연결되었다.[132] 호위군관이 가진 반정공신의 사병적 성격으로 인해 이들은 이귀, 이서 등 반정공신이 인조 초 창설한 새로운 군영인 어영청, 총융청의 기간요원으로 이후 활용되었음도 아울러 주목할 필요가 있다.[133]

1624년(인조 2) 정월 이괄의 난이 일어나 도성이 함락됨에 따라 도성 방위와 궁중 숙위를 더욱 강화하기 위해 함경남·북도에 명하여 무과 출신자 중에서 특별히 뛰어난 자를 감사와 병사가 함께 시재試才하여 한성으로 뽑아 올리고 아울러 이괄의 난의 전공자들을 호위군관으로 편입하고자 하였다.[134] 이를 계기로 호위청은 이전에 비해 규모도 상당히 확대되고 면모도 일신된 것으로 보인다.[135] 『만기요람』에 이 시기 호위군관으로 선발된 무사들을 바탕으로 인조 원년에 호위청扈衛廳이 창설되었다고 설명된 것은 이러한 상황을 반영한 것으로 생각된다.[136] 이 시기 호위청 군관으로 선발된 무사 중 일부는 호위청에 소속되었지만 곧 확대되는 어영청 등의 중앙 군영의 기간요원으로 충원되었으므로 호위청 자체의 급격한 증원은 이루어지지 않았다.

---

132 윤훈표, 앞의 논문, 2008, 12~13쪽.

133 이태진, 앞의 책, 1985, 89쪽.

134 『扈衛廳謄錄』 권1, 인조조 갑자 3월 25일.

135 호위청 군관이 이후 얼마나 확대되었는지에 대해서는 분명하지 않다. 다만 『비변사등록』에 의하면 1,000명을 목표로 한 것으로 보아 상당한 규모의 무사들이 선발되었을 것임을 짐작할 수 있다(『비변사등록』 3책, 인조 2년 3월 25일).

136 『만기요람』 군정편, 호위청.

2) 경기 방어체제의 정비와 총융청(摠戎廳) 창설

인조반정 이후 새 정권은 광해군대와 달리 친명배금 정책을 분명히 천명하고 모문룡에 대한 지원을 강화하였다. 따라서 후금의 조선 침공 가능성이 상당히 높아졌다. 이에 인조대 서인정권은 서북 지역 방어를 위해 하삼도의 부방군을 동원하여 이 지역의 방어 병력을 보완하고 아울러 국왕의 개성 친정親征을 고려하는 등 보다 적극적인 방어 대책을 강구하였다.

한편 평안도 등 변방 지역에서 후금의 공격을 저지하기 어렵다는 점을 들어 수도 방위를 우선하여야 한다는 주장이 많이 나타났다. 그 대표적인 인물로는 이귀를 들 수 있다. 그는 이를 위해 경기의 군사를 금위군禁衛軍이라 하여 급한 사태 발생시 이들을 국왕 호위에 투입할 것을 주장하였다. 그리고 지방의 군사들도 각도에서 미리 편성하고 훈련시켜 필요시 징발하여 각도 병사兵使가 거느리고 오게 하고 이들을 도체찰사가 통솔하도록 하여 도성 방어와 호위를 강화하자고 하였다. 동시에 도성 방어의 일환으로 남한산성의 축조를 주장하였다.[137]

남한산성 수축 문제는 도성을 쉽게 버릴 수 없다는 반론이 나타나 인조가 직접 확인 후 조처하는 것으로 하여 일단 보류되었다. 도성 방어 강화를 위해 호위대장 중 이서와 신경진이 도성 방어를 담당하도록 하고 아울러 도성 주변의 요충지인 강화와 수원의 방어를 강화하는 방안이 강구되었다. 이를 위해 강화부윤에 이중로를, 수원부사에는 인조반정 당시 훈련대장이었던 이흥립을 임명하였다.[138] 아울

총융청 터(서울 종로)

137 『인조실록』 권3, 인조 원년 윤10월 임인.
김용흠, 『조선후기 정치사 연구(Ⅰ)-인조대 정치론의 분화와 변통론』, 혜안, 2006, 300쪽.
138 『인조실록』 권3, 인조 원년 윤10월 병오.

러 이귀를 개성유수로 삼아 군사를 선발하여 변란에 대비하도록 하였다. 강화와 수원 등 주요 지역 방어체계 정비와 함께 도성을 둘러싼 방어체계를 강화하기 위해 경기도 군병을 재편하려는 움직임이 나타났다.

도성 방어를 강화하기 위해 경기군을 재편하려는 움직임은 인조반정 직후부터 나타났다. 이귀는 당시 도성 방위 강화를 위해 명나라 초기 병부상서였던 우겸于謙이 도성에 설치하였던 군영인 12단영團營의 제도[139]를 모방하여 호위청 등을 강화하고 경기의 수령들이 군사를 선발하고 조련하게 하여 도성의 호위를 강화할 것을 주장하였다.[140] 이귀의 주장은 그대로 받아들여져 호위청 확대와 함께 경기군의 정비, 그리고 도성 및 경기군의 통합 운용에 착수하였다. 1623년(인조 원년) 말 훈련도감 군병과 경

숭렬전(경기 광주 남한산성)

본래는 1638년(인조 16) 건립하여 백제 시조인 온조왕을 모시던 온조왕사(溫祚王祠)였다.
1795년(정조 19년)에 병자호란 때 순국한 이서의 위패를 함께 모시도록 하고
정조가 '숭렬(崇烈)'이라는 현판을 내리면서 숭렬전으로 이름을 바꾸었다.

---

139 12단영이란 1449년 몽골의 오이라트족을 토벌하기 위해 친정에 나선 명나라 황제 영종이 토목보에서 포로가 되고 경군 50만명이 전멸당한 토목의 변 이후 북경 방위를 강화하기 위해 병부상서 우겸이 설치한 10영을 바탕으로 이후 성화연간(1465~1487)에 정예병 14만명을 선발하여 4무영, 4용영, 4위영 등 12단영으로 확대 조정한 군사조직이었다(백기인, 『中國軍事制度史』, 국방군사연구소, 1998, 214~215쪽).

140 『인조실록』 권2, 인조 원년 7월 계묘.

기 제읍諸邑 군병을 3군으로 나누어 2개 군은 호위청 좌·우대장인 이서와 신경진에게 소속시키고 1개 군은 도체찰사 한준겸에게 소속시키도록 한 것을 보면 도성과 경기의 군병을 통일적 지휘체계 아래 일단 편성하였음을 알 수 있다.[141] 경기군의 본격적인 정비는 이서李曙가 담당하였다. 호조판서 겸 비국당상으로서 경기감사에 임명된 그는 1624년(인조 2) 정월 도성을 싸고 있는 장단, 수원, 양주 등을 중심으로 한 경기에 3영을 배치하여 방어체계를 정비하는 방안을 건의하였다.[142] 이는 이후 있을 총융청 창설의 준비작업이었다. 경기군의 정비 작업은 곧 일어난 이괄의 난으로 인하여 일시 중지되기에 이른다.

이괄의 난으로 인해 한성이 반란군에 함락되고 국왕 인조가 공주로 피난하는 사태가 일어났다. 이 난에서 조선군의 방어체계를 잘 알고 있던 이괄은 관군의 추격을 따돌리고 한성까지 쉽게 도달하여 도성을 함락시킴에 따라 국왕 숙위 및 한성 방어의 중요성과 함께 한성 주변 방어 체계를 통일적으로 재정비할 필요성이 제기되었다. 이괄의 난 당시 경기감사 이서는 송도의 청석동을 지키고 이흥립의 수원군과 박효립의 파주군은 임진강을 나누어 지켰지만 통일적 지휘체계의 미비로 인해 개성과 임진강 일대에서 반란군을 저지하지 못하였다.[143] 실제 이천방어사인 신경진의 부대는 경기감사 이서의 명령에 따른 것이었지만 이괄군의 진격로인 서로가 아닌 토산과 삭주 방면의 길을 차단하고 있는 등 혼란이 적지 않았다.[144] 따라서 이괄의 난을 계기로 도성 방어를 위해 경기군의 정비와 통일적인 지휘체계의 확립 필요성이 제기되었다.

통일적인 지휘체계의 미비로 인해 도성이 함락되는 등 문제점이 적지 않았지만 이괄의 난은 경기군이 매우 유용한 군사력임을 확인하는 계기가 되었다. 이괄의 난 진압 이후 바로 경기 일대의 방어체계 정비와 경기군의 재편에 착수하였다. 경기감사 이서는 1,000인을 한 영으로 하고 그 고을에서 무재가 있는 자를 뽑아 그 영의 장령으로 삼도록 하고, 경기 군사에게 조총 쏘는 훈련을 시키고 전마戰馬를 갖추는 방안을

141 『비변사등록』 3책, 인조 2년 2월 1일.
142 『인조실록』 권4, 인조 2년 정월 기사.
143 『인조실록』 권4, 인조 2년 2월 임진.
144 『비변사등록』 제3책, 인조 2년 2월 7일.

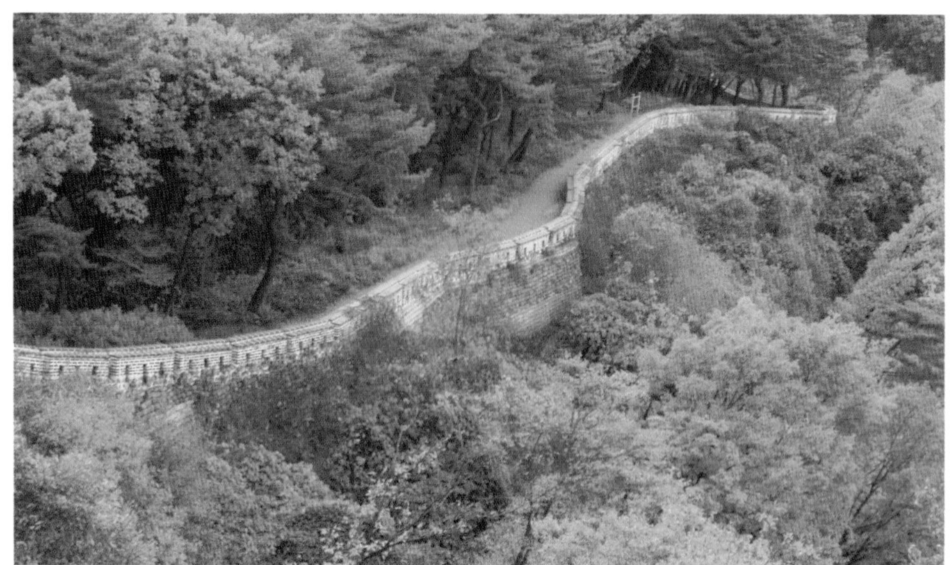

남한산성 성벽

주장하였다.[145] 이서의 이 건의는 이후 총융청의 창설과 군사 편제에 중요한 기준점을 제시하였다. 이와 함께 도성 근처의 방어 거점으로서 강화와 남한산성의 방어 체계를 강화하고자 하였다.

당시 도성은 지나치게 넓어 방어에 적지 않은 어려움이 있었으므로 이괄의 난을 계기로 수도권 방어계획의 일환으로 강도와 남한산성이 서울을 중심으로 기각지세를 이루도록 하였다. 이 계획에 따라 국왕은 강도로 이동하도록 하였는데 강도는 전국을 호령하기는 너무 외진 곳에 있었으므로 남한산성에 세자를 두어 통제하는 것이 타당하다고 판단하였다. 이러한 방어계획에 따라 우선 강화의 방비를 강화하기 위해 경기수영을 강화로 옮겨 강도의 방어체계를 정비하였다. 이어 남한산성 수축이 논의되었다.[146] 그리고 강화는 이시발을, 남한산성에는 심기원沈器遠을 당상으로 임명하여 이 지역의 방어체계를 정비하도록 하였다.[147] 다음으로 수도권 방어 체계의 강화와 경기

145 『인조실록』 권5, 인조 2년 3월 계해.

146 『인조실록』 권5, 인조 2년 3월 경오. 인조 2년 남한산성 수축 논의와 인조 3~4년 수축 과정에 대해서는 민덕식, 「인조초의 남한산성 수축」 『역사와 실학』 32(상), 2007, 535~553쪽에 자세하다.

147 『인조실록』 권6, 인조 2년 5월 신사.

군의 통일적 지휘를 위한 새로운 군영을 창설하도록 하였다. 이를 위해 경기감사 이서를 경기제색군병차지상당京畿諸邑軍兵次知堂上으로 임명하여 경기군의 조직과 훈련에 착수하도록 하였다.[148]

총융청이 정확히 언제 창설되었는지는 현재 명확하지 않다. 총융청 창설 초기 상황을 정리한 『총융청등록』이 전쟁을 겪으면서 없어져 분명히 확인할 수 없었던 것도 한 원인이다.[149] 그러나 이보다는 총융청이 최초 설립될 때 독립된 군영으로 창설된 것이 아니라 1624년(인조 2) 6월 체부體府에 소속된 부대의 하나로 출발하였던 것에서 기인한다.[150] 그리고 이서에게는 기보총융사畿輔摠戎使라는 직함을 주어 경기도 군병의 편성을 담당하도록 하였다.[151] 총융사 이서는 곧 경기군의 통일적인 정비와 재편성에 착수하여 7월 하순부터는 경기의 정군正軍까지 포함하여 여러 명목[제색諸色]의 군병을 8번으로 나누어 편성하게 되었다.[152] 이 시기 총융군 편성이 우선 이루어진 지역은 통진 등 경기 우도의 8개 군현으로 이 고을에는 군현의 총융군을 지휘할 군관으로 천총千摠을 각각 두도록 하였다.[153]

경기군 정비의 구체적인 성과는 1624년(인조 2) 11월에 확인된다. 총융사 이서李曙가 당시까지 총융군으로 편성이 완료된 경기군을 점검하고 보고한 바에 의하면 장단에 소속된 6개 군현과 양주에 소속된 7개 군현 등 모두 13개 군현의 군병의 병종과 수효는 다음의 〈표 3-2〉와 같다.

〈표 3-2〉 13개 군현의 군병의 병종과 수효

	속오군	정군	별대마군	총계
장단(長湍) 소속 6읍	1,541	566	315	2,421
양주(楊州) 소속 7읍	1,293	308	184	1,781

148 『비변사등록』 3책, 인조 2년 5월 26일.
149 『신보수교집록』, 병전, 총융청.
150 『비변사등록』 3책, 인조 2년 6월 10일.
151 『비변사등록』 3책, 인조 2년 6월 13일.
152 『인조실록』 권6, 인조 2년 7월 경진.
153 『인조실록』 권6, 인조 2년 8월 정해.

그리고 이들을 4부部로 나누어 편성하도록 하고 각 부에는 지휘관인 천총을, 예하 편성인 사司의 지휘관으로는 파총把摠을 두도록 하였다. 아울러 천총과 파총에는 각각 대기수大旗手, y 등을 편성하여 원활하게 예하 부대를 지휘할 수 있도록 하였다. 다만 이 시기까지 경기 남부에 있는 수원에 소속된 각 고을은 미처 점검하지 못한 상태였다.[154] 나머지 광주의 군병 정비도 미처 이루어지지 못한 것으로 보인다.

〈표 3-2〉를 통해 확인할 수 있는 점은 총융청이 경기 각 고을에 있던 속오군과 정군, 그리고 별대마군別隊馬軍을 통합하여 소속 군병으로 편성하였다는 것이다. 그리고 그 편성 방식은 부의 아래에 각각 사-초 등을 두는 편제로 이루어졌음을 알 수 있다. 특히 대후금 전쟁에 필요한 마군의 정비에 각별히 힘을 기울였음을 짐작할 수 있다. 이서의 노력에 따라 1624년(인조 2) 11월 말에는 총융군의 전체 병력이 2만 명에 달하여 수도권 방어의 중심 군영으로 자리 매김할 수 있었다.[155] 12월 말에는 총융군 중 일부 정예병을 차출하여 북방 방어를 위한 사전 예비 병력으로 준비하기도 하였다.[156]

1624년(인조 2)까지 군병 확보에 주력하였던 총융청은 1625년(인조 3)에 들어서면서 군사조직의 체계적 정비에 본격적으로 나서게 된다. 창설 초기 총융군은 경기 내 4개 진영鎭管에 소속된 각 고을의 군병을 5영營으로 편성하고 각 영에 3부, 한 부에 3개 사, 한 사에 3초를 두는 편제를 갖추었다.[157] 5영은 수원, 광주, 양주, 장단, 남양이었다.[158] 그러나 강도江都의 군병만으로도 1개 영이 되고 수영水營에서도 1개 부를 더 만듦에 따라 5영-15부-45사-135초로 이루어진 총융군 각 단위 체제에 편성될 군사 수가 부족하였다. 뿐만 아니라 이러한 3각 편제 방식은 당시의 어떤 병학兵學에서도 나오지 않는 체제였다. 따라서 1625년(인조 3) 정월, 총융군 편성을 크게 개편하여 『연병실기』의 1영 = 3부, 1부 =2사, 1사 = 5초의 편제를 기본으로 하되 영, 부 단위까지는 7영, 12부(총 24사, 120초)를 총융청의 상위 편제로 하였다. 다만 세부적으로 지역별 군병 확보 상황을 고려하여 우영右營의 중부中部에는 1개 사(5초)를 더 두고

154 『인조실록』 권7, 인조 2년 11월 기미.
155 『인조실록』 권7, 인조 2년 11월 정축.
156 『인조실록』 권7, 인조 2년 12월 기유.
157 『인조실록』 권8, 인조 3년 정월 무오.
158 『총위영사례』 권1, 창시.

후영後營의 좌부左部(10초)에서 2개 초를 줄여 모두 123초로 편성하였다.[159] 기존 135초에 비해 12초를 줄여 하위 편제별 군병을 충실히 갖출 수 있도록 하였다.

군사 편제의 개편과 함께 총융군의 정예화에도 박차를 가하였다. 총융청 창설 초기에는 군병 확보에 급급하여 군사 훈련 체계도 제대로 정비되지 못하였고 군사들에게 필요한 기계와 군량도 제대로 확보하지 못한 상태였다. 각 고을별로 편성된 총융군은 수령의 책임하에 군사를 조련하도록 하였다. 당시 경기의 수령들이 모두 문관 또는 음관蔭官 출신으로 군사의 전문적 식견이 부족하여 군사 조련에 어려움이 적지 않았다. 이러한 문제를 해결하기 위해 경기의 각 고을에 호위청의 군관 및 훈련도감의 기고관旗鼓官을 보내어 군사 훈련법을 가르치도록 하였다.[160]

총융군에 필요한 군기 마련을 위해서는 다양한 방법이 강구되었다. 1624년(인조 2) 4월 인조는 경기군의 군기 마련을 위해 일본에 보낸 회답사回答使 편에 조총과 염초, 그리고 환도를 구입하도록 하였다.[161] 실제 5월에는 조총 2,000자루와 활 3,000여 자루를 마련하여 경기군 5천명에게 지급하고 훈련도감과 함께 호위를 담당하도록 하였다.[162] 총융청이 설치되고 난 이후에는 급격히 늘어난 경기의 소속 군병에게 지급할 군기와 군량 마련이 매우 중요해졌다. 따라서 1624년(인조 2) 11월에는 군량 확보를 위해 양주 등 총융군이 편성된 경기 각 고을의 삼수량三手粮을 대동청에 바치지 않고 모두 해당 고을에 받아 두고 불시의 수요에 응하도록 하였다. 군기를 만드는 데 소요되는 철물은 이괄의 난에 연루된 자의 적몰된 집과 그 재산으로 충당하도록 하였다.[163] 이때 확보된 철물로 이듬해 8월 특별히 제조한 군기인 삼혈총 1,000자루와 조총 1,000자루를 총융군에 배정하고 나머지는 남한산성에 비치하였다.[164]

이괄의 난을 계기로 필요성이 제기된 경기 일대에 대한 체계적인 방어체계 확보의 일환으로 이루어진 일련의 경기군 정비와 총융청의 창설 및 확대를 통해 1625년

159 『인조실록』 권8, 인조 3년 정월 무오.
160 『인조실록』 권8, 인조 3년 정월 임자.
161 『비변사등록』 3책, 인조 2년 4월 24일.
162 『비변사등록』 3책, 인조 2년 5월 28일.
163 『인조실록』 권7, 인조 2년 11월 정축.
164 『인조실록』 권9, 인조 3년 8월 기묘.

(인조 3) 후반기에는 수도권 방어의 중심 군영으로서 총융청의 체제가 거의 갖추어지게 되었다. 특히 이괄의 난으로 서북 지역의 방어 체제가 급속히 약화된 상태에서 수도권 방어전략의 중요성이 높아진 상황에서 총융청의 군사적 중요성은 매우 커졌다. 후일 수어청의 모태가 되었지만 1625년(인조 3) 2월 시작된 남한산성 축조도 총융청 주도의 수도권 방어체계 강화의 일환으로 총융사 이서의 관할하에 이루어진 것이었다. 인조 초 정비된 총융군은 조선-후금 전쟁 이후에는 수도권 방어만을 담당하는데 그치지 않고 어영군과 함께 서북(평안도)의 변방에 파견되어 안주, 정주, 구성 등 이 지역의 방어에도 참여하는 등 역할이 확대되었다.

3) 어영군(御營軍)의 발족과 어영청(御營廳) 창설

인조 정권의 수립 이후 후금과의 관계가 점차 악화됨에 따라 후금의 침공 가능성이 높아졌다. 인조반정 직후 서북 지방(평안도)의 방어체계를 강화하기 위해 서북 지역 방어 군병 확보에 노력하였다. 또한 부원수 이괄의 전략 기동 병력 1만 5천 명을 영변에 주둔시켰을 뿐만 아니라 장만을 도원수로 임명하여 서북 지역 방어를 총괄하도록 하였다. 그러나 충분한 방어태세를 완전히 갖춘 것은 아니었다. 이러한 형세를 타개하고 군사들의 항전 의지를 고취하기 위한 특단의 방안이 강구되었다. 아울러 당시 조선의 군사력 한계로 인해 현실성은 다소 떨어졌지만 명나라의 반격에 호응하여 가도 모문룡의 명나라 군과 함께 후금의 배후를 공격하는 방안도 검토되었다.[165] 이러한 상황에서 인조의 친정親征도 매우 진지하게 검토되었다.

인조는 즉위 초부터 친정과 요동에 대한 연합 공격을 여러 차례 공언하였다. 1623년(인조 원년) 11월에는 구체적인 인조의 친정 계획이 논의되었다.[166] 처음에는 인조가

165 『인조실록』 권1, 인조 원년 4월 임오. 1623년 인조반정을 전후한 시기 명나라 조정 내에서는 원숭환 등 동림당 계열 인사를 중심으로 후금을 구축하고 요동의 실지를 수복하자는 주장이 나타났다. 당시 동림당 계열의 웅정필은 조선으로부터 원군을 동원하고 모문룡 군대와 협공하여 후금을 공격한다는 복안을 갖고 있었고, 1621, 1622년 2차에 걸쳐 요동 경략을 실시하기도 하였다. 이에 대해서는 한명기, 앞의 책, 2009, 50~51쪽 ; 毛佩奇·王莉, 『中國明代軍事史』, 人民出版社, 1994, 144~147쪽 참조.

황해도 평산으로 나아가 조선군을 지휘하는 방안이 검토되었다. 그러나 상황이 여의치 않을 경우 평산에서 보장처(국왕의 전시 피난지)인 강도로 후퇴하기 어려운 문제가 있었으므로 체찰사를 평산산성에 보내어 서북 지역의 조선군을 통일적으로 지휘하도록 하였다. 인조는 2명의 호위대장 등과 함께 군사를 거느리고 개성에 나아가 전 조선군을 지휘하도록 하였다. 개성으로 진출한 국왕의 호위를 위해 중신인 이귀를 개성유수로 임명하고 국왕 호위군을 모집하도록 하였다. 아울러 이귀에게 어융사禦戎使의 지위를 함께 부여하여 개성 일대의 방어체계를 총괄하도록 하였다.[167]

개성유수로 임명된 이귀는 연말까지 개성 일대의 정예병 260여 인을 모집하여 국왕이 개성으로 주필駐蹕할 때의 호위군으로 편성하고 어영군이라 칭하였다. 그러나 후금과의 전쟁은 일어나지 않았고 이귀도 개성유수를 조존성에게 물려주게 되었다. 이귀가 물러남에 따라 모집한 어영군의 통솔 문제와 함께 이들 군병들이 다시금 흩어지는 문제가 발생하게 되었다. 왜냐하면 이 지역 군병에 대한 통솔은 원칙적으로 경기방어사가 맡도록 되어 있었기 때문이다. 이 군사의 통솔 문제와 함께 어영군의 확대를 위해 이귀를 어영사로 임명하고 개성부사 조존성을 어영부사에 임명하여 어영군을 통솔하도록 하였다. 아울러 개성부 중군 김창金昌을 어영 중군으로 승진시키고 전직 정자正字 전대방田大方을 참모관으로 임명하여 군사의 모집과 조련을 담당하도록 하였다.[168] 즉 개성의 기존 지방군이었던 속오군과는 별개의 독립 군영으로서 국왕 호위 군병인 어영군의 체계가 갖추어진 것이었다.

어영청 터(서울 종로)

어영군 창설은 인조반정 이전까지 중앙군의 핵심 군영이었던 훈련도감군의

166 『인조실록』 권3, 인조 원년 11월 무진.
167 『인조실록』 권3, 인조 원년 11월 경오.
168 『비변사등록』 3책, 인조 2년 정월 12일 ; 『인조실록』 권4, 인조 2년 정월 정묘.

약화와도 관련이 있었다. 따라서 위급시에 필요한 새로운 호위 군영의 창설이 필요한 상황이었다.[169] 어영군의 발족은 이러한 상황을 반영한 것이었다. 모집한 어영군에게는 모두 화포(조총) 사격술을 가르쳤다.[170] 조선-일본 전쟁 시기 신형 화승총인 조총이 조선에 전해지면서 조선군의 편성에서 조총병의 비중이 상당히 높아졌고 훈련도감 군병의 경우 조총병인 포수의 비중이 가장 높았다. 훈련도감에서는 기본적으로 포수 이외에 근접전 전문 군사인 살수殺手와 활을 쏘는 군사인 사수射手를 함께 편성한 이른바 삼수병 체제가 당시 일반적인 병종 구성이었다. 어영군은 발족시부터 살수나 사수를 두지 않고 화포 사격을 훈련시켜 조총을 전문으로 하는 군병인 포수로만 구성되었다는 점에서 이전과는 상당히 다른 새로운 편제가 시도된 것이다.[171]

260여 명의 소규모 군영으로 출발한 어영청은 곧이어 일어난 이괄의 난을 치르면서 급속히 확장되기 시작하였다. 이괄의 난이 일어나자 어영군은 일단 호위청에 소속시켜 국왕 호위를 맡도록 하였다.[172] 그리고 어영사 이귀는 도성 내외의 방위를 총괄하도록 하였다.[173] 당시 반란을 진압하기 위해 훈련도감 등 도성에 주둔하고 있던 군사가 다수 차출되어 출전함에 따라 도성 방위와 국왕 호위 병력이 절대적으로 부족한 상황이 되었다.[174] 이러한 상황에서 국왕 호위군으로서 어영군의 중요성은 매우 커졌고 이후 반란군이 한성으로 다가오자 어영군은 훈련도감 군과 함께 인조를 호위하여 공주까지 내려갔다. 공주에서 호위병력 강화를 위해 인근 산군山郡의 산척山尺 중에서 포술(조총 사격술)에 정예한 자를 뽑아 어영군에 소속시켰다. 이때 대읍大邑에서는 7명, 중읍에서는 4명, 소읍에서는 2명씩 뽑아 6백여 인의 군사가 어영군에 증원되

169 『인조실록』 권1, 인조 원년 4월 병자.

170 『어영청사례』, 刱始, 天啓 갑자.

171 유럽 보병 전술에서도 프랑스의 경우 단위 대대(battalion)내의 소총병과 창병의 비중이 17세기 초(1622)에는 창병이 2배가 많았고 그 위치도 중앙에 있었으나 점차 소총병의 비중이 증가하여 시작하여 18세기 초(1705)가 되면 전부 소총병(fusilier)으로 바뀌는 모습을 볼 수 있다(MacGregor Knox·Williamson Murray, *The Dynamics of Military Revolution, 1300-2050*, Cambridge University Press, 2001, pp.36~37.

172 『비변사등록』 3책, 인조 2년 정월 24일.

173 『비변사등록』 3책, 인조 2년 2월 1일.

174 『비변사등록』 3책, 인조 2년 2월 1일.

었다.[175]

공주 피난 중 규모가 커진 어영군은 환도 이후 호위 병력 강화의 움직임 속에서 군영으로서 면모를 갖추기 시작하였다. 환도 직후인 3월에는 훈련도감 군사 이외에 도성 숙위에 믿을만한 군병이 없었던 문제가 다시 제기됨에 따라 외방 출신 중에서 급료를 주어 선발하는 방안이 여러 차례 제기되었다.[176] 이는 당시 북방의 정세가 유동적이었으므로 훈련도감 포수들이 서북 지역으로 파견되는 경우가 잦아 국왕 호위가 허술해지는 문제점이 적지 않게 나타난 것과 관련이 있었다.[177] 따라서 추가적인 호위 군병 확보의 필요성이 적지 않았다. 어영사였던 이귀는 4월 23일(양 6월 8일) 훈련도감의 포수는 위급시에 국왕 호위에 믿을 것이 못되므로 8도에서 정장精壯을 모집하여 금위군이라 호칭하고 이들에게 각각 봉족 3인을 주고 지휘자인 영장領將을 선발하여 훈련시키도록 하고 교대로 한성에서 근무하도록 하는 방안을 제시하였다.[178] 이귀의 호위 군병 강화 방안에 따라 어영군의 강화가 본격적으로 이루어졌다. 전국 각도에서 군사를 모집하여 어영군의 군액이 그해 10월 1,000명으로 늘어나 2번으로 나누어 호

쌍수정 사적비(충남 공주 공산성)
공산성 진남루 서쪽에 있는 비로 인조가 이괄의 난을 피해 공산성에 머물렀던 일을 기록하고 있다 (1708년(숙종 34) 건립).

---

175 『현종개수실록』 권10, 현종 4년 11월 무인. 이 『현종개수실록』 기사에 의하면 환도한 이후 어영군은 총융사에게 배속된 것으로 기록되어 있으나, 이는 뒤에 총융사 이서가 어영청 제조를 맡은 것을 혼동한 것으로 보인다. 이는 『어영청사례』에 의하면 어영사에게 어영군의 통솔권이 돌아온 것으로 되어 있는 것을 보면 확인할 수 있다. 실제 환도 이후에 어영사 이귀가 계속 어영군 관련 업무를 관장하는 것을 보면 『어영청사례』의 기록이 정확한 것으로 생각된다.

176 『인조실록』 권5, 인조 2년 3월 병자 ; 『인조실록』 권5, 인조 2년 3월 계유.

177 『비변사등록』 3책, 인조 2년 5월 21일.

178 『비변사등록』 3책, 인조 2년 4월 30일.

위를 담당하도록 하였다.[179]

국왕 호위의 핵심 군사력으로서 그 규모도 매우 커진 어영군은 1624년(인조 2) 8월 국왕 호위의 주요 군영으로 승격됨에 따라 이제 훈련도감과 함께 좌, 우영으로 짝을 이루게 되었다. 어영군을 맡았던 이귀는 개인 신병으로 인하여 물러났으나 규모가 커지고 있던 어영군은 총융군을 담당한 이서가 어영 제조로서 담당하도록 하였다.[180] 현재 어영청의 정확한 창설 시기는 확인하기 어렵다.[181] 다만 이 시기 훈련도감과 함께 좌, 우영을 이룰 정도로 규모가 커진 어영군은 어영 제조를 두는 등 자연스럽게 독립 군영인 어영청으로서의 면모를 띠게 된 것으로 보는 것이 타당할 것이다.

179 『인조실록』 권7, 인조 2년 10월 임진.

180 『인조실록』 권6, 인조 2년 8월 경술.

181 『인조실록』이나 『승정원일기』 등 주요 연대기 자료에는 어영청이 창설된 일시가 나타나 있지 않다. 어영청이라는 명칭이 처음 등장하는 것은 『승정원일기』의 인조 3년 11월 15일 기사가 처음이지만 이는 어영청의 체제가 이미 갖추어진 이후의 내용이다. 현재 장서각에 소장 중인 『어영청등록』의 최초 기사가 인조 3년 2월 22일인 것을 고려한다면 이 이전 군영으로서의 면모를 완연히 갖추었음을 짐작할 수 있다.

제3절

조선-후금 전쟁과 군사체제의 정비

1. 조선의 대후금 방어체계

1) 전쟁 직전 대후금 방어체계

1619년(광해군 11) 3월의 사르후 전투의 여세를 몰아 1621년(광해군 13) 3월 후금은 명나라의 요동 지역 최대 거점인 심양과 요양을 함락시켰다. 이로 인해 육로를 통한 조선과 명나라 사이의 통로는 차단되고 아울러 압록강 최하류인 의주마저도 후금의 직접적인 위협에 직면하게 되었다. 후금의 전면적 침공 가능성이 높아지자 광해군은 압록강변 지역과 내륙 종심 지역 방어를 위한 대비책을 강구하게 된다. 광해군은 침공하는 후금군을 압록강변에서 저지한다는 원칙을 가지고 있었다. 그러나 충분한 병력을 확보할 수 없었으므로 의주-평양을 잇는 직로인 의주대로상의 주요 지역인 평양과 안주, 선천, 곽산 등 예상 주공로상의 종심 지역 방어대책을 함께 강구하였다.[182] 인조반정 이후 이 방어전략은 다소 보완이 이루어졌다. 아울러 또 다른 직로의 하나인 창성-영변으로 이어지는 내륙직로內陸直路에 대한 방어대책도 필요하였다. 이는 후금군의 침입시 주공로가 어딘가에 대한 논의와 관련을 가지는 것이었다.

---

182 강석화, 「조선후기 평안도지역 압록강변의 방어체계」 『한국문화』 34, 2004, 173쪽.

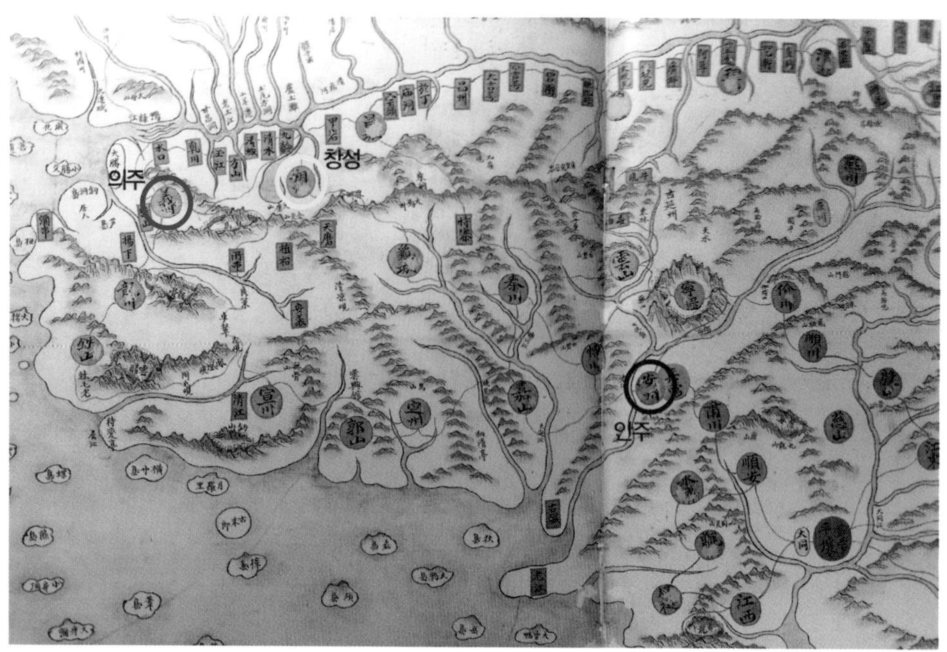

『해동지도(海東地圖)』 평안도(부분)(규장각한국학연구원)
파란색 원이 의주(義州), 노란색 원이 창성(昌城), 빨간색 원이 안주(安州)이다.

공격하는 후금군의 입장에서 의주는 심양에서 곧바로 연결되는 대로를 따라 신속하게 이동하기 유리하고 압록강을 도하한 후에는 곧바로 평탄한 해안 평지를 따라 기병이 신속하게 기동하기 매우 유리하였다. 그러나 기동거리가 멀고 곳곳에 하천이 널려 있어 기동에 다소 불리하였다. 이에 비해 내륙직로는 비록 의주대로에 비해 험하지만 압록강을 도하한 후 구성, 태천을 지나 곧바로 안주로 신속하게 남하할 수 있는 장점이 있었다. 특히 구성龜城은 공격하는 후금군의 길목이 되었으므로 이 지역 방어 대책이 절실하였다.

다만 구성 등지의 성곽 축조에는 다소 시간이 필요하였으므로 그 후방에 있는 평안병사의 거점이 있던 영변을 중심으로 방어대책을 강구하고 이와 함께 영변에 인접하여 의주직로와 만나는 길목인 안주安州 방어를 강화하였다. 영변은 평안도 병력을 온존하면서 외곽에서 안주에 대한 응원을 할 수 있다는 점에서 중요성은 계속되었다. 특히 영변에 조선군의 전략 예비 병력을 집결시켜 남하하는 후금군의 후방을 차단하는 등의 전략을 고려하고 있었다. 함경도 등의 조선군을 동원하여 후금군의 후방을 차단하고 공격한다는 구상은 실제 조선-후금 전쟁(정묘호란) 시기 자주 논의된 것을 보면[183] 당시 조선의 주요한 대후금 전략의 하나였음을 알 수 있다. 아울러 안주의 후방으로 평안도의 중심지인 평양성의 중성中城 축조도 완성되고 수비병 편성도 이루어지는 등 평안도 내지의 거점에 대한 방어체계는 대체로 그 모양을 갖추게 되었다.[184]

압록강변의 의주와 창성을 1차 방어선으로, 영변, 안주를 2차 방어선으로, 그리고 평양을 3차 방어 거점으로 하는 조선의 방어 전략은 1624년(인조 2) 정월에 일어난 이괄의 난으로 인하여 적지 않은 차질을 빚었다. 이괄의 난으로 인하여 평안도 지역 군병과 하삼도의 부방병들이 전사하거나 도망하여 방어 군병의 수효는 급감하였다. 예를 들어 안주의 경우 이괄의 난 이전 6, 7천명에 달하였던 방어군이 2천명으로 감소하였다.[185] 안주성이 이괄의 난 당시 방어사 정충신에 의해 방어된 지역임을 고려한다면 다른 지역의 상황은 더욱 심각하였을 것이다. 그해 7월 도원수 이홍주에 의하면 당시 평안도 지역에는 7천명의 군사가 배치되어 있는 수준에 불과하였다.[186] 특히 평안병영이 있던 영변은 이 난으로 인해 피폐해져 방어 근거지이면서 동시에 전략적 역습의 근거지로서의 역할을 하기 어려웠다. 이에 따라 청천강 이북 지역에 대한 효과적인 방어도 어려웠으므로 창성, 의주 등 강변 지역에 대한 실질적인 방어를 포기하고, 두 직로가 모이는 안주를 중심으로 청천강 이남 지역 방어를 강화하는 전략으로 변경하였다.[187]

안주를 중심으로 한 청천강을 주된 방어선으로 설정한 것은 지형적으로도 의미를 가지는 것이었다. 평안도의 지형적인 특성상 영변-안주를 잇는 청천강 유역은 오늘날의 서한만 지역으로 정면이 매우 좁은 곳이다. 기동 가능한 공간(폭)이 청천강 중하류 일대에서 급격하게 좁아지는데다 압록강변에서 내륙으로 연결되는 주요 도로는 모두 안주 일대에서 만나게 된다.[188] 따라서 북방에서 한성으로 내려올 경우 반드시

183 『인조실록』 권15, 인조 5년 2월 계묘.

184 이상의 인조초 평안도 방어체계에 대해서는 노영구, 「조선후기 평안도 지역 內地 거점방어체계」 『한국문화』 34, 2004, 239~240쪽 참조.

185 『인조실록』 권5, 인조 2년 3월 무진.

186 『인조실록』 권6, 인조 2년 7월 경신.

187 『인조실록』 권5, 인조 2년 3월 경오.

이곳을 통과하여야 하므로 군사가 부족한 조선의 입장에서는 이 지역을 주된 저지선으로 설정한 것이 당연하였다.[189] 이를 위해 1625년(인조 3) 2월 평안병영을 영변에서 안주로 조정하였다.[190]

남이흥 초상(의령남씨중장공파대종중)

평안도 일대의 방어체계의 조정과 함께 이 지역의 군사력 확충에도 적극 나섰다. 이괄의 난 이전에는 상당 규모의 남방의 군사들이 평안도 지역으로 입방入防하였지만 이괄의 난 직후에는 그 수효가 1만에 미치지 못하여 황해도 군 4천명을 추가로 증원하기도 하였다.[191] 아울러 평안병사 남이흥南以興에게 황해도 등의 순변사를 겸임하도록 하여 평안도와 황해도 두 도의 입방군入防軍을 모두 맡게 하였다. 따라서 위급한 상황이 있을 경우 평안도와 함께 황해도 지역 군사를 함께 통제하도록 하였다.[192] 평안도 지역 방어를 위한 적극적인 군병 증강으로 인해 1625년(인조 3) 6월에는 내지의 요충지인 평양과 안주에 황해도의 별승군別勝軍과 별초군別抄軍 3천을 증강하는 등 각종 군병을 합하여 1만 1천 4백 명의 방어군을 확보할 수 있었다.[193]

평양과 안주를 거점으로 기본적인 서북 지역 방어체계를 갖추게 되자 이에 더하여 추가적인 방어대책을 강구하게 되었다. 이에 쟁점이 되는 것이 구성 등 다른 지역의 방어 문제였다. 구성은 북쪽으로는 의주, 삭주와 연결되어 있으며 남쪽으로는 선천, 곽산, 가산, 정주와, 그리고 동쪽으로는 운산, 태천, 영변, 개천과 연결되어 있는 교통

188 안주 일대의 지형적 특성에 대해서는 양진혁, 「여말선초 북방방위전략에 관한 연구 -평안도 방위체제를 중심으로-」, 국방대학교 석사학위논문, 2007, 16~17쪽 참조.
189 『인조실록』 권10, 인조 3년 9월 무신.
190 『인조실록』 권8, 인조 3년 2월 갑신.
191 『인조실록』 권7, 인조 2년 12월 임인.
192 『인조실록』 권8, 인조 3년 3월 임술.
193 『인조실록』 권9, 인조 3년 6월 을미.

의 요충이었다. 구성에 병력을 배치하면 삭주, 의주 등에서 남으로 내려오는 여러 도로를 차단할 수 있었다. 즉 강변에서 관서(평안도)의 내륙 군현으로 들어가기 위해서는 반드시 구성을 통과하지 않으면 안되었다. 조선에서는 의주보다는 창성이 후금의 주 침입로가 될 것으로 판단하고 1차 집결지로서 구성을 주목하였다.[194] 평안병사의 구성 방어 문제가 논란이 되었다. 구성은 군사적으로 중요성을 가졌지만 그곳에 읍성이 축조되지 않아 평안 병영을 설치하기 어려운 점이 있었다. 따라서 안주에 병영을 유지하고 구성의 방어 강화와 안주의 응원을 위해 별장을 파견하도록 하였다. 평안병사의 구성 방어 추진 논의는 이괄의 난 경험도 영향을 미쳤다. 즉 이괄 군의 진격처럼 후금군이 안주를 거치지 않고 곧바로 평안도 내륙의 맹산孟山 길을 경유하여 황해도 지역으로 들어와 곧바로 한성으로 쳐들어 올 가능성을 고려한 것이었다.[195]

구성의 방어체제 강화와 함께 압록강변과 청천강 이북 지역의 방어체계도 점차 강화되기 시작하였다. 1625년(인조 3) 10월경에는 정주의 능한산성을 중심으로 인근 고을의 방어군을 통합하여 이 지역의 방어에 임하도록 하였다. 영변의 본성도 다시 수축하고 방어군 3, 4천명을 확보하였다. 후금의 침입이 가장 먼저 예상되는 의주의 경우에도 기존의 4, 5천의 방어군에 더하여 3천명을 증강하여 방어체계를 정비하였다.[196] 평양, 안주 등 기존의 방어 거점 이외에 구성, 정주, 영변, 의주 등지의 방어태세가 갖추어짐에 따라 이에 더하여 강변 일대에서 내륙 지역으로 연결되는 주요 고개의 도로, 즉 영로嶺路를 이용하여 적이 남진하는 것을 저지하는 전략도 강구되었다. 1625년(인조 3) 11월 평안병사 남이흥이 구성으로 출전하고 아울러 각 부대 장수들이 황해도 별승군과 충청도의 자모군自募軍, 그리고 평안도의 정초군 등을 거느리고 팔령, 차유령, 능한령 등지에 복병을 배치하여 후금의 침입에 대비하기도 하였다.[197]

이괄의 난 이후 일시적으로 붕괴되었던 조선의 서북지역 방어체계는 안주, 구성 등 주요 요충지에 대한 기본적인 방어태세 정비가 이루어지고, 1626년(인조 4) 가을에

---

194 『인조실록』 권14, 인조 4년 8월 무오.

195 『인조실록』 권9, 인조 3년 6월 신축.

196 『인조실록』 권10, 인조 3년 10월 을미.

197 『인조실록』 권10, 인조 3년 11월 기미. 평안도 지역 영로 방어에 대해서는 고승희, 「조선후기 평안도지역 도로 방어체계의 정비」 『한국문화』 34, 2004, 204~205쪽 참조.

는 일시 중단되었던 남부 지역 군사들의 평안도 입방이 다시 재개되는 등 방어체계가 상당히 강화되었다. 이는 당시의 급변하는 국제정세와도 밀접한 관련을 가지고 있다. 1623년 인조반정을 전후한 시기 명나라 조정에서는 원숭환을 중심으로 후금이 점령한 요동을 수복하여야 한다는 주장이 나타났고, 실제 웅정필熊廷弼은 1625년 요동 반격전에 나서기도 하였다. 명나라의 반격이 시작되자 1626년 1월 후금의 누르하치는 6만의 군사를 이끌고 요하를 건너 영원寧遠(현재의 랴오닝성 싱청)을 공격하였다. 그러나 시양식 신형 대포인 홍이포를 갖추고 영원성을 지킨 원숭환의 명군에게 패배하고 누르하치도 큰 부상을 입었다. 누르하치는 그해 10월 부상의 후유증으로 사망하고 홍타이지가 즉위하였다.[198]

한편, 승세를 탄 명나라는 금주錦州 일대까지 전진하였고 또한 후금의 패배에 고무된 몽골의 칼카부가 명나라와의 동맹을 확대하면서 후금을 위협하는 등 변화가 적지 않았다.[199] 일시적으로 명나라 방면으로의 후금 세력이 위축된 상황이었다. 이러한 상황에서 조선에 대해 적대적이었던 홍타이지가 즉위하고 명, 몽골의 후금 압박으로 인하여 후금이 대조선 우선 전략을 채택하는 등 위기가 고조되었다. 유동적인 국제정세의 전개와 조선에 대한 후금의 공격 가능성이 높아지면서 평안도 지역 방어태세도 더욱 강화되었다. 이에 8월에는 남군南軍 5천과 훈련도감 포수 2초를 창성과 의주 지역으로 증파하는 것이 결정되었다.[200] 8월 하순에서 9월 하순, 수차례에 걸쳐 경상도, 전라도 지역의 군병이 평안도 지역으로 증강되었다.[201]

2) 조선-후금 전쟁(정묘호란)의 전개와 조선군의 대응

1627년(인조 5) 1월 후금의 태종인 홍타이지는 대패륵大貝勒 아민을 총사령관으로 하고 패륵 지르갈랑濟爾哈郎, 아지게阿濟格, 데두杜度, 요토岳託, 서이도碩託 등을 각 군

198 임계순, 『청사-만주족이 통치한 중국』, 신서원, 2000, 49쪽.

199 이상창, 「명청 패권전쟁으로서의 병자호란 원인 재해석」, 국방대학교 석사학위논문, 2007, 77쪽.

200 『인조실록』 권14, 인조 4년 8월 병진.

201 『인조실록』 권14, 인조 4년 8월 무진 ; 『인조실록』 권14, 인조 4년 9월 병신 ; 『인조실록』 권14, 인조 4년 9월 무술.

의 사령관으로 하는 총 6군, 기병 3만 6천 명을 동원하여 조선을 공격하게 하였다.[202] 후금이 조선-후금 전쟁(정묘호란)을 일으킨 원인은 국제관계의 변동 이외에 후금 내부의 정치적 갈등, 대기근으로 인한 사회적 상황의 악화 등 복합적이지만,[203] 가장 중요한 원인은 가도의 모문룡을 둘러싼 문제 해결이었다. 인조반정 이후 조선의 적극적인 후원을 받은 모문룡은 적극적인 군사 활동을 재개하여 후금 배후의 여러 지역을 공격하여 후금의 내부를 교란시켰다. 그리고 압록강 연안의 진강鎭江, 요동반도의 해서海西 등지에서 난민을 받아들이거나 그들과 내통하여 반기를 들게 함으로써 후금의 요서 진출에 큰 장애물이 되었다. 후금의 입장에서는 후금의 요서 진출에 모문룡과 함께 그를 비호하고 방패막이로 삼으려는 조선이 큰 장애가 되었다. 실제 명나라의 웅정필은 1625년 무렵 조선으로부터 원군을 동원하고 모문룡의 병력과 협공하여 후금을 공략한다는 방안을 주장하기도 하였다.[204]

예상되는 후금의 공격 가능성에 대비하여 조선은 이괄의 난 직후 다시 평안도, 황해도 및 경기 일대의 방어체제를 정비하기 시작하였다. 그러나 충분한 방어태세를 갖춘 것은 아니었다. 조선을 공격한 아민 지휘하의 후금군은 한윤韓潤을 향도로 하여 압록강을 건너 1월 13일(양 2월 28일) 의주를 공격하였다. 조선의 관문이자 국방상의 요지인 의주는 아직 후금의 침입을 막을 충분한 군사 태세가 갖추어지지 않았다. 의주성을 지키던 조선군은 부사 이완李莞의 지휘하에 방어에 임하였으나 오래 지탱하지 못하였다. 부사 이완과 판관 최몽양 등이 피살되고 다수의 군사와 주민들이 죽거나 포로가 되었다. 후금군은 조선군과의 최초 접전에서 첫 관문인 의주성을 장악하고 전열을 재정비하여 남진 준비를 갖추었다. 아민의 본대와 달리 지르갈랑이 지휘하는 후금의 제2군은 주력 부대와 길을 나누어 13일(양 2월 28일) 압록강 중류의 요충진 창

---

202 조선-후금 전쟁(정묘호란)의 전개와 경과에 대해서는 유승주, 「인조의 정묘호란 대책고」 『한국인물사연구』 3, 2004 ; 유재승, 『병자호란사』, 국방부 전사편찬위원회, 1986 등의 내용을 바탕으로 정리하였다.

203 후금군의 다양한 출병 동기에 대해서는 김종원, 「정묘호란시 후금군의 출병 동기」 『동양사학연구』 12·13합, 1978에 자세하다.

204 모문룡의 문제와 이에 따른 조선-후금 전쟁(정묘호란)의 발생 원인에 대해서는 한명기, 『정묘·병자호란과 동아시아』, 푸른역사, 2009, 46~50쪽 참조.

용골산성(© 정찬현)

성진을 포위 공격하였다. 600명의 방어군은 부사 김시약의 지휘 하에 후금군의 최초 공격을 막아냈으나 이날 밤 후금군의 총공격에 성이 함락되었다. 한편 일부 후금군은 의주성을 공격하던 밤에 모문룡이 머물던 철산을 공격하여 명나라 병사들을 많이 사살하였으나 모문룡은 섬을 달아나 잡지 못하였다. 모문룡 군은 이때 가도의 본진을 포기하고 신미도로 철수하였다.

의주와 창성진을 함락시킨 후금군은 의주에서 전열을 정비하여 주력부대는 선천-곽산-정주로 남하하던 중 그 일부는 용천부사 이희건이 농성 중인 용골산성龍骨山城을 포위하였다. 부사 이희건은 산성의 방어를 중군 이충걸과 협수장 장사준에게 맡기고 후금군의 배후를 교란시킬 유격전을 전개하기 위해 휘하의 100여 명 군사를 거느리고 출정하였지만 후금 기병 부대의 공격을 받아 전멸당하였다. 후금군은 그 기세를 몰아 용골산성을 공격하였고 성이 혼란에 빠지자 중군 이충걸이 도망하고 협수장 장사준은 후금군에 항복하였다. 산성에 남아 있는 군사들과 주민들은 자발적으로 방어군을 재편하고 전 영산현감 정봉수鄭鳳壽를 대장으로 추대하여 산성을 방어하기 시작하였다. 이후 후금군은 여러 차례 용골산성을 공격하였으나 함락시키지 못하였다. 특

능한산성(© 정찬현)

히 조선과 후금 사이에 강화가 성립된 이후인 6월 중순까지 정봉수는 용골산성을 계속 사수하여 후금군에 적지 않은 타격을 주었다.

한편, 후금군의 주력 부대는 1월 17(양 3월 4일), 18일(양 3월 5일)에 걸쳐 곽산의 능한산성을 공격하였다. 능한산성에는 이 지역의 수령인 선천부사 기협奇協, 곽산군수 박유건朴有健, 정주목사 김진金搢이 관할 군사와 백성을 거느리고 들어와 방어에 임하고 있었다. 후금군의 야간 기습으로 성은 함락되고 선천부사 기협은 전사하고 박유건과 김진 등은 후금군에 항복하였다. 이후 후금의 주력 부대는 19일(양 3월 6일) 정주에서 가산강을 건너 주둔하고 20일(양 3월 7일)에는 청천강을 도하하여 평안병사 남이흥이 지키는 평안도의 주요 요충지인 안주를 포위하기 시작하였다.

1월 17일(양 3월 4일) 후금군의 침공을 접한 조선은 4도(평안, 황해, 함경, 강원) 도체찰사 겸 도원수 장만을 중심으로 하여 방어태세를 다시 정비하였다. 서북지역의 방어는 크게 3단계로 계획하였다. 우선 평안도 방면은 부체찰사의 지휘하에 제1차 방어는 귀성에 주둔하던 평안병사 남이흥이 안주를 거점으로 하여 후금군의 청천강 이남 진출을 저지하도록 하였다. 그리고 평안감사 윤훤이 안주 방어에 대한 후방 지원과 평양성 고수를 담당하도록 하였다. 제2차 방어는 황해병사 정호서가 황해도 군사와 경기의 증원군을 황주에 집결시켜 황주-송림 일대에서 후금군의 진출을 저지하도록 하였다. 그리고 제3차 방어는 도원수 장만이 평산에 주둔하여 전방의 방어군을 총괄하도록 하고 봉산-재령을 연하는 지역을 방어하여 남하하는 후금군을 저지하고자 하였다. 아울러 강원 영서 지역 병력은 곧바로 평산으로 이동하도록 하였다. 서북 지역 방어에 실패할 경우에 대비하여 수도권 방어계획도 마련하였다.

훈련대장 신경진이 한성의 방어를 담당하도록 하고, 경기 지역 방어를 맡은 총융사 이서는 남한산성을 거점으로 증원병을 재편하여 한성의 방어군과 호응하도록 하였다. 전라, 경상, 충청 병사兵使에게 군사를 거느리고 남한산성에 집결하게 하였다. 추가적인 하삼도 군병의 징발을 위해 영중추부사 이원익을 경기, 충청, 전라, 경상 등 4도도체찰사로 임명하고 김류를 부체찰사로 삼아 총괄하게 하였다. 그리고 안주가 돌파될 경우 국왕의 강화도 피난을 준비하고 수군을 동원하여 강화 일대를 방어하도록 하였다. 후금군의 침입 사실에 따라 조선군의 이동과 증원도 매우 기민하게 이루어졌다. 수원방어사 이시백이 휘하의 군병 3천을 거느리고 한성으로 들어와 도성 방위에 가담하였다. 그리고 황해도 군병이 평안도 지역으로 이동하였으므로 평산으로 가는 장만에게 개성 등지의 군병 21초를 파견하였다.[205]

의주성을 함락시키고 남하하여 안주성을 포위한 후금군 주력 2만여 명은 1월 21일(양 3월 8일) 새벽에 총 공격을 개시하였다. 당시 안주성에는 주변 7고을의 군사와 황해도 별승군 1,700명 등 도합 3천여 명의 군사들이 방어에 임하고 있었다. 여러 차례 후금군의 공격을 저지하였으나 늦은 오후 후금군의 총공격에 성이 함락되었다. 안주 관아 일대에서 최후의 방어에 나선 조선군은 마지막 순간 화약고를 폭파시켜 관아에 돌입한 후금군과 함께 남이흥, 김준 등 대부분의 조선 장수들이 전사하였다.

안주성을 함락한 후금군은 남진을 계속하여 평양성으로 진군하였다. 당시 평양에는 약 1만명의 병사들이 방어에 임하였으나 안주성이 함락되고 남이흥 등이 전사한 사실이 전해지자 성내의 민심이 동요하여 평양성을 버리고 도주하는 군사가 속출하

205 『인조실록』 권15, 인조 5년 1월 을유.

였다. 1월 23일(양 3월 10일) 후금군이 평양성 근처에 도착하였을 때 성안에 남아있는 군사는 2천여 명에 불과하였다. 이에 윤훤은 일부 병력을 거느리고 평양성을 떠나 성천으로 이동하였다. 평양성 방어가 허술한 것을 안 후금군은 평양을 그대로 두고 남하를 계속하여 대동강을 건너 황주로 향하였다.

윤훤 신도비(경기 의정부)

황주를 중심으로 한 조선군의 2차 방어는 황해병사 정호서 지휘 하의 5천여 명의 황해도 군사들이 방어에 임하고 있었다. 그러나 정호서는 평안감사 윤훤이 평양성을 포기하고 성천으로 옮겨갔다는 소식을 듣고 자신의 병력으로는 후금군의 남하를 저지할 수 없다고 판단하여 1월 25일(양 3월 12일) 군사를 이끌고 산산蒜山으로 후퇴하였다. 조선군의 황주 방어선이 무너지자 후금군의 선발대는 남진을 거듭하여 26일(양 3월 13일) 산산에 이르고 주력도 중화에 도착하였다. 이처럼 평안도와 황해도 일대의 방어체계가 붕괴되자 조선의 조정에서는 당초의 방어계획을 대폭 수정하여 임진강, 한강, 강화도 방어를 중심으로 한 수도권 방어체계를 재편하였다. 임진강 방어를 위해 도원수 장만과 부원수 정충신이 평안, 황해도에서 후퇴한 병력과 함경, 강원도의 군사를 통합하여 방어에 임하였다. 아울러 한강 방어를 위해 총융사 이서의 지휘 하에 남한산성을 본영으로 하고 총융청 군사와 남쪽 3도의 군사를 통합하여 한강을 방어하도록 하였다. 그리고 국왕의 피난처인 강화도 방어를 위해 경기의 수군 등을 통합하도록 하였다.

수도권 방어를 위해서는 임진강 방어 여부가 매우 중요한 문제였다. 임진강은 수심이 얕아 수비하기 용이하지는 않으나 방어가 중요하였으므로 최초 경기 및 훈련도감군으로 방어하는 것이 결정되었다. 그러나 이 결정을 이귀 등이 반대함으로 인하여 독현禿峴을 방어하도록 하였던 충청병사 유림이 임진강의 여울을 방어하는 대장으로 임명되었다.[206] 그러나 국왕 인조가 강화도 피난을 결심하고 경기도 지역 군병 다수를 강화도 방어군으로 활용할 것을 결정함에 따라 임진강 방어를 실질적으로는 포기하였다. 이에 강화도-노량진-남한산성을 연결하는 한강 남안의 방어선을 구축하는 방안을 채택하였다. 남한산성의 총융사 이서의 지휘하에 한강 방어선 방어에 착수하였고 임진강 방탄대장 유림도 동작진을 거점으로 충청 군사 5천명을 거느리고 한강 방어선을 지키도록 임무가 변경되있다.[207]

서북지역 및 수도권 일대의 방어와 함께 1월 말에는 함경도 군을 평안도 지역으로 이동시켜 평안도 군과 함께 후금군을 공격하는 방안도 강구되었다. 이 전략은 함경도 남북 병사로 하여금 군사를 거느리고 양덕陽德의 길을 통해 평안도로 진입하여 평안도의 강변 7읍 군사와 함께 길게 늘여진 후금군을 공격하는 것이었다. 그러나 함경남병사가 양덕 남쪽인 회양淮陽으로 들어오는 바람에 함경도 군사들은 개성 방어에 투입되어 원래 계획대로 이루어지지는 못하였다.[208] 2월 중순에는 비변사에서 함경도 군병을 포함하여 각도에서 동원된 군병 중 3, 4만을 평안도의 평양과 중화中和 일대에 집결시켜 평안도 관찰사 김기종의 지휘하에 후금군이 대동강을 건널 무렵 협공하자는 전략을 제시하기도 하였다.[209]

초전에 연승하여 평산까지 남하하였던 후금군도 조선군의 반격이 거세지고 전쟁이 점차 장기화하고 있는 데 대해 고심하고 있었다. 이 전쟁이 장기화하여 후금군이 조선 영내로 깊숙이 들어올 경우 그들이 동원한 3만여 명의 군사로는 광범위한 지역 모두를 제압하기 어려운 점과 보급 수송의 곤란, 그리고 조선군의 반격 위험 등의 가능성이 높아졌다. 특히 후금은 명나라군의 동향에 관심을 기울이지 않을 수 없었다. 1626년 초 영원성 공격으로 누르하치가 사망하고 후금군이 패배한 이후 후금은 명나라 요동순무 원숭환의 존재를 매우 위협적으로 인식하고 있었다. 원숭환은 실제 후

206 『인조실록』 권15, 인조 5년 1월 정해.
207 유승주, 앞의 논문, 2005, 144쪽.
208 『인조실록』 권15, 인조 5년 2월 계묘.
209 『인조실록』 권15, 인조 5년 2월 임자.

금군의 출병 직후 홍타이지에게 두명충杜明忠을 보내어 조선 공격을 힐문하고 병력의 철수를 요구하였다. 실제 명나라 조정에서는 명나라 군을 삼차하三叉河 부근까지 출동시켜 후금군을 견제하였고,[210] 아울러 금주錦州, 중좌中左, 대능大陵의 세 성을 점령하기도 하였다.[211] 모문룡 제거에 실패하고 원숭환 등 명나라 군의 배후 위협까지 의식해야 했던 상황에서 홍타이지는 조선을 복종시키기 위해 전쟁을 지속하는 것보다 적절한 시점에 화친을 성공시켜 세폐歲幣를 챙기는 것이 장기적으로 더 이익이라고 판단했던 것이다. 후금의 궁극적인 목표가 장차 명나라와의 결전에서 승리를 거두는 것이라고 한다면 당시 후금은 조선을 끝까지 밀어붙일 이유가 없었다. 이러한 현실적 판단을 토대로 후금은 조선과의 화친을 통한 제휴를 모색하였다.

전쟁 초기부터 후금은 총사령관 아민의 명의로 된 국서를 여러 차례 보내 조선측에 화의를 제의하였다. 점차 후금의 압박이 커지자 조선 조정에서는 1월 22일(양 3월 9일) 의정부와 비변사 등의 여러 대신들이 대책을 숙의하여 화친을 기본 방침으로 채택하되 후금이 침공한 연유를 추궁하고 철병을 요구함으로써 국가적 체통을 지키면서 화의를 진행시킨다는 결정을 보았다.

이에 1월 27일(양 3월 14일) 사신을 통해 국서를 보내어 후금이 침공한 이유를 추궁하고 조속한 철병을 촉구하였다. 국서를 받은 후금은 다음날 그들의 출병 이유를 해명하고 화의 교섭을 진행시키기 위해 아벤阿本, 퉁미나董密納를 조선에 사신으로 파견하였다. 이들은 1월 29일(양 3월 16일) 강화도에 도착하여 국서를 전달하였다. 이후 수차례 사신이 교환되고 대명관계 및 화맹和盟의 의식 절차에 관한 문제가 중점적으로 다루어지면서 3월 2일(양 4월 17일) 조선과 후금 사이에 형제의 맹약을 맺는 것 등을 내용으로 하는 정묘화의가 성립되었다. 이에 따라 조선은 목면 15,000필과 명주 200필 등 예폐를 후금에 지급하고 아울러 다음과 같은 합의를 보았다.

1) 조선과 후금은 형제의 맹약을 맺는다.

2) 화약이 성립되면 후금은 즉시 군사를 철퇴시킨다 .

---

210 한명기, 앞의 책, 2009, 56쪽.

211 中國軍事史 編寫組 편, 『歷代戰爭年表 (下)』, 解放軍出版社, 1986, 419쪽.

3) 양국은 서로 봉강封疆을 지켜 압록강을 넘지 않는다.

4) 후금과 강화하여도 조선은 명나라와 단교하지 않는다.

5) 양국은 매년 봄가을 2차례에 걸쳐 사신을 교환하고 조선 영내의 회령 및 의주와 구련성 사이 압록강 가운데의 난자도蘭子島에 개시開市하여 무역을 한다.

정묘화약 체결을 계기로 조선-후금 전쟁(정묘호란)은 일단 종전을 맞게 되었다. 그러나 후금군은 강력한 무력을 배경으로 모문룡의 침입을 막는다는 구실로 전 병력을

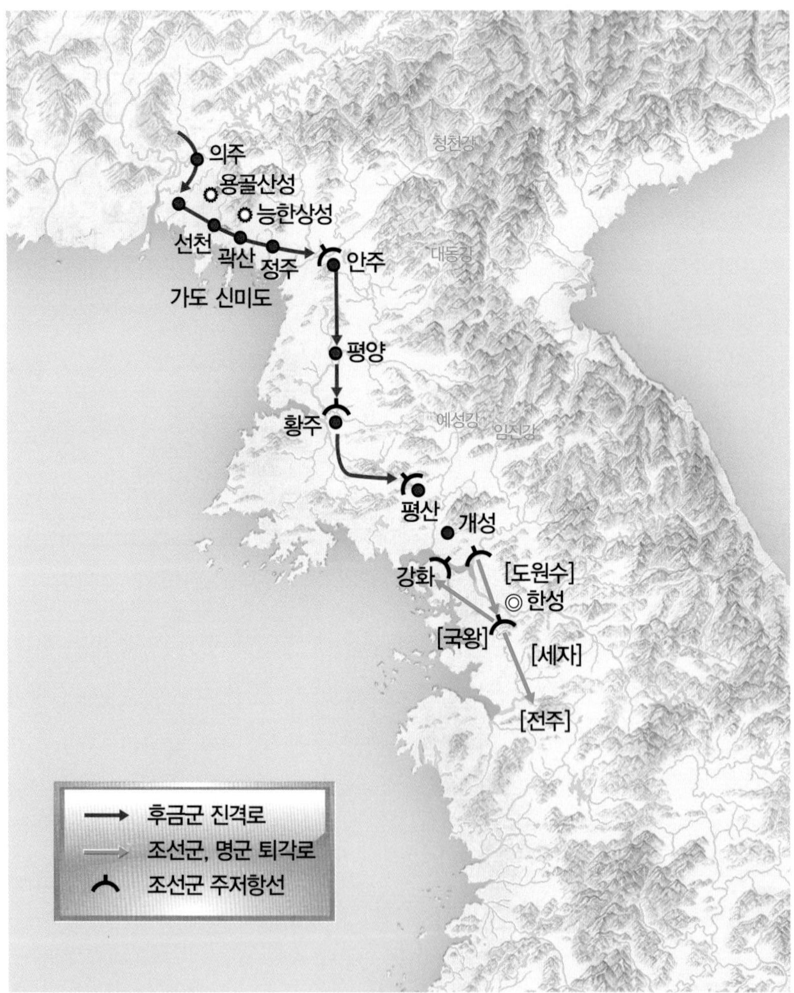

조선-후금 전쟁(정묘호란)

철수시키지 않고 청천강 이북인 의주 등에 일부 군사를 잔류시켜 조선과 마찰을 빚기도 하였다. 후금군의 완전 철수는 정묘화약이 체결된 이후 6개월이 지난 9월 초순경이었다.

2. 전쟁 이후 중앙 군영과 수도권 방어 강화

1) 수어청 체제의 정비

이괄의 난을 겪고 난 1624년(인조 2) 7월 시작하여 조선-후금 전쟁 직전인 1626년(인조 4) 7월 만 2년 만에 수축이 이루어진 남한산성은 조선-후금 전쟁 기간 동안 총융사 이서의 지휘 거점으로서 큰 역할을 담당하였다. 일부 논란도 있었지만 이서는 총융군으로 남한산성을 지켜 강도(강화도)를 응원하는 한편[212] 하삼도에서 올라온 병력을 이곳을 중심으로 집결시켜 한강 방어를 맡았다.[213] 한강 방어가 안정을 찾게 되자 2월 하순에는 한강에 전개하였던 이서 휘하의 한강 방어군 2만 중 수천 명을 차출하여 임진강 방어에 투입하고[214] 조선-후금 전쟁 중 남한산성을 중심으로 수도권 방어 작전이 이루어지는 등 남한산성의 전략적 중요성을 확인할 수 있었다.

조선후기 남한산성 방어를 전담하였던 수어청의 정확한 창설 연대는 알 수 없다. 『신보수교집록』 등의 자료에는 대부분 수어청이 1626년(인조 4) 남한산성 개축 이후 곧바로 창설된 것으로 기록하고 있으나 이는 당시의 상황과 상당한 차이가 있다. 조선-후금 전쟁 이전 남한산성에는 수어청이 설치되지 않았고 전속된 군사도 없었다. 다만 강도와 기각지세掎角之勢를 이루는 수도권 방어 지점의 하나로서[215] 위급시 동원되는 하삼도 군사들이 집결하여 반격하는 거점으로서의 역할이 부여되었을 따름이다.[216]

---

212 『인조실록』 권15, 인조 5년 1월 병술.
213 『인조실록』 권15, 인조 5년 2월 계묘.
214 『인조실록』 권15, 인조 5년 2월 갑자.
215 『인조실록』 권5, 인조 2년 3월 경오.
216 『비변사등록』 2책, 인조 2년 4월 30일.

남한산성 외성 봉암성(경기 광주)

조선-후금 전쟁 직후인 1627년(인조 5) 9월 이귀는 남한산성을 비워둘 수 없으므로 광주목사를 수어장으로 삼고 광주의 군사와 백성들을 남한산성에 전속하여 지키게 할 것을 주장하였다. 필요시에는 경상도 병사가 거느리고 올라온 군사들을 남한산성에 배속시켜 주고 그 병사兵使를 수성 대장으로 삼을 것을 주장하였다.[217] 이귀는 총융사 이서와 함께 평안, 황해도의 안주, 평양, 황주 등 주요 요충을 재건하는 것보다 우선 행주, 평산 등 수도권 일대의 방어 체제를 강화하는 것이 더 중요하다고 주장하였다.[218] 이러한 입장에서 이귀는 남한산성 방어체계의 정비를 주장한 것이었다.

이귀의 남한산성 강화 주장이 있은 지 얼마 지나지 않은 10월 초 강원도 횡성의 이인거가 반란을 일으킨 사실이 알려졌다. 이에 따라 조정에서는 토포사 이일원과 유림에게 반란군을 토벌하도록 하고, 이경용李景容은 광주와 죽주에 소속된 네 고을 군사를 거느리고 남한산성에 들어가 지키게 하였다. 그리고 수원 방어사 이시백李時白은

217 『인조실록』 권17, 인조 5년 9월 정해.
218 『인조실록』 권17, 인조 5년 8월 경자.
이태진, 『조선후기의 정치와 군영제 변천』, 한국연구원, 1985, 117~118쪽.

수원부의 군사를 거느리고 서울에 들어와 호위하도록 하였다.[219] 변란시에 도성을 보호하기 위해 광주와 죽산 소속 4고을의 군사들이 남한산성에 들어가 지키도록 한 이 조치를 통해 위급시 남한산성의 유용성이 확인되었다. 이듬해인 1628년(인조 6) 9월 이서의 강력한 추천으로 이귀의 아들이며 광주목사인 이시방李時昉에게 방어사의 직임을 주어 남한산성 방어를 전담하도록 하였다. 아울러 읍치를 산성 안으로 옮겼다. 10월에는 총융사 이서의 주관하에 경기군(기보군畿輔軍)을 남한산성에 배치하여 성가퀴별로 방어 군사를 지정하는 훈련을 실시하도록 하였다.[220] 이는 방어사를 겸한 광주목사가 남한산성의 평소 관리 및 방어를 전담하고, 큰 규모의 전쟁시에는 총융청의 경기군이 남한산성에 들어와 방어하는 체제로 정비되었음을 의미한다. 즉 남한산성 전담 군영은 창설되지 않았고 총융청의 지휘하에 광주부에서 관리 책임을 부여받았음을 알 수 있다. 남한산성의 방어체계 정비는 당시의 수도권 방어체제 정비의 일환으로 추진된 것이었다. 이 무렵 후금과의 전쟁시 수도권 일대의 주요 산성과 요충지에 동원된 하삼도와 강원도의 군병을 배치하는 계획과 성곽 수축 계획 등이 추진되었다.[221] 이 시기 남한산성 이외에 수도권 방어를 위해 남부 각도의 동원된 군사를 집결시키는 성으로는 수원의 독성과 죽산산성, 서흥산성, 파주산성 등이 지목되었다. 이외에도 평산平山, 덕진산성德津山城, 개성 주변의 청석동과 산예狻猊, 교하의 오두성, 고양의 행주산성 등도 검토되었다.

이시백 초상(국립중앙박물관)

1632년(인조 10) 무렵에는 남한산성 방어사가 수어사로 호칭이 변하며 독립되었다.[222] 이듬해 정월에는 총융사 이서의 건의로 산성별장山城別將을 두고 전 병사 문희

219 『인조실록』 권17, 인조 5년 10월 갑오.
220 『인조실록』 권19, 인조 6년 9월 갑신.
221 『인조실록』 권19, 인조 6년 9월 병술 ; 『인조실록』 권19, 인조 6년 10월 기해.
222 『인조실록』 권27, 인조 10년 11월 을미.

성을 임명하였다.[223] 이때부터 산성 관리에 있어서 수어사-별장 체제가 갖추어졌다. 그러나 광주목사의 방어사 겸직에서 수어사가 독립되고 남한산성 별장이 임명되었다 하더라도 산성을 전담하는 군영이 독립된 것은 아니었다. 아직 남한산성은 총융군의 일부인 광주목 군사들이 산성에 전속된 것에 불과하였으므로 총융사 이서의 직권 아래 그 지휘 감독을 받았다. 이러한 체제는 1634년(인조 12) 2월 총융사 이서가 신병으로 사임하고 그 직책을 구굉具宏이 물려받으면서 변동이 나타났다. 경기군에 대한 전반적인 통제권을 행사하던 이서의 권한을 구굉에게 모두 넘겨주는데 대해 논란이 생긴 것이었다. 이에 따라 비변사에서는 경기의 총융군에 대한 통솔은 구굉이 맡되 남한산성의 사무는 수어사 심기원이 맡도록 하고 이서가 수어사의 일을 겸찰하도록 조정되었다.[224] 이를 계기로 총융사와 수어사가 분리되어 수어사의 독자권이 인정되기 시작한 것이었다.

수어사 독립을 계기로 수어사의 군영인 수어청은 실질적으로 독립한 것으로 보인다. 수어청의 독립 군영으로의 변화는 총융사와 수어사의 분리라는 지휘체계의 변화와 함께 총융사 이서가 남한산성을 쌓으면서 백성을 모아 둔전屯田을 열어 수만 석의 곡식을 확보하고 각종 병기(기계)를 많이 마련하여 일찍이 재정적으로 독자성을 확보한 것과도 밀접한 관련이 있다.[225] 수어청이 독립되면서 수어청 중심의 남한산성 방어체제가 갖추어지기 시작하였다. 먼저 남한산성에 소속된 경기 5고을(여주, 이천, 양주, 광주, 죽산) 군병을 동원한 수성 훈련이 이루어지기 시작하였다.[226] 이듬해 7월까지 경기의 5고을 이외에 남한산성 방어를 맡은 원주, 안동, 대구 등 먼 곳의 세 고을 군병을 포함하여 1만 2천 7백 명의 방어군을 확보할 수 있었다.[227] 이를 계기로 수어청은 독립된 군영으로서 면모를 완연히 갖추었다.

223 『인조실록』 권28, 인조 11년 정월 신유.
224 『비변사등록』 4책, 인조 12년 2월 23일.
225 『인조실록』 권25, 인조 9년 7월 갑술.
226 『인조실록』 권31, 인조 13년 정월 기미.
227 『인조실록』 권33, 인조 14년 7월 정사.

2) 어영청, 훈련도감의 증강

이괄의 난을 계기로 기존의 훈련도감과 함께 국왕 호위의 핵심 군사력인 어영군의 군영으로 성립된 어영청은 조선-후금 전쟁 이후 그 군사적 중요성이 커졌다. 조선-후금 전쟁 기간 중 어영군은 훈련도감 및 수원군과 함께 인조를 호위하여 강도에 입거하였고, 인조는 이들을 자신과 생사를 같이하는 군병으로 인식하여 높이 평가하였다.[228]

특히 조선-후금 전쟁 기간 중 전투 경험을 통해 후금의 기병을 제압하기 위해서는 화포만한 것이 없다는 인식이 널리 확산되었다.[229] 따라서 주로 포수로 편성되었던 어영군의 강화는 시급한 것으로 인식되었다. 1627년(인조 5) 3월 초 후금과 강화가 성립되자 3월 말에는 강도에 들어왔던 1만여 명의 군사 중 국왕 호위 병력으로 어영군과 하삼도의 사포수私砲手를 제외하고 모두 돌려보내도록 하였다.[230] 곧 인조는 이들 사포수 수백 명을 어영군에 소속시킬 것을 명하였다. 이에 부체찰사 김류는 이들 사포수를 별도로 한 부대로 만들어 조련시킬 것을 주장하여 일단 어영청 소속이 아닌 별도의 부대로 편성되었다. 하삼도의 사포수로 편성된 이 부대는 독립 군영으로 확대되지는 않고 이후 어영청 소속의 한 부대로 편성된 것으로 보인다.

어영군 증강의 필요성이 높은 상황에서 어영군을 창설하였던 이귀는 무사를 선발하여 어영군에 소속시켰다가 전란이 있으면 곧바로 출정하게 하도록 하는 방안을 주장하였다.[231] 이귀의 주장은 이듬해 어영군이 획기적으로 증강되는데 한 계기가 된 듯하다. 1628년(인조 6) 12월 경외京外의 날래고 용맹한 장정을 뽑아 어영군으로 편성하고 이서가 맡도록 하였다. 이서는 어영청을 경덕궁 서편 담장 밖에다 설치하고 어영군으로 하여금 교대하여 번을 서게 하고 여러 기예를 익히도록 하는 등 어영군의 규모와 체제를 일신하였다. 이를 계기로 조선-후금 전쟁 이전 1천 명에 불과하던 어영군은 1630년(인조 8) 정월에는 3천 6백 명으로 대폭 증가되었다.[232] 이후에도 어영

228 『인조실록』 권15, 인조 5년 정월 기축.
229 『인조실록』 권15, 인조 5년 2월 무오.
230 『인조실록』 권15, 인조 5년 3월 을미.
231 『인조실록』 권17, 인조 5년 8월 경자.
232 최효식, 『조선후기군제사연구』, 신서원, 1995, 30쪽.

군의 규모는 계속 증가하였다. 1635년(인조 13) 10월 무렵, 어영군의 규모는 어영청이 모집하여 들인 군사 5,250여 명, 체부 아병體府衙兵 920여 명 등 모두 6,170여 명에 달하였다.[233] 이듬해 말 조선-청 전쟁이 일어날 당시 어영군의 규모는 8천 명으로 다시 증가하였다.

어영군의 급격한 증가는 당시 후금의 위협적인 동향과 밀접한 관련을 가지고 있다. 후금은 1629년(인조 7) 10월 명나라에 대한 공격을 재개하여 장성을 넘어 북경을 포위하고 막대한 재물을 확보하였다. 1631년(인조 9) 7월에는 산해관으로 들어가는 요충지인 대릉하성을 포위 공격하여 함락시켰다. 1633년(인조 11) 3월에는 산동에서 반란을 일으킨 명나라의 장수 공유덕孔有德과 경중명耿仲明이 수군과 병선을 이끌고 후금에 투항하는 과정에서 이들을 추격하던 조선군과 엄호하려는 후금군 사이에 교전이 벌어지기도 하였다.[234] 조선-후금 전쟁(정묘호란) 이후 후금과의 긴장 상태가 계속되는 상황에서 어영군의 증강은 당연한 것이었다.

어영군의 규모가 커지자 어영군은 8번으로 나누어 편성하였고,[235] 10월부터 이듬해 2월까지 1백 50일을 두 번으로 나누어 각 번은 75일씩 근무하고 교체하였다. 따라서 4년에 한 차례씩 돌아가며 근무하는 방식이었다. 각 번의 규모는 6초 규모의 군병과 서기 등 총 672인을 기본 편제로 하고, 중군中軍에 소속된 군뢰軍牢, 기수旗手, 취고수吹鼓手 등 지휘관의 직할 군병 100여 인을 합하여 모두 780인이었다. 군병의 수효가 증가함에 따라 포수 이외에 궁수가 일부 어영군에 포함되기도 하였다.[236] 어영군을 확보하기 위해 조선-후금 전쟁(정묘호란) 직후인 1627년(인조 5) 4월, 양인에게는 보인 1정을 지급하여 주고 천인에게는 스스로 경작하고 있는 토지 중 1인당 50부負까지 복호復戶(잡역 면제 혜택)하여 주는 조치를 취하였다.[237] 어영군 근무는 4년에 한 번 75일씩 근무하는 비교적 수월한 군역 부담이었고 아울러 보인 지급이나 복호復戶의 혜택을 받을 수 있었으므로, 다수의 우수한 양인과 천인들이 어영군에 입속하였다. 특

233 『인조실록』 권31, 인조 13년 10월 을미.
234 한명기, 앞의 책, 2009, 115~134쪽.
235 『인조실록』 권20, 인조 7년 5월 무술.
236 『인조실록』 권31, 인조 13년 10월 을미.
237 『인조실록』 권16, 인조 5년 4월 계해.

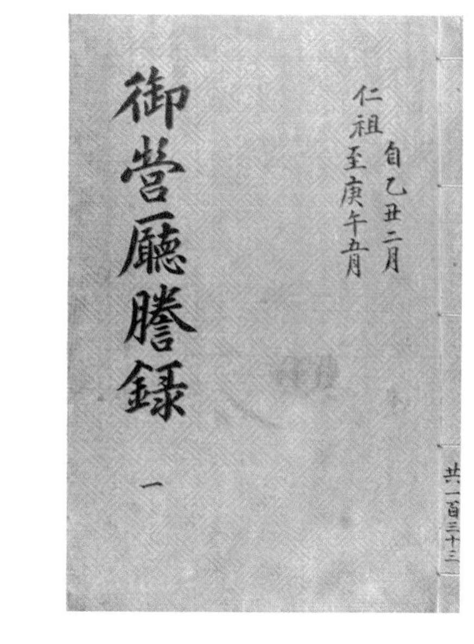

御營廳謄錄

一

仁祖

自乙丑二月

至庚午五月

共一百三十三

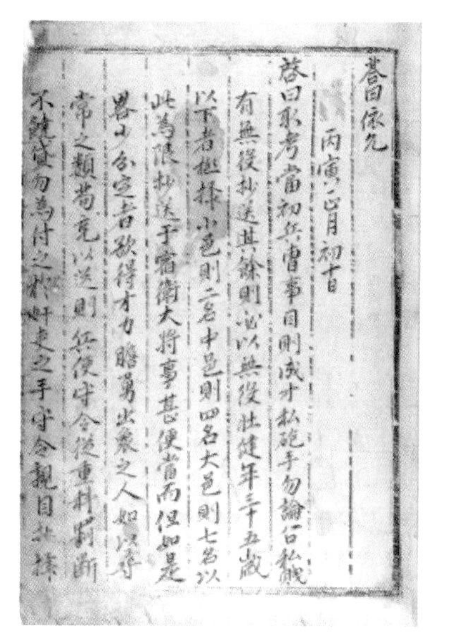

『어영청등록(御營廳謄錄)』(한국학중앙연구원)

어영청에서 수행한 각종 업무를 일기체로 기록한 책으로 1625년(인조 3)~1884년(고종 21)까지의 내용을 수록하고 있다.

히 어영군 입속은 거주 고을의 통제를 받지 않았기 때문에 군역의 부담을 덜고자하는 하는 자들도 다수 입속하였다. 17세기 전반기 어영군의 급속한 확장은 어영군의 새로운 군역 부담 형태의 특징에 기인한 것이었다.[238]

어영군과 함께 도성 방위 및 국왕 호위를 맡았던 군영인 훈련도감에도 이괄의 난과 조선-후금 전쟁(정묘호란) 이후 병력의 일부 증강과 병종 구성의 변화가 나타났다. 선조대 후반 2,600여 명이었던 훈련도감 군액은 광해군대에는 4,000여 명에 달하였다. 이괄의 난 기간 동안 800여 명에 달하는 군사가 도망하는 등 다소간의 변동도 적지 않았다. 그러나 도감군의 충원 방식이 기본적으로 각 지방에 군액을 할당하여 이들을 서울로 올라오게 하여 도감군으로 충원하는 방식인 '승호제陞戶制'를 채택하였으므로 기존의 군액은 안정적으로 유지되었다.[239] 다만 이괄의 난 당시 이괄 군의 선

238 백승철, 「17·18세기 군역제의 변동과 운영」 『이재룡박사환력기념한국사학논총』, 한울, 1990, 524~525쪽.

239 훈련도감의 군액 변화와 승호제에 대해서는 김종수, 『조선후기 중앙군제연구 -훈련도감의 설립

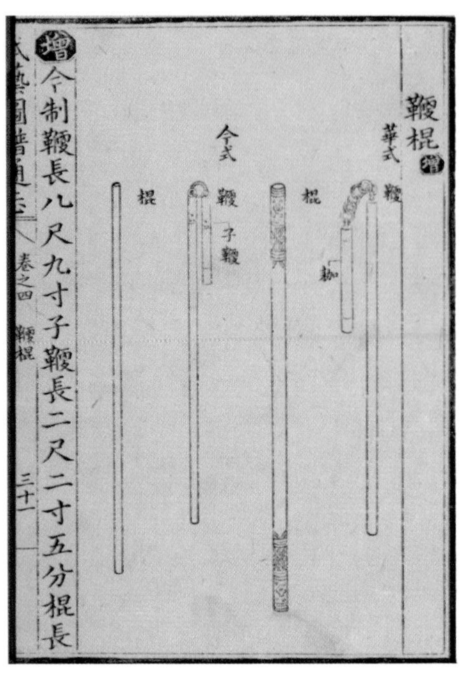

『무예도보통지』의 편곤
도리깨처럼 생긴 무구가 편(鞭), 곤봉 모양의 무구가 곤(棍)으로 각각 화식(華式)과 금식(今式)으로 구분되어 있다.

봉인 마군馬軍 700여 명이 사용하여 근접전과 돌격전에서의 유용성이 확인된 무기인 편곤鞭棍을 전문적으로 다루는 군병인 편곤수鞭棍手의 필요성이 제기되었다.[240] 이에 곧 훈련도감 등 각 군문에도 편곤수 확보와 훈련이 이루어지기 시작하였다.[241] 조선-후금 전쟁(정묘호란)의 여러 전투를 통해서 근접전에서의 편곤의 유용성이 재확인되자[242] 1627년(인조 5) 9월에 훈련도감에 새로이 편곤군 344명이 신설되었다.[243]

조선-후금 전쟁을 계기로 후금 기병의 일제 돌격에 포수를 중심으로 한 삼수병 체제의 보병만으로 편성된 훈련도감은 적절히 대응하기 어려운 것이 분명해졌다. 삼수병 체제에 따른 포수, 사수의 조총, 궁시(활과 화살) 사격과 함께 살수의 전방 엄호를 통해 기병의 공격을 저지하는 것도 전술적으로 의미를 가질 수 있다. 그러나 조총 사격 등으로 인해 후퇴하는 후금의 기병을 추격하거나 측방에서 기습적으로 나타나는 후금의 기병을 견제할 수 있는 융통성 높은 적절한 규모의 기병 부대 확보도 절실하였다. 선조대 후반 훈련도감에 소수의 기병대인 별무사를 설치하기도 하였고 1616년(광해군 8)에는 50명의 마병을 따로 설치하였다.[244] 그러나 보병 위주의 절강병법에 따라 편성, 훈련된 훈련도감에서 기병의 확장 필요성은 적었으므로 마병의

과 사회변동』 혜안, 2003, 102~105쪽 참조.
240 『인조실록』 권5, 인조 2년 3월 계해.
241 『인조실록』 권7, 인조 2년 9월 임자.
242 『인조실록』 권16, 인조 5년 4월 무오.
243 『인조실록』 권17, 인조 5년 9월 경인.
244 김종수, 앞의 책, 2003, 89~90쪽.

추가 편성은 한동안 이루어지지 않았다.

인조 초기 이괄의 난과 조선-후금 전쟁을 거치면서 전투에서의 기병의 위력을 확인한 이후, 조선은 훈련도감의 편성과 훈련체제에 기존의 일본군 대응 전술인 『기효신서』의 절강병법과 함께 오랑캐를 막는 데 적합한 『연병실기』의 체제를 도입하고자 하였다.[245] 이에 따라 삼수병 위주의 훈련도감 군사 편제에 마병의 추가 설치를 적극 모색하였다. 인조대 훈련도감 마병의 정확한 확장 연대는 현재 확인하기 어려우나 조선-후금 전쟁(정묘호란) 직후인 1627년(인조 5) 10월 이전에 이미 훈련도감 마병이 100명 이상으로 확대되었음을 알 수 있다.[246] 곧이어 훈련도감의 마병은 1632년(인조 10) 이전에는 좌령, 우령 200명으로 확대 재편되었다.[247] 후금과의 긴장이 높아지자 1632년(인조 10) 정월 훈련도감의 마병 확대를 결정하고 제주에서 우수한 전마를 구입하도록 하였다.[248]

그리고 군역이 없었던 자와 기존 훈련도감 군사 중 포砲·살殺의 기예가 우수하지 않은 자 300인을 모집하여 마병으로 편성하였다. 이에 따라 1634년(인조 12) 5월 무렵에는 훈련도감의 마병 규모가 기존의 200명에서 500명으로 크게 증가하였다. 마병의 인원이 급격히 증가함에 따라 기존 1원의 별무사장別武士將만으로는 원활하게 지휘하기 어려웠으므로 『연병실기』의 기병과 보병을 운용하는 체제에 따라 지휘관을 증원하도록 하였다.[249] 당시 마병은 기존의 좌, 우령 체제가 아닌 보병과 동일하게 100명 규모의 초哨를 단위로 편성된 것으로 보인다. 이는 당시 증원된 마병의 지휘관을 '마병 초관馬兵哨官'으로 호칭한 것을 통해 확인할 수 있다.[250] 마병 확대와 함께 1633년(인조 11)에는 경중京中 포보砲保 450여 명을 승호陞戶하여 포수를 증원하였다. 인조 10~11년에 걸친 마병과 포수의 증원 조치로 훈련도감의 군액은 4,400명으로 확대되었다.[251] 이에 따라 훈련도감은 기존 마병 2초, 보군 25초 체제에서 마병 5

245 『인조실록』 권19, 인조 6년 9월 병술.
246 『승정원일기』 19책, 인조 5년 10월 1일 갑오.
247 『현종개수실록』 권10, 현종 4년 11월 무인.
248 『인조실록』 권26, 인조 10년 정월 을축.
249 『승정원일기』 43책, 인조 12년 5월 14일 기해.
250 『승정원일기』 43책, 인조 12년 5월 19일 갑진.

초, 보군 30초의 규모를 갖추게 되었다.[252]

3) 강도(江都)의 정비

강화도가 국가와 왕실의 전시 피난지인 이른바 보장처로서 부각되기 시작한 것은 조선-일본 전쟁 직후부터였다. 전쟁이 소강상태에 있던 1596년(선조 29), 조정에서는 임금의 피난에 대한 논의가 있었고 이 과정에서 지세가 험하고 하삼도와의 교통이 가능한 강화도(강도)가 후보지로 결정되었다.[253] 이후에도 강화도에 대한 방비를 강화하여 보장처로 삼고 만일의 사태에 대비하자는 의견이 계속 건의되었다. 1616년(광해군 8) 초 건주위의 누르하치가 후금을 건국하고 명나라 요동의 요충지를 공격하자 조선에서는 후금의 침입에 대비하여 왕이 피난 갈 장소로 강화도, 안동, 전주, 나주 등을 고려하기 시작하여 그중 강화도가 가장 유리한 것으로 정리되었다.[254] 따라서 강화도에 대한 방비 강화책이 논의되고 방비 태세를 점검하기 위해 검찰사를 파견하였다. 아울러 수군 강화를 위해 판옥선보다 작은 중선中船에 무기를 갖추어 강화도에서 운용하는 방안이 강구되었다.[255] 그러나 광해군대까지는 수군의 강화 이외에 추가적인 방어체제가 갖추어진 것은 아니었다.[256]

강화도(이하 강도)에 대한 본격적인 방어체계 정비는 인조대에 들어서면서 구체화되기 시작하였다.[257] 1624년(인조 2) 초 이괄의 난 직후 남한산성 축조에 착수하였다. 이는 후금의 침입시에 서북 지역에서의 방어에 실패할 경우 총융사 이서에 의해 정비

---

251 『승정원일기』 45책, 인조 14년 8월 20일 신묘, '逃亡者亦有之 元額日漸減縮 故癸酉年 京中砲保四百五十餘名 陞戶充補 僅成哨數 都合總數 則四千四百餘名矣.'

252 『현종개수실록』 권10, 현종 4년 11월 무인.

253 『선조실록』 권82, 선조 29년 11월 을사.

254 『비변사등록』 1책, 광해군 10년 5월 18일 ; 『광해군일기』 권129, 광해군 10년 6월 갑자.

255 『광해군일기』 권142, 광해군 11년 7월 갑신.

256 『광해군일기』 권166, 광해군 13년 6월 을미.

257 인조대 강도 방어체계 정비에 대해서는 송양섭, 「17세기 강화도 방어체제의 확립과 진무영의 창설」 『한국사학보』 13, 2002 ; 이홍두, 「병자호란 전후 江都의 鎭堡설치와 관방체계의 확립」 『인천학연구』 9, 2008에 자세하다.

남한산성 북문

된 경기군으로 수도권 방어에 임하도록 하기 위해서였다. 그리고 그 방어 전략의 일환으로 국왕이 도성을 떠나 훈련도감 군사와 어영군 등을 거느리고 강도에 들어갈 경우, 세자는 총융군을 거느리고 남한산성에 들어가 그 곳을 거점으로 강도에 대한 압박을 둔화시키고, 그 동안 각도에서 올라온 군사로 수도권에서 결전을 모색하도록 하였다.[258] 이러한 방어전략하에서 남한산성 축조와 함께 강도에 대한 방어체계 정비는 매우 절실한 것이었다.

이괄의 난 직후인 1624년(인조 2) 3월, 조정에서는 수도권 방어와 보장처 확보에 대한 논의가 이루어지기 시작하였다. 도성 방어를 강화하자는 주장과 함께 보장처로서 강도와 남한산성 축조의 우선 순위를 놓고 논쟁이 벌어졌다. 당시 강도는 형세는 유리하지만 매우 구석진 곳에 있어 전국을 호령하기 어려운 점이 지적되었다. 따라서 남한산성을 축조하여 이곳에 세자가 들어가 강도와 기각지세를 삼도록 하는 방안이

258 이태진, 앞의 책, 1985, 103쪽.

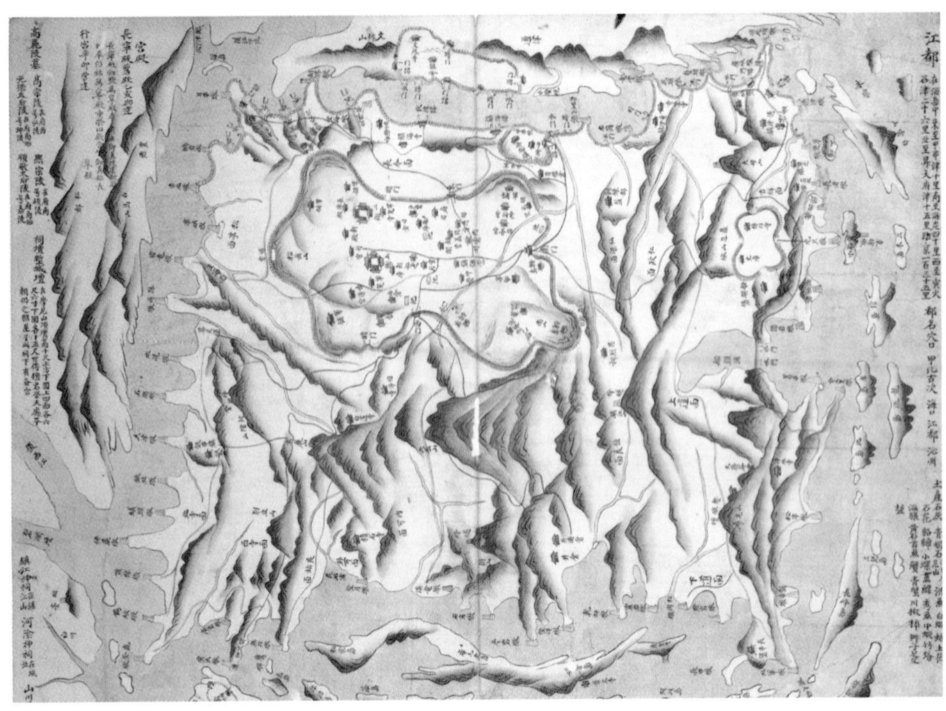

『해동지도(海東地圖)』 강도(江都)(규장각한국학연구원)

영의정 이원익 등을 중심으로 주장되었다.[259] 이에 비해 당시 재원 확보와 인력 동원의 어려움 등을 들어 우선 강도의 방어체계를 먼저 갖추고 이후 남한산성을 수축하는 방안이 함께 나타났다. 인조도 강도의 방어체계를 우선 정비하도록 하는 방안을 지지하였다. 강도 방어체계 강화의 일환으로 우선 남양의 화량진에 있던 경기 수영을 강도로 옮기도록 하는 등 구체적인 논의가 이루어지기 시작하였다.[260]

먼저 이시발을 비변사의 강도구관당상江都句管堂上으로 임명하여 강도 방어체계를 전반적으로 정비하도록 하였다.[261] 그 일환으로 이시발은 황해도 6개 진포鎭浦와 연변 각 고을의 수군을 정비해 두었다가 적군이 침입하면 각 변장이 배를 거느리고 연안延安 앞바다로 급히 가서 강어귀를 가로막아 연안, 배천의 길을 막고 강도의 북쪽을 지

259 『인조실록』 권5, 인조 2년 3월 기미.
260 『인조실록』 권5, 인조 2년 3월 경오.
261 『인조실록』 권6, 인조 2년 5월 신사.

키게 하였다.[262] 그리고 강도의 덕포진을 우선 경기수사 행영行營의 신지信地로 정하여 경기 수영이 강도로 옮길 때까지 강도 방어의 주요 거점으로 삼도록 하였다.[263] 수비 체제의 정비와 함께 군량 확보를 위해 호남의 쌀 수백 석을 무역하여 운송해 들이고 늙은 군병에게서 쌀을 거두어 매년 운송하도록 하였다.[264] 강도에 대한 방어체계 정비의 노력으로 인해 조선-후금 전쟁이 일어나기 직전 강도에는 경기 수영소속 군병 2천 명과 육군인 강화군江華軍 2천 5백 명의 방어 군병을 확보할 수 있었고,[265] 조선-후금 전쟁이 일어나자 강도는 실제로 국왕의 피난처로서 역할을 충실히 할 수 있었다.

조선-후금 전쟁 중 국왕의 전시 피난지인 보장처로서의 역할이 확인되었으므로 전쟁 이후 강도의 방어체계 강화를 위한 다양한 노력이 이루어졌다. 당시 조정에서는 강도의 지세상 적군이 배를 대고 상륙할 수 있는 곳이 많으므로 4~5만 명의 군병이 확보되어야 방어가 가능하다고 판단하였다.[266] 따라서 새로이 방어 군병을 확보하기 하기 위해 강도의 소속 군병 확보와 함께 강도 일대의 방어체계의 재정비가 이루어졌다. 먼저 전쟁이 일어날 경우 국왕의 강도 입거와 함께 경기도의 병력 및 연하輦下의 친위군인 훈련도감 및 어영청 군사들도 모두 강도에 들어가 지키게 하고, 전라도·경상도 및 강원도 강릉 진영鎭營의 병력도 동원하여 차례로 들어가도록 하였다.[267] 강도와 교동에 위급한 일이 생기면 하삼도의 수군을 모두 강도로 집결시켜 이 지역을 방어하는 방안도 마련되었다. 조선-후금 전쟁 당시 실제로 시행되면서 이후 유사시 하삼도 수군의 강도 집결은 상례화된 것으로 보인다.[268] 실제 1633년(인조 11) 정월 하삼도의 수군을 강도로 소집하는 훈련을 실시하였는데, 충청, 전라도는 수사가, 경상도는 우후虞候가 각각 수군을 이끌고 강도로 들어오는 등의 규정이 마련되었다.[269]

방어 병력의 확보와 함께 남양만 중심의 경기의 해안방어 체제를 강도 중심의 방어

---

262 『인조실록』 권6, 인조 2년 8월 병신.
263 『비변사등록』 3책, 인조 2년 4월 8일.
264 『인조실록』 권13, 인조 4년 7월 계미.
265 『인조실록』 권15, 인조 5년 정월 을유. 강화군은 속오군으로서 강화 수비의 주력 육군 병력이었다.
266 『인조실록』 권16, 인조 5년 4월 병진.
267 『인조실록』 권19, 인조 6년 9월 병술.
268 『인조실록』 권15, 인조 5년 3월 병신.
269 『인조실록』 권28, 인조 11년 정월 신유.

교동 읍성(인천 강화)

체제로 전환하는 조치를 취하였다. 이를 위해 조선-후금 전쟁 직후인 1627년(인조 5) 4월에 강도를 유수부로 승격시키고, 1629년(인조 7) 2월에는 남양의 화량진에 있던 경기 수영을 강도 옆의 교동으로 옮기고 교동을 부府로 승격시켰다.[270] 1633년(인조 11)에는 경기 수영을 종2품 아문인 통어영統禦營으로 승격시켜, 경기, 충청, 황해도의 수군을 관장하도록 하였다. 통어영 설치를 계기로 경기, 황해도의 수군은 북방의 침입에 대응하여 강도의 보장처를 보호하는 것으로 그 성격을 명확히 하게 되었다. 통어영 설치를 계기로 강도에 대한 방어 전략도 적군이 침입할 경우 수군이 먼저 수로에 나아가 방어하고 강도의 육군은 이를 지원하는 체제로 재편되면서 강도 방어에서 수군과 육군의 역할이 잘 정리되었다.[271]

강도 방어체제 정비의 일환으로 군사적 거점의 정돈과 군사시설의 개축 등의 조치가 아울러 시행되었다. 먼저 교동현 남쪽에 있던 월곶진을 1629년(인조 7) 강도의 서쪽 지역으로 옮겼다.[272] 이를 계기로 강도 연안에 진보를 추가 설치하거나 이설하는 조치를 강구하여 1631년(인조 9) 8월 왜구를 방어할 목적으로 경기 서해안 연안에 두었던 영종, 화량, 제물, 초지 등 네 진보를 강도의 서쪽 해안으로 옮기는 방안을 논의하였다. 강도 연안을 따라 진보를 설치하려는 것은 강도의 해안 사방에 보루를 건

270 『인조실록』 권20, 인조 7년 2월 기해.

271 송기중, 「17세기 수군방어체제의 개편」, 충남대학교 석사학위논문, 2009, 28~30쪽.

272 『대동지지』 권4, 강화도호부, 진보.

강화 연미정(강화 월곶) 서울로 가는 배가 이곳에서 만조가 될 때까지 기다렸다가 한강으로 올라 갔다고 한다.

설하여 방어체제를 강화하려는 국왕 인조 등의 입장이 반영된 것이었다.[273] 4진보의 이설 등은 이루어지지 못하였지만 강도에서 가장 중요한 요해처인 갑곶과 연미정 일대에 대한 방어 시설 정비는 본격적으로 이루어지기 시작하였다.[274] 아울러 강도 읍성의 개축도 추진되었으나, 강도가 사방이 바다로 둘러싸인 천연의 요새지이므로 내륙 읍성의 개축은 불필요하다는 이견이 나타나 실행에 옮기지는 못하였다.[275]

강도 해안에 대한 진보 이설 및 창설, 군량 확보와 방어 군병 증강 등 방어체계를 강화하려는 적극적인 노력이 추진되었다. 그러나 조선-청 전쟁(병자호란) 직전까지 강도 일대 수군 방어체제 개편을 위한 통어영 창설, 월곶진 등 일부 진보의 이전, 그리고 방어 군병 동원 체제의 정비 등을 제외하고는 강도 자체의 방어체제의 정비는

273 인조대 강도 연안의 방어시설 정비와 진보 이설 논의에 대해서는 이홍두, 앞의 논문, 2008, 10~11쪽 참조.

274 『인조실록』 권25, 인조 9년 8월 갑진.

275 『인조실록』 권25, 인조 9년 8월 병술.

충분히 이루어지지 못하였다. 충분한 수군 전력의 확보와 해안가 진보 방어체제의 미비로 인해 조선-청 전쟁 당시 주변 제해권 장악에 실패하여 강도는 청나라 군에 함락되었다. 조선-청 전쟁 이후 강도 방어체제는 조선-청 전쟁의 실패 경험을 바탕으로 해안가 방어체제의 전면적인 재정비에 본격 착수하게 된다.

3. 전쟁 전후 지방군의 정비

1) 인조 초 군액 확보

조선은 조선-일본 전쟁 이후에도 계속되는 유동적인 동아시아 국제정세에 대응하기 위한 군사력 증강이 필요했다. 이를 위해 전쟁 이전 군적에 있던 병조 소속의 기병과 보병을 다시 확보하려는 노력과 함께 훈련도감 등 새로운 군역제에 기반하여 신설된 군영을 유지하기 위해 추가적인 군병의 확보와 재정 기반의 확충이 필요하였다. 특히, 조선-일본 전쟁 이후 5위 체제에 바탕을 둔 전국적 단위의 군사체제가 무너지고 새로운 군영이 창설되는 등 중앙과 지방 사이의 군사제도의 통일성이 결여되면서 중앙의 각 군영과 지방의 영營, 진鎭 등도 속오군 이외에 아병, 별승군 등 각종 명목의 군병을 확보하여 시급히 군사력 강화를 기하고자 하였다.

실제 인조 초 어영청 등 주요 군영은 지방에서 군병을 모집하면서 지역의 수령을 통하지 않고 중군, 참모관 등 자체 내의 직임자가 직접 행하는 경우가 대부분이었다.[276] 일원적인 군사제도의 통일성이 결여된 상태에서 17세기 전반기의 대내외적인 필요에 의해 필요한 군병의 수요는 급격히 증가하였다. 군병의 추가적인 확보를 위한 군적의 재정비, 호패법의 실시 등이 추진되었다.[277]

『경국대전』에 의하면 군적 작성의 기초가 되는 호적은 3년마다 한 번씩 작성되고 군적은 6년에 한 번씩 개정하도록 규정되어 있었다.[278] 이러한 규정은 제대로 시행되

276 백승철, 앞의 논문, 1990, 524~525쪽.
277 김종수, 「17세기 군역제의 추이와 개혁론」『한국사론』 22, 1990, 157~158쪽.

지 못하였다. 실제 조선-일본 전쟁(임진왜란)이 일어나기 전 이루어진 16세기의 군적 개수 작업은 1509년(중종 4), 1553년(명종 8), 1575년(선조 8년) 등 3차례에 불과하였다. 군적 작성과정에서도 군역 대상자인 양인의 피역 행위로 인해 군역을 담당하기 어려운 하층 양인이 다수 군적에 수록되는 등 군역 자원 확보에도 어려움을 겪고 있었다.[279] 따라서 조선-일본 전쟁 중인 1595년(선조 28) 군적 개수가 이루어진 이후 광해군대까지 군적 정비가 이루어지지 못하였다. 대신 대민통제와 인구파악을 통한 군정 확보를 위해 1610년(광해군 2) 호패법이 실시되었다. 이를 위해 「호패도목거안號牌都目擧案」이 작성되고 이듬해 정월부터 호패 착용을 의무화하는 규정이 반포되었다.[280] 그러나 당시 양인들이 군역 대상임을 피하기 위해 천적賤籍에 불법으로 들어가는 등 부작용이이 나타나기도 하였다. 결국 광해군대의 호패법은 호패 실시에 대한 당시의 반발의 일환으로 위조 호패를 둘러싼 황해도의 김직재金直哉 역모 사건을 계기로 폐지되었다.[281] 그러나 호패법 실시를 계기로 상당수의 군정을 확보할 수 있었다.

인조반정으로 집권한 인조 정권은 대후금 강경책을 채택했으므로 이들의 침입에 대비하지 않을 수 없었다. 아울러 권력의 안정을 위해 반정에 참여하였던 사병을 정규군으로 강화하는 등의 과정에서 어영청, 총융청 등 새로운 군영의 창설과 지방군의 정비에 본격 착수하였다. 이에 필요한 군정 확보는 매우 절실한 것이었다. 군정의 확보를 위해서는 우선 철저한 호구 파악이 필요했다. 인조 3~4년에 시행된 호패법은 군적 작성의 토대를 마련하기 위한 것으로 이전 광해군대 시행된 호패법에 비해 보다 철저히 시행되었다. 호패법의 규정인 「호패사목」에 의하면 호패를 위조하거나 착용하지 않는 자는 참형으로 다스리고 그 통統 안으로 받아들인 사람도 함께 처벌할 정도로 그 규정이 매우 엄격하였다.[282] 인조 초에 시행된 이 호패법은 조선의 호구 및 군정 확보에 있어 매우 획기적인 전기를 마련하였다. 1626년(인조 4) 6월의 중간보고에 의하면 호패법 이전에 국가가 파악된 남정男丁이 103만여 명이었는데, 호패법으로 인하

278 『경국대전』 권4, 병전, 성적.
279 김성우, 『조선중기 국가와 사족』, 역사비평사, 2000, 120~121쪽.
280 『광해군일기』 권33, 광해군 2년 9월 무신.
281 『광해군일기』 권50, 광해군 4년 7월 신축.
282 『인조실록』 권10, 인조 3년 12월 계사.

남이흥(南以興: 1576~1627) 집안의 가족 호패

여 배가 넘는 123만여 명이 새롭게 파악되어 모두 226만의 남정이 확보되었다.[283]

호패법의 성과를 바탕으로 1626년(인조 4) 군적 개수에 착수할 수 있었다. 호패법을 통해 확보된 양정良丁들을 조선-일본 전쟁 이전의 옛 군적의 숫자에 맞추어 일부를 보충할 수 있었다. 그러나 이듬해 조선-후금 전쟁이 발발하여 강도로 피난갈 때 거의 완성되어 가던 호패의 문적들을 한강변에서 불태워버리고 말았다. 전쟁 이후에는 민심을 수습하기 위해 호패법을 강행하기 어려웠다. 군적 개수와 군액 확보는 당분간 미루어지지 않을 수 없었다. 군적 개수 사업은 수년이 지난 1634년(인조 12)에 다시 시도되었다. 이 시기는 점차 후금의 위협이 가중되던 시기로 군병의 추가 확보가 절실히 필요하던 때였다. 이 시기의 군적 개수는 군호를 편성하는 호수戶首와 봉족奉足이 다 채워지지 않은 군호인 이른바 '공호空戶'를 채워 넣는 것이 사업의 골자였다. 대상은 옛 군적의 주요 병종인 병조 소속의 기騎, 보병, 수군, 그리고 조군호漕軍戶였다. 구체적인 방안은 각 군현을 대, 중, 소로 나누어 각기 책임 액수를 할당하되 5년에 한 번씩 양정良丁을 파악하여 공호를 채우는 것이었다. 그러나 계속되는 흉년과

283 『인조실록』 권13, 인조 4년 6월 병자.

이듬해 발발한 조선-청 전쟁으로 인해 이 군적개수 사업은 제대로 착수되지도 못한 채 중단되고 말았다.[284]

인조 전반기 이전까지의 군적 개수는 호패법을 시행하는 등 호적의 철저한 파악을 바탕으로 이루어졌던 전면적인 군적 개수였다. 이에 비해 1634년(인조 12)의 군적 개수는 군액을 지역에 할당하여 점진적으로 군액을 충정하는 방식이었다. 이런 방식의 군적 개수는 이후 군병 충원의 원칙이 되었다. 이는 조선-청 전쟁 이후 매년 공호를 충정하는 이른바 '세초歲抄'라는 형태로 나타났다. 군액을 중앙에서 각 도로 배정하고 다시 각 도는 예하 군현을 기본 단위로 하여 나누어 배정하게 되었다.[285] 다만 어영군, 훈련도감 등 각 군영 군사들의 경우에는 세초 방식이 아닌 자체적으로 직접 충원하는 이른바 '직정直定'의 방식을 사용하였다.[286] 군적 개수를 통해 기존의 군병 충원을 유지하고 각 군영 등이 추가적인 군병 충원을 실시함으로써, 인조대 이후 국가에서 파악하고 있는 군병의 수는 꾸준히 증가하였다. 이후 효종대 북벌을 염두에 둔 군비 강화 계획에 의해 17세기 조선의 군병의 수는 크게 증가할 수 있었다.[287]

2) 인조대 전임 영장제(營將制)의 설치와 속오군 정비[288]

조선-일본 전쟁 중 『기효신서』의 군사편제 방식에 따라 지방에 속오군을 창설하면서 영장 이하 장관을 두어 속오군을 지휘하도록 하였다. 실제로 「진관관병편오책」 등에 의하면 평안도 일부 지역과 경기의 독산산성 등에 영장이 있었다. 이를 계기로 조

284 인조대 군적개수 사업에 대해서는 정연식, 『조선후기 '役摠'의 운영과 良役 變通』, 서울대학교 박사학위논문, 1993, 13~14쪽 참조.

285 인조대 '세초'의 실시와 그 내용에 대해서는 김종수, 앞의 논문, 1990, 161~163쪽 참조.

286 직정에 대해서는 백승철, 앞의 논문, 1990, 525~527쪽 참조.

287 16세기 말엽부터 100여 년이 지난 18세기 초엽의 조선의 군액의 수는 대폭 증가되어 정군과 보인을 합하여 104만 명이 되었다. 이는 한 세기 전보다 3배 이상 증강된 것으로 인조대 이후 효종을 거치면서 조선의 군역 자원 확충 정책이 매우 강력하게 이루어졌음을 반영한다(오종록, 「조선 군사력의 실태」 『조선중기 정치와 정책』, 아카넷, 2003, 146~149쪽).

288 인조대 영장제에 대해서는 장필기, 「17세기 전반기 속오군의 성격과 성격」 『사학연구』 42, 1990 ; 서태원, 『조선후기 지방군제연구』, 혜안, 1999, 54~63쪽 ; 김우철, 『조선후기 지방군제사』, 경인문화사, 2000, 91~98쪽을 바탕으로 정리함.

선전기 진관체제에서 수령이 갖던 지방 군사 지휘권이 영장에게 위임되었다. 그러나 지역에 따라 영장을 감당할 적임자가 없다는 등의 이유로 속오군이 창설되었을 때 영장을 별도로 설치하지 않고 수령이 겸한 곳도 적지 않았다. 조선-일본 전쟁이 끝나자 기존의 조선전기적 군사체제에 따른 병종인 기병騎兵, 보병步兵과 함께 새로운 전술체제인 절강병법에 따라 창설된 병종인 속오군이 혼재하는 등 지방군은 편성상의 문제점이 적지 않았다. 또한 속오군은 각 지역별로 편성 시기나 방법 등이 일률적이지 않아 이들에 대한 일원적인 지휘체계와 훈련체계를 갖추지 못하였다. 이는 기존의 지방 군사지휘관인 수령 이외에 전임 영장이 설치되어 지방군에 대한 통일적인 지휘체계를 확립하는 데에도 어려움이 있었다. 따라서 선조 후반기부터 지방에 별도의 영장을 임명하지 않고 지방의 수령이 영장을 겸하게 하는 겸영장제의 형태로 영장제를 유지하여 문제를 해결하고자 하였다.

수령이 아닌 별도의 전임 무신을 다시 지방에 파견하여 군사들의 훈련을 담당하게 하려는 시도는 광해군대부터 시작되었다. 이는 지방의 수령들이 군정과 민정을 겸함에 따라 군정을 소홀히 할 문제점을 인식한 것이었다. 따라서 각 고을에 군정을 담당할 무신을 임명해 군사 훈련을 전담하게 하는 방안이 일부 논자들을 중심으로 제기되었다. 그러나 방안이 구체적으로 실행에 옮겨지지는 않았던 것으로 보인다. 속오군의 훈련을 담당할 전임 무신을 파견하지 않는 대신 훈련도감에서 군사 훈련을 담당할 교사를 파견하거나[289] 아니면 중군 등의 무신을 파견하여 군사 훈련을 일시적으로 맡도록 하였다.[290] 전체적으로 광해군대까지는 속오군에 대한 체계적인 훈련은 거의 이루어지지 않았다.

광해군대 후반이 되자 속오군의 확대와 이들에 대한 체계적인 훈련의 필요성이 높아졌다. 이는 후금의 위협이 커지고 명나라가 요동 지역 파병을 요청함에 따라 필요한 군병을 확보해야 했기 때문이다. 아울러 후금의 침입에 대비하기 위해 지방군의 정비가 필요했다. 1618년(광해군 10) 명나라의 파병 요청에 따라 평안도와 황해도의 속오군을 중심으로 파병 군사 1만 명을 선발하였다. 이들의 공백을 메우기 위해 하삼

289 『광해군일기』 권34, 광해군 2년 10월 정축.
290 『광해군일기』 권39, 광해군 3년 3월 신유.

도와 강원도의 속오군을 선발하여 정비하도록 하였다. 이 속오군의 지휘관으로서 적합한 사람을 미리 선발하여 전쟁에 대비하였다. 이를 계기로 상인常人과 양반, 그리고 조관朝官과 한량을 막론하고 한성과 지방에서 전쟁에 경험이 있는 자들을 추가로 뽑아 속오군을 증원하였다.[291] 지방군으로서 속오군의 중요성이 커짐에 따라 인조 초에는 내수사노內需司奴 중에서 3분의 1을 뽑아 속오군에 충원하기도 하였다.[292]

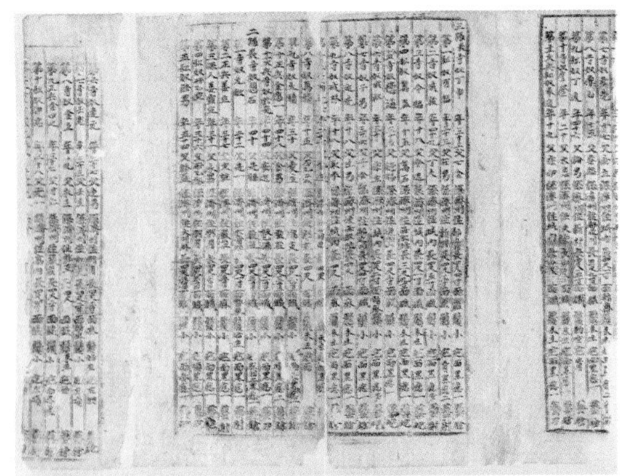
제주속오군적부(제주박물관)

광해군대 후반 이후 속오군의 규모와 국방에서의 중요성이 점차 커졌지만 조선전기의 지방군사체제인 진관체제의 영향에 따라 지방행정 책임자인 수령이 속오군 등 지방군에 대한 지휘권을 가진 상황에서 속오군의 조직이나 운용이 제대로 실효를 거두기는 어려웠다. 특히 인조 초반 호패법을 통해 군역 대상자를 많이 확보함에 따라 이들을 속오군으로 추가 편입하여 편성할 필요성이 높아졌다. 이에 수령이 가진 군정과 민정에 대한 권한을 분리하여 각 고을 단위의 장관將官을 가려 뽑아 이들이 속오군의 훈련과 지휘를 전담하는 방안이 논의되었다. 특히 이괄의 난을 통해 수원, 개성 등 경기 지역 군병의 군사적 효용성이 확인되었으므로 지방군 정비의 필요성이 높았다. 이에 따라 지리적으로 한성에 가까운 경기 군병의 정비와 훈련 필요성이 제기되었다. 경기의 경우 비변사에서 당상관을 뽑아 경기 군병에 대한 편성과 훈련을 전담하도록 하였는데 경기도의 차지상당으로 이서를 임명하였다. 차지당상은 이후 기보총융사畿輔摠戎使로 바뀌어 총융청 창설로 이어졌다. 경기 이외의 남방 지역 군병을 담당할 당상관으로 병조참판인 심기원을 구관당상으로 임명하고 총융청과 같은 별도의 군영을 설치하는 방안을 강구하기도 하였다.[293] 경기 이외 지역의 속오군의 경우에는

291 『광해군일기』 권127, 광해군 10년 윤4월 을해.
292 『인조실록』 권2, 인조 원년 6월 신미.

통일적이고 독자적인 지휘체제를 확립하지 못하고 거진의 수령들이 계속 군사지휘권을 가지고 있었다. 따라서 속오군의 훈련도 제대로 이루어지지 못하였다.

1627년(인조 5) 조선-후금 전쟁의 패배는 속오군의 정예화와 훈련의 필요성을 일깨우는 계기가 되었다. 평소에 속오군에 대한 체계적인 편성과 훈련이 이루어지지 않아 실제 전투에서 속오군의 유용성에 대해 의문이 제기되었다.[294] 또한 문관 수령이 영장을 겸한 경우에는 이들이 병법을 제대로 몰라 군사를 이끌고 적군과 싸울 수 없어 갑작스럽게 장수를 따로 선발해야 하는 문제점도 드러났다. 전쟁이 끝난 직후인 그해 4월 이정구는 군사적 식견이 있는 무신을 병조와 비변사에서 뽑거나 감사나 병사 등 지방관의 천거를 받아 속오군의 훈련을 담당할 장관으로 파견하는 방안을 제시하였다. 이정구의 이 방안이 받아들여져 조정에서 우선 각 고을의 속오군 수효를 파악하여 이들을 지휘한 전임 장관將官의 수효를 파악하고자 하였다.[295] 이에 따라 4월 20일(양 6월 3일) 이정구의 견해를 바탕으로 「영장절목」이 반포됨에 따라 전임 영장제가 정식으로 시행되었다. 「영장절목」의 구체적인 내용은 다음과 같다.[296]

> 1. 각도는 진관 및 도로의 부근에 따라 5영營을 나누어 설치한다. 영營마다 영장營將 1인을 두되 반드시 당상 이상의 관원 중에서 신중히 가려 뽑아 보낸다. 강원도, 함경도처럼 군사가 적은 곳에는 군사의 다소에 따라 3영 혹은 4영을 설치한다. 영장은 소속된 각 고을을 두루 순행하는 데 있어 천총千摠 이하의 장관에 대해서는 자기 뜻대로 처리(자단自斷)하고, 수령에 대해서는 감사와 병사에게 보고해서 처리할 것.
>
> 1. 모든 장관과 천총 이하의 임기는 50개월로 하고 기한이 차면 천전遷轉시킨다. 그 중에서 성적이 우수한 자는 감사와 병사로 하여금 계문하여 순서에 관계없이 승진시킨다. 본 영營의 수령도 논상論賞하되, 그 임무를 제대로 수행하지 못한 자에 대해서는 수령과 장관은 파면하고 부정한 짓을 하여 폐단을 일으켰을 경우 수령을 영구히

293 『비변사등록』 3책, 인조 2년 5월 26일 ; 『비변사등록』 3책, 인조 2년 6월 13일.
294 『인조실록』 권15, 인조 5년 3월 계사.
295 『인조실록』 권16, 인조 5년 4월 정유.
296 『인조실록』 권16, 인조 5년 4월 병진.

이정구 묘(경기 가평)

서용하지 않고 장관은 변방에 충군充軍시킨다. 감사와 병사는 매년 두 차례 그들의 근면과 태만을 살펴 전최殿最의 증빙으로 삼을 것.

1. 군병은 속오군안束伍軍案 중에 노쇠한 군사는 제외하고 정장丁壯만을 가려 뽑는다. 그 중에 기예技藝가 성취되어 계속하여 1등인 자에게는 전세田稅를 제외하고 1결을 복호시켜 준다. 노쇠한 군병은 따로 한 부대를 만들어 군량을 돕거나 장비를 마련하여 공급하게 할 것.

1. 출신出身, 무학武學 중에서 새로 뽑은 자들은 속오군에 편입시키지 말고 별대別隊로 만들며, 사포수私砲手, 산척山尺, 재인才人과 일본에 포로로 잡혀갔다 돌아온 자 중에서 포술砲術과 검술劍術에 능한 자들도 별대를 만들어 그들의 호역戶役을 감면해 주고 항상 조련시킬 것.

1. 각 고을의 수령과 장관將官은 선발한 군병을 거느리고 10월 망후望後(보름) 이후부터 이듬해 2월 망전望前(그믐)까지 매월 두 차례씩 각각 그 고을에서 기예를 연마시킨다. 영장은 10월 보름 이후부터 이듬해 2월 그믐 전까지 세 차례 진법을 익히게 하고(습진習陣), 이어 무예를 가르치며, 매년 말에 감사와 병사가 같이 모여 5영營이 공동으로 한 차례 진법을 익히게 할 것.

1. 교련하는 데 있어서는 『연병실기』와 『병학지남』을 사용하여야 한다. 병사가 때때로 순행하면서 강습한 것을 고강考講하여 불통인 장관은 곤장을 치고, 연이어 다섯 차

례 불통한 경우는 자신이 양식을 준비하여 두 달 동안 방수防守하도록 하는 벌을 주되, 세 차례 능통한 자는 그의 호역을 면제해 줄 것.

1. 각 고을의 군병 중에서 부득이 다른 고을로 이주하는 자가 있을 경우 현재 거주하는 고을의 군적에 올려 교련시키고 절대 그 일족을 침해하지 말 것.
1. 포수가 개인적으로 연습할 때에도 조총과 화약, 철환鐵丸을 관에서 준비하여 주고, 군병이 개인적으로 가지고 있는 궁弓과 전箭도 파손되면 관에서 수리해 줄 것.
1. 각 도의 진관에 무학武學을 설립하는 것에 대해서는 당초 선왕대에 속오사목束伍事目을 반포하였을 때 이미 감영과 병영 및 진관에 내려 보냈으므로 반드시 보관하고 있을 것이므로 한결같이 그때의 절목에 따라 거듭 밝혀 거행할 것.
1. 을미년(1595, 선조 28)에 팔도에 내려 보낸 속오사목이 매우 상세하므로 그때의 절목을 참작하여 시행하도록 하여 전후에 서로 어긋나는 일이 없게 할 것.

이 「영장절목」의 반포를 통해 지방의 행정권과 군사권이 표면상으로 구분되어졌으며 후금에 대한 군사력 강화의 중요한 계기를 마련할 수 있었다. 아울러 이 절목을 통해 인조 초 영장제와 지방군의 구조에 대한 몇 가지 주요한 내용을 파악할 수 있다. 즉 각 도별로 5개 영을 설치하는 것을 기준으로 하되 강원도와 함경도와 같이 군사가 적은 곳은 3~4개의 영을 둘 수 있도록 하였다.

영장에 의한 군사 훈련 절차는 각 고을의 수령과 장관이 10월 보름 이후 이듬해 2월 그믐 전까지 매월 두 차례씩 각 고을에서 무예를 익히도록 하되 영장이 그 기간 동안 세 차례에 걸쳐 진법 훈련과 무예 훈련을 시키며, 매년 말에는 감사와 병사가 같이 모여 5개 영이 함께 진법 훈련을 하도록 규정하였다. 여기서 주목할 점은 이 시기 영장 휘하에는 지방의 모든 군사를 편입시키는 것이 아니라는 것이다. 속오군과 함께 출신出身, 무학武學 중 새로 뽑은 자와 사포수私砲手, 산척山尺, 재인才人 및 일본에 포로로 잡혀갔다 돌아온 자 중에서 포술과 검술에 뛰어난 자로서 편성된 별대別隊 등 두 병종에 한정되어 있었다.[297]

---

297 허선도, 「조선시대 영장제」『한국학논총』 14, 1992, 44쪽 ; 서태원, 앞의 책, 1999, 98~100쪽.

지방군에 대한 훈련에서 척계광의 『기효신서』에 바탕을 둔 절강병법의 내용을 담은 『병학지남』과 함께 척계광이 북방의 오랑캐에 대처하기 위해 개발한 전차, 기병, 보병을 통합한 전술 체계를 담은 『연병실기』을 함께 익히도록 한 점은 매우 흥미롭다. 이는 기병 중심의 전술을 구사하는 후금의 위협에 대응하기 위한 것으로 영장 휘하의 별대에 마병 등이 편성되었을 가능성과 함께 당시 조선의 전술 체계 변화 양상과 관련하여 매우 흥미롭다. 마지막으로 포수가 개인적인 훈련시 조총과 화약, 철환 등을 관에서 지급한다는 규정의 경우, 조선전기 개인의 무장은 원칙적으로 국가가 지급하지 않던 것과는 차이를 보이고 있다. 이는 화약 무기의 전면적인 도입에 따른 무기 마련 비용의 증가와 함께 스스로 무기를 마련하기 어려운 경제적인 하층 계층까지 속오군에 편입되었던 당시 상황을 반영한 것이라고 할 수 있다.

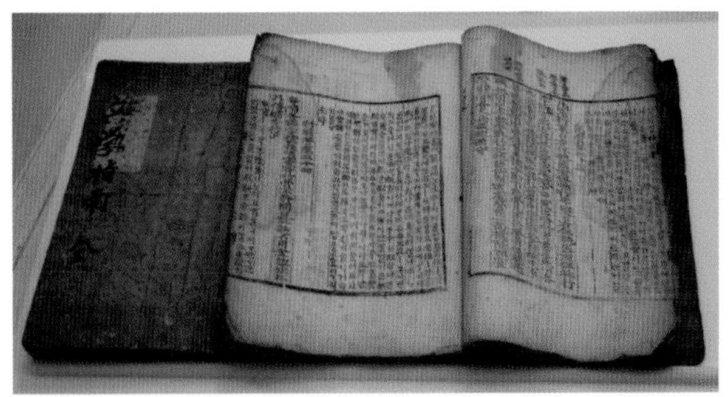

병학지남(전쟁기념관)

지방 군사력의 전임 영장제는 실시 전후부터 여러 가지 문제점을 들어 제도의 시행에 반대하는 의견이 많이 제기되었다. 예를 들어 정경세 등은 전임 영장의 파견에 따른 국가 재정상의 곤란 및 현지 군읍에서 이들에 대한 지공支供의 어려움, 그리고 영장에 적합한 인재를 얻기 어려운 점 등을 제기하였다.[298] 특히 조선전기의 진관체제를 복구하여 국방체제를 강화하려던 이귀는 진관제가 바로 영장제이므로 따로 영장을 둘 필요가 없다고 비판하기도 하였다.[299] 영장제 실시에 대한 비판적인 의견은 시행 이후에도 계속되었다. 예를 들어 문신 출신인 수령들이 영장을 멸시하고 통제에 따르지 않으려는 문제점이 나타나기도 하였다.[300] 영장이 예하 고을을 순회하면서 훈련시

298 『인조실록』 권16, 인조 5년 5월 병인.

299 『인조실록』 권17, 인조 5년 8월 경자 ; 『인조실록』 권19, 인조 6년 8월 신해. 이귀의 진관체제 복구론에 대해서는 김용흠, 『조선후기 정치사 연구』, 혜안, 2006, 293~299쪽 참조.

용산서원(龍山書院) 숭렬사우(경북 경주)
1699년(숙종 25), 최진립을 추모하기 위해 세운 서원으로 1711년(숙종 37)에
'숭렬사(崇烈祠)'라는 현판을 받고 사액서원이 되었다.

키는 방식도 영장제의 문제점으로 지적되었다. 즉 장수가 항상 데리고 직접 지휘하는 것이 아니라 계속 옮겨다니므로 충분한 연습이 이루어지지 않는다는 것이다.[301] 따라서 수령이 영장을 겸임하는 이전의 진관체제를 복구하자는 주장이 제기되기도 하였다.

여러 문제점에도 불구하고 전임 영장제는 조선-청 전쟁(병자호란) 시기 각 도의 근왕군이 행한 여러 전투에서 적지 않은 역할을 하였다. 예를 들어 강원도 원주 영장 권영길은 근왕병을 이끌고 여러 차례 적을 격파하면서 검단산에 이르러 봉화를 올려 남한산성에 있는 농성자들에게 원병이 왔음을 알리기도 하였다. 안동 영장 선세강은 경상좌병사 허완의 중군이 되어 싸우다가 쌍령雙嶺에서 전사하였다. 이외에도 충청병사 정세규 휘하에서 싸우다가 전사한 좌영장 최진립과 우영장 심일민 등도 있었다.[302] 비

300 『인조실록』 권22, 인조 8년 4월 경신.
301 『인조실록』 권19, 인조 6년 9월 임신.
302 조선-청 전쟁(병자호란)중 영장의 역할에 대해서는 서태원, 앞의 책, 1999, 61~62쪽 참조.

록 남한산성 일대에서 각개격파되었지만 각 도의 근왕병을 신속하게 조직하여 동원될 수 있었던 것은 전임 영장제에 의한 속오군, 별대 등 지방군에 대한 일원적 지휘체계의 확립과 정기적인 훈련의 성과라고 할 수 있다. 그러나 전임 영장제는 조선-청 전쟁(병자호란)이 끝난 직후인 1637년(인조 15) 2월 중순 갑작스럽게 혁파되었다.[303]

영장제 혁파는 영장제 자체가 가진 문제점에 따른 것이라기보다는 전쟁 이후 영장제를 뒷받침할 재정의 문제에 따른 것도 한 원인이었다. 그러나 이보다는 청나라에서 전후 조선의 국방력을 근본적으로 약화시키기 위해서 혁파를 강요한 것이 영장제 혁파의 근본 원인으로 보인다.[304] 전임 영장제 혁파 이후에는 수령들이 다시 군정을 담당하게 되었다. 다만 이를 보완하기 위해 2년 후인 1639년(인조 17) 8월에는 기존의 영장에 해당하는 진관의 수령은 문, 무, 음관 중에서 전쟁에 나가서 직접 군병을 거느려 본 경험이 있는 자로 선임하도록 하여 이들이 영장의 역할을 겸할 수 있도록 하는 보완책을 세우기도 하였다.[305]

3) 속오군 이외의 지방군

조선-일본 전쟁 이후 지방군에 대한 강화책은 꾸준히 강구되었으며 이 과정에서 다양한 명목의 새로운 지방 병종이 많이 창설되었다. 가장 대표적인 병종으로는 아병牙兵과 별대 등을 들 수 있다. 아병은 원래 각 단위부대 지휘관에 소속된 직할 병력을 의미하였는데 17세기 들어서면서 정식 병종으로 정착되었다.[306] 별대는 앞서 보았듯이 1627년(인조 5) 전임 영장제가 성립되면서 영장 휘하에 둔 병종으로 출신, 무학 중에서 새로 뽑은 자와 사포수, 산척, 재인 및 일본에 포로로 잡혀갔다 돌아온 자 중에서 포술과 검술에 뛰어난 자로 편성하였다. 이외에도 지역에 따라 별승군別勝軍, 별초군別抄軍 등 다양한 명칭을 가진 병종이 편성되어 인조 초반 이괄의 난과 조선-후

303 『인조실록』 권34, 인조 15년 2월 병술.

304 허선도, 앞의 논문, 1992, 8~9쪽.

305 『인조실록』 권39, 인조 17년 8월 무술.

306 본 절의 아병에 대해서는 송양섭, 「17·18세기 아병의 창설 기능」 『조선시대의 과거와 벼슬』(성고이성무교수정년기념논총간행위원회), 집문당, 2003의 내용을 바탕으로 서술하였다.

금 전쟁 시기 주요한 방어 군병으로서 적지 않은 역할을 하는 것을 볼 수 있다.

17세기 전반기 여러 지방 병종이 창설된 이유는 다양하였다. 먼저 아병의 경우, 조선-일본 전쟁 이후 기존의 진관체제를 대신하여 속오법에 의한 진영鎭營 중심의 지역 방어체제가 갖추어지면서 지방군의 지휘체계가 '병사兵使-영장營將-속읍 수령'으로 이루어진 상황과 관련이 있다. 지방군의 지휘체계가 병사와 영장을 중심으로 짜임에 따라 현실적으로 지휘체계상 감사는 소외될 수밖에 없었다. 『경국대전』에 의하면 감사는 병사를 겸하는 등 원칙적으로 지방군 지휘의 주요한 역할을 하도록 되어 있었다. 그러나 영장 체제에 따라 대부분의 군사가 영장 휘하에 편성됨에 따라 감사는 유사시에 대비한 자체 병력을 확보할 필요가 있었다. 실제 전쟁이 일어나 병사가 출동할 경우 감사는 독자적으로 해당 도를 지켜야 하므로 직할 병력이 필요하였다.

다음으로 조선-일본 전쟁 중 기존의 진관체제에 따른 전국적 단위의 일원적인 국방체제가 붕괴되고 새로운 전술 체계인 절강병법에 따라 각도 자체적으로 포수와 살수를 양성하는 과정에서 독자적인 군병의 편성과 훈련이 이루어진 상황과 깊은 관련이 있다. 예를 들어 제1차 조선-일본 전쟁 초기 평안도 관찰사로 임명된 이원익은 평안도 군사에 대한 포술과 검술 훈련에 주력하여 1594년(선조 27) 1월경에는 상당한 수준에 이르렀다.[307] 충청도 군사들의 경우 1596년(선조 29) 4월 이전까지 포수와 살수의 편성과 훈련이 완료되어 본격적인 전투에 참여할 수 있는 수준이 되었다.[308] 이러한 포수와 살수는 기존의 군병인 정병正兵과 달리 새로이 편성된 병종으로 이후에도 계속 병종이 유지되었다. 이원익이 평안도 관찰사였던 시기에 따로 뽑아 편성하였던 감영 소속의 포수인 영포수營砲手는 인조 초반까지 평안도의 주요 지방군으로 유지되었다.[309]

세 번째, 후금의 위협이 가중됨에 따라 시급히 지방에 정예 군병을 확보하여 전쟁에 대응하고자 하였던 인조 초반의 군사력 건설 방안과 관련이 있다. 인조 초 호패법 실시 등을 통해서 다수의 군정을 확보하여 기, 보병에 충원하고 속오군을 확충하였으

307 『선조실록』 권47, 선조 27년 정월 기유.
308 『오리집』 속집 권2, 四道都體察使時狀啓, 병신 4월 10일.
309 『인조실록』 권5, 인조 2년 3월 기미.

나 속오군의 경우 본역 이외에 추가적인 보상 없이 속오군역을 겸하도록 하였으므로 정예 군병으로서의 한계가 분명하였다. 따라서 전투에서 활용할 수 있는 정예 군병의 확보 필요성이 적지 않았다. 예를 들어 이귀는 정예 병사 선발의 중요성을 늘 강조하고 수령의 책임하에 용맹하고 장건한 자를 선발하고 훈련시키는 방안을 주장하였다. 이렇게 하면 한 도에서 최소한 400~500명을 얻을 수 있고 6도를 합하면 수천의 정예병을 얻을 수 있다고 보았다.[310] 정경세 등도 후금의 기병을 저지하기 위해서는 화포가 중요하므로 1군軍에 각각 포수 3천 명씩을 두어 그들로 선봉을 삼는 방안을 주장하였다. 구체적으로 전라, 경상도는 각각 3천 5백 명, 충청도는 2천 5백 명, 강원도는 5백 명을 배정하여 담력과 근력이 있는 장정을 뽑으면 1만 명의 정예병을 확보할 수 있다고 하였다.[311]

정예병 확보를 바탕으로 지방 군사력을 건설하고자 하는 배경 속에서 각도에서 다양한 명목의 정예 병종을 창설한 것으로 보인다. 예를 들어 황해도의 별승군別勝軍과 장서군壯西軍, 평안도의 정초군精抄軍, 충청도의 자모군自募軍 등이 그것이다.[312] 그리고 전임 영장제와 함께 창설한 출신 등으로 편성한 별대別隊나 별도로 뽑은 정예군인 별초군別抄軍 등을 창설하여 수만의 정예병을 확보하고자 하였다.[313] 이러한 여러 병종들은 각도의 감영이나 병영, 방영 등의 각종 진영에 소속되었다. 1624년(인조 2) 경기 지역 군병으로 창설되었던 총융청의 경우에도 선봉으로 삼을 수 있는 전투 능력이 뛰어난 자를 뽑아 아병으로 따로 편성하고 지갑紙甲과 대검大劍을 지급하여 돌격할 때 사용하도록 하였다.[314]

17세기 전반기 대내외적인 상황에 따라 각지에서 창설된 다양한 명목의 지방군에게는 군역 부담의 대가로 각종 혜택이 주어지는 경우가 대부분이었다. 이러한 병종은 짧은 기간 내에 편성할 수 있었고 조선-청 전쟁 이후 계속 유지되었던 아병의 경우에는 이후 증가세도 매우 빨랐던 것으로 보인다. 실제 17세기 전반 지역별 아병의 수효

310 이귀의 선봉론에 대해서는 김용흠, 앞의 책, 2006, 296쪽 참조.
311 『인조실록』 권16, 인조 5년 5월 병인.
312 『인조실록』 권10, 인조 3년 11월 기미 ; 『인조실록』 권16, 인조 5년 4월 갑인.
313 『인조실록』 권16, 인조 5년 4월 병진.
314 『인조실록』 권22, 인조 8년 4월 을해.

는 1627년(인조 5) 평안감영이 2,800명, 1647년(인조 25) 전라감영이 2,500명, 경상감영이 3,000여 명으로 집계되었다. 지방의 각종 병종들은 조선-청 전쟁 이후 군사력으로서의 역할이 다소 약화되면서 해체되거나 지방의 군영 및 진영의 재정 확보의 일환으로 일부 전락하기도 하였다.[315]

315 손병규, 『조선왕조 재정시스템의 재발견』, 역사비평사, 2008, 248~249쪽.

제4절

조선-청 전쟁(병자호란)과 조선의 군사적 대응

1. 조선-후금 전쟁(정묘호란) 이후 대후금 관계와 대북방 군사체제의 정비

1) 조선-후금 전쟁(정묘호란) 이후 대후금 관계의 추이

모문룡 제거를 주된 목적으로 후금이 조선을 공격한 조선-후금 전쟁(정묘호란)은 정묘화약을 맺음으로써 일단락되었다. 조선과 후금이 형제의 관계를 맺고 서로 적대하지 않기로 하는 것을 주 내용으로 하는 이 화약을 계기로 두 나라 사이의 갈등이 완전히 봉합된 것은 아니었다. 특히, 이 화약의 내용 중 조선은 이후에도 명나라에 적대하지 않는다는 것은 기존의 조선의 친명배금의 외교 노선에 변함이 없음을 의미한다. 이는 후금의 세력이 지속적으로 커짐에 따라 명나라에 대한 압박이 강화되고 명나라와 후금 사이의 군사적 충돌이 계속됨에 따라 그 여파가 조선에 미칠 경우 조선과 후금의 관계는 궁극적으로 파국을 맞을 수밖에 없게 된다.[316]

정묘화약 직후부터 형제관계의 해석을 둘러싼 두 나라의 입장은 매우 다른 것이었다. 조선의 입장에서 정묘화약은 후금의 군사력에 밀려 마지 못해 체결한 것이었다면

316 이하 조선-후금 전쟁(정묘호란) 이후 조선과 후금의 관계 추이에 대해서는 한명기, 『정묘·병자호란과 동아시아』, 푸른역사, 2009, 2장을 참조하여 정리함.

후금의 입장에서는 후금에 죄를 지은 조선을 완전히 정복할 수 있었음에도 불구하고 대폭 양보하여 은혜를 베푼 것으로 이해하였다. 따라서 조선-후금 전쟁(정묘호란) 이전부터 두 나라 갈등의 진원지였던 가도의 동강진과 국경 무역인 개시開市의 확대, 세폐와 후금 사신의 접대 수준 등을 둘러싸고 크고 작은 갈등은 계속되었다. 조선과 후금의 이러한 갈등 속에서 명·청 교체가 진행되고 있던 동북아시아의 유동적인 상황은 조선과 후금의 관계를 더욱 파국으로 몰고 가게 된다.

후금이 1627년(인조 5) 1월 조선-후금 전쟁을 일으킨 틈을 타 명나라는 그해 2월 요서 지역으로 출병하여 금주錦州, 중좌中左, 대릉大陵 등 3성을 점령하는 등 후금에 대한 공세를 강화하였다. 후금은 조선-후금 전쟁을 서둘러 마무리한 이후 금주성 공격에 나섰지만 실패하고 말았다.[317] 이후 후금은 산해관 방면으로 명나라를 직접 압박하는 전략에서 만리장성 지역으로의 우회접근 전략을 채택하고 다섯 차례에 걸쳐 측면 공격을 가하여 명나라의 전력을 급속히 약화시켰다. 1629년 10월 홍타이지는 장성 지역을 통해 관내로 쳐들어가 북경 동쪽의 준화遵化 등지를 이듬해 5월까지 점령하고 북경을 직접 압박하였다. 1634년 7월에는 명의 서북 방향으로 돌아 들어가 북경의 서북쪽에 있는 선화宣化와 대동大同 일대를 점령하였다. 조선-청 전쟁(병자호란) 직전인 1636년(인조 14) 5월에는 북경 북방의 조악과 장자령을 함락하고 북경을 압박하기도 하였다.[318]

후금군이 북경 일대를 점령하고 북경을 압박하고 있다는 소식은 조선에 큰 충격을 주었다. 수세에 몰린 명나라는 조선을 이용하여 후금을 견제하고자 조선에 원병을 요청하였다. 후금도 홍타이지의 친정 중 조선이 가도의 명군과 합세하여 자신의 배후를 위협하는 상황을 우려하였다. 이러한 상황에서 조선은 명나라의 원병 요청에 호응하는 모습을 보이고 아울러 후금의 침입에 대비하기 위해 북방 지역에 군병을 증강하고 방어체계를 강화하는 조치를 강구하기 시작하였다. 1630년(인조 8) 3월 부호군 신성립은 군사 수만 명을 선발하여 황해도의 황주와 평산 사이에 진주시켜 명나라를 구원

---

317 『中國軍事史』編史組 편, 『歷代戰爭年表(下)』, 解放軍出版社, 1986, 419쪽.

318 이상창, 「명청 패권전쟁으로서의 병자호란 원인 재해석」, 국방대학교 석사학위논문, 2006, 78~80쪽.

하는 의리를 보이고 동시에 국경을 방어하는 계책으로 삼을 것을 주장하기도 하였다.[319] 실제 조선은 군적 개수를 통해 각도의 누락 군사를 파악하고,[320] 파악된 군병에 대한 군호 편성 및 입번 체계 정비, 그리고 부대 편성 등에 착수하였다. 아울러 북방 지역 방어를 충실히 하기 위해 조선-후금 전쟁(정묘호란) 이후 한동안 정지되었던 황해도 군사의 평안도 지역 교대 입번을 부활하는 것을 강구하였다.[321]

정충신 초상(문화재청)

한편 조선-후금 전쟁 시기 후금의 대표로 화의에 나섰던 유해劉海가 1628년(인조 6) 9월 유흥조劉興祚로 이름을 바꾸고 동생 유흥치劉興治와 함께 가도의 동강진에 투항하는 사건이 일어났다. 유흥조는 이듬해 11월 후금과의 전투에서 전사하게 되는데, 그의 전사에 대해 피살설이 돌아 가도에 남은 그의 동생 유흥치를 자극하여 1630년(인조 8) 반란을 일으키게 하였다. 반란을 일으킨 유흥치는 일시적으로 가도를 점령하고 의주부윤을 살해하는 등 파문이 조선으로 파급되었다. 조선에서는 유흥치의 반란을 토벌하기 위해 총융사 이서를 팔도도체부총융사로 삼아 평안도 군병 및 총융청 아병 등을 동원하여 토벌군을 편성하도록 하였다. 아울러 부원수 정충신으로 하여금 경기, 충청, 전라도의 수군을 동원하여 응원하도록 하였다.

유흥치의 반란은 가도를 중심으로 하여 명나라와 후금 사이에 전운을 드리웠고 명나라와 후금은 각기 군사를 파견하게 되었다. 이러한 상황에서 1631년(인조 9) 3월 유흥치가 심세괴沈世魁 등에게 살해되자 후금은 가도 응징을 위한 토벌을 위해 조선에 선박을 빌려줄 것을 요구하였으나 조선의 거절로 실패하였다. 6월에는 일고산一高

319 『인조실록』 권22, 인조 8년 3월 신묘.
320 『인조실록』 권22, 인조 8년 정월 무자.
321 『인조실록』 권22, 인조 8년 4월 경신.

山이 거느린 1만 2천의 후금군이 평안도 연안에서 얻은 11척의 배를 이용하여 가도 정벌에 나섰으나 명나라 제독 황룡黃龍에게 대패하였다. 이 사건을 계기로 후금은 여전히 친명배금의 노선을 취하고 있던 조선의 입장을 확인할 수 있었고, 조선은 후금이 이제 수군을 동원하여 직접 가도 공략을 시도할 정도가 되었다는 사실에 불안감을 느끼게 되었다.[322]

후금과의 관계가 점차 악화되던 상황에서 1632년 산동의 등주에서 명나라 장수 공유덕과 경중명이 반란을 일으켰다. 이듬해 2월 명나라의 토벌군에 의해 등주가 함락되자 이들이 수군과 전선을 이끌고 여순 방면으로 도주하는 사건이 일어났다. 명나라는 주문욱 등을 보내 이들을 추격하여 토벌하게 하였는데 명군에 쫓긴 공유덕 등은 후금으로 귀순을 시도하였다. 이에 주문욱은 조선에 외교문서를 보내(이자移咨) 이들을 협공할 것을 요구하였다. 한편 후금도 조선에 국서를 보내어 이들에게 공급할 미곡을 제공할 것을 요청하였다. 이러한 상황에서 조선은 주문욱의 요청에 응하여 병력을 보내어 명군을 지원하는 한편 군량도 공급하였을 뿐만 아니라 압록강 부근에 상륙한 뒤에는 이들을 엄호하려는 후금군과 전투를 벌이기도 하였다.[323] 이 사건을 계기로 후금과 조선의 관계는 파국으로 치닫게 되었다. 그러나 후금은 조선을 곧바로 공격하지는 않았다. 그것은 아직 명나라의 세력이 온존한 상태에서 조선을 공격하기보다는 당분간 관계를 유지하면서 결정적인 시기에 완전히 복속시키는 것으로 정책 방향을 잡았기 때문이다.

후금과 조선의 관계가 악화되던 상황에서 국제관계에 근본적인 변화를 가져올 사건이 일어났다. 1634년 명나라와 연합하여 후금에 대항하던 차하르부의 릭딕 칸이 사망하자 홍타이지는 차하르부의 유민을 흡수함과 동시에 여타 몽골 부족에 대한 후금의 통치력을 확고히 하였다. 그 과정에서 릭딕 칸의 장자인 어르커 콩고르가 후금에 귀순하여 왔고 홍타이지는 그가 소유하였던 역대전국옥새歷代傳國玉璽를 획득하였다. 역대전국옥새는 원나라 황제가 소유하였던 것으로 전해지는 것으로 후금은 이

322 유흥치의 반란과 전개에 대해서는 이태진, 앞의 책, 1985, 128~130쪽 ; 한명기, 앞의 책, 2009, 125~131쪽 참조.

323 한명기, 「17세기 초·중반 조청관계와 貳臣」『북방사논총』 8, 2005.

의 획득을 몽골뿐만 아니라 원나라가 지배한 전 영역에 대한 통치권을 상징하는 징표로서 해석하였다. 이로써 홍타이지는 만주의 칸에서 황제로 격상될 명분을 갖게 되었다. 이를 계기로 1636년 4월 홍타이지는 국호를 '대청大淸'으로, 연호를 숭덕崇德으로 고쳐 명나라와 대등한 새로운 황제국의 출현을 알렸다.[324] 그 직전 후금은 조선에 용골대를 사신으로 보내어 후금이 대원大元을 획득하고 옥새를 차지하였음을 알리고 황제 즉위를 의논하기 위해 몽골의 여러 왕자가 함께 왔음을 알렸다.[325]

의주부윤의 보고를 통해 소식을 들은 조선 조정은 매우 동요하였다. 홍타이지가 황제가 되기 위한 존호의 진상에 조선이 참여하는 것은 명과의 사대관계를 포기하는 것이므로 절대 수용할 수 없다는 주장이 주를 이루었다. 특히, 용골대 일행이 홍타이지 명의의 국서 이외에 소지하였던 두 개의 별서別書의 접수 문제가 논란이 되었다. 별서에 수록된 내용은 조선이 명을 배신하고 후금으로 귀순할 것을 권유하는 내용이었다.[326] 이에 조선의 대청 강경론자들은 청과의 관계를 끊고 사신을 참수하며 그 서한을 불사를 것을 주장하는 등 후금과의 관계는 완전히 파국으로 치닫게 되었다.[327] 답서를 받지도 못하고 적대적으로 변한 조선 조정의 분위기에 놀란 용골대 일행은 급히 도성을 떠나 도주하였다. 인조는 3월 초 척화를 결심하고 청의 침입에 대비하라는 유시문을 내렸다. 평안감사에게 전달되던 중 이 유시문이 용골대 일행에게 입수되어 조선-청 전쟁 개전의 한 빌미가 되었다.

2) 조선-청 전쟁(병자호란) 직전 조선의 북방 방어체계 정비

청나라의 조선 침입 가능성이 높아지면서 청군의 침입로가 되는 서북 지역 방어체계 정비의 필요성이 매우 높아졌다. 인조는 즉위 직후부터 후금의 침입에 대비하여 압록강변의 의주와 창성을 1차 방어선으로 하고 영변, 안주와 평양을 내륙 거점 방어

---

324 허태구, 『병자호란의 정치·군사사적 연구』, 서울대학교 박사학위논문, 2009, 77~78쪽.
325 『인조실록』 권32, 인조 14년 2월 신묘.
326 한명기, 앞의 책, 2009, 146~147쪽.
327 『인조실록』 권32, 인조 14년 2월 경자.

의 중심으로 삼은 평안도 지역 방어전략을 수립하였다. 그러나 1624년(인조 2)에 일어난 평안병사 이괄의 난으로 평안도 지역 군병의 수효가 급감하여 이 방어전략은 차질을 빚게 되었다. 특히 평안병영이 있던 영변은 이괄의 난으로 피폐해져 방어 근거지로서 역할을 하기 어려워졌다. 이에 압록강변은 물론 청천강 이북 지역에 대한 실질적인 방어를 포기하고 수도권 방비를 강화하면서 예상 주공로 방어에 전력을 집중시키는 전략 방침이 세워졌다. 이에 따라 의주대로와 내륙직로가 모이는 안주를 중심으로 청천강 이남 지역 방어를 강화하는 방침이 제시되었다.[328] 조선-후금 전쟁 시기 후금군의 주 진격로가 의주대로상의 의주-용천-곽산-안주-평양이었고 일부 병력이 창성을 공격하여 내륙직로를 견제한 것을 보면[329] 안주 중심의 거점 방어체계는 적절한 것으로 평가된다.

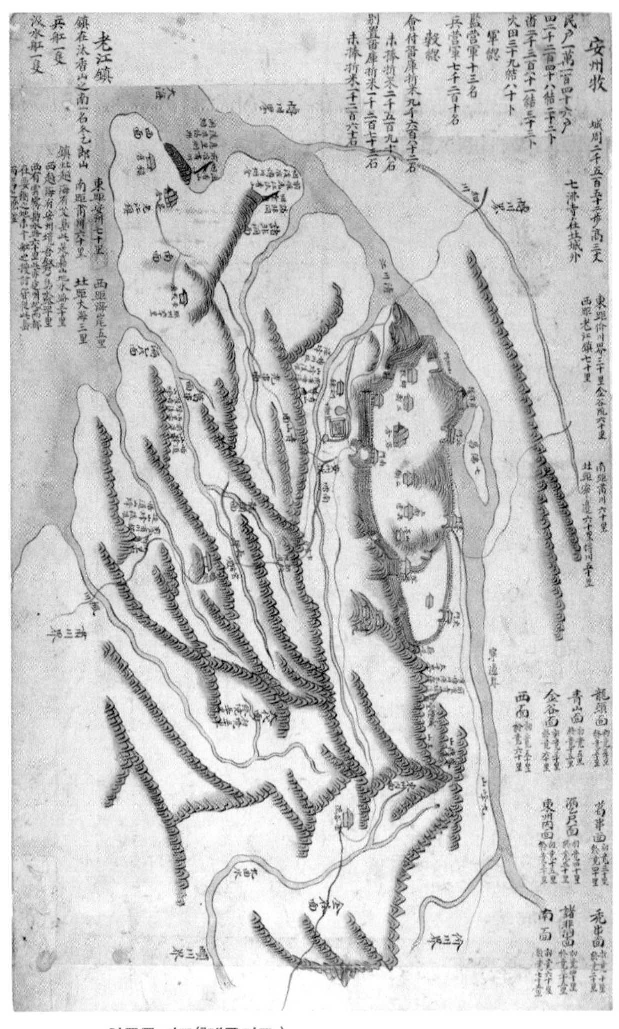

안주목 지도(『해동지도』)
(규장각한국학연구원)

조선-후금 전쟁 이후 평안도 방어체계에는 다소 변화가 생겼다. 안주가 후금군의 주된 남하 통로가 된 것을 확인하였으므로 안주에 대한 방어 대책은 더욱 충실하게 추진될 수 있었다. 안주성에 대한 수축과 증축이 이루어짐과 함께 부족한 안주 방어 병력 확보를 위해 해

328 『인조실록』 권5, 인조 2년 3월 경오.
329 『연려실기술』 권25, 인조조고사본말, 丁卯虜亂.

서(황해도)의 군사 및 평안도 다른 지역 군사를 보충하기도 하였다.[330] 안주 중심의 방어 체계 확립은 안주의 지형적인 중요성 이외에도 불가피한 측면이 있었다. 조선-후금 전쟁으로 평안도 지역은 많은 군사가 전사하거나 도망하여 전쟁 직후 남은 군사는 5, 6천에 불과하였으므로 다른 지역까지 복구하고 군사를 배치할 여력이 없었다. 이에 따라 청천강 이북인 청북淸北 지역은 실질적으로 방어대책을 세우기가 어려웠다. 또한 청천강 이남인 청남淸南의 다른 지역도 조선-후금 전쟁 시기 후금군의 공성전 능력을 고려할 때 직로상의 평지성에서 적군을 막는 것도 곤란해졌다. 이의 대안으로 제시된 것이 안주를 제외한 주요 군현의 평지 읍성을 포기하고 인근의 산성을 중심으로 군사력을 온존하는 방어전략이었다.

평지 읍성 방어를 포기하는 이 전략은 후금군의 공성전 능력이 매우 향상된 것과 밀접한 관련을 가지고 있다. 선조 말 이후 인조 초반까지 후금군의 기마 돌격을 야전에서 저지하기 어려우므로 접근하는 기병을 성에서 화기로 저지하는 것이 최적의 전략으로 고려되었다. 따라서 다량의 화기가 제조되어 이 시기 조총을 포함한 화기의 보급과 운용은 이전과 비교할 수 없을 정도로 보편화되었다. 아울러 평안도 및 함경도 지역의 변방과 내지 주요 지역에 대한 성곽 수축이 활발히 진행되었다. 이러한 수성전 중심의 방어 전략은 후금군의 공성전 능력이 향상됨에 따라 한계에 부딪힐 수밖에 없었다. 후금군은 명의 요동 지역 주요 거점을 공격하는 과정에서 다양한 화기로 무장한 명나라 방어군을 상대로 다양한 공성 전술을 익히게 되면서 공성전 능력이 급속히 향상되었다. 실제 광해군 후반이 되면 청군의 향상된 공성 능력에 대해 우려를 표명하며 이에 대비하여야 한다는 주장이 나타났다.[331] 조선은 조선-후금 전쟁을 통해 후금군의 뛰어난 공성전 능력을 직접 확인하게 되었다. 조선-후금 전쟁 이후 요충지의 평지 읍성 방어를 포기하고 인근 산성을 중심으로 방어 체계를 재편한 것은 이러한 변화된 상황을 반영한 것이었다.

평안도 지역은 조선-후금 전쟁 직후인 1627년(인조 5) 10월, 후금의 공격시 평양성 방어를 포기하고 인근의 자모산성에 순안順安 등 다섯 고을의 백성이 모이도록 하

330 『인조실록』 권16, 인조 5년 11월 무진 ; 『인조실록』 권19, 인조 6년 8월 병오.
331 허태구, 앞의 책, 2009, 51~64쪽.

였다.[332] 그 2년 후에는 대동강 하류에 있는 섬인 보산保山에 산성을 축조하여 평양 주민들의 피난처로 삼았다.[333] 이와 함께 의주대로상에 있던 청천강 이북의 청북 지역에도 일부 산성의 개축이 추진되었다. 한때 청북 지역은 조선-후금 전쟁 이후 많은 인명이 죽거나 포로가 되어 방어를 포기하는 것이 고려되기도 하였으나,[334] 1631년(인조 9) 이후 평안도 지역 방어의 강화를 위해 청북 지역에 대한 기본적인 방어체계를 갖추기 시작하였다. 먼저 의주대로에 직접 연한 선천의 검산산성劒山山城에는 자성子城과 외성外城을 설치하여 방어력을 높였다. 용천의 용골산성에도 둔전을 설치하고 유민을 모아 방어군을 조직하였다.[335] 검산산성과 용골산성의 정비가 이루어진 인조 9년부터 청북의 다른 지역의 산성에 대한 수축에도 본격적으로 착수하였다. 예를 들어 곽산의 능한산성, 철산의 운암산성, 그리고 내륙직로상에 위치한 운산의 용각산성龍角山城의 축조에 착수하였다.[336]

산성 중심의 방어체제는 황해도 지역에도 갖추어지기 시작하였다.[337] 조선-후금 전쟁 직후 황해도 지역 주민들도 피난처로 삼을 수 있는 산성의 축조나 보수를 강력하게 요청하였다. 조정에서는 황해도 산성의 형편을 조사하고 은율, 장련, 안악, 문화를 포괄하는 구월산성九月山城과 재령 부근의 장수산성長壽山城을 수축하도록 하였다. 그리고 1631년(인조 9)에는 보장처로 지정된 강화도의 외곽 방어 체계를 강화하기 위하여 해주의 수양산성首陽山城을 비롯하여 황해도 내의 산성들이 주목되었다. 황해도 병영 소재지로서 교통상의 요충인 황주 읍성의 개축도 요청되었으나 1634년(인조 12)에 읍성 개축 대신 황주 부근인 정방산에 산성을 쌓고 병영을 옮기는 방안이 수립되어 읍성의 개축은 이루어지지 않았다. 정방산성 축조는 이듬해인 1635년(인조 13)에 완료되었다.

332 『인조실록』 권17, 인조 5년 10월 기해.
333 『인조실록』 권21, 인조 7년 10월 무신.
334 『인조실록』 권25, 인조 9년 10월 갑진.
335 『인조실록』 권21, 인조 7년 12월 계유.
336 『인조실록』 권25, 인조 9년 8월 임술 ; 『인조실록』 권25, 인조 9년 9월 무인.
337 조선-후금 전쟁(정묘호란)이후 황해도 지역의 방어체계 정비에 대해서는 고승희, 「조선후기 황해도 內地 방어체계」 『한국문화』 38, 2006, 395~396쪽 참조.

1634년(인조 12) 9월, 후금과의 전쟁 가능성이 점차 고조되자 대로상의 읍성보다 인근의 산성을 중심으로 방어 거점을 옮겨 방어체계를 갖추는 방안이 확정되어 서북 지역의 방어 병력은 각각 지정된 산성으로 이동 배치되었다. 의주는 백마산성, 용천은 용골산성, 선천과 곽산, 정주는 능한산성, 평양은 자모산성, 황주는 정방산성, 그리고 평산은 장수산성이 들어가 지키는 입보처로 지정되었다.[338] 아울러 개성 지역 방어의 중요성도 높아졌다. 황해도와 경기 사이의 개성은 한성으로 들어오는 대로의 마지막 길목에 자리잡은 교통상 요충으로 개성 북방에는 대소의 산맥이 뻗어 있어 이 지역의 방어 필요성도 함께 제기되었다.[339]

임경업 초상(국사편찬위원회)

1632년(인조 10)을 전후한 시기 조선이 산성 위주의 수세적 방어 전략으로 급속히 선회한 이유는 조선-후금 전쟁에서 나타난 후금의 공성전 능력을 경험한 것과 함께 후금이 1631년 초부터 화약 무기를 제조하여 장비한 것과도 밀접한 관련을 가지고 있는 것으로 보인다.

후금은 천총天總 5년(1631) 정월 서양식 대형 화포인 홍이포를 최초로 생산하고 이를 장비한 부대를 편성하게 된다. 그해 7월부터는 명나라의 요서 지역 주요 방어 거점인 대릉하성大凌河城을 수 개월 동안 포위하고 홍이포紅夷砲, 장군포將軍砲 수십 문으로 주변의 거점인 자장대子章臺 등을 파괴하여 항복을 받았다. 이에 주변의 백여 대

338 『인조실록』 권30, 인조 12년 9월 무진.
339 『인조실록』 권25, 인조 9년 7월 병자.

臺가 놀라 항복하여 결국 대릉하성은 함락되었다. 이어서 명나라의 장수로서 반란을 일으킨 공유덕, 경충명, 상가희 등이 후금에 투항하였는데, 이들은 다수의 전선과 함께 서양에서 직접 수입한 우수한 신형 화포를 가지고 왔다. 그리고 그들이 이끈 병사 중에는 포르투갈인으로부터 직접 서양식 화포 조작술을 훈련받은 자들도 있었다. 따라서 후금의 화포 수준과 포병의 능력은 이전에 비해 한 단계 더욱 향상되었다.[340] 조선이 1632년(인조 10)을 전후한 시기 산성 위주의 방어 전략을 채택한 것은 후금의 화기 확보 및 운용 능력의 급속한 향상과 밀접한 관련이 있었다.

주요 대로상의 산성을 중심으로 한 거점 방어체계의 정비는 군사력이 부족한 상태에서 병력과 주민을 보호하면서 아울러 청야淸野를 통해 적군에게 피로를 강요할 수 있는 장점은 있었다. 그러나 몇 가지 측면에서 여러 심각한 문제를 가지고 있었다. 먼저 의주대로와 함께 중요한 교통로인 창성에서 출발하는 내륙직로의 방어태세가 미비하여 만일 적군이 이곳으로 남하하여 곧바로 영변으로 충돌할 경우 청천강 북쪽 길이 차단되어 그 지역 조선군 전체가 포위될 가능성이 높았다.[341] 다음으로 청나라의 기병이 산성에 포진한 조선군을 놓아두고 그대로 한성으로 남하할 경우 적절히 대처할 수 있는 수단이 거의 없었다. 실제로 조선-청 전쟁의 참패는 산성을 중심으로 한 방어 전략을 가진 조선군의 취약점을 파악한 청나라 군이 한성으로 신속히 남하하여 인조의 강화도 피난길을 차단한 것에 상당히 기인하고 있다.

평안도에서 황해도, 개성으로 이어지는 서북 지역 방어에 비해 인조 전반기 함경도 지역 방어의 중요성은 다소 낮았다.[342] 이는 광해군대 후반 후금이 요동 일대를 장악하면서 그 이전 압록강 중, 상류에 국한하여 조선과 마주하였던 후금 세력이 압록강 하류 지역까지 확장됨에 따라 조선의 북방 방어 전략의 중점이 평안도 지역으로 이전한 것과 관련이 있었다. 이에 함경도 지역 방어 체계에도 변화가 나타났다. 두만강 하류의 6진 지역 중심의 함경도 방어 체계가 평안도 지역과 가까운 압록강 상류 지역에 대한 방비를 중시하는 방향으로 전환되었다.[343] 아울러 그 배후인 함경도 내지 지역에

340 中國人民革命軍事博物館 編著, 『中國戰爭發展史 (上)』, 人民出版社, 2001, 466~467쪽.
341 『인조실록』 권21, 인조 7년 12월 계유.
342 노영구, 「조선후기 함경 남도 幹線 방어체제」 『한국문화』 36, 2005.

대한 방어 대책이 필요하였다. 후금군의 대규모 공격이 예상되는 상황에서 충분한 전투 종심을 유지하기 위해서는 내지 지역에 대한 방어 대책이 매우 중요해졌다. 특히 인조 초기 후금의 침공 가능성에 대한 검토를 통해 함경도 지역에서는 삼수, 갑산과 장진강 유역을 통해 함경남도의 중심지인 함흥으로 곧바로 이어지는 접근로가 주목되었다.[344]

조선-후금 전쟁 시기 함경도 지역은 직접적인 후금군의 침입을 받지 않아 이 지역의 방어 전략은 크게 변하지는 않았다. 따라서 조선-후금 전쟁(정묘호란) 직후 수립된 함경도 지역 방어 전략은 기본적으로 평안도 지역 방어를 도우면서 동시에 예상되는 후금군의 조공이 삼수, 갑산을 통과하여 함경도 남도 내지로 들어오는 것을 저지하고 결전하는 것으로 상정되었다.[345] 이에 함경도 내지인 경성, 명천, 길주, 북청, 함흥, 안변 등의 방어를 중시하였다. 이 주요 방어 거점별로 인접 군현 주민을 소속시켜 함께 방어하도록 하고 성곽을 수축하는 방안이 강구되었다. 예를 들어 남병영이 있던 북청은 단천, 이성, 홍원의 주민이, 함경 감영이 있던 함흥성은 정평, 영평, 고원의 주민이 함께 수비하도록 하였다. 이 방어 전략의 일환으로 그 이전에 그다지 주목되지 않았던 명천과 길주의 재덕在德과 성진城津에도 성곽이 축조되었다.[346] 그러나 조선-후금 전쟁으로 평안도 지역의 피해가 매우 커 기존 방어체제가 재편되면서 기존의 함경도 방어 전략도 영향을 받게 되었다.

평안도 지역의 방어에 중점이 두어지자 함경도 지역에 대한 내실 있는 방어대책을 마련하기는 어려웠다. 게다가 당시 후금군의 주력 대부분이 명나라와의 결전을 위해 요서 지역으로 이동한 상태였으므로 함경도 지역을 통한 대규모 침공의 가능성은 이전보다 낮아졌다. 당시 조선에서는 함경도에 예상되는 위협은 후금의 직접 공격보다는 후금에 의해 통합된 일부 번호藩胡의 부분적인 침입 정도로 판단하고 있었다.[347] 따라서 함경도 지역에 대한 실질적인 방어태세는 이전에 비해 나아지지 않았다. 오히려

343 『광해군일기』 권137, 광해군 11년 2월 병진.
344 『인조실록』 권7, 인조 2년 9월 기묘.
345 『인조실록』 권16, 인조 5년 7월 을해.
346 『인조실록』 권21, 인조 7년 9월 계묘.
347 『인조실록』 권23, 인조 8년 8월 경술.

함경도 지역 병력의 다른 지역 전용이 이루어지기 시작하였다. 예를 들어 조선-청 전쟁 직전 평안도 지역으로 부임하는 부원수 신경원 휘하에 북군北軍 100인과 함께 함경남도의 출신 860인, 무학 360인 등 약 1,300여 명의 함경도 정예 병력이 배속되기도 하였다.[348] 이는 서북 지역과 도성 일대가 청나라의 위협을 받을 경우에는 함경도 병력이 수도권 방어의 한 축으로 운용될 수 있음을 보여주는 것이다.

2. 조선-청 전쟁(병자호란)의 발발과 전개

1) 전쟁 직전의 상황

1636년(인조 14) 2월 후금의 홍타이지를 황제로 칭하는 문제를 논의하기 위해 입국한 용골대 일행은 조선의 격앙된 분위기에 놀라 도주하듯이 급히 귀국하였다. 이를 계기로 조선과 후금과의 관계는 완전히 파탄을 맞게 되었다. 이제 두 나라 사이의 전면적인 전쟁은 당연한 수순이었다. 그해 12월 발발한 전면전인 조선-청 전쟁은 그 최종적인 귀결점으로서, 1627년(인조 5) 조선과 후금이 체결한 정묘화약이 이후 10년 동안 균열을 보인 끝에 파탄에 이르면서 생긴 사건이었다.

1636년 4월 홍타이지는 국호를 대청大淸으로 연호를 숭덕崇德으로 고쳐 새로운 정치 질서의 탄생을 천명하였다. 홍타이지는 즉위 직후 자신의 황제 즉위, 즉 대청 체제 출범의 마지막 수순의 하나로 조선의 완전한 복속을 천명하였다. 대청 체제로의 전환 이후 청은 조선에 대해 기존 형제의 맹약을 군신의 맹약으로 격상시키고 이에 맞게 관계를 변경할 것을 조선에 요구하였다. 그러나 이는 명과의 관계 단절 및 중화 문명이란 보편적 가치를 포기하는 것을 의미하였으므로 조선이 결코 받아들일 수 없는 것이었다.[349]

후금 사신의 귀국 직후인 3월 초 인조는 후금과의 관계 단절을 결심하고 이후 닥쳐

348 『인조실록』 권32, 인조 14년 4월 경진 ; 『인조실록』 권32, 인조 14년 5월 무오.
349 허태구, 앞의 책, 2009, 78~79쪽.

올 청의 침략에 대비할 것을 명하는 유시문을 내렸다.[350] 이에 따라 그 직후부터 후금의 침입에 대비하여 조선의 군사적 대응 태세가 구체적으로 논의되기 시작하였다. 후금의 전면적인 침입에 대비하여 추가적인 군병의 확보와 동원 태세의 정비가 우선적으로 고려되었다. 이미 후금의 위협이 가중되던 1632년(인조 10) 말 지방 각도의 군병 1만 명을 정비하고 이를 통솔할 장수도 미리 정하여 위급할 경우 즉시 동원할 수 있도록 하는 조치가 시작되었다.[351] 실제 이듬해 2월에는 함경감사 김시양의 제안으로 북도의 병마를 징발하여 가까운 곳에다 집결하여 변란에 대비하도록 하기도 하였다.[352] 아울러 추가적인 군병의 확보책이 강구되었다. 예를 들어 각 군문 별로 정예 무사를 선발하여 한 부대를 편성하여 장수를 정하여 통솔하게 하도록 하는 방안이 제안되어 시행되었다.[353] 기존의 군사체제에 편성된 병종이 아닌 신설 부대가 창설되기도 하였다.[354] 1633년(인조 11) 2월에는 전쟁 발발시 인조의 친정이 실행될 경우 3만 명의 군병이 필요한 것으로 판단되어 추가적으로 2만 명의 군병을 선발하도록 하였다.[355]

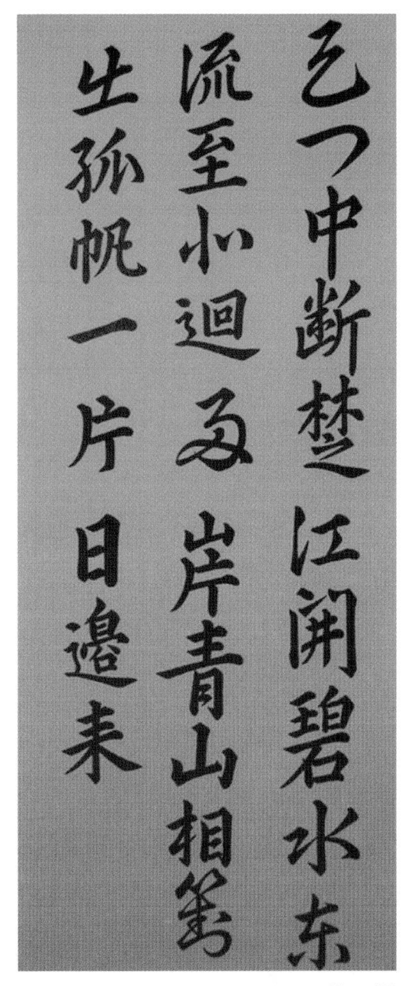

인조 어필

350 『인조실록』 권32, 인조 14년 3월 임자.

351 『인조실록』 권27, 인조 10년 12월 임신.

352 『인조실록』 권28, 인조 11년 2월 경오.

353 『인조실록』 권27, 인조 10년 12월 무자.

354 예를 들어 인조 14년 겸사복장인 김택룡이 전쟁 중 전사한 부형을 둔 2백 44인을 선발하여 복수군을 편성한 것이 한 사례이다(『인조실록』 권32, 인조 14년 5월 갑자).

355 『인조실록』 권28, 인조 11년 2월 기축.

충익공 김시양 신도비(충북 괴산)

이상에서 보듯이 조선-청 전쟁이 일어나기 3~4년 전부터 추가적인 군병의 확보와 정비가 적극적으로 시도되었으나 그 성과는 충분하지 않았던 것으로 보인다. 청나라와의 전쟁이 임박하자 시급히 요구되는 군병의 확보와 정비 등이 추진되었다. 먼저 여러 곳에 무과를 설치하여 우수한 무사를 다수 확보하고자 하였다.[356] 다음으로 각 지역의 지방군을 정비하고 추가 군병의 확보에 착수하였다. 예를 들어 당시 평안도를 제외하고 8만 6천여 명에 달하던 각도의 속오군 중에서 2만을 가려 비상시에 사용하는 방안이 김류에 의해 제안되었다.[357] 청나라의 침입이 임박하였던 11월 중순 비변사에서 삼남과 강원의 정초군精抄軍 18,300여 명을 단속하여 전투 준비를 갖추도록 하고, 이들을 경상 좌, 우도 및 전라, 공청도의 병사, 그리고 춘천 영장으로 하여금 거느리고 각 도의 경계 지역에 있도록 하는 방안을 제안한 것을 보면 이 제안은 상당히 구체적으로 논의된 것으로 보인다.[358]

실제 조선-청 전쟁 시기 각도 근왕병이 영장의 지휘하에 속오군을 중심으로 동원된 것을 보면 속오군의 선발과 동원체제 정비에 성과가 있었던 것으로 보인다. 기존 군사의 정비 이외에도 추가 군병의 확보 방안이 강구되기도 하였다.[359] 이외에도 훈련도감의 군졸 중에서 늙고 병든 자 390명을 정예병으로 다시 선발하도록 하였다.[360]

군병의 확보와 정비 이외에도 군사적으로 중요한 지역의 방어체제와 동원체제의 정비에도 착수하였다. 먼저 도성 외곽의 주요 거점인 남한산성 방어를 강화하기 위해 남한산성에 입방入防할 경기도 및 원주, 안동, 대구의 군병의 동원체제를 점검하였

356 『인조실록』 권32, 인조 14년 3월 경신 ; 『인조실록』 권32, 인조 14년 5월 무신.
357 『인조실록』 권33, 인조 14년 7월 병오.
358 『인조실록』 권33, 인조 14년 11월 을묘.
359 『인조실록』 권33, 인조 14년 8월 신묘.
360 『인조실록』 권33, 인조 14년 8월 신묘.

다.[361] 다음으로 평안도 주요 거점으로 청군의 침입로상에 위치한 의주와 안주의 방어체계 정비를 위해 남쪽에서 동원하는 군사가 아닌 지역의 군병을 중심으로 방어 병력을 확보하여 방어체계를 갖추는 방안이 강구되었다.[362]

김상헌 묘(경기 남양주)

이외에도 김상헌은 도원수는 자모산성에, 부원수는 영변의 철옹성鐵甕城에, 평안병사는 안주성에 주둔하면서 평안도 지역 군병을 3곳에 집결시켜 평안도 지역 방어체계를 갖추도록 하는 방안을 제안하였다. 그리고 유사시에는 황해도의 군사로 자모산성을, 함경 남도의 군사는 안주성을, 함경 북도 군사는 철옹성을 증원하도록 하되 한 곳이 공격을 받으면 다른 두 성의 군병이 함께 구원하도록 하는 방어 전략을 제시하였다. 평안도의 전반적인 방어작전의 지휘를 위해 중신을 평양에 파견하도록 하였다.[363] 이러한 제안이 온전히 그대로 채택된 것은 아니었지만 후술하듯이 조선-청 전쟁 직전 조선군의 평안도 및 황해도 방어체계 및 지휘체제를 보면 상당히 준용되었음을 알 수 있다.

2) 전쟁 초기의 전황

1636년(인조 14) 11월 초가 되면서 청나라가 조선 공격을 준비하고 있다는 정보가 여러 곳에서 감지되었다.[364] 청의 조선 공격이 임박하다는 정보를 접한 조선의 조정에서는 아직 서북(평안도) 지역 방어태세가 충분치 않으므로 우선 사신을 보내 화친을

361 『인조실록』 권33, 인조 14년 7월 정사.
362 『인조실록』 권33, 인조 14년 9월 을사.
363 『인조실록』 권32, 인조 14년 3월 임자.
364 『인조실록』 권33, 인조 14년 11월 갑진.

도모하고 위기를 일단 모면하여 이후를 기약할 것을 주장하는 최명길 등의 온건론도 나타났다. 그러나 온건론은[365] 이는 소수였고 청과의 일전을 겨루자는 척화론이 대세를 이루었다.[366]

조선 조정이 척화론으로 기울어지고 있던 상황에서 청 태종은 11월 19일(양 12월 15일) 조선 정벌을 공표하고, 원정에 참여하는 각 니루[牛彔] 마다 병력과 장비를 갖추고 29일(양 12월 25일) 심양에 집결할 것을 명령하였다. 출전의 사전 준비를 마친 다음 날인 12월 1일(양 12월 27일) 외번外藩과 몽골의 여러 왕들과 팔기의 우두머리인 패륵[貝勒]들이 군사를 거느리고 성경에 집결하였다. 2일(양 12월 28일) 청 태종은 청군을 좌, 우익과 본대로 나누고 새벽에 성경성을 나서 조선으로 출발하였다.

조선 공격에 동원된 청군은 청병淸兵 78,000명, 한병漢兵 20,000명, 몽골병 30,000명으로 편성된 총 128,000명이었다. 3개 군으로 구성된 청 우익군에게는 화석예친왕和碩睿親王 도르곤[多爾袞]과 다라패륵[多羅貝勒] 호게[豪格]의 지휘하에 관전로寬甸路를 따라 창성으로 들어가 창성과 강계 등 압록강변의 여러 고을을 공략하고 부원수 신경원이 주둔해 있는 영변의 철옹산성을 함락한 뒤 성천으로 내려가 함경도 군사와 평안도 군사가 합세할 수 없도록 차단하는 임무가 부여되었다. 좌익군에게는 조선의 경성이 있는 수도권으로 곧바로 남하하여 경성을 포위하도록 하고 아울러 경성을 우회하여 인조의 강화도 및 남방으로의 퇴로를 차단하는 임무가 부여되었다.

이에 마푸다[馬福塔]가 이끈 선발대 300명을 상인으로 위장하여 한성을 포위하는 임무를 부여하는 한편 이들의 지원군으로 화석예친왕和碩睿親王 도도[多鐸], 서이도[碩託], 니간[尼堪]의 2대 및 요토[岳鐸], 양굴리[揚古利]의 3대가 함께 선발대를 이어 한성으로 남하하도록 하였다. 청 태종은 본대를 거느리고 남진하면서 진격로상의 의주, 안주, 평양, 황주 등의 여러 고을을 공략하거나 거점 산성을 고립시켜 다른 도의 근왕병들과 합세할 수 없도록 하는 작전 계획을 수립하였다.[367]

---

365 『인조실록』 권33, 인조 14년 11월 을묘.

366 조선-청 전쟁(병자호란) 전 주화, 척화 논쟁에 대해서는 김갑천, 『仁祖朝의 정치적 "適實"지향성에 관한 연구 ; 和斥논쟁을 중심으로-』, 서울대학교 정치학과 박사학위논문, 1998, 255~265쪽 ; 김용흠, 「병자호란기의 주화·척화 논쟁」 『동방학지』 135, 2006 등에 자세하다.

367 유승주, 「병자호란의 전황과 김화전투 일고」 『사총』 55, 2002, 294~298쪽 ; 허태구, 앞의 책,

조선의 방어체계는 도원수 김자점을 중심으로 서북 지방의 주요 접근로 상에 있는 요충지에 주요 지휘관을 임명하여 방어 거점으로 삼아 방어에 임하도록 하였다. 이에 따라 의주는 청북방어사, 안주는 평안병사, 영변은 부원수, 평양은 평안감사, 황주는 도원수, 평산은 도체찰사의 입거지로 설정하였다. 도원수 김자점은 이들 각 요충지 방어를 산성 중심으로 재편하고자 하였다. 이는 조선의 방어전략에 따른 것으로 의주는 백마산성, 평양은 자모산성, 황주는 정방산성, 평산은 장수산성을 각각 보수하여 방어체계를 갖추도록 하였다. 영변의 약산은 산성이었으므로 변화는 없었다. 그런데 이 산성은 대로에서 30~40리 이상 멀리 떨어진 곳에 위치하고 있었으므로 대로를 통제할 수 있는 수단이 제대로 갖추어지지 않았다.[368] 후금의 선발대가 산성에 있는 조선군의 주력을 상대하지 않고 곧바로 대로를 따라 한성으로 진격해 올 수 있었던 것은 이러한 상황에 따른 것이었다.

백마산성 내성(© 정창현)

2009, 92~95쪽.

368 『인조실록』 권30, 인조 12년 9월 무진 ; 『인조실록』 권31, 인조 13년 9월 을축 ; 『丙子錄』「記初頭委折」.

청군의 선봉대는 12월 8일(양 1637년 1월 3일) 압록강을 도하하여 의주를 지나쳐 그대로 안주 방면으로 남하하였다. 좌익군도 이날 오후 압록강을 건너 비어있는 의주성에 입성하고 저녁에는 백마산성에 대한 공격을 개시하였다.[369] 청 태종의 본대도 12월 10일(양 1637년 1월 5일) 압록강을 도하하여 의주, 용천, 곽산, 정주 등을 점령하고 계속 남하하여 14일(양 1637년 1월 9일)에는 안주에 도착하였다. 안주에는 평안병사 유림이 3천여 명의 군사를 거느리고 방어에 임하고 있었다. 청 태종은 안주성을 포위하고 유림에게 항복을 권유하였으나 거절되었다. 조선군의 방어로 인해 안주성을 점령하지 못하자 청 태종은 일부 군사를 남겨두고 평양 방면으로 남하하였다. 청군의 침입 소식이 조선 조정에 최초로 알려진 것은 적군이 이미 안주에 도착하였다는 도원수 김자점의 12월 13일(양 1637년 1월 8일) 긴급 보고에 의해서였다.[370]

청군의 침입과 안주 통과 소식을 들은 조정에서는 안주, 평양 선에서 청군의 남하를 저지하는 것은 불가능하다는 판단하에 황주에 방어 병력을 증강하여 청군의 진출을 지연시키도록 하고 강화도, 한성, 남한산성을 연하는 수도권 지역 방어 태세를 강화하여, 수도권 지역에서 지구전을 전개하여 적군의 예봉을 꺾는 전략을 채택하였다. 그리고 각도의 근왕병으로 반격을 단행하여 청군을 격퇴한다는 방어 계획을 수립하였다. 이에 도원수 김자점은 황해도 및 개성의 군병을 황주에 집결시켜 청군의 남하를 저지하도록 하고, 검찰사 김경징에게 강화도 방어를 책임지도록 하였다. 심기원을 유도대장으로 임명하여 한성에 잔류하면서 강화도 및 남한산성과 호응하여 청군의 한성 진입을 저지하도록 하였고, 수어사 이시백으로 하여금 남한산성에 입거하여 하삼도와 연락을 유지하면서 근왕병의 재편성에 착수하도록 하였다. 각도의 감사 및 병사에게는 군사를 거느리고 수도권으로 집결하도록 하였다. 이 전략에 따라 국왕은 강화도로 피난하고자 14일(양 1637년 1월 9일) 저녁 숭례문에 도착하였으나 청군의 선

369 이하 조선-청 전쟁(병자호란)의 경과에 대해서는 유재성, 『병자호란사』, 국방부 전사편찬위원회, 1986 ; 유승주, 앞의 논문, 2002를 참조하여 정리.

370 『인조실록』 권33, 인조 14년 12월 계미. 그 전날 청군의 심상치 않은 동향에 대한 임경업의 보고가 있었지만 후속 보고가 없어 각 역참에 말을 더 배치하여 지체되는 일이 없도록 할 것을 명하는 것을 보면 이 무렵 청군의 공격 가능성에 대해 상당히 예의주시하고 있었음을 알 수 있다(『승정원일기』 54책, 인조 14년 12월 12일 임오).

남한산성 수어장대(경기 광주)
1624년 남한산성을 축조할 때 지은 4개의 수어장대 가운데 유일하게 남은 건물이다. 조선–청 전쟁 때 인조가 군사를 지휘한 곳인 수어장대는 산성 안에서 최고봉인 일장산 꼭대기에 자리잡고 있어서 성 내부와 인근 주변까지 바라볼 수 있는 곳이다.

발대가 이미 한성 근교의 양철평良鐵坪에 도착하고 양화진, 개화리 일대에 진출하여 강화도의 통로를 차단하였다는 사실을 알게 되었다. 이에 인조는 강화도로의 피난을 보류하고 그날 밤 늦게 남한산성으로 입성하였다. 청군의 선발대 300명은 15일(양 1637년 1월 10일) 오후 인조가 남한산성에 입성한 사실을 알고 남한산성으로 이동하였고, 16일(양 1637년 1월 11일)에는 선발대를 후원하던 좌익군의 도도, 서이도, 니간의 군사 1,000명과 요토, 양굴리의 군사 3,000명이 남한산성에 도착하여 청 태종이 이끄는 본대와 좌익군이 도착하기까지 남한산성을 포위하며 삼남과 강원도의 근왕병을 저지하였다.

한편 우익군은 압록강을 도하하여 도르곤 휘하의 1대는 창주의 당아산성을 공략한 뒤 사잇길로 완항령緩項嶺을 넘어 영변으로 향하였고, 호게의 1대는 강계에서 적유령을 넘어 운산을 경유하여 영변으로 향하였다. 철옹성에는 부원수 신경원이 3,000여 명의 군사를 거느리고 방어에 임하고 있었다. 12월 14일(양 1637년 1월 9일) 영변의 철옹성에 도달한 청의 우익군은 철옹성을 포위하고자 시도하였으나 포위망이 구축되기 전 부원수 신경원의 역습으로 타격을 입는 등 피해가 적지 않았다. 청군은 19일(양 1637년 1월 14일)까지 성을 포위하여 공격하였으나 산성의 지세가 험하고 조선군의 방어태세가 견고하여 성을 함락시키지 못하고 철수하였다. 이 무렵 신경원은 국왕 인조가 남한산성에 들어가고 청군에 포위되었다는 소식을 듣고 성을 나서 청군을 추격하였으나 철옹성 남쪽 40리 지점에서 청군의 매복 공격을 받아 신경원이 포로가 되는 등 큰 타격을 입었고 철옹성도 청군의 급습에 의하여 함락되었다.

청 태종의 본대는 25일(양 1637년 1월 20일) 임진강을 건너 26일(양 1637년 1월 21일) 한성에 도달하였고, 27일(양 1637년 1월 22일)에는 한강을 건너 남한산성의 서쪽에 주둔하여 포위망을 강화하였다. 철옹성을 함락시킨 청나라의 우익군은 남하를 계속하다가 정방산성에 있던 도원수 김자점이 이끄는 조선군이 인조를 구출하기 위해 남한산성으로 향하고 있다는 정보를 입수하였다. 당시 김자점은 청군 좌익군과 본대 선발대가 황주를 통과하자 20일(양 1637년 1월 15일) 황해감사에게 정방산성의 수비를 맡기고 황해병사 이석달 등과 함께 삼남과 해서(황해도)의 군병 10,000명을 거느리고 산성을 나와 청군의 후미를 추격하였다. 김자점 부대는 서흥, 신계를 거쳐 토산에 23일(양 1637년 1월 18일) 도착하였다. 이때 평안도 중화에서부터 김자점 부대를 추격한 청 우익군 6,000명이 25일 밤(양 1637년 1월 20일) 해시(9~11시) 무렵에 조선군을 불의에 야습하였다.

조선군은 이 기습에 크게 패하였으나 도원수에게 배속되어 있던 어영청 포수들의 총포 사격으로 청군의 공격을 막아 더 이상의 피해를 막을 수 있었다. 김자점은 남은 군병을 모아 광릉을 거쳐 양근 방면으로 이동하였다. 이후 김자점은 유도대장 심기원의 병력과 함경감사 민성휘 및 강원감사가 조정호가 이끈 군사와 합류하여 총 17,000명의 군사를 거느리고 양근 북쪽의 미원에서 종전시까지 상황을 관망하였다. 김자점의 조선군을 이긴 청의 우익군은 일부를 철원, 연천, 포천 방면으로 진출시키고, 본대는 금천을 거쳐 개성, 문산에 28일(양 1637년 1월 23일) 도착한 뒤 강화도를 지향하였다.

조선-청 전쟁 후반은 남한산성에 포위된 국왕 인조를 구하려는 조선 근왕병과 이를 막는 청군 간의 전투가 주를 이루게 된다. 근왕병의 전투를 통해 당시 조선-청 전쟁 직전 조선군의 군사제도 및 전술 등을 파악할 수 있다. 아울러 전쟁 이후 조선군의 변화에 대한 단초를 확인할 수 있다.

3) 조선 근왕병의 동향과 주요 전투

남한산성으로 피난한 인조는 청군 선발대가 남한산성을 포위하기 시작한 12월 16일(양 1637년 1월 11일)에 납서蠟書(밀랍으로 감싼 비밀문서)로 각도의 군사를 부르고 도원수, 부원수에게도 구원할 것을 명령하였다.[371] 이에 각 도의 조선군이 남한산성으로 이동하게 되면서 남한산성 주변의 경기, 강원 일대에서 청군과 여러 차례 전투가 일어났다. 전쟁이 일어나기 직전인 11월 중순 비변사에서는 삼남과 강원도의 속오군 중에서 선발한 정예 군병인 정초군 18,300명을 편성하고, 각도의 병사와 춘천 영장에게 전투 준비를 12월 10일(양 1637년 1월 5일)까지 갖추고 경상境上에 미리 진주할 것을 건의하였다. 따라서 전쟁 발발시 사전에 하삼도 및 강원도의 근왕병을 경기 일대에 집결시키는 방어 전략이 이미 갖추어졌음을 알 수 있다.[372] 조선 근왕병의 경기 지역 진출은 남한산성 구출을 명한 인조의 명령에 따른 것이기보다는 사전의 작전계획에 따른 것이었다.

가장 먼저 경기 지역으로 진입한 것은 강원감사 조정호의 강원도 군병이었다.[373] 조정호는 국왕의 명령이 내려오자 원주목사 이중길 및 춘천영장 권정길과 함께 도내 병력 7,000여 명을 이끌고 12월 24일(양 1637년 1월 19일) 양근으로 진출하였다.[374] 이

371 『인조실록』 권33, 인조 14년 12월 병술.

372 『인조실록』 권33, 인조 14년 11월 계축.

373 조선-청 전쟁(병자호란)시기 각도 근왕병의 활동에 대해서는 유재성, 앞의 책, 1986, 188~211쪽을 중심으로 정리.

374 권정길의 직책에 대해서는 사료에 따라 강원도 영장과 춘천영장(『인조실록』), 원주영장(『연려실기술』 등으로 달리 나타나고 있다. 그리고 기존 연구에서는 원주목사와 함께 출전한 것을 볼 때 원주영장일 가능성이 높다고 주장하고 있다. 그러나 『인조실록』에는 2차례 춘천영장으로 분명히 표기되어 있을 뿐만 아니라 인조 14년 11월의 사전 동원 부대의 장수로 춘천영장이 명기된 것을 보면 춘천영장이 정확한 것으로 보인다.

이의배 신도비(충남 예산)
충청병사 이의배는 험천현 전투에서 패한 후 경상도 근왕군과 합류하였으며 이후 대쌍령 전투에서 전사하였다.

곳에서 강원도의 후속 부대의 합류를 기다리면서 권정길을 선봉장으로 삼아 남한산성 방면으로 진출하여 산성과 연락을 취하도록 하였다. 26일(양 1637년 1월 21일) 권정길은 군사 1,000여 명을 이끌고 남한산성 남쪽의 검단산으로 진출하여 진영을 설치하였다. 다음날 아침 남한산성을 포위한 청군은 병력 2,000여 명을 검단산으로 이동시켜 강원도 근왕병을 좌, 우에서 공격하였다. 강원도 근왕군은 최초 공격은 총포 사격으로 저지하였으나 이후 증원군의 배후 공격으로 진영이 돌파되어 패배하였다.

1월 초에는 하삼도의 근왕병이 남한산성 주변에 도착하여 청군과 여러 곳에서 대규모 전투를 벌이게 된다. 먼저 충청감사 정세규는 충청병사 이의배를 선봉으로 삼아 7,000여 명의 군사를 거느리고 12월 25일(양 1637년 1월 20일) 공주를 출발하여 남한산성으로 진군하였다. 1월 2일(양 1월 27일) 남한산성 남방 40리의 험천현險川峴에 도착하여 진영을 갖추고 남한산성과 연락을 도모하였다. 그날 양굴리가 이끈 청 좌익군 제3군의 공격을 10여 차례 받으며 공방전을 계속하였다. 충청도 군은 총포 사격을 가해 청군의 공세를 저지하였으나 해질 무렵 보유하고 있던 탄약과 화살이 바닥나 결국 청군에 패하고 수원 방면으로 철수하였다.

전라감사 이시방과 병사 김준룡이 이끈 전라도 근왕병 8,000여 명도 12월 29일(양 1637년 1월 24일) 출발하여 1월 1일(양 1월 26일) 직산에 도착하고 다음날에는 안성 북방의 양지(현재의 경기도 용인시 처인구 양지면)에 도착하였다. 전라도 군은 김준룡을 선봉장으로 삼아 병력 2,000명을 이끌고 먼저 남한산성으로 북상하게 하였다. 김준룡 휘하의 전라도 선봉군은 1월 4일(양 1월 29일) 남한산성 남쪽 100리에 있는 수원의 광교산에 도착하여 진영을 설치하였다. 1월 2일(양 1월 27일) 충청도 군을 격파하였던 양굴리[楊古利]의 청군 5,000여 명은 광교산 동쪽으로 남하하여 조선군을 견제하고 남한산성으로의 연락을 차단하였다. 1월 5일(양 1월 30일) 청군은 호준포虎蹲砲 등 다수의 화포와 전 병력을 동원하여 하루 종일 김준룡 군을 공격하였다. 조선군은 사주 방어가 가능한 방진 대형을 치고 진영 주변에 목책을 구축하고 제1선에 포수, 제2, 3선에 궁수와 창검병을 배치하였다. 청군이 공격할 때는 총포의 연속 사격 및 궁시 사격으로 사격의 간극을 메워 청군이 조선군의 진영을 돌파하지 못하도록 하였다. 아울러 창검병을 두어 전방 엄호를 하였다. 청군은 조선군에 대한 공격이 여의치 않자 다음날에 또 한번 공격을 시도하여 유시(오후 5~7시) 무렵 청군의 일부가 조선군의 진영을 돌파하여 진내로 돌입하였으나 김준룡의 역습과 포수의 사격으로 양굴리가 전사하였다. 조선군은 이 틈을 타서 반격을 가하여 청군을 대파하였다. 이 전투는 조선-청 전쟁 발발 이후 조선군이 거둔 최초의 승리였다. 그러나 탄약 등이 바닥난 상태에서 더 이상 버티기 어려워 부득이 수원 방면으로 철수하였다.

이시방 초상(대전선사박물관)

경상도 근왕군은 좌병사 허완과 우병사 민영이 먼저 선봉장으로 각각 병력 1,000명씩을 이끌고 12월 24일(양 1637년 1월 19일) 대구를 출발하였고 이어 경상감사 심연이 본대 6,000명을 이끌고 북상하였다. 허완과 민영의 선발대는 1월 1일(양 1월 26일) 여주를 거쳐 이천을 경유하여 다음날에는 남한산성 동남방 40리 지점인 대쌍령大雙嶺에 도착하였다. 좌병사 허완은 대쌍령 우측 고지에 진영을 설치하고 우병사 민영은 좌측 고지에 진영을 설치하여 목책을 구축하였다. 허완은 조총 사격 실력이 제일 좋은 일등 포수와 정초군을 중앙에 두고 사격 실력이 떨어지는 병력을 외곽에 배치하여 화약도 소량인 2냥만을 지급하였다. 1월 3일(양 1월 28일) 청군은 나무 방패와 깃발을 든 병사를 선두로 허완의 조선군을 먼저 공격하였고 탄약이 떨어진 조선군의 약

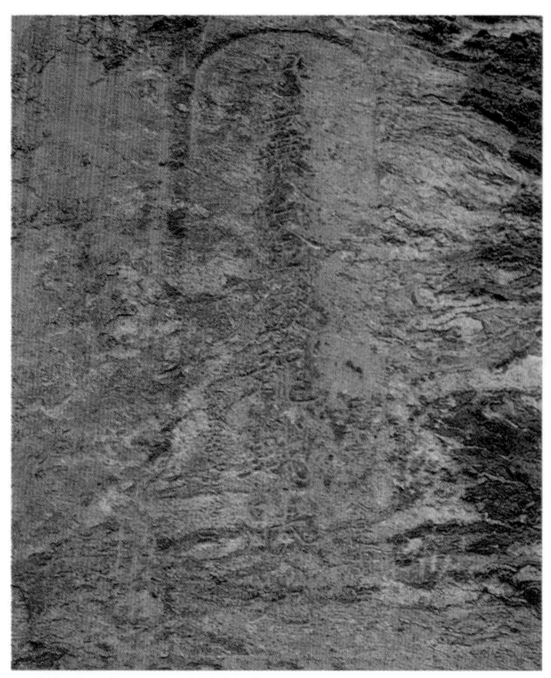

김준룡 장군 전승비(문화재청)
광교산 전승지의 암석에 비석 모양으로 새긴 글자. 중앙에 '충양공 김준룡전승지(忠襄公金俊龍戰勝地)'라고 새기고 좌우에 '근왕지차살청삼대장(勤王至此殺淸三大將) 병자청란공제호남병(丙子淸亂公提湖南兵)'이라고 새겼다.

점을 틈타 진내로 돌입하였다. 민영은 정예 포수 200여 명과 궁병 300여 명을 진지 외곽의 제1선에 혼합 배치하고, 제2선에는 중등 포수, 진영의 중앙에는 창검병을 배치하여 청군의 공격에 대비하였다. 허완의 조선군을 물리친 청군이 밀려들자 민영의 조선군은 제1선과 제2선에서 순차적으로 일제 사격을 가하여 청군을 격파하였다. 그러나 전투 중 화약을 지급하기 위해 서두르는 순간 불이 붙어 있는 화승이 화약 속으로 떨어져 폭발이 일어나 조선군의 진영이 혼란스러워지자 청군 기병 300여 명은 그대로 돌격하여 조선 진영을 유린하였다.[375] 한편 선봉대의 뒤를 이어 1월 2일(양 1월 27일) 여주에 도착한 경상감사 심연은 다음날 경상도 선봉군이 궤멸되었다는 보고에 접하자 조령 방면으로 철수하고 말았다.

이상에서 볼 수 있듯이 12월 말~1월 초 하삼도와 강원도 군사의 남한산성 주변 진출과 전투를 계기로 남한산성에 대한 구원은 사실상 어려워졌다. 다만 1월 28일(양 2월 22일) 평안감사 홍명구와 평안병사 유림이 이끈 평안도 군이 김화金化 북방의 탑동과 백동에서 청군과 대규모 전투를 행하였다. 감사 홍명구는 탑동의 평지에 진영을 구축한 뒤 목책을 주변에 설치하고 제1선에 총병을, 제2선에 궁병을 그리고 제3선에 창검병을 배치하여 유기적인 협력 체제로 청군에 대응하고자 하였다. 그러나 청군의

375 남급, 『난리일기』.

여러 차례의 반복 공격에 진영이 돌파되어 패배하였다. 이에 비해 유림은 기병을 위주로 하는 청군에 대항하기 위해 고지에 의지하여 진을 칠 것을 주장하여 백동의 고지에 진영을 설치하였다. 그리고 제1선에 창검병, 제2선에 궁병, 제3선에 총병을 배치하여 다소 다른 형태의 전술을 사용하였다. 이는 창검병에 의한 충실한 전방 엄호와 함께 사정거리가 긴 조총병을 가장 뒤에 배치하고 궁병과 함께 교대로 사격하여 간격을 없애며 전방의 특정한 살상지대에 사격을 집중할 수 있도록 하였다. 그날 오후 청군은 유림의 진영을 공격하였으나 창검병의 엄호 하에 청군이 전방 10보 이내에 들어오면 조총과 궁병의 교대 사격으로 4차례의 공격을 물리쳤다. 그러나 탄약이 떨어져 그날 밤 낭천(강원도 화천군) 방면으로 이동하여 정비 후 남한산성 방면으로 진군하였으나 청나라와의 강화가 성립되어 근왕勤王의 목적을 달성할 수 없었다.

철원 충렬사
홍명구와 유림의 위패를 모신 사당. 1650년(효종 1) 건립되었으며, 1652년(효종 3) '충렬사' 현판을 내려 받았다. 한국전쟁 당시 파손된 것을 1998년 고쳐지었다.

조선의 관군 이외에도 인조의 의병 봉기 호소에 따라 각지의 유력 인사들이 근왕의병을 조직하였다. 경상도에서는 부제학 전식全湜이 유생들과 조령 부근의 장정 수백 명을 모아 의병 부대를 조직하여 여주까지 북상하고 남한산성으로의 진군을 시도하였다. 전라도에서는 옥과현감 이흥발李興浡 등 전현직 관인들이 12월 25일(양 1637년 1월 20일) 여산에 모의청募義廳을 설치하고 각지에 격문을 보내어 의병 모집에 나섰다. 이듬해 1월 중순에는 1만여 명에 달하는 의병을 확보할 수 있었다. 1월 20일(양 2월 14일) 호소사號召使 정홍명鄭弘溟을 대장으로 추대하고 남한산성으로 북상하였다. 전라도 의병 부대는 2월 2일(양 2월 26일) 경기도 과천까지 진출하였으나 이틀 전 인조가 남한산성에서 출성하여 청 태종에게 항복함에 따라 근왕이라는 소기의 목적을 달성하지 못하고 해산하였다.[376]

376 조선-청 전쟁(병자호란)시기 의병의 활동에 대해서는 이장희, 「정묘·병자호란시 의병 연구」『국사관논총』 30, 1991에 자세하다.

전식 신도비(경북 상주)

조선-청 전쟁 시기 남한산성을 구원하기 위한 각도의 근왕병이 치른 전투를 통해 당시 조선군의 동원체제와 야전 전술의 양상을 짐작할 수 있다. 남한산성 구원을 위한 각 도별 군사의 양상은 전쟁 이전 준비하였던 조선군의 동원체제의 일면이 드러난 것이었다. 즉 하삼도 및 강원도 시방군의 경우 속오군 전체가 아닌 정밀하게 뽑은 군사인 정초군精抄軍을 중심으로 동원을 시도하고 이들을 바탕으로 경기 일대에서 집결하여 반격하는 작전계획이 이미 수립되었음을 알 수 있다. 다만 집결지로 고려되었던 남한산성이 국왕의 피난처가 되면서 그 계획이 반격작전이 아닌 남한산성 구원전의 양상을 띤 점이 다소 다른 점이었다. 아울러 조선군은 대체로 보병을 위주로 평지나 구릉지대에서 1, 2, 3선의 방진을 편 후 방진 외곽에 목책을 설치하고 포수, 살수, 사수의 이른바 삼수병을 배치하는 전술을 구사하고 있었다. 이후 나타나는 조선후기 전술 및 군사제도에 대한 다양한 논의와 새로운 전술 개발 및 병종의 창설 움직임은 조선-청 전쟁 당시 조선군의 군사제도 및 전술에 대한 반성에서 출발한다는 점에서 조선-청 전쟁 시기 근왕병의 전투는 적지 않은 의미가 있다.

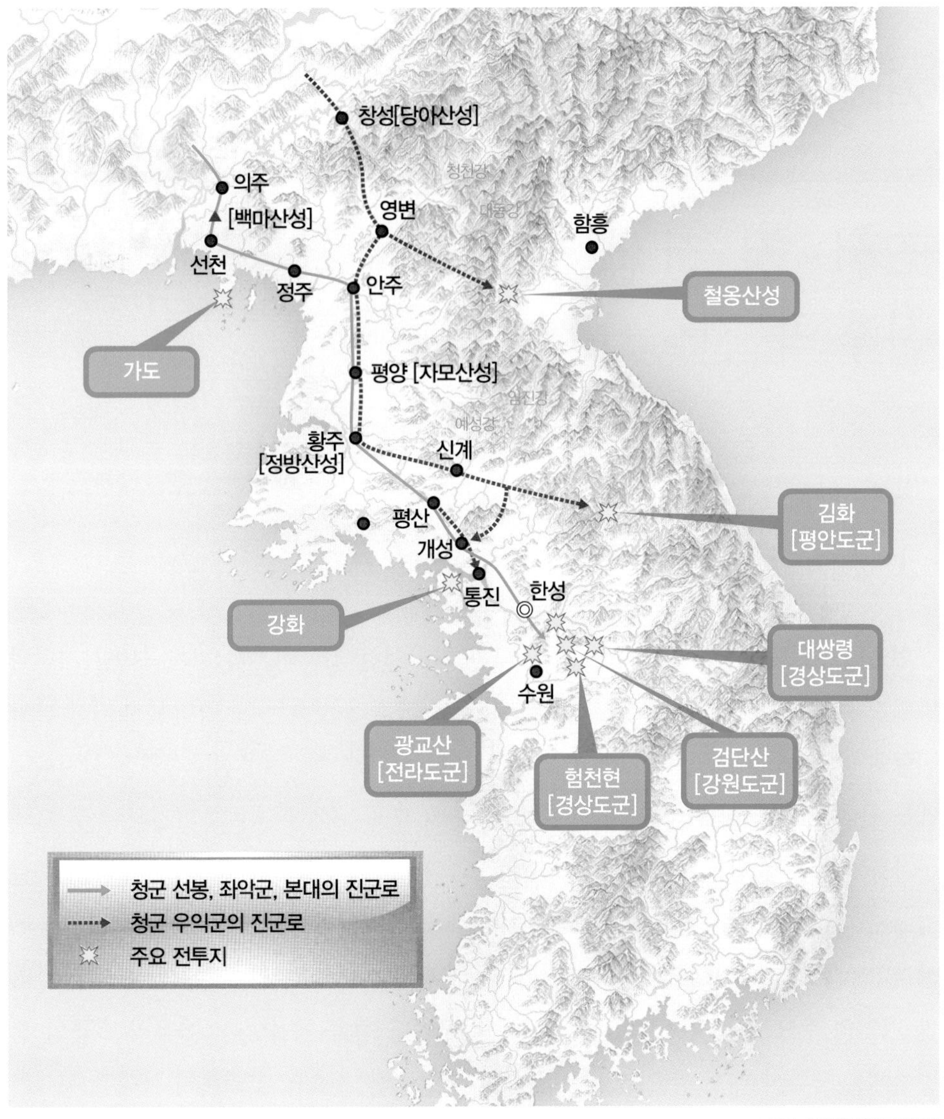
창성[당아산성]
의주
[백마산성]
선천
정주
영변
안주
청천강
대동강
함흥
철옹산성
가도
평양 [자모산성]
임진강
예성강
황주
[정방산성]
신계
김화
[평안도군]
평산
개성
통진
한성
강화
대쌍령
[경상도군]
수원
광교산
[전라도군]
험천현
[경상도군]
검단산
[강원도군]
청군 선봉, 좌익군, 본대의 진군로
청군 우익군의 진군로
주요 전투지

조선-청 전쟁(병자호란)

제5절

조선-청 전쟁(정묘·병자호란) 전후의 전술 변화

1. 인조 초 전술 논의

인조 초반 조선에서 마련하고 있던 대북방 방어전략은 기본적으로 서북방 지역의 방비를 튼튼히 하면서 도성 일대의 방어체계를 아울러 갖추는 것이었다. 이러한 방어 전략에 따라 체찰사부를 설치하고 도체찰사와 부체찰사를 두어 전국적인 군사지휘체제를 갖추는 한편, 평안도와 황해도에도 특별히 도원수와 부원수를 파견하여 두 도의 군사를 통합 지휘하도록 하였다. 그리고 후금의 침입을 서북 지역에서 방어하지 못할 경우에 대비하여 수도권 일대를 확보하여 지구전을 전개하는 방안도 논의되었다. 이에 따라 강도(강화도)와 남한산성의 방어시설 정비와 함께 수원, 개성 등 한성을 둘러싼 지역의 주요 요충지에 대한 군사체제 정비에도 힘을 기울였다. 아울러 후금의 침공시에는 국왕이 개성 등으로 친정親征하는 것을 적극적으로 고려하여 불리한 형세를 타개하는 방안도 함께 강구하였다.

후금의 침공에 대한 방어체제 정비와 함께 적극적인 군사전략을 함께 취하게 되자 야전에서의 후금 기병과의 전투까지도 고려한 전술과 군사 편제를 갖추고자 하였다. 이 경우 요해지 등에 웅거하는 수세적인 전법과 함께 후금과의 일대 회전을 고려하지 않으면 안되었다. 먼저 광해군 초반에 잠시 시도된 전차 활용 전법이 다시 고려되었다. 1623년(인조 원년) 4월 도원수 장만과의 대화에서 인조는 지형이 험하여 운행하기 힘들다는 장만의 부정적인 견해에도 불구하고 후금의 기병에 대항하기 위해서는 전차가 반드시 필요하다는 입장을 보이고 있다.[377] 이러한 입장은 당시 경기관찰사 심열沈悅에게서도 확인된다. 그는 우리나라는 지세가 험하여 수레를 이용하기는 어려우나 평탄한 도로에서는 사용할 수 있으므로 수송용으로 활용할 것을 제시하였다.[378] 차전車戰에 대한 관심은 이후에도 계속되었다.

전차를 활용하는 방안과 함께 수레에 화기를 실어 적을 공격하는 무기 체계인 포차를 활용하는 방안이 고려되기도 하였다. 1623년 7월 부원수로 평안도에 부임하게 된 이괄은 우리의 마군馬軍이 아직 후금의 기병에 상대하기 어려우므로 포차를 활용하는 것이 효과적이라는 의견을 제시하였다. 이에 대해 인조는 요동으로 건너간 뒤에는 포차를 사용하는 것이 효과적이지만 우리 경내를 방어하기 위해서는 우선 험요처險要處를 지키는 것이 유용하다고 하였다.[379] 비록 포차의 활용에 대해 회의적인 시각도 있었지만, 당시 조선이 요동에서의 평지 전투까지도 염두에 둔 적극적인 전술을 고려하고 있었음을 알 수 있다.

전차 운용과 함께 기동력이 뛰어난 기병을 보다 충실하게 확보하려는 노력도 나타났다. 광해군대 초기 압록강변 수비 등을 위해 기병을 확보하려는 일련의 움직임이 있었지만 전마가 부족하고 기병들의 기사騎射 능력 부족 등이 문제되어 제대로 이루어지지 못하였다.[380] 광해군 초반 평안도의 일부 지역에서 소수의 기병 육성이 이루어지기도 하였으나,[381] 1613년(광해군 5) 포수 중심의 수성 위주 전략이 채택되면서 기병 육성은 큰 진전이 없었다. 심하 전투를 통해 화약 무기도 없이 궁시를 위주로 한 재래식 병기를 가진 후금군이 기병 특유의 충격력을 이용하여 조총을 중심으로 무장된 조선군을 섬멸한 것에 충격을 받은 조선은 기병 강화의 필요성을 절감하였다.[382]

377 『인조실록』 권1, 인조 원년 4월 신사.
378 『인조실록』 권2, 인조 원년 6월 을유.
379 『인조실록』 권2, 인조 원년 7월 신묘.
380 『광해군일기』 권7, 광해군 즉위년 8월 경오 ; 『광해군일기』 권27, 광해군 2년 윤3월 을묘.
381 『광해군일기』 권27, 광해군 2년 윤3월 임술.
382 『紫巖集』 권6, 「建州聞見錄」, "臣觀 奴賊遠技 不過弓矢 而皮弦木箭 所及不過六七十步之間 惟以鐵騎奔馳衝突 蹂躪無不潰敗."

인조 초 도원수 장만은 우선 급한 대로 마병 2천에 보졸 2천 정도를 준비하면 위급할 때 사용할 수 있다는 의견을 제시하였다.[383] 이는 일종의 전략 기동대를 두자는 의견으로 후금군이 조선의 주요 성곽을 무시하고 내려올 경우 나아가 이를 저지할 목적에서 나온 것이었다.

전차나 포차를 활용한 전술이나 기병을 확보하고자 하는 노력이 단순히 후금의 기병에 대응할 목적의 전술적 논의의 차원에서만 행해진 것은 아니었다. 1624년(인조 2) 정충신은 훈련된 군사 10여 만을 확보하면 요동 지역을 확보할 수 있다고 주장하였다.[384] 이러한 주장은 당시 국제정세를 반영하는 것이었다. 1626년 2월 영원寧遠(현재의 랴오닝성 싱청興城)을 공격하던 누르하치가 홍이포를 동원하여 방어한 요동순무 원숭환袁崇煥의 저항에 의해 부상을 입고 후퇴함에 따라 후금의 세력이 일시적으로 위축되게 된다. 이 시기 모문룡의 요동 지역 공격에 호응하여 조선군을 동원하는 문제를 고려한 것은 이러한 대후금 전략의 일환으로 보인다.[385] 또한 인조 초 고려된 북방 방어체계의 정비에서 장만을 도원수로, 이괄을 부원수로 임명하고 평안도 지역 병력을 집중적으로 보강하였다.[386]

이에 따라 기존 서로 지역의 군병 30,000을 중심으로 하여 방어체계를 갖추도록 하고[387] 하삼도의 번상 군병 5,000명을 부원수 이괄이 거느린 군병에 추가하여 15,000명으로 전략 예비 병력을 확보하였다. 당시 조선에서는 후금군이 창성과 의주 두 지역에서 압록강을 도하하여 구성 등을 경유하여 안주로 들어오는 직로를 침공로로 이용할 것으로 판단하였다. 따라서 이들 지역의 방어체계를 우선적으로 정비하였다. 아울러 이 직로에서 약간 벗어난 지역인 영변은 후금군이 무시하거나 모르고 지나칠 것으로 예상하였다.[388] 이괄이 거느린 15,000명의 전략 예비 병력은 영변에 주둔

---

383 『인조실록』 권1, 인조 원년 4월 신사.
384 『인조실록』 권5, 인조 2년 3월 무진.
385 『인조실록』 권12, 인조 4년 4월 무자.
386 이태진, 『조선후기의 정치와 군영제 변천』, 한국연구원, 1985, 90~91쪽 ; 유승주, 「南漢山城의 行宮·客館·寺刹建立考」 『한국사연구』 120, 2003, 247~248쪽.
387 『인조실록』 권2, 인조 원년 5월 을미.
388 『인조실록』 권2, 인조 원년 7월 신묘.

하면서 다양한 상황에 대처할 수 있도록 준비하였다.[389] 이 경우 기병을 활용한 기민한 대응은 필수적이었다. 즉 인조 초 전차 및 기병을 활용한 전술이 논의된 것은 이상의 서북지역 방어 및 국제정세에 대응하는 것이었다.

2. 이괄의 난과 조선의 전술 변화

1624년(인조 2) 정월의 대규모 반란인 이괄의 난은 기동성 있는 기병의 능력과 그 전술적 중요성을 일깨운 사건이었다. 이괄의 난을 계기로 대후금 방어전략의 변화와 함께 조선군의 전술적 변화도 모색되었다. 가장 중요한 것으로는 기병의 전술적 우수성을 확인한 것을 들 수 있다. 이괄은 여러 대로와 함께 사잇길을 유연하게 이용하여 앞을 차단하고 있는 관군을 피하고 아울러 뒤에서 추격하는 것을 따돌렸다. 황주의 마장馬場과 평산의 마탄馬灘, 임진강에서 전투를 치르고 한성을 향해 곧바로 남하하였다. 이괄 군은 1월 22일(양 1624년 3월 11일) 밤 영변을 떠난 지 20일이 지나지 않은 2월 10일(양 3월 28일) 한성에 입성하였다. 높은 기동성과 함께 아울러 기병의 전술적 능력도 확인되었다. 당시 이괄군의 선봉에 나선 마군 700명은 신속한 기동력으로 토벌군이 미처 전열을 정비하기도 전에 통과하기도 하고, 편곤鞭棍으로 무장하고서 토벌군의 저지선을 돌파하는 등 큰 역할을 하였다.[390]

이괄의 난이 진압된 후 야전에서 기병의 중요성을 재인식하면서 기병 양성에 대한 다양한 의견이 나타났다. 예를 들어 1624년(인조 2) 3월 예조판서 이정구는 적을 막기 위해 1만의 정예 군사를 뽑아 목장의 말을 나누어주어 조련시킬 것을 주장하였다.[391] 1만의 기병을 양성하자는 이정구의 주장은 그 비용과 전마戰馬의 마련의 어려움 등으로 인해 당장 시행되기는 어려웠지만 상당한 반향을 일으켰다. 이를 계기로 기병 양성과 기병 전술을 위한 다양한 모색이 나타났다.

389 『인조실록』 권2, 인조 원년 8월 을해.
390 『인조실록』 권4, 인조 2년 3월 계해.
391 『인조실록』 권4, 인조 2년 3월 기미.

이정구 신도비(경기 가평)

즉 1624년(인조 2) 11월 총융사인 이서가 경기의 군사를 점검하면서 장단과 양주에 소속된 여러 고을에 정군과 속오군 이외에 별대마군別隊馬軍이 각각 315명과 184명 있음을 확인하였다. 그는 정군, 속오군과 별대마군을 4부部로 편성하였다.[392] 이서의 군제 개편에 호응하여 인조는 경기의 군사를 『연병실기』의 편성법(분수법)에 따라 1개 영營에 3부部를 두고 1개 부에 2사司를 두고 1개 사에 5초씩을 두도록 하였다. 그리고 보군步軍으로만 편성할 경우 기병의 수효가 모자라므로, 각 사司마다 중초中哨에는 반드시 마군馬軍을 포함시키도록 하였다.[393] 그 이전 『기효신서』의 보병 위주의 전술체계에 따라 군사를 보병으로 편성하였던 것과 달리 기병을 군사 편제에 포함시킨 조치는 인조 초반 기병 양성을 위한 노력이 매우 적극적이었음을 보여주고 있다.

기병이 중요한 병종으로 재인식되고 기병 강화에 본격 착수함에 따라 기병과 보병을 아울러 운용하는 전술의 필요성도 높아졌다. 1626년(인조 4) 4월 연평부원군 이귀는 차자를 올려 당시 대장이 된 자가 진법과 병서를 제대로 알지 못하는 현실을 지적하고 별도로 진법과 병서를 아는 자를 선발하여 무학교수武學敎授로 삼아 무장을 가르치도록 하되, 진법은 조종조祖宗朝에서 만든 『오행방략五行方略』과 『연병실기』를 참고하여 남북의 위협에 두루 대응할 것을 주장하였다.[394] 여기서 『오행방략』은 조선초기 기병 중심 병서인 『진법』을 가리키는 것이고, 『연병실기』는 전차를 중심으로 기병과 보병을 운용하는 전술 체계를 담은 척계광의 병서로서 두 병서 모두 기병과 보병

392 『인조실록』 권7, 인조 2년 11월 기미.
393 『인조실록』 권8, 인조 3년 정월 무오.
394 『승정원일기』 12책, 인조 4년 4월 8일 경진.

을 동시에 운용하는 전술을 담고 있다. 이귀의 제안은 이후 결실을 맺어 조선-후금 전쟁(정묘호란) 직후 제정된 「영장절목」에서 각도 속오군을 교련하는 데에 기존의 훈련 병서인 『병학지남』과 함께 『연병실기』를 함께 사용하도록 규정하였다.[395]

기병 강화와 함께 이괄의 난에서 치른 야전 전투를 통해 근접전의 중요성이 새롭게 강조되었다. 이괄군은 선봉에 편곤으로 무장한 마군 700명을 두어 관군의 진에 돌격하여 돌파하였을 뿐만 아니라 항복한 왜인인 이른바 항왜 100여 명을 두고 황주나 임진강 등 주요 전투에서 일제히 돌격하거나 기습하여 관군을 혼란에 빠트려 승리를 거두었다.[396] 광해군대 이후 살수의 비중이 상당히 줄어들고 전투에서도 포수의 엄호 등으로 역할이 제한된 상황에서 항왜를 이용한 근접전 강요는 조선에 큰 위협이었다.

이괄의 난 당시 조선은 왜관에 거주하는 있는 왜인을 불러 이들에 대항하는 방안을 강구하기도 할 정도였다.[397] 실제 조선-일본 전쟁 중에도 벽제관 전투 등 정면이 좁은 지형적인 이유로 인해 기병의 기동이 제한되거나 좌우에서 포위될 경우에는 일본군의 장도를 이용한 근접전이 큰 역할을 한 경우가 적지 않았다.[398] 따라서 단순한 포수의 엄호가 아닌 단병기를 이용한 근접전의 중요성이 높아졌다. 1626년(인조 4) 4월 이귀의 다음 언급은 이를 잘 보여준다.

> 적을 방어하는 도구로 우리나라의 장기는 원거리에서는 궁시弓矢이고 근거리에서는 도창刀鎗이었습니다. 그러므로 조종조에는 각 고을에서 월과군기로 궁시, 도창 (6자 빠짐) 임진란 후에는 단지 조총만을 숭상하여 평상시 월과에서 도창을 완전히 폐지해 버리고 또 (7자 빠짐) 그 과목을 회감會減하였으니 생각하지 못한 것이 심합니다. 신의 망령된 생각으로는 무릇 전쟁에서의 승리는 (3자 빠짐) 단병기로 서로 접전을 한 뒤에야 승부를 결판낼 수 있는 것입니다. 우리나라의 전법戰法은 멀리 있을 때는 (2자 빠짐) 포炮로 방어하지만 육박전에서는 번번이 궤멸되어 흩어지니, 만일 도창의 기술을

395 『인조실록』 권16, 인조 5년 4월 병진. 인조대 「영장절목」의 내용에 대해서는 서태원, 『조선후기 지방군제연구』, 혜안, 1999, 78~80쪽 참조.
396 『인조실록』 권4, 인조 2년 2월 무자 ; 『인조실록』 권4, 인조 2년 2월 임진.
397 『인조실록』 권4, 인조 2년 2월 갑오.
398 金子常規, 『兵器と戰術の日本史』, 原書房, 1982, 128~129쪽.

익혀 육박전 때 필승의 방도로 삼지 않는다면 백전백패할 것입니다. 역적 이괄의 무리 백여 명이 짧은 병기로 도처에서 필승을 하였던 것 또한 하나의 증험입니다. 마땅히 조종조의 옛 규례에 따라 각 고을의 월과에 도창 시험을 다시 배정하여 급한 상황에 대비하게 하는 것이 어떻겠습니까? 우리나라의 장기인 편전片箭은 천하무적으로 예로부터 적에게 승리할 때 모두 이 기술을 썼습니다. 그런데 조총이 개설된 후로는 (2자 빠짐) 포수砲手라 호칭하고 모두 편안히 앉아만 있으면서 편전을 익히게 하지 않으니 또한 매우 타당치 않은 일입니다. 역시 해조로 하여금 조종조의 옛 규례에 따라 각별히 편전을 장려하여 급한 상황에 대비하는 계책으로 삼게 하는 것이 어떻겠습니까?[399]

일부 누락이 있지만 이 자료를 통해 조총의 보급 이후 도창刀槍의 제작이 이루어지지 않았을 뿐만 아니라 기존의 장기인 편전의 훈련도 이루어지지 않았음을 알 수 있다. 따라서 조총 사격 이후 근접전에 들어갈 경우 조선군은 제대로 이에 대응하지 못하고 있었다. 심지어 이괄의 난 당시 근접전이 벌어졌을 경우 근사법近射法이 개발되어 조총보다 근거리에서 융통성이 있는 것으로 이해되던 궁시(활과 화살)마저도 제대로 대응하지 못하는 것이 확인되었다.[400]

이괄의 난에서 항왜와 선봉 기병을 동원한 공격에 조선군이 대응하지 못하고 패배한 것은 이러한 전술적 문제에 따른 것이었다. 이괄의 난 이후 근접전 군사를 정비하고자 하는 움직임이 본격적으로 나타났다. 예를 들어 1625년(인조 3) 9월 총융청에 속한 경기의 군병으로 속오군인 자 중에서 화포수火砲手 3,000명과 장창수長槍手, 대검수大劍手 각 1,000명에게 총융청에서 군기를 제조하여 나누어주도록 하였다.[401] 당시 심하 전투에서 후금에 포로가 되었다가 귀국한 자를 통해 후금군은 야전에서 상대하기는 어렵지만 성을 지키면서 밤에 포수와 철퇴수로 습격하면 격파할 수 있을 것이라는 보고가 입수되었다.[402] 이를 통해 기습적으로 근접전을 할 경우 야전에서도 가능

399 『승정원일기』 12책, 인조 4년 4월 8일 경진.
400 『인조실록』 권4, 인조 2년 2월 계해.
401 『승정원일기』 9책, 인조 3년 9월 27일 임신.
402 『승정원일기』 9책, 인조 3년 10월 20일 을미.

성이 있음을 확인하였다.

근접전 전문 군사 정비의 움직임은 조선-후금 전쟁 이후 본격적으로 여러 군영 등의 체제에 반영되기 시작하였다. 마병과 살수의 중요성 인식과 함께 포수와 사수의 충실화도 나타났다. 이괄의 난 직후 병기별조도감을 두어 조총 100자루와 유총鍮銃 50자루, 그리고 흑각궁 100장을 평안도 지역으로 보내기도 하고 삼혈총과 조총 각 1,000자루를 제조하여 경기 지역 군병에게 지급하기도 하였다.[403] 그리고 일본의 우수한 조총과 환도를 구입하는 방안을 강구하기도 하였다.[404] 이괄의 난 이후 다양한 병종의 중요성이 제기되면서 군사 훈련에서도 다양한 기예를 시험하는 양상이 나타났다.

예를 들어 1625년(인조 3) 4월의 관무재에서는 철전鐵箭, 편전片箭 등 사수의 무예와 함께 기사騎射, 기추騎芻, 삼갑사三甲射 등 기병의 무예를 시험하였다. 이어서 편곤수鞭棍手, 쌍검수雙劍手, 검수 등의 기예를 차례로 시험하는 등 근접전을 위한 살수의 시험도 이루어지고 있음을 볼 수 있다.[405] 이는 이전의 관무재 등 군사 훈련이 포수나 살수 등 조선-일본 전쟁 이후 조선에 들어온 무예를 중심으로 시험하던 것과는 상당히 다른 모습을 보이고 있음을 알 수 있다.

3. 조선-후금 전쟁(정묘호란) 이후 조선군의 전술 변화

조선-후금 전쟁 기간 동안 조선군은 사전에 준비된 주요 거점을 중심으로 후금군과 방어 위주의 전투를 하였다. 인조 초반 조선은 대후금 방어전략으로 서북방면의 거점 방어와 수도권 방어를 중심으로 보장처(국왕의 전시 피난지) 확보, 요동 진출 및 반격전략 등을 다양하게 고려하였다. 이에 따라 진관체제 복구, 중앙 군영 창설, 주요 지역 축성 등이 이루어졌다. 이러한 방어전략을 수행하는데 필요한 군사를 확보하기

403 『인조실록』 권7, 인조 2년 11월 경진 ; 『인조실록』 권9, 인조 3년 8월 기묘.
404 『인조실록』 권6, 인조 2년 5월 갑진.
405 『인조실록』 권9, 인조 3년 4월 정유.

위해 군적 정비와 호패법 시행 등이 논의되었다. 그러나 1624년(인조 2)의 이괄의 난으로 인해 서북(평안도)지역 군사력이 급속히 약화되어 인조반정 직후 계획된 대후금 군사전략은 그대로 작동되기 어려웠다. 따라서 조선-후금 전쟁 당시 전투는 요해지 방어와 관련된 경우가 대부분이다. 물론 1월 말과 2월 중순 등 두 차례 함경도 및 각도에서 동원한 군사 수만 명으로 평안도 일대에서 반격하는 전략이 고려되기도 하였다. 그러나 후금의 신속한 남하와 함께 이괄의 난이 끝난 이후 충분한 군사력을 확보하지 못한 현실적 이유로 반격전이 이루어지지는 못하였다.

조선-후금 전쟁을 계기로 후금군의 능력을 확인한 조선은 조선의 군사 편제 개편과 전술 변화에 적극적으로 나서게 된다. 이는 동시에 이괄의 난 이후 논의된 것의 연장이었다. 가장 먼저 나타난 것이 기병 강화였다. 조선-후금 전쟁을 통해 후금 기병의 돌격을 실제 겪은 조선에서는 보졸步卒로 저지하는 것이 불가능하다는 것을 인정하였다. 따라서 무사들에게 전마를 지급하여 기병으로 확보하려는 의견이 나타났다.[406]

앞서 보았듯이 조선-후금 전쟁 직후인 1627년(인조 5) 4월 제정된 「영장절목」에서 각도 속오군을 교련하는 데에 기존의 훈련 병서인 『병학지남』과 함께 기병, 보병, 전차 등을 통합 운용하는 전술을 담은 『연병실기』를 함께 사용하도록 규정한 것은 이러한 분위기를 보여주는 한 사례이다. 기병 강화의 움직임 속에 지방군과 함께 중앙의 훈련도감 군병도 기병 편성과 훈련이 착실히 이루어지기 시작하였다. 1632년(인조 10)을 전후하여 훈련도감 원군元軍 중에서 포수와 살수로서 능력이 모자라는 자를 마병으로 전환하여 마병馬兵 좌령左領·우령右領 200명이 편성되었고 곧이어 1634년(인조 12)에는 마병을 500명으로 증원하였다.[407] 1634년(인조 12) 5월에는 『기효신서』에 따라 보병 중심의 삼수병 편제를 유지하던 훈련도감에서도 이제 마병의 비중이 상당히 높아지자 그 군사의 편성과 훈련이 『연병실기』에 의해 이루어지게 된다.[408] 지방군의 경우에는 충분한 기병 확보가 이루어지기는 어려웠다.

406 『승정원일기』 17책, 인조 5년 5월 13일 무인.
407 『승정원일기』 43책, 인조 12년 5월 14일 기해.
408 『인조실록』 권29, 인조 12년 5월 기해.

기병이 군사 편제에서 주요한 병종을 구성하기 시작하면서 기병을 육성하기 위해서는 충분한 수효의 전마 확보가 전제되어야 했다. 그런데 인조대 초반 목장의 상태는 그다지 좋지 못하였다. 조선-일본 전쟁 중 남방의 목장 절반 이상이 일본군의 수중에 들어가 1594년(선조 27)에는 40여 개소가 폐지되었고, 남아 있는 목장도 그 관리 상태가 매우 부실하였다.[409] 이는 국가의 우마牛馬를 관리하는 목자牧子들은 유실한 우마에 대해 대가를 치르는 등 그 역役이 매우 과중하여 유망하는 경우가 많았기 때문이다. 말의 관리가 부실하자 말이 거의 없어 폐지된 목장이 늘어났다. 인조 전반기 「목장지도牧場地圖」에 의하면 조선 전체 123개소의 목장 가운데 말이 있는 곳은 50개소에 불과하고 절반이 훨씬 넘는 73개소의 목장은 말이 없어 폐지되어 있는 실정이었다.[410]

말의 관리가 부실하면서 필요한 전마를 단시일 내에 확보하기 어려웠다. 전통적으로 기병이 강한 함경도의 경우에도 기병의 사정이 그다지 넉넉하지 못한 실정이었다.[411] 기병 강화를 위한 적극적인 노력에도 불구하고 1630년(인조 8) 무렵에도 이러한 사정은 해결되지 않았다.[412] 목장마의 관리가 허술하여 필요한 전마를 충분히 확보하기 어려운 문제를 해결하고 마정을 보다 체계적으로 관리하기 위해 태복시 제조 장만과 이서의 건의로 광해군대 혁파하였던 감목관을 다시 두기도 하였고 말의 번식을 위해 말의 질병 치료를 다룬 마의서馬醫書의 간행도 이루어졌다. 제조 이서는 『마경馬經』 4권을 간행하고 이어서 주요한 내용만을 간추려 언해諺解한 『마경언해』를 함께 판각하여 배포하기도 하였다.[413] 필요한 전마 확보를 위해 목장마의 번식에 힘을 기울임과 함께 전마에 적합한 말을 확보하기 위해 제주에서 말을 구입하기도 하였다.[414]

기병의 효율적인 육성을 위해서는 전마의 확보와 함께 기병 무예에 익숙하도록 이들을 훈련시키는 것도 필요하였다. 특히 기병의 경우 한동안 제대로 육성되지 못하여

---

409 남도영, 『韓國馬政史』, 한국마사회, 1996, 230~242쪽.
410 『谿谷集』 권7, 「牧場地圖後序」.
411 『인조실록』 권16, 인조 5년 7월 을해.
412 『인조실록』 권22, 인조 8년 4월 계유.
413 윤병태, 「한국의 馬醫書」 『馬事博物館誌』, 한국마사회, 1999, 5쪽.
414 『인조실록』 권26, 인조 10년 정월 을축.

이들을 전투에서 효과적으로 운용하는 전법에 대해 충분한 검토가 이루어지지 못하였다. 기병 전법의 확립과 함께 기병에 필요한 무예를 정하여 훈련시키고 기병용 무기를 결정하는 것이 필요하였다. 이괄의 난을 통해 편곤으로 무장한 기병 근접전의 효율성을 확인하였으므로 인조대 기병 무예는 근접전을 중시하였을 것으로 보인다. 그리고 전통적인 기병 무예인 기사騎射, 기추騎蒭도 함께 중시되었다.[415] 기병의 전술적 중요성이 강조되면서 조선과 같은 산림이 많은 지형에서도 기병이 중요하다는 인식도 나타났다.[416] 적극적인 기병 확보 정책으로 인해 조선-청 전쟁(병자호란) 직전에는 청천강 이북 지방에도 다수의 기병이 확보되는 성과가 나타나기도 하였다.[417]

다음으로 전투에서 근접전의 중요성이 재인식되었다. 후금과의 전투를 통해 후금군이 야간 습격과 근접전의 경우 약점이 있음이 확인되었다. 따라서 험한 곳에 의지하고서 야간에 도끼 등을 들고 기습하는 방안이 이귀 등에 의해 주장되었다.[418] 실제 조선-후금 전쟁 직후 훈련도감에 편곤군 344인이 신설되었을 뿐만 아니라 각 군문에 편곤수를 두기도 하였다.[419] 총융청에서도 총융사 이서의 주도로 2백 근을 들 수 있는 힘을 가진 자를 뽑아 아병牙兵이라고 부르고 지갑紙甲과 대검大劍을 지급하여 선봉에서 돌격하는 군사로 편성하였다.[420] 뿐만 아니라 어영군에 대한 단병 기예 훈련을 추진하여 장사壯士를 선발하여 훈련도감의 교사 6명의 지도로 철추鐵椎, 언월도偃月刀, 편곤鞭棍 등의 기예를 익히도록 하였다.[421] 국왕 인조도 상대적으로 소홀했던 단병 무예의 확립과 살수의 육성에 깊은 관심을 나타내었다.[422] 다양한 단병기 등을 이용한 근접전 전문 군사의 육성과 함께 군사들의 검술 능력 향상에도 힘을 기울였다.

검술은 특히 포수의 근접전 능력 확보와도 밀접한 관련을 가지는 것이었다. 조총

415 기병용 무기로 여러 단병과 궁시 이외에 임진왜란 중 새로이 도입된 기병용 화기인 삼혈총의 채택이 제안되었으나 낮은 관통력으로 인해 채택되지 못하였다(『인조실록』 권17, 인조 5년 9월 정해).
416 『인조실록』 권31, 인조 13년 11월 정사.
417 『비변사등록』 5책, 인조 16년 8월 19일.
418 『인조실록』 권17, 인조 5년 9월 정해.
419 『인조실록』 권7, 인조 2년 9월 임자 ; 『인조실록』 권17, 인조 5년 9월 경인.
420 『인조실록』 권22, 인조 8년 4월 을해.
421 『승정원일기』 19책, 인조 5년 12월 28일 신묘.
422 『승정원일기』 19책, 인조 5년 12월 9일 임인.

사격 이후 근접하는 적군을 저지하기 위해서는 살수만으로는 다소 한계가 있으므로 포수들이 요도腰刀를 휴대하고 근접전에 대비할 필요성이 있었다. 검술 훈련은 선조 대에는 많이 중시되었으나 한동안 폐지되었다.[423] 그러나 조선-후금 전쟁 이후 검술의 중요성이 제기되자 절강병법에서 검술이 중시되었다는 사실이 재인식되면서 검술 훈련이 상당히 강조되었다.[424] 당시 검술 훈련은 중앙의 군영 이외에도 지방군에게도 매우 중시되어 예를 들어 황해감사 휘하의 군사 수백 명이 검술 훈련을 받기도 하였다.[425] 심지어 관무재에서는 포수들이 대를 나누어 검법을 시험하였다.[426]

기병, 살수의 강화와 함께 조선-후금 전쟁(정묘호란) 이후에도 사수와 포수의 충실화는 계속 추진되었다. 사수의 경우에는 편전의 중요성이 다시금 부각되었다.[427] 당시 조총은 관통력과 사정거리가 멀지만 발사 속도가 궁시에 비해 빠르지 못하고 급박한 상황이나 악천후에서는 사격하기 어려운 취약점이 적지 않았다. 이에 비해 편전片箭은 다른 화살보다 중량이 가벼운 대신 발사 속도가 빨라 관통력이 높았고, 통아筒兒를 통해 발사하므로 평직平直으로 발사가 가능하여 정확한 조준이 가능한 장점이 있었다.

그러므로 조총鳥銃의 취약점을 상당히 보완할 수 있었다. 실제 1634년(인조 12) 무렵 어영청에서 입직한 군사 중 조총 사격술이 우수한 포수를 제외하고 사수만을 뽑아 새로 내려온 포수와 함께 연습하도록 한 뒤에 그 가운데 다시 연소한 자를 선발하여 겸하여 검을 쓰는 것을 훈련시키도록 한 것을 통해 사수의 선발에 신경을 썼음을 알 수 있다.[428]

아울러 포수의 내실화에도 노력하였다. 당시 조선의 군사력이 아직 후금에 비하여 상당히 약하였으므로 수성 위주의 방어 전략도 동시에 추구될 수밖에 없었다. 인조대 초기에는 야전을 하는 것은 어려우므로 천자총天字銃 등 대형 화포를 활용한 수성 전

423 『인조실록』 권22, 인조 8년 정월 병술.
424 『승정원일기』 26책, 인조 7년 윤4월 14일 기사.
425 『승정원일기』 25책, 인조 7년 3월 14일 경오.
426 『인조실록』 권21, 인조 7년 8월 경신.
427 『인조실록』 권19, 인조 6년 9월 병술.
428 『승정원일기』 45책, 인조 12년 12월 17일 기해.

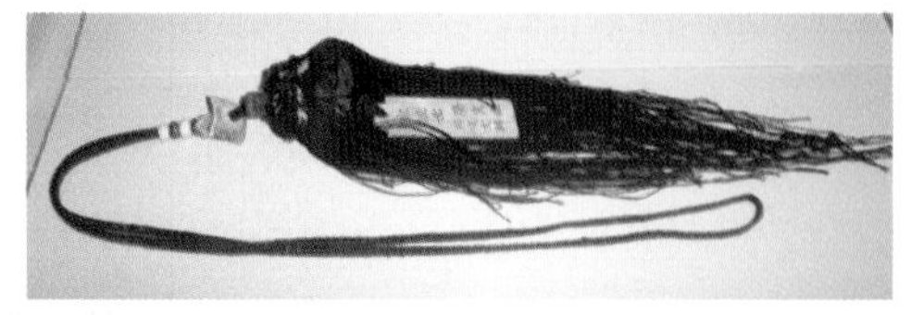
정경세 호패(상주박물관)

법을 중시하여야 한다는 의견도 적지 않았다.[429] 당시의 대형 화기는 그 구조상 수성용으로만 사용이 가능하고 야전에서는 사용하기 어려웠다. 백자총百字銃과 같이 여러 개의 작은 탄환을 사격할 수 있는 소형 총통은 야전과 수성에 동시에 사용할 수 있었으나 수량이 적어 널리 보급되지는 못하였다.[430]

이에 비해 조총은 야전과 수성에서 편리하게 사용할 수 있고, 궁시弓矢에 비해 배우기도 쉬워 군사 양성에 유리한 점이 있었다. 이러한 이유로 살수와 마병의 육성과 함께 포수 양성이 인조대에도 활발히 이루어졌다. 1627년(인조 5) 정경세鄭經世는 한 군軍에 각각 포수 3천 명씩을 두어 도합 1만 명을 확보하고 그들로 선봉을 삼도록 하는 방안을 제시하였다. 그리고 성능이 좋은 조총 확보를 위해 일본의 조총을 수입할 것을 주장하고 있다.[431] 김류金瑬도 포수 1만 명을 양성하자는 이 의견에 찬성하여 군역자와 내노內奴 및 공·사천을 막론하고 정장精壯하고 담력이 있는 자를 수효대로 정선하여 별포군別砲軍이라 이름하고 항상 연습시킬 것을 주장하였다.[432] 김류는 이듬해에도 포수 1만 5천 명을 육성하고 이들에게 조총을 지급할 것을 주장하였다.[433] 이처럼 인조대에는 포수의 정예화를 위해 별도의 포수를 선발하고 우수한 성능의 조총을 도입하는 등 포수의 내실화에도 노력하였다. 1633년(인조 11)에는 속오군 소속 포수에게 훈련시 필요한 화약과 탄환을 지급하여 주도록 조치하기도 하였다.[434]

조선-후금 전쟁 이후 조선군은 포수의 비중이 상당히 높았지만 사수와 살수의 양성에도 노력하였다. 따라서 인조대에는 포수 이외에도 살수와 사수를 균형 있게 편성할 수 있었다. 이에 더하여 기병의 충실화도 추진하였다. 이러한 양상은 조선-후금

429 『인조실록』 권2, 인조 원년 7월 병신.
430 『비변사등록』 3책, 인조 2년 2월 7일.
431 『愚伏集』 권5, 「玉堂論時務箚」.
432 『인조실록』 권16, 인조 5년 5월 병인.
433 『승정원일기』 21책, 인조 6년 5월 26일 병술.
434 『인조실록』 권28, 인조 11년 12월 신유.

전쟁 이후 관무재 및 열무閱武 등 군사 훈련에서 궁시, 기추, 모구, 육량전, 조총, 방패, 언월도, 검법, 권법 등 다양한 군사 무예가 시험된 것을 통해 확인할 수 있다.[435]

다양한 병종의 충실화는 이를 통합하여 운용하는 전술의 창안으로 나타나기도 하였다. 이는 조선-청 전쟁 직전 정온鄭蘊이 올린 다음의 '삼첩진설三疊陣說'을 통해 어느 정도 확인할 수 있다.[436]

> 우리나라의 철환鐵丸과 사수射手는 천하에 대적할 이가 없는 군사이다 …… 정포精砲 4천명, 선사善射 3천명, 기사騎射 3천명, 편군鞭軍과 살수殺手 각 1천명을 합해 만여 명을 얻으면 …… 포수 4천명을 4대隊로 나누어 2천명은 앞을 맡아 결진結陣하고 2천명은 좌우로 혹은 그 지역의 형편에 따라 결진하는데, 한쪽 편을 비우는 것은 대개 서로 마주하여 포砲(=조총鳥銃 : 필자주)를 쏠 적에 우리 군사가 서로 상할 것을 염려한 것이다. 모두 겹줄로 앉아서 포를 쏘기 위해 서고, 이미 쏘았으면 앉아서 후대後隊의 방포放砲를 편리하게 한다. 포대砲隊가 이미 정해지면 다음은 사대射隊가 하고, 그 다음은 살수殺手가, 그 다음은 편군鞭軍이, 다음은 기사騎射가 한다.[437]

이를 통해 포수를 중심으로 사수와 살수, 그리고 마병을 균형 있게 편성한 조선군은 포대砲隊→사대射隊→살수殺手→편군鞭軍→기사騎射의 순서로 차례로 나아가 적을 공격하는 형태의 전술을 채택하였음을 알 수 있다. 정온이 생각한 구체적인 전술 형태는 다음과 같다.

> 적이 만약 학익진 형태로 공격해 오면 (조선)의 전대前隊 1천명은 먼저 포를 쏩니다. 쏜 다음에는 앉아 화약을 장전하는 동안 후대後隊 1천명이 다시 사격합니다. 적이 만약 장사진長蛇陣으로 공격하면 좌군이 전대가 했던 방식처럼 먼저 쏘고 적이 40~50보

435 『인조실록』 권21, 인조 7년 8월 경신 ; 『인조실록』 권25, 인조 9년 8월 을축.

436 정온의 전술에 대해서는 한명기, 「동계 정온의 정치적 행적과 그 역사적 의의」 『남명학연구논총』 9, 2001, 496~497쪽 참조.

437 『증보문헌비고』 권115, 병1, 병서.

정온 생가(경남 거창)

> 안으로 들어오면 사대射隊가 포대가 쏘던 방식으로 화살을 발사합니다. 그러면 포성이 끊이지 않고 화살은 비 오듯이 쏟아지니 비록 저들의 견갑철마堅甲鐵馬라도 궤멸되지 않을 수 있겠습니까? 기사騎射와 편살병鞭殺兵은 뒤엉켜 싸울 때 운용하는데 혹 달려들어 적의 중심부를 치고 혹은 매복하여 적의 퇴로를 끊는 등 상황에 따라 잘 활용할 따름입니다. 대개 이 적들은 전진만 있을 뿐 후퇴를 모릅니다. 만약 조총과 활을 쏠 때 간격이 있으면 적은 그 틈을 타서 핍박하여 오기 때문에 조총과 활을 쏠 겨를이 없는데 이 전술을 사용하면 탄환과 화살이 끊이지 않을 것이고 죽거나 상하는 적의 숫자가 수천에 이를 것이니 어느 겨를에 우리 진중으로 핍박해 오겠습니까?[438]

정온의 이 전술은 당시 기병이 충분하지 않은 상황을 고려한다면 다소 이상적인 측면이 있고, 『병학지남』 등 당시의 일반적인 전술 체계가 있는 상황에서 그대로 채택되지는 않았지만 포수, 사수, 살수 그리고 기병 등 여러 병종을 충실히 육성하고자 하였던 당시 상황을 잘 반영하고 있다.

---

438 『동계집』 권3, 「丙子箚子」.

조선-청 전쟁 이전 조선의 전력이 청나라에 비하여 상당히 약하였으므로 불가피하게 수성 위주의 방어 전략을 채택할 수밖에 없었다. 그렇지만 야전을 완전히 고려하지 않은 것은 아니었다. 조선-청 전쟁 직전까지도 전마 확보를 위한 노력과 함께, 대사간 이식은 전차의 일종으로 여겨지는 순거楯車 제도의 채용을 주장하기도 하였다.[439] 또한 산성에서 농성하는 수성 위주의 전략은 청의 기병이 이를 무시하고 달려가면 적군을 막을 방법이 없다는 문제점에 대한 논란도 계속되어 야전에서의 대응 체계를 고려하기도 하였다.[440] 조선-후금 전쟁 이후 다양한 전술적 모색과 여러 병종의 확보 및 충실화는 조선-청 전쟁시 주요 전투에서 실제 시도되었다.

4. 조선-청 전쟁(병자호란)의 주요 전투와 전술 운용

먼저 전라도 근왕병의 사례를 살펴보자. 전라감사 이시방과 병사 김준룡이 이끈 전라도 근왕병 8,000여 명은 인조 14년 12월 29일(양 1637년 1월 24일) 출발하여 1월 1일(양 1637년 1월 26일) 직산에 도착하고 다음날 안성 북방의 양지(현재의 경기도 용인시 처인구 양지면)에 도착하였다. 전라도 군은 김준룡을 선봉장으로 삼아 병력 2,000명을 이끌고 먼저 남한산성으로 북상하게 하였다. 김준룡 휘하의 전라도 선봉군은 1월 4일(양 1월 29일) 남한산성 남쪽 100리에 있는 수원의 광교산에 도착하여 진영을 설치하였다. 1월 2일(양 1월 27일) 충청도 군을 격파하였던 양굴리의 청군 5,000여 명은 광교산 동쪽으로 남하하여 조선군을 견제하고 남한산성으로의 연락을 차단하였다. 1월 5일(양 1월 30일) 청군은 호준포虎蹲砲 등 다수의 화포와 전 병력을 동원하여 하루 종일 김준룡 군을 공격하였다.

조선군은 사주 방어가 가능한 방진 대형을 치고 진영 주변에 목책을 구축하고 제1

439 『澤堂集』 권8, 「丙子大司成備局堂上辭免疏」, “其御營驍隊 充至數萬 則或鍊習刀斧之技 或講行楯車之制 付之元帥 以爲江河關嶺遮截之圖.”

440 『紫巖集』 권2, 「丙子春擬陳時弊疏」, “今之言曰 我國之馬 不如賊騎 難與野戰 惟山城可以備守云者 是知其一 未知其二 山城固可以禦奴矣 然山城所設 例在僻處 賊若不顧 衝犯內地 倏忽往來 惟意所向 則山城步卒 將奈之何哉.”

선에 포수, 제2, 3선에 궁수와 창검병을 배치하였다. 청군이 공격할 때는 총포의 연속 사격 및 궁시 사격으로 사격의 간극을 메워 청군이 조선군의 진영을 돌파하지 못하도록 하였다. 아울러 창검병을 두어 전방 엄호를 하였다. 청군은 조선군에 대한 공격이 여의치 않자 다음날에 또 한번 공격을 시도하여 유시(오후 5~7시) 무렵 청군의 일부가 조선군의 진영을 돌파하여 진내로 돌입하였으나 김준룡의 역습과 포수의 사격으로 양굴리가 전사하였다. 조선군은 이 틈을 타서 반격을 가하여 청군을 대파하였다. 이 진투는 조선-청 전쟁 발발 이후 조선군이 거둔 최초의 승리였다.

다음 경상도 근왕군의 경우 좌병사 허완과 우병사 민영이 먼저 선봉장으로 각각 병력 1,000명씩을 이끌고 12월 24일(양 1637년 1월 19일) 대구를 출발하였고 이어 경상감사 심연이 본대 6,000명을 이끌고 북상하였다. 허완과 민영의 선발대는 1월 1일(양 1월 26일) 여주를 거쳐 이천을 경유하여 다음날에는 남한산성 동남방 40리 지점인 대쌍령에 도착하였다. 좌병사 허완은 대쌍령 우측 고지에 진영을 설치하고 우병사 민영은 좌측 고지에 진영을 설치하여 목책을 구축하였다. 허완은 조총 사격 실력이 제일 좋은 일등 포수와 정초군을 중앙에 두고 사격 실력이 떨어지는 병력을 외곽에 배치하여 화약도 소량인 2냥만을 지급하였다.

1월 3일(양 1월 28일) 청군은 나무 방패와 깃발을 든 병사를 선두로 허완의 조선군을 먼저 공격하였다. 당시 좌병사 허완은 정예 포수 300명과 사수 200명을 산 위에 보내어 적을 대비하였는데 적 기병 수천 명의 공격으로 인해 조선군은 탄약이 떨어짐에 따라 적 기병이 진내로 돌입하여 패배하였다.[441] 우병사 민영은 정예 포수 200여 명과 궁병 300여 명을 진지 외곽의 제1선에 혼합 배치하고, 제2선에는 중등 포수, 진영의 중앙에는 창검병을 배치하여 청군의 공격에 대비하였다. 허완의 조선군을 물리친 청군이 밀려들자 민영의 조선군은 제1선과 제2선에서 순차적으로 일제 사격을 가하여 청군을 격파하였다. 그러나 전투 중 화약을 지급하기 위해 서두르는 순간 불이 붙어 있는 화승이 화약 속으로 떨어져 폭발사고와 함께 조선군의 진영이 혼란스러워지자 청군 기병 300여 명이 그대로 돌격하여 조선 진영을 유린하였다.[442]

441 『승정원일기』 60책, 인조 15년 9월 9일 갑술.
442 남급, 『난리일기』.

평안도 근왕병의 경우를 보면 1월 28일(양 2월 22일) 평안감사 홍명구와 평안병사 유림이 이끈 평안도 군이 김화 북방의 탑동과 백동에서 청군과 대규모 전투를 행하였다. 감사 홍명구는 탑동의 평지에 진영을 구축한 뒤 목책을 주변에 설치하고 제1선에 총병을, 제2선에 궁병을 그리고 제3선에 창검병을 배치하여 유기적인 협력 체제로 청군에 대응하고자 하였다. 그러나 청군의 여러 차례의 반복 공격에 진영이 돌파되어 패배하였다. 이에 비해 유림은 기병을 위주로 하는 청군에 대항하기 위해 고지에 의지하여 진을 칠 것을 주장하고 백동의 고지에 진영을 설치하였다. 그리고 제1선에 창검병, 제2선에 궁병, 제3선에 총병을 배치하여 다소 다른 형태의 전술을 사용하였다. 이는 창검병에 의한 충실한 전방 엄호와 함께 사정거리가 긴 조총병을 가장 뒤에 배치하고 궁시와 함께 교대로 사격하여 간격을 없애며 전방의 특정한 살상지대에 사격을 집중할 수 있도록 한 것이었다. 그날 오후 청군은 유림의 진영을 공격하였으나 창검병의 엄호하에 청군이 전방 10보 이내에 들어오면 조총과 궁시의 교대 사격으로 4차례의 공격을 물리쳤다. 그러나 탄약이 떨어져 그날 밤 낭천(강원도 화천군) 방면으로 이동하여 정비 후 남한산성 방면으로 진군하였으나 청나라와의 강화가 성립되어 근왕의 목적을 달성할 수 없었다.

조선-청 전쟁 당시 주요 야전 전투의 경우 조선의 각도 군병들은 포수, 사수, 살수를 균형있게 편성하였음을 알 수 있다. 조선군은 대체로 보병을 위주로 평지나 구릉

홍명구 신도비(경기 여주)

지대에서 1, 2, 3선의 방진을 펴고 방진 외곽에 목책을 설치하고 포수, 살수, 사수의 이른바 삼수병을 배치하는 전술을 구사하고 있음을 알 수 있었다. 이 전술은 기본적으로 척계광의 절강병법에 나타난 방진方陣에 바탕을 둔 것으로 청의 기병 공격에 다소 취약점을 드러내게 된다. 다만 각 병종의 배치되는 구체적인 위치에 대해서는 창검병과 총병의 위치가 전술적 운용면의 차이에 따라 부대별로 다르게 나타나고 있다.

포수, 살수, 사수와 기병 등의 제 병종을 함께 운용하는 전술의 양상은 남한산성 수성전에서도 잘 나타나고 있다. 남한산싱 방어 군병의 경우 포수와 사수를 균형 있게 편성하여 포수가 사격 후 장전하는 동안 사수가 궁시를 발사하도록 편성하는 것이 강조되고 있었다.[443] 인조 14년 12월 23일(양 1637년 1월 18일) 아침 남한산성을 나와 공격하는 조선군의 편성이 4영營에서 각각 포수 200명, 사수 200명을 동원하도록 한 것이나,[444] 다음날 어영청 군사의 출성 공격시 포수 300명, 사수 100명, 마대馬隊 50명, 그리고 후속병인 계후繼後 100명으로 편성하여 절반은 북문으로, 나머지 절반은 연주봉의 암문으로 나가 청군을 공격한 사례 등이 그것이다.[445]

조선-청 전쟁 시기 다양한 전투를 통해 조선은 기존 전술의 장단점이 여실히 드러났다. 이는 이후 조선의 군사 편제 및 전술 변화의 주요한 경험으로 의미가 적지 않다.

5. 조선-청 전쟁(병자호란) 이후 조선의 전술 양상

조선-청 전쟁의 패배 원인에 대해서는 전쟁 이후 다양한 검토가 이루어졌다. 그중 군사전략적 측면에서 가장 중요하게 지적된 점은 조선에서 채택한 산성 위주의 수세적 방어 전략이었다.[446] 이러한 상황에서 전략적으로 당시 산성을 우회하여 곧바로 도

443 『승정원일기』 54책, 인조 14년 12월 19일 기축 ; 『승정원일기』 54책, 인조 14년 12월 21일 신묘.
444 『승정원일기』 54책, 인조 14년 12월 23일 계사.
445 『승정원일기』 54책, 인조 14년 12월 24일 갑오.
446 나만갑, 『丙子錄』, 「記初頭委折」.

성을 향해 이동한 청의 기병을 견제할 장치를 가지지 못하였다. 조선-청 전쟁이 일어나기 직전에 이미 이에 대한 논의가 활발하게 진행되어 평지에서 기병 등을 강화하여 결전을 하자는 의견이 제시되기도 하였다. 그러나 조선-후금 전쟁 이후 적극적인 전마 확보와 기병 강화 노력에도 불구하고 충분한 전마를 획득하지는 못하였다. 전마가 부족한 당시 현실에서 조선-청 전쟁 초기 산성 위주의 방어 전략의 채택은 부득이한 것이었다.

수세적 전략을 계속 유지하는 것은 경우에 따라 조선-청 전쟁의 문제점이 다시 나타날 수 있었다. 따라서 조선-청 전쟁 이후 이를 보완한 전술적 방안이 이전에 간헐적으로 언급된 전차를 이용하는 전술이었다. 조선-청 전쟁 이후 전차 사용 논의는 꾸준히 제시되었다. 유형원의 다음 언급은 대표적이다.

> 지난 병자년의 난리에 오랑캐가 곧바로 서울로 향해갔는데, 서로西路의 장수들은 모두 산성으로 들어가니 오랑캐의 기병이 이를 보고 지나쳐갔으나 (우리는) 감히 성을 나와 싸울 수가 없었다. 만일 수레가 있었으면 길을 막고 진을 쳐서 싸우려면 싸우고 지키려면 지키게 되어 싸우는 것과 지키는 것이 우리의 뜻에 달려 있었을 것이다.[447]

전차 또는 화차 등의 사용은 조선-일본 전쟁 이후부터 여러 차례 논의되었으나 유형원의 주장은 다소 차이가 있다. 그 이전에는 주로 야전의 한 병종이나 주요한 공방의 수단으로 전차가 논의되었으나, 유형원은 전차를 수성전의 보조 수단으로 파악하고 있는 점이 특징이다. 전마가 부족하여 기동성 있게 이들에 대항하기 어려우므로 산성을 무시하고 도로를 따라 도성을 향해 내려가는 청 기병을 저지하기 위해 전차를 이용한 진영을 성 밖 도로에 만들어 청 기병을 저지하고자 한 것이었다. 이는 이전에 지형적인 이유로 수레를 이용하는 것이 불가능하다는 인식에서 탈피하여, 산성만을 고수하기보다 청의 기병이 지나갈 주요한 지점에 차진車陣을 설치하여 통로를 차단하고 공격과 방어를 하는 전술이 유용하다고 강조한 것이다. 즉 수세적 방어전략을 채

447 『磻溪隧錄』 권22, 兵制後錄, 「兵車」.

택하지 않을 수 없는 부득이한 당시 상황에서 전차를 활용하는 전술은 불가피한 것이었다. 전차 제작과 이를 이용한 전술을 채택하자는 주장은 이후에도 간헐적으로 계속되었다.[448]

전략적인 측면과 함께 전술적인 측면에서도 조선-청 전쟁의 패배의 원인에 대한 검토가 함께 이루어졌다. 앞서 보았듯이 조선-청 전쟁 이전 조선이 채택한 방어전략은 다양한 화포를 이용하여 수성에 치중하다가 일단 청 기병의 예봉을 피한 후에 반격한다는 것이었다. 조선-청 전쟁이 일어나기 직전인 1635년(인조 13) 이서가 간행한 『화포식언해』에 나타난 천자총통, 불랑기佛狼機 등 40여 종의 다양한 화포는 이를 반영하고 있다. 그러나 청나라는 이전의 후금이 아니었다. 조선은 조선-후금 전쟁에서 나타난 후금의 공성전 능력과 기병의 공성 능력 제한 등에 대한 경험으로 인해 산성에서의 지구전과 역습을 통해 후금의 공격을 저지할 수 있을 것으로 판단하였다.

그러나 후금은 1631년 초부터 화약 무기를 제조하여 주요한 병기로 채택하였다. 후금은 천총 5년(1631) 정월 서양식 대형 화포인 홍이포를 최초로 생산하고 이를 장비한 부대를 편성하게 된다. 이어서 명나라의 장수로서 반란을 일으킨 공유덕, 경충명, 상가희 등이 후금에 투항하였는데, 이들은 다수의 전선과 함께 서양에서 직접 수입한 우수한 신형 화포를 가지고 왔다. 따라서 후금의 화포 수준과 포병의 능력은 이전에 비해 한 단계 더욱 향상되었다.

조선의 전략적 의도를 파악하고 있던 청나라는 소규모 정예 기병으로 한성에 곧바로 직행하여 인조의 강화도 피난을 막고 남한산성으로 몰아넣었다. 새로운 체제의 서양식 대형 화포인 홍이포를 이용한 청의 공격으로 강화도가 함락되고 남한산성도 큰 피해를 입게 되었다.[449] 이에 화포를 이용한 기존의 수성 전법으로도 청의 공격에 효과적으로 대항할 수 없음이 분명해졌다. 충분한 기병을 확보하기도 어렵고 수성전의 승산도 이전보다 높지 않은 상황에서 청의 기병에 근본적으로 대처하기 위해 이에 대

448 조선후기 다양한 전차 제작과 논의에 대해서는 노영구, 「18세기 전차 제작 논의와 운용 전법의 모색」『기술과 역사』 3, 2001 ; 강성문, 「조선의 역대 화차에 관한 연구」『학예지』 9, 2003 등 참조.

449 『市男集』 별집 권8, 「南漢日記」.

항할 수 있는 새로운 전술의 필요성이 높아졌다. 이는 기존 전술에 대한 본격적인 연구로 나타났다.

조선전기의 전술 체계인 『진법』은 기병을 중심으로 하여 보병을 함께 운용하는 전법 체계로서 가장 기본적인 방진 이외에도 예진銳陣, 직진直陣, 원진圓陣, 곡진曲陣 등의 진형이 있었고 여기에 상황에 따라 언월진偃月陣, 학익진鶴翼陣 등을 사용하도록 한 매우 복잡한 전법 체계였다. 이 전법을 완전히 익히기 위해서는 기병의 확보와 함께 지속적인 훈련이 전제되어야 한다. 그렇지 못할 경우 오히려 진형의 혼동을 일으키게 된다. 이에 비해 척계광 전법은 보병을 중심으로 하였으므로 기동성이 낮아 유연한 진형을 갖추기는 어려웠다. 그러므로 진형은 방진을 기본으로 이를 2중으로 하여 적의 돌파를 막도록 하였다. 같은 방진이라고 하더라도 『진법』에서는 가운데 유병遊兵을 두고 각 통統별로 뭉쳐서 대기하며 기동성 있게 공격과 방어를 하도록 되어 있는데 비해, 척계광 전법에서는 방진을 따라 군사를 배치하도록 되어 있다. 방진에 배치된 군사는 자신의 앞쪽만 방어하도록 하여 훈련과 지휘에는 매우 편리하지만 서로 구원하지 못하는 약점이 있었다. 그러므로 기동성이 높은 기병의 집중 공격을 받을 경우 진이 돌파되어 붕괴될 우려가 있었다. 효종대 안명로安明老의 『연기신편演機新編』에서도 척계광 방진 전법은 적군이 그 가운데를 충격하면 두 끝에서는 서로 구원할 수 없으므로, 이는 다만 보구步寇는 감당할 수 있으나 철기鐵騎를 막을 수 없다고 지적하고 있다. 따라서 이 진법은 만세萬世의 상규常規가 될 수 없는 것으로 간주되었다.[450]

『기효신서』의 전술이 청 기병의 공격을 저지하기 어렵고, 『진법』의 전술체계도 당시의 군사적 상황에 곧바로 부합되기 어려운 상황이었으므로 새로운 전술에 대한 요구는 매우 절실하였다. 그러나 조선-청 전쟁 이후의 어수선한 상황에서 한동안 병학 연구와 전술 개발에 대한 논의는 상당히 침체되었다. 효종이 즉위하면서 추진한 북벌 준비와 군비 확충으로 인해 병학 연구는 다시금 활기를 띠었다. 북벌은 기본적으로 만주 일대에서의 청나라 군대와의 야전을 상정하고 있었으므로 청군 기병의 공격을

450 『演機新編』 天, 「戚繼光方營二疊陣圖」.

저지하기 위한 효과적인 전술을 모색할 필요가 있었다.

새로운 전술의 개발은 기본적으로 조선-청 전쟁의 경험과 밀접한 관련을 가지는 것이었다. 조선-청 전쟁 직전까지 다양한 병종의 통합 전술이 매우 중요하다는 의견이 지배적이었다. 특히 기병을 제압하기 위해 조총이 아닌 궁시 사격을 이용하자는 의견도 적지 않았다. 예를 들어 장전 시간이 활에 비해 상당히 긴 조총을 이용하기보다는 조선의 전통적 장기인 편전을 활용하여 상당한 원거리(120보步)에서 사격하여 직 기병을 저지할 것을 주장하거나[451] 혹은 각궁을 이용한 원거리 사격이 아닌 위력이 뛰어난 산척山尺의 목궁木弓을 이용한 근거리 사격을 통해 후금에 대응하자는 주장이 그것이다.[452] 즉 사수의 전술적 중요성을 높게 평가한 것이다. 따라서 조선-청 전쟁 시기 주요 전투에서 활용된 전술에서 포수와 함께 사수의 비중이 적지 않았다. 수성전에서도 포수와 함께 사수를 균형 있게 배치할 것을 강조하기도 하였다.[453] 그러나 조선-청 전쟁 이후 사수의 중요성을 강조하는 인식은 급속히 낮아졌다.

조선-청 전쟁 시기 여러 전투 경험을 통해 조총이 궁시보다 더 유용하다는 인식이 널리 퍼지기 시작하였다. 시기적으로 다소 뒤의 증언이지만 남한산성에 입성하여 전투를 목격하였던 목래선은 후일 '적을 막는 도구 중에서 조총보다 나은 것이 없으며 비록 화살과 돌이 있더라도 조총의 뛰어남만 못하다'는 주장을 하기도 하였다.[454] 다만 남한산성 전투를 회상한 일부 논자들은 청나라 군이 밤중에 성을 기습적으로 넘어 공격할 때 강궁强弓의 연속적인 대량 사격으로 이를 저지한 경험을 들어 궁전弓箭의 운용을 중시하는 주장도 있었다.[455] 그러나 홍이포와 같은 대형 화포로 성곽을 공격하는 청군에 대해 기존의 소형 화포와 조총, 궁시 등을 이용한 수성 전술은 취약성을 드러냈다. 따라서 조선-청 전쟁 이후 수성 및 야전 전술의 두 가지 방향에서 전술 변화가 논의되었다.

먼저 수성 전술의 측면에서 적의 화포 공격에 대응하기 위해 대포의 제작과 대포

451 『자암집』 권6, 「건주견문록」.
452 『포저집』 권11, 「因求言條陳固邊備改弊政箚」.
453 『승정원일기』 54책, 인조 14년 12월 21일 신묘.
454 『승정원일기』 354책, 숙종 19년 12월 3일 임신.
455 『승정원일기』 186책, 현종 5년 11월 8일 을미.

사격에 편리한 성곽 시설의 확보를 지향하였다. 조선-청 전쟁 직후인 1637년(인조 15) 6월, 청나라의 감시를 피해 남한산성에 포루 건설을 추진하고 아울러 화포에 대비하기 위한 용도甬道와 같은 시설을 설치하기도 하였다.[456] 그리고 수성용으로 대형 화포인 대포의 중요성이 강조되었다.[457] 실제 인조대 후반 대포 및 각종 화포의 제조와 훈련이 강조되고 이를 전문적으로 다루는 부대인 별파진을 강화하는 조치가 함께 이루어졌다. 조선-청 전쟁을 거치면서 수습된 화포가 매우 적었으므로 한동안 별파진은 유명무실한 병종이었다. 당시 별파진 군사들은 사격 연습을 모두 폐하였으므로 화포의 사격법을 제대로 모르는 상태였다.[458] 별파진의 강화 조치는 수성용 대형 화포의 제조에 따른 군제 개편의 일환이라고 할 수 있다. 별파진 내실화와 함께 수성용 대형 화포의 제작에 힘을 기울였다.

조선-청 전쟁에서 홍이포의 위력에 충격을 받은 조선은 이에 대응하기 위해 새로운 체제의 화포 제작을 시도하였다. 이때 제조된 신형 화포의 하나가 남만국南蠻國에서 도입된 지포紙砲였다. 지포는 숙동熟銅으로 그 몸통을 만들고 그 위에 종이로 두껍게 싸서 기름을 먹였으므로 운용하기에 매우 가볍고 연속으로 사격을 하여도 두꺼운 종이가 감싸고 있어 이전의 화포와 달리 쉽게 깨지지 않는 장점이 있었다. 또한 사정거리도 20~30리에 달할 정도였다. 특히 높낮이를 임의로 할 수 있었으므로 이전의 화포보다 정확한 사격이 가능하였다.[459] 당시 지포별조청紙砲別造廳이라는 지포 제조 관청이 설치된 것으로 보아 지포는 상당수 제작되었을 것으로 보인다.[460]

중앙뿐만 아니라 물력이 풍부한 지방의 주요 군영에서도 각종 대포와 지포가 제작되었을 뿐만 아니라 일반 총보다 배나 먼 사정거리를 가진 장총을 제작하여 수성용

---

456 『승정원일기』 59책, 인조 15년 6월 20일 정사.

457 『인조실록』 권36, 인조 16년 정월 무진.

458 『비변사등록』 12책, 인조 26년 9월 1일.

459 『비변사등록』 12책, 인조 26년 10월 3일. 17세기 전반기 스웨덴 군은 지포와 비슷하게 포신을 피혁으로 감싸 무게가 가벼운 경량 화포를 야전에서 사용하였다. 포신을 가볍게 하기 위해 탄력성 있는 재료로 감싸 야전에서 활용하기 용이하게 하였다는 점에서 지포와 구조적으로 비슷하였을 것으로 생각된다(クリステルヨルゲンセン 等著, 『戰鬪技術の歷史3 (近世編, AD1500~AD1763)』(竹內 喜·德永 優子 譯), 創元社, 2010, 36~37쪽).

460 『비변사등록』 13책, 인조 27년 2월 13일.

으로 활용하였다.[461] 1644년(인조 22)에는 일반 조총 대신 수성 및 수군용으로 적합한 대형 조총인 대조총大鳥銃 제작이 추진되었다.[462] 대조총은 조선-일본 전쟁 시기 항복한 왜인인 항왜를 통해 조선에 전해진 것으로, 부산포 해전에서 일본군의 대조총에서 발사된 탄환이 나무 방패 3개를 관통하고도 쌀 2석을 또 뚫고 지나가 녹도만호 정운鄭運의 몸을 관통한 다음 선장船臟에까지 이를 정도로 위력이 큰 무기였다.[463]

화포 제작과 함께 성곽 구조의 변화도 나타났다. 가장 큰 변화는 성의 구조를 대포에 견딜 수 있도록 개조하는 것이었다. 대형 화포인 홍이포의 공격으로 인해 남한산성의 성벽은 쉽게 무너지는 경우가 많았으므로 성곽 개수시 성곽 수축용 돌을 이전에 비해 큰 대석大石으로 쌓도록 하고 아울러 일본의 성곽 제도인 왜성의 구조를 참고하기도 하였다.[464]

대형 화포 제작을 통해 홍이포로 무장한 청나라에 대응하는 수성 전술을 고려하였지만 아직도 화력의 측면에서는 한계가 분명하였다. 또한 전략적으로도 청이 성을 우회하여 남하할 경우 이를 저지할 수단이 없었으므로 야전의 중요성이 매우 커졌다. 조선-청 전쟁 이후 화포, 특히 조총의 중요성을 강조하는 경향이 매우 강하게 나타나는 것은 이러한 상황을 반영하는 것이다.[465] 아울러 인조 등 조선의 조정에서는 당시 일부 논란이 있었지만 기본적으로 조선-청 전쟁 당시 대부분의 전투에서 행해진, 산지의 험한 곳에 올라가거나 아니면 산성을 굳게 지키면서 전투를 하는 전술에 대해 부정적인 입장을 가지고 있었다. 심지어 포수 20만을 양성할 경우 야전에서 필승할 수 있다며 조총을 중심으로 전술을 구사하여야 한다고 주장하는 경우도 있었다. 따라서 조총 제조가 급선무이며 조총병의 신체를 방호하기 위해 상반신을 가려주는 엄심갑掩心甲이 절대적으로 필요했다.[466] 우수한 조총의 제조를 위해 먼저 조총 중에서 성능이 낮은 것 3~4자루를 합하여 1자루로 개조하도록 하였다.[467]

---

461 『비변사등록』 13책, 인조 27년 4월 23일.
462 『비변사등록』 8책, 인조 22년 정월 25일.
463 『선조실록』 권49, 선조 27년 4월 을축.
464 『승정원일기』 63책, 인조 16년 정월 26일 경인.
465 『인조실록』 권37, 인조 16년 7월 계유.
466 『승정원일기』 68책, 인조 17년 3월 21일 무인.

이에 더하여 전쟁은 단병 접전에 의해 결정되므로 이를 아울러 중시하여야 한다고 주장도 있었다.[468] 즉 조선-청 전쟁의 여러 전투 경험을 통해 사수의 전술적 중요성은 상당히 낮아지고 포수를 중심으로 하여 살수로 보완하는 야전 전술을 고려하기 시작하였다. 인조는 훈련도감 포수들이 당시 조총 사격에 익숙하지 않은 것을 비판하고 군사 훈련에서 조총 사격을 강조하기도 하였다.[469] 이를 위해 조총 사격 연습을 위한 훈련장을 마련하여 주는 등 매우 적극적이었다.[470] 야전에서 기병 저지를 위해서는 관통력이 높은 조총의 적극적인 활용을 모색할 필요성이 높았다. 다만 조총은 발사속도가 느리고 우중雨中에서 약실의 화약이 쉽게 점화되지 않으며 바람이 심하게 불 경우 화약이 날려 제대로 장전할 수 없는 구조적인 문제점이 있었다.

특히, 근접전이 시작될 경우 조총은 다시 사격하기 어려운 한계가 있었다.[471] 이에 근접전 전문 군사인 살수의 전방 엄호의 중요성이 다시금 부각되었다.[472] 조선-청 전쟁 직전 신민일 등은 기병의 돌격을 저지하기 위해 창검이나 백봉白棒과 같은 단병기를 이용할 것을 강하게 주장하였다. 이때까지는 포수와 사수를 상호 균형 있게 운용하여야 한다는 것을 전제로 하고 있었다.[473] 이에 비해 조선-청 전쟁 이후에는 포수를 중심으로 하고 사수의 비중은 급격히 줄어들었다.

포수를 위주로 한 전술의 모색은 포수 위주의 군사 편제 모색으로 나타났다. 예를 들어 1641년(인조 19) 6월 신경진은 당시 11만 속오군 중 5만을 가려 뽑아 조선이 전국에 비축하고 있던 조총 5만정을 지급하여 훈련시키도록 할 것을 주장하였다.[474] 즉 속오군을 전적으로 포수로만 재편할 것을 주장한 것이다. 포수의 중요성이 강조되면서 사수를 포수로 전환하는 조치도 일부 나타나기 시작하였다. 곧 1639년(인조 17) 정월, 어영군의 번상 군사 100여 명 중 포수와 사수의 비중이 절반인데 이중 사

467 『비변사등록』 6책, 인조 19년 6월 22일.
468 『승정원일기』 78책, 인조 19년 5월 17일 신묘.
469 『인조실록』 권36, 인조 16년 2월 정미.
470 『비변사등록』 36책, 인조 16년 3월 14일.
471 『승정원일기』 63책, 인조 16년 정월 26일 경인.
472 『인조실록』 권43, 인조 20년 3월 임오.
473 『화당집』 권3, 「講戰備之策上封事」.
474 『비변사등록』 6책 , 인조 19년 6월 3일.

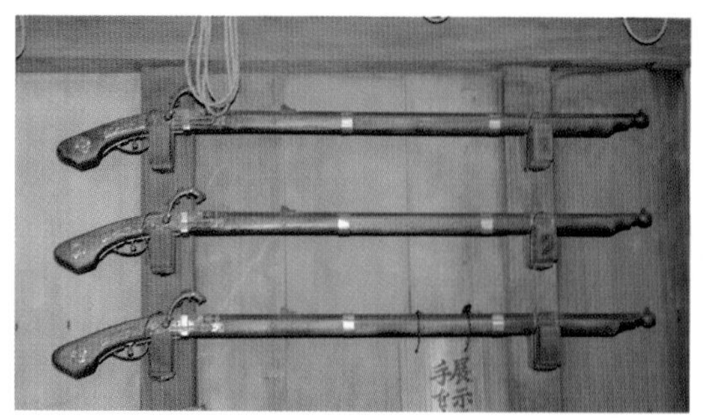

조총

수를 포수로 전환하는 것을 모색하였다.[475] 총융청의 경우 포수로 편성된 것이 5,400여 명에 달하였는데 이중 조총이 없는 자에게는 훈련도감에서 800자루를 받고 아울러 총융청에서 300자루를 제조하도록 하여 포수의 충실화를 시도하였다.[476]

지방군의 경우도 이전보다 조총병의 비중이 인조 후반기 급격히 증가되기 시작하였다. 예를 들어 1648년(인조 26) 함경 감영의 군병으로 장관이 거느린 8천 군사 중에서 포수가 4천여 명에 달하여 포수의 비중이 전체 군병에서 절반을 넘었다. 게다가 궁시는 군병들이 각자 준비한 것이 없어 관에서 지급하고 3차 정도 사격할 정도로 그 군사적 비중은 상당히 낮아졌다.[477] 포수의 비중이 증가되는 양상은 다른 지역에서도 비슷하게 나타나고 있다. 경상도 병영의 경우 1650년(효종 원년) 11월 현재 친병親兵 14,070명 중에서 포수가 5,700명으로 그 비중이 40% 이상이었다.[478] 따라서 인조 말년경에는 포수의 비중이 지방군의 경우에도 전체 군병에서 40% 이상을 차지하였음을 알 수 있다. 이는 1627년(인조 5) 조선-후금 전쟁(정묘호란) 당시 한성으로 올라왔던 지방군의 경우 전체 군사에서 포수의 비중이 20% 내외에 지나지 않았던 점을 고려한다면[479] 그 후 20여년 사이에 조선군의 병종 구성에 급격한 변화가 나타났음을 보여준다. 즉 조선-청 전쟁(병자호란) 이후 포수의 급격한 증가라는 군사편제와 전술상 변화가 나타난 것이다. 이에 비해 사수의 비중과 역할은 매우 감소하였다. 심지어 1647년(인조 25)에는 조선에서 궁시의 수선을 하지 않은 지 10년이 지나 그 재료 중

475 『승정원일기』 68책, 인조 17년 정월 15일 계유.
476 『비변사등록』 13책, 인조 27년 2월 13일.
477 『승정원일기』 204책, 효종 8년 10월 8일 기묘.
478 『승정원일기』 165책, 효종 원년 11월 11일 임술.
479 『인조실록』 권15, 인조 5년 2월 무오.

의 하나인 화피樺皮가 비축된 곳이 없다고 할 정도였다.[480] 즉 1637년(인조 15) 1월 조선-청 전쟁이 끝난 이후 사수의 군사적 중요성이 급격히 감소한 것이다.

포수가 급격히 증가하고 이에 따라 사수의 비중이 감소함에 따라 조총의 제작과 보급에 다소 문제점이 나타났다. 아울러 지나친 포수 편중에 대한 우려도 적지 않았다. 1646년(인조 24년) 10월 인조는 완력이 있는 자에게는 궁시弓矢를 주고 힘이 약한 자에게는 조총을 나누어 주는 것이 좋겠다는 의견을 제시하였다. 이러한 언급은 이전까지 조총의 사격 방법이 궁시보다 용이하다고 하여 조총을 널리 보급한 것과는 다소 달라진 양상을 보여준다.[481] 그러나 전반적인 포수 중심의 전술 추이는 유지되었고 군사제도상 포수의 강화와 사수 감축의 양상은 효종대에도 계속되었다.

480 『승정원일기』 99책, 인조 25년 10월 13일 경진.
481 『비변사등록』 10책, 인조 24년 10월 4일.

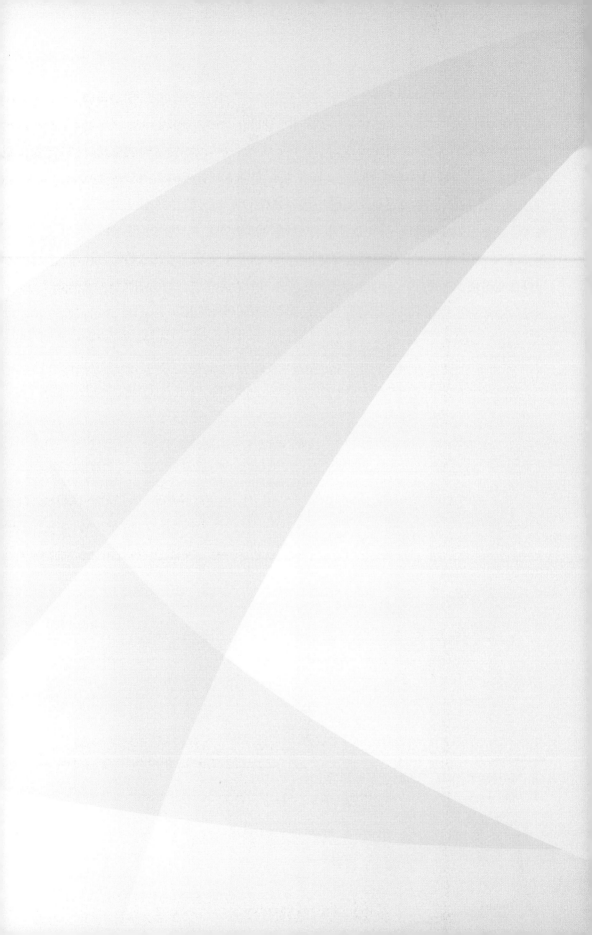

제4장

북벌론과 군사력 강화

제1절 명·청교체와 북벌론

제2절 효종대 중앙 군영의 정비와 증강

제3절 효종대 수도권 방어체제 개편

제4절 전임 영장제 복구와 지방군의 정비

제1절

명·청교체와 북벌론

1. 명·청교체와 국제정세

조선-청 전쟁 패배 이후 청나라와 맺은 정축화약丁丑和約으로 조선은 명나라와의 관계를 완전히 단절하였을 뿐 아니라 매년 막대한 세폐를 청나라에 바치게 되었다. 아울러 청나라는 명나라 정벌시 조선에 군사와 선박을 내도록 하였다. 조선-청 전쟁을 계기로 청나라는 조선으로부터의 배후 위협을 완전히 제거할 수 있었을 뿐 아니라 조선과 명나라의 관계가 끊어짐에 따라 기존의 동아시아 패권국가인 명나라를 대외적으로 고립 상태에 빠뜨렸다. 조선-청 전쟁 직후 청나라는 명나라를 본격적으로 공략하기 시작하였다.

1636년 말 청나라는 두 방면으로 명나라를 공격하였다. 한 방면은 만리장성 일대의 명나라 국경선을 침공하였고, 다른 한 방면은 산동성 지역으로 진입하여 청산관靑山關을 거쳐 천진 지역까지 진격하였다. 이 전투를 통해 청군은 명군과 57차례나 싸워 70여 성을 함락하고 46만명 이상의 사람을 노획하여 명나라에 치명적인 타격을 가하였다. 1640년 3월 청 태종은 최대의 대군을 동원하여 요동에 남아 있는 명나라 최대 거점인 금주錦州를 포위 공격하였다.[1] 금주는 북경으로 들어가는 진입로인 산해

1 임계순, 『淸史』, 신서원, 2000, 60~61쪽.

관으로 들어가는 입구로서 이의 공략은 명군의 주력과 결전을 벌이는 것을 의미하였다. 청군은 금주를 포위하는 한편 금주와 주변의 송산松山, 행산杏山의 연결을 차단하는 작전을 벌였다. 금주성이 포위되자 1641년 7월 명은 이부상서 홍승주가 이끈 13만 병력을 보내어 금주를 구원하도록 하였다. 그러나 청군의 매복 작전으로 5만여 명의 명군이 섬멸되고 송산으로 후퇴한 홍승주도 이듬해 2월 투항하였다. 금주성도 3월 항복하였고 이어 4월에는 탑산과 행산 등도 함락되어 영원寧遠(현재의 랴오닝성 싱청[興城]) 북쪽의 명나라 주요 거점이 모두 청의 수중에 들어갔다.

금주 일대 전투에는 조선의 화기수 1,500명도 청군 측에 참전하여 금주, 송산, 행산, 탑산 공략전에서 중요한 역할을 하였다.[2] 이는 청을 중심으로 하여 몽골, 조선의 연합 세력이 명과 대결하는 양상을 보이는 것으로 조선-청 전쟁을 계기로 이제 명나라가 완전히 고립되었음을 상징적으로 반영한다. 즉 이전까지 유지되던 명·청 간의 세력 균형이 급격히 청나라 쪽으로 기울게 되었음을 보여준다. 이에 더하여 명나라는 내부적으로 농민 반란의 문제가 점점 더 심각해졌다.

후금과의 전쟁으로 인한 과중한 세금 부담과 함께 경제적 위기의 가중으로 인해 섬서성 일대는 다수의 기민飢民이 발생하였다. 이에 1627년 초 왕이王二 등이 반란을 일으켰고 1630년에 이르러 섬서성의 50여개 지역으로 확산되었다. 1631년부터 농민 반란군은 섬서성을 넘어 산서, 하남, 안휘, 사천성 일대로 이동하면서 확산되었다.[3] 1639년경부터 전국적인 기근으로 반란 세력은 더욱 확대되었고 특히 이자성이 이끈 반란군이 가장 규모가 컸다. 이자성은 1641년 1월 낙양을 공략하여 만력제의 아들인 복왕福王을 살해하였고 1644년 3월에는 서안을 점령하고 나라를 세워 스스로 왕을 칭하였다. 4월 하순에는 이자성군이 북경을 함락시키자 명의 마지막 황제인 숭정제가 자살함으로써 명나라는 멸망하였다.

명 멸망 이후 산해관 수비를 담당하던 명나라 장수 오삼계는 청군에게 투항하고 산

2 한명기, 『정묘·병자호란과 동아시아』, 푸른역사, 2009, 225~227쪽 ; 장정수, 「17세기 전반 朝鮮의 砲手 양성과 운용」, 고려대학교 석사학위논문, 2010, 51~54쪽.

3 기시모토 미오·미야지마 히로시, 『조선과 중국, 근세 오백년을 가다』, 역사비평사, 2003, 206~207쪽.

해관을 열어주었다. 청군과 오삼계 군이 합세하여 북경을 향해 진군하자 이자성은 북경을 포기하고 섬서성 지역으로 후퇴하였다. 청군은 6월 6일(양 7월 9일) 북경성에 진입하였고 10월 청의 순치제가 북경으로 천도하여 명조를 이은 새로운 왕조를 자임하였다. 이후부터 이자성 군을 비롯한 대소 반란군은 청군의 정벌 대상이 되면서 남명南明 정권과 연합하여 청조에 대항하였다.

북경 함락 이후 명나라의 관료를 중심으로 1644년 5월 중순 남경에서 명 신종의 손자 복왕福王 주유숭朱由崧을 홍광제弘光帝로 추대하여 남명 정권을 수립하였다. 청군은 남명 정권에 대한 공세를 개시하여 이듬해 남경에 진입하여 복왕을 생포함으로써 홍광 정권은 붕괴되었다. 이후에도 명나라 잔존 세력은 저항을 계속하였다. 1645년 장황언 등이 절강의 소흥紹興에서 노왕魯王을 추대하여 감국으로 칭하고, 소관생 등이 복주에서 당왕唐王 주율건을 융무제로 추대하여 정권을 세웠으나 이듬해 각개 격파되었다. 1646년 11월에는 여무사 등이 신종의 손자인 계왕桂王을 광동성 조경肇慶에서 영력제永曆帝로 추대하여 7개 성을 통치하면서 청에 대항하였다. 이후 관료, 지주가 중심이 된 영력제의 남명 정권과 이미 괴멸된 농민군의 잔여세력이 연합하면서 15년 동안 청군과 대치하며 세력을 유지하였다.[4]

청군은 남명 정권을 제압하기 위해 1649년 청에 투항한 한인 장수인 오삼계, 공유덕 등을 투입하여 대대적인 토벌작전을 벌였다. 영력 정권은 묘족 등 소수 민족을 회유하여 세력을 확장하며 청군에 대항하였다. 특히 남명 정권은 서양식 화포를 대량 제조하여 청군에 대항하였고 청군은 이에 적절히 대응하지 못하였다.[5] 그러나 계속되는 내부 분열과 갈등으로 인해 결국 1659년 수도 곤명이 점령되었다. 미얀마로 피신하였던 영력제가 1662년 오삼계 군에게 잡혀 처형됨으로써 명나라의 명맥은 완전히 끊어졌다.

영력 정권이 청나라와 대치하고 있던 시기 중국의 동남부 해안 지역에서는 정성공이 반청 투쟁을 계속하고 있었다. 정성공은 1659년 청군이 영력 정권을 공격하는 틈을 타서 남경까지 진격하여 이 일대 24현縣을 점령하는 등 청조를 교란하였다. 청은

4 김두현, 「청조정권의 성립과 발전」『강좌 중국사 4』, 지식산업사, 1989, 160쪽.
5 王兆春, 『中國火器史』, 軍事科學出版社, 1991, 255~254쪽.

해상 무역에 의존하는 정성공의 재원을 단절하기 위해 1656년 해금령海禁令을 강화하고 1661년에는 천계령遷界令을 내려 복건 및 광동성 일대 연해 주민을 20킬로미터 이상 내지로 강제 이주시키고 연안 지역을 무인지대로 하는 강력한 봉쇄정책을 실시하였다. 형세가 불리해지자 정성공은 1661년 타이완으로 들어가 네덜란드인을 복속시키고 이를 근거지로 1683년까지 청조에 대항하였다.[6]

남명 정권을 완전히 소탕하고 정성공 세력을 해상으로 몰아낸 이후에도 1673년 강희제의 삼번三藩 철폐 정책에 저항하여 이곳의 군벌인 오삼계 등이 일으킨 이른바 삼번의 난이 9년 동안 계속되는 등 명청교체에 따른 여진은 계속되었다. 17세기 중엽 이후 나타난 조선의 북벌론은 이러한 유동적인 국제관계를 배경으로 전개되었다.

2. 효종 초기 정세와 효종의 북벌 구상

조선-청 전쟁 이후 청은 조선을 확실히 장악하고 명과의 결전에 집중하기 위해 다양한 방법으로 조선을 통제 감시하였다. 청의 조선에 대한 강압 정책은 1644년(인조 22) 6월 청이 북경을 함락한 이후부터 다소 완화되는 조짐을 보였다. 청은 그해 11월 인질로 잡혀간 소현세자의 귀환을 허락하고 아울러 뒤에 잡혀간 최명길, 김상헌 등을 조선으로 돌려보냈다. 또한 조선-청 전쟁을 통해 조선에 부과하였던 조공과 예물의 부담을 경감시키고, 요주의 인물로 감시하여왔던 이경여, 이경석 등의 등용을 허락하는 등 여러 측면에서 유화적인 조치를 취하였다. 이듬해 3월에는 봉림대군

최명길 묘(충북 청원)
보기 드물게 '品'자 형의 묘역이다. 앞의 두 묘가 부인의 것이다.

6 기시모토 미오 · 미야지마 히로시, 앞의 책, 2003, 218~219쪽.

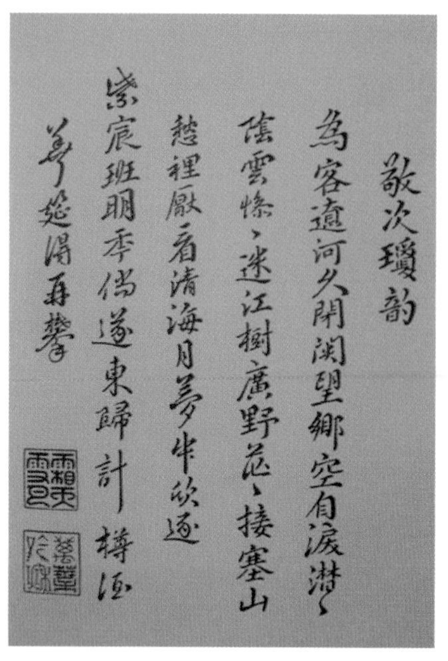

효종 어필

의 귀환도 허락하였다.[7]

그러나 조선에 대한 통제나 감시가 완전히 사라진 것은 아니었다. 청은 조선의 동향을 감시하기 위해 다양한 정보망을 확보하여 감시하였다. 아울러 조선 조정에 김자점, 김류 등 친청세력을 부식하여 청에 대한 조선의 반청적 움직임을 미연에 차단하고자 하였다.[8] 실제 서북(평안도) 지역에서는 정명수와 친한 자들을 통해 조선의 정보가 모두 청으로 빠져나가고 있는 형편이었다.[9] 심지어 청나라 사람들이 비변사와 승정원에서 나오는 문서까지 열람하여 조선 사정을 파악하고 있다는 이야기가 나오고 있을 정도였다.[10]

1644년(인조 22년) 3월 심기원 역모 사건을 계기로 김자점은 권력을 장악하고 이후 영의정으로서 1649년(인조 27) 인조가 사망할 때까지 최고의 권력을 누렸다. 그러나 그의 권력 기반은 매우 취약한 것으로 궁중에 유착하여 국왕 인조의 개인적인 총애를 받고 친청적親淸的 정책을 펴서 현상을 유지하는 것이었다.[11] 따라서 김자점 세력(낙당洛黨)은 당시 조야의 반청적 분위기와 조응하기 어려웠고, 북벌을 염두에 두고

7 한명기, 「조청관계의 추이」『조선중기 정치와 정책 ; 인조~현종 시기』, 아카넷, 2003, 278~281쪽.
8 1644년(인조 22) 3월 일어난 반정공신 심기원의 역모사건은 인조대 후반의 반청세력에 대한 친청세력의 공격이었으며, 동시에 인조의 친청적인 행보와 조야의 반청적 분위기가 충돌하고 있는 당시 조선의 현실을 잘 보여주고 있다(이태진, 『조선후기의 정치와 군영제 변천』, 한국연구원, 1985, 136~141쪽 ; 한명기, 앞의 책, 2009, 211~213쪽).
9 『효종실록』 권4, 효종 원년 5월 을묘.
10 『효종실록』 권15, 효종 6년 8월 경신.
11 오수창, 「인조대 정치세력의 동향」『한국사론』 13, 1985, 112쪽. 최근 김자점이 친청적인 인물이라는 기존의 시각에 대해 오히려 김자점이 반청적 입장을 가지고 있었다는 연구도 제출되었다(김용흠, 『조선후기 정치사 연구 Ⅰ』, 혜안, 2006, 410~412쪽).

영릉(경기 여주) 효종의 릉이다.

있던 효종의 즉위와 함께 곧 실각하게 된다. 효종은 즉위 후 당시 정국 운영을 주도하고 있던 친청 세력을 약화시키고 자신의 정치적 입지를 뒷받침해줄 수 있는 세력을 등용하고자 하였다.[12] 당시 조정 신료들은 반청적인 입장을 견지하고 있었으나 실제 북벌에 대해서는 매우 소극적인 입장을 취하고 있었다.

효종은 즉위 초 김집, 송시열, 이유태 등 산림계 인사를 조정에 등용하여 김자점 등 친청 성향의 훈구세력을 공격하게 하여 이들을 실각시키는데 성공하였다. 아울러 효종은 북벌을 표방하고 정국 운영의 주도권을 장악하기 위해 이를 뒷받침할 정치적 세력을 규합하고자 하였다. 효종은 훈척계열이라도 반청적 입장이 분명한 인물은 적극적으로 요직에 발탁하였다.[13] 예를 들어 이시방이 대표적이었다. 그는 이귀의 아들로 1644년(인조 22) 심기원 역모사건 이후 수어사守禦使에 임용되었던 훈신 계열 인사였다. 효종은 이시방을 수어사에 재기용하였다.

12 효종 초기 정국 구도에 대해서는 이경찬, 「조선 효종조의 북벌운동」 『청계사학』 5, 1988 ; 우인수, 「조선효종대 북벌정책과 산림」 『역사교육논집』 15, 1990 ; 오항녕, 「조선 효종대 정국의 변동과 그 성격」 『태동고전연구』 15, 1993 등 참조.

13 송양섭, 「효종의 북벌구상과 군비증강책」 『한국인물사연구』 7, 2007.

원두표의 묘(좌)
이완 신도비(우)

이는 이시방이 수어청 일에 밝을 뿐만 아니라 인조 후반기 친청적인 김자점 일파를 견제해온 그의 반청적인 자세를 평가한 것이었다. 효종이 중용한 인물 가운데 북벌과 관련된 가장 대표적인 인물은 원두표와 이완이었다. 원두표는 이른바 원당原黨의 영수로서 인조 말 김류 등 친청세력에 맞서 온 인물 중 대표적인 존재였다.[14] 그는 문반 출신임에도 불구하고 군정軍政에 밝아 박서의 후임으로 병조판서에 임명되어 효종의 북벌 구상을 파악하고 이를 정책에 반영하고자 하였다. 문반의 원두표에 비견되는 무반의 인물로는 이완이 있었다. 이완은 효종대 어영대장과 훈련대장을 맡아 북벌에 필요한 군사력 증강에 앞장서게 된다. 이들을 중심으로 다양한 인물과 무사의 선발에 주력하였다. 예를 들어 군비확장에 반드시 재정적 뒷받침이 있어야 할 것을 고려하여 경제에 밝은 김육金堉이 발탁되었다. 그리고 유혁연柳赫然, 성익成釴, 박경지朴敬祉 등의 무신들을 특채하고 이들 무신이 승지에 임용될 수 있도록 하였다.

즉위 직후 김자점 세력의 숙청과 국왕 친위 세력의 부식 등이 이루어졌지만 효종의

14 오수창, 앞의 논문, 1985, 114쪽.

북벌 구상이 곧바로 구체적인 군사력 증강으로 이어진 것은 아니었다. 이는 국내외 정세가 아직 인조대와 크게 달라진 것이 없었던 것과 관련이 있다. 당시 청나라의 실권을 장악하고 있던 섭정왕 도르곤[多爾袞]은 대조선 강경론자로서 청은 조선에 자주 사신을 파견하여 조선의 군사적 움직임을 감시하고 친청파의 부식에 노력하였다. 이는 조선에 대하여 강경한 정책으로 일관하였던 청 태종에 비해서도 더욱 심한 것이었다. 실제 효종 초기 일본의 침입 가능성을 이유로 한 남부 지역 축성 움직임과 김자점 일파의 숙청 등에 대해 도르곤은 사신을 보내어 조선 조정을 힐책하여 영의정 이경석 등이 백마산성으로 유배되는 등 어려움이 적지 않았다.

그러나 1650년(효종 원년) 말 도르곤이 수렵 도중 돌연 사망하고 순치제가 친정親政을 하면서 만주 귀족 내의 권력재편이 이루어졌다. 곧이어 도르곤 일파의 반역 음모가 드러나 그의 세력이 실각함에 따라 청에 붙어서 조선의 조정에 갖은 횡포를 부리던 정명수 일파의 세력도 거세되기 시작하였다.

친정을 시작한 순치제는 조선의 세폐歲幣를 감해 주는 등 대조선 정책은 이전보다 온건한 것으로 변하였다. 청의 외교 기조가 변화되자 곧바로 1651년(효종 2) 8월 효종은 이완을 특별히 서용하여 어영대장에 임명하는 동시에 박서朴遾를 병조판서에 임명하는 등 군사력 정비를 위한 준비를 서둘렀다.[15] 11월에는 이른바 '조귀인趙貴人의 옥獄'을 계기로 국내의 친청 세력에 대한 대대적인 숙청을 단행하였다. 12월에는 해원부령 이영李暎의 고변을 받아들여 김자점과 그의 아들 김익金釴을 처형하고 그의 세력으로서 당시 병권을 장악하고 있던 총융사 김응해, 경기수사 기진흥 등을 파직하였다. 이듬해 3월에는 김자점의 수족으로서 정명수 등과 결탁하여 대청관계를 악화시키던 이형장李馨長을 처형함으로써 국내의 친청세력은 완전히 몰락하였다.[16] 이를 계기로 효종은 사림 세력의 지지를 받아 북벌을 위한 군사력 정비에 적극 나설 수 있게 되었다.

국내 정치적인 측면과 함께 주변의 국제 상황도 조선에 유리하게 조성되었다. 앞서 보았듯이 1646년(인조 24) 남명의 영력 정권이 성립하여 중국 서남부의 여러 성을 장

15 『효종실록』 권7, 효종 2년 8월 기유 ; 『효종실록』 권7, 효종 2년 8월 을묘.
16 차문섭, 『朝鮮時代軍制研究』, 단대출판부, 1973, 270쪽.

악하고 청조에 대항하고 있었다. 청군은 1649년(효종 즉위년) 대대적인 토벌을 벌여 1650년에는 근거지인 광동성을 확보하였으나 곧 이정국이 광서성과 호남성 일대로 반격하는 등 남명정권은 상당한 성과를 거두기도 하였다.[17] 아울러 1659년경에는 해상세력인 정성공이 남경 일대를 일시 확보하는 등 반청 움직임이 매우 활발히 전개되었다. 이에 청나라가 북중국 일대에 만주팔기를 주방駐防하게 하고, 남중국 일대에는 한인팔기를 투입하였으므로 조선에 대한 군사적 압박은 상대적으로 느슨한 상태였다.

조선에 대한 청나라의 감시와 압박이 느슨해지고 국제적 환경이 조선에 다소 유리하게 전개되면서 효종은 이를 북벌 구상에 적극 활용하고자 하였다. 효종은 당시 중원의 정세에 대해 자세히 파악하기 위해 빈번히 사신을 파견하였다. 다음의 〈표 4-1〉은 당시 사신들이 보고한 중원 정세의 내용이다.

〈표 4-1〉 효종 중반 사신의 중원 정세 보고 내용[18]

사신	보고내용	전거
사은사 홍규원	명의 계왕, 광서에 건도하고 연호를 영력(永曆), 복명군을 백두군(白頭軍)이라 칭함	『효종실록』 권11, 효종 4년 11월 임술
동지사 심기원	명 영력황제가 장득을 대장으로 임명하고 청의 경순왕을 호광 전투에서 패사시킴	『효종실록』 권12, 효종 5년 3월 정해
	청나라의 정세불안으로 유적(流賊)에게 산해관을 상실할 경우 조선 위험	『효종실록』 권12, 효종 5년 5월 경인
사은사 인평대군	영력황제가 호광에서 청군과 교전 중	『효종실록』 권14, 효종 6년 3월 병술

사신의 여러 보고를 통해 효종은 남명 세력이 중국 남부 지역을 근거지로 청나라를 상대로 명나라 재건 전쟁을 전개하고 있음을 확인할 수 있었다. 효종은 명·청 교체의 과정에 나타난 양상을 북벌에 적극 활용하고자 하였다.

효종의 북벌을 위한 전략 구상은 1659년(효종 10) 효종과 송시열이 독대에서 나눈 대화의 내용을 통해 확인할 수 있다.

17 임계순, 앞의 책, 2000, 72쪽.

18 이경찬, 앞의 논문, 1988, 215쪽 〈표-2〉.

저 오랑캐는 반드시 망하게 될 형편에 처해 있소. 예전의 칸[한汗]은 그 형제들이 매우 번성했었는데 지금은 점점 줄어들었으며, 예전의 칸은 인재가 매우 많았는데 지금은 모두 용렬하며, 예전의 칸은 오로지 무예와 전쟁만을 숭상했었는데 지금은 점점 무사武事를 폐하고 자못 중국의 일을 본받고 있소. …… 오랑캐의 일은 내 익히 알고 있소. 신하들은 모두 내가 병사兵事를 다스리지 않기를 바라고 있으나, 나는 그들의 말을 듣지 않고 있소. 그 이유는 천시天時와 인사人事의 좋은 기회가 언제 닥쳐올지 모르기 때문이오. 그러므로 정예화된 포병砲兵 10만을 길러 자식처럼 사랑하고 위무하여 모두 결사적으로 싸우는 용감한 병사로 만든 다음, 기회를 봐서 저들이 예기치 못하였을 때에 곧장 관關으로 쳐들어갈 계획이오. 그러면 중원의 의사義士와 호걸 중에 어찌 호응하는 자가 없겠소. 아마 곧장 관으로 쳐들어가는 일은 그리 어렵지 않을 것이오. 저들은 무비武備를 힘쓰지 않아 요동과 심양의 천 리 길에 활을 잡고 말을 타는 자가 전혀 없으니, 우리가 쳐들어가면 무인지경에 들어가듯 할 수 있을 것이오. 또 하늘의 뜻을 헤아려 보건대, 우리나라의 세폐歲幣를 저들이 모두 요동과 심양에 쌓아 두고 있으니, 하늘의 뜻은 아마 다시 우리의 물건이 되게 하려는 것인 듯하오. 또 우리나라에서 잡혀간 수만 명의 포로가 그곳에 억류되어 있으니, 어찌 내응하는 자가 없겠소. …… 나는 이 일을 성사시키기 위해 10년을 기한으로 삼고 있는데 앞으로 10년이면 내 나이 50세가 되오. 10년 안에 이 일을 이루지 못하면 나의 지기志氣가 점점 쇠하여 다시는 가망이 없을 것이오.[19]

이 언급을 통해 당시 효종은 청의 군사적 능력이 퇴조하였으므로 국내적으로 적정한 규모의 군사력을 건설하고, 후원 세력으로 남명 세력과 청나라에 잡혀간 수만 명의 조선인 포로들을 연결할 경우 청나라와의 전쟁에서 승리할 수 있다는 판단을 하고 있음을 알 수 있다.

이 구상에 의하면 먼저 10만의 정예 포수를 육성하여 심양을 포함한 요동을 확보하는 것을 일차적인 목표로 하였다. 당시 요동 지역은 청나라가 입관入關 이후 자신

19 『宋書拾遺』 7, 雜著, 「幄對說話」.

송시열 초구(국립청주박물관)
1658년 효종이 송시열에게 내린 담비의 모피로 만든 옷이다. 효종은 송시열에게 이 옷을 주면서 이 옷을 입고 함께 추운 요동지방을 정벌하러 가자고 하였다.

의 발생지라 하여 봉금정책을 통해 무인지대화 하고 있었다. 또한 조선-청 전쟁을 통해 끌려간 수많은 조선인 포로들이 송환되지 못하고 이 지역에 억류되어 있었으므로 이들의 호응도 가능하였다. 또한 요동 일대에는 조선이 청에 바쳤던 세폐가 보관되어 있는 등 현지에서 군수 물자 조달이 가능한 장점도 있었다. 요동 확보 이후에는 중국 남방의 남명 세력 등과 합세하여 청을 양면에서 협격하고 명을 재건하는 것을 최종적인 전략 목표로 하였다.

효종은 승마와 궁술뿐 아니라 진법을 익히는 등 어려서부터 군사에 대한 소질이 있었다. 조선-청 전쟁 당시에는 강화도에 피난하여 강화도 전투에 참전하여 조선군의 약점 등을 파악하고 대응책을 구상할 기회를 가졌다. 효종은 8년 간의 볼모 생활 중에는 만주어를 익혔고 청 황제를 따라 사냥을 하면서 중국 북부 및 만주 일원을 널리 다녀 이 지역의 지형을 자연스럽게 익혔으며 청의 명나라 정벌전에 3차례 종군하여 청군의 장, 단점을 확인하였다.[20] 따라서 효종의 북벌 구상은 상당히 구체적이며 당시 국제 정세를 파악한 상태에서 구체화된 실현 가능한 방략일 가능성이 매우 높다. 북벌을 달성하기 위해 군사력의 확보 등 군사적 측면과 함께 대외적인 측면에서 북방에

---

20 이경찬, 앞의 논문, 1988, 207쪽.

전략을 기울일 수 있는 외교전략도 필요하였다. 효종대 대일외교의 방향이 인조대에 이어 우호적인 관계를 유지한 것은 이러한 상황이 반영된 것이었다.[21] 1655년(효종 6) 조선의 통신사 파견은 일본과의 우호적 관계 유지를 통해 배후의 위협을 제거하고자 한 것이었다.[22]

효종의 북벌 구상은 그의 즉위 후 20년 내에 달성하는 것을 목표로 하는 장기 전략이었다.[23] 따라서 효종 재위 10년 간에 걸친 군사력 정비는 직접적으로 공세적인 전략인 북벌을 지향하는 모습보다는 당시의 시급한 위협인 청의 재침 가능성에 대비하고 조선-청 전쟁의 후유증과 계속되는 자연재해에 의한 국가재정의 악화 문제를 고려하지 않을 수 없었다. 따라서 중앙 군영의 단계적 증강과 강도, 남한산성 등 국왕의 전시 피난지인 이른바 보장처 중심의 방어체계 정비 등 효종 재위 기간 중의 군사력 건설의 양상은 공세적인 북벌의 구상과는 일부 차이가 있는 양상을 보인다. 시기별 군사력 증강도 추진 속도에서 차이가 나타나기도 한다. 그러나 이는 효종의 북벌 전략이 즉위 후 20년을 목표로 한 장기 전략으로서 효종이 10년간 재위하였다는 점과 당시의 열악한 재정 상황 등을 충분히 고려하여 효종대 북벌을 평가하여야 할 것이다.[24]

3. 러시아 세력의 동진과 나선정벌

러시아 세력이 동아시아 지역으로 최초 진출하기 시작한 것은 16세기 후반인

---

21 이민호, 「효종조의 대일외교」『동서사학』 4, 1998.

22 三宅英利, 『근세 한일관계사 연구』(손승철 역), 이론과 실천, 1991, 253쪽.

23 강봉일, 「조선 효종시기 국방정책 고찰 -군사전략과 군사력 건설을 중심으로-」, 국방대학교 석사학위논문, 2007, 47쪽.

24 효종의 북벌 정책에 의해 실제로 강화된 군사력은 금군을 비롯한 5군영 정비에 그치고 있으며 이 정도의 군사력으로 청나라에 대한 공격은 불가능하다는 점에서 이 시기 북벌 정책은 백성을 긴장시키는 한편 그 관심을 밖으로 돌려 전쟁 패배의 책임과 전쟁 후의 정치 경제적 위기를 모면하려 한 것이라는 평가도 있다(이이화, 「북벌론의 사상사적 검토」『창작과비평』 겨울호, 1975). 그러나 효종 시기의 여러 어려운 상황과 함께 북벌 구상의 구체적 측면과 장기 전략적 측면을 고려한다면 북벌 추진을 군사적 측면에서는 매우 적극적으로 해석할 필요성이 있다.

1581년 예르마크가 이끄는 까자크 부대가 우랄산맥을 넘어 원정을 시작하면서부터였다.[25] 러시아 세력의 동진은 재정 수입원인 질 좋은 모피를 구하기 위한 것이었다. 그 진출의 패턴을 보면, 까자크 부대가 진출하여 인근 지역에 세력권을 형성하면 이를 러시아의 행정 조직에 편입시키고 중앙정부에서 임명한 군무지사軍務知事, 이른바 베보다Voevoda가 부임하여 통치하는 방식으로 영역을 확대하여 왔다. 17세기 들어서면서 러시아의 동진東進은 더욱 본격화되어 1630년대에는 야쿠츠크Yakutsk, 일임스크Ilimsk가, 1658년에는 네르친스크 등이 러시아 정부에 의한 시베리아 진출의 대표적 거점도시로 형성되었다. 이러한 배경에서 러시아의 흑룡강黑龍江 진출이 본격화되기에 이르렀다.

러시아의 흑룡강 진출은 이러한 동진 정책의 과정에서 모피 획득과 은광이나 새로운 경작지를 찾아 남하하는 과정에서 이루어진 것으로, 1643년 7월 야쿠츠크의 지사 골로빈의 지시로 뽀야르꼬프Poiarkov는 무장 병력과 통역, 철공 등으로 편성된 132명의 부대를 이끌고 야쿠츠크를 출발하였다. 이듬해 봄 이 부대는 흑룡강에 진입하였고 이해 흑룡강 하류로 이동하여 주변 일대를 탐사하고 3년 만에 야쿠츠크로 귀환하였다. 귀환 후 뽀야르코프는 흑룡강 유역에 대한 상세한 보고서를 제출하여 러시아의 이 지역에 대한 관심을 불러일으켰다. 이는 이후 러시아가 적극적으로 흑룡강으로 진출하는 기폭제가 되었다.

이후 야쿠츠크의 신임 지사 푸쉬킨은 흑룡강 지역을 점령하기 위한 출병을 건의하기도 하였으나 중앙 정부의 지원 부족과 기후의 제약 등으로 인해 실행되지는 못하였다. 그의 뒤를 이은 후임 지사 판타스베코프Frantsbekov는 1649년 하바로프가 제출한 흑룡강 원정계획을 승인하고 적극적으로 지원하였다. 이에 따라 그해 3월 하바로프는 70명의 원정대를 조직하여 야쿠츠크를 출발하였다. 이들은 원주민인 다허Dahur인의 여러 부락을 무력으로 정복하였고, 이후 전력 보강을 위해 6월 초 일시 야쿠츠크로 귀환하였다가 7월 19일 대포 3문으로 중무장한 138명의 부대를 이끌고 흑

---

25 이하 러시아의 동진과 흑룡강 진출에 대해서는 박태근, 「조선군의 흑룡강 진출(1654~1658)」 『한국사론』 9, 1981, 235~238쪽의 내용을 정리한 것이다.

룽강 원정에 나섰다. 9월에 흑룽강 일대에 진출한 이들은 흑룽강 상류에 위치한 다허인의 요새인 야케사[雅克薩, Yakesa] 성을 점령한 이후 이곳을 알바진Albazin으로 개칭하고 러시아의 거점으로 삼았다. 1651년 6월 12일 하바로프는 알바진을 출발하여 흑룽강을 내려가면서 원주민 부락을 제압하고 가혹한 방법으로 모피세와 식량을 징수하였다. 특히, 계극달桂克達(Guigudar) 마을을 공격하여 661명을 살해하고 부녀자 243명과 아동 118명을 인질로 끌고 가기도 하였다. 이로 인해 원주민들은 청나라 정부에 러시아 탐사대의 만행을 고발하고 보호를 요청하게 되었다.

하바로프 동상

하바로프에 의한 러시아의 흑룽강 지배를 배제하기 위해 청나라의 주방영고탑장경駐防寧古塔章京 하이써[海塞]는 1652년 4월 3일 새벽, 휘하의 군사 1,500여명을 이끌고 흑룽강 하류 연안에 있는 오찰랍烏札拉의 러시아 하바로프의 임시 거점을 기습하였다. 러시아 탐사대는 총원이 206명에 불과하였으나 전원이 화기로 무장하였으므로 조총 30정과 대포 6문 이외에는 재래식 무기인 활, 창 등으로 무장한 청군을 압도하였다. 러시아측은 10명의 전사자와 부상 78명의 피해를 입는데 불과하였으나 청군은 무려 676명의 전사자를 내는 참패를 당하였다. 이 전투로 크게 충격을 받은 청나라는 패전 책임을 물어 하이써를 처형하고 후임으로 역전 노장인 사르프다[沙爾虎達]를 임명하여 일대 반격작전을 추진하였다. 그 일환으로 열세한 화력을 보완하기 위해 1654년(효종 5) 조선 정부에 조총부대의 원병을 요청하기에 이르렀다.

한편 러시아 정부는 하바로프의 탐사대가 하이써의 청군을 격파한 후 귀족인 제노비예프Zinoviev를 현지에 행정관으로 파견하였다. 제노비예프는 1653년 하바로프 탐사대와 합류하여 전투에서 승리한 까자끄 부대를 포상하고 흑룽강 일대를 러시아 영토로 편입시키는 행정적인 절차를 시행하였다. 그리고 선임 카자끄인인 스테파노프 Stepanov를 약 500명의 흑룡강·카자끄 부대를 지휘하는 지방장관으로 임명한 후 하바로프와 함께 모스크바로 귀환하였다. 이로부터 스테파노프의 러시아 부대와 청나라 군은 흑룡강 일대에서 주도권을 장악하기 위한 일전을 벌이게 된다.

청나라는 러시아의 흑룡강 진출에 위기감을 느끼고 무력으로 이를 저지하고자 하였으나 러시아 군의 대포와 신형 소총 등 최신 화약 병기에 대응할 수 있는 화력을 증강할 필요성을 절감하였다. 당시 청나라는 남중국 지역에서 남명 세력과 함께 정성공의 해상 세력의 거센 저항을 받고 있었다. 특히 남명 및 정성공 세력은 홍이포 등 대소의 서양 화포를 사용하여 청군을 공격하여 큰 성과를 거두었다. 이에 청군도 명대 후기의 화기를 대량 제조, 장비하여 공격하였다.[26] 대규모의 청군이 중국 관내에서 전투하였으므로 만주 지역은 약간의 화기만을 가진 소규모 기병 부대 이외에는 없는 실정이었다. 따라서 청은 러시아에 대항하기 위해 조선의 정예 포수 파병을 통해 부족한 화력을 보완하고자 하였다.

1654년(효종 5) 정월, 청은 황제의 칙서를 가진 역관 한거원韓巨源을 파견하여 조선의 조총군 100명을 뽑아 영고탑(현재의 헤이룽장성黑龍江省 닝안寧安)에 파병해 줄 것을 요청하였다.[27] 이에 조선은 곧바로 이를 수락하고 구체적인 파병계획을 세우게 된다. 이는 「함경북도포수영고탑입송시절목咸鏡北道砲手寧古塔入送時節目」에 구체적으로 나타나 있다.[28]

一. 포수 100명은 북도의 능숙한 포수를 잘 택하고 정예병을 가려 뽑아 매 1명에게 자장목資裝木 15필씩 지급한다.

一. 화병火兵 20명은 북도의 군사 중에서 뽑아 보내고 1명마다 자장목 10필을 지급한다.

26 王兆春, 앞의 책, 1991, 255~258쪽.

27 『비변사등록』 17책, 효종 5년 2월 1일.

28 『비변사등록』 17책, 효종 5년 2월 2일. 이 절목에 대해서는 반윤홍, 「비변사의 羅禪征伐 籌劃에 대하여」 『한국사학보』 11, 2001, 135~136쪽에 자세하다.

一. 영장領將 1원은 자장목 30필을 지급한다.

一. 초관哨官 1원은 자장목 20필을 지급한다.

一. 영장의 수행원 22명 중에는 군관과 통사가 그 속에 있다.

一. 초관의 수행원은 8명이니 도합 30명에게는 1인당 자장목 8필을 지급한다.

一. 영장의 복마卜馬는 2필로 한다.

一. 초관의 복마卜馬는 1필로 한다. (중략)

一. 군량은 영고탑에 도착한 후 청나라에서 지급하고 우리나라에서 영고탑에 도달할 때까지의 10일분을 준비하여 운송한다.

一. 군병은 북도에서 자체적으로 뽑아 보내고 복마卜馬 및 10일분의 군량 운송마는 남관南關에서 변통하여 마련하되 고세가를 거두어 인마를 모집하여 보낸다. (하략)

이상의 파병절목을 요약하면 포수 100명과 화병 20명 등 도합 120명을 함경북도에서 선발하고 군장을 지급하며, 중앙에서 선발된 총지휘관인 영장과 초관에게 복마와 자장목을 지급하도록 규정하고 있다. 회령에서 영고탑까지의 행군에 필요한 군량미 10일분의 대책이 명시되어 있고 그 외에 출정 병사들의 가족에 대한 대책과 출발일자 등을 자세히 명기하였다. 영고탑 도착 이후에는 청에서 지원하도록 하였다. 이어 탄약은 1인당 100방放을 사격할 수 있는 분량을 지급하도록 추가로 지시하였다.[29]

조선 조정이 신속하게 파병을 결정한 것은 청의 강력한 요청도 있었지만 국내적으로는 나선 정벌에 참전함으로써 청군의 전력을 확인하고 당시 양성하고 있던 조선군의 전력을 시험할 기회를 갖고자 하는 의도가 있었다. 이에 파병 부대의 지휘관으로 함경도 북병영 병마우후 변급을 임명하고 그 휘하에 100명의 포수와 화병, 기고수 등 여러 지원 병력을 포함한 152명으로 파병 부대를 편성하였다.

조선군 파병부대는 1654년(효종 5) 3월 26일(양 5월 12일) 함경도 회령에서 두만강을 건너 화룡-연길-왕청을 경유하여 8일간의 행군 끝에 영고탑에 도착하였다. 영고탑에 도착한 조선군은 청군과 합세후 다시 북쪽으로 100리를 행군하여 목단강에

29 『비변사등록』 17책, 효종 5년 2월 2일.

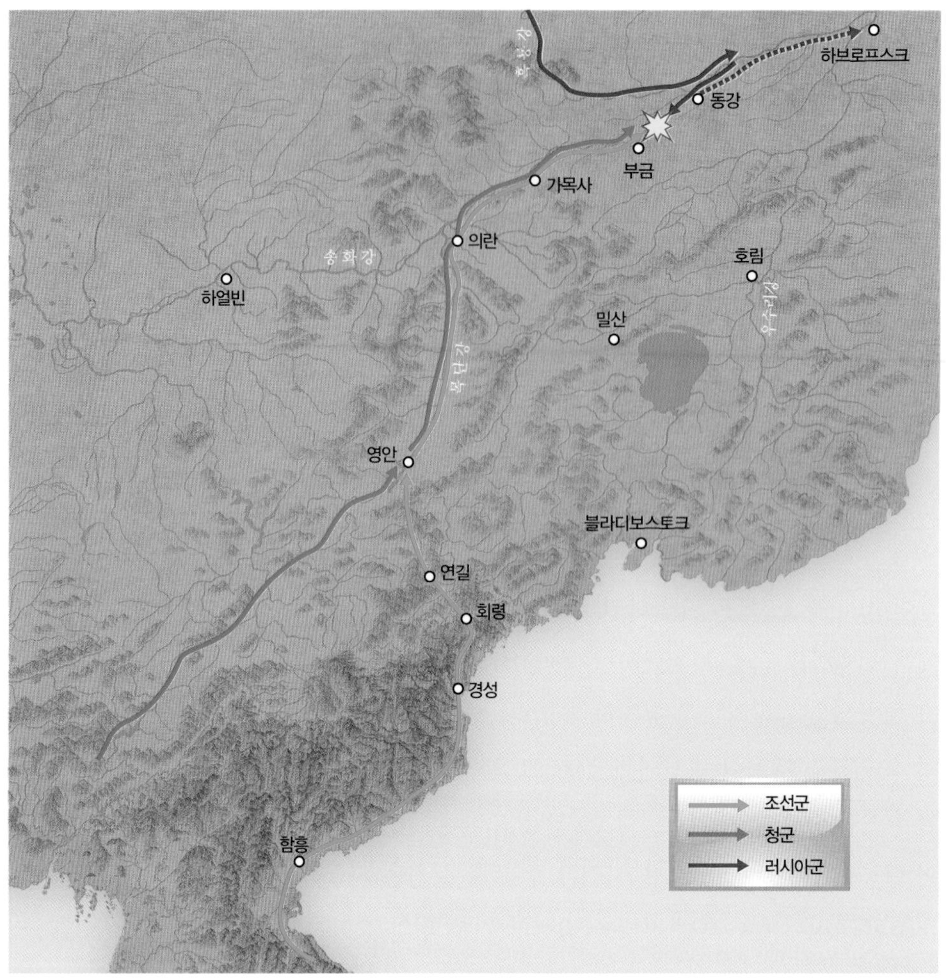

제1차 나선정벌

이르러 배를 타고 목단강이 송화강과 합류하는 지점인 의란依蘭에 이르렀다. 당시 조선과 청나라 연합군 1,000여 명은 4~5명이 승선 가능한 소선과 17명이 승선하는 대선 20척에 분승하여 의란에서 5일간 항해하여 후통강厚通江으로 내려가다 흑룡강에서 거슬러 오는 러시아 군대와 4월 27일(양 6월 11일) 조우하였다.

당시 러시아 군은 약 370명의 규모로 300석 크기의 대선 13척, 소선 26척에 승선하고 있었다. 러시아 측에 비해 대단히 작은 배를 탄 조청 연합군은 바로 대적하지 않고 강변의 높은 언덕에 통나무 진지를 구축하고 그 속에서 조선군 포수가 사격을 하는 전술로 맞섰다. 러시아 선박이 공격할 태세를 갖추자 조선군 포수들은 언덕에서 아래로 집중적인 조총 사격을 가하여 러시아 군에 많은 피해를 입혔다. 이에 러시아 군이 5월 2일(양 6월 16일) 많은 부상자를 내고 퇴각하기 시작하자 조청 연합군은 5월 5일(양 6월 19일)까지 계속 추격하여 수차례 교전으로 많은 피해를 입혔다. 러시아 군이 흑룡강을 거슬러 도망하자 추격을 멈추고 본진으로 돌아와 흑룡강 가의 작은 섬에 둘레 5리 정도의 작은 토성을 쌓아 유사시에 대비하도록 하였다. 그리고 조청 연합군은 6월 13일(양 7월 26일) 영고탑으로 복귀하였고 조선군은 8월 3일(양 9월 13일) 조선으로 귀환하였다.

제1차 흑룡강 출병은 군사적으로 결정적인 승리를 거둔 것은 아니었지만 조선군 조총 부대의 활약으로 러시아군을 격퇴함으로써 소기의 목적을 달성할 수 있었다. 특히 전투에서 조총의 유효성이 유감없이 발휘되어 인조대 후반 이후 나타난 조총 중심의 군사제도 개편이 적절하였음을 입증하였다.[30] 아울러 효종대 북벌을 위한 군사력 증강이 상당한 성과를 내었음을 확인할 수 있었다.

제1차 흑룡강 출병 이후 효종은 북벌을 위한 군사력 강화에 박차를 가하였다. 이러한 상황에서 1658년(효종 9) 3월 청나라의 사신 이일선이 조선군의 파병을 요청하는 황제의 칙서를 가지고 입국하였다. 사신을 통해 청나라는 조선에 200명의 포수와 함께 파병 기간에 필요한 5개월 치의 군량 및 일체의 보급을 조선이 부담할 것을 요구하였다.[31] 이와 같이 파병 규모가 커진 것은 제1차 파병을 통해 조선군 포수의 뛰어난 전투 능력을 확인한 것과도 관련이 있지만 기본적으로 당시 흑룡강 일대의 러시아 세력의 동향이 심상치 않은 것과 직접 관련이 있다.[32] 스테파노프의 러시아 군은 1655년 흑룡강 상류의 쿠마르스크Kumarsk 요새에서 청의 도통都統 밍안달리明安達禮가 이끈 우세한 청의 군사를 맞아 치열한 전투 끝에 물리쳤다. 청의 군사를 물리친 스테파노프는 이후 본격적으로 흑룡강 전역과 송화강 하류에 대한 모피세 징수와 식량 조달을 감행하는 등 이 지역에 대한 영향력을 확보하기 시작하였다. 이에 더하여 1657

---

30 노영구, 「인조초 ~ 丙子胡亂 시기 조선의 전술 전개」 『한국사학보』 41, 2010.

31 『同文彙考』 原編 76, 「軍務」.

32 제1차 흑룡강 파병 이후의 동향에 대해서는 박태근, 앞의 논문, 1981, 247~248쪽 참조.

년에는 송화강 내륙 깊숙이 들어와 청군과 교전을 벌였다. 이에 당황한 청나라는 러시아 세력의 확산을 저지하기 위해 대규모 반격 작전을 준비하였다. 이를 위해 병력과 화력의 증강 및 수상전을 위한 대형 선박의 건조, 그리고 보급의 확보를 추진하였다. 그 일환으로 조선의 출병 규모를 확대하고 군량 등 보급도 조선이 부담할 것을 요구한 것이었다.

청의 요청을 받은 효종은 이를 즉시 수용하고 파병 부대 편성에 착수하였다. 파병 부대 지휘관으로 함경도 북병영의 병마우후 신유申瀏가 임명되었다. 그는 휘하 지휘관으로 초관哨官 2명을 뽑고 함경북도의 아홉 고을에서 200명의 포수를 선발하였다. 아울러 군관 2명, 통사 2명, 화병 20명, 수솔 38명 등 모두 265명의 파병 부대를 편성하였다.[33] 파병 부대의 편성과 군량 조달, 조총 수급, 전마의 지급 등에 대한 구체적인 지침은 그해 3월 4일(양 4월 6일) 작성된 「함경북도포수영고탑입송절목」에 자세히 나타나 있다.[34]

파병 부대는 5월 1일(양 6월 1일)과 2일 회령에서 두만강을 도하하여 화룡-연길-왕청을 경유하여 5월 9일(양 6월 9일) 영고탑에 도착하여 다음날 청군과 합류하였다. 조청 연합군은 5월 12일(양 6월 12일), 선박에 분승하여 목단강 하류로 항진하여 15일(양 6월 15일)에는 송화강과 합류하는 의란에 도착하였다. 당시 청군은 송화강 상류 선창에서 대형 선박을 건조하고 있었으므로 이를 기다리며 조총 사격 훈련 등을 실시하였다. 6월 2일(양 7월 2일) 선박이 도착하여 선단을 구성하였는데 이 선단은 기선旗船 등 4척, 대·중형 선박 36척, 중·소형 선박 12척 등 모두 52척으로 편성되었다. 조선군을 포함하여 당시 연합군의 병력은 갑병甲兵 1,000명, 화기병火器兵 400명, 수병手兵 600명 등 2,000명으로 구성되었고 여기에 지휘관 등을 포함하여 총 2,500명 정도였다. 그리고 대소 선박에는 중소형 화포 50문을 장착하고 있었다. 한편 러시아 측은 대형 선박 11척에 병력은 약 500명이었다.

6월 5일(양 7월 5일) 조청 연합군은 전선에 승선하여 송화강 하류를 따라 항진하여

---

33 『國譯 北征日記』(박태근 역주), 한국정신문화연구원, 1980, 56~58쪽.

34 『謄錄類抄』, 交隣 3, 효종 9년 무술 3월 초4일. 이에 대해서는 반윤홍, 앞의 논문, 2001, 137~141쪽에 자세하다.

10일(양 7월 10일) 저녁 무렵에 송화강과 흑룡강이 합류하는 지점에서 러시아 선단과 조우하였다.[35] 당시 러시아 전선 11척은 수적으로 열세였으므로 스테파노프는 일단 정면 대결을 피하고 하류로 일시 물러났다가 전투 대형을 갖추고 아울러 강안 좌우에도 병력을 포진하는 수륙양용작전을 함께 펼쳤다. 이에 조청 연합군의 전선은 접근하며 일제히 대포를 발사하여 러시아 선단을 압박하기 시작하였다. 러시아 전선에서도 대포를 쏘며 대응하였으나 러시아 선단에 근접한 조청 연합군이 각종 화약무기와 화전을 집중 발사하자 점차 전세는 조청 연합군에 유리하게 전개되었다.

특히, 선두에서 맹렬한 조총 사격을 실시한 조선군의 공격은 매우 효과적이었다. 결국 러시아군은 전의를 상실하여 배 속에 숨기도 하고 또는 배를 버리고 육지로 도주하기도 하여 조직적인 저항을 할 수가 없었다. 조청 연합군은 러시아 전선에 쇠갈고리를 던져 끌어당겨 올라타 러시아 전선을 장악하였고 강변으로 도주한 러시아 군을 향해 사격을 가하여 양측에서 총격전이 벌어지기도 하였다. 이어 기병의 돌격으로 러시아 군을 압박하였다. 이 전투에서 러시아 선단 11척 중 10척이 불타고 겨우 1척만이 러시아 패잔병을 태우고 어둠을 틈타 탈출하였다. 이 전투의 조청 연합군 측 희생자는 조선군이 전사 8명, 부상 25명이었고 청군은 전사 120여 명, 부상 200여 명이었다. 러시아 측은 사령관 스테파노프 등 270명이 전사하고 포로 및 투항자가 50명이었으며, 배 1척에 탄 95명을 포함하여 180명만이 간신히 탈출할 수 있었다. 아울러 3,000여 장의 담비 가죽 등 많은 물자도 노획되거나 파괴되는 큰 피해를 입었다.

흑룡강의 전투 이후 조청 연합군은 6월 24일(양 7월 24일) 송화강과 목단강이 합류하는 의란으로 이동하여 한 달여 동안 주둔하였다. 조선군은 8월 18일(양 9월 15일) 귀국길에 올라 8월 27일(양 9월 24일) 회령의 행영으로 복귀하였다. 이후 청군은 러시아 군을 계속 압박하여 이듬해에는 러시아 세력의 거점인 야케사[雅克薩]성 즉 알바진을 수복하였다.

두 차례 이루어진 조선군의 파병과 흑룡강 일대의 전투는 단순한 국지전의 승리가 아니라 조선군 조총 부대의 주도적 역할로 러시아의 동아시아 진출을 처음으로 일시

35 이하 전투의 구체적인 양상에 대해서는 박태근, 앞의 논문, 1981, 250~251쪽 ; 中國人民革命軍事博物館 編著, 『中國戰爭發展史(上)』, 人民出版社, 2001, 501쪽 참조.

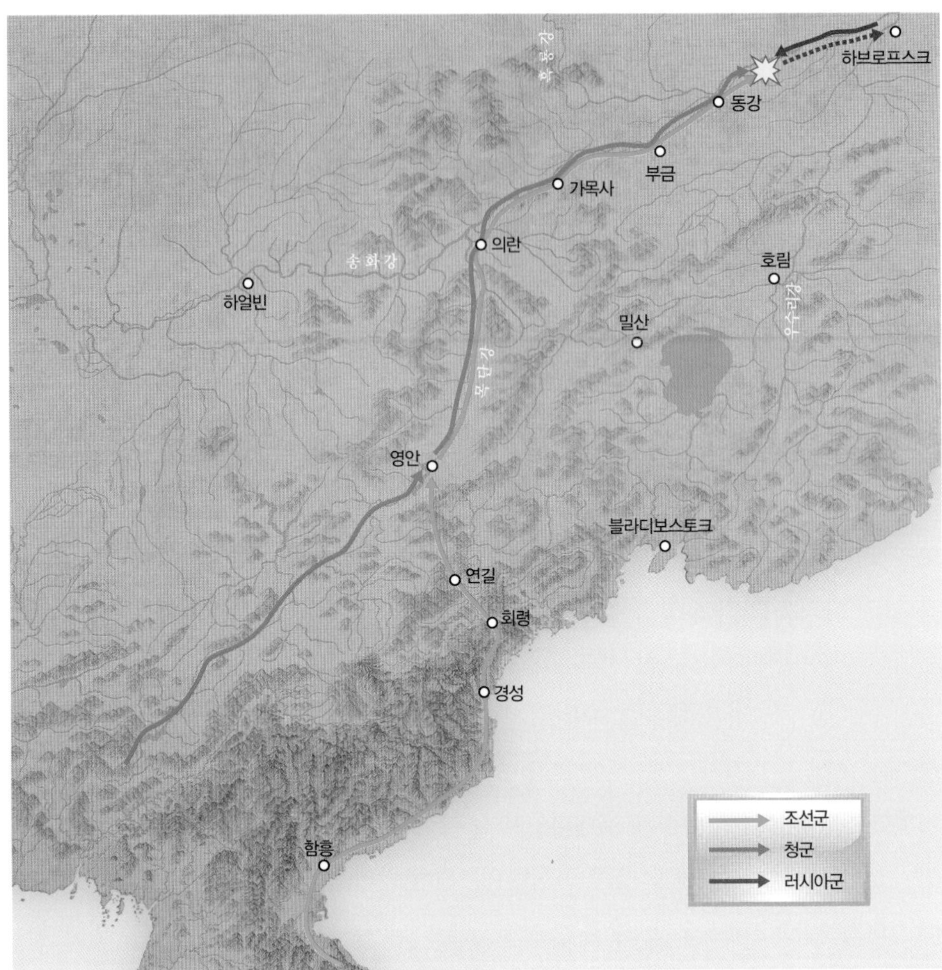

제2차 나선정벌

저지하였다는 점에서 역사적인 의미가 적지 않다. 이를 통해 확장 일로에 있던 러시아 세력은 1680년대 초까지 한동안 흑룡강 상류 지역을 넘어 중하류 및 송화강 일대로 다시 진출하지 못하였다.[36] 아울러 이 전투는 동아시아 전쟁사적으로도 적지 않은 의미가 있다. 제1차 파병 이전에 일어난 오찰랍烏札拉의 전투에서 보듯이 전원이 새로운 개인 화기, 즉 화승火繩을 사용하지 않고 부싯돌과 부시에서 나온 불꽃을 이용하

36 1680년대 야케사(雅克薩) 성을 둘러싼 러시아와 청나라의 대규모 전투와 동원 화기 등에 대해서는 王兆春, 앞의 책, 1991, 261~265쪽 등에 자세하다.

여 격발하는 이른바 수석식燧石式 소총Flintlock 등으로 무장한 러시아 군에 대해 화기의 지원이 부족한 청 기병의 정면 공격은 무력함을 드러냈다.

즉 다른 무기의 도움 없이 화기만으로도 기병의 돌격을 완벽하게 저지할 수 있는 새로운 전쟁 양상이 나타났음을 의미한다. 조총병으로 이루어진 조선군의 두 차례의 파병과 청군의 화포 도입 등은 화기 중심의 새로운 전쟁 양상이 이후 보편화됨을 보여준다. 실제 1580년대 야케사[雅克薩] 성을 둘러싸고 러시아와 청군이 대규모 전투를 벌일 당시에도 청군은 홍의포紅衣砲(홍이포) 등 다량의 대형 화포와 각종 화전火箭 등을 동원하여 야케사 공격전에 사용하여 큰 성과를 거두기도 하였다.[37] 2차 파병 전투에서 조선군의 지휘관인 신유가 이 신형 소총의 입수에 노력하여 노획한 소총 중에서 1정을 입수하여 귀국한 사실에서 당시 조선인들이 새로운 전투 양상을 매우 인상적으로 받아들였음을 알 수 있다.[38]

37 中國人民革命軍事博物館 編著, 앞의 책, 2001, 502~504쪽.

38 이강칠,「조선 효종대 羅禪征伐과 被我 鳥銃에 대한 小考」『고문화』 20, 1982.

제2절

효종대 중앙 군영의 정비와 증강

1. 어영청(御營廳)의 정비

1651년(효종 2) 말 친청 세력의 숙청과 함께 본격적인 군영 정비와 확장에 착수하게 된다. 우선 어영청의 정비에 본격적으로 착수하게 된다. 어영청의 정비는 효종의 신임을 받는 어영대장 이완의 주도하에 이루어졌다. 조선-청 전쟁(병자호란) 직전 이미 6천 명에 달하였던[39] 어영군은 조선-청 전쟁에서 활약하였고 전쟁 이후 청의 명 금주 공격전에 파병되는 등 그 역할과 중요성을 인정받았다. 이에 1639년(인조 17)에는 7천여 명으로 약간 인원이 증가되었고 6번으로 나누어 1번에 1,100명씩 번상하도록 하였다.[40]

1643년(인조 21)에는 기존의 제조, 어영대장 이외에 훈련도감의 예에 따라 도제조를 두는 등 지휘체제를 정비하여 사실상 군영체제를 갖추었다.[41] 그러나 인조대까지 어영군은 특별한 일이 없으면 겨울철인 10월 15일에 번상하여 이듬해 2월 16일까지 교대로 번상하는 제도를 가졌으므로 어영청은 겨울철 이외에는 도성에 항시 상주하는 군병을 확보하지 못한 군영이었다. 다만 어영군의 근무 조건이 5, 6년에 한 차례

39 『인조실록』 권31, 인조 13년 10월 을미.
40 『인조실록』 권39, 인조 17년 7월 병자.
41 『인조실록』 권44, 인조 21년 5월 신해.

상번하는 등 그 역이 다른 병종에 비해 수월하여 조선-청 전쟁(병자호란) 이후 어영군에 속하려는 자가 많아 여러 문제점이 나타나고 있었다.[42] 1651년(효종 2) 무렵에는 이미 어영청 군병 원호元戶가 1만 6천에 달하고 있는 것을 보면 어영군의 규모는 인조대 후반부터 꾸준히 증가하고 있었음을 알 수 있다.[43]

이완 교지(경기도박물관)
이완을 경기수군 절도사로 임명하는 문서이다.

어영대장 이완은 1652년(효종 3) 정월 어영청 개혁에 대한 구체적인 방안을 제시하였다. 이에 의하면 첫째 본병本兵 1만 6천여 명이 교대로 상번하는데 필요한 비용은 보인保人을 지정하여 이들에게서 받자는 것이었다. 아울러 기존 군병 중에서 정장精壯한 자를 선발하여 어영군의 정예화를 기하고자 하였다. 두 번째, 겨울에만 도성에 상번하는 체제에서 1년 내내 상주하는 체제로 번상 제도를 변경하자는 것이었다. 마지막으로 군영에 도제조를 두는 등 훈련도감과 같은 체제로 개편하자는 것이었다.[44] 이 개혁안은 그해 6월 어영군 증액과 임원 개편으로 완성되었다.

1652년(효종 3) 6월의 개혁안은 먼저 어영군의 정액을 2만 1천여 명으로 증원하도록 하고 이들에게 각각 보인 3명씩을 지급하도록 하였다. 이 시기 증액은 기존의 군사 중에서 우수한 자를 선발하고 추가하여 새로운 군사를 모집한 것이었으므로 어영군의 정예화에 기여하였다. 아울러 번상 체제도 1년에 2개월씩 6번으로 나누어 한 차

---

42 『비변사등록』 13책, 인조 27년 4월 21일.

43 『비변사등록』 15책, 효종 3년 정월 13일. 인조대 후반 어영군의 규모에 대해서는 논란이 있다. 최효식은 이미 인조 24년경에는 2만 명에 달하고 군영이 창설되었다고 주장하고 있다(최효식, 『조선후기군제사연구』, 신서원, 1995, 31쪽). 이에 대해 이태진, 차문섭은 효종 3년 어영청 개혁으로 어영군의 군액이 3배 증가한 21,000명이 된 것으로 이해하고 있다(이태진, 앞의 책, 1985, 165쪽 ; 차문섭, 『조선시대 군사관계 연구』, 단국대학교 출판부, 1995, 45쪽). 인조대 후반 어영청의 급격한 증강을 보여주는 기사가 연대기에 보이지 않는다. 어영청 연혁에 대한 자료에도 대부분 효종대 증강을 특기하고 있고 『효종실록』의 효종 3년 6월 기사조에 어영군 증치 사실을 특기하고 있는 것을 보면 어영군의 군액 증가가 완료된 시점을 효종 3년으로 보는 것이 타당할 것이다.

44 『비변사등록』 15책, 효종 3년 정월 13일.

이완 신도비

례에 1,000명씩 번상하게 함으로써 도성에 어영군이 항상 상주하도록 하였다. 이 경우 21번으로 편성된 어영청 군사는 3년 반 만에 2달씩 근무하게 된다. 3명의 보인 중 1명에게는 번포番布를 징수하여 어영군이 상번하기 위해 오갈 때 필요한 경비로 삼게 하였다. 나머지 보인 2명(일명 관보官保)은 포 2필이나 쌀 12두를 거두어 어영군이 한성에 번상하는 동안의 비용을 맡게 하였다. 이렇게 모인 포는 2백여 동, 쌀은 1만 3천여 석으로 호조 재정의 도움 없이 어영청이 자체적으로 필요 경비를 조달하는 재원으로 사용되었다. 어영군의 규모가 증가하고 도성 상주 군영으로서 그 정치, 군사적 중요성이 커지자 어영청 임원도 확대 개편되었다. 어영대장 이외에 대신 겸임의 도제조 1원, 병조판서 예겸의 제조 1원을 두었다. 또 어영청 재정의 규모가 커져 호조 재정에 의존하지 않고 자체적으로 필요 경비를 조달함에 따라 문관과 무관의 낭청을 각각 1원씩 두어 군병의 양향糧餉을 나누어 관리하도록 하였다.[45]

이 개혁에 의해 어영청은 도성 상주 군병 1,000명을 확보하고 훈련도감과 함께 국왕을 호위하는 주요 군영이 되었다. 상주 군영화됨에 따라 군영 건물과 군창軍倉도 새로 마련하여 면모를 일신하였다. 아울러 군영이 스스로 모집한 관보官保를 통해 자체 내에서 번상 군병에 대한 급료와 군영유지에 필요한 경비를 해결하였다는 점에서 당시의 어려운 재정 상황에서 우수한 군사제도로 평가되었다. 이는 한성에 상주(장번長番)하는 급료병에 의해 유지되어 많은 재정이 소요되었던 훈련도감과 비교되었다. 어

45 『효종실록』 권8, 효종 3년 6월 기사.

영청 제도는 이후 현종대 훈련별대와 숙종대 이를 확대 개편한 군영인 금위영 창설의 모델이 되었다. 특히 어영청 제도는 번상하는 군병에게만 급료를 지급하고 나머지 군병에게는 급료를 지급하지 않으므로 소수의 병사를 유지하는 비용으로 다수를 훈련시켜 유사시 대규모 군사를 동원할 수 있다는 점에서 당시의 어려운 재정 상황에서 매우 유용한 군사력 강화 방안이었다.

10만의 정예 포수를 중심으로 북벌을 구상하고 있던 효종의 입장에서 어영청 제도는 단기간에 정예 군병을 확보할 수 있는 매우 좋은 대안이었다. 다만 청의 기병에 대응하기 위해서는 보병인 포수를 중심으로 편성된 어영청 체제만으로는 한계가 분명하였다. 실제 효종대에는 기병에 대응하기 위한 다양한 전술이 제기되었다.[46] 이 일환으로 어영청에 기존의 포수 이외에 기병과 대형 화포병 등 새로운 병종을 추가하는 것이 요구되었다.[47] 조총 보병인 포수만으로 이루어진 어영군의 능력을 극대화하기 위해서는 먼저 적정한 규모의 기병 부대를 양성할 필요가 있었다. 기병을 통해 청군의 기병 돌격 등을 견제하고 아울러 이들을 어영청 포수의 화망이 준비된 곳으로 유도할 전술적 필요성이 있었다. 이를 위해 1658년(효종 9), 황해도 각 고을에서 약 300명의 기병을 확보하여 별마대別馬隊를 창설하였다. 그리고 14번으로 나누어 이듬해부터 번상하도록 하였는데, 이들은 어영청 기사장騎士將의 통솔을 받았다. 별마대 창설과 동시에 대포를 전문적으로 다루는 별파진이라는 포병 부대를 창설하였다.

별파진은 화약장과 어영청의 아병牙兵 중에서 대포를 다룰 줄 아는 자를 중심으로 전투병을 편성하고 여기에 보조 인원을 두었다. 구체적으로 경안잡색 중의 화약장 470인, 아병 114인과 함께 개성부의 차비군 160인과 황주의 태졸駄卒 223인을 두어 화포 및 화약, 포환 등의 운송을 담당하도록 하였다. 이들의 양성에 필요한 경비는 별파진보別破陣保를 추가로 할당하여 충당하였다. 어영청에 대형 화포를 다루는 군병을 둔 것은 당시 조총이 약 100보 정도의 유효 사정거리를 가진 한계로 인해 적 기병의

46 예를 들어 군사들에게 무명 자루를 지참하게 하여 적의 기병을 만나면 자루에 흙을 담고 쌓아 보루를 만들어 적 기병의 돌격에 대응하는 전술이 훈련대장 이완에 의해 제시되기도 하였다(『효종실록』 권17, 효종 7년 10월 무인).

47 『현종개수실록』 권10, 현종 4년 11월 무인.

돌격을 조총 사격만으로 완전히 저지하기 어려운 상황을 극복하기 위한 것이었다.[48]

2. 금군(禁軍)의 확장과 개편[49]

어영청의 강화와 함께 효종은 국왕의 경호병인 금군의 강화에 착수하였다. 어영청 개편이 일단락된 1652년(효종 3) 8월, 효종은 병조판서 박서에게 600여 명의 금군을 모두 기병으로 편성하여 전투력을 높일 것을 명령하였다. 당시 금군 중에서 스스로 말을 준비한 자가 200명밖에 되지 않은 상황이었으므로 서울 교외의 살곶이 목장과 지방의 분양마分養馬를 택하여 지급하도록 하였다.[50] 금군의 기병화는 국왕 호위체제의 강화와 함께 당시 강조되는 기병 강화 움직임과도 짝을 같이 하는 것이었다. 효종은 기병의 확대와 함께 기병의 전술 개발과 무기 체제 개선 등에도 관심을 기울였다. 효종은 당시 조선의 기병들은 말을 달리면서 활을 쏘는 기사騎射를 할 때 말에 상체를 노출시키는 경우가 대부분으로 적의 화살에 맞기 쉬운 문제점이 있어 이를 고치도록 하였다. 그 외에도 청군의 병기에 대처하기 위해 기병은 자루가 짧은 검으로 무장할 것을 제안하기도 하였다.[51]

금군의 기병화와 함께 금군 제도에 대한 전면적인 개편에도 착수하였다. 당시 금군은 병조판서의 지휘하에 있었으나 내금위, 겸사복, 우림위 등 이른바 내삼청內三廳으로 일컬어지는 세 부대로 나뉘어 있어 일원적으로 지휘하는데 어려움이 있었다. 또한 1/3에 해당하는 200여 명이 별무사 등 타관을 겸직하고 있어 금군에 충실하기 어려운 상황이었다.[52] 효종은 내삼청으로 분리되어 있던 체제를 좌·우 별장을 새로 임명하

---

48 실제 근세 유럽의 야전에서도 머스켓 총의 사정거리 한계(100m 내외)로 인해 비록 정확성은 떨어졌지만 무거운 포환을 원거리(500~1,000m)까지 사격하여 적의 밀집 대형을 격파할 수 있는 야전포의 중요성이 매우 높았다(Bert S. Hall, *Weapons and Warfare in Renaissance Europe : Gunpowder, Technology, and Tactics*, The Johns Hopkins University Press, 2001, p.151).

49 효종대 금군 확대에 대해서는 다음의 연구를 참조. 이태진, 앞의 책, 1985, 169~170쪽 ; 최효식, 「용호영에 대하여」『경주사학』 4, 1985.

50 『효종실록』 권9, 효종 3년 8월 임자.

51 『효종실록』 권9, 효종 3년 9월 임신.

여 두 사람이 나누어 맡도록 개편하였다. 이에 따라 629명의 금군을 6번으로 나누어 1, 2, 3번의 315명은 좌별장, 4, 5, 6번의 314명은 우별장에게 소속시켰다.[53] 그리고 금군에 소속되어 있으면서 다른 관직, 예를 들어 어영청 소속의 별초무사 73인, 겸선전관 11인 등의 관직을 겸하고 있는 자 중에서 훈련습독 등 일부를 제외하고는 모두 겸직을 혁파하고 금군직에 전념하도록 하였다.[54]

금군의 기병화와 금군 체제의 개편이 마무리되자 1655년(효종 6) 4월에는 기병 증강 정책의 일환으로 371원을 더 뽑아 금군을 1천으로 확대하였다. 이때 호조는 1년에 거두어들이는 전삼세田三稅가 쌀이 11만 2천여석이고 콩이 3만 9천여석인데, 이미 쌀 10만석, 콩 4만석이 급료 지급에 소요되는 상황에서 추가적인 금군 확대는 어렵다고 난색을 표하였다. 그러나 효종은 긴요하지 않은 관직을 줄여서라도 금군을 1천으로 확장하게 하였다.[55] 금군 군액을 1천으로 확장하고 1년이 지난 후에는 금군에게 전마 300필을 나누어줌으로써 금군의 전원 기병화가 완성되었다.[56]

3. 훈련도감의 증강

어영청과 금군의 개편과 강화에 이어 효종은 훈련도감의 증강에도 착수하였다. 우선 훈련도감의 궐액을 보충하기 위해 3년을 단위로 정기적으로 실시하는 도감군 충원 방식인 승호제陞戶制 방식에 더하여 1652년(효종 3)에는 부정기적으로 각 지방에 산재한 포보砲保를 승호하여 도감군에 충원하는 별승호別陞戶를 확대 실시하였다.[57]

이와 함께 1653년(효종 4) 10월, 어영대장 이완을 훈련대장으로 임명하고 훈련도

52 『비변사등록』 15책, 효종 3년 8월 28일.
53 『승정원일기』 124책, 효종 3년 8월 29일 무진.
54 『효종실록』 권8, 효종 3년 8월 무진.
55 『효종실록』 권14, 효종 6년 4월 계유.
56 『효종실록』 권17, 효종 7년 7월 갑자.
57 『훈국사례촬요』 하권, 砲保, 효묘조 3년 7월 25일.
훈련도감의 승호, 별승호 제도에 대해서는 김종수, 『조선후기 중앙군제연구 ; 훈련도감의 설립과 사회변동』, 혜안, 2003, 102~109쪽 참조.

내수사 터(서울 종로)

감의 확대 개편에 착수하였다. 그러나 훈련도감군은 국가에서 공식적으로 실시하는 모병 또는 징병에 의해 선발되어 한성에 거주하면서 급료와 급보를 지급받으며 상비군으로 근무하는 이른바 장번長番급료병이었다. 따라서 훈련도감 군의 급격한 확대는 재정적 부담 때문에 당시로서는 매우 어려웠으므로 어영청과 같이 훈련도감군의 확대는 곧바로 이루어지지 않았다. 다만 이듬해 당시의 기병 강화와 관련하여 마병 1초(120명)의 증액이 이루어져 기존의 5초와 함께 훈련도감의 마병은 6초가 되었다. 마병의 증액은 보군보다 보인도 1명을 더 할당하고 급료도 더 지급해야 하는 등 유지하는데 비용이 더 들었지만 당시의 기병 강화 추세에 따라 증원된 것이었다. 이 마병의 규모는 이후에도 큰 변동 없이 유지되었다. 재정적인 어려움으로 인해 훈련도감군의 추가적인 증원은 곧바로 이루어지지 못하였다.

1652년(효종 3)부터 본격화된 중앙 군영 강화 등 군비 확충에는 많은 재정이 필요하였다. 이에 효종은 군사재정 마련을 위하여 노비추쇄사업을 추진하였다.[58] 이 사업의 직접적인 동기는 강화도의 보堡 설치에 필요한 인적, 물적 자원을 확보하는 것이었다. 1655년(효종 6)~1657년(효종 8)에 걸친 추쇄사업으로 각사직공노비各司直貢奴婢, 내수사노비內需司奴婢 등의 은루된 노비의 추쇄를 통하여 12만여 명의 노비를 추가 확보하였다. 효종은 새로이 확보된 노비의 신공을 재정으로 삼아 중앙 군영의 군액 증가를 도모하였다. 효종은 어영군 2만과 함께 훈련도감군 1만 확보를 목표로 삼고 있었다.[59] 이러한 계획하에서 1658년(효종 9) 노비추쇄사업을 통해 확보된 신공을 바탕으로 훈련도감 보군 10초 즉 1천여 명 증액을 추진하였다. 이를 위해 포보 중에서 700명을 승호하도록 하였다.[60] 이렇게 확보된 보군 10초는 전부前部로 편성되어

58 송양섭, 「효종의 북벌구상과 군비증강책」 『한국인물사연구』 7, 2007.
59 『효종실록』 권10, 효종 4년 10월 임오.
60 『효종실록』 권20, 효종 9년 8월 기축.

기존의 보군 좌, 우부 2부 체제에서 3부 체제로 훈련도감의 편제가 변화되었다.[61] 훈련도감 전체 군액은 1657년(효종 8) 5,650여 명에서 이듬해에는 6,350여 명으로 급증하였다.

훈련도감의 군액은 효종의 적극적인 의지에도 불구하고 이후 더 이상 증가되지 못하였다. 1657년(효종 8) 이래로 해마다 한해旱害가 겹쳐 일어나 전국적인 기근이 발생하고 미가米價가 앙등하는 등 재정적으로 매우 어려운 상황이었다. 따라서 호조에서는 갑작스럽게 증가된 훈련도감 군사들에게 지급할 급료를 마련하기에도 매우 어려웠다.[62] 1659년 초, 사족들로부터 포를 거두어 그 대가로 정군의 입역에서 영구히 면제되는 특권을 주자는 이른바 유포론儒布論이 유계兪棨에 의해 제기되는 등 양역변통론이 본격적으로 일어나기 시작한 것은 이러한 어려운 상황이 반영된 것이었다.[63] 아울러 훈련도감 포보의 승호 조치로 인해 그 궐액을 다시 충당하여야 하는 문제가 나타났다.

영릉 무인석(경기 여주)
효종 릉에 있는 무인석으로
효종의 북벌의지를 보여주는 듯하다.

효종대에는 앞서 보았던 어영청, 훈련도감 등 기존의 중앙 군영의 군사를 늘리는 것 이외에도 구군적의 병조 소속 기, 보병 군액에서 호수나 봉족이 채워지지 못한 군호인 이른바 '공호空戶'를 채워 충실하게 하는 정책[공호충정空戶充定]도 함께 추진하였다.[64] 아울러 효종대 전임 영장제 복구와 속오군에 대한 급복 조치 등으로 인해 새로이 한정閑丁을 뽑아내기는 매우 어려운 상황이었다. 따라서 효종대 훈련도감의 증

61 『현종개수실록』 권10, 현종 4년 11월 무인.
62 『효종실록』 권20, 효종 9년 8월 기축.
63 『효종실록』 권21, 효종 10년 2월 임신.
64 정연식, 『조선후기 '役摠'의 운영과 良役 變通』 서울대학교 박사학위논문, 1993, 15쪽.

강이 보군과 마군 1,000여 명에 그치고 목표로 하였던 훈련도감군 1만명을 채우는 데에 실패한 것은 어려운 재정 여건과 군역 자원 충원의 어려움 등 당시의 여러 상황에 따른 것이었다. 1659년 국왕 효종의 갑작스러운 서거 이후 국가 재정의 어려움을 고려하여 훈련도감 군액 감축 및 훈련도감 폐지 등의 논의가 나타났다.

제3절

효종대 수도권 방어체제 개편

1. 수어청 정비와 남한산성 방어체제 강화[65]

효종은 즉위 이후 장기 전략으로 북벌을 추진하는 것과 함께 청의 현존하는 위협에 대비한 단기 전략으로 강화도와 남한산성 등 수도권 지역의 전통적인 보장처(국왕의 전시 피난지) 정비에 우선 착수하였다. 이는 청나라와 맺은 정축화약에서 서북(평안도) 지역 성지城池를 새로 수축하거나 신축하지 못하게 한 규정과 청 사신의 감시로 인해 이 지역 방어체제를 갖추기 어려웠던 상황과 관련이 있다.[66] 남한산성은 북방의 침입이 있을 경우 한성을 가운데 두고 강도(강화도)와 기각지세를 이루어 적군의 남하를 견제할 뿐만 아니라 하삼도의 동원 병력이 이곳에 집결하여 반격을 하는 거점으로 중시되던 곳이었다. 따라서 청의 지속적인 감시에도 불구하고 조선-청 전쟁 직후부터 남한산성 방어를 위한 준비는 꾸준히 계속되었다.

조선-청 전쟁이 끝난 이듬해인 1638년(인조 16) 10월, 특진관 이시백의 건의로 남한산성의 군량 확보를 위해 여주, 이천, 양근, 지평砥平[67] 등 인근 네 고을의 선혜청 전

65 효종대 수어청과 남한산성 정비에 대해서는 차문섭, 「수어청 연구」(상·하)『동양학』 6·9, 1976·1979에 자세하다.

66 권내현, 『조선후기 평안도 재정운영 연구』, 고려대학교 박사학위논문, 2003, 101쪽.

67 양근과 지평은 현재의 경기도 양평군. 1908년 양근군과 지평군을 통합하여 양평군을 만듦.

남한산성의 암문

세미 가운데 한성으로 올려 보내는 상납미를 남한산성으로 들여보내어 전쟁에 대비하게 하였다.[68] 남한산성의 군비 확충에도 노력하여 1642년(인조 20)에는 조총 1,600자루, 활 1,000자루, 화살 20,000개와 군량 17,000여 석을 확보할 수 있었다.[69] 그리고 남한산성의 군비확충에 필요한 재원을 마련하기 위해 기존의 영평과 지평의 둔전과 옥구의 염장鹽場 이외에 직산, 이천 등지에 둔전을 추가 설치하였다.[70] 그 외에 조선-청 전쟁 중 남한산성 방어군으로 소속된 각 도의 군사 중 거리가 먼 곳의 군사가 미처 입성하지 못한 문제점을 해결하기 위해 조선-청 전쟁 이후 대구, 안동의 군사를 충주, 청주의 군사로 바꾸도록 하였다.[71]

북벌을 준비하던 효종은 그 준비의 일환으로 즉위하면서 남방 일본의 위협을 구실로 남한산성에 대한 정비에 우선 착수하였다. 1650년(효종 원년) 7월, 1644년(인조 22)에 수어사를 역임하였던 이시방을 수어사로 다시 재임명하였다.[72] 이시방은 이듬해 남한산성에 소속된 충주, 청주 등 홍충도(충청도)의 군사들도 거리상 유사시에 남

---

68 『비변사등록』 인조 16년 10월 18일.
69 『인조실록』 권43, 인조 20년 3월 임오.
70 『만기요람』, 군정편, 수어청, 諸屯.
71 『효종실록』 권6, 효종 2년 6월 무신.
72 이시방은 이귀의 아들로 조선-청 전쟁(병자호란)이후 수어청, 총융청, 훈련도감 등의 군권을 쥐었던 이시백의 동생이었다(이태진, 앞의 책, 1985, 160쪽).

한산성에 입성하기에는 부적절하다고 판단하여 경기의 병력으로 대체할 것을 건의하였다.[73] 이에 총융청 소속의 죽산영竹山營을 남한산성에 소속시키고 충주와 청주의 군사는 충청도로 환속시키되, 죽산영에 속해있는 용인, 양지의 연습군 300여 명은 총융사가 오랫동안 훈련시켜 온 병력이라는 이유로 이에서 제외하였다.[74] 이 조치에 따라서 남한산성은 경기의 2개 영(광주, 죽산영), 강원도의 3개 영(원주, 회양, 강릉), 그리고 충주영 등 모두 6개 영으로 재편되었다.

1655년(효종 6)에는 강원도의 강릉영이 남한산성에서 너무 멀어 군사들이 입성하기 어렵다는 의견이 제시되었다.[75] 이에 1656년(효종 7) 이전까지 강릉영의 군사를 경기의 양주영 군사로 바꾸었다. 따라서 남한산성 소속 진영은 광주의 다섯 고을(광주, 여주, 이천, 양근, 지평) 군사와 죽산진竹山鎭, 양주진楊州鎭 등 경기군과 강원도 원주진과 회양진 등 2진, 그리고 충청도 충주진의 총 16,000명으로 편제되었다. 유사시에는 광주방어사가 경기 3영의 소속 군을 일체 관장하고 다른 도의 군사는 수령이나 영장 혹은 방어사가 거느리고 입성하도록 하였다.[76] 남한산성 소속 군사를 산성에서 가까운 지역 군사로 재편함으로써 병력 동원 시간이 단축되어 남한산성의 보장처로서의 기능이 향상되었다.

남한산성 수비 병력의 조정과 함께 수어청과 남한산성의 지휘체계도 조정하기 시작하였다. 남한산성은 수어청을 설치한 이후 군사 책임자인 수어사와 남한산성 지역의 행정 책임자인 광주부윤의 관계가 때로 애매하여 부작용이 나타났다. 이러한 수어사와 광주부윤의 이원체제를 극복하기 위해 1652년(효종 3) 광주부윤을 수어부사로 삼아 일원적인 체제로 정비하였다. 수어부사인 광주부윤과 수어사 휘하의 행정 담당관인 종사관의 품계가 같고 임무도 비슷하여 논란이 있었으므로 수어부사를 혁파하고 수어사-종사관 체제로 환원하였다.[77]

수비병력 및 지휘체계 정비와 함께 수어청 군사의 편성체제에도 약간의 변화가 나

73 『효종실록』 권6, 효종 2년 6월 무신.
74 『효종실록』 권7, 효종 2년 7월 신축.
75 『효종실록』 권14, 효종 6년 정월 임자.
76 『비변사등록』 18책, 효종 7년 10월 25일.
77 『비변사등록』 15책, 효종 3년 7월 27~30일.

타났다. 1652년(효종 3) 9월, 효종은 이시방에게 명하여 수어청 군사 중 수어사 직할병인 수어 아병守禦牙兵을 포수와 사수를 각각 절반씩 편성하도록 하였다. 이것은 당시 조선군의 무기체계가 조총 등 화포를 중심으로 이루어져 비바람을 만나면 화포 사용이 제한될 수밖에 없는 한계를 가지고 있었던 문제점을 해결하기 위한 것이었다.[78] 실제 효종은 비바람에 대응하기 위해 조선의 궁시(활과 화살) 사격을 중시하여 야전에 유리한 장전長箭을 제작하게 하고 근거리 궁시 사격을 강조하기도 하였다.[79]

이상의 수어청과 남한산성 정비는 1655년 산성 수비군으로 강릉영 군사를 양주영 군사로 교체한 이후에는 특별한 것이 이루어지지 않았다. 이는 수어청의 정비가 일단락되자 1655년 이후 해안 진보의 이설 또는 신설 등 강화도 방어체제 정비에 본격적으로 착수한 것과 밀접한 관련이 있다. 1655년 초 효종은 청나라의 상황이 심상치 않음을 파악하고 북벌 추진을 본격화하기 시작하였다. 따라서 원두표에게 강화를, 이후원李厚源에게 안흥을, 이시방에게 남한산성을, 그리고 홍명하에게는 자연도를 맡겨 방어체제를 정비하게 하였다. 아울러 중앙 군영인 훈련도감과 금군을 증강하고 지방군 강화를 위해 영장제를 복구하고 속오군에 대한 급복 조치를 시행하는 등 북벌을 위한 여러 대책들이 이 무렵 본격적으로 시행되었다.[80] 수어청 정비가 일단락된 것은 이러한 상황이 반영된 것이었다.

2. 강화도 중심의 방어체제 강화

강화도는 한성에 가까운 지리적인 특성과 함께 주변에 발달한 갯벌과 섬이라는 지

---

78 『효종실록』 권9, 효종 3년 9월 신미.
17세기 조선의 화기 중시와 관련 대책에 대해서는 노영구, 「17세기 조선의 火器 발달 추이와 관련 병서의 간행」 『조선의 정치와 사회』, 집문당, 2002, 315~317쪽 참조.

79 『효종실록』 권9, 효종 3년 9월 임신.
효종의 궁시 사격 강조는 17세기 강우, 대풍 등 기후 변화가 자주 일어나던 상황과도 밀접한 관련이 있다. 17세기 기후 변화 양상에 대해서는 이태진, 「'小氷期'(1500~1750년)의 天體 現象的 원인 -『朝鮮王朝實錄』의 관련 기록 분석-」 『국사관논총』 72, 1996 참조.

80 『효종실록』 권14, 효종 6년 정월 임인.

리적인 이점으로 외적 방어에 매우 유리한 조건이었다. 특히, 청의 위협을 받던 조선 후기에는 국왕의 전시 피난지인 이른바 보장처로서 그 전략적 중요성을 띠게 되면서 강화도 방어체제는 일신되기 시작하였다.[81] 인조대 강화도 일대의 군사적 중요성을 인식하여 경기 수영을 이전하고 교동에 삼도통어영을 설치하는 등 군사체제를 정비하기 시작하였다. 그러나 조선-청 전쟁 당시 신형 화포인 홍이포의 지원을 받으며 김포반도와 강화도 사이의 해안 수로인 염하鹽河를 도하하여 공격한 청군에 강화도가 함락되는 것을 통해 인조대까지 강화도는 보장처로서 충분한 방어 능력을 갖추지 못한 상태였음을 알 수 있다. 이는 수영과 삼도통어영 체제에 적합한 진보 등 구체적인 군사시설과 제도 등을 미처 갖추지 못한 것에서 기인하였다.

효종대에는 보장처로서 강화도를 정비하기 위해 두 가지 방향으로 방어체제를 정비하였다. 먼저 강화도 자체의 방어력을 높이기 위해 강화도 해안 일대에 기존 진보를 이설하거나 신설하는 것이었다. 경기 서남부 지역과 강화도 주변 지역의 진보들을 강화도를 중심으로 재편성한 것이 그것이다. 다음으로 강화도를 후원할 수 있는 지역의 군사체제를 확보하는 것으로, 청의 감시로부터 비교적 자유로웠던 서남부 해안 일대에 강화도를 지원할 배후 거점 건설이 추진되었다. 이중에서 후자인 배후 거점 방어체제 정비에 우선 착수하였다.

효종대 강화도 방어체제 정비는 1650년 11월, 강화도 동쪽 해변에 경기 서해안 지역의 풍덕(현재의 황해북도 개풍군 일대), 교하(현재의 경기도 파주시 교하읍 일대), 김포, 통진(현재의 김포시 통진읍 일대), 인천, 부평 등 고을의 군량을 보관할 고을 전용의 창고를 건축하여 변란에 대비하도록 한 것에서 단초가 열렸다.[82] 1652년(효종 3)에는 덕물도(현재의 덕적도)에 둔전을 설치한 것을 시작으로 경기, 충청, 전라도의 진보까지 종심 깊게 연결하는 강화도 중심의 방어태세 강화 작업이 추진되었다.[83] 이 일환으로 1653년(효종 4)에 강화도 염하 수로 이외에 강화도로 진입할 수 있는 통로인 자연도

81 이민웅, 「18세기 강화도 수비체제의 강화」 『한국사론』 34, 1995.

82 『비변사등록』 14책, 효종 1년 11월 23일.

83 『효종실록』 권8, 효종 3년 정월 신묘.
강성문, 「조선후기의 강화도 관방론 연구」 『육사논문집』 56-2, 2000, 175쪽.

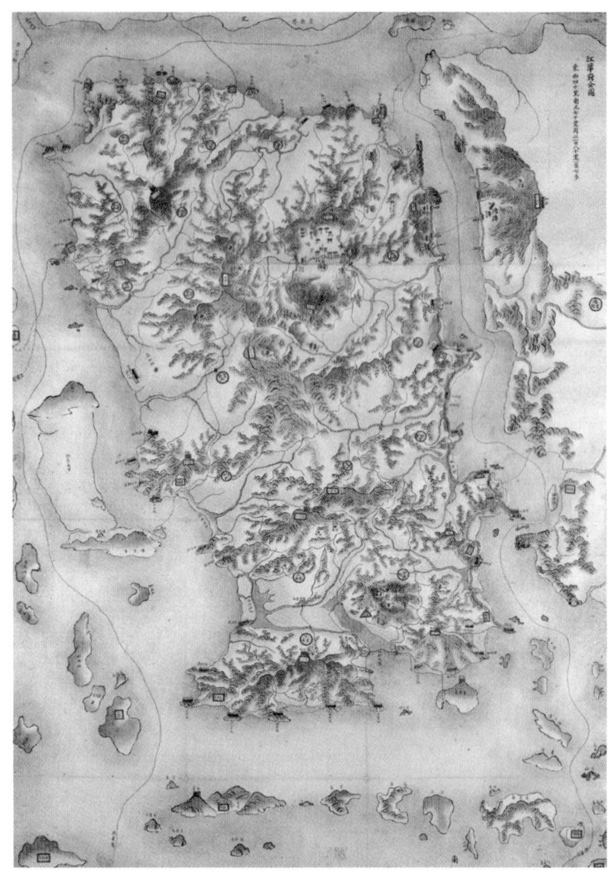

『여지도서』 강화부전도(규장각한국학연구원)

紫燕島(현재의 영종도)를 경유하여 덕포에 이르는 수로의 방어를 위해 남양에 있는 수군만호진인 영종진을 자연도로 이설하였다. 영종진이 자연도로 이동하면서 섬의 이름도 영종도로 개칭하였다.[84]

영종진이 자연도로 옮겨간 목적은 강화도 진입 길목의 수비체제 강화와 함께 강화도 함락시 2차적인 보장처 마련의 목적도 있었다. 영종진 이설과 함께 강화도를 외원外援할 수 있는 지역으로 충청도 안흥이 거론되었다. 이후원은 1652년(효종 3) 9월, 강화도 수비 체제가 아직 충실하지 못하므로 후방에 위치하고 있는 태안반도의 안흥

84 이민웅, 앞의 논문, 1995, 8~9쪽.

에 진을 설치하고 군량미를 비축하여 전쟁시에 대비할 것을 건의하였다.[85] 이에 이듬해인 1653년 5월 안흥진을 설치하고 첨사를 두었으며,[86] 이듬해에는 통영의 군량 1만 석을 안흥진으로 옮겨 비축하였다. 아울러 1655년에는 전라도 격포格浦도 강화도를 후원할 거점으로 인정되어 이곳에 진을 설치하고 성을 쌓아 유사시에 감사가 들어가서 지키는 방안이 논의되기도 하였다.[87]

이처럼 효종 전반기에는 강화도 방어를 위해 청의 감시가 미치지 않는 경기, 충청, 전라도를 잇는 서남부 해안 일대에 강화도를 후원하는 거점을 두어 강화도의 보장처 기능을 강화하고자 하였다.

강화도 배후 거점에 대한 기본적인 정비가 이루어지자 이제 강화도 해안 일대에 진보를 설치하여 강화도 자체의 방어체제를 강화하고자 하였다.[88] 강화도에 진보를 설치하는 방안은 인조대부터 논의되어 현지 답사를 거쳐 진보 설치에 적합한 지역으로 16~17곳이 보고되었다. 특히 조선-청 전쟁 시기 강화도 전투의 현장에서 패전 상황을 직접 경험하였던 효종은 강화 유수영이 섬 안 깊숙이 있어 적의 공격시 해안가에서 적절한 대응을 하기에 어려움이 있었던 문제점을 절실히 인식하고 있었다. 해안선 방어의 이점을 최대로 발휘할 수 있도록 해안선을 따라 진보를 설치하고 군사를 배치하여 효과적인 대응이 가능하도록 하였다.[89] 이에 따라 1656년(효종 7)부터 1658년(효종 9)까지 3년에 걸쳐 강화도 해안을 따라 8개의 진보와 2개의 돈대를 설치하였다.

진보의 설치는 육지에서 강화도로 도하하여 상륙할 수 있는 두 지역을 중심으로 이루어졌다. 한 지역은 월곶에서 갑곶을 거쳐 덕포에 이르는 강화도 동쪽 해안 지역이며 다른 하나는 황해도 연안과 개성의 벽란도에서 한강 하구를 도하하여 상륙이 가능한 강화도 북쪽 해안 지역이었다. 그중 동쪽 해안 지역은 도하 거리가 짧으며 이전의 간척 사업으로 해안선이 단조롭고 갯벌이 상당히 사라져 상륙이 용이하였다. 따라서

85 『효종실록』 권9, 효종 3년 9월 임신.
86 『비변사등록』 16책, 효종 4년 5월 3일.
87 『효종실록』 권14, 효종 6년 5월 병신.
88 송양섭, 「17세기 강화도 방어체제의 확립과 鎭撫營의 창설」 『한국사학보』 13, 2002, 234쪽.
89 『효종실록』 권14, 효종 6년 정월 임인.

용진진(인천 강화) 효종 7년 쌓았고 3개의 돈대를 관리하였다.

동쪽 해안선에 우선적으로 진보가 설치되었다. 1656년(효종 7)에는 인천에 있던 월곶진과 인천에 있던 제물진, 그리고 안산에 있던 초지진이 강화도 동쪽 해안 지역으로 이속되었다. 그리고 용진진과 화도보가 신설되었다. 1657년에는 강화도 북쪽 해안에 인화진과 승천보가 신설되었으며, 이듬해에는 광성보가 동쪽 해안에 신설되었다.[90] 각 진에는 만호, 보에는 별장이 방어 책임자로 임명되었고 군관, 사졸, 방군防軍 등이 배속되어 진보의 수비를 담당하였다.[91]

진보 등 방어체제 정비와 함께 이설한 진보 이외에 신설한 진보의 군병 확보를 위해 강화부의 속오를 조직하고 사노寺奴를 군사로 편성하는 방법 등을 고려하였다.[92] 실제 1652년(효종 3), 각사의 원액 이외의 보인이나 솔정率丁을 조사하여 강화부에

---

90 『강도지』, 「墩隍」.

91 『여지도서』의 기록에 따라 효종 9년 빙현돈대와 철북돈대가 설치되었다는 주장이 있으나(반윤홍, 『조선시대 비변사 연구』, 경인문화사, 2003, 218쪽), 숙종 초 일괄적으로 돈대 건설이 이루어진 것을 고려하면 분명하지 않다. 다만 돈대가 설치되었다는 두 지역에 효종 9년 방어 시설이나 체제가 구축되었을 가능성은 충분히 고려할 수 있다.

92 『효종실록』 권14, 효종 6년 정월 임자.

499인을 이속하는 등의 조치가 취해지기도 하였다.[93] 효종 이후에도 강화도 방어체제 강화 노력은 계속되어 숙종 초에도 강화도 돈대 건설이나 군병 이속, 그리고 강화도를 둘러싼 황해, 충청 지역의 방어체제 정비가 함께 이루어졌다.

93 『효종실록』 권9, 효종 3년 10월 을묘.

제4절

전임 영장제 복구와 지방군의 정비

1. 전임 영장제 복구[94]

1627년(인조 5) 「영장절목」 제정을 계기로 전국적으로 전임 영장營將이 파견되어 지방군의 훈련과 동원, 지휘 등을 담당하였다. 그러나 전임 영장 파견에 따른 폐단으로 인해 조선-청 전쟁 직후 폐지되고 수령이 영장의 임무를 겸하는 겸영장제가 시행되었다. 겸영장제가 실시된 이후에도 속오군에 대한 훈련은 계속 이루어졌지만 영장에 의한 년간 3차례의 습진 훈련은 이루어지지 못하고 수령을 중심으로 각 고을 단위의 훈련에 그쳤다. 또한 감사, 병사와 함께 각 도의 5영이 하는 합동 훈련도 가까운 2~3개 영만 모여 훈련을 하는 등 전임 영장제 혁파 이후 훈련의 성과는 의심스러운 것이었다. 따라서 속오군 포수의 경우 화약을 재는 깃도 모르는 경우가 있을 정도였다. 이는 수령이 영장을 겸하게 됨에 따라 군무에 전념할 수 없었기 때문이다.

영장 폐지 이후 지방군이 약화되자 효종 초부터 전임 영장제를 복구할 것을 주장하는 의견이 나타나기 시작하였다. 1652년(효종 3) 2월에 박서가 전임 영장 파견을 주장한 이후 효종은 영장 파견에 적극적이었으나 당시 논란으로 인해 바로 시행되지는

94 효종대 영장제 복구에 대해서는 허선도, 「조선시대 영장제」 『한국학논총』 14, 1992 ; 서태원, 『조선후기 지방군제연구』, 혜안, 1999 ; 김우철, 『조선후기 지방군제사』, 경인문화사, 2000 등 참조.

못하였다.[95] 1654년(효종 5) 2월, 원두표가 삼남의 16영에 영장 파견을 건의한 것을 계기로 영장 파견이 전격적으로 결정되었다.[96]

전격적인 전임 영장제 복구가 이루어진 것은 수일 전인 2월 초 청나라에서 나선정벌을 위한 병력 지원 요청이 있었던 것과 밀접한 관련이 있다. 영장 파견이 결정된 하삼도의 16영은 다음과 같다.[97]

충청도(5곳) : 홍주, 청주, 공주, 충주, 해미
전라도(5곳) : 순천, 전주, 나주, 남원, 여산
경상도(6곳) : 안동, 상주, 대구, 김해, 진주, 경주

16영에 대한 영장 파견은 한꺼번에 이루어지지는 못하였다. 호남(전라도)의 전주, 나주, 남원에 이어 호서(충청도)의 충주, 공주에 영장이 파견되는 등 순차적으로 이루어졌다.[98] 이는 영장에 적합한 다수의 무반 인재를 찾기가 어려웠던 상황과 밀접한 관련이 있다. 영장 파견이 결정된 다음 달인 1654년(효종 5) 3월 중순에는 총 11개 조항의 「영장사목營將事目」이 반포되어 군사조련의 강화, 속오 군액의 확보 및 정예화, 그리고 영장과 수령의 직무한계의 구분 등이 명시되었다.[99] 「영장사목」을 통해 영장과 수령의 관계에서 군사 부문에 있어 영장 우위의 원칙을 명확하게 하고, 영장에게 수령에 대한 감독권까지 부여하는 등 전임 영장제 정착을 위한 정책적 배려가 제시되었다.

전임 영장 파견을 계기로 남부 지역 지방군의 훈련체계가 정비되고 훈련의 빈도도 높아졌다. 영장 파견 이후 영장 주관하 훈련은 9월부터 이듬해 2월까지 6개월 동안 매월 한 번씩 6회를 하도록 하였다.[100] 이는 인조대 4개월 기간 동안 3차례 훈련을 했던 것에 비해 훈련 빈도가 두 배나 증가한 것이었다. 다만 지역별로 훈련 빈도의 차이

95 『효종실록』 권8, 효종 3년 2월 을사.
96 『효종실록』 권12, 효종 5년 2월 임신.
97 서태원, 앞의 책, 1999, 65쪽.
98 『비변사등록』 17책, 효종 5년 6월 3일.
99 『비변사등록』 17책, 효종 5년 3월 16일.
100 『비변사등록』 17책, 효종 7년 9월 2일.

는 적지 않았다. 전임 영장의 파견은 하삼도의 지방 군사력 강화에 적지 않은 역할을 하였다. 영장 파견을 통한 하삼도 지역의 군사력 강화는 일본의 침입에 대비한다는 측면도 있었지만, 궁극적으로 북벌 추진을 위한 군사력의 확보와 함께 청과의 전쟁시 남한산성 등 수도권에 집결하여 반격하는 군사력 확보라는 측면에서 의미를 가진다. 한편 전임 영장이 파견되지 않은 지역은 그대로 겸임 영장제를 유지하였다.

2. 속오군에 대한 보인(保人) 지급과 잡역면제 조치

속오군은 중앙 군영 소속 군병과 달리 보인이나 급료가 지급되지 않아 훈련을 받을 때 자신이 필요한 경비를 마련하여야 했다. 또한 속오군은 기본적으로 다른 역을 겸하는 겸역兼役의 어려움을 가지고 있었다. 따라서 속오군에 보인을 지급하고 겸역자는 한 역을 면제하도록 하는 방안이 일찍이 강구되었으나 시행되지는 못하였다. 전임 영장제의 시행도 속오군에 대한 경제적 혜택과는 관련이 없었다. 영장 파견에 따른 속오군에 대한 훈련이 강화될 경우 속오군의 이탈 등 부실화의 가능성이 적지 않았다. 특히 1654년(효종 5)의 「영장사목」에는 토호가 은닉하고 있는 민정을 수괄하여 속오군에 편입시키는 조항이 담겨 있었다.

「영장사목」을 통해 상당수의 군액이 확보되었지만 속오군에 대한 대우 규정은 마련되지 않아 속오군의 부실화 가능성이 더욱 커졌다. 따라서 속오군에게 보인을 지급(급보給保)하거나 각종 잡역을 면제(급복給復)해 주는 제안이 나타났다. 이에 따라 1654년(효종 5) 8월 경상도에 한하여 우선 속오군에게 봉족을 지급하자는 의견이 제기되어 다음 달인 9월 말 「경상도속오봉족정급절목慶尙道束伍奉足定給節目」이 완성되어 제도화되었다.[101] 이 절목에 의해 속오군 자신이 친족이나 이웃 등을 대상으로 추천하게 하여 봉족으로 편성하게 하고 이들에게 1년에 쌀 7말을 내도록 하여 속오군의 자장資裝으로 삼게 하였다. 그리고 봉족으로는 공사천이나 군보의 무리로 제한하

101 『비변사등록』 17책, 효종 5년 9월 29일.
이 절목의 구체적인 내용에 대해서는 김우철, 앞의 책, 2000, 116~123쪽 참조.

였다. 이 절목의 시행에 따라 경상도에서만 2만 8천여 명의 보인이 추가로 필요한 문제점이 나타나기도 하였다.[102] 이에 따라 급보제 혁파를 주장하는 의견이 나타났으나 북벌을 구상하고 있던 효종은 군액 확보를 위해 급보제를 다른 도에까지 확대 시행하고자 하였다.

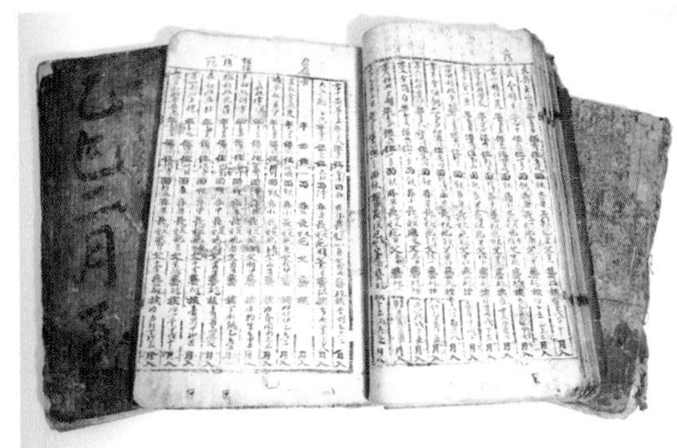

충청도 속오군 군적(토지주택박물관)
숙종 때 충청도 지역 속오군 5천여 명의 신상 명세를 기록한 병적 기록부이다.

경상도 속오군에 대한 급보 시행으로 필요한 속오군 군액 확보에 성공하자 효종은 다른 도의 속오군에 대한 처우 개선 조치를 고려하기 시작하였다. 속오군에 대한 보인 지급과 함께 잡역 면제인 급복 조치가 검토되었다. 속오군에 대한 급복 조치는 인조대 초 이미 고려되었으나, 10만 명에 달하는 속오군에게 수십 부負씩만 급복하더라도 수만 결에 급복 조치를 취하게 되어 재정 확보에 어려움이 있다는 이유로 시행되지는 못하였다.[103] 전임 영장이 파견된 지 2년이 지나 속오군의 증액과 훈련 강화가 이루어지는 등 효과가 분명히 나타났다.

효종은 1656년(효종 7) 8월 삼남 각 영의 속오군을 부대별로 나누어 소집하여 시험하고 열무閱武하는 것을 시도하는 등 남도 지역 속오군 강화에 더욱 힘썼다.[104] 그 일환으로 1656년 9월 초 삼남의 속오군에 대한 급복 및 신역 면제조치가 결정되어 속오군은 조련에 더욱 충실할 수 있었다.[105] 속오군에 대한 복호의 규모는 50부가 원칙이었으나 지역에 따라 그 양은 다소 차이가 있었다. 삼남 속오군에 대한 급복 조치는 이전의 급보 조치보다 더 많은 논란을 일으켰으나 북벌을 강력히 추진하던 효종대에는 계속 유지되어 속오군의 강화에 크게 기여하였다.

---

102 『효종실록』 권13, 효종 5년 11월 기해.
103 『인조실록』 권18, 인조 6년 2월 경신.
104 『비변사등록』 18책, 효종 7년 8월 17일.
105 『비변사등록』 18책, 효종 7년 9월 2일.

3. 지방 관방의 정비

1654년(효종 5) 2월 청의 나선정벌을 위한 병력 지원 요청을 계기로 하삼도 지역에 전임 영장 파견이 이루어짐과 동시에 북방 지역 국방체제를 재건하려는 움직임이 나타났다. 러시아 세력의 위협과 함께 두만강 하구 훈춘 부락의 위협에 대한 대비를 위해 북방 지역의 군사력을 정비하여야 한다는 것이다.[106] 이는 나선정벌을 계기로 청의 감시와 견제로 인해 이완되었던 북방의 군사체제를 정비하고자 하는 명분이었다.

조선-청 전쟁 당시 함경도 지역은 거의 피해를 입지 않았으나 남병의 북도 부방을 폐지하고 대신 군포를 징수하는 체제로 바뀌는 등 함경도 지역의 실질적인 방어체제는 갖추어지지 않았다.[107] 이러한 상황에서 나선정벌의 파병 결정 이후 효종은 6진 지역 등 북방 지역 군사력 건설 의도를 비쳤다.[108] 이를 계기로 함경도 지역 관방 시설의 정비에 일부 착수하였다. 북로 관방의 요충지인 경성, 재덕載德, 회령의 읍성을 개축하고 군량을 비축하도록 하고 아울러 마천령과 마운령 사이에 위치하여 북로를 통제할 수 있는 단천에 진을 옮겨 설치하도록 하였다.[109]

서북 방어의 중요 지역인 평안도와 황해도는 여전히 군사력 정비에 착수하기 어려운 상황이었다. 이 지역은 청의 사신이 지나가는 길목에 위치하여 직접적인 감시를 받았을 뿐만 아니라 청나라 사신의 왕래시 비용 등 경비 마련을 담당하여야 하는 문제로 인해 큰 부담을 가지고 있었다. 따라서 직접적인 군역 부담도 방군수포로 대체되어 평안도의 경우 예전 7만에 달하였던 군액도 자연히 크게 감소하여 3만에 불과한 실정이었다.[110] 효종은 이러한 상황에서도 평안도 및 황해도 관방 재건 등 군사력 건설을 추진하겠다는 의지를 나타내고 있었다.[111] 효종은 재위 말년에 청나라 사신이

106 『효종실록』 권12, 효종 5년 2월 신미.
107 효종대 함경도 지역의 방어체제 정비에 대해서는 노영구, 「조선후기 함경 남도 간선 방어체계」 『한국문화』 36, 2005, 387쪽 참조.
108 『효종실록』 권12, 효종 5년 3월 정사.
109 『효종실록』 권12, 효종 5년 6월 임술.
110 『효종실록』 권11, 효종 4년 윤7월 을묘.
111 『효종실록』 권12, 효종 5년 6월 정묘.

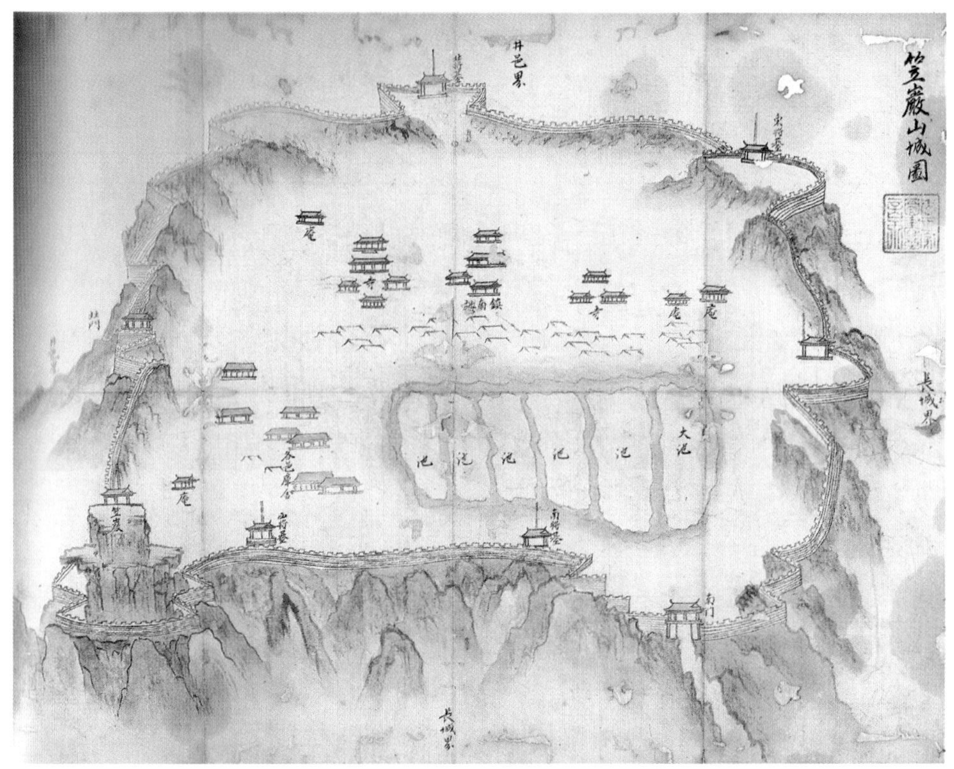

입암산성도(笠巖山城圖)(한국학중앙연구원)

다니는 도로 주변의 성지城池는 성체는 보수하되 그 위의 여장은 설치하지 않고 성안에 벽돌을 비축하여 유사시 여장 축조를 준비하도록 하는 방안을 강구하고 있었다. 아울러 도로에서 떨어진 성지를 비밀리에 수선하고자 하였다.[112] 이 계획은 효종이 얼마 지나지 않아 서거함으로써 추진되지 못하였지만 북벌 구상의 일환으로 고려하고 있던 북방 지역 관방 정비의 방향을 알 수 있다.

효종은 대청 방어책의 일환으로 남한산성, 강화도 일대의 관방을 정비하고 아울러 북방의 관방 체제 정비에 착수함과 동시에 남방의 방어체제 정비에도 관심을 가졌다.[113] 이는 대일본 방어체제를 갖추는 것과도 관련을 가지는 것으로 영장 파견을 통한 속오군 정비와 비슷한 시기에 이루어졌다. 전라도 지역은 입암산성, 적상산성, 담

112 『송자대전』 권20, 「擬進孝廟御札疏」, 기사 2월.
113 효종대 하삼도 지역 관방 정비에 대해서는 차문섭, 앞의 책, 1973, 319~320쪽 참조.

금정산성(한국학중앙연구원)

양의 금성金城, 그리고 격포의 수축과 축성 등이 논의되었다.[114]

그리고 영남에 있어서는 일본의 길목에 해당하는 동래부의 금정산성 축성이 논의되기도 하였다.[115] 비록 효종대 이들 관방 시설의 정비 및 수축에 본격 착수하지는 못하였지만 현종~숙종대에 대부분 축성이 이루어진 것을 고려한다면 북벌 준비의 과정에서 이루어진 논의가 매우 구체적이고 실제적으로 이루어졌음을 짐작할 수 있다. 즉 효종대 북벌 구상을 위한 군비 확충과 계획은 조선 후기 군사력 건설의 큰 방향을 제시하였다는 점에서 이후에도 적지 않은 영향을 미쳤다고 평가할 수 있을 것이다.

114 『효종실록』 권13, 효종 5년 8월 신미.
115 『효종실록』 권14, 효종 6년 4월 신미.

제5장

중앙 5군영의 확립

제1절

5군영제의 확립과 군영 체제의 정비

1. 현종대 군사체제 정비의 배경과 중앙군영의 정비

북벌을 염두에 두고 추진된 효종대의 군사력 강화 정책은 매우 광범위하고 급격하게 이루어졌다. 그러나 효종대 5, 6년 이후 연이은 흉년으로 인한 당시의 어려운 재정 상황으로 훈련도감과 같이 급료를 지급하는 군사를 더 이상 대규모로 유지하기 어려웠다. 또한 어영청과 같은 신설 군영이나 외방의 영진營鎭에서는 필요한 군액 확보를 위해 정상적인 행정 절차를 거치지 않고 임의로 군보를 뽑음(직정直定)으로 인해 군액이 급격히 늘어 향촌사회에서는 극심한 양정良丁 부족 현상이 나타나기도 하였다.[1] 따라서 민들의 반발이 격렬하게 나타나 재야뿐만 아니라 조정 내에서도 효종의 군사력 강화 정책에 대한 반발이 노골적으로 나타나기 시삭하였다. 이러한 상황에서 1660년 효종이 갑작스럽게 서거하자 국왕의 주도하에 추진되던 북벌 추진은 급격히 힘을 잃게 되었다.

북벌 추진의 동력 상실은 당시 국제정세의 변화와도 밀접한 관련을 가진다. 1660년을 전후하여 한 때 세력을 떨치던 남명 세력과 정성공 세력이 급격히 위축되면서 청의 중국 지배는 안정기에 들어서게 된다. 반청 세력과의 연계를 전제로 한 북벌 구

1 백승철,「17·18세기 軍役制의 變動과 運營」『이재룡박사환력기념 한국사학논총』, 한울, 1990, 534~528쪽.

숭릉(경기 구리 동구릉) 현종과 명성왕후의 릉이다.

상은 그 추진이 상당히 어렵게 되었다. 다만 효종대부터 북벌 구상에 따른 전략과 함께, 청이 몰락할 경우 그 과정에서 조선이 청과 전면전을 치를 가능성을 염두에 둔 군사전략도 함께 고려되고 있었다.[2] 이른바 '영고탑寧古塔 회귀설'이 그것이다. 이는 청이 몰락하여 발상지인 만주의 영고탑(현재의 헤이룽장성 닝안)으로 돌아가는 과정에서 몽골에게 길이 막혀 조선으로 우회하여 조선 북부 지역(심양-의주-양덕, 맹산-함경도-영고탑)을 경유할 경우 조선과 전면전을 벌일 가능성을 염두에 둔 것이다.[3]

효종의 서거와 국제정세의 급변으로 공세적인 군사전략인 북벌 구상에 따른 군사력 건설은 그 추진에 힘을 다소 잃게 되었지만 영고탑 회귀설에 바탕을 둔 방어적 군사전략은 계속 유효하였다. 현종대 군사체제 정비의 기본적 입장은 이러한 군사전략에 바탕을 두게 된다. 아울러 효종대에는 어영청과 훈련도감, 금군 등 중앙 군영의 급격한 군액 증강과 지방 속오군에 대한 급보, 급복 조치 등으로 인해 군역을 담당할 군역자원이 급격히 부족해졌다. 실제 선조대 창설 이후 인조대 후반까지 10만 내외의 군액을 유지하던 속오군의 경우 숙종 초에 20만에 달한 것을 보면 효종대 이루어진

2 『숙종실록』 권9, 숙종 6년 3월 갑오.
3 배우성, 『조선후기 국토관과 천하관의 변화』, 일지사, 1998, 64~68쪽.

군액 확보가 상당히 급격했음을 짐작할 수 있다.[4]

그러나 급보, 급복 조치와 군영의 군액 확충 등은 국가 재정의 위기를 가져왔고, 이로 인해 군사력 규모를 적정하게 조절할 필요성이 높았다. 현종대 초반 중앙 군영의 정비와 군역 담당자의 수, 즉 역총役摠 확보에 노력한 것은 북벌 구상 추진의 어려움과 함께 당시 국가 재정의 위기 문제와 확보 가능한 군역 자원의 감소에 따른 불가피한 선택이었다. 아울러 지방의 관방 설치와 지방군 재편 등 지방의 방어체제 정비에 본격적으로 착수한 것은 영고탑 회귀설에 따른 군사전략과 밀접한 관련을 가졌다.

현종대 중앙 군영의 정비는 기본적으로 효종대 군비 확장 정책의 반성과 관련이 있다. 효종대에는 금군, 어영청, 훈련도감 등 중앙 군영의 대폭 확대와 함께 지방군의 주력인 속오군의 내실화를 위한 영장 파견과 급보책의 시행 등이 이루어졌다. 이러한 측면과 함께 효종대까지 기존 병조 소속의 기병과 보병도 그대로 유지되었을 뿐만 아니라 16세기 조선-일본 전쟁 이전과 같이 보병에게는 수포收布하고 기병은 번상하여 근무하는 체제가 유지되었다. 실제 1660년대까지 조정에서는 번상하는 기병이 포를 내고 대신 근무하는 납포대립納布代立을 철저히 금지하여 실제 군사로서 기능하도록 하는데 역점을 두었다.[5]

즉 조선전기 5위체제에 바탕을 두었던 군사제도가 그대로 존속하며 기능함과 동시에 효종대 들어 북벌 구상에 따른 새로운 군영의 창설과 확대, 지방군인 속오군의 증강 등이 급속히 이루어진 것이다.[6] 현종대 전반기 중앙 군영의 정비는 청의 현실적인 위협도 축소되고 북벌의 현실적인 추진도 어려워진 상황에서 군사적 의미가 줄어든 번상 기병의 역할을 축소하고 대신 중앙 군영의 체제 정비와 일부 군영 군사의 증강을 통해 적절한 규모의 군사력을 유지하려는 목적을 가진 것이었다.

현종대 중앙 군영 정비에서 가장 쟁점이 된 것은 훈련도감 군액의 감축 문제였다.

---

4 김우철, 『조선후기 지방군제사』, 경인문화사, 2000, 127쪽.

5 김종수, 「17세기 군역제의 추이와 개혁론」 『한국사론』 22, 1990, 134~141쪽.

6 실제 16세기 말 조선의 병력이 정군과 보인을 합하여 30만 정도에 불과한 상태에서 100여년이 지난 18세기 초엽에는 군액의 수가 대폭 확대되어 정군과 보인을 합하여 그 3배인 104만 명에 달하였다(오종록, 「조선 군사력의 실태」 『조선중기 정치와 정책-인조~현종 시기-』, 아카넷, 2003, 146쪽).

효종대 후반기 군병 1만을 목표로 하여 우선 마병 1초와 보군 10초 등을 추가하여 약 6,350명의 군병을 확보하였다. 그러나 급료병으로 이루어진 훈련도감의 특성상 재정적인 뒷받침이 어려운 당시 상황으로 인해 추가 증강은 이루어지지 못하였다. 효종이 서거하자 곧바로 훈련도감 축소 내지 혁파에 대한 찬반 양론이 일어나 이후 10년 동안 계속되었다.[7]

현종 즉위 후 얼마 지나지 않아 공조판서 민응형은 훈련도감의 군액이 6천에 이르러 호조의 1년 재정 중 2/3가 훈련도감군에 대한 급료 지급에 소요되므로 우선 효종 말에 뽑았던 700명을 해산하자고 하였다. 아울러 죽거나 노약한 군병이 생길 경우 다시 인원을 보충하지 말아 자연스럽게 훈련도감의 군병을 감축하고 어영청의 군병으로 대신할 것을 주장하였다.[8] 민응형의 주장은 당시 논의되고 있던 훈련도감 개편에 대한 여러 입장 중 대표적인 하나로서, 특히 번상할 때에만 급료를 지급하므로 적은 경비를 들이고도 많은 정예병을 확보할 수 있었던 어영청을 가장 이상적인 군사제도로 인식하고 있던 당시 상황을 잘 보여준다.

훈련도감 감축의 일환으로 우선 정기적으로 도감군의 궐액을 보충하는 식년 승호陞戶의 정지를 요구하였다. 현종 원년(1660) 9월 식년 승호를 앞두고 김만균이 현종에게 승호 정지를 요청하자 좌의정 원두표는 70년 동안 행해지던 것을 갑자기 그만둘 수 없다고 반대하였다.[9] 그러나 승호 중지의 요구는 이후에도 계속되었고 관인들의 계속되는 승호 중지 요구에 따라 현종은 그해의 식년 승호를 중지할 것을 결정하였다.[10] 현종 원년의 승호는 중지되었지만 사망하거나 늙어 자연 감축된 훈련도감 군액의 보충을 위한 노력은 계속되었다. 1662년(현종 3) 6월 무렵 사망한 훈련도감 군병이 1,100여 명에 이르러 식년 승호로는 일시에 이를 보충하기 어렵자 군인을 모집하도록 하였다.[11] 이에 따라 그해 9월 식년 승호로 200명, 서울에서의 모집으로 220

7 현종대 훈련도감 감축론에 대해서는 김종수, 『조선후기 중앙군제연구-훈련도감의 설립과 사회변동』, 혜안, 2003, 111~113쪽 참조.

8 『현종개수실록』 권2, 현종 즉위년 12월 갑인.

9 『현종실록』 권3, 현종 원년 9월 정사.

10 『현종개수실록』 권4, 현종 원년 9월 계해.

11 『현종개수실록』 권7, 현종 3년 6월 갑진.

명 등 모두 420명의 훈련도감 군병을 충원하였다. 그러나 이러한 모집과 승호를 통해 훈련도감 군병의 결원을 모두 보충한 것은 아니었으므로 현종 전반기 자연스럽게 훈련도감 정원은 상당히 감소하게 된다. 1662년(현종 3)의 훈련도감 군병의 모집은 훈련도감 창설 초기의 군병 충원 방식이 다시 등장한 것이었다. 이후 흉년이나 재해 등으로 인해 지방민의 승호가 어려운 상황에서 이들의 반발 우려 없이 안정적으로 훈련도감 군병을 확보할 수 있는 한성에서의 모집은 이후에도 계속되어 훈련도감 군병 충원의 주요 방법이 되었다.

훈련도감 군병의 감축은 당시 상황에서 자연스러운 것이었다. 1662년(현종 3) 당시 포보砲保의 인원은 19,690여 명인데 이들은 훈련도감 유지를 위해 다른 병종의 보인보다 포 1필이 더 많은 3필을 매년 납부해야 했으므로 이들의 부담을 2필로 덜어주기 위해서는 추가로 9,000명의 한정閑丁이 필요하였다.[12] 이를 위해 진휼청의 재정을 원용하여 한정을 확보하는 조치를 취하는 등 다양한 노력을 하였으나 효종 말기에 6,350명에 달하였던 훈련도감의 군병을 그대로 유지하기는 매우 벅찬 실정이었다. 현종 전반기에는 결원이 되는 훈련도감 군병의 충원을 조절함으로써 훈련도감의 축소를 시도하였다.

훈련도감의 부분적 축소와 함께 1664년 국왕 호위 군영의 감축에 착수하였다. 우선 국왕 호위군 중 기병으로 이루어진 금군의 감축이 이루어졌다. 효종대 1,000명으로 확대되어 좌, 우별장이 지휘하던 금군을 1664년 300명을 감축하여 700명으로 재편하고 한 명의 별장이 지휘하도록 하였다. 그리고 7번제로 운영하되 1번에 100명씩 돌아가면서 입번하도록 하였다. 아울러 금군을 편성하던 내금위, 우림위, 겸사복 등 3병종의 관아인 내삼청內三廳을 금군청禁軍廳으로 통합하여 지휘계통을 단일화하였다.[13] 또 하나의 주요 국왕 호위 군영인 호위청도 1664년(현종 5) 12월, 기존의 4청에서 3청으로 감축하고 그 입속 대상자는 한성 이외의 한량은 금지하고 한성의 업무자業武者로서 한정하였다.[14]

---

12 『현종개수실록』 권7, 현종 3년 4월 병진.

13 『만기요람』, 군정편2, 용호영, 창설연혁.
현종대 금군 개편에 대해서는 최효식, 「용호영에 대하여」 『경주사학』 4, 1984 참조.

현종 전반기까지 중앙 군영 정비에 대한 다양한 논란이 계속되고 이의 일환으로 훈련도감, 금군, 호위청 등 급료에 대한 국가의 재정 부담이 큰 일부 군영의 부분적 군액 감축은 이루어졌으나 본격적인 군제 개편이 이루어진 것은 아니었다. 1668년(현종 9)을 전후하여 중앙 군영 제도에 대한 본격적인 개편이 이루어지기 시작하였다. 군영 개편에 대한 본격적인 논의는 군영의 주요한 재정적 기반이었던 둔전의 혁파와 함께 시작되었다. 일본, 청과의 전쟁 이후 시급한 군사적 상황을 타개하기 위해 중앙과 지방에 독자적인 재정과 수취운영체계를 가진 5군영 등의 군문과 여러 영, 진이 설치되었다. 이들 군문과 영진은 전국에 둔전을 설치하고 둔전의 경작자로서 둔군屯軍을 두었는데, 둔전은 원래 전국에 산재해있던 공한지를 확보하고 유민을 모아 개간하도록 하는 것이 원칙이었다. 처음의 취지와는 달리 둔군이 되면 군역의 과중한 부담에서 벗어날 수 있었으므로 둔전은 양역자들의 피역처로 변하기 시작하였다. 원래 민전民田이었던 토지를 모입冒入, 침탈하여 둔전이 설치된 경우도 있었다. 따라서 이러한 둔전을 혁파하여 백성들에게 돌려주자는 방안이 나타나기 시작하였다.

1664년(현종 5) 둔전 혁파에 대한 본격적인 논의가 나타났는데, 이는 기본적으로 당시의 군비 감축의 일환으로 제기된 것이었다. 이때 주로 총융청과 수어청, 그리고 훈련도감 둔전이 논의의 대상이었다. 총융청, 수어청 등의 둔전은 그 군영의 유지와 관련되었으므로 혁파는 보류되었다. 훈련도감 둔전은 그 당시 논의되던 훈련도감 축소론과 관련하여 상당수의 둔전이 이때 혁파되었다.[15] 그 이전까지 훈련도감 둔전은 경기도의 양지,[16] 양근,[17] 용인, 음죽[18]과 전라도의 영광, 충청도의 덕산,[19] 그리고 강원도의 홍천, 춘천 등지에 산재되어 있었다.[20] 이 조치로 경기도의 양근, 강원도의 춘천, 홍천의 둔전을 제외하고 훈련도감 둔전은 모두 혁파되었다. 이로 인해 훈련도감이 받

14 『현종개수실록』 권12, 현종 5년 12월 기사.
15 송양섭, 『조선후기 둔전 연구』, 경인문화사, 2006, 91~94쪽.
16 현재의 경기도 용인시 처인구 양지면 일대.
17 현재의 양평군 양평면과 주변 일대.
18 현재의 경기도 이천시와 충청북도 음성군에 걸쳐있던 행정구역.
19 현재의 충청남도 예산군 덕산면 일대.
20 『현종실록』 권9, 현종 5년 11월 경인 ; 『현종실록』 권9, 현종 5년 11월 경술.

송시열 집터(서울 종로)
송시열이 한양에 있을 때 살던 집터로
'증주벽립(曾朱壁立)'이라는 송시열이 쓴 글씨가 있다.
'증주벽립'이란 유교 성현인 증자와 주자를
받들겠다는 뜻이다.

은 재정적인 타격은 적지 않았다. 현종 즉위 초 호조 재정 12만석 중에서 훈련도감군의 급료로 8만석이 지출되는 상황에서[21] 훈련도감 둔전의 대거 혁파로 인해 효종대 확장된 훈련도감 군액은 그대로 유지하기 어려워졌다.

현종 초부터 번상급료병으로 유지되던 어영청 군제를 바탕으로 하여 훈련도감의 군제를 근본적으로 전환할 것을 주장[22]하던 송시열은 1669년(현종 10) 정월, 훈련도감의 규모를 축소하여 존속시키는 방안을 제시하였다. 즉 훈련도감을 존속시키되 효종대 이후 증액한 군액을 축소하여 정원을 5,000명으로 제한하고 이후로는 궐액이 생기면 보충하지 않는 방향으로 훈련도감이 자연스럽게 도태되도록 하자는 것이다. 그리고 어영청이나 정초군 같이 번상급료병제로 운영되는 군영으로 개편하도록 할 것을 주장하였다.[23]

훈련도감의 자연스러운 도태와 어영청 체제로의 전환을 주장한 송시열의 제안에 대해 조정에서는 다양한 의견이 제시되었다. 어영대장과 훈련대장을 역임한 이완은 훈련도감 군사들은 한성에 올라오기 직전에 거주지의 토지와 가옥을 팔고 올라왔으므로 이들이 돌아갈 곳이 없음을 지적하고, 아울러 신 군영의 창설을 위한 한정閑丁 확보가 어려운 점을 들어 반대하였다. 좌의정 허적과 유혁연은 훈련도감 감축에 따른 군사력의 공백을 우려하여 훈련도감의 감축에 반대하였다. 허적은 훈련도감의 공백을 메우기는 어렵기 때문에 경군京軍의 적절한 숫자를 유지하기 위해 호조에서 군량을 추가로 지원받는 새로운 번상 경군의 창설을 제안하였다.[24]

---

21 『현종개수실록』 권2, 현종 즉위년 12월 갑인.
22 『현종개수실록』 권1, 현종 즉위년 9월 임술.
23 『승정원일기』 212책, 현종 10년 정월 갑진 ; 『현종실록』 권16, 현종 10년 정월 신해.
24 『승정원일기』 212책, 현종 10년 1월 23일 정사.

허적의 주장에 따라 2월에는 새로운 군영인 훈련별대訓鍊別隊의 창설이 추진되었다.[25] 훈련별대의 창설은 전시에 곧바로 동원할 수 있는 상비 군영인 훈련도감을 중심으로 중앙군을 재편하여야 한다는 당시의 군제 개편론의 일단이 반영된 것이었다. 실제 당시의 주요 실학자인 유형원이 조선-일본 전쟁 이후 새로이 창설된 여러 군영 중에서 훈련도감을 중심으로 중앙군을 개편하고 어영군, 정초군, 수어청 등의 기타 군영을 모두 혁파하는 개편안을 주장한 것을 보면 확인할 수 있다.[26]

송시열 초상(국립중앙박물관)

훈련별대 창설은 남인계 인물인 허적과 유혁연 등의 적극적인 주장에 힘입은 것이었지만 기본적으로 국왕 현종의 훈련도감 군제 개혁을 통한 중앙군 개편 의지와 관련이 있었다. 이의 일환으로 현종은 먼저 각도의 감영, 병영, 수영과 영장에게 임시로 소속되어 있는 한정閑丁의 숫자를 조사하도록 하여 5만 4천여 명을 확인하였다. 그중 직역이 있는 자와 공, 사천을 제외한 한정 10,158인을 확인하고 그 중에서 또 서북 2도의 사람을 제외한 6,658인의 한정을 확보하였다. 이들을 어영청의 예에 의하여 13번으로 나누고 매번 512명으로 편성하여 상번하여 근무하도록 하였다.[27]

훈련별대의 편성을 바탕으로 훈련도감 개편을 위한 기본적인 군사 확보가 가능해졌다. 이를 바탕으로 유혁연은 효종대 확대된 훈련도감 군액의 감축에 착수할 수 있었다. 1671년(현종 12) 7월 훈련도감 전부前部의 10초를 없애고 표하군標下軍으로 개편하였다. 유혁연은 이에 그치지 않고 훈련별대의 군사 확대에도 노력하였다. 1671년(현종 12) 무렵까지 훈련별대의 군병 수효가 창설 초기 약 7,000명에서 13,700명으로 크게 증가하였다. 유혁연은 이 13,700명을 4부部로 나누어 편성하고 겨울과 봄

25 『현종개수실록』 권20, 현종 10년 2월 무진.

26 『반계수록』 권21, 병제, 諸色軍士.
유형원의 중앙군제 개편에 대해서는 서태원, 「조선후기 실학자의 중앙군제 개혁론」 『군사』 49, 141~142쪽 참조.

27 『현종실록』 권16, 현종 10년 2월 무진.

에 번을 서도록 하였다. 이때에는 10초哨씩 번상하게 하였는데 그 수가 1,370여 명인 것을 보면 훈련별대는 10번으로 편성되었음을 알 수 있다. 훈련도감군 6,000명에게는 각자 4보씩 지급하여 보인이 24,000인인데 비해 훈련별대에는 각자 3보씩 지급하여 별대의 보인은 모두 41,100여 인이었다. 이들 보인은 매년 미米 12두씩 내도록 하여 번상 군사들이 필요한 경비에 사용하도록 하였다.[28] 훈련별대의 규모와 근무 형태 등은 어영청의 체제를 본뜬 것이었다.

창설 이후 급속히 확대된 훈련별대 군사들은 상당수가 피역避役 양정으로 채워지고 있었다. 1670년(현종 11) 3월 허적은 당시 양정 유민流民들을 단속하여 군사로 편성할 것을 제안하여 현종의 재가를 받았다.[29] 이에 따라 유혁연은 5월 「유민단속사목流民團束事目」을 마련하여 유민들을 훈련별대군으로 모집하여 편성하였다.[30] 즉 훈련별대의 확대는 당시 급속히 확대된 유민流民에 대한 국가의 통제와 밀접한 관련이 있다. 이처럼 1669년부터 2년 동안 이루어진 훈련도감의 부분 감축과 훈련별대의 창설, 그리고 유민 모집을 통한 훈련별대의 확대 등 이 시기 군사제도 개편은 기본적으로 당시의 심각한 기후 변화에 따른 기근과 인구 감소 등과도 밀접한 관련을 가지고 있다.

현종대 초부터 극심한 기근과 수재가 연이어 나타나 많은 유망민이 발생하였다. 이러한 상황은 1663년(현종 4)까지 계속하여 전국 각지에 나타났다. 조정에서는 유민과 도망민을 파악하기 위해 철저한 호구 파악을 시행하는 한편 군적의 개수를 진행하였다. 호구 파악의 강화로 인해 당시 확장되던 정초군 등 여러 군영의 군사와 보인을 확보할 수 있었다. 그러나 1670년(현종 11) 가을부터 2년여 동안 전국을 엄습한 이른바 '경신대기근庚辛大饑饉'이라는 미증유의 대기근과 전염병, 그리고 강추위로 인해 군병과 보인 등 추가적인 군역 담당층의 확보는 불가능한 상황에 빠졌다.

경신대기근 직후 군액을 감축하자는 주장과 함께 다양한 양역변통론이 나타난 것은 이러한 상황이 반영된 것이었다.[31] 훈련도감 전부前部의 혁파와 군액 감축, 이를 대

28 『현종개수실록』 권10, 현종 4년 11월 무인.
29 『현종개수실록』 권22, 현종 11년 3월 기사.
30 『현종개수실록』 권22, 현종 11년 5월 무진.
31 정연식, 『조선후기 '役摠'의 운영과 양역 변통』 서울대학교 박사학위논문, 1993, 18~27쪽.

체할 군사력으로서의 훈련별대의 확대 등은 경신대기근으로 인해 어려워진 재정의 위기를 극복하기 위한 방안이었다. 실제 이 군사제도 개편을 통해 매년 미곡 1만 석과 면포 200동을 감축할 수 있었다. 이는 미곡의 경우 당시 훈련도감 군사 급료로 매년 소용되는 미곡 8만 석의 1/8에 해당되는 적지 않은 것이었다.[32] 아울러 유민의 모집을 통해 훈련별대 군병의 확대를 추진한 것은 이 시기 군사제도 개편이 유민의 안집을 도모하는 체제로서 기능하였고 동시에 조선후기 한성의 군사도시화 양상과 관련이 있음을 보여준다.[33]

훈련도감의 부분 감축과 훈련별대의 증강과 함께 현종대 정초군精抄軍의 증강은 중앙 군사제도 개편에서 중요한 변화의 하나였다. 정초군은 조선-청 전쟁 직후 중앙의 군사력이 피폐해진 상황에서 청나라의 징병 요구로 어영군이 파병감에 따라 약해진 도성 방위를 위해 경기의 속오군 중에서 우수한 자를 골라 장초군壯抄軍 혹은 정초군으로 부른 것이 그 시작이었다. 병조판서 이시백의 적극적인 추진으로 정초군은 1639년(인조 17)경에는 어느 정도 규모를 갖추게 되었고 이후 1647년(인조 25) 8월경에는 그 수가 1,600여 명에 달하였다. 정초군은 병조에서 관할하며 이들에 대한 훈련 및 약환藥丸 지급 등은 훈련도감에서 담당하였다. 정초군은 겨울 3개월 동안 번차를 나누어 번상하였는데 1번에 148인 정도였고 대전의 차비문과 세자궁문 밖의 숙위를 담당하는 등 매우 중요한 곳에서 근무하였다.[34] 효종대 큰 변화가 없던 정초군의 체제는 현종대 들어서면서 큰 변화를 겪게 된다.

---

32 『현종개수실록』 권24, 현종 12년 7월 계해.
현종 12년 군제 변통과 재정 감축에 대해서는 제임스 B. 팔레, 『유교적 경세론과 조선의 제도들-유형원과 조선후기』(김범 역), 산처럼, 2008, 637쪽 참조.

33 노영구, 「朝鮮後期 漢城의 軍事都市的 성격과 大閱의 시행」, 京都大學 人文科學硏究所 발표문, 2008. 근세 유럽의 군사사에서도 이와 비슷한 양상이 확인된다. 16~17세기 동안 유럽 인구의 급속한 증가로 인해 대량의 빈민층이 발생하고 도시 등지로 몰린 빈민층으로 인해 노동시장 포화와 실질 임금의 하락이 나타나게 되었다. 이러한 상황에서 기후 악화로 인한 흉작으로 식량 가격이 상승하면 빈민들의 생활은 큰 타격을 입게 되는데 용병은 빈민의 생활 안정에 좋은 대안이 되었다. 즉 급료 지급 군사의 확대와 도시의 빈민 문제 해결은 밀접한 관련을 가지는 것이었다(鈴木直志, 『ヨロッパの傭兵』, 山川出版社, 2003, 15~16쪽).

34 『비변사등록』 6책, 인조 19년 9월 17일. 인조대 정초군의 창설과 체제에 대해서는 이태진, 『조선후기의 정치와 군영제 변천』, 한국연구원, 1985, 150쪽 참조.

창덕궁 진선문

1663년(현종 4) 8월, 기존의 148명의 정초군에 더하여 당번 기병 가운데 젊은 정장丁壯 52명을 뽑아 200명으로 약간 확대하였다. 그중 100명은 진선문進善門 북쪽 월랑月廊에 입직하게 하고, 100명은 건양문建陽門 밖의 옛 영에 입직하게 하였다.[35] 즉 정초군은 이전과 같이 궁궐 안의 중요 지역의 숙위를 담당하였음을 알 수 있다. 이후 김좌명이 병조판서로 있을 때 약간의 증강을 이루어 수백 명 규모가 된 정초군은 1663년(현종 11), 병조판서 홍중보洪重普의 건의로 대폭적인 증액이 이루어졌다. 즉 병조 소속 기병의 호수戶首와 보인 19,391명 중에서 건장한 자를 뽑아 정초군 40초, 각 초는 110명으로 총 4,440명으로 크게 확대하였다. 그리고 한 명의 정초군 마다 자보資保 1인을 지급하였다. 그리고 나머지 10,511명으로 관보를 삼아 미포米布를 거두었다.[36] 그리고 정초군을 8번으로 나누어 매번 5초씩 돌아가면서 상번하게 하였다. 그리고 보인에게 쌀을 내게 하여 정초군에게 급료를 지급하였다. 군액의 확장과 함께 정초청精抄廳이라는 독립 군영을 설치하고, 병조 판서를 대장으로 삼는 등 그 체제도

35 『현종개수실록』 권9, 현종 4년 8월 계해.

36 『만기요람』, 군정편, 금위영, 설치연혁. 『만기요람』에 의하면 정초군이 4,440명으로 편성되어 있는 것으로 되어 있으나 『현종개수실록』에는 4,480명으로 되어 있어 다소 차이가 있다.

일신하였다. 특히 병조판서가 기존의 700여 금군禁軍과 함께 정초군을 장악하여 이를 좌·우대로 편성하고 매월 훈련하게 하는 등 도성 방어의 핵심 군영인 어영청, 훈련도감과 같이 짝을 이루는 형태를 취하도록 하였다.[37]

정초청의 창설과 정초군 확장을 계기로 그 이전까지 군정권을 주로 담당하던 병조판서는 국왕 호위의 핵심 군영인 금군과 정초청의 군령권을 장악하게 되어 그 위상이 매우 높아졌다. 현종대 이후 환국 등 잦은 정치적 변화 속에서 국왕은 군권을 가진 병조판서에 외척 등 측근 인물을 임용하여 국왕권을 안정적으로 유지하고자 하였다. 1670년(현종 11) 대폭적인 개편이 이루어진 이후 1673년에 병조판서 김만기에 의해 그 체제에 약간의 조정이 있었다. 즉 자보 가운데 1,220명을 정군으로 올려 10초를 편성하여 정초군을 모두 50초로 확대하였다. 그리고 정초군을 10번으로 나누어 상번하게 하여 기존의 8번에 비해 기한을 여유 있게 하였다. 나머지 자보에게는 모두 미포를 거두도록 하였다. 50초의 정군은 각각 새로이 자보를 확보하도록 하였다.[38] 이러한 조치가 나타난 것은 당시 경신대기근으로 인해 정초청 군병 2천여 명이 사망하고 870명이 도망하였음에도 불구하고, 각도에서 그 궐액을 채운 숫자가 134명에 불과한 상황이어서 정초군의 근무 여건을 개선할 필요성이 있었기 때문이다.[39] 아울러 같은 번상군인 어영군과 훈련별대군이 13번에 한 차례씩 번상하는데 비해 정초군은 8번에 한 차례 번상해야 하는 불균형의 문제를 개선할 필요성도 있었다.[40]

정초군을 병조 소속의 기병 중에서 선발하여 확대한 것은 현종대 중앙 군사제도 개편의 한 방향을 보여준다. 조선-일본 전쟁 이후 대외적 위기 상황을 극복하기 위해 효종대까지 훈련도감, 어영청 등의 중앙 군영이 새로이 창설되고 소속 군병의 숫자도 점차 증가되었다. 이에 더하여 기존의 병조 소속 기병의 번상 근무도 그대로 유지되었다. 즉 신구의 군사제도가 중첩되었다. 현종대는 중앙군의 경우 군영을 중심으로 재편하고 점차 군사적 역할이 줄어드는 병조 소속 기병의 번상 근무를 줄여나가면서

---

37 『현종개수실록』 권10, 현종 4년 11월 정축.
38 『만기요람』, 군정편, 금위영, 설치연혁.
39 『현종개수실록』 권26, 현종 14년 정월 임오.
40 『현종개수실록』 권22, 현종 11년 7월 무인.

실질적인 군사를 중심으로 중앙군을 정비하고자 하였다.

1672년(현종 13) 9월 이단하의 다음 언급은 중앙 군영을 중심으로 한성의 군사제도가 정비되어 가는 모습을 잘 보여준다.

> 병자년丙子年(1636) 이전에는 호위군扈衛軍이 2천 명에 지나지 않았는데, 지금은 훈련도감訓練都監의 포수砲手가 5천 5백여 명이나 있고, 이밖에도 별대別隊(=훈련별대訓練別隊)가 1천 명, 어영병御營兵이 1천 명, 정초병精抄兵이 5백 명, 금군禁軍이 7백 명이며, 각청各廳의 군관軍官들도 1만 명에 가까우니, 병자년에 비하면 그 숫자가 여러 배나 됩니다.[41]

즉 조선-청 전쟁 이후 한성의 중앙 군영 군사들이 급속히 증가하여 각 청의 군관을 제외하고도 약 1만 명에 달하는 군사들이 한성에서 근무하였음을 알 수 있다. 현종대 정초군과 훈련별대 등의 급격한 확대는 기존의 옛 군제가 군영 중심의 새 군제로 점차 전환되고 있음을 보여준다는 점에서 군사제도사상 의미가 있다.

2. 숙종 초 북벌 추진과 금위영의 창설

1) 숙종 초 북벌 추진과 도체찰사부의 설치

1662년 6월 청군의 추격을 피해 미얀마로 피신하였던 남명의 황제 영력제가 오삼계 군에게 잡혀 처형된 이후 한동안 중국의 정세는 안정되었다. 청나라가 중원을 정복하는 과정에서 결정적인 역할을 하였던 한인 장수인 오삼계, 상가희, 경중명 등 3인은 운남성, 귀주성, 복건성 일대에 세 번부藩府 즉 삼번三藩을 설치하고 군사, 행정권 등을 장악하였다. 강희제 즉위 이후 삼번의 폐지를 추진하자 이에 반발한 오삼계가

---

41 『현종실록』 권26, 현종 13년 9월 신묘.

1673년 8월 반란을 일으키고 다른 두 번도 곧 호응하여 이른바 삼번의 난이 일어났다. 삼번의 난 초기에는 반란군의 기세가 매우 성하여 동남쪽의 해안에서 서쪽의 사천성, 섬서성, 호남성과 북으로 산서성까지 중국 남부 전 지방이 전란에 휩싸이기도 하였다. 곧 청의 수도 북경은 공황에 휩싸였고 일부 만주족은 중원을 포기하고 안전한 만주로 조정을 옮길 것을 주장하는 등 매우 혼란스러운 상황이 계속되었다.[42]

김수항 초상

삼번의 난 소식이 조선에 전해진 것은 이듬해인 1674년(현종 15) 3월 초 사은사 김수항의 보고에 의해서였다.[43] 이 직전에도 조선은 몽골의 심상치 않은 동향 등 유동적인 국제관계에 대해 예민하게 인식하고 있었고 이에 대한 대비책으로 산성에서의 방어 등 여러 방안을 논의하기도 하였다.[44] 그러나 삼번의 난이 일어나기 전까지는 '영고탑회귀설'에 바탕을 두고 조선이 청과 대규모 전쟁을 치를지 모른다는 전략적 판단과 함께 청과 전쟁이 일어날 가능성이 거의 없으므로 내지에 방어체제를 구축하기보다 압록강, 두만강 유역을 적극 개발하자는 다른 주장도 나타났다.[45]

이러한 상황에서 일어난 삼번의 난으로 중국 남부 지역이 혼란에 빠지자 조선의 조야에서는 영고탑회귀설에 따른 청과의 전쟁 가능성과 함께 북벌의 주장이 급격히 나타나기 시작하였다.[46] 특히 남인의 산림이었던 윤휴는 7월 초 비밀 상소를 올려 1만대隊 즉 10만여 명의 조선군을 동원하여 북경을 직접 공격하고, 아울러 해안의 정성공 세력 및 중원의 여러 세력과 연합할 것을 주장하는 등 매우 적극적인 북벌 방안을

42 토마스 바필드, 『위태로운 변경』(윤영인 역), 동북아역사재단, 2009, 554쪽.
43 『현종실록』 권22, 현종 15년 3월 병인.
44 『현종실록』 권16, 현종 10년 정월 신유. 삼번이 난이 일어나던 시기 몽골 남부의 대부분의 부족들이 청나라에 충성하였지만 몽골 북부는 청의 지배 밖에 놓여 있어 청은 몽골 북부를 왕조의 북쪽 방어에 매우 중요한 지역으로 인식하고 있었다(토마스 바필드, 앞의 책, 2009, 558~559쪽).
45 강석화, 『조선후기 함경도와 북방영토의식』, 경세원, 2000, 36~38쪽.
46 『현종실록』 권22, 현종 15년 5월 기묘.

제시하였다.[47] 윤휴의 북벌 주장은 이 상소 직후인 8월 중순 현종이 사망하고 숙종이 즉위하면서 더 힘을 받았다.[48]

숙종 즉위 직후 중국의 정세는 더욱 심상치 않았다. 즉위 직후인 9월 초에는 조선 내에서도 오랑캐와 일본이 침입한다는 뜬소문이 돌아 도성 내외가 소란해지기도 하였다.[49] 1월 하순에는 당시 오삼계 군에게 청나라 군이 여러 차례 패배하여 영고탑과 심양 등 만주 지역에 있던 청군이 모두 징발되어 소원해졌으며 조선군이 이를 틈타 북경을 공격할지 모른다는 소문이 북경에 돌고 있다는 사신의 보고가 있었다. 조선 국경과 멀지 않은 봉황성鳳凰城과 개주위盖州衛에 청나라가 성을 쌓는 것도 조선의 공격에 대한 대비책인 것으로 조선에서는 파악하고 있었다. 조선에서도 유동적인 국제 정세에 대응하기 위해 군사적인 대응 태세를 점검하기 시작하였다. 예를 들어 북한산성 등 주요 관방의 정비와 함께 도성 방어를 위해 임진강 연안을 따라 방어체제를 정비하는 방안을 강구하였다.[50] 그리고 실제 7천여 명에 불과한 남한산성 수비군의 보강을 위해 산성에서 가까운 양근과 횡성 등에 둔전을 설치하여 군사 수백 명을 추가 확보하도록 하였다.[51]

삼번의 난에 따라 일부 몽골 세력의 움직임도 심상치 않았다. 1675년(숙종 원년) 3월에는 몽골의 차카르 세력이 반란을 일으켜 북경으로 가는 길을 막고 심양을 공격할 것이라는 정보가 조정에 보고되기도 하였다.[52] 이에 따라 북방으로부터의 침입 가능성에 대한 대비책으로 조선은 그 접근로인 평안도 지역의 방어체제 정비에 착수하였다. 1675년 5월, 영의정 허적은 창성에서 완항령을 넘어 구성, 태천, 운산, 영변에 이르는 데로의 방이 대책이 시급하다고 주장하고 그 일환으로 창성 남쪽의 낭아산성을 보수하여 유사시 창성과 삭주의 방어 근거지로 삼을 것을 주장하였다.[53] 조정에서는 완항

47 『현종실록』 권22, 현종 15년 7월 계해.
48 현종말 숙종초 삼번의 난과 조선의 북벌 논의에 대해서는 홍종필, 「三藩亂을 전후한 현종숙종연간의 북벌론」 『사학연구』 27, 1977 ; 김양수, 「조선숙종시대의 국방문제」 『백산학보』 25, 1979 참조.
49 『숙종실록』 권1, 숙종 즉위년 9월 을축.
50 『숙종실록』 권1, 숙종 즉위년 11월 임오.
51 『숙종실록』 권1, 숙종 즉위년 11월 신사.
52 『숙종실록』 권3, 숙종 원년 4월 갑오.
53 『비변사등록』 31책, 숙종 1년 5월 27일.

령 남쪽에 시채진侍寨鎭을 설치하였고 또 김석주의 주장에 창성과 삭주 사이의 두 고갯길이 만나는 지역에 막령진幕嶺鎭을 설치하였다. 또 중요한 영애嶺隘의 요충지인 차령과 우현의 북쪽에 각각 진을 설치하고 만호를 파견하였다. 1680년(숙종 6)에는 의주와 구성 사이의 극성령 부근에 안의진安義鎭을 두는 등 1680년(숙종 6)까지 압록강변에서 평안도 내륙으로 들어오는 지역에 자리한 적유령 산맥 일대 고개에 대한 기본적인 영애 방어선이 구축될 수 있었다.[54]

북방의 침입에 대비한 평안도 지역 방어체제의 정비 착수와 함께 삼번의 난에 호응하여 적극적으로 청을 공격하자는 북벌론이 조야에서 크게 일어났다.[55] 실제 1676년(숙종 2) 초 윤휴는 대외적으로 조선이 해야 할 세 가지 일로 북벌의 추진과 대만의 정성공 세력과의 연계 도모, 그리고 청과의 관계를 단절하는 것을 들고 있다. 아울러 국내적으로는 숙위를 엄하게 할 것을 주장하며 군사력의 증강을 주장하였다.[56] 이러한 분위기에서 장차 예상되는 청과의 전쟁에 대비하기 위해 군권의 중추 기관으로서 도체찰사부의 설립이 추진되었다. 도체찰사는 전쟁이 일어나거나 임박한 전시 상황에서 전쟁 수행의 직접적인 최고위 군령권자로서 정승 중에서 임명하여 해당 지역에 파견하는 특별 관직이었다.[57] 도체찰사의 관부인 도체찰사부(도체부都體府 혹은 체부體府로 약칭)의 설치 시도는 기본적으로 숙종초 삼번의 난에 따른 청과의 전쟁 가능성과 함께 당시의 북벌 추진 움직임과 밀접한 관련을 가지는 것이었다.

도체찰사부의 복설 주장은 1675년(숙종 원년) 9월 윤휴 등에 의해 최초로 제기되었다.[58] 윤휴는 병권의 중추 기관으로 도체찰사부를 설립할 것을 주장하였으나 반대 의견이 적지 않았다. 그러나 점차 도체찰사부의 설립에 동조하는 의견이 늘어났다. 특히, 우부승지 이동규는 체부를 설치하여 대신을 도체찰사로 임명하고 체찰부사와 종사관을 두며, 재주와 무예가 있는 자를 모아 도체찰사부의 군용을 갖추도록 할 것을

54 숙종 초 평안도 지역 방어체제 정비에 대해서는 고승희, 「조선후기 평안도지역 도로 방어체계의 정비」 『한국문화』 34, 2004, 207~212쪽 참조.

55 『숙종실록』 권3, 숙종 원년 4월 을사 ; 『숙종실록』 권4, 숙종 원년 6월 계해.

56 『숙종실록』 권2, 숙종 원년 2월 정유.

57 차문섭, 『조선시대 군사관계 연구』, 단국대학교 출판부, 1995, 480쪽.

58 『숙종실록』 권4, 숙종 원년 9월 무신.

윤휴 초상(한국학중앙연구원)

주장하였다.[59]

이처럼 도체찰사부의 성립은 단순히 도체찰사 임명에 그치지 않고 도체찰사부에 속한 군병의 확보와 전국적인 규모의 군권 장악과도 밀접한 관련이 있었다. 실제 숙종 즉위를 전후한 시기 정권은 남인이 장악하고 있었고 훈련도감, 이영청 등의 군권도 남인이 장악하고 있었지만 총융청과 수어청의 군권은 서인으로서 종실 외척인 김만기와 김석주가 각각 맡고 있었다.[60] 남인 세력은 정권의 안정을 위해 이를 아우르는 군권의 장악을 위해 노력하게 되고 그 결과가 도체찰사부의 설치 주장으로 나타났다.

윤휴 등의 거듭된 도체찰사부 설립 주장에 따라 1675년 12월, 우선 영의정 허적을 체찰사로 임명하였다.[61] 이듬해 정월에는 허적을 5도 도체찰사로 임명하고 유명견柳命堅, 강석빈姜碩賓, 목창명睦昌明, 이담명李聃命, 최석정崔錫鼎 등을 종사관으로 삼아 도체찰사부를 개설하였다.[62] 이어서 2월에는 무과 정시를 통해 선발한 1만 4천여 명의 무과 출신을 모두 체부에 소속시켜 휘하의 군사력으로 삼도록 하였다.[63] 이 무과 출신은 체부 군관으로 칭하고 지방에 있는 경우에는 병사兵使를 체부의 별장으로 임명하여 이들에 대한 편성과 훈련을 담당하도록 하였다.[64] 즉 지방의 병사兵使도 체부의 지휘하에 두도록 한 것으로 지방의 군권을 통

59 『숙종실록』 권4, 숙종 원년 10월 병자.
60 이태진, 앞의 책, 1985, 190쪽.
61 『숙종실록』 권4, 숙종 원년 11월 임진.
62 『숙종실록』 권5, 숙종 2년 정월 무신.
63 『숙종실록』 권5, 숙종 2년 2월 갑자 ; 『숙종실록』 권5, 숙종 2년 4월 을축. 당시 선발된 무과 출신자들은 자료에 따라 차이가 있는데 『승정원일기』에 의하면 14,207명으로 기록되어 있고 『무과총요』에는 17,652명으로 되어 있다(정해은, 『조선후기 무과급제자 연구』, 한국정신문화연구원 박사학위논문, 2002, 27쪽).

제할 수 있는 체제를 만든 것이다. 실제 도체찰사에게 국가의 중앙과 지방의 모든 군권을 위임하여 훈련도감과 어영청까지도 그 지휘를 받도록 하여 도체찰사가 조선의 모든 군권을 장악하도록 하였다.[65] 체부의 체제가 갖추어짐에 따라 별도의 아문을 개설하도록 하고 임시로 어영청 북영北營을 빌려 입번하는 체부 소속 군관들이 사용하도록 하였다.[66]

무과 출신을 바탕으로 자체 군사력을 확보하고 중앙과 지방의 군권을 장악한 도체찰사부의 재정 확보를 위해 우선 경창京倉으로 들어올 잉여 모곡耗穀 수만 석 중에서 1만 5천 석을 체부로 할당하였다.[67] 그리고 각지의 군영 소속 둔전 중 일부를 체부로 이속시키도록 하였다. 예를 들어 이천과 평강의 훈련도감 둔전,[68] 서흥 및 수안에 있는 관향 둔전, 곡산의 황해감영 둔전을 모두 체부로 이속시켰다.[69] 무과 출신 이외에 각 도 수백여 명의 낙강落講 교생校生(일정한 시험에 통과하지 못한 향교의 학생)들도 체부에 소속시켜 체부무학體府武學이라 호칭하고 정목正木 각 2필씩을 거두어들여, 번을 서는 기수, 고수, 순령수巡令手 등의 의복 재료로 지급하도록 하였다.[70]

삼번의 난과 수도권 방어체제 정비의 일환으로 개성의 박연폭포가 있는 천마산 일대에 대한 축성의 필요성이 제기되어 허적의 주도하에 숙종 원년 9월 이곳에 대흥산성 축조가 추진되었다.[71] 대흥산성 축조에는 훈련별대군 5천여 명이 동원되어 이듬해 4월 완성되자 허적은 이 산성을 도체부의 진鎭으로 삼았다.[72] 석축으로 이루어진 이 대흥산성은 둘레가 5,997보에 달하고 1,530개소의 성첩과 6개소의 성문을 갖춘 대형 성곽이었다.[73] 새로 축조한 대흥산성의 수비 강화를 위해 개성, 풍덕, 금천, 평산,

---

64 『비변사등록』 32책, 숙종 2년 3월 26일.
65 『숙종실록』 권5, 숙종 2년 4월 갑인.
66 『비변사등록』 32책, 숙종 2년 8월 21일.
67 『비변사등록』 32책, 숙종 2년 5월 18일.
68 『비변사등록』 32책, 숙종 2년 10월 7일.
69 『숙종실록』 권5, 숙종 2년 10월 임자.
70 『비변사등록』 33책, 숙종 3년 2월 7일.
71 『숙종실록』 권4, 숙종 원년 9월 계묘.
72 『숙종실록』 권5, 숙종 2년 4월 정축.
73 『松都志』 권3, 관방, 大興山城 ; 『여지도서 상』, 보유편, 970쪽.

배천, 연안 등 주변 고을의 과거에 새로 합격한 이른바 신출신新出身을 모두 이곳에 배속시켰다. 방어에 필요한 군기의 확보를 위해 한성의 군기시에 보관되어 있는 조총 등의 무기를 이곳으로 옮기기도 하였다.[74]

아울러 대흥산성에 필요한 군량 및 군졸의 확보를 위해 인근 지역에 둔전을 설치하였다. 앞의 군둔전 체부 이속은 이러한 상황을 반영한 것이다. 이 둔전의 주민은 아병牙兵으로 편성하여 각 둔전의 별장 지휘하에 비상시에는 대흥산성에 들어가 방어하도록 하였다.[75] 이외에도 훈련도감과 어영청의 수백 명의 기수, 군뢰 등을 차출하여 대흥산성 군사의 훈련에 참여시키기도 하였다.[76]

윤휴 등의 적극적인 주장으로 1676년 정월 도체찰사부가 설치된 이후 그 규모와 체제가 급속히 확대됨에 따라 실질적인 중앙과 지방의 군권이 여기에 집중되기에 이르렀다. 그러나 도체찰사 허적이 체부의 운영을 주도하고 체부의 설치를 주장한 윤휴 등을 배제함에 따라 남인 내부의 갈등이 나타나기 시작하였다. 아울러 윤휴의 급격한 개혁 조치로 인한 갈등도 적지 않았다. 당시 윤휴는 오가작통법, 지패법의 시행으로 군역 담당층을 충실히 확보하고 만과萬科와 설행과 체부 설치를 통해 당시 군정에 대한 전반적인 혁신을 도모하고 있었다. 급격한 그의 개혁 조치는 대내외적으로 갈등과 비판을 받았다.[77] 그리하여 윤휴와 영의정 허적·좌의정 권대운과의 사이에 정면 대립하는 상황이 나타나기도 하였다.[78] 또한 체부를 통해 남인의 군권이 비대해짐에 따라 수어청, 총융청 등의 군권을 장악하고 있던 서인 세력의 반발도 적지 않았다. 특히 유력 종친으로 수어청을 맡고 있던 김석주의 강한 반발을 받기에 이르러 어영청, 훈련도감 등 이른바 연하친병輦下親兵은 진란시가 아닌 평시에는 체부의 통제를 받지 않도록 하였다.[79]

---

74 『비변사등록』 33책, 숙종 3년 12월 27일 ; 『비변사등록』 34책, 숙종 4년 4월 4일.

75 『숙종실록』 권5, 숙종 2년 10월 임자. 숙종 초 대흥산성 축조와 강화에 대해서는 노영구, 「조선후기 개성부 일대 관방체제의 정비와 재정의 추이」 『한국문화』 38, 2006, 453~454쪽 참조.

76 『숙종실록』 권9, 숙종 6년 4월 기사.

77 한우근, 「백호 윤휴 연구-그의 經世觀-(下)」 『역사학보』 19, 1962.

78 『숙종실록』 권5, 숙종 2년 6월 갑술 ; 『숙종실록』 권5, 숙종 2년 6월 병자.

79 『숙종실록』 권5, 숙종 2년 4월 을축.

남인 내부의 갈등과 김석주 등의 반발로 인해 체부 혁파의 주장이 나타나기 시작하였다. 1677년(숙종 3) 4월 초, 홍문관에서 만과 실시 후 무과 출신을 모두 체부에 소속시켜 부대를 편성하고 군장 등을 갖추게 하여 백성의 원망을 사고 있다는 상소를 올렸다.[80] 이를 계기로 체부 혁파의 주장이 본격적으로 나타나기 시작하였다. 현종 후반기 훈련별대 및 정초청의 창설과 확장으로 인해 백성의 군역 부담이 커진 상황에서, 숙종 초 1만 4천에 달하는 무과 출신을 체부 소속 군관으로 편성하고 급료를 지급함으로써 적지 않은 군사, 재정적 문제점이 나타났다. 따라서 훈련별대와 정초 군사 및 각 아문의 군관 등과 함께 체부 혁파를 주장하는 의견이 나타났다.[81]

김석주 초상(실학박물관)

체부 혁파와 군병 감축에 대한 논의가 활발한 상황에서 1677년(숙종 3) 5월 말, 좌의정 권대운과 병조판서 김석주, 호조판서 오시수吳始壽, 훈련대장 유혁연柳赫然, 어영대장 이여발李汝發 등이 영의정 허적의 집에 모여 군사제도 개편 방안을 논의하였다. 여기서 결정한 내용을 별단別單에 써서 비변사에서 숙종에게 보고하여 군사제도의 큰 변화가 이루어졌다. 먼저 체찰부는 혁파하고 여기에 소속되었던 무과 출신들을 각도 병사에게 나누어 소속시켜 체찰부에 소속된 때와 같이 작대作隊하여 조련하도록 하였다. 아울러 호위청과 각 아문의 한정군관閑丁軍官을 혁파하고 모두 출신으로 충원하되 500인을 넘지 못하도록 하였다. 그리고 수어청과 총융청 아병이 경중京中에서 번을 세우는 제도를 혁파하고 8,600명이었던 수어청 군사를 6,000명으로 감축하여 2부로 재편성하였다. 3,100명의 총융청 군사는 1,700명으로 감축하고 3사司 체제로 재편성하였다.

이어 수어청과 총융청이 경기의 좌, 우도 군병을 나누어 관장하되, 관장하는 고을

80 『숙종실록』 권6, 숙종 3년 4월 정미.
81 『숙종실록』 권6, 숙종 3년 5월 갑오.

은 서로 섞이지 않도록 하였다. 특히 정초청은 별도로 설치하였던 청廳의 명칭을 혁파하고 그 이전대로 다시 병조에 소속시키되 8,900명에 달하던 군병을 3,000명으로 감축하도록 하였다. 아울러 어영청의 호수戶首는 2만으로 정액하고 훈련별대의 호수는 1만으로 정액하였다. 각 아문의 둔전은 수어청 둔전 일부를 제외하고 1672년(현종 13) 이후에 새로 설치한 것은 모두 혁파하도록 하였다.[82] 이때의 조치에 따라 이듬해인 1678년(숙종 4) 12월, 남인의 요청으로 다시 설치될 때까지 도체부는 혁파되었다.

1677년(숙종 3) 5월 말의 도체부 혁파 및 호위청, 정초청, 수어청, 총융청 등의 군병 감축과 어영청과 훈련별대의 호수 정원 고정 등 군사력의 감축 조치는 기본적으로 당시 북벌의 전망이 흐려지고 있던 상황과도 밀접한 관련을 가지고 있다. 거사 초기 기세를 올리던 오삼계군은 1676년(숙종 2) 중반 청군의 저항에 따라 더 이상 북진하지 못하고 전선은 고착되었다.[83] 그해 연말 경정충耿精忠 부자와 왕보신王輔臣이 청나라에 항복하였고 상가희尙可喜가 병사하였으며 아울러 청군의 오삼계 군에 대한 반격도 개시되었다는 변무사辨誣使의 보고가 있었다.[84] 따라서 북벌 추진을 염두에 둔 도체부의 존립 의의는 상당히 약화되었다. 아울러 1676년(숙종 2)부터 착수된 한정수괄閑丁搜括에 따른 민심의 동요를 완화하기 위한 목적도 아울러 가진 것이었다.[85]

도체부 혁파 이후에도 윤휴는 북벌의 추진을 강하게 주장하였다. 1677년(숙종 3) 11월, 그는 오삼계의 세력이 아직 건재하고 있으며 조선의 군사력이 막강하므로 북벌을 단행하여 청을 공격할 것을 주장하였다. 그러나 대신들의 반대로 그의 북벌 주장은 거부되었다.[86] 이듬해 8월에 들어서면서 중국의 형세가 오삼계에게 유리하다는 보고가 이어졌다. 아울러 오삼계와 정성공 세력의 연결, 몽골의 청 공격 가능성이 검토

82 『비변사등록』 33책, 숙종 3년 5월 28일 ; 『숙종실록』 권6, 숙종 3년 5월 계묘.

83 Peter Lorge, *War, Politics and Society in Early Modern China, 900-1795*, Routledge, 2005, p.155.

84 『숙종실록』 권5, 숙종 2년 12월 신미.

85 숙종 2년의 양정수괄에 대해서는 정연식, 『조선후기 '役摠'의 운영과 양역 변통』, 서울대학교 박사학위논문, 1993, 57~68쪽 참조.

86 『숙종실록』 권6, 숙종 3년 11월 임오.

되었다.[87] 이러한 상황에서 청인淸人이 중원을 포기하고 만주로 돌아올 가능성을 검토하기 시작하였다.[88] 즉 청이 오삼계 등에게 패하여 근거지인 영고탑 지역으로 후퇴하는 중 몽골에게 저지되어 조선의 북부를 통과한다는 이른바 '영고탑회귀설로 정리되는 전략적 위협 분석이 이루어졌다. 이러한 전략적 가정하에 청과의 전면전이 다시금 제기되었다.[89]

1678년(숙종 4) 12월 도체찰사부의 재설치 문제가 논의되어 허적을 다시금 도체찰사로 임명하였다.[90] 그러나 도체찰사부의 재설치가 곧바로 이루어지지는 못하였다. 이는 1679년(숙종 5)에 들어서면서 일련의 정치적 사건으로 인해 도체찰사부의 재설치가 이루어지지 못한 것에서 기인한다. 아울러 그해 3월 오삼계가 이미 사망하였고 경정충과 정성공이 패하여 도주하였다는 사신의 보고가 들어왔다.[91] 즉 청의 멸망과 북벌의 가능성이 다소 낮아진 것이다. 이러한 상황에서 도체찰사부의 성격은 전면전 대비의 목적과 함께 국왕을 정점으로 한 군사 통수권 확립의 성격이 더 중요해졌다.

1679년(숙종 5) 9월에 윤휴는 군사 훈련과 군령체계의 확립을 위해 도체찰사부의 재설치를 적극 주장하였다. 아울러 체부절목體府節目을 의논해 정하고 부사 및 찬획사贊劃使를 차출하고 임금이 병권을 총괄할 것을 요청하였다.[92] 이에 따라 11월 숙종은 체부절목을 의논하여 정하도록 명하고 아울러 부체찰사에 병조판서인 김석주를 임명하였다. 김석주는 병조판서로서 어영대장을 겸하고 있었으므로 그에게 군권이 집중되는 것을 우려한 윤휴의 반대에도 불구하고 숙종은 김석주의 부체찰사 임명을 강행하였다.[93]

이어 12월 초에는 도체찰사부의 체부응행절목體察府應行節目을 마련하였다. 이에

87 『숙종실록』 권7, 숙종 4년 8월 신사.
88 『숙종실록』 권7, 숙종 4년 8월 무자.
89 배우성, 앞의 책, 1999, 67~70쪽 참조.
90 『숙종실록』 권7, 숙종 4년 12월 기축.
91 『숙종실록』 권8, 숙종 5년 3월 임인. 실제 한족 장수가 이끄는 한인으로 구성된 녹영의 공세로 인해 1677년(숙종 3)을 전후하여 삼번의 반란 세력은 이미 험한 산세의 중국 서남부 지역에 국한되어 있는 실정이었다(토마스 바필드, 『위태로운 변경』(윤영인 역), 동북아역사재단, 2009, 555쪽).
92 『숙종실록』 권8, 숙종 5년 9월 정사.
93 『숙종실록』 권8, 숙종 5년 11월 갑오.

의하면 각도의 원수와 순찰사, 병사, 수사 이하는 모두 체부의 지휘를 받도록 하고 지방의 속오군과 어영군, 정초군, 훈련별대 군병으로 상번하지 않고 서북(평안도)으로 방수하는 경우에도 체부에서 통제하도록 하였다. 그리고 경기의 총융사와 남한산성의 수어사도 모두 체부에 소속되도록 하여 중앙의 숙위宿衛 군병을 제외한 당시 조선의 모든 군병은 실질적으로 체부의 지휘 통제하에 두도록 하였다. 즉 체부는 중앙의 일부 군영을 제외하고 조선의 최고 군령기관으로서의 위상을 분명히 갖게 되었다.[94]

당시 허적과 윤휴 등은 중국의 삼번의 난을 계기로 도체찰사부를 복설하고 이를 중심으로 조선군의 군령체계를 일원적으로 조정하였을 뿐 아니라 군사력을 체계적으로 정비, 확보하고자 시도하였다. 앞서 보았던 무과 출신의 체부 군관으로의 편성 등과 함께 각 도의 속오군 중에서 우수한 자를 영장營將이 선발하여 중초中哨로 따로 편성하고 이들을 체부에서 점검하도록 하였다.[95] 도체부를 중심으로 조선의 군사체제를 정비하고 아울러 일원적 군령체계를 갖추어 군권을 확보하고자 하였던 남인의 영수 허적과 윤휴 등의 의도는 곧 다른 정파의 견제를 받게 되었다. 당시 오삼계의 사망 등 삼번 세력의 위축이 분명해진 상황에서 윤휴 등이 북벌을 계속 주장하고 대흥산성의 군사력 정비, 중초 편성 등 체부 자체 군사력 확보 등의 움직임은 타 정파에게 비판의 구실을 주게 되었다.

1680년(숙종 6) 3월 말 이른바 유악사건油幄事件을 계기로 남인 세력이 실각하고 서인들이 다시 집권하였다. 이에 남인계 무장으로 공조판서 유혁연이 해임되고 김만기가 훈련대장으로 임명되었다. 아울러 총융사에는 포도대장 신여철을 임명하였다.[96] 이조판서 이원정 등이 파직되고 귀양가 있던 김수항 등이 복권되는 등 큰 변화가 나타났다. 곧이어 4월 초에는 허적의 서자 허견許堅이 복선군 등을 추대하였다는 이유로 허적, 윤휴 등 남인 세력이 완전히 실각하고 서인 세력이 완전히 집권하게 되는 경신환국庚申換局이 일어났다. 그 과정에서 윤휴의 체부 설립 주장과 대흥산성을 중심으로 한 체부의 군사력 양성은 역모를 꾀하려하였다는 구실을 주었다. 예를 들어 대흥

---

94 『비변사등록』 35책, 숙종 5년 12월 5일.
95 『비변사등록』 35책, 숙종 5년 12월 23일.
96 『숙종실록』 권6, 숙종 6년 3월 정사.

김석주 묘(경기 남양주)

산성에 소속된 이천 둔전의 군병(둔군屯軍)에 대한 군사훈련 강화 등이 그 증거로 제시되었다.[97] 이러한 정치적 변화를 주도한 인물은 병조판서로서 부체찰사를 겸하였던 김석주였다. 이를 계기로 허견과 복선군 등 이외에 허적과 윤휴, 유혁연 등이 처벌되었다. 그리고 체부도 얼마 뒤 혁파되어 관리소管理所로, 대흥산성을 주관하는 당상관은 관리사管理使로 칭해지고 김석주가 관리사를 겸직하였다.[98]

숙종 초 체부 복설과 체부를 통한 북벌 준비 및 군령 체계의 일원적 정비 노력은 당시 삼번의 난으로 인해 일시 유동적으로 변하기 시작한 동아시아 정세에 대한 대응이었다. 비록 정치적인 변동으로 인해 체부는 혁파되고 곧이어 삼번의 난도 얼마 지나지 않아 진압되어 이후 청의 중원 지배가 확고해짐에 따라 북벌 움직임과 군사력 증강을 위한 일련의 노력도 좌절되었다. 숙종 초의 북벌 움직임과 군령체계 일원화 노력 등은 이후 완전히 무의미한 것은 아니었다. 18세기 이후에도 북벌에 대한 논의가 계속되었고 이는 북방 지역에 대한 방어체계 및 전술 개발 등의 주요한 배경이 되

97 『숙종실록』 권9, 숙종 6년 4월 병인.
98 『비변사등록』 36책, 숙종 8년 6월 7일 ; 『숙종실록』 권9, 숙종 6년 5월 병신.

었다.[99] 아울러 18세기 중반 국왕 중심의 군령체계 정비를 위해 영조대 『속병장도설』을 통해 중앙의 각 군영을 일원적으로 정비하고자 한 노력 등은 그 계승이라고 할 것이다.

2) 금위영(禁衛營)의 창설과 5군영제의 확립

1680년(숙종 6) 3월 경신환국을 통하여 남인은 일거에 정계에서 배세되고 서인세력이 다시 정권을 장악하였다. 남인의 실각은 명목상 유악帷幄사건과 허견의 역모가 원인이었지만 근본적으로는 도체부를 앞세운 남인 세력의 군권의 독점적 장악에 대한 국왕 숙종과 김석주 등 척신세력의 우려에 따른 것이었다.[100] 이후 정권을 장악한 세력은 정권 유지를 위해서는 군권이 뒷받침될 필요가 있다는 사실을 더욱 절실히 인식하게 되었다. 이는 17세기 후반 이후 삼번의 난 진압과 준가르 족의 패퇴 등으로 동아시아의 군사적 긴장이 차츰 완화되는 상황에도 불구하고 왕과 척신이나 그 측근 세력들이 군권 장악이나 군사력 강화에 강한 집념을 갖게 하는 하나의 이유가 되었다. 아울러 양역변통론의 전개에도 큰 영향을 미치게 된다.[101]

서인 세력이 집권하면서 군제 및 군역제 개편 논의가 다시 나타나기 시작하였다. 현종말~숙종 초 남인 집권 시기는 삼번의 난과 북벌 추진과 관련하여 군사력 증강이 급속도로 이루어진 시기였으므로 국가 재정에 적지 않은 부담을 주었다. 아울러 훈련별대 등 새로운 군영의 창설과 정초군의 확대 등으로 인해 신설 군영 및 병종을 바탕으로 한 새로운 군사제도로의 전환이 모색되었으나 통일적 군사체제를 갖춘 것은 아니었다. 따라서 각 군영 간의 편제나 운영이 통일되지 못하고 난립함으로써 군정의 정예화가 이루어지지 못하였다.

서인 세력은 정권을 담당하면서 훈련도감 변통론을 비롯한 군제 개편론을 제시하

---

99 18세기 북벌론의 전개에 대해서는 권도경, 「「黃生傳」에 나타난 김기의 북벌론에 관한 연구」 『군사』 63, 2007에 정리되어 있다.

100 이태진, 앞의 책, 1985, 147~148쪽.

101 정만조, 「숙종조 양역변통의 전개와 양역대책」 『국사관논총』 17, 1990, 139~140쪽.

며 군액 감축을 주장하였다. 서인들의 군액 감축 주장은 김만기, 김수항, 민유중 등 척신세력의 반대로 성사되지는 못하였다. 다만 이미 확대된 군사력의 유지 및 국가재정 부담의 완화를 위해 양역변통론이 다시 나타나기 시작하였다. 이때 제기된 것은 주로 호포론戶布論으로 이는 수포收布의 대상을 사족士族에게 확대하여 군사력을 유지하는 재원을 확보하고자 한 것이었다. 이 시기의 호포론은 군포를 납부하는 대상을 확대하는 것과 함께 군제 개편론을 아우른 경우도 있었다. 예를 들어 1681년(숙종 7) 12월 병조참판 이사명李師命은 사족까지 군포 납부층을 확대하여 양역의 폐단을 일소하는 한편 국가재정의 안정을 도모할 뿐만 아니라 훈련도감, 어영청, 정초군 등의 군병을 번상군으로 편성하고 그 비용을 호포의 수입으로 지급하자고 하였다.[102]

민유중 신도비(경기 여주)

호포론은 송시열 등이 사족수포 불가론 등 성리학적 명분론을 들어 반대하여 성과를 거두지는 못하였다.[103] 대신 송시열은 호포론 대신 군제 변통을 통해 국가의 재정 부담을 덜 수 있는 방안을 강구하였다. 그는 군사를 양성하는데 호조 재정 2/3가 소요될 정도로 국가 재정에 부담을 많이 주는 훈련도감의 장번長番 포수를 궁극적으로

102 『숙종실록』 권12, 숙종 7년 12월 갑오.
103 이근호, 「숙종대 중앙군영의 변화와 수도방위체제의 성립」 『조선후기의 수도방위체제』, 서울학연구소, 1998, 36~37쪽.

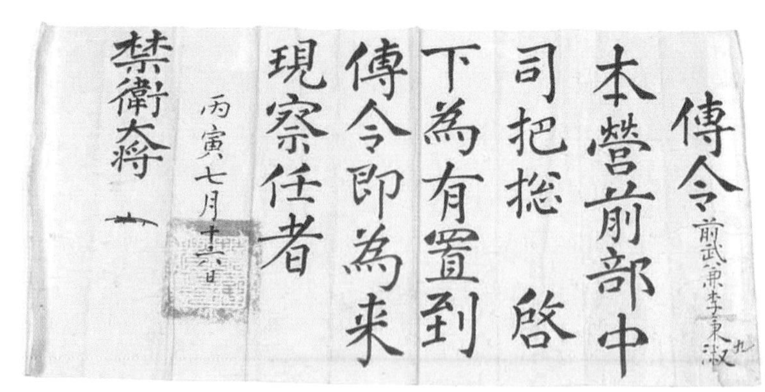
傳令 前武兼李東淑 九
本營前部中
司把摠 啓
下爲有置到
傳令卽爲來
現察任者
丙寅七月十六日
禁衛大將

금위대장 전령
(전쟁기념관)

혁파하고 대신 번상병으로 대체할 것을 주장하였다.[104] 즉 한성에 있는 포수 중 고향으로 내려가기를 원하는 자는 들어주고, 도고逃故가 있을 경우 어영군에 대신 충정하면 훈련도감 포수는 저절로 줄어들 것이고, 어영군은 점차 많아질 것이라고 하였다. 그리고 두 대장을 두면 한나라의 남북군의 제도와 같이 될 것이라고 주장하였다.[105] 이러한 훈련도감 군병의 감축과 번상병으로의 충원, 그리고 어영청 강화 주장은 현종대 군제 개편 논의에서도 계속 제기된 것으로 번상제를 바탕으로 한 군역 및 군제 개편의 방향을 제기한 것이었다. 송시열의 주장은 당시 그의 막강한 정치적 비중으로 인해 이후 조정에서의 양역변통 논의의 기폭제 역할을 하기도 하였다. 그러나 훈련도감의 감축과 번상병제 위주의 군제 개편 논의는 다소 다른 방향으로 정책에 반영되었다.

1682년(숙종 8) 3월 병조판서 김석주가 제시한 「군제변통절목軍制變通節目」은 숙종 전반기의 다양한 군제 개편 논의의 정책적 귀결점이었다. 이 절목은 당시 자주 거론되던 군제 개편의 방안을 부분적으로 수용하여 훈련도감을 개편하고 새로운 군영으로서 금위영을 설치하는 것을 주 내용으로 하였다. 그 구체적인 내용은 다음과 같다.[106] 먼저 훈련도감 군병 5,707명에서 707명을 제외한 5,000명을 훈련도감군의 정원으로 정하고, 여기서 감축된 707명은 별대別隊로 이속시키도록 하였다. 이로써 확

104 『숙종실록』 권11, 숙종 7년 2월 무오.
105 『숙종실록』 권11, 숙종 7년 정월 경오.
106 『숙종실록』 권13, 숙종 8년 3월 갑자.

보된 연간 급료미 6,780석을 호조로 옮겨 삼수량의 부족분을 충당하게 하였다. 또한 정초청 보인 12,474명 중에서 5,879명을 병조로 옮겨 병조의 수포 대상으로 하여 병조의 재정난을 다소나마 해결하도록 하였다. 훈련도감에서 이속된 707명을 합한 훈련별대와 병조로 이속하고 남은 정초군을 통합한 새 군영을 창설하여 금위영이라 칭하고 그 군병은 금위별대禁衛別隊라고 하였다. 금위영 창설과 함께 훈련도감은 5,000명 규모로 축소되었지만 계속 유력한 군영으로 존속하게 되었다.

훈련별대와 정초청 군병을 합하여 새로이 창설된 금위영의 구체적인 편성은 다음과 같다. 먼저 별대의 경우 훈련별대 정군과 훈련도감에서 넘어온 707명을 합하여 13,949명이었는데 이중 10,748명의 정군으로 4부部 16사司 80초哨로 편성하고, 남은 정군 3,201명은 그 자보資保(3,201명)와 함께 보인保人으로 편성하여 훈련별대 원래의 보인 41,100여명에 합하였다. 그리고 정초청 군병의 경우에는 원래 정군 3,773명을 1부 25초 총 3,350명으로 편성하고 남은 인원 423명을 그 자보(423명)와 함께 보인으로 편성하였다. 이들을 기존의 보인 11,628명과 합한 12,474명 중 병조의 수포 대상으로 5,879명을 넘겨주고 금위영에 6,595명을 편입하였다. 즉 금위영은 정군 14,098명을 5부 105초로 편성하고 자보 14,098명, 관보 54,097명의 규모를 갖추게 되었다. 105초의 군사는 10번으로 나누어 두 달씩 번상하는 근무체제를 갖추었다.[107]

창설 초기 5부 105초의 금위영의 체제는 이후 다소간의 변화가 있었던 것으로 보인다. 창설된 지 한 달여가 지난 1682년(숙종 8) 5월 11일(양 6월 16일)의 「병조계목兵曹啓目」에 따르면 4부 20사 100초(1초 127명)의 체제로 약간 변화한 것을 볼 수 있다. 근무형태도 10번으로 나누어 2달씩 근무하되 농한기인 10월부터 이듬해 3월까지는 10초가 번상하고 농사철인 4월부터 9월까지는 5초가 번상하도록 규정하고 있다.[108] 이는 창설 직전 편성하였던 105초 규모의 군사체제가 당시 부담이 되었으므로 약간 감소하여 편성한 것으로 생각된다.

---

107 금위영의 구체적인 체제에 대해서는 이태진, 앞의 책, 1985, 201쪽에 자세하다.

108 『禁衛營抄謄錄』, 肅廟壬戌年 5월 11일.
이 내용에 대해서는 차문섭, 「금위영 연구」 『조선시대 군제연구』, 단국대출판부, 1973, 351~352쪽에 자세하다.

금위영은 대장은 병조판서가 겸하도록 하여 이미 지휘하고 있던 금군과 짝하도록 하였다. 이는 결과적으로 금군의 강화로 귀결된 것으로 숙종초 이래 지속적으로 추진된 국왕권 강화의 움직임을 뒷받침할 군사력 강화의 양상을 반영한다고 할 수 있다. 실제 숙종은 즉위 이래 군권軍權에 대한 관심을 지속적으로 기울였고 외척을 중심으로 군영대장을 임명하기도 하였다. 김석주를 중심으로 군영 체제를 정비하고 금위영을 창설한 것에서 숙종초 군영체제 정비의 정치적 의미를 짐작할 수 있다.[109] 다만 병조판서는 자주 체임되므로 군영의 일관적 운영을 위해 훈련도감이나 어영청과 같이 도제조, 제조를 두었다.

금위영 창설 초기에는 향군들이 모두 보병이었으므로 이를 보완하기 위해 1684년(숙종 10) 정월에는 500명 규모의 기병부대 창설에 착수하였다.[110] 이에 그해 6월까지 황해도에서 200여 명을 확보하여 13번으로 나누어 각 번에 16명씩 번상하게 하고 별효위別驍衛로 호칭하였다.[111] 이후 별효위는 숙위기사宿衛騎士로 개칭되고 다시 기사騎士로 개편되었다. 그 규모도 늘어나 1번에 63명으로 증원되고 보인 5인이 지급되었다. 그러나 1704년(숙종 30) 군제개편으로 1번에 56명으로 약간 감축되고 보군표하步軍標下 1명을 합쳐 57명씩 15번 855명으로 확정되었다.[112]

금위영 창설로 5군영제가 확립되었다. 이는 조선전기 5위를 대신할 새로운 조선후기의 군영 중심 군사제도의 외형이 갖추어진 것을 의미한다. 그러나 5군영은 기본적으로 당시의 정치, 군사적 상황의 변화에 따라 창설, 개편되었으므로 금위영 창설이 5군영 체제의 완비를 의미하는 것은 아니었다. 통일적 군영체제 확립을 위한 군영의 일원적인 체제 정비의 필요성이 다시금 제기되었다. 1704년(숙종 30) 제정된 「양역변통절목」과 이에 따른 삼군문도성수비체제三軍門都城守備體制의 확립은 조선후기 군영체제 정비의 귀결점이었다.

109 이근호, 앞의 논문, 1998, 39~40쪽.
110 『숙종실록』 권15상, 숙종 10년 정월 을유.
111 『숙종실록』 권15상, 숙종 10년 7월 기해.
112 별효위의 창설과 체제, 개편 등에 대해서는 차문섭, 앞의 논문, 1973, 371쪽 참조.

제2절

도성수비체제의 확립과 지휘체계의 조정

1. 숙종대 도성수비체제의 성립과 방위시설 정비

1) 도성수비체제의 성립 배경과 도성방위론

조선전기에는 5위五衛와 진관체제鎭管體制의 정비를 통해 군사 동원 체제를 구축한 위에 전국에 걸쳐 관방關防 시설을 정비하였다. 국방정책의 이 같은 기조는 인력과 시설의 전국적인 배치를 통하여 변방과 후방, 중앙과 지방의 차별을 두지 않으려는 방어체계이며, 나아가 조선왕조가 추구하는 중앙집권체계에 대응하는 국방체계였던 것이다.[113] 그러나 이 같은 방위체계는 시간이 경과하면서 제도 자체가 갖는 모순과 변화하는 사회경제적 조건으로 인해 변질되면서 17세기 이후에는 수도권 중심 방위체제로 전환되었다.

17세기 전반기 수도권 중심 방위체제는 수도 외곽 지역인 보장처保(堡)障處[114]의 강

113 金駿錫, 「조선후기 國防意識의 전환과 都城防衛策」 『典農史論』 2, 서울시립대, 1996, 8쪽. 한편 이하 숙종대 도성수비체제와 관련된 내용은 『조선후기 수도방위체제』(서울학연구소, 1998)에 수록된 필자의 「숙종대 중앙군영의 변화와 수도방위체제의 성립」을 주로 참고하였다.

114 보장처란 보루·보새 등과 동일한 용어로(中華學術院, 『中文大辭典 2』, 1246쪽, 堡障, "與堡塞同"), 본래의 의미는 군대가 주둔하여 전수하기 위한 소규모 성곽을 의미하였다(中華學術院, 『中文大辭典 2』, 1246쪽).

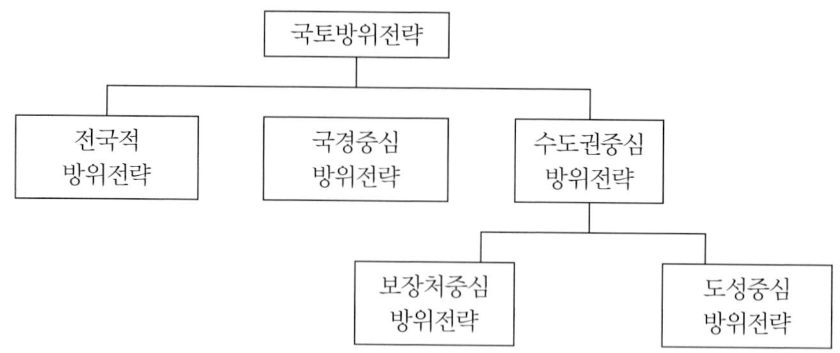

국토방위전략 층위도(層位圖)
(김웅호, 「조선후기 都城中心 방위전략의 정착과 漢江邊 관리」『서울학연구』 24, 서울학연구소, 2005, 67쪽 재인용)

화로 나타났다.[115] 보장처란 전란시 전략적 거점지역임을 의미하는 것으로, 동양의 고전적인 병법兵法 가운데 하나인 "퇴전退戰"을 위한 대비책이다. "퇴전"이란 아군의 병력이 열세하여 적과 대적할 수 없을 때 후퇴하여 병력을 온전하게 보전하기 위한 전략이었다.[116]

17세기 전반기 국왕이나 위정자들 역시 조선전기처럼 당시의 대외정세와 정권안정을 위해 전국을 고려한 방위체계를 구상하였을 것이다. 그러나 전란으로 인한 인적, 물적 피해 등으로 이를 전국에 고루 분산시키기에 여력이 없자 차선책으로 보장처의 정비라는 방법을 택하였다. 즉 종사의 안녕을 보전하기 위한 최소한의 대책이었던 것이다.

1626년(인조 4) 남한산성이 완축되어 광해군대부터 정비되기 시작한 강화도와 함께 남한산성을 연결하는 보장처의 정비가 일단락되었다. 그 결과 전란시 전략 개념도 국왕은 강화도로, 왕자는 남한산성으로 입거入居하여 대적한다는 것으로 변화하였다.[117] 강화도는 성곽의 보존 상태가 양호하며, 전쟁시 불리할 경우 해로를 이용해 후

115 이 시기 보장처 강화론에 대해서는 다음을 참고하였다. 姜性文, 「首都 서울 防衛에 대한 연구」『육사논문집』 45, 육군사관학교, 1993(『韓民族의 軍事的 傳統』, 봉명, 2000에 「수도 서울 방위론」으로 재수록. 이 글에서는 주로 본서를 참고하였다).
이근호 외, 『조선후기 수도방위체제』, 서울학연구소, 1998.

116 『百戰奇法』, 戰法, 退戰.

남한산성 북문(경기 광주)

방으로 탈출할 수 있는 장점이 있었다.

남한산성은 평야지대에 고립되어 외부와의 연락이 불편한 한계는 있으나 지형이 험하여 적을 방어하기에 용이하였다. 전략적으로도 강화도는 대호전략면對胡戰略面에서, 남한산성은 대호對胡 및 대일전략면對日戰略面에서 그 중요성이 있었다. 강화도와 남한산성을 중심으로 한 보장처는 조선-청 전쟁 이후 전략적 중요성이 다소 줄었다고 하더라도 여전히 관심이 집중되며, 효종대에 방비가 강화되었다.[118]

17세기 후반 숙종대를 거치면서 조선의 방위 체계는 수도외곽지역에서 도성 중심으로 변화하였다. 이른바 도성수비체제의 성립 과정이었다. 이 시기 도성수비체제의 성립은 당대의 시대적 상황에 따른 산물이었다. 17세기 후반에서 18세기 전반 조선 사회는 경제적으로 변화의 시기였다. 이에 따라 서울은 정치·경제·사회 등 각 부분에서 변화가 생겼으며, 이는 도성수비체제의 성립과 관련된다. 17세기 후반~18세기 서울의 변화에서 먼저 주목되는 것은 인구의 증가이다. 공식적으로 보고된 한성부 인

117 李元翼, 『梧里集』 別集 권1, 引見奏事, 3월 초5일.
118 이와 관련해서는 본서 제4장 「북벌론과 군사력 강화」 참조.

구의 현황을 정리하면 〈표 5-1〉과 같다.

〈표 5-1〉 숙종대를 전후로 한 한성부의 인구변동

연도	호(戶) 수	구(口) 수
1648년(인조 26)	16,006	95,569
1657년(효종 8)	15,760	80,572
1669년(현종 10)	23,899	194,030
1678년(숙종 4)	22,740	167,406
1717년(숙종 43)	28,356	185,872
1723년(경종 3)	31,859	199,018
1732년(영조 8)	35,768	207,733

위 〈표 5-1〉을 보면 17세기 중반인 1657년(효종 8)에 80,572명에 그치던 것이 1669년(현종 10)에 194,030명으로 약 20만 명선에 육박하면서 2배 이상의 인구 증가를 기록하고 있다. 이러한 인구 증가를 놓고 그 원인에 대해 학계에서 이견이 있기는 하지만[119] 이 시기 사회경제적 변화에 따른 서울의 인구 증가 추세를 일정하게 반영하는 것으로 이해하여도 큰 무리는 없다고 본다. 유사시 도성을 폐기하는 피난 계획은 인구 증가로 인해 위험 부담도 커졌다.[120]

119 지금까지 이 시기 서울의 인구 증가에 대해서는 연구자들에 따라 다양한 견해가 제출되었다. 이를 간단히 정리하면, 이를 실제 인구의 증가이기보다는 정부의 호구파악방식의 변화라든지, 행정구역의 개편에 기인한 것으로 보는 견해로는, 孫禎睦, 『朝鮮時代 都市社會硏究』, 一志社, 1977 ; 金甲周, 「18世紀 서울의 도시생활의 一樣相 -陸契를 중심으로」 『論文集』 23, 동국대학교, 1984 ; 조성윤, 『조선후기 서울주민의 신분구조와 그 변화 -근대시민형성의 역사적 기원』, 연세대 박사학위논문, 1992 ; 鄭演植, 『조선후기 '役摠'의 운영과 良役變通』, 서울대 박사학위논문, 1993 등이 있고, 이와는 달리 실제 인구의 증가로 보는 견해로는 權泰煥·愼鏞廈, 「朝鮮王朝時代 人口推定에 關한 一試論」 『東亞文化』 14, 서울대 동아문화연구소, 1977 ; 권태환·전광희·은기수, 『서울의 전통 이해 -인구와 도시화』, 서울시립대 서울학연구소, 1997 ; 高東煥, 『18~19세기 서울 京江地域의 商業發達』, 서울대 박사학위논문, 1993 ; 『朝鮮後期 서울商業發達史硏究』, 지식산업사, 1998 등이 있다. 심지어 고동환(高東煥)은 당시 인구를 30만명 정도였을 것으로 추산하고 있기도 하다(高東煥, 앞의 책, 1998, 25쪽).

120 강성문, 「英祖代의 都城 死守論에 관한 考察」 『淸溪史學』 13, 韓國精神文化硏究院, 1997 ; 앞의 책, 2000, 145쪽).

서울 인구의 양적 증가는 도시공간의 확대로 이어졌다. 서울의 지역적 공간은 세종대에 도성안과 도성에서 10리[성저십리城底十里]까지를 경계로 삼았다. 『세종실록』 지리지世宗實錄地理志에 나타난 서울의 경계는 동쪽으로는 양주의 송계원松溪院(현재의 서울 중랑구 묵동 일대),[121] 대현大峴(현재의 서울 성동구 금호동 1가에서 옥수동 넘어가는 고개), 서쪽으로는 양화도陽花渡와 고양의 덕수원德水院, 남쪽으로는 한강, 노량진이고, 북쪽 경계는 특별히 정하지 않았다.[122] 그러나 17세기 중·후반 이후 인구 증가로 도시공간이 확대되어 『속대전』에서는 성저십리와 일치하는 사산금표四山禁標 지역이 조선전기보다 확대되었다.

즉 『속대전』에 나타나는 사산금표 지역은 동쪽으로는 대보동大菩洞(현재의 서울 강

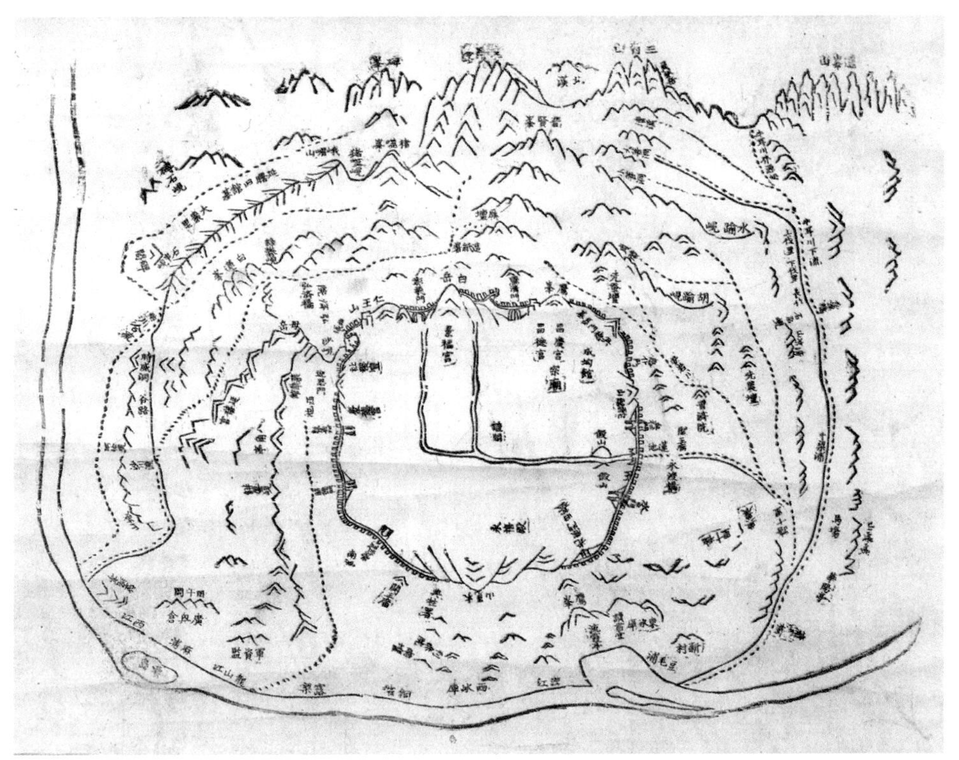

사산금표도

121 이하 위치 비정은, 서울특별시사편찬위원회, 『서울지명사전』, 2009에 의거하였다.
122 『세종실록』지리지, 경도 한성부.

살곶이 다리(서울 성동)

북구 수유동 일대)~수유현水踰峴~우이천牛耳川~송계교松溪橋~중량포中梁浦를 연결하는 지역이, 서쪽으로는 망원정望遠停~모래내까지를 연결하는 지역이, 남쪽으로는 중량포~살곶이다리箭串橋~신촌新村(현재의 서울 성동구 응봉동 일대)~두모포豆毛浦(현재의 서울 옥수동과 왕십리동 일대)~용산까지, 북쪽으로는 대조리大棗里(현재의 서울 은평구 대조동)~구관기舊館基(현재의 서울 종로구 구기동 일대)~연서延曙~대보동~석관현(현재의 서울 은평구 역촌동 일대)의 서남처까지 연결하는 지역이 해당되었다.[123]

도시공간의 확대는 또한 경강 지역에 신생 촌락의 증가로 이어졌다. 예를 들어 17세기 중엽 이후 남부 살곶이벌 일대에 신촌 중리가, 서부 용산방 일대에 신촌리계가, 서강방 지역에 신수철리계가 형성되었다. 이는 행정편제의 변화도 수반하여 1751년(영조 27) 「도성삼군문분계지도都城三軍門分界之圖」에 나타난 행정 구역을 보면, 조선 전기에 있던 정심방貞心坊이나 천달방泉達坊 등은 없어지고 대신 경강 지역에 두모방豆毛坊·한강방漢江坊·둔지방屯之坊·용산방龍山坊·서강방西江坊 등이 신설되었다.[124]

123 『속대전』 권5, 형전, 禁制, 京城十里內.

124 고동환, 「조선후기 경강지역 행정편제의 변동과 인구추세」 『서울학연구』 24, 서울학연구소,

인구 증가와 이에 따른 공간 확대 같은 양적 증가는 서울의 도시화를 촉진하여, 서울을 종전의 정치 중심 도시에서 상업 도시로 탈바꿈시켰다.[125] 서울의 이 같은 질적인 변화가 단지 인구 증가라든지 공간 확대에만 기인한 것은 아니며, 동시에 도시수공업의 발달과 한강을 중심으로 한 교통·운수의 발달 역시 이를 촉진하였다. 17세기 후반, 18세기 이후 서울의 상업도시화가 진전되는 가운데, 이곳을 생활기반으로 하는 다양한 계층이 존재하였다. 상층에 위치한 왕족이나 경화사족京華士族을 위시하여 공인貢人·시인市人을 비롯해 생산인구인 상공업 인구가 증가하는 동시에 소비인구도 증가하여 구매력을 높였다.

한편, 17세기 후반 조선 사회는 사회적으로 자연재해와 부세 부담의 불균형 등으로 인해 대규모로 유민이 발생하였다. 유민들은 생활근거지인 농촌을 떠나 유리하는 가운데 경제적 이익 추구와 서울 지역이 왕도王都라는 지역적 특수성으로 인해 서울로 집중되었다.[126] 유민들의 서울 집중은 서울 인구 증가의 한 요인으로 작용하는 동시에 많은 사회문제를 발생시켰다. 먼저 왕도에서는 진휼을 기대하고 상경한 유민들에 대한 진휼책의 추진을 위해 재원을 마련하고자 공명첩의 마련과 함께 청국에 구휼미의 지원을 요청하기까지 하였다.[127] 그뿐만 아니라 전염병이 확산되었고,[128] 나아가 인구의 집중으로 인해 물가, 특히 미곡가의 상승[129] 등과 같은 사회문제를 야기하여 서울 주민들의 생활을 위협하는 일까지 발생하였다.

광범위한 유민의 발생이 사회 불안 요소로 부상함과 동시에 숙종대에는 도성내에서 5차례의 괘서掛書가 발각되었다. 1691년(숙종 17)에는 황해도 일대를 주무대로 활

2005.

125 17세기후반~18세기 이후 서울의 도시적 성격이 변화하는 것에 대해서는, 高東煥, 앞의 논문, 1993 ; 李泰鎭, 「조선시대 서울의 도시발달단계」『서울학연구』 1, 서울학연구소, 1994 ; 최완기, 『한양 -그곳에서 살고 싶다?』, 교학사, 1997 등이 참고된다.

126 유민의 서울 집중 현상에 대해서는 많은 자료에서 언급되고 있는데, 일례로 "경기 백성은 거의 다 가난하여 농사를 본업으로 생각하지 않고, 구차하게 눈앞의 얼마 안되는 늠료를 좇아 고향을 떠나서 서울로 흘러 들어오는 자가 이루 헤아릴 수 없다"고 한 기록이 참고된다(『숙종실록』 권30, 숙종 22년 2월 경자).

127 『숙종실록』 권32, 숙종 24년 2월 경오.

128 『승정원일기』 369책, 숙종 23년 2월 26일 정미.

129 『숙종실록』 권29, 숙종 21년 8월 기미.

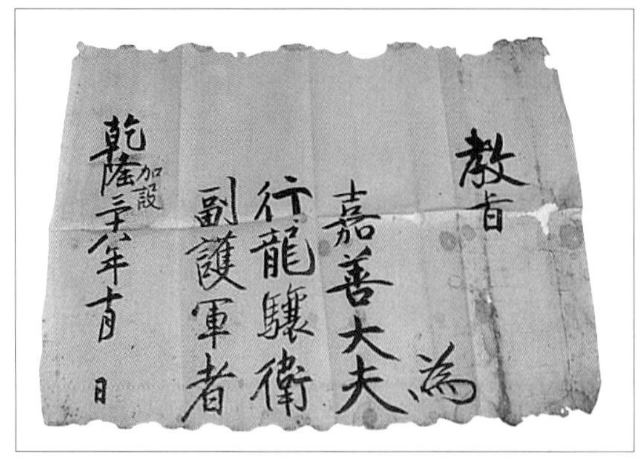

공명첩

동하던 대규모 도적떼인 장길산을 중심으로 한 무리들이 체포되는 등 사회적인 불안요인이 급증하였다. 심지어 1697년(숙종 23)에는 광주민廣州民 수백 명이 도성으로 상경하여 궁궐문을 막고 살 길을 강구해 줄 것을 요구하는 사태까지 발생하였다.[130]

이렇게 사회 불안요인이 급증하자 서울의 변화에 편승하여 성장한 계층들은 혹시 발생할지도 모를 난으로 인한 생명과 재산의 보호를 위해 도성의 수비 강화를 간절하게 요구하였다. 예를 들어 북한산성 축성이나 도성수축론이 제기되었을 때 당시 조정에서의 다음 논의는 이런 상황을 이해하기 충분하다.

> 이기하가 아뢰기를 "……이번에 도성을 수축하기로 하교하신 뒤에 사람들이 모두 당연한 처사라고 여기고 무사들은 더욱 좋아하여 북성을 의논할 때에도 그들은 상소하려고까지 하였는데 이번에도 상소하겠다고 운운합니다. 국가의 대계를 그들의 말로 단정할 필요는 없겠으나 크고 작은 백성의 마음이 모두 쌓기를 원한다 하니 지리地利는 인화人和만 못한 것이니 만치 신은 더욱 다행한 일로 여기옵니다." 하니, 홍수헌이 아뢰기를 "북성을 쌓으려고 의논할 때에는 더러 마땅하게 여긴 자가 있었으나 도성은 임진, 병자 난리에도 한 번도 성을 지켰던 때가 없었기 때문에 사람들은 아직 믿고 따르려는 마음이 없습니다." 하였다. 윤세기가 아뢰기를 "북성을 쌓으려고 의논할 때에는 무인들이 상소하려 한다는 말이 과연 있었습니다." 하니, 이기하가 아뢰기를 "민간에

130 숙종대 민의 저항 및 괘서에 대해서는 다음이 참고된다. 鄭奭鍾, 『朝鮮後期社會變動硏究』, 一潮閣, 1983 ; 홍순민, 「17세기말 18세기초 농민저항의 양상」『1894년 농민전쟁연구 2』, 한국역사연구회, 1992 ; 배혜숙, 「肅宗年間 誣告事件과 社會動向」『祥明史學』 2, 1994 ; 이상배, 『朝鮮後期 掛書硏究』, 강원대 박사학위논문, 1997.

서 하는 말을 비록 두루 듣지는 못하였으나 어떻게 빈 말로 전하께 앙달할 수 있겠습니까? 비단 신이 만난 무사들만 좋게 여긴 것이 아니라 신이 데리고 있는 서리書吏나 하인들도 모두 도성 백성들이 하나도 못마땅하게 여긴 자가 없었다고 합니다." 하였다.[131]

박세채 초상(실학박물관)

즉 무인을 비롯해 서울에 상주하던 군인들의 경우, 도성에 거주하는 가족들을 지키려는 욕구가 표출되기도 하였다.[132] 따라서 조정에서는 도성민들의 욕구를 수용하여 도성의 방어를 군영에 전적으로 의존하기보다는 도성 중심으로 재부를 축적한 도성민의 경제력에 기대를 걸고 이를 동원하는 새로운 방어체제의 정비를 모색하여,[133] 그 결과가 도성수비체제의 성립으로 나타났다.

이상과 같은 사회 경제적인 변화에 조응하여 정치적으로는 탕평론이 본격적으로 구현되기 시작하였다. 숙종대는 17세기 사림정치가 난숙기를 거쳐 쇠퇴의 과정을 밟던 시기였다. 이를 단적으로 보여주는 것이 사림정치기 상징적인 존재인 산림山林의 위상 변화이다. 즉 현종대까지 산림은 왕권을 압도하였다. 그러나 이 시기에 오면 대표적인 산림이라 할 수 있는 송시열宋時烈·윤휴尹鑴 등이 환국換局의 와중에서 죽임을 당하였다. 집권당에게 전권을 위임한다는 환국이 결과적으로는 왕권의 회복과 강화를 가능케 하면서, 사림정치의 쇠퇴로 이어지게 되었다.[134]

131 『비변사등록』 54책, 숙종 30년 2월 25일.

132 김종수, 『朝鮮後期 訓鍊都監의 設立과 運營』, 서울대 박사학위논문, 1996 ; 『朝鮮後期 中央軍制研究-訓鍊都監의 設立과 社會變動』, 혜안, 2003, 245~246쪽.

133 이러한 점은 "반복해서 생각해 보아도 결코 도성 백성의 많은 힘을 빌리고 경창의 많은 곡식에 의지하여 도성을 굳게 지키는 것만 같지 못할 것입니다."라는 『비변사등록』의 기록을 통해서 감지된다(『비변사등록』 54책, 숙종 30년 2월 3일). 한편 이러한 지적에 대해서는 이미 李泰鎭, 「三軍門都城守備體制의 確立과 그 變遷」 『韓國軍制史-近世朝鮮後期篇』, 육군본부, 1977 ; 『朝鮮後期의 政治와 軍營制 變遷』, 한국연구원, 1985 및 김준석, 앞의 논문, 1996, 28쪽에서 지적된 바 있다.

134 鄭萬祚, 「朝鮮時代의 士林政治」 『韓國史上의 政治形態』, 一潮閣, 1993, 235쪽.

이럴 즈음 탕평론이 박세채朴世采에 의해서 제기되고, 이것이 현실정치에 적용되면서, 국왕권 강화가 추진되었다. 그리고 동시에 군사적으로는 국왕에 의한 군사력의 장악이 추진되었다. 군사력의 장악은 성공적인 탕평책 구현을 위한 관건이라 하겠다. 후술하겠으나 조선-일본 전쟁 이후 설치된 군영들은 명목상으로는 왕에게 통수권이 주어졌음에도 불구하고 실질적으로 각 군영대장에 의해 군령과 군정이 이루어졌다. 그렇기에 각 군영은 왕권을 유지하고 국가안보를 담당하는 '공병公兵'이기보다는 '가병家兵'적인 존재였다.

> 인조반정을 하고 나서 훈신들이 모두 무신들이었고 또 마침 변방에 근심거리가 많아서 군사를 널리 모아 각각 문호를 세우고 각각 군대를 담당하게 되어, 6, 7개의 군문이 도성에 생기게 되었다. 권력이 있는 재상들은 하나의 군문을 얻지 못하는 것을 수치로 여겼고 집에 앉아서 군대를 통솔하여 옛날의 가병家兵제도를 모두 회복하였다. 역모를 꾀하는 일이 이로 말미암아 싹트게 되었으니, 심기원沈器遠과 김자점金自點 등의 사건에서 알 수가 있다.[135]

따라서 왕권을 중심으로 추진되던 탕평책의 성공을 위해서는 이들 군영을 재편하고, 나아가 장악하는 것이 중요한 문제였다. 숙종초 금위영의 창설이나 후술할 「양역변통절목良役變通節目」의 제정 과정에서 이루어진 군영 정비 등은 이를 반영한 한 단면이었다.

요컨대 숙종대는 사회경제적인 발전이 이루어지는 가운데, 서울이 상업도시화되는 등의 변화가 있었다. 이러한 변화와 동시에 사회적 불안요인도 급증하여 서울에서 생활하면서 경제력을 축적한 도성민들이 자신들의 안위에 대한 욕구를 표출하기에 이르렀다. 한편 정치적으로는 탕평책이 적용되면서 왕권강화가 추진되며, 이를 위해 군영 정비와 함께 삼군문도성수비체제를 성립시키기에 이르렀다.

도성수비체제가 성립되면서 이를 이론적으로 뒷받침하는 논리들이 제기되기 시작

---

135 『현종개수실록』 권22, 현종 11년 7월 임술.

하였다. 17세기까지 정엽鄭曄이나 정경세鄭經世·이정구李廷龜[136] 등이 도성수비론을 제기하였음에도, 도성 수비를 위한 별다른 조치들이 강구되지 않고 있음을 볼 때 논의의 주류는 도성수비불가론이라 하겠으며, 그 대안으로 마련된 것이 수도 외곽의 보장처 강화론이었다.[137] 이에 비해 숙종대 중반 이후가 되면 도성 수축이 이루어지고, 북한산성이 축성되는 등 도성수비에 일대 전환기를 맞이하게 되었다. 그리고 동시에 이를 뒷받침하는 논리로 탕평론자인 신완申琓은 도성수비를 위해 북한산성을 축성하자고 주장하면서 여민공수론與民共守論을 제기하였다.[138] 물론 이념적으로는 전쟁에 임해 백성들과 함께 지키는 것은 오래전부터 천명되었다. 그러나 주어진 현실 여건이 부득이하면 결국 다른 길을 선택할 수밖에 없다. 선조가 도성을 버리고 파천한 것은 그 하나의 예이다. 17세기까지 지배층들이 보장처 정비를 통해 유사시 피난갈 것을 생각하던 것과 비교해 본다면 여민공수론은 진일보한 논리라 하겠다. 물론 여기서의 민은 도성민으로, 숙종의 경우도 "도성민은 바로 나의 적자赤子인데, 어떻게 난리에 임하여 보전할 도리를 생각하지 않겠는가"[139]라고 하여 민과 더불어 최후까지 항전하겠다는 의지를 보이고 있어, 전 시기에 비해 도성수비에 대한 인식이 변화되고 있음을 알 수 있다.

이러한 의식의 전환을 계기로, 17세기 후반 이후에는 도성수비를 위한 다양한 방략들이 논의되었다. 후술하겠으나 숙종대 신완이 제기한 북한산성 축성론이나 이광적이 제기한 도성 중심의 방어론은 도성수비를 위한 별도의 방략이지만 최종적으로는 모두 도성수비를 위해 제기한 방략이었다.[140] 숙종대 이같은 도성방위 논의는 이후 영조대인 18세기 중반 『풍천유향風泉遺響』의 저자 송규빈宋奎斌에 의해서 구체적이고 세밀하게 제시되는 것으로 발전하였다. 즉 송규빈은 조선-일본 전쟁(임진왜란)과 조선-청 전쟁 때 도성을 버렸던 것을 통탄하면서, 5위제 복구를 전제로 구체적인 병력 운

136 『인조실록』 권5, 인조 2년 3월 경오.

137 『인조실록』 권3, 인조 원년 11월 무신.

138 申琓, 『絅菴集』 권4, 疏箚, 「進八條萬言封事册子箚」, 7조 修城池에서는 지금 단계에서 상하가 相保하는 도는 여민공수 계책을 통해 서울을 지키는 것 만한 것이 없다고 하였다.

139 『숙종실록』 권49, 숙종 36년 10월 신사.

140 이근호, 「18세기 전반의 首都防衛論」 『軍史』 37, 1998.

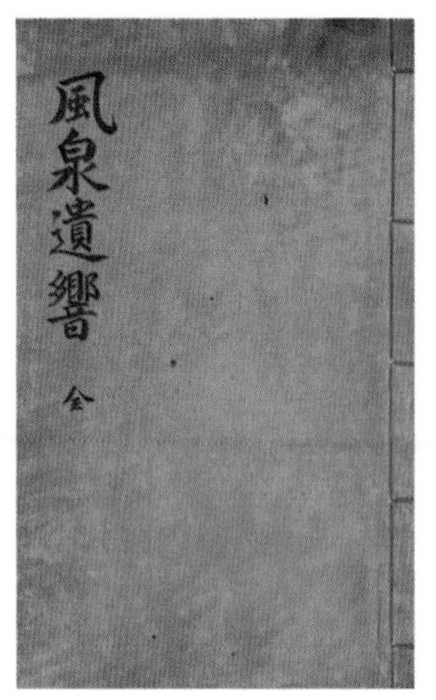

풍천유향(규장각한국학연구원)

영까지도 제시하였다.[141]

한편, 이 시기 성립되는 도성수비체제는 대외적인 외적의 침입에 대비한 것이라기보다는 대내적인 반란에 대처하기 위한 측면이 강하였다.[142] 즉 정권안보를 위한 정치적 측면이 보다 주요한 이유였다. 숙종 즉위 초반 한때 삼번三藩의 난 등으로 청나라의 정세가 불인하여 대외적인 위기의식이 팽배한 적이 있기는 하였다. 그러나 17세기 후반 강희제康熙帝에 의해 삼번의 난이 진압되고, 대만정벌이 이루어져 비로소 중국의 전 지역이 청국의 실질적인 통치하에 놓이게 되었다. 강희제에 의해 불안요소들이 제거되면서, 이를 발판으로 즉위한 옹정제雍正帝 때에는 내정에 힘을 쏟아 청조의 황제 지배체제를 확립하였고, 다음 대인 건륭제乾隆帝 때에는 청조의 지배영역이 크게 확대되어 몽골 고원과 동투르키스탄, 티베트 등을 포함할 만큼 확장되었다.[143]

이에 숙종대 중반에 이르면 청국과 조선의 관계는 감시와 견제라는 긴장관계보다는 안정적인 관계를 유지할 수 있었다. 따라서 이 시기에 성립된 도성수비체제는 내부적인 반란에 대비해 정권을 유지하기 위한 측면이 강하게 작용하였다. 이에 대해서 당시의 논자들도 다음과 같이 지적하고 있다. 즉,

근래에는 천재天災가 아주 심한데, 이미 징험한 일로써 말해도 놀랍고 두렵지 않은 것

141 송규빈의 『풍천유향』에 대해서는 다음이 참고된다. 孫承喆, 「정조시대 『風泉遺響』의 도성방위책」 『鄕土서울』 54, 서울特別市史編纂委員會, 1994 ; 李在範, 「宋奎斌의 生涯와 그의 都城死守論」 『鄕土서울』 58, 서울特別市史編纂委員會, 1998 ; 張學根, 「宋奎斌의 國土防衛論」 『東西史學』 4, 韓國東西史學會, 1998 ; 백기인, 『조선후기 국방론 연구』, 혜안, 2004.

142 李泰鎭, 앞의 책, 1977.

143 金斗鉉, 「清朝政權의 成立과 發展」 『講座中國史 Ⅳ』, 1989, 지식산업사 ; 이시바시 다카오, 『대청제국 1616~1799』(홍성구 역), 휴머니스트, 2009 참조.

이 없습니다. 지금은 불행하게도 흉년이 또 이에 이르러 민심이 안정되지 않고 있는데, 지금 남북에 비록 근심이 없으나 도적이 치성하여 영상領相의 차자 가운데서 이를 말하였습니다.[144]

라 하듯이 외침에 대한 우려보다는 국내적인 반란의 위험성이 강하게 인식되고 있었다. 결국 이 시기 성립되는 도성수비체제는 사회, 경제적 변화와 조응하여 군사력 강화를 도모하던 국왕이나 탕평론자들의 의도가 서로 결합되면서 나타난 결과라 할 수 있으며, 근본적인 목적은 내부적인 반란에 대비하기 위한 것이라 하겠다.

2) 5군영제의 정비와 도성수비체제의 성립

숙종대 금위영의 설치로, 5군영 체제가 완비되었다. 그러나 5군영은 장기적인 계획하에 설치되었다기보다는 설치 당시의 정치적, 군사적 필요성에 의해서 이루어진 것이다. 따라서 군액이나 편제가 서로 상이하여 5군영이 중앙군영이라는 성격에 비추어 정비의 필요성이 제기되었다. 숙종대 양역 변통에 대한 논의 과정에서 5군영 정비가 이루어진 것은 이 때문이었다.

17세기 중반 이후 가장 심각한 민폐는 양역良役이었다. 양역이라 하면 군역에서 양반층이 빠져 나감으로써 남게 된 일반 양인층만이 졌던 군역을 말한다.[145] 조선-일본 전쟁 이후 점차적으로 창설된 각 군영은 군 계통상의 혼란을 초래할 뿐만 아니라 필요에 따라 임의로 양정良丁에게 문서를 보내 입속하게 하는 직정直定[146]과 같은 불법적인 방법을 통해 사모속私募屬[147]을 확보함으로써 우민愚民들의 피역처避役處를 제공였

144 『비변사등록』 52책, 숙종 28년 9월 17일.

145 정만조, 「양역변통론의 추이」 『한국사 32 -조선후기의 정치』, 국사편찬위원회, 1997, 103쪽.

146 직정이란 군영이나 기관에서 양정이 거주하는 도나 읍에 알리지 않고 직접 양정에게 첩문을 내어 속하게 하는 방법을 말한다. 이에 대해서는 鄭演植, 「17·18세기 良役均一化政策의 推移」 『韓國史論』 13, 서울대 국사학과, 1985, 128쪽.

147 사모속은 중앙 정부에서 파악하고 공인한 군액 이외의 것으로 중앙과 지방의 각 관청 및 기관들이 각종 명목으로 양정을 사사로이 모입하던 현상을 말한다. 이에 대해서는 金友哲, 「均役法 施行前後의 私募屬 硏究」 『忠北史學』 4, 1991이 참고된다.

다.[148] 결국 5군영의 성립 과정은 한편으로는 심각한 양역의 폐단을 노정시켰다고 할 수 있다. 이에 지배층내에서 양역 문제를 해결하기 위한 대책론인 양역변통론이 제기되고 그 결과로, 1704년(숙종 30) 조선 후기에 최초로 양역대책이 제시된 「양역변통절목」이 제정되었다.[149]

「양역변통절목」은 「오군문개군제절목五軍門改軍制節目」·「수군변통절목水軍變通節目」·「군포균역절목軍布均役節目」·「해서수군변통절목海西水軍變通節目」·「교생낙강자징포절목校生落講者徵布節目」 등으로 구성되있다. 이를 통해서, 고역苦役으로 인식되던 수군이 부담하는 번포番布를 3필에서 2필로 줄이고, 부담의 불균형 문제를 해결하였다. 또한 징수 면포의 승수升數를 통일하였고, 교생에 대한 고강考講을 강화하여 피역자를 색출하되, 이들에게 벌포 2필을 징수하여 세원으로 확보하는 성과를 가져왔다.[150] 이상의 절목 가운데 도성수비체제의 성립과 관련해서 주목되는 것은 「오군문개군제절목」으로, 해당 절목에서는 기존 군영에 대한 정비와 함께 삼군문 도성수비체제를 표방하였다.

먼저 총융청과 수어청에 대한 편제의 통일이 이루어져, 양 군영의 외영外營을 3영營 체제로 편제하였다. 외영이란 도성이 아닌 지방에 설치된 부속 군영을 말한다. 당시까지 총융청과 수어청은 별도의 독자적인 편제로 운영되었다. 총융청은 설치 초반 수원·광주·양주·장단·남양에 영을 두는 5영제로 편제되었다. 그리고 5영은 각 영마다 3부部를, 각 부마다 3사를, 각 사司마다 3초哨로 구성되어 총 135초를 이루었다. 외영제는 이후 일부 변화가 이루어져 현종대에는 수원·남양·장단·파주·통진을 대상으로 하는 5영제가 근간이 되어 운영되다가 1687년(숙종 13) 강화도에 진무영鎭撫營이 설치되면서 파주와 통진이 이관되어 수원·남양·장단의 3영 체제를 갖추게 되었는데 이것이 1704년 절목에 규정되었다. 다만 해당 절목에서는 수원을 좌영, 남양을 중영, 장단을 우영으로 하던 것을 전영·중영·후영으로 개칭하고, 중영은 3부로, 좌·우

148 申琓, 앞의 책, 定軍制.

149 『숙종실록』 권40, 숙종 30년 12월 갑오. 이하 절목의 내용은 이를 참고한 바 별도의 주를 생략한다.

150 이런 이유로 이후 영조 때 시행된 균역법은 여기서부터 출발했다고 말해지고 있을 정도이다(鄭萬祚, 「肅宗朝 良役變通論의 展開와 良役對策」 『國史館論叢』 17, 국사편찬위원회, 1990).

영은 각 2부로 편제하여 3영 7부 체제로 만들었다. 각 부에는 각 2사로, 각 사에는 각 5초로 편제하고, 매 초는 각 125명으로 정하여, 군병 6,250명에 제색군諸色軍을 포함하여 15,181명으로 하고, 나머지 제군諸軍과 군수보 등을 합쳐 총군액 23,157명으로 개정하였다.

한편, 수어청의 경우도 설립 초기 광주·안동·대구·원주 등의 군사를 입방군으로 정하였으나, 조선-청 전쟁 이후 안동과 대구를 충주와 청주로 바꾸었다. 이후 효종대에는 충주·청주 이외에 총융청 소속의 죽산과 양주를 소속시켜 군사력을 강화하였다. 현종대에는 강원도의 철원이 북방의 방위를 위해, 충주는 조령의 방위를 위해 제외되면서 4영(광주·원주·죽산·양주) 체제로 편제되고, 3부의 편제를 만들었다. 이때 만들어진 3부는 경기좌도 각읍 소재의 아병으로 좌부를, 호서 근읍 소재의 아병으로 우부를, 영서 제읍의 신모습포자新募習砲者 8,000명과 홍주·횡성·지평의 구아병舊牙兵 300명을 합하여 중부로 하였다. 이로써 수어청은 4영으로 외영을 삼고, 3부를 내영으로 하는 내외영체제를 갖추게 되었다. 1633년(인조 11)에 정비된 이러한 모습은 이후 1704년 「양역변통절목」 제정 당시까지 지속되었다.

이에 절목에서는 원주는 수어청과 거리가 멀어서 급할 때 소용이 어렵다는 이유로 혁파하고, 좌영의 양주를 중영으로 만든 뒤 광주를 전영, 죽산을 후영으로 하는 3영의 편제로 개편하였다. 이와 함께 군액을 조정하여, 둔아병의 3부제도 가운데 호서(충청도)지방의 근읍이 속한 중부를 혁파하여 좌·우 2부로 고치되 좌부군의 1/3, 중부군의 2/3를 각각 대장 친아병으로 하고, 혁파된 중부의 나머지 1/3은 우부에 합쳤다. 이로써 수어청은 5사 25초와 둔아병 2부의 편제로 새롭게 되었으며, 군액은 39,589인에서 32,350인으로 감소되어 7,239인이 축소되는 성과를 거두었다.

다음 〈표 5-2〉를 보면 정비 과정에서 군액의 조정이 이루어지고 있다, 먼저 총융청의 경우 군액이 1,818명 증액되었다. 그러나 그것은 『각영이정청등록各營釐正廳謄錄』[151]에 따르면 전졸의 증액이기보다는 보인의 증가에 따른 것이었다. 이때 보인保人

151 『각영이정청등록』은 1703년 9월부터 1705년 12월까지 활동하던 이정청 관련 기록으로, 해당 문헌에는 1704년 「양역변통절목」과 관련해 실록에 비해 보다 자세한 내용이 언급되어 있다. 규장각 소장(奎15062)이다. 이와 관련한 연구 성과로는 백승철, 「17·18세기 軍役制의 變動과 運

〈표 5-2〉 총융청과 수어청의 개정 군제(단위 : 명)

군영	외영		군액		
	구분	지역	구액	개정액	증감액
총융청	전영	수원	21,339	23,157	1,818 (증)
	중영	남양			
	후영	장단			
수어청	전영	광주	39,589	32,350	7,239 (감)
	숭영	양주			
	후영	죽산			

도 양역의 증가이기 보다는 천역賤役의 급증이었다. 수어청의 경우도 실록에 나타난 7,239명의 감액은, 등록에 의하면 전졸이 11,050명이나 대폭 감액되고, 그 대신 보인은 종전 1,420명에서 4,811명이 증가하여 6,231명이 되었다. 보인 6,231명에서 양인은 231명인 반면, 나머지 6,000명은 모두 천역으로, 총융청과 마찬가지로 천역의 비중이 증대하고 있다.

이상에서 절목에 나타난 총융청과 수어청의 정비 내용을 살펴보았거니와, 총융청이나 수어청 모두 전졸이 대폭 감소된 반면 보인의 규모는 약 6천여 명을 유지하는 선으로 증액되었다. 그런데 보인의 증가에서 주목되는 것이 양역의 축소와 천역의 증가라는 점이다. 이는 본 절목이 의도하는 양역 부담의 감소라는 대전제를 해결하기 위해 양역의 "일신양역一身兩役"을 해소하기 위한 조치였다. 그러면서도 천역이 증가하고 있는 것은 당시 진행되고 있던 지방군인 속오군의 천예화賤隷化와 맥락을 같이 하는 것이었다.[152] 천역으로의 전환은 상대적으로 군영의 군사적 기능 약화를 초래하였다.

다음 어영청과 금위영에 대해서도 편제를 통일하였다. 어영청은 군제가 개정되기 전까지 5부에 각 5사와 별삼사別三司가 있었고, 각 사에 각 5초, 별중초別中哨 1초가 있었는데, 각 초당 134명씩과 아울러 각종 명목의 보인을 합하여 약 102,270명이었

營」『이재룡박사환력기념 한국사학논총』, 1990을 참고하였다.
152 정만조, 앞의 논문, 1997.

다. 이러한 어영청의 기본적인 편제는 1652년(효종 3) 어영청의 군액을 종전의 1만여 명에서 2만 1천여 명으로 확증하면서 이루어진 조치들이었다.[153] 어영청의 편제는 이를 모방한 금위영에도 그대로 적용되어, 5부에 각 5사와 별양사別兩司가 있고, 매사에 각 5초와 별중초別中哨 1초가 있어 총 136초로, 매초에 각 127명을 포함해 표하군을 비롯한 각종 인원이 총 91,696명으로 구성되었다.

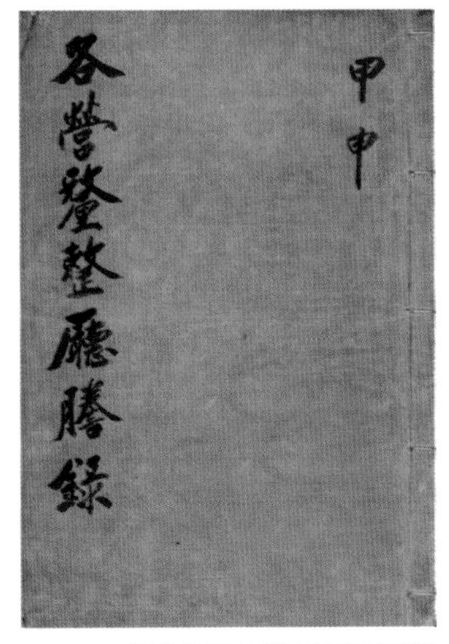

각영이정청등록(한국학중앙연구원)

「양역변통절목」에서는 이렇게 산만한 어영청과 금위영을 동일하게 5부로 통일하면서, 각 부에 각 5사, 각 사에 각 5초, 매 초에 127명으로 통일하였다. 그리하여 어영청은 제색군諸色軍을 포함하여 86,953명으로 15,317명이 축소되었고, 금위영은 제색군을 포함하여 85,274명으로 6,422명이 축소되었다. 이후 2년 뒤인 1706년(숙종 32)에 어영청의 별삼사와 금위영의 별양사를 혁파함으로써 1영 5부제의 원칙이 이루어지게 되었다.[154]

〈표 5-3〉 어영청·금위영의 신구군액 비교 (단위 : 명)

	구액	개정액	증감
어영청	106,270	86,953	19,317(감)
금위영	91,696	85,274	6,422(감)

본 절목에서는 이렇게 총융청과 수어청, 어영청, 금위영 등에 대해서 정비가 이루어지고 있는 반면 훈련도감에 대해서는 별다른 조치가 보이지 않는다. 다만 양역의 감면만을 추진하여 1영 2부 26초 및 제색군의 각종 보인 등의 구성원은 그대로 유지하되, 대년군待年軍과 용진龍津의 진군津軍, 각읍의 취철모군·연군·유황모군 등의 군

153 車文燮, 「孝宗朝의 軍備擴張」『朝鮮時代軍制硏究』, 단국대출판부, 1973.
154 『만기요람』 군정편3, 어영청.

은 1/2로 축소하였고, 개성 관리청 소속 예속 군사를 감하였다. 절목에서는 훈련도감에 대한 변통이 이루어지지 않은 원인을 설국設局한 지 오래되었기 때문이라고 하고 있을 뿐이다.

그러나 이에 대한 해답은 설치시기와 함께 5군영체제하에서 훈련도감이 차지하는 군사적 비중에서 찾아야 한다. 즉 5군영 가운데서 도성수비를 담당하던 금위영과 어영청은 번상병으로 운영되었는데, 이들의 경우 흉년이나 전염병 등이 발생하면 번상중지가 수시로 이루어졌다. 이럴 경우 금위영과 어영청이 중앙 군영에서 차지하는 군사적 비중이 약화됨은 당연한 것이며, 이들의 결손분은 결국 훈련도감의 몫이었다. 따라서 훈련도감이 도성수비에서 담당하는 군사적 비중은 이들 두 개의 군영에 비교할 바가 아니었다. 그렇기에 훈련도감의 대장은 어영청의 대장과 동일한 품계라고 하더라도 더욱 중요하게 인식되고 있었다.[155] 이에 1682년(숙종 8) 금위영 설치 당시 훈련도감 군제에 대한 정비가 이루어진 상태에서[156] 시간적으로 얼마 안되는 사이에 다시 변통을 추진한다면, 당시 도성수비의 실병력이었던 훈련도감군의 동요가 있을 수도 있다고 우려하여 본 절목에서 훈련도감이 미미한 조정에 그친 것이 아닌가 생각된다.

요컨대 1704년 「양역변통절목」에서는 군액의 조정을 통해 군액을 감축함과 동시에 획일성이 결여된 각 군영간에 군제의 편제를 통일적으로 정리하는 작업을 시도하였다. 이러한 작업은 아마도 종전까지 '가병家兵'적인 존재로 인식되고 있던 군영을 국가의 '공병公兵'으로 전환시키기 위한 준비 작업으로, 이는 숙종의 군사력 장악 의도와 관련된 것이었다.

한편 「오군문개군제절목」은 군영의 정비와 함께 삼군문도성수비체제를 제도적으로 뒷받침하고 있음이 주목된다. 즉 절목에서 "마치 수레의 두 바퀴 같고 새의 두 날개와 같게 하여 훈국이 중간에 있으면 족히 삼군의 제도가 될 것이다"라고 하듯, 훈련도감을 중심으로 금위영과 어영청을 좌위로 편제하는 삼군문도성수비체제를 제시하였다. 삼군문도성수비체제의 성립은 금위영 설립으로 확립된 5군영제에 일대 전기

155 『숙종실록』 권13, 숙종 8년 2월 정유.

156 숙종 8년 훈련도감의 정비에 대해서는 金鍾洙, 앞의 책, 2003, 89~96쪽.

를 마련한 것으로, 수어청과 총융청은 기보畿輔를 관장하는 군영으로 제외시키고, 훈련도감과 어영청, 금위영을 중심으로 하는 도성수비체제를 성립시켰다.[157]

삼군문도성수비체제로의 전환은 1682년(숙종 8) 금위영의 성립이 전제되었다. 이전에는 훈련도감과 어영청을 좌우로 표현하거나,[158] 삼군문을 칭할 때도 훈련도감·어영청·총융청을 칭하기도 하였다.[159]그러나 금위영의 성립으로 훈련도감·어영청 등과 함께 삼군문으로 통칭되었다.[160] 결국 금위영의 성립과 동시에 경기지역의 방위를 담당하는 2군영이 배제되면서 비로소 삼군문이 그 모습을 드러내기 시작하였다. 따라서 금위영의 설치는 5군영제의 완성인 동시에 또 다른 형태인 삼군문도성수비체제로의 전환에 계기가 되었다.

금위영의 설치로 삼군문은 종전 각각의 담당구역을 관장하는 동시에 공동의 군사 활동이 이루어졌다. 예를 들어 강화도의 축성시에 동원되는 문제[161]라든지 착호捉虎를 위한 군사 파견의 경우가 그러하였다. 특히 착호를 위해 경기 지역에 군사를 파견하면서 이들의 담당지역을 설정하고 있는 1699년(숙종 25) 「착호절목」을 보면 총융청이나 수어청 등은 이미 배제되고 있고 금위영 성립 이후 형성된 삼군문 중심으로 중앙 군영이 움직이고 있음을 확인할 수 있다. 「착호절목」에 나타난 군문별 배정 지역은 다음과 같다.

〈표 5-4〉에 따르면, 훈련도감은 경기 북부를, 어영청은 경기 동남부를, 금위영은 경기 서남부를 각각 분정하여 착호 활동을 전개하였음을 알 수 있으며, 삼군문의 군사적 비중을 확인케 해준다. 이러한 삼군문 중심의 군사 활동이 도성으로까지 이어진

157 이와 관련해서, 노재민은 3지대 방호개념을 적용하여 이를 이해한 바 있다. 총융청과 수어청은 최외곽인 수도권에 대한 1지대 방호를, 어영청과 금위영은 수도권에서 도성에 이르는 2지대 방호를, 마지막 훈련도감은 3지대 핵심시설인 도성을 방호한다는 관점이다. 더하여 1지대 전방에서 완충작용을 할 수 있도록 개성과 강화도의 방어체제를 보강하였다고 하였다(노재민, 「조선후기 '首都防衛體制'의 군사적 고찰-17C초~18C초의 방위체제를 중심으로-」, 국방대학교 석사학위논문, 2006).

158 李泰鎭, 앞의 책, 1985.

159 『승정원일기』 267책, 숙종 4년 11월 5일 임인.

160 『만기요람』, 군정편2, 훈련도감 ; 『만기요람』 군정편3, 금위영·어영청.

161 『숙종실록』 권23, 숙종 17년 7월 임인.

소위 삼군문도성수비체제가 제도화된 것이 1704년의 「양역변통절목」이었다.

〈표 5-4〉 「착호절목」에 나타난 삼군문의 담당구역[162]

군영	담당구역	
훈련도감	고양 · 파주 · 장단 · 개성 · 풍덕 · 교하 · 적성 · 마전 · 삭녕 · 가평 · 영평 · 연천	12읍
어영청	양주 · 광주 · 양근 · 지평 · 음죽 · 죽산 · 용인 · 과천 · 안성 · 포천 · 여주 · 전곶장내(箭串場內)	12읍
금위영	양천 · 인천 · 남양 · 김포 · 시흥 · 부평 · 교동 · 강화 · 진위 · 통진 · 안산 · 양성 · 수원	13읍

그런데 절목이 제정되기 이전 1699년(숙종 25) 최석정이 제기한 견해는 삼군문 중심의 도성수비체제 정비와 관련되어 주목된다. 1699년 최석정은 직관職官 · 선거選擧 · 전부田賦 · 군려軍旅 등 4개조를 중심으로 자신의 소신을 피력하였다.[163] 이 가운데 군려조에서, 최석정은 당시 군제변통론 차원에서 논의되던 금위영 혁파론이나 훈련도감 혁파론에 대해 반대하였다. 즉 훈련도감은 설치한 지 오래되었고 군사가 정예화되었기에 혁파할 수 없다고 하였다. 금위영에 대해서도 비록 혁파함이 마땅하지만 이미 1군문을 이룬 상태에서 이를 혁파하는 것은 적당하지 않다고 하였다.

그는 오히려 1개의 군영을 혁파하기보다는 군영의 정비라는 방안을 통해서 해결할 것을 주장하였다. 즉 훈련도감의 경우 양병의 비용에 막대한 재정이 소용되고 있음을 보고 마병 26초와 별대 6초를 모두 20초로 편제하고, 이를 좌·우부에 각각 10초씩 배정하자고 하였다. 또한 금위영은 별도로 대장을 설치하여 어영청과 나누어 좌·우군으로 만들고 어영청이 왼쪽을, 금위영이 오른쪽을 각각 관장토록 하자고 하였다. 이어서 병조판서가 훈련도감을 겸령兼領하여 중영中營을 만든 다음 특별히 무재武才가 있는 사람을 가려서 중군에 임명하자고 하였다.

이 같은 최석정의 논의는 앞서 지적한 바대로 1704년 「양역변통절목」에서 제시한 훈련도감을 중심으로 좌우에 어영청과 금위영을 편제하는 방식의 선구적인 모습이었

162 『만기요람』, 군정편 ; 『訓局摠要』, 捉虎.

163 崔錫鼎, 『明谷集』 권16, 「四條 政弊箚子」 ; 『숙종실록』 권33, 숙종 25년 4월 을축.

다. 특히 여기서 주목되는 것은 삼군문의 중심이라고 할 수 있는 훈련도감의 대장을 병조판서가 겸임하도록 함으로써, 병조판서가 훈련도감을 중심으로 하여 어영청과 금위영을 거느리는 군영의 편제를 고려하고 있다는 점이다. 이러한 논의는 숙종이 의도하였던 군사력의 장악 문제와 일정한 관련을 갖는다고 생각되며, 그것은 병조판서를 통한 군권의 장악이라는 모습으로 제기되었던 것이었다. 물론 최석정의 이 논의가 「양역변통절목」에 어떻게 반영되었는지는 확인할 수 없으나, 그 영향이 전혀 없다고는 할 수 없다.

이후 1704년 「양역변통절목」에서는 최석정이 제시한 훈련도감 중심의 편제가 이루어졌다. 즉 훈련도감을 중심으로 어영청과 금위영을 좌·우익으로 편제한 이른바 삼군문도성수비체제가 제도적으로 성립되었다. 그러나 아쉽게도 이렇게 제도화된 삼군문도성수비체제가 어떻게 편제되었고, 또 어떻게 운영되었는가를 살필 수 있는 자료를 찾을 수 없어 그 운영을 밝히는 데는 한계가 있다. 다만 이때 완성된 삼군문도성수비체제는 이후 1751년(영조 27) 『수성윤음』에서 구체화되고 있음에서 그 의미를 찾을 수 있겠다.

3) 도성 수축과 북한산성의 축성

「양역변통절목」을 통해서 삼군문도성수비체제가 수립되는 것과 맥락을 같이하여 방위시설의 정비가 함께 추진되었다. 이와 관련해서 주목되는 것이 도성 수축과 북한산성 축성이었다.

조선시대 도성은 태조대 완성된 후 이후 세종대를 거치며 부분적인 수축이 이루어졌다. 그리고 다시 한 번 수축이 이루어진 시점이 숙종대이다. 숙종대 도성 수축이 이루어지게 된 계기는 1702년(숙종 28) 북한산성을 축성하자는 주장에 대해 노론과 소론이 이에 반대하면서 도성 수축을 통해 수도를 지키자고 하는 데서 출발하였다. 이들의 주장은 종사를 보전하기 위해서는 도성을 지켜야 한다는 당위성에 근거한 논의로,[164] 1704년(숙종 30) 2월 15일(양 3월 20일) 도성 수축이 결정되었다.[165]

도성 수축은 비변사의건의에 따라 먼저 동·서쪽의 평이한 곳을 5군영에서 나누어

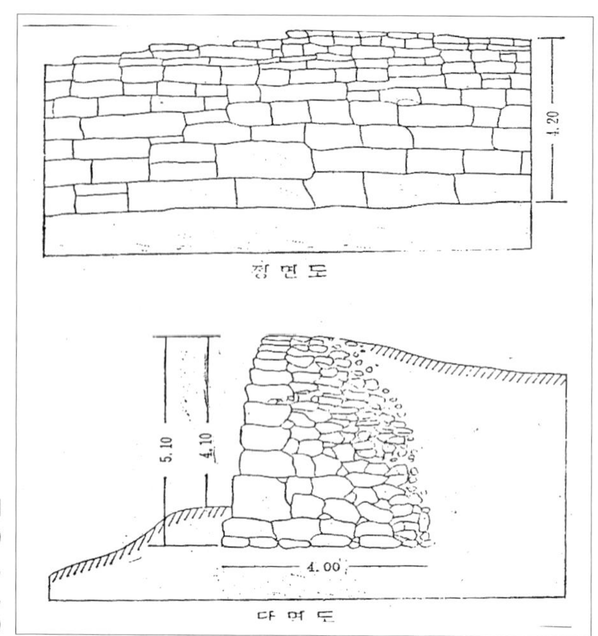

숙종대 수축된 도성의 성벽 실측도(삼선지구)
(반영환, 『한국의 성곽』 교양국사총서 10, 세종대왕기념사업회, 1978, 134쪽에서 재인용)

수축하도록 결정되었다. 같은 해 3월 25일(양 4월 28일) 삼각산에 고제告祭를 올리는 것으로 도성 수축공사가 시작되었다. 각 군영에서는 노원蘆原과 주암舟巖 등지에서 돌을 채취하고, 서울 주변의 사산四山에서는 벌레먹은 나무를 확보, 밥을 짓고 기계를 만드는데 필요한 준비를 갖추었다. 한편 역사를 시작하던 초기에 이유李濡는 각 군영에서 분수하여 일을 진행하면 통제가 불편할 것을 우려, 주관대신主管大臣의 선임을 요구하였다. 그러나 일의 신속한 처리가 어렵고 논의의 조정이 어렵다는 등의 이유를 제시한 영의정 신완의 견해가 받아들여져 필요한 경우 대신과 협의토록 하는 것으로 결정되었다. 이로써 각 군문 대장의 주관하에 도성 수축작업이 추진되기

164 일례로, 노론측의 경우 『숙종실록』 권38, 숙종 29년 3월 을해 김진귀 상소, 소론측의 내용으로는 『숙종실록』 권38, 숙종 29년 3월 을해.

165 『숙종실록』 권39, 숙종 30년 2월 을유.
한편 숙종대 도성 수축의 진행과정에 대해서는, 반영환, 『한국의 성곽』, 세종대왕기념사업회, 1978 ; 元永換, 「漢城府研究(3); 都城과 首都防衛를 中心으로」 『鄕土서울』 41, 서울특별시사편찬위원회, 1983과 閔德植, 「朝鮮 肅宗代의 都城修築工事에 관한 考察-성곽사적 측면을 중심으로」 『白山學報』 44, 1994 등이 참고된다.

시작하였다.[166] 그리고 각 군문에서 독자적인 구역을 나누어 관장하되, 역사를 감독하는 장교와 석공은 축성하는 돌에 성명을 새겨 후일의 증빙자료로 삼도록 하였으며, 이를 근거로 허물어져 무너지는 곳이 있으면 군법으로 다스리도록 하였다.[167]

도성 수축작업은 이후 여름의 가뭄이나 국력 소모 등의 이유로 중단되기도 하였고, 청나라에 자문咨文 후 수축하자는 논의 등이 제기되며 일시 중단되기도 하였으나, 일부 조신들의 강력한 추진의사와,[168] 도성 수축 후 무고武庫의 대완포大碗砲까지도 배치하려고 하였던 숙종의 의도에 따라 공사가 강행되었다.[169]

1705년(숙종 31) 8월 수어청에서 담당한 동쪽 도성 120보를 개축하였다는 보고가 올라온 것을 시작으로 같은 달에 어영청에서도 서편의 도성 75보를 개축하였음을 보고하였고, 1707년(숙종 33) 7월에는 어영청에서 분담한 숙정문 서쪽의 파괴된 성첩

숙정문(서울 종로) 서울 성벽의 북문이다.

166 『비변사등록』 54책, 숙종 30년 3월 28일.
167 『숙종실록』 권40, 숙종 30년 9월 정묘.
168 『숙종실록』 권41, 숙종 31년 4월 갑자.
169 『숙종실록』 권40, 숙종 30년 9월 정묘.

을 이미 수축하였다는 내용이 전해졌다.[170] 이렇게 동서쪽 도성 수축이 진행되던 와중에 남북쪽도 예외일 것이 없다는 신완申琓이나 민진후閔鎭厚 등의 건의가 받아들여져 공사 대상 지역이 확대되었다.

이밖에 1707년(숙종 33)부터는 5군영에서 총융청과 수어청이 배제되고 훈련도감·어영청·금위영 등 삼군문 중심으로 공사가 추진되었다. 여기서 총융청과 수어청이 배제된 것은 재정 상태가 취약하였기 때문이다.[171] 이후 삼군문을 중심으로 수축이 진행, 1709년(숙종 35) 10월 이전에 체성體城 중심으로 일단 수축이 마무리 된 것으로 보인다. 이후 1709년 10월부터는 병조판서 김우항의 건의에 따라 여장女墻을 수축하는 것이 결정되어 삼군문에 분담하여 추진되었다.[172] 이를 동·서·남·북으로 나누어 담당구역과 군영으로 정리하면 다음 〈표 5-5〉와 같다.

이때 구역의 분배는 각 군영이 거의 균등하였다. 총 14,573보에서 훈련도감이 4,841보, 금위영이 4,866보, 어영청이 4,866보를 각각 분담하여 수축을 담당하였다. 담당구역만으로 본다면 삼군문을 중심으로 하는 도성 수축공사의 원칙이 대체적으로 잘 준수되고 있음을 알 수 있다.

숙종대 중반 도성 수축은 1704년(숙종 30) 삼군문도성수비체제가 성립되면서 이를 수행하기 위한 방위시설을 재정비한다는 측면에서 중요한 의미를 갖는다. 이에 수축이 어느 정도 이루어진 상태 이후 인력의 효과적인 배치를 통해 도성을 수비하려는 논의들이 집중 거론되었다. 즉 "도성민 스스로 도성을 지킨다"는 원칙이 표방되면서 도성방위론이 심화되었다. 이를 가장 구체화시켜서 제시한 것이 1710년(숙종 36) 10월 사직司直 이광적李光迪의 견해였다. 도성 수비와 관련해서는 대체로 4부분으로 정리된다.[173]

170 『비변사등록』 58책, 숙종 33년 7월 1일.
171 『숙종실록』 권45, 숙종 33년 7월 신유.
172 『숙종실록』 권47, 숙종 35년 10월 임인.
173 『숙종실록』 권49, 숙종 36년 10월 갑자.
한편 이에 대해서는 이근호, 앞의 논문, 1998, 77~79쪽.

〈표 5-5〉 숙종대 삼군문의 도성수축 담당구역[174]

	동		서		남		북	
	구역	보수(步數)	구역	보수(步數)	구역	보수(步數)	구역	보수(步數)
훈련도감	남중대(南中臺) ~ 오간수구문 남변(五間水口門 南邊)	570보	상산대(上山臺) ~ 고 순청 동(古巡廳 東)	750보	벌아치 홍패암 동변(伐兒峙 紅牌巖 東邊) ~ 남소문 동변(南小門 東邊)	1,000보	북이영 후(北二營 後) ~ 창의문 북변(彰義門 北邊)	2,521보
금위영	오간수구문 남변(五間水口門 南邊) ~ 광희문 남변(光熙門 南邊)	595보	고순청 동(古巡廳 東) ~ 용마청 북(雇馬廳 北)	750보	남소문 동변(南小門 東邊) ~ 흑사동 상저(墨寺洞 上底)	1,000보	창의문 북변(彰義門 北邊) ~ 옥포동 상저(玉浦洞 上底)	2,521보
어영청	광희문 남변(光熙門 南邊) ~ 벌아치 홍패암 동변(伐兒峙 紅牌岩 東邊)	595보	용마청 북(雇馬廳 北) ~ 북이영 후(北二營 後)	750보	흑사동 상저(墨寺洞 上底) ~ 상산대(上山臺)	1,000보	옥포동 상저(玉浦洞 上底) ~ 타락산 남중대(駝駱山 南中臺)	2,521보
총연장	타락산 남중대(駝駱山 南中臺) ~ 벌아치(伐兒峙)	1,760보	상산대(上山臺) ~ 월암 북이영 후(月巖 北二營 後)	2.250보	벌아치 홍패암 동변(伐兒峙 紅牌巖 東邊) ~ 상산대(上山臺)	3,000보	북이영 후(北二營 後) ~ 타락산 남중대(駝駱山 南中臺)	7,563보

① 도성 사방에 대한 군비 강화의 내용이다. 북으로는 백악과 인왕산 뒤의 높은 봉우리에 베풀고 총포를 설치하는 동시에 총융청을 북한산성[175] 아래로 옮겨 수비하고, 양주의 읍치를 홍복산성弘福山城으로 옮겨 수비하며, 남쪽으로는 남산과 남한산성을 수어대장이 관리하자고 하였다. 아울러 동·서에 높은 담을 쌓고 성 위에 포루를 설치함으로써, 도성의 사방에 대한 군사시설의 정비를 통해 방어체계를 정비하자고 하였다.

② 군량 및 재원 확보방안이다. 전국의 조운이 모이는 삼강三江에 설치된 강창江倉을 인왕산 아래 수성궁守城宮 터로 옮겨 설치하고, 군량의 비축을 위해 삼남의 저치미 절반과, 통영統營·감영監營·병영兵營의 환자곡還上穀의 절반을 경창에 수납하며,

174 『訓局摠要』 11, 宮墻.

175 여기서 이광적 역시 북한산성을 제시하였으나, 이때의 논의는 북한산성 축성론자들이 국왕의 주필처로서 북한산성을 강조한 것과는 달리 도성 방어의 외곽거점으로써 설명하고 있어 그 의미는 차이가 난다. 이런 점에서 이광적의 논의에서 북한산성은 도성수비를 위한 부차적인 것이며, 오히려 그의 입장은 도성 고수라 말해질 정도로 도성 수비에 대한 견해로 집약되고 있다.

이광적 초상(한국학중앙연구원)

각 군문 둔곡屯穀의 발매를 금지해서 직접 군문에 바치게 하여 군량을 비축하자고 하였다. 그뿐만 아니라 사창의 제도를 원용하여 한성부 5부의 통호統戶로 하여금 곡계穀契를 만들게 하고, 오부 소속 관리들이 전관하여 이식을 통해 도성민이 수성하는 양식을 비축하자고 하였다.

③ 도성 방어를 위한 인력배치 문제로, 도성민을 군문에 분속시키자고 하였다. 즉 당시 도성민의 장적에는 남정男丁이 10여만 명인데, 이 가운데 노약자 등을 제외한 후 북부민은 금위영에, 남부민은 수어청에, 서부민은 훈련도감에, 중부민과 동부민은 어영청에 소속시켜 각자 거주지역을 지키자고 하였다. 그리고 이들은 영장의 통제를 받으며, 대오를 편성하여 성첩에 배치하고, 봄·가을로 군사 훈련을 하여 군사 기술을 연마토록 하자고 하였다. 즉 도성은 도성민이 스스로 지키자(자수自守)는 것이다.

④ 강화도에 대한 중요성을 강조하여, 강화도를 도성과 응접하는 곳으로 삼자고 하였다. 특히 이광적이 강화도의 중요성에 주목하는 것은 험준한 형세뿐만이 아니고, 이곳으로 삼남의 조운이 통과하기 때문이다. 즉 강화도가 갖고 있는 경제적 중요성 때문이었다.

이상과 같은 이광적의 논의는 1704년(숙종 30)을 전후한 시기 도성수비론에서 볼 수 없는 매우 구체적이고 발전적인 논리로써 수도방위론이 내용상에서 심화되고 있음을 보여준다.[176]

여기에서 특히 주목되는 점은 ③의 인력배치 문제로, 도성민을 군문에 분속하여 도성을 지키자는 것이다. 즉 5부 방민들을 각각의 군영에 배치하여 군사훈련과 수성을 담당토록 한다는 것이다. 이러한 도성 방민의 분속문제에 대해서는 1704년 이유李濡가 도성수축을 제시하면서 방민을 군문에 분속시키자고 한 적이 있었다. 그러나 이유

176 李瑁秀, 「18세기 北漢山城의 築造와 經理廳」 『淸溪史學』 8, 1991, 178쪽.

의 지적에서는 구체적인 분속내용이 제시되지 않은 것에 비해, 이광적의 논의는 매우 구체성을 띠고 있어 주목된다. 이는 1704년(숙종 30)을 전후한 논의가 주로 도성의 수축이나 축성 등에 집중된 데 비해서, 1710년(숙종 36) 이후에는 인력의 배치 문제를 거론하고 도성민 스스로 도성을 방어한다는 논리로 심화되고 있음을 의미하는 것이다.[177] 그러나 이광적의 논의는 당대에는 실현되지 못하였다. 그럼에도 후일 영조대 도성사수론都城死守論의 표현이라 말해지는 『수성절목』에 반영되어 구체적인 지명까지 명시되는 것을 볼 때 그 의의는 적지 않다. 그리고 이러한 논의가 나오게 된 배경에는 역시 숙종대 중반에 이루어진 도성수축이 큰 영향을 미친 것으로 보인다.

숙종때 도성 수축과 함께 도성수비의 측면에서 주목되는 것이 북한산성 축성이다. 이 시기 북한산성 축성론은 1702년(숙종 28) 신완의 주장에 의해 본격화된 것으로, 이전 시기인 조선-일본 전쟁 직후 이덕형李德馨이 제기하였고,[178] 이후 효종대[179]와 숙종대 남인정권에서 몇 차례 제기되기는 하였다.[180] 그러나 이전에는 일회적인 논의에 그친데 비해서 신완이 제기하면서는 본격적이고도 심도 깊게 논의되었다.

신완이 축성의 최적지로써 주목한 곳은 창의문彰義門 밖의 탕춘대蕩春臺 터였다. 그가 이곳을 축성의 적지라고 한 데에는, 자연적으로는 산세가 험하다는 것과 일부지역의 경우는 돌이 많기에 1/3은 타첩垜堞(낮은 담)만을 설치하여도 가능하였기 때문이며, 아울러 축성에 필요한 돌의 구득이 편하다는 점 등 때문이었다. 또한 인문적으로도 산성내 공간이 넓어서 도성민 수만호를 수용할 수 있다는 점, 사계절 물이 마르지 않는다는 점, 북한산과 접하고 있으므로 운송로가 끊이지 않는다는 점, 적의 동태를 파악하기에 적당하다는 점, 경성의 삼강은 물론하고 강화도와 대흥산성 등의 지휘가 용이하다는 점 등 때문이었다. 이런 장점을 갖고 있는 이곳이야말로 하늘이 내려준 "전수지지戰守之地"인 것이었다.[181]

---

177 『숙종실록』 권49, 숙종 36년 10월 갑자.

178 『선조실록』 권73, 선조 29년 3월 경오 ; 李德馨, 『漢陰文稿』 권9, 「中興洞山城形勢啓」.

179 性能, 『北漢志』, 事實.

180 『숙종실록』 권1, 숙종 즉위년 11월 임신. 『숙종실록』 권23, 숙종 17년 11월 기묘 ; 『숙종실록』 권23, 숙종 17년 12월 계미 등.

181 申琓, 앞의 책, 修城池條.

탕춘대 터(서울 종로)
상명대학교 아래에 있다.

신완에 의해서 제기된 탕춘대축성론蕩春臺築城論은 북한산성 외성 축성이지만 신완이 지칭하는 창의문은 도성에서 북한산성으로 들어가는 가장 가까운 길이기에 그 논의가 자연스럽게 북한산성에 축성하자는 논의로 변화되어 나타났다.[182]

축성 논의는 이후 1702년(숙종 28) 9월 이세백李世白에 의해 다시 거론되면서 본격화되었으며,[183] 이에 따른 찬반론[184]이 거세게 제기되면서 좌절되었다가 다시 논의된 것은 1709년(숙종 35) 6월 종묘직장宗廟直長 이상휴李相休에 의해서 재론되면서부터이고,[185] 1710년 9월 청나라에서 온 자문咨文으로 인해 본격화되었다. 당시 청나라 예부에서 온 자문의 내용은 성경장군盛京將軍 송주宋柱가 해적의 소굴을 소탕할 것을 주문奏聞한 후 해적들의 일부는 지방의 관군에게 살해되었으나 일부는 승선하여 도주하였는데, 조선에서는 이를 알지 못하고, 이들 도주한 해적들이 조선에서 약탈하는 경우 청국인으로 오인하여 손을 쓰지 않은 채 적에게 해를 입을 것이 우려되니 연근해 지역의 방수에 마음을 쓰라는 것이었다.[186]

자문이 오자 이전부터 관방 강화에 관심을 가졌으나 조선-청 전쟁 당시 청나라와의 약조로 인해 주춤하였던 숙종은 이를 더없이 좋은 기회로 생각하고[187] 조신들과 함께 여러 가지 대책을 강구하였다. 자문이 오던 날 이이명李頤命은 홍복산성의 축성을 주장하였는데[188] 이를 계기로 축성론이 본격적으로 거론되기 시작하였다. 이때의 축성

---

182 金龍國, 「肅宗朝 北漢築城考」『향토서울』 8, 1960, 75쪽.
183 『숙종실록』 권38, 숙종 29년 9월 갑자.
184 북한산성 축성을 둘러싼 찬반론에 대해서는 이근호, 앞의 논문, 1998, 67~76쪽 참고.
185 『숙종실록』 권47, 숙종 35년 6월 무진.
186 『숙종실록』 권49, 숙종 36년 9월 기미.
187 『비변사등록』 60책, 숙종 36년 9월 30일.

북한산성도

대상지는 북한산과 홍복산이었으나, 이광적이나 조태로趙泰老[189] 등은 이를 반대하고 도성수비를 주장하기도 하였다. 당시는 도성 수축이 어느 정도 완료되는 시점이었기에, 방위시설의 정비가 도성에 머물기보다는 별도의 장소에 축성을 하자는 논의가 우세하였다.

1710년(숙종 36) 10월 한성군漢城君 이기하李基夏는 홍복산과 북한산의 성기城基를 간심한 후 홍복산보다는 북한산에 축성함이 편함을 숙종에게 건의하였다. 이후 숙종은 북한산성 축성에 대해 강한 의지를 보여, 1710년(숙종 36) 10월 "북한산에는 별도의 양향糧餉과 기계를 조치하지 않아도 도성에 가깝기에 도성의 저축을 옮기면 된다"는 이점을 들어 지지의사를 표명했다. 이렇게 축성을 위한 기초적인 여론의 정지작업이 끝난 상태에서 1711년(숙종 37) 2월 민진후를 북한산구관당상으로 삼고, 무신 가운데서 김중기金重器를 동사同事하도록 하면서 북한산성 축성의 역사가 시작되었다.[190]

1711년(숙종 37) 2월에 축성이 결정된 후 동년 3월에는 산성 축성에 필요한 각 부서들이 결정되었으며, 4월 3일(양 5월 19일) 공사를 착수하였다. 축성 공사는 삼군문에서 분담하여 관장하였으며, 주관 책임자로 민진후(1711년 4월 3일~4월 30일 ; 양 5월 19일~6월 15일) · 김우항(같은 해 5월 1일~10월 19일 ; 양 6월 16일~11월 28일)을 임

188 『숙종실록』 권49, 숙종 36년 9월 기미.
189 『숙종실록』 권49, 숙종 36년 10월 을해.
190 『비변사등록』 61책, 숙종 37년 2월 13일.

명하였고, 김중기에게 이들을 도와 축성을 관장하도록 하였으며, 예하에 비변사 낭청으로 도책응都策應을 두고, 요진감관料賑監官을 두었다. 이 밖에도 각 군문에서는 도청都廳 1원과 함께 내책응內策應·외책응外策應·독역장督役將 등을 두고서 전문기술자인 편수邊手를 고용하여 6개월 후인 동년 10월 25일(양 12월 4일)에 완공하였다. 10월 25일 완공 이전인 9월에 체성이나 여장 등의 공사는 일단 마무리하였으나, 문루까지 최종적으로 완성된 시기가 10월이었다.[191] 다음은 각 군문에서 담당한 구역 및 축성의

〈표 5-6〉 삼군문 분담구역 및 축성현황

		훈련도감		금위영		어영청		
담당구역		수문북변~용암		용암남변~보현봉		수문남변~보현봉		
축성	고축	1,752보		474보		1,220보		7620보
	반축	771보		1,836보		299보		
	반반축			511보				
	지축여장	469보				988보		
여장		740첩		1,107첩		986첩		2,707첩
문루		수문	高16척, 廣50척	용암암문	高16척5분 廣7척5분	대서문	高11척, 廣13척 虹霓	
		북문	高11척, 廣10척 虹霓	소동문	高9척, 廣10척 虹霓	청수동암문	高7척, 廣7척	
		서암문	高7척, 廣7척	동암문	高6척6촌, 廣6척5촌	부왕동암문	高9척, 廣8척	
		백운봉암문	高6척 3촌	대동문	高13척, 廣14척 虹猊	가사당암문	高7척, 廣7척 홍예	
						소남문	高11척, 廣11척	
담당규모		2,292보		2,821보		2,507보		7,620보

191 『비변사등록』 63책, 숙종 37년 10월 18일.

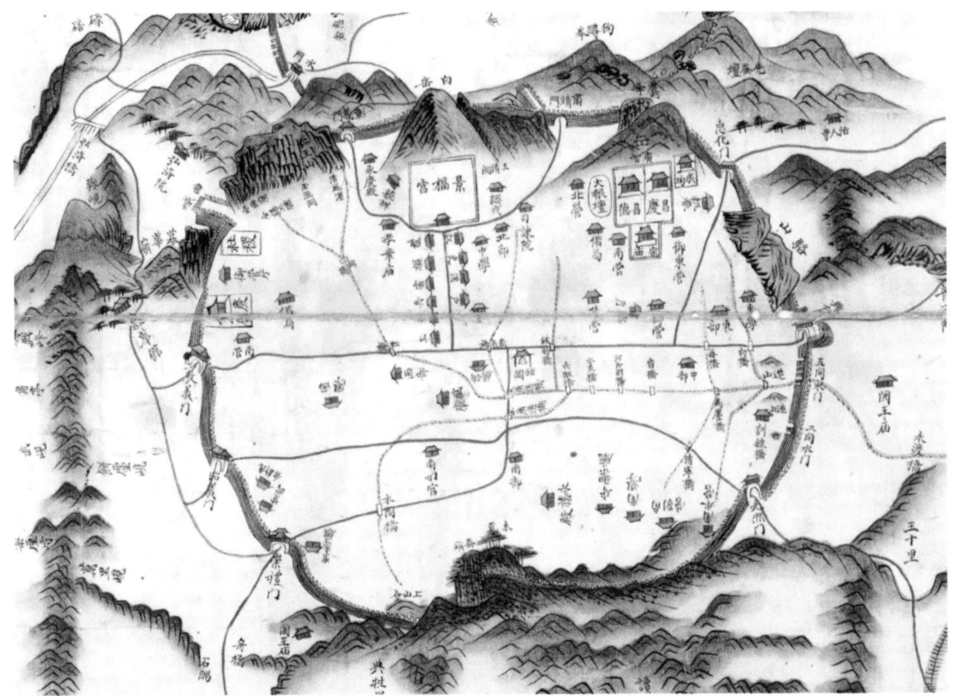

북한산성도(규장각한국학연구원)

현황이다.[192]

이로써 본다면 훈련도감은 성의 서쪽인 수문 북변에서 용암까지 총 2,292보를, 금위영은 동북부인 용암 남변에서 보현봉까지 총 2,821보를, 어영청은 동남부인 수문 남변에서 보현봉까지 총 2,507보를 분담하여 축성하였음을 알 수 있다.

북한산성이 축성됨으로써 도성 이외에 도성수비를 위한 새로운 거점이 마련되었다. 그러나 북한산성의 축성만으로 도성수비를 위한 방위시설이 완결되었다고는 할 수 없었다. 도성수비를 위해 설치한 북한산성과 도성의 거리가 멀리 떨어져 있기에 서로 연결되지 못하는 한계를 갖고 있을 뿐 아니라, 북한산성 자체가 서쪽이 평탄하여 전란시 쉽게 함락될 소지를 안고 있었다.

이에 1712년(숙종 38) 4월 이유는 이러한 문제점을 지적하면서 조지서造紙署 동구

192 『비변사등록』 63책, 숙종 37년 10월 18일, 「北漢築城別單」.

洞口에 중성中城을, 북한산성내에서 남으로는 증봉甑峯에서 북으로는 영취봉靈鷲峯을 연결하는 중성重城을 쌓을 것을 주장하였다.[193] 이렇게 하면 전란시 북한산성이 내성內城이 되어 종묘와 사직을 보전할 수 있고, 중성中城은 도성의 외성이 됨으로써 도성 수비를 견고하게 할 수 있다는 것이다. 또한 북한산성 내에 중성重城을 설치한다면 산성내에서 가장 취약지역에 대한 대비책을 강구하게 됨으로써 견고한 북한산성을 보유할 수 있게 된다고 하였다.

이 같은 이유의 주장은 며칠 후 숙종이 북한산성을 행행行幸하였을 때, 산성내 중성重城의 설치가 절실함을 확인하고, 즉각 축성이 결정되었다. 그 결과 같은 해 5월 총융청 주관하에 중성 축조가 시작되어 1714년(숙종 40)까지 공사가 진행되었다. 그러나 당초 이유의 의견대로 남과 북을 연결하는 것으로 완공되었는지는 알 수 없다. 다만 이유가 조지서 동구에 중성의 축성 등을 요청하는 것은 결국 북한산성과 도성을 내외성으로 하여 수도를 지키기 위한 방략에 의한 것이었다.

이렇게 축성된 북한산성은 이후 삼군문 군사들이 나누어 수비하였다. 수비구역은 대체로 공사구간과 일치하는 것으로 생각되며, 이를 도상에 나타내면 다음 〈도면 1〉과 같다. 축성 이후 만일의 사태에 대비하기 위해 각 군문에서는 산성에 군기를 배치하여 관리하였다. 축성 직후 조령鳥嶺에 비치하려고 하였던 불랑기佛狼機·중총中銃·위원포威遠砲·조총鳥銃·대포大砲 등을 옮겨 비치하였고,[194] 1712년(숙종 38)에는 화약 4,000근을 구입하여 비치하는 등 노력을 경주하였다. 숙종대 당대 어느 정도의 군기가 보관되었는지를 정확하게 확인할 수는 없으나, 이후 순조대 만들어진 『만기요람』에 구체적인 품목과 수량이 명시되어 있어 대체적인 윤곽만을 파악할 수밖에 없다.

『만기요람』에 나타난 북한산성의 군기 보유 현황을 보면, 조총·대장총大長銃·나팔별총喇叭別銃·중총·삼혈총三穴銃 등 총포류가 8,651병柄, 수철대포水鐵大砲·위원포·쌍문포雙門砲·동포銅砲·대모포大母砲·철불랑기·자포子砲·단가포單家砲·유鍮불랑기 등 포류 5,032좌坐를 비롯하여 연환鉛丸 1,335,216, 화약 54,749근, 수철환水鐵丸 9,446 등의 군기가 배치되고 있었다. 그런데 여기서 주목되는 것은 배치된 군기의 중

193 『숙종실록』 권51, 숙종 38년 4월 신유 ; 李濡, 『鹿川疏箚抄稿 2』(국립 古-8102), 「論北城箚」.
194 『비변사등록』 63책, 숙종 37년 10월 24일.

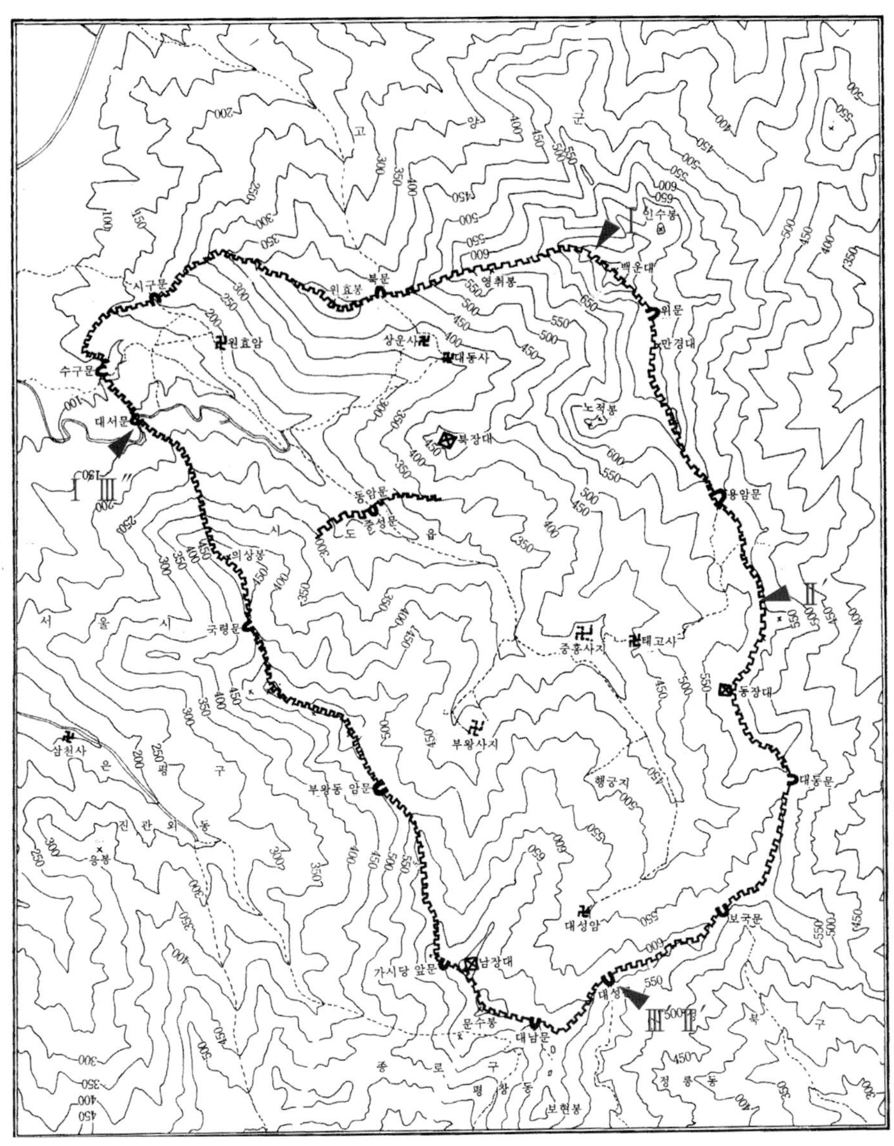

〈도면 1〉 북한산성의 삼군문 분수(分守)

Ⅰ은 훈련도감, Ⅱ는 금위영, Ⅲ은 어영청 담당 구역임

각 군문의 담당 구역은 『만기요람』 군정편에 근거함 바탕은 『北漢山城 地表調查 報告書』, 고양시·서울대박물관, 1996, 245면 재인용함.

서울 성곽

심이 총포류 중심으로 배치되고 있다는 점이다. 이는 조선-일본 전쟁(임진왜란) 이후 훈련도감에 삼수병이 설치된 후 군사적 비중이 포수-사수-살수의 순서로 나타나면서 방위가 총포류에 절대적으로 의존하고 있는 변화상을 반영하는 것으로,[195] 북한산성도 이를 반영하여 총포류의 비중이 절대적인 우위를 차지하고 있었던 것이다

한편 숙종대 도성수비에서 주목되는 점은 경강京江 지역을 군문에 분속시키고 있다는 것이다. 경강 지역의 군문 분속은 이유李濡가 병조판서로 재직시 종전부터 나루터를 관리하던 진승津丞에 대신해서 무인을 선발하여 별장으로 차출하자고 한데서 비롯되었다.[196]

그는 또한 별장 예하로 나루터의 주민들보다는 서울로 유입된 기민飢民들 가운데서 일정수를 선발하여 배속시키고 이들에게 요미料米를 지급하자고 하였다. 물론 이때는 이유가 군문 배속에 대해서는 언급하지는 않았으나 경강 지역이 도성수비에서 차지하는 지역적 중요성을 언급하고, 이에 대한 대책을 제시하고 있다는 점에서 주목된다. 숙종도 이유의 이러한 견해에 동의하였으나 제대로 시행되지 않았다.

195 吳宗祿, 「朝鮮後期 首都防衛體制에 대한 一考察」 『史叢』 33, 1985, 38~40쪽.
196 『비변사등록』 53책, 숙종 29년 3월 28일.

경강의 군문 분수(分守)구역(규장각한국학연구원)
배경지도는 강부임진도(京江附臨津圖)임.

이후 이유는 1703년(숙종 29) 8월에 이를 다시 언급하면서 동시에 각 진津 소속 별장을 각 군문에 배속시켜 관리하자고 하여,[197] 별장의 군문관리제를 언급하고 있었다. 이러한 이유의 견해가 숙종의 재가로 실시되었는지는 알 수 없으나 1710년(숙종 36) 10월에 한강 일대의 진도를 각 군문에 예속시키면서 삼전도三田渡는 총융청에, 한강진漢江津은 훈련도감에, 양화도楊花渡는 어영청에, 노량진鷺梁津은 금위영에 각각 분속시키는 체제를 갖추게 되었다.[198] 이후 영조대 편찬된 『속대전』에서는 용진龍津은 훈련도감에, 양화도와 공암孔巖·철곶鐵串은 어영청에, 노량진은 금위영, 광진廣津과 송파·삼전도·신천新川은 수어청에, 임진臨津은 총융청에 분속하도록 규정되었다. 그리고 다시 균역법 실시 이후에는 이에 대한 일부 지역에 조정이 있어 노량진은 금위영에, 한강진은 훈련도감에, 송파진에 수어청에, 양화진에 어영청에 분속하도록 개정되

197 『비변사등록』 53책, 숙종 29년 8월 1일.
198 『숙종실록』 권48, 숙종 36년 10월 을축.

었다.[199]

이 시기 경강지역 나루터에 대한 관리가 강화되는 것은 도성 방어의 확대조치로써 경강 지역의 발달과 관련지어 생각해 볼 필요가 있다. 경강은 조선전기에는 국가가 주관하는 조운제에 의해 세곡과 소작료 등이 운반되는 통로였지만 조선후기에 경강선인京江船人·지토선인地土船人·도감선인都監船人 등의 선운업자를 중심으로 사설 항로가 발전하면서 교통 운송은 보다 발달해갔다. 남한강과 낙동강을 통해 최대 생산지인 영남 지방과 최대 소비지인 한양이 연결되었고, 서해안의 연안 항로가 한강 본류로 이어지면서 평안도, 황해도에서 충청도, 전라도의 물화가 한양으로 쉽게 반입되었다.[200]

이러한 경강지역의 교통 운송 발달은 서울의 상업적 발달을 촉진시키는 한 요인으로 작용하였음은 이미 앞서 밝힌 바이다. 그뿐만 아니라 이 시기에 이르면 서울 지역이 종전에 비해 확대되고 있음에서, 이곳 경강지역의 방위는 수도 서울의 방위와 직결되는 것이며, 이는 외적의 침입보다는 내부의 반란세력에 대한 대비책이었다.[201] 또한 이 시기 나루터에 대한 경비가 강화되는 것은 당시 경강지역의 상업적 활동을 안정적으로 보장하기 위한 측면도 내포되지 않았을까 생각되나 단정할 수는 없다.

2. 영조대 도성수비체제의 확립과 지휘체계 변화

1) 수성절목의 제정과 도성수비체제의 확립

1704년(숙종 30) 「양역변통절목」의 제정을 통해서 성립된 삼군문도성수비체제는 이후 영조대 1728년(영조 4)에 발생한 무신란(혹은 이인좌 난李麟佐亂이라고 함)으로 시험 무대에 오르게 되었다. 무신란은 당시 정권에서 소외된 소론계 일부 세력과 남

199 경강 지역 관리에 대해서는 이근호, 앞의 논문, 1998과 김웅호, 앞의 논문, 2005 참고.
200 최완기, 앞의 책, 1997, 73쪽.
201 『비변사등록』 52책, 숙종 28년 3월 28일.

인계 일부 세력이 주도한 것으로, 경종독살설을 내세우면서 인조의 장자인 소현세자의 아들 밀풍군 탄을 추대하고자 일어난 반란이었다.

당시 반란세력들의 최종 목적지는 도성으로, 반군들은 청주성을 함락하여 거점을 마련한 후 본격적인 도성 공략을 준비하였다. 반군들의 도성 공략책은 청주에서 거병한 뒤 용인과 진위·양성 등지에 모인 가담자와 청주를 중심으로 한 호서(충청도) 일대의 병력이 직산 사리평에서 3월 13일(양 4월 21일)에서 14일(양 4월 22일) 사경四更(새벽 1시~3시)에 만나 합류한 다음, 15일(양 4월 23일)에는 청주 병영을 탈취하고, 이어 상주를 중심으로 이인좌의 4형제가 모으기로 한 영남군과 나주 나씨 양반을 중심으로 한 호남군이 합류하여 서울로 입성하기로 하였다.[202]

반란군은 계획대로 청주성을 함락하여 전열을 정비한 후 북진하여 진천을 거친 뒤 세력을 나누어, 한 세력은 죽산으로, 다른 한 세력은 안성으로 향했다. 또한 이들은 도성으로 북진하면서 각처에서 모인 가담자를 수합하려 하였고, 해로로부터는 조관규趙觀奎와 남수언南壽彦이 주사대장이 되어 어가가 파천하여 남한강에 이르면 깨트릴 만반의 준비를 하였다.

반란군은 또한 난의 준비 단계에서 평안병사 이사성李思晟을 중심으로 각 처의 지방수령을 포섭하여 기병을 도모하였고, 도성내에서는 화공을 계획하기도 하였다. 그리고 반군의 정예 병력을 피난민 틈에 섞이어 도성 근처인 용인이나 안성 등지에 개별적으로 집결하도록 하였다. 이 같은 반군 결집책은 대규모 병력이동에 따른 관군측의 공격을 피하기 위해서였고, 도성 부근에 결집하여 시위를 하면 중앙의 대군이 토벌군으로 내려올 때 평안병사의 군사가 도성을 무혈점령할 수 있다는 계산에서 나온 것이었다. 그러나 이 같은 반군들의 도성함락 계획은 도순무사 오명항이 이끄는 관군에게 안성에서 패하면서 실패로 돌아갔다.

무신란 당시 관군의 경우, 최정예군인 훈련도감이 비상경계 태세에 들어가 도성 수비를 총괄하는 가운데 금위영과 어영청이 한강 각 나루의 파수를 담당하였다. 동시에 삼군문은 각각 담당 호위신지扈衛信地에서 수비 태세에 들어갔고 반군이 북상함에 따

202 이하 무신란 당시 반란군과 관군의 동향에 대해서는 이태진, 앞의 책, 1985 및 조준호, 「영조대 수성절목의 반포와 수도방위체제의 확립」『조선후기의 수도방위체제』, 서울학연구소, 1998 참조.

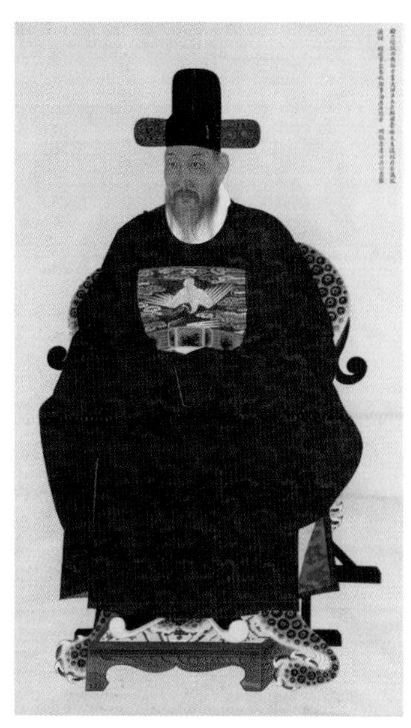

오명항 초상(경기도박물관)

라 외곽 파수 및 기찰을 강화하였으며, 경기 각 처에 소집된 향병을 통솔하기 위해 장교 각 1인이 파견되기도 하였다.[203] 또한 반군의 도성 진입을 막기 위해 서로西路의 검암점黔巖店, 동로東路의 누원점樓院店과 과천果川에서 소사素沙에 이르는 길, 판교板橋에서 죽산竹山에 이르는 길, 경안慶安에서 충주忠州에 이르는 길, 평구平丘에서 수원水原에 이르는 길에 경기 병영에서 1인의 별장別將을 보내 수상하게 오가는 자를 관찰하도록 하였다.[204] 이밖에도 경기 각처에서 산발적으로 출현하는 반군의 색출을 위해 수어청과 총융청에서는 병력을 동원하여 기찰 및 나포 활동을 하였다. 남한산성을 관장하는 수어청에서는 별파진과 각색군 장교, 승군 등 총 5,043명을 모집하여 이들을 연강沿江 6곳의 파수에 장교 6인, 군병 10인씩을 배치하고, 크고 작은 나루터에 20~50씩을 배치하여 기찰 및 경계 업무를 담당하게 하였다. 총융청에서는 용인 등지에 적병이 출몰하자 1,000여 명의 포수를 동원하여 용인읍내 적병의 발호에 대비하였다.[205]

도순무사 오명항을 중심으로 토벌군도 편성되었다. 토벌군의 경우 훈련도감군 386명과 금위영군 1,065명이 3월 18일(양 4월 26일) 1차로 편성되었고, 3월 22일(양 4월 30일) 2차로 편성된 토벌군은 어영청군 572명과 개성군 200명으로 이루어졌다. 이밖에도 순토사 중군 박찬신이 이끄는 관군과 함께 금군별장 박동추가 이끌던 마병 2초와 어영청 5초병이 현장에 급파되기도 하였다. 대개 삼군문 중심의 병력이 중심이 되어, 여기에 각 지역 향병이 합류하여 토벌에 나섰다. 이들 이외에도 수도 방위를 위해 개성과 춘천 등지의 군사나 안산·양천·금천·과천 등지의 병사가 예비 병력으로 동

203 『英祖戊申別謄錄 1』, 국사편찬위원회, 1993.
204 『영조실록』 권17, 영조 4년 4월 임오.
205 『英祖戊申別謄錄 1』, 영조 4년 3월 20일, 사로도순무사 오명항 장계.

원되기도 하였다.

반란 진압 과정에서 주목되는 것은 국왕의 도성 수비에 대한 의지였다. 예를 들어 최규서로부터 급변에 대한 보고를 접한 당일인 3월 14일(양 4월 22일) 영의정 이광좌 등이 입시하여 국왕과 그 대책을 논의하는 와중에 영조는 다음과 같이 도성 사수론에 대한 입장을 표명하였다.

> 남한南漢 · 북한北漢 · 강도江都는 모두 보장保障의 중요한 땅이다. 일찍이 어느 대신이 도성都城의 형세를 논하면서 한 산성山城으로 해야 편리하다고 말하였는데, 그 말이 이치가 있었다. 도성은 위로 종사宗社를 받들고 아래로는 신민臣民이 있으며 공경公卿과 사서士庶에게는 모두 부모 처자가 있으니 만약 조가朝家에서 굳게 지키려는 뜻을 알게 되면 시석矢石을 피하지 않고 반드시 힘을 내어 사수死守할 것이다.[206]

즉 영조는 도성민의 의사를 빌어서 자신의 도성 사수에 대한 의지를 천명하였다. 이 같은 영조의 의지에 대해 영의정 이광좌는 도성은 주위 40리가 되므로 한 장수가 호령하기 어렵다고 하면서 불가하다는 입장을 표명하였으나, 영조의 의지를 꺾지는 못하였다. 영조의 도성 사수 의지는 도성민의 안집책으로 이어져, 궐문과 궁성문의 파수를 강화하고, 미곡가의 등귀에 따른 민심의 동요를 막기 위해 강창江倉 세곡을 도성내로 운반하였으며, 역시 민심을 고려해 그동안 재정난을 이유로 미루어졌던 공가貢價와 삭료朔料를 서둘러 지급하였다. 또한 전옥서에 수감된 경범죄인을 석방하였으며, 시전의 물건을 강탈하는 것을 금지시켰다.

이처럼 무신란은 영조로 하여금 도성 사수에 대한 의지를 확고하게 다지는 계기가 되었으며, 이를 통해서 숙종대에 성립된 삼군문도성수비체제는 영조대에 들어와 제도적 보완을 거쳐 확립되기에 이르렀다. 그러나 그것은 불안한 정국 상황과 함께 지속적인 도성 사수에 대한 반대 입장 표출 등으로 인해 무신란 직후에 바로 이루어지지 못하고 영조대 중반경에 이르러 『수성절목』의 반포로 그 결실을 보게 되었다.

---

206 『영조실록』 권16, 4년 3월 갑자.

도성 사수에 대한 반대 입장은 1742년(영조 18) 강화성 외성 축성을 계기로 다시 불거졌다. 이때 대부분의 신료들은 17세기 전반기 보장처 강화론에서처럼 유사시 남한산성과 강화도로 피난해야 한다고 말하였다. 이에 영조는 도성과 도성민을 버리고 갈 수 없다며 다시 한번 도성 사수에 대한 강력한 의지를 표명하였다. 도성 수비 불가에 대한 입장을 가장 구체적으로 지적한 이가 홍중효洪重孝로, 그는 1745년(영조 21) 7월 아래와 같이 5개 조목으로 도성 수비가 불가함을 주장하였다.

> 경도京都를 지킬 수 없는 것이 다섯 가지가 있는데, 성城이 견고하지 않은 것은 거기에 들어 있지 않았습니다. 둘레가 넓고 군령軍令이 상응하지 않은 것이 첫째입니다. 사람과 가축은 많은데 저장된 식량이 적어서 양식을 대어주지 못하고, 땔감이나 꼴을 주지 못하는 것이 두 번째입니다. 사람이 태반은 성외城外에 사는데 성내城內에 적賊이 들어와서 근거지로 삼을 때 적이 도리어 주인 노릇을 하게 되는 것이 세 번째입니다. 안현鞍峴·팔각현八角峴·만리현萬里峴·우수현雨水峴이 성중城中을 부압俯壓하여 적들이 우리의 허실虛實을 엿볼 수 있는 것이 네 번째입니다. 두모포豆毛浦 위쪽으로는 강세江勢가 급하고 높은데, 동교東郊는 평탄하여 막혀 있는 장애물이 없는 것이 다섯 번째입니다.[207]

그러면서 홍중효는 이는 자신이 만들어낸 말이 아니라, 바로 예로부터 전해 오는 말이니, 비록 손무孫武·오기吳起 같은 이가 다시 태어난다 하더라도 이 말을 바꾸지 못할 것이라고 하며 도성수비 불가에 대한 강력한 입장을 표명하였다. 홍중효의 상소는 같은 시기 훈련도감과 어영청, 금위영을 중심으로 도성 보수를 위한 구역[208]을 확

207 『영조실록』 권62, 21년 7월 갑신.
208 당시 삼군문의 수축 담당 구역은 아래와 같다(조준호, 앞의 논문, 1998, 131쪽).

군영	담당 구역	길이
훈련도감	숙정문 동변 무사석~돈의문 북변	4,850보
금위영	돈의문~광희문 남촌 뒤쪽	5,042보 5척
어영청	광희문~숙정문	5,042보 5척
계		15,135보

정하고 이에 따른 절목이 반포되면서 제출된 것이었다.

그러나 홍중효의 주장은 영조의 뜻을 바꾸지는 못해, 영조는 자신의 뜻은 이미 확고하며 마음이 백성에게 있으므로 백 사람이 와서 흔들어도 결코 흔들리지 않을 것이라며 다시 한 번 강한 의지를 보였으며,[209] 지속적으로 도성 수축 공사가 이루어져 다음 해 12월 일단 완료되었다. 다만 이때 이루어진 수축은 짧은 공역기간에서 보듯 전면적인 보수보다는 숙종대 이루어진 도성 수축 작업에 약간의 공역을 더한 것이었다.[210]

공사가 완료된 뒤인 1746년(영조 22) 12월 6일(양 1747년 1월 16일) 환경전에서 비국당상과 유신儒臣이 입시하여 도성 수비에 대해 논란이 있었다. 당시 이 자리에 참석한 구성임은 민심을 견고하게 다지고, 수성을 위한 자원 확보를 위해 도성 밖에 위치한 창고를 성내로 이전할 것을 건의하였다. 이때 주 대상이 되던 창고는 만리창萬里倉으로, 구성임의 건의에 대해 국가 재정을 관장하던 호조판서 정우량은 민간 주택을 구입하여 옮길 장소를 마련한 뒤에야 가능하다고 하였다. 그러자 구성임은 다시 한 번 도성 사수에 대한 강한 의지를 표명하면서 공한지로 되어 있는 남소문동 일대로 옮기게 되면 재력이 소모되지 않을 것이라고 하였다. 그러나 당시 논의에서 결국 결론을 내지 못하였는데, 영조는 이를 대신을 비롯한 신료들이 자신과 의견이 다르기 때문이라고 질책했다. 그러면서 도성민을 분수하는 일과 창고를 성내로 옮기는 문제를 다음해 봄에 거행하겠다는 의사를 비쳤다.[211]

이상에서 살펴본 바와 같이 영조는 도성 사수에 대한 강력한 의지를 가지고 있었다. 그리고 이를 바탕으로 1747년(영조 23) 『수성절목』을 반포하였고,[212] 이것이 이후 보완되어 1751년(영조 27) 『수성책자守城冊子』로 간행되었다. 『수성절목』은 5개 항목으로 이루어진 반면 『수성책자』에 수록된 수성절목은 9개 항목으로 구성되었다. 수성책자는 이밖에도 『어제수성윤음御製守城綸音』과 『도성삼군문분계지도都城三軍門分界之圖』, 『도성삼군문분계총록都城三軍門分界總錄』 및 『수성절목』으로 구성되었다. 이 가운

209 『승정원일기』 988책, 영조 21년 7월 14일 갑신.
210 조준호, 앞의 논문, 1998, 132쪽.
211 『승정원일기』 1011책, 영조 22년 12월 6일 정묘.
212 『영조실록』 권64, 22년 12월 정묘.

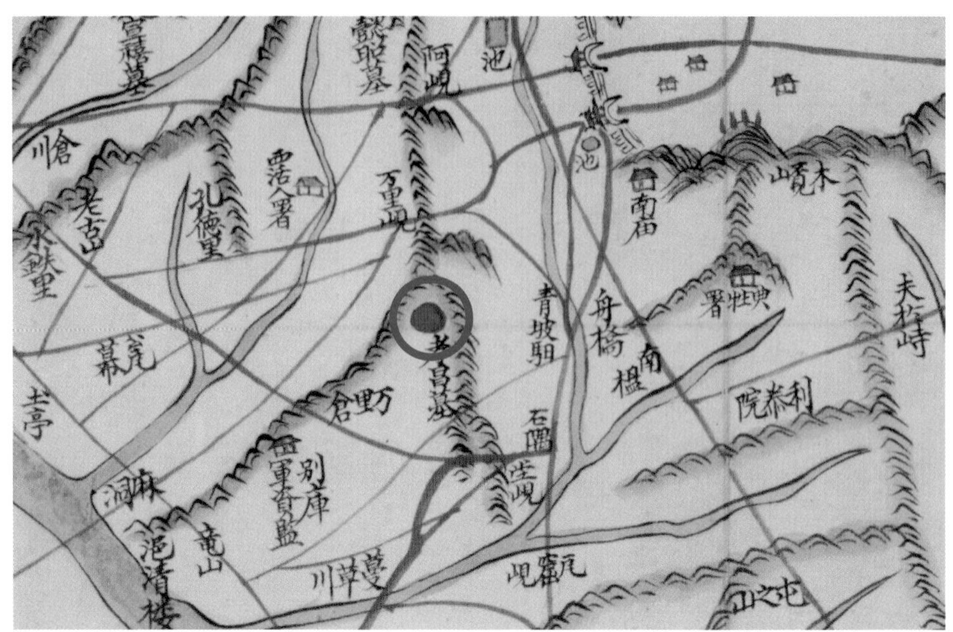

도성 밖 만리창의 모습
동여도의 일부로, 붉은 원 표시가 만리창임.

데 모두 9개 항목으로 구성된 『수성절목』의 대체적인 내용은 아래와 같다.[213]

① 도성을 지키려는 대계는 성상의 결단에 의하여 이루어진 것이며, 또 백성들이 『수성절목』을 안 후에야 국가가 위급함을 당하였을 때에 그 힘을 얻을 수 있기 때문에 한성 5부민에게 『수성절목』을 반포하니 우리 신민은 한마음으로 협력하여 성상의 뜻을 잘 받들 것

② 5부의 민호를 현재의 호수대로 가까운 삼군문에 분속하되 대략 배정할 것

③ 지금 삼군문에 분배하는 민호는 경오 식년(영조 26) 호수에 의하여 분배하되 한성 각 부에서는 매 식년마다 호적이 작성된 뒤에는 삼군문에 분속된 방坊과 계契의 호수를 성책하여 해당 군문과 병조에 보고할 것

④ 삼군문에 분속된 성타城垜는 모두 전정前停 · 좌정左停 · 중정中停 · 우정右停 · 후정後

213 이하 수성절목에 대해서는 강성문, 앞의 책, 2000과 조준호, 앞의 논문, 1998을 참조하였다.

停으로 나누고 순차대로 훈전訓前 훈좌식訓左式으로 각자 한 돌을 세워 구역을 표시할 것

⑤ 매 군문이 지켜야 할 성타를 이미 다섯 구간으로 나누었으니 만약 한 개의 영營이 수비하게 되면 5부의 군병이 5정五停에 나누어 지킨다. 한 부部가 수비하게 되면 5사五司의 군병이 5정에 나누어 지킨다. 한 사司가 수비하게 되면 5초五哨의 군병이 5정에 나누어 지킨다. 군문의 부사部司의 제도가 비록 다르다 하더라도 편리한대로 적당히 분배할 것

⑥ 각 군문에 분수分授한 경계를 분명히 알게 하고 유사시 각기 지켜야 될 곳의 한계를 표시한 소지도를 만들되 한성부 5부의 방과 계에 분정한 곳도 상세히 열록하여 반포할 것

⑦ 한성 5부의 각계는 모두 소기를 준비하는데, 훈련도감에 속하는 계는 황색기, 어영청에 속하는 계는 백색기, 금위영에 속하는 계는 청색기를 만들되 기에는 모부 모계와 훈전, 훈좌 등의 글씨를 써서 표시한다. 기의 제작은 해당 영문에서 하여 해당 부에 주되 평시에는 본영에 보관하였다가 유사시에 분급한다.

⑧ 위급한 일이 있을 때에는 해당 영에서 소속 부로 전령하고, 해당 부에서는 관하의 호정戶丁을 대동하여 분수分守하되 해당 부의 관원이 군문의 명령을 잘 거행하지 않을시에는 군율로써 다스릴 것

⑨ 위급한 일이 있을시에는 매호마다 노약한 수가인을 제외하고는 동반, 서반, 실직, 전함 이상 및 유생출신, 잡과, 한산인 등은 일제히 등성하여 수성할 것[214]

이상의 조항 가운데 ①, ③, ⑥, ⑧ 항목은 『수성책자』에서 새롭게 추가된 항목이다. ①번 항목은 절목을 반포한 이유를 제시한 것이고, ②~③번 항목은 군민 편제와 관리 조항으로, 5부의 민호를 삼군영에 분속시킨다는 전제하에 각 군문과 병조가 호구에 대한 관리를 강화하였다. 이 가운데 ③번 항목은 1747년(영조 23) 수성절목이 완성된 뒤 보완 과정에서 논의된 내용이다. 당시 논의 과정에서 5부 민호를 삼군문에

214 수성절목의 내용은 강성문, 앞의 책, 2000, 138~139쪽에서 재인용함.

분속시키되, 한성부에서는 매 식년마다 3명이 있는 호는 대호, 2명이 있는 호는 중호, 1명이 있는 호는 소호 나누어 대·중·소 각각의 총 호수와 인구수를 기록해서 각 군영과 한성부 등에 보관하도록 규정된 것[215]이 이후 수성책자에 반영되어 수록된 것이다.

다음으로 ④~⑤번 항목은 성곽 수비처를 명시한 것이다. 즉 전체 도성을 삼군문에 나누고, 각 군영에서는 5부 5사 5초의 구분을 두어 인원을 배정하도록 하였다. 또한 각 군문에서는 성첩을 5정으로 나누어 돌에 새겨 표시하게 하였다.

⑥~⑦번 항목은 유사시 동원인력의 파악과 지휘를 위한 것이었다. 먼저 수성처를 명확하게 하기 위해 작은 지도를 제작하고, 이렇게 작성된 지도에는 한성부내 방과 계를 상세히 기재하여 각자가 수비할 곳을 명확하게 배분하여 표시하도록 하였다. ⑧번 항목은 군사 명령 체계를 규정한 것으로, 영-부-호정으로 전달되는 체계를 갖추었다. ⑨번 항목은 유사시 총동원령을 표방한 것이다. 유사시에는 전현직 관료를 막론하고 도성 내 모든 거주자들은 신분에 관계없이 도성 수비에 참여하도록 규정하였다.

요컨대 영조는 무신란 당시 도성사수에 대한 강력한 의지를 천명한 바 있고, 이후 정국 안정을 바탕으로 이를 보다 구체화하는 작업을 추진하였다. 그리고 그 결과가 1747년(영조 23)에 『수성절목』의 반포로 결실을 맺었고, 이것이 이후 보완되어 1751년(영조 27) 『수성책자』로 간행되었다. 『수성책자』를 통해서 5부방민의 편제 및 관리의 강화와 군문 배치가 완결되었다. 특히, 5부방민의 편제와 같은 내용은 숙종대 이미 이광적의 논리에서 제시된 바 있었다. 따라서 영조대 수성책자의 간행은 숙종대 이후 논의되기 시작하던 도성수비체제가 확립됨을 의미한다. 나아가 숙종대 제한적이었던 총동원령을 전현직 양반들까지 포함시킴으로써 전통적 신분제 사회에서 국가방위관에 일대 전환점을 제공하였다. 즉 국가 방위에 있어서 공동체적 세계관을 형성시켜주는 계기가 되었다. 다만, 1747년(영조 23) 『수성절목』 제정 전후에 논의가 되던 군량 마련 문제라든지, 방위시설의 보완 등에 대한 구체적인 내용이 포함되지 않은 것은 한계로 지적될 수 있겠다.

---

215 『승정원일기』 1015책, 영조 23년 4월 16일 을해.

2) 용호영의 설립과 지휘체계의 변화

영조대에는 이상의 도성수비체제 확립과 함께 군제상에도 중요한 변화가 있었다. 다름 아닌 금군의 강화이며, 그 결과로 용호영龍虎營이 성립된 사실이다.[216] 조선후기 금군에 대한 정비는 이미 효종 연간에 이루어져, 당시까지 내금위·겸사복·우림위 등 이른바 내삼청內三廳으로 운영되던 금군을 좌·우별장으로 하여금 관장하도록 하고, 이들 별장을 용대장龍大將·호대장虎大將으로 명명하였다. 그리고 629명의 금군을 6번으로 나누어, 좌별장이 1~3번을, 우별장이 4~6번의 금군을 관장하도록 하는 체제가 마련되었다. 이후 금군 병력이 1천명에 이르기도 하였고, 현종대인 1664년(현종 5)에는 금군 병력이 672명이기도 하였으며, 1666년(현종 7)에는 다시 금군 병력을 700명으로 규정하고 이를 7번으로 나누었다. 현종대에는 또한 좌·우별장제를 폐지하고 대신 단별장單別將 제도로 전환하였다.[217]

1682년(숙종 8) 금위영의 창설은 기존 금군 제도 운영에 중대한 변화를 초래하였다. 금위영에는 훈련도감의 마병馬兵이나 어영청의 별마대別馬隊에 준하는 마병이 별도로 설치되지 않았기 때문이었다. 물론 보완책으로 1683년(숙종 9) 남구만의 요청에 따라 금위영 표하군 가운데 재주가 뛰어난 자 16인을 선발해 이들을 별무사라 하고, 이들에게 사복시에서 말을 지급하도록 한 적이 있기는 하였다.[218] 그러나 이는 한계가 있어 아예 금군청을 금위영에 합설하여, 1군을 형성하고, 금위영 중군이 단별장인 금군별장을 겸하도록 하는 체제를 갖추게 되었다. 이로써 금군청은 독립성을 상실하게 되었다. 그러나 금위대장은 병조판서가 겸하였고 금군청 또한 병조판서의 소관으로 있었기 때문에 친위병의 약화는 아니었다. 오히려 금군 체계의 일원화라는 측면에서 이해되어야 한다.[219]

중군의 별장 겸직은 1686년(숙종 12) 병조판서 이사명의 건의로 다시 환원되어 별

---

216 용호영의 성립과 관련해서는 다음 연구를 참조하였다. 이태진, 앞의 책, 1985 ; 최효식, 「龍虎營에 대하여」『慶州史學』 4, 1985 ; 『조선후기 군제사 연구』, 신서원, 1995.

217 『만기요람』, 군정편2, 용호영.

218 『승정원일기』 300책, 숙종 9년 8월 2일 신축.

219 최효식, 앞의 책, 1995, 163쪽.

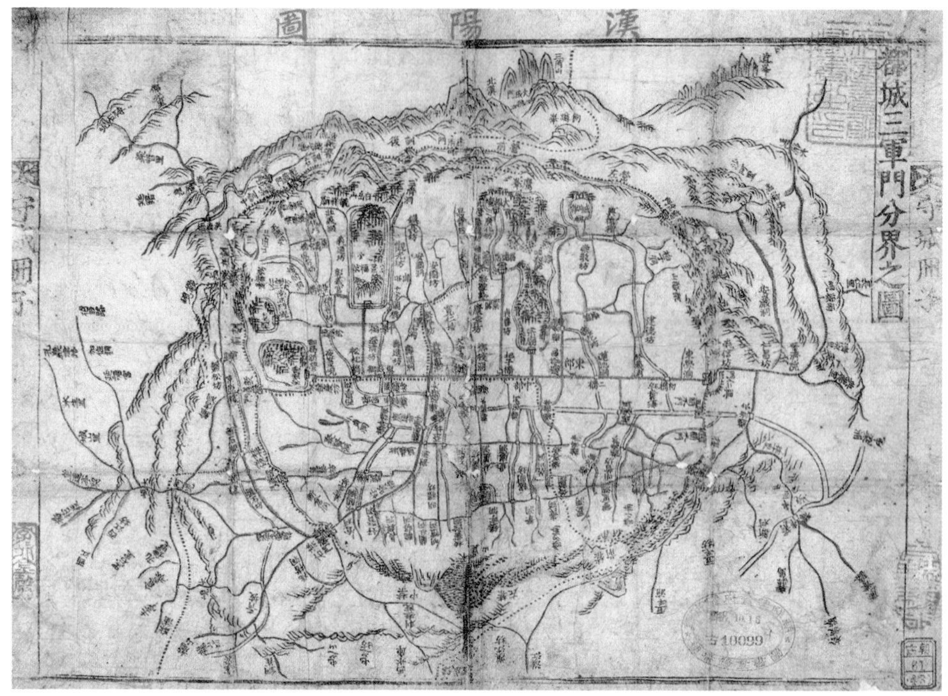

도성삼군문 분계지도(국립중앙도서관)

도의 금군별장이 관장하는 체제를 가지게 되었다. 이는 1684년(숙종 10) 7월 황해도의 군사를 별효위別驍衛로 편성하고 이들을 13번으로 나누어 매번 60명씩 번상케 하였기에 가능한 일이었다.[220] 그러나 이때 조치만으로 금위영과 금군의 관계가 완전히 분리되지 않았던 듯, 이후에도 "금군을 운영하는 일을 금위영에서 담당"[221]하는 양상이 계속되었다.

영조는 1725년(영조 1) 2월 윤대시 입시한 무신 최진한崔鎭漢과의 대화에서 금군이 습진習陣 때 직소直所를 비워두고 참여하는 것을 금하도록 조치한 바 있다.[222] 즉 당시 윤대에 참석한 최진한이 궁궐내 입직 인원이 훈련도감 군사 200명, 금위영 군사 100명, 금군 100명인데, 이들 가운데 금위영과 금군 군사는 습진 때 참여하므로 궁궐내

220 『숙종실록』 권15, 숙종 10년 7월 을해.
221 『비변사등록』 70책, 숙종 43년 5월 21일.
222 『승정원일기』 587책, 영조 원년 2월 20일 무자.

신지信地가 소홀해 질 수 있다고 언급하자, 이와 같은 조치를 지시하였다. 그리고 이때 영조는 "효종조에 금군을 설치한 것은 의도한 바 있다"라고 하여 그 중요성에 대해 암시하였다.

이후 본격적인 금군에 대한 변통은 무신란이 계기가 되었다. 무신란 당시 금군별장 남태징南泰徵이 반란군과 내통했다는 사실이 드러났기 때문이었다. 남태징의 본관은 의령으로, 그는 숙종 연간 무과에 급제한 뒤 공주영장公州營將과 충청수사를 거쳐, 1722년(경종 2) 12월에 금군별장에 제수되었다가,[223] 이듬해 평안병사와 통제사를 거쳐, 1724년에 다시 금군별장에 제수되었다. 경종 연간 남태징은 소론의 중심 세력인 김일경金一鏡·박필몽朴弼夢 등과 연결되어 소론계 무장세력으로 활동하였던 것으로 보인다.[224] 영조 즉위 이후 이른바 노론들이 정국을 주도하는 계기가 된 1725년(영조 1) 을사환국이후에는 훈련도정, 훈련도감 중군을 역임하였는데, 군사권을 장악하고 있다는 이유로, 당시 노론 세력의 집중적인 공격 대상이 되어 유배되었다가,[225] 소론 세력이 다시 정계에 진출한 정미환국 직후인 1727년(영조 3) 7월 5일(양 8월 21일) 석방되었다.[226] 이후 충훈부 당상과 포도대장 등을 거쳐 무신란 당시 금군별장직을 띠고 있었다.

남태징의 무신란 반란 세력과의 관련성은 역도逆徒를 국문하는 과정에서 지속적으로 제기되었다. 무신란 발발 직후인 1728년(영조 4) 3월 18일(양 4월 26일) 반란군측 김중만과 신광원을 대질하는 과정에서, 신광원은 다음과 같이 남태징의 관련 내용을 진술하였다.

> 신광원이 공술하기를, "전前 참봉參奉 이하李河는 이명세李命世의 아들로 주동鑄洞에 살고 있는 자인데, 민관효閔觀孝 등과 말하기를, '평안병사平安兵使 이사성李思晟이 마땅히 군사를 출동시켜 서울로 올 것이고, 훈련대장訓鍊大將은 국가에 재생再生의 은혜

223 『승정원일기』 548책, 경종 2년 12월 22일 계유.
224 『영조실록』 권16, 영조 4년 3월 기사.
225 『영조실록』 권3, 영조 1년 2월 신사 ; 『영조실록』 권5, 영조 1년 4월 계미 ; 『영조실록』 권6, 영조 1년 5월 무신.
226 『영조실록』 권12, 영조 3년 7월 기미.

가 있으며, 영의정은 충절이 있어 반드시 하지 않을 것이나, 그 밖의 남태징南泰徵·남태적南泰績·이정李檉 등은 모두 밀풍군密豐君을 추대하고자 한다.'라고 하였습니다."[227]

신광원의 이 같은 진술이 있자, 즉각적으로 남태징의 체포 명령이 내려졌으나, 남태징이 금군별장으로 병사를 장악하고 대궐 밖에 진을 치고 있었으므로 혹시 모를 미연의 사태를 예방하고자 즉각적인 체포 명령을 거두고, 선전관을 보내 표신標信을 지니고 부르게 한 뒤 대궐문에 들어설 때 의금부 도사로 하여금 체포하도록 하였다. 남태징을 체포한 뒤 영조는 그에게 역모에 동참 여부를 물었으나, 당시 남태징은 불복하였다. 그럼에도 다음 날인 3월 19일(양 4월 27일) 신광원 등과 함께 참수형에 처해졌다. 당시 기사를 기록한 사관은 남태징 등의 참수로 "인심이 조금 진정되고 적의 기세 역시 크게 꺾였다"고 기록하고 있다.

무신란에 금군별장 남태징 등이 가담한 이유에 대해 영조는 금군에 대한 처우가 좋지 못하였기 때문이라고 인식하고, 이에 대한 조치를 강구하도록 하였다. 당시 7번제로 운영되던 금군은 내삼청이라 하여 3개 번의 내금위 300명, 2개 번의 겸사복 200명, 2개 번의 우림위 200명의 정원으로 편성되었다. 각 위衛는 실차금군實差禁軍과 예차금군預差禁軍으로 나뉘었는데, 예차금군은 정6품의 사과직司果職이 상한이며, 실차금군이 되기 위해서는 6개월 이상의 근무가 필요하였다. 이들은 각 품계에 상응하는 녹봉을 매년 6월과 12월 두 차례 받게 되어 있었으나, 이것도 녹시사祿試射를 합격해야만 가능하였다.[228]

이러한 제도적인 상황 속에서 영조대 초반 금군의 상황은 대단히 열악했던 듯하다. 예를 들어 1727년(영조 3) 12월 이태좌는 입시하여 금군의 열악한 상황을 진술하였는데, 금군은 양반 내지는 중서中庶들이 참여하므로 일반 상한常漢과는 다른데, 국왕이 친림한 열무閱武 때 그들의 복식을 보니 남루하기 그지없다는 것이었다. 그리고 그 이유는 봄·가을로 치러지는 상시사賞試射 때 지급되는 포나 초가草價 등이 적지 않은데, 그나마 병조의 재정이 열악하여 이것마저도 제대로 시행되지 않기 때문이라는 것

227 『영조실록』 권16, 영조 4년 3월 무자.
228 이태진, 앞의 책, 1985, 256~257쪽.

이었다. 이밖에도 금군들의 전마戰馬 마련이 부담스럽다는 것 등이 제기되었다.[229] 이 같은 경제적인 열악함과 함께 금군들에게 더 중요한 관심사는 관직 진출이었다. 20여년을 근무하여도 겨우 첨사나 만호에 그친다[230]는 금군들의 푸념에서도 나타나듯이 이들이 오를 수 있는 것은 제한적이었다.

결국 영조는 금군의 열악한 현실로 인해 자긍심이나 근무 자세가 약화되어 군사로서도 피폐함을 면치 못하게 되었다는 인식에 도달하게 되었으며, 이에 대한 시정 및 개선을 추진하였다. 그리고 그것이 결국 1737년(영조 13) 11월 박문수에 의해서 「금군절목」으로 나오게 되었다.[231]

1737년 11월 25일(양 1738년 1월 14일) 희정당에서 영조는 약방의 입진을 받았는데, 이 자리에는 약방 인원 이외에도 병조판서 박문수가 입시하였다. 그리고 입진을 마친 뒤 영조는 박문수와 금군절목에 대해서 논의하였다. 당시 논의에서 처음 거론된 것은 금군에게 가장 중요한 처우 개선에 대한 문제였다. 박문수는 먼저 예전에는 양반 출신이 금군에 많이 들어와 훈련대장과 포도대장을 비롯해 곤수閫帥(병사兵使·수사水使)나 영장이 되었는데, 근래에는 주장主將들이 금군에 대한 격려를 하지 않아 양반이든 상한이든 입속을 원치 않는다고 하였다. 박문수가 말한 격려라는 것은 중간 관직의 마련으로서, 당시는 20~30년을 근무하여도 기껏해야 첨사나 만호에 이를 뿐이므로 모두 피하게 되어 결국 김포나 통진 등지의 사람으로 채워졌다고 하였다. 이에 박문수는 병조의 당상군관 5과窠를 비롯해 별장당상 5과, 금위영초관 5과, 교련관 3과 등 총 18개과에 대해 금군을 취재해서 충당하기를 청하였다.

또, 선천宣薦 출신을 액외額外에 붙이는 것이 유명무실해졌다고 하면서, 선천 액외 40원과 부장응천部將應薦 20원, 수문장응천守門將應薦 10원 등 총 70원을 10원씩 모두 7번으로 나누어 번상하도록 하고는, 이들을 대상으로 선전관과 참하부장·수문장의 몇 자리를 액수로 정해서 매번 도목정에서 천전遷轉하게 할 것을 청하였다. 이 조

229 『승정원일기』 651책, 영조 3년 12월 1일 임오.
230 『승정원일기』 651책, 영조 3년 12월 1일 임오.
231 이하 금군절목의 내용에 대해서는, 『승정원일기』 863책, 영조 13년 11월 25일 무인 기사를 참고하였다.

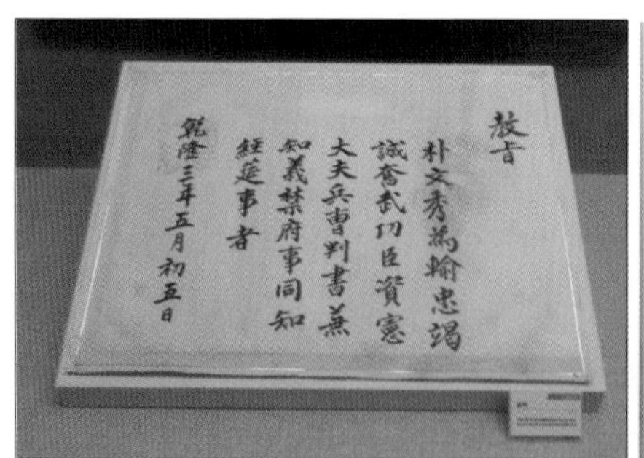
敎旨
朴文秀爲輸忠竭
誠奮武功臣資憲
大夫兵曹判書兼
知義禁府事同知
經筵事者
乾隆三年五月初五日

박문수 교지(충남 역사박물관)(좌)
박문수 초상(충남 역사박물관)(우)

치는 전통적인 무반가를 육성하기 위한 것으로, 취재를 통해 금군이 되지 못한 이들을 금군으로 흡수하기 위한 방법이었다.

이때 「교련관도목敎鍊官都目」도 마련되었다. 교련관은 당시까지 다른 군영에서 금군의 교련관을 겸하거나, 반대로 금군의 교련관이 다른 군영의 교련관을 겸하는 예들이 많았다. 따라서 본 절목에서는 교련관 14과를 설치해 이를 한산閑散 8과, 금군취재 4과, 항오승차行伍陞差 2과에 각각 배정하였다. 교련관은 금군을 비롯해 각 군영의 병법 습득을 담당하던 무관으로, 이를 보완하기 위한 것이었다.

다음으로 지방무사의 선발에 대한 규정도 수록하였다. 즉 종전에는 서북인들도 간혹 선발해서 배치함으로써 이들을 위로하였는데, 지금은 이것이 시행되지 않아 지방무사의 선발이나 위무가 제대로 되지 않음을 지적하였다. 이를 해결하기 위해 관북(함경도)이나 청북淸北(청천강 이북의 평안도)의 무사 각 40명을 금군으로 확정하고 이들을 번차에 따라 번상시키도록 하였다. 이러한 조치로 변방 출신 금군을 별부료군관別付料軍官이라 하여 당상 군관과 같은 위치에 두었다. 또한 호남이나 영남 출신들도 선전청에서 천거하도록 하였다.

결국 이상과 같은 「금군절목」이나 「교련관도목」을 통해서 친위병의 질을 높여 양반 출신자들을 금군으로 삼고자 하였고, 취재를 통해 이들이 나아갈 수 있는 여러 가지 길을 마련하였다. 이를 통해 일단 금군의 처우에 대한 개선이 일단락되었으며, 이것이 발판이 되어 1754년(영조 30) 분영分營 조치가 취해지고, 용호영이 설립되었다. 이때 설립된 용호영의 원액員額과 군액을 정리하면 다음의 〈표 5-7〉과 같다.[232]

〈표 5-7〉 용호영의 원액과 군액 (단위 : 명)

<table>
<tr><th colspan="2">원액</th><th colspan="2">군액</th><th colspan="2">표하군</th></tr>
<tr><th>구분</th><th>인원수</th><th>구분</th><th>인원수</th><th>구분</th><th>인원수</th></tr>
<tr><td rowspan="4">별장</td><td rowspan="4">1</td><td>가후군</td><td>50</td><td rowspan="2">뇌자</td><td rowspan="2">22</td></tr>
<tr><td>겸사복</td><td>6</td></tr>
<tr><td>용표기봉지</td><td>15</td><td rowspan="2">순령수</td><td rowspan="2">22</td></tr>
<tr><td>언월도차비</td><td>8</td></tr>
<tr><td rowspan="3">번장</td><td rowspan="3">7</td><td>추패장</td><td>4</td><td rowspan="2">고취수</td><td rowspan="2">39</td></tr>
<tr><td>겸포장(경강)</td><td>12</td></tr>
<tr><td>겸포장(西道)</td><td>5</td><td rowspan="2">대기수</td><td rowspan="2">35</td></tr>
<tr><td rowspan="2">종사관</td><td rowspan="2">1</td><td>겸포장(北道)</td><td>5</td></tr>
<tr><td>겸포장(北關)</td><td>3</td><td rowspan="2">등룡군</td><td rowspan="2">10</td></tr>
<tr><td rowspan="2">당상군관</td><td rowspan="2">16</td><td>겸포장(南關)</td><td>2</td></tr>
<tr><td>겸포장(淸北)</td><td>3</td><td rowspan="2">세악수</td><td rowspan="2">25</td></tr>
<tr><td rowspan="2">교련관</td><td rowspan="2">14</td><td>겸포장(淸南)</td><td>2</td></tr>
<tr><td>겸독관</td><td>10</td><td>장막군</td><td>10</td></tr>
<tr><td rowspan="2">별부료병방</td><td rowspan="2">1</td><td>겸교련관</td><td>2</td><td>장막군</td><td></td></tr>
<tr><td>별장청화포</td><td>5</td><td rowspan="2">번기수</td><td rowspan="2">28</td></tr>
<tr><td rowspan="3">서북별부료군관</td><td rowspan="3">120</td><td>마의</td><td>2</td></tr>
<tr><td>번화포</td><td>14</td><td rowspan="2">겸내취</td><td rowspan="2">10</td></tr>
<tr><td>대상화포</td><td>8</td></tr>
<tr><td rowspan="2">서리</td><td rowspan="2">5</td><td>겸직군액수</td><td>492</td><td>복마군</td><td>70</td></tr>
<tr><td>장용위</td><td>92</td><td>교련관</td><td>150</td></tr>
<tr><td>계</td><td>165</td><td>계</td><td>740</td><td>계</td><td>421</td></tr>
</table>

232 『만기요람』, 군정편2, 용호영과 최효식, 앞의 논문, 1985를 참고하였다.

한편, 용호영의 설립은 분영 조치와 함께 이루어졌다. 분영 조치란 금위대장을 병조판서가 겸하던 관례를 혁파하고 금위대장을 따로 임명하여 병조판서와 금위영을 분리시킨 것을 말한다. 이 같은 조치는 앞선 시기인 1749년(영조 25)에 간행된 『속병장도설續兵將圖說』의 간행과도 관련이 있다. 『속병장도설』은 1742년(영조 18) 8월에 간행된 『병장도설』[233]에 이어서 나온 진법서이다. 조선-일본 전쟁 이후 조선의 전법은 척계광의 전법이 기본이 된 『병학지남』이 주류였다. 그러나 청나라와 몇 차례 전쟁 이후 기병騎兵에 대한 중요성이 강조되면서 5위제五衛制 복구론이 제기되었다. 즉 기병 중심의 전법체계인 조선전기 5위진법을 도입하자는 주장이 제기된 것이다. 척계광 전법의 한계가 분명해지면서 숙종대 후반 5위진법 복구 논의가 본격화되고 그 일환으로 1738년(영조 12) 2월 사하리 열무에서 어영청 군사들은 종전에는 볼 수 없던 진법인 현무진玄武陣을 치고 훈련하였다.

이 같은 전법에 대한 시대적 요구가 일차적으로 조선전기 『진법』을 복간하여 『병장도설』로 간행하였다. 그러나 당시 5군영은 이미 조선전기의 5위와 많은 부분에서 차이를 보이고 있었으므로 당시의 군영 현실에 적합한 병서 간행이 요구되었고, 그 결과가 『속병장도설』의 간행으로 이어졌다. 『속병장도설』의 간행을 통해서 대사마大司馬인 병조판서가 지휘하는 금군을 중심으로 5군영 전체를 조선전기의 5위 체제와 같이 하나의 체계에 편입하는 방식이 마련되었다. 다만, 병조판서가 5군영의 열진閱陣 시에 중앙의 금군을 지휘하면서 동시에 금위영을 통제하도록 하였으므로 각 군영과 일사분란한 지휘체계를 갖추기가 어려웠다. 이런 현상에 대해서는 홍상한洪象漢의 표현을 빌리자면, 훈련도감이나 어영청의 대장들이 "저도 역시 대장이고 나도 역시 대장이다"라고 하면서 요우僚友(같은 계급의 동료)로 보기 때문에 절제하기 어려웠다.[234] 분영 조치는 이 같은 『속병장도설』의 한계를 극복하기 위해서 마련된 대안이었다.[235]

분영 조치에 대해 논란이 있었으나 영조는 5가지 이유를 들어 반대론을 논파하였

233 이 시기 간행된 『병장도설』은 조선전기 5위제의 내용을 담은 『진법』을 1742년 복간할 때 『병장설』과 혼동하여 『병장도설』이란 이름으로 잘못 명명된 것이었다. 이 같은 과정에 대해서는 許善道, 「〈陣法〉考-書名 〈兵將圖說〉의 잘못을 바로 잡음」『歷史學報』 47, 1970이 참고된다.

234 『승정원일기』 1112책, 영조 30년 10월 14일 기미.

235 이상은 노영구, 『朝鮮後期 兵書와 戰法의 연구』, 서울대 박사학위논문, 2002, 196~204쪽.

다. 첫째는, 5위제로 말한다면 병조판서는 마땅히 중군中軍이 되어야 하는데, 지금은 중군과 군영 대장이 구별되지 않는다는 점, 둘째, 금위영 군관청의 비용이 과다하게 지출된다는 점, 셋째, 군영 대장이 중군을 겸하는 것이 구차하다는 점, 넷째, 오랜 동안 군영 대장으로 중군을 삼았다는 점, 다섯째, 『속병장도설』에 따르면 훈련도감이 중군이 되고, 5군영 제도로 말하면 금위영이 중군이 되는 것이 문제라는 지적 등이다.[236]

결국 이런 분영 조치가 용호영의 성립으로 이어진 것이지만, 이는 동시에 지휘체계

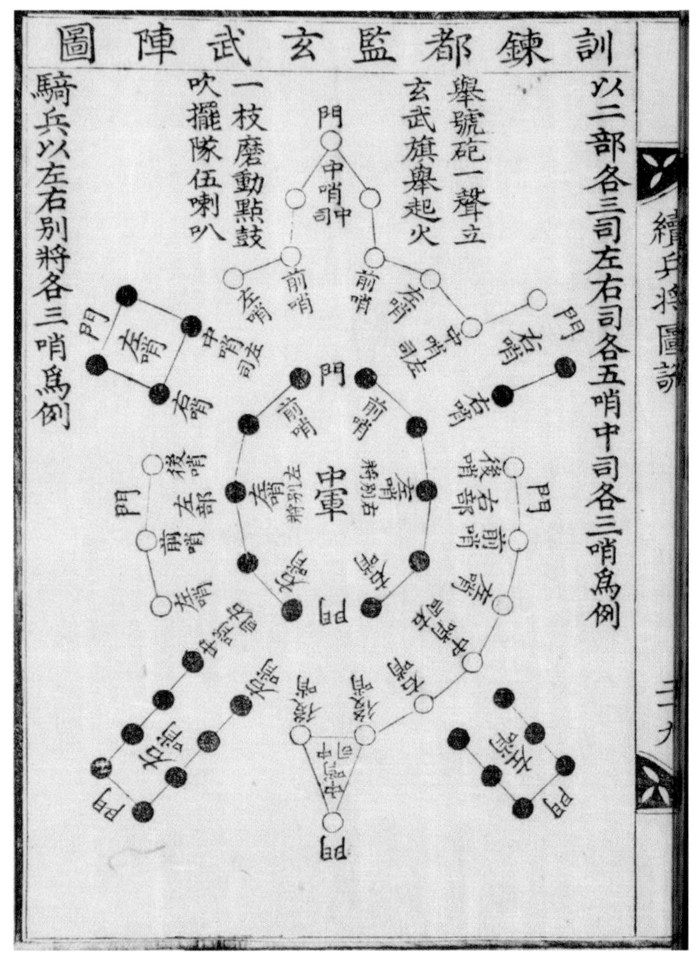

『속병장도설』의 현무진 진도

236 『승정원일기』 1112책, 영조 30년 10월 14일 기미.

의 변화를 초래하였다. 즉 병조판서를 오군문대장의 서열에서 대사마大司馬의 지위로 상승시키는 것을 전제하는 것이며, 영조의 왕권 강화를 위한 물리력 확보 차원에 중요한 조치였다.[237] 이 점은 아래의 기사를 통해서 확인된다.

> 임금이 대신을소견하였다. 말이 병조의 절목節目에 미쳐 하교하기를, "병판의 권세가 이제는 더욱이 중하여졌다." 하니, 영의정 이천보李天輔가 말하기를, "병판이 처음에는 오군문五軍門과 서로 대등하였으나, 절목이 이루어진 뒤에는 사체事體가 매우 중하여졌으므로 각영各營에 행관行關하고 절제節制할 수 있을 듯합니다."하였다.[238]

즉 이때의 분영 조치로 인해 병조판서에게 막강한 군사권이 주어지게 되었으며, 오군문 열무시에 병조판서는 금군을 장악하여 왕의 측근에서 오군문을 통령하는 위치가 되었다. 이 같은 조치는 영조대에 이루어진 국정의 일원화와 맥락을 같이하는 것이었다. 즉 재정을 호조로 일원화하려는 정책이라든지, 군령을 병조판서에게 일원화하는 조치 등이 이를 말하는 것으로, 이 시기 국정의 방향성을 가름하는 중요한 요소라 하겠다.

---

237 『영조실록』 권82, 영조 30년 10월 기미.
238 『영조실록』 권82, 영조 30년 10월 을해.

제3절

화성축조와 장용영 창설

1. 유수부 체제와 수도방위

1) 유수부의 기능과 구조

(1) 유수부의 설치와 변화

조선왕조는 외관제外官制를 편제하면서 목, 부, 군, 현의 일반적 행정체계와 별도로 유수제留守制라는 특수한 행정체계를 두었다. 조선전기의 법전인 『경국대전』에 의하면 고려의 수도인 개성부에 유수부를 설치하면서 유수 2명을 배치하였다. 유수의 관품은 종2품이었으며, 이것은 외관에 속하면서도 경관직으로 처리하였다.[239] 사실 개성부에 유수관이 확립된 것은 1438년경(세종 20)이었지만, 1395년(태조 4) 개성부를 개성 유후사留後司로 개칭하면서부터 유수제가 시작되었다고 볼 수 있다.[240]

고려의 왕도를 관리하기 위하여 잠정적으로 설치하였던 개성 유후사는 세종대에 의정부에서 명칭의 적합성 문제를 제기하여 유수제로 개칭하는 것으로 결정된다. 의정부에서 근거로 삼은 것은 중국의 당나라와 송나라였다. 당나라는 동도東都에 유수를 두었으며, 송나라는 동경東京에 유수를 두었으므로 유후와 부유후를 유수와 부유

239 『경국대전』 권1, 이전.
240 『태조실록』 권7, 태조 4년 6월 을해.

수로 고쳐야 한다는 논리였다.[241] 이처럼 조선초기의 유수부는 중국 제도를 모델로 삼아 정비했다고 볼 수 있다.

원래 유수부는 중국 당나라 시기에 시작되었다고 한다. 당나라는 역대 중원의 도읍지를 주요 도시로 만들어 삼경제三京制를 실시하였으며, 도성인 장안성을 중심으로 주변의 요충지를 배도陪都로 삼아 유수부로 만들었다. 당나라의 유수부 제도는 송대에도 이어졌으며, 고려는 당나라와 송나라의 삼경제와 배도제陪都制를 도입하였다.[242]

고려의 삼경은 서경(평양), 동경(경주), 남경(한양)이었다. 조선왕조는 한양에 도읍하면서 개성을 유수부의 전신인 유후사留後司로 지정했는데, 당송대의 전례에 따라 옛 도읍지를 특별 관리하는 차원에서 내려진 조치였다. 그리고 계림鷄林(경주)과 평양을 유수부라 하고, 수원과 여흥 등의 부를 단부單府라 해서, 명칭이 서로 혼동되므로, 단부를 고쳐 도호부로 하여 구별하였다.[243]

조선왕조에서 개경을 유수부로 삼은 것은 고려 왕조의 구세력에 대한 회유는 물론 견제와 감시의 차원에서 실행되었다고도 볼 수 있다. 그리고 이성계의 사저私邸인 경덕궁慶德宮의 관리를 위해서도 개경은 특별한 관리가 필요하였다. 또한 명나라의 사신들이 유숙하는 지역이었으므로 그 관리에 유념할 수밖에 없었다. 이에 따라 유수의 관품을 올려주는 동시에 유수부의 강역도 확장해 주고 둔전을 마련하여 경제적 기반까지 안정시켜 주었다.[244] 조선후기에도 개성은 그 역사적 상징성이 부각되는데, 정조의 경우 개성이 서울에서 가까운 웅부雄府이며 고도의 유풍이 있어 진실로 숭상할 만한 곳이라고까지 하였다.[245]

이와 같이 조선전기의 유수부는 개성 한 곳뿐으로 군사적인 목적이라기보다는 고려 왕조 세력에 대한 견제와 민심의 회유, 외교 사행에 대한 접대에 치중되는 양상이었다. 유수부의 존치에 대해서는 조선후기에도 지속적으로 주장되었다. 예컨대 정약용은 『경세유표』에서 유수직은 반드시 역사적으로 경도京都였던 곳에 설치해야 한다

241 『세종실록』 권83, 세종 20년 10월 병인.
242 배우성, 「정조의 유수부 경영과 화성 인식」 『한국사연구』 127, 2004, 245~246쪽.
243 『세종실록』지리지, 경기, 광주목, 여흥 도호부.
244 이존희, 「조선왕조의 유수부 경영」 『한국사연구』 47, 1984, 52~53쪽.
245 『정조실록』 권44, 정조 20년 3월 을축.

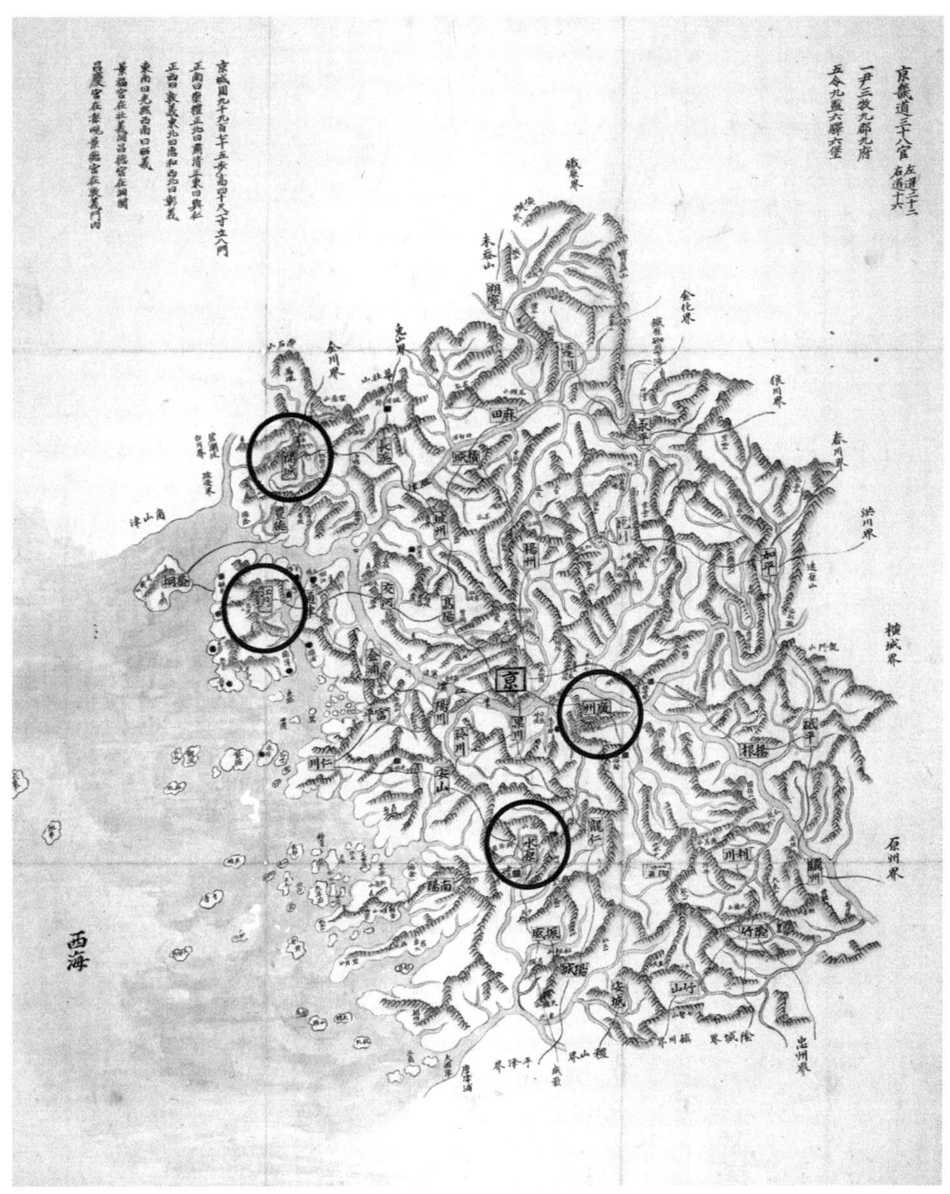

도성 주변의 4개 유수부(문화재청, 『한국의 옛지도』, 2008)

고 하였다. 그는 경도였던 곳에는 유수를 두어야 하며 조선에서는 송도를 중경中京, 평양을 서경이라고 할 수 있다고 하였다. 그리고 경주와 부여는 신라와 백제의 고도이기는 하지만 지세가 멀고 험하며 도시가 쇠락하여 유수로 삼을 수 없다고 보았다. 또한 강도江都(강화도)와 광주廣州(남한산성)는 외적의 침입을 피할 수 있는 장소로는 좋지만 유수부로 삼기에는 부족하다고 하였다.[246]

이런 정약용의 주장에도 불구하고 강도와 광주는 조선시대 유수부체제에 합류하여, 조선후기의 유수부는 개성부, 강화부, 수원부, 광주부의 4부가 된다. 이 4부의 유수부체제는 조선말기까지 지속되었다. 강도와 광주가 유수부에 포함된 것이 정약용의 지적 내용이나 중국의 유수부 설립 근거와는 차이가 있지만, 조선왕조의 입장에서 강도와 광주는 반드시 유수부에 들어갈 장소였다. 그 배경은 조선-일본 전쟁(왜란)과 조선-청 전쟁(호란)에 따른 도성의 안전보장 때문이었다.

개성부를 제외한 강화, 수원(화성), 광주의 유수부는 조선후기 도성의 방위체제가 강화되어가는 속에 설치되었다. 유수부를 중심으로 한 도성 방위체제는 조선-일본 전쟁과 조선-청 전쟁(정묘·병자호란)을 겪으면서 손쉽게 붕괴된 군사체제가 주요 원인이었다. 외적이 도성까지 쉽게 공격할 수 있다는 사실은 국왕을 비롯한 지배층에게 큰 부담이었다. 더욱이 도성의 백성을 저버리고 남한산성을 비롯한 방어처에서 적군을 상대하는 것도 위정자인 국왕으로서는 큰 부담이었다.[247]

제1차 조선-일본 전쟁과 조선-청 전쟁 초기에 국왕이 도성을 버리고 몽진한 것은 왕실의 안녕을 위해 불가피한 일이었던 반면, 백성들의 입장에서는 자신들을 보호하고 지켜줄 지배층이 도망가는 모습으로 민심의 이반이 발생하는 결과를 가져왔다.

이런 배경으로 등장한 것이 도성 주변을 군영이 방어하는 도성 방어체제였다. 그리고 도성의 주변에 위치한 주요 도시를 배도陪都로 삼아 방어 거점으로 삼는 유수부체제가 확립되었다. 이때 우선적인 후보지가 강화도였다. 강화도는 고려시대 몽골 침입

---

246 정약용, 『여유당전서』 제5집, 「경세유표」, 천관수제(天官修制), "臣謹案 留守之職 必京都而後 乃可有者 我邦宜以松都 爲中京 平壤爲西京 其餘無可稱京者 慶州雖爲新羅之舊都 地勢荒遠 扶餘雖爲百濟之舊都 邑落凋殘 江都廣州 不過爲一時避兵之地 安得爲都 不得爲都 安得爲留守 二百年來廣州或爲留守 或爲府尹 歲更月改 名稱屢變 臣謂留守之名 自今停罷宜矣."

247 『영조실록』 권56 영조 18년 10월 기해.

다가 도성으로 돌아오면서부터이다. 1627년(인조 5) 후금의 공격으로 강화도에 피난하였던 인조는 후금과 강화가 이루어지면서 4개월 만에 도성으로 돌아왔다. 인조는 도성으로 돌아오기에 앞서 행재소였던 강화도를 유수부로 승격시키고, 평안감사를 역임한 심열沈悅을 유수에 제수하였다.[256] 심열은 8개월 정도 유수로 있으면서 화약고와 객사 등의 방어시설들을 정비하였다.[257]

강화도 외에 숙종대에 이르면 광주가 유수부로 거론되고 유수가 임명되기도 하지만 유수부 체제에 포함되지는 못한다. 1683년(숙종 9)에 송시열이 주강晝講에서 남한산성의 수어사守禦使와 부윤府尹이 각각 군병과 재부財賦를 관장하여 서로가 침탈하는 사례가 많아 백성들이 그 고통을 견딜 수가 없으므로 수어사를 혁파할 것을 주장하여 광주부를 유수부로 승격시키는 논의를 한다. 이에 수어청의 경청京廳만을 혁파하고 광주를 유수로 삼고, 강화도와 같이 경력經歷 1명을 두는 것으로 결정하여 광주유수가 남한산성의 행정과 군사를 독자적으로 담당하게 하였다.[258]

그런데 숙종대 설립되었던 광주 유수부는 1690년(숙종 16) 재차 부윤체제로 돌아간다. 그 이유는 광주 유수의 품질品秩이 높아서 재신宰臣을 파견하였기 때문에 자주 교체되는 일이 발생하여 군무가 소홀해지는 폐단이 발생했기 때문이다. 영조대에도 수어사를 광주 유수로 고치는 일이 있어서 정조대까지는 광주에 유수부가 확립되지는 못했다.[259]

광주에 유수부가 확립되는 것은 정조의 집권 중반기에 가서야 가능했다. 광주가 유수부로 승격되는 것은 1793년(정조 17) 수원에 화성이 건설된 이후인 1795년(정조 19)이다.[260] 정조가 왕권을 강화하고 친위세력을 양성하려는 시도가 즉위 초부터 있었음에도 집권 중반기에 가서야 광주를 유수부로 승격시킨 것은 군영을 근간으로 하는 중앙의 군영 재편이 국왕 혼자만의 힘으로 쉽지 않았다는 것을 엿보게 하는 부분이기도 하다.

---

256 『인조실록』 권16, 인조 5년 5월 병자.
257 『인조실록』 권17, 인조 5년 8월 신해.
258 『숙종실록』 권14, 숙종 9년 1월 경오.
259 『영조실록』 권71, 영조 26년 5월 경오.
260 『정조실록』 권43, 정조 19년 8월 정유.

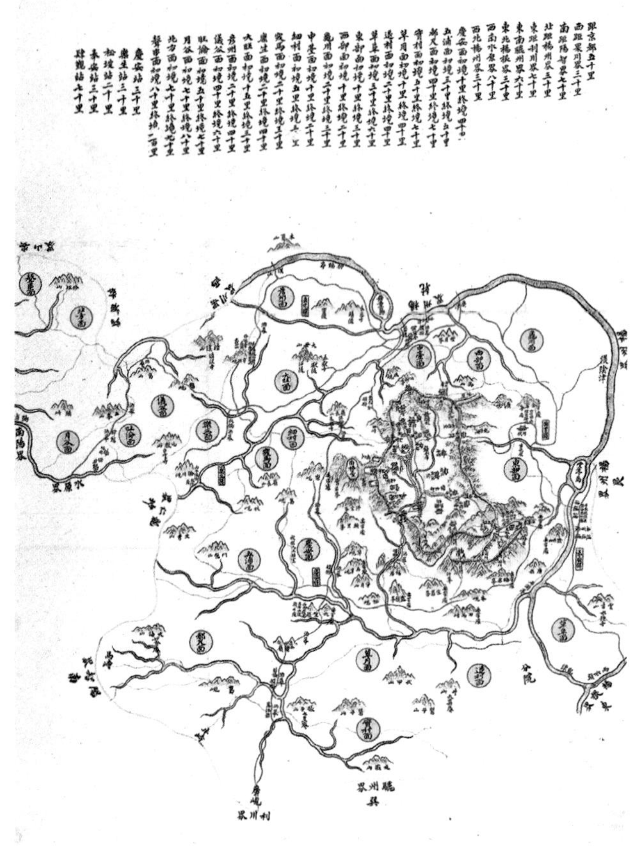

광주유수부와 남한산성(규장각한국학연구원)

조선-일본 전쟁 이후 정립된 5군영제는 군권의 분산과 재정지출의 낭비 이외에 노론을 비롯한 각 정파의 의도에 따라 좌우되어 왕권을 위협할 요소를 담고 있었다. 특히 국왕과 병조판서로 이어지는 단일화된 통제가 아닌 각 군영의 대장이 통솔하는 군영은 자칫 쿠데타에 이용될 수도 있었고, 실제로 인조가 반정을 일으키는 과정에서 이용한 방법이기도 하였다. 또한 일원화된 지휘체계가 아닌 상황에서 투명한 재정 지출이 있을 수 없었으므로 군영의 개편은 조선후기로 갈수록 국왕들의 일반적인 고심거리였다.[261]

261 이태진, 『조선후기의 정치와 군영제 변천』, 한국연구원, 1985, 175~218쪽.

예컨대 광주가 유수부로 승격되는 과정에서 가장 큰 난관은 수어청이었다. 광주가 유수부로 승격되면서 논의된 내용을 보면 수어사를 없애고 유수를 임명하여 낭비되는 군비를 줄인다는 명분이 가장 많았다. 당시 우의정 채제공은 수어사가 남한산성을 담당하는 직책임에도 도성에 경청京廳을 설치해 머물고 있으면서 제반 비용을 충당하기 위해 남한산성의 재화만 소모한다는 입장이었다. 당시 수어사인 심이지도 경청 설치가 이해할 수 없는 일이며, 남한산성으로 진영鎭營을 내보내야 한다고 주장하였다.[262]

채제공 초상(수원 화성박물관)

수어청을 남한산성으로 내보내야 한다는 논리는 수어사의 활동 상황을 보면 설득력이 있는 말이었다. 1795년(정조 19)까지 도성의 경청에 있는 수어사가 남한산성에 나간 것은 모두 2차례밖에 안되었다. 그것도 8년이나 10년 정도만 있다가 곧바로 돌아와 도성에서 지휘를 하였다.[263] 특히, 수어청 경영京營은 본래 군제에도 없는 것인데 8백명의 표하군標下軍만으로 5영의 전열에 처해 있는 상태였기 때문에 운영면에서도 문제가 제기될 수밖에 없었다.[264]

이런 배경으로 정조가 유수부 체제를 정비하게 된 것은 군영제 개혁을 위한 것이었다. 정조는 수어청과 총융청을 통합시켜서 경기병마영으로 전환시키고자 했으며, 그 일환으로 수어청의 경청을 폐지하여 광주부를 유수화한 셈이다.[265] 그에 따라 수어청은 광주유수부의 직할 군영이 되었다. 광주유수부의 설치는 남한산성을 보장保障으로 삼아 위급할 때 대비하려는 뜻이기도 하지만,[266] 광주유수에게 행정과 군권을 통합시켜 재정 절감과 지휘 계통의 일원화를 도모한 것이었다.

정조대는 광주유수부 외에 수원(화성)유수부도 설치되어 4부 유수제의 체제가 확

262 『정조실록』 권43, 정조 19년 8월 병신.
263 차문섭, 『조선시대 군사관계 연구』, 단국대학교, 1996, 67~68쪽.
264 『정조실록』 권43, 정조 19년 8월 정유.
265 배우성, 앞의 논문, 2004, 248쪽.
266 『정조실록』 권43, 정조 19년 8월 정유.

립된다. 정조는 1793년(정조 17), 장용영의 외영을 수원에 설치하면서 수원을 화성이라 개칭하고 초대 유수에 채제공을 임명하였다. 채제공은 유수이면서 장용외사壯勇外使와 행궁정리사行宮整理使를 겸임하였다.[267] 그렇지만 수원에 유수부가 설치된 것은 전적으로 화성 행궁과 현륭원顯隆園이 설치되었기 때문이다. 물론 수원이 삼남에서 도성으로 들어가는 길목에 위치했다는 교통, 지리적인 특징도 있겠지만, 무엇보다 정조의 생부인 사도세자(장조)의 묘소를 천장遷葬하면서 친위세력을 이식시키기 위한 거점으로 삼으려는 정조의 고심이 담긴 결정이었다고 볼 수 있다.

이와 같이 한양을 전후좌우에서 보위하는 유수부 체제는 조선전기에 시작되어 정조대에 이르러 완결을 보게 되었다. 조선왕조는 유수부 체제를 중국과 고려의 선례에서 참작하였지만, 그 내용은 시기에 따라 큰 차이를 보이고 있다. 조선전기에는 중국, 고려와 같이 전왕조의 도읍을 배도配道로 활용한 것이지만, 조선후기에는 조선-일본 전쟁과 조선-청 전쟁으로 인한 수도방위체제의 정비, 왕권의 강화라는 목적하에 유수부체제가 확립되었다. 따라서 조선후기의 유수부는 국왕의 권력 향방과 정국의 변화에 따라 이루어졌음을 알 수 있으며, 그런 배경으로 유수부들의 기능과 임무도 지역에 따라 차이를 보인다.

(2) 유수부의 구성과 기능

유수부는 그 기능에 따라 행정조직과 군사조직의 이원체계로 구성되어 있었다. 세조 때에 유수가 병마절도사의 직책을 겸임하게 되면서 분화된 조직구성[268]은 조선후기에 이르러 군사적 기능이 더욱 강화된다. 조선전기의 유수부에는 유수가 경력經歷, 도사都事, 교수敎授 등의 낭관郎官들을 지휘하였으며, 낭관들이 유수부의 행정실무를 주관하였다. 낭관의 선임자는 경력이었다. 경력은 종4품의 관원으로서 유수부의 행정을 실질적으로 처리하였다.[269]

유수부 낭관의 하나인 도사는 종5품으로 아전들의 불법을 규찰하고 지방민의 풍

267 『정조실록』 권37, 정조 17년 1월 병오.
268 『세조실록』 권11, 세조 4년 2월 을사.
269 『인조실록』 권16, 인조 5년 4월 무술 ; 『인조실록』 권28, 인조 11년 7월 임인.

속을 단속하였다. 조선전기에 도사는 무신으로 임명하기도 했으나, 그 폐단이 많다고 하여 다시 문신으로 임명하다가 1637년(인조 15)에 이를 폐지시키고 유수가 직접 관장토록 하였다. 정조 때에 설치된 수원과 광주의 유수부에는 경력과 도사를 대신하여 종5품의 별관을 두어 행정 실무를 주관하게 하였다.[270]

유수부라고 해서 모두 동일한 직무를 관장하지는 않았다. 지역에 따라 상이한 직무가 존재하였다. 개성부에는 교육과 과거 시험을 주관하는 종6품의 교수를 두었다. 개성부의 교수는 1732년(영조 8) 종9품의 분교관分敎官으로 개정되었다.[271] 개성부의 분교관은 개성의 생원과 진사로 임명하였는데, 1739년(영조 15) 문관이 보임되는 교수로 다시 환원하였다.[272] 정조대에는 유수부의 사법행정을 담당하는 종9품의 검율을 두었다.[273] 정조대는 유수부에 새로운 직책을 두었다. 정조대 새롭게 정비된 수원유수부와 광주유수부에는 경력과 도사를 대신하여 행정 실무를 주관하는 종5품의 판관을 새롭게 임명하였다.[274]

따라서 조선후기의 4개 유수부는 도성을 호위하는 배도로서의 고유기능은 서로 유사하게 지니고 있었지만 유수 휘하의 관원들은 시기에 따라 차이를 보이고 있었다. 다음의 〈표 5-8〉은 조선후기 유수부들의 관원 분포를 정리한 내용이다.

유수부의 낭관들은 교수의 경우 30개월, 분교관과 검율은 15개월을 임기로 했다. 이들은 유수가 천거하여 이조의 동의를 얻어 임명되었는데, 반드시 사헌부와 사간원의 검증(서경署經)을 받는 절차를 거쳐야 했다. 그리고 유수는 이들의 근무성적을 매년 6월 15일과 12월 15일의 2차례에 걸쳐 보고하였다.

한편 유수부가 본연의 임무인 도성을 호위하는 능력을 발휘하기 위해서는 군사적 역할이 무엇보다 중요했다. 예컨대 유수부에는 행정조직이외에 군사조직을 별도로 운영하였다. 개성유수부에는 관리영管理營을 설치하고 개성유수가 관리사를 맡았다. 그리고 강화유수부에는 진무영鎭撫營을 설치하여 강화유수가 진무사를 맡았으며, 수원

---

270 이존희, 앞의 논문, 1984, 41~42쪽.
271 『영조실록』 권32, 영조 8년 12월 신유.
272 『영조실록』 권49, 영조 15년 7월 계유.
273 『정조실록』 권43, 정조 19년 8월 정유.
274 『정조실록』 권37, 정조 17년 1월 병오.

좌승당(경기 광주)
남한산성 행궁 내의 건물로 광주 유사가 있던 곳이다.

〈표 5-8〉 4도 유수부의 주요 지휘관과 구성년도[275]

구 분	설치년도	관품(官品)	지휘인원
수원부 (화성)	1795 (정조 19)	정2품	유수2,[276] 판관1, 검율(檢律)1
광주부 (남한산성)	1795 (정조 19)	정2품	유수2,[277] 판관1, 검율1
개성부	1438 (세종 20)	종2품	유수2,[278] 경력1, 분교관(分敎官)1, 검율1
강화부	1627 (인조 5)	종2품	유수2,[279] 경력1, 분교관1, 검율1

275 『대전회통』 권1, 이전.
276 1명은 경기관찰사가 겸임한다.
277 1명은 경기관찰사가 겸임한다.
278 1명은 경기관찰사가 겸임한다.
279 1명은 경기관찰사가 겸임한다.

유수부에는 장용영의 외영을 설치하고 수원유수가 장용외사를 맡았고, 광주유수부에는 수어청을 설치하고서 광주유수가 수어사를 겸임하게 하여 휘하의 군대를 통솔하도록 하는 시스템이었다.[280]

유수가 군대를 통솔하는 체계는 개성유수부와 광주유수부의 체제를 통해 살펴볼 수 있다. 개성 유수의 휘하에는 정3품의 중군을 필두로 별장, 천총, 백총, 파총, 초관 등이 편제되어 있다. 중군은 개성부의 중심이 되는 대흥산성大興山城의 방어를 책임졌으며 그 휘하에 기패관旗牌官 2명, 수성군관守城軍官 400명을 두었다.[281]

개성부의 북쪽 천마산天磨山 기슭에 있는 대흥산성은 숙종 초기에 축성하였으며, 군기시의 조총과 화살 등을 이송하여 군기를 비축하고 있었다.[282] 대흥산성은 성문이 5 곳이며 지세가 험하고 산성 내에 음용수가 충분히 있어서 방어에 용이한 곳이었다.[283] 이외에 별파진別破陣 120명, 뇌자牢子 30명(보保 60명), 순령수巡令手 40명(보 80명), 취고수吹鼓手 40명(보 80명), 대기수大旗手 40명(보 80명), 성기군城機軍 40명, 대포수 15명, 영리營吏 6명, 통인通引 3명, 노비奴婢 21명, 승총섭僧摠攝 1명 등이 대흥산성에 배치된 병력이었다. 그리고 유수부에는 유수가 직접 지휘하는 정규군 515명과 표하군標下軍 256명이 있었다. 또한 좌열별장左列別將과 우열별장右列別將에게 각각 정규군 207명과 표하군 128명이 있었으며, 백총百摠 4명이 103명씩을 휘하에 두었다. 이외에 3명의 천총이 정규군 2,223명씩을 두었고, 천총 1명에 2명씩 배속된 파총이 1,111명씩의 군병을 휘하에 두고 있었다.[284]

광주의 경우는 1795년(정조 19) 8월 19일(양 10월 1일) 비변사가 광주유수를 남한산성수어사에 겸임시키면서 작성한 절목을 보면 잘 알 수 있다.

○ 수신守臣은 광주부 유수라는 칭호를 부여하되, 정2품 이상의 관원을 대상으로 묘당에서 추천하여 낙점을 받도록 하고, 임기는 2년으로 정하도록 한다.

280 이존희, 앞의 논문, 1984, 44~45쪽.
281 이존희, 위의 논문, 1984, 45~48쪽.
282 『숙종실록』, 권5, 숙종 2년 4월 정축 ; 『숙종실록』, 권7, 숙종 4년 4월 신미.
283 『영조실록』 권19, 영조 4년 10월 무인.
284 이존희, 앞의 논문, 1984, 45~48쪽.

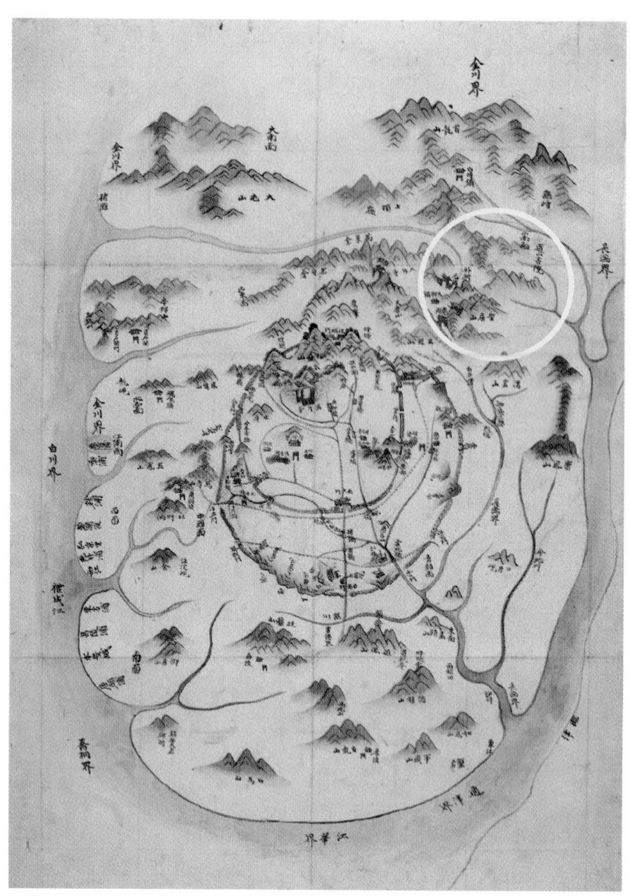

개성유수부와 대흥산성 노란색 원이 대흥산성(천마산성)이다 (규장각한국학연구원)

○ 경기 감사가 유수를 겸하게 하되, 3도都의 예에 따라 시행한다.

○ 사使의 호칭은 겸남한수어사兼南漢守禦使로 하되, 수원정리사水原整理使나 송도관리사松都管理使나 심도진무사沁都鎭撫使의 예에 의거하여 병조에서 비준 받는다.

○ 유수는 3도都의 예에 따라 비국 당상을 겸하도록 한다.

○ 병부兵符는 광주부廣州府라고 써넣고 밀부密符는 3도의 예에 따라 낙점落點을 받은 뒤 반급頒給토록 한다.

○ 인신印信은 예조에서 만들며 하나는 광주부유수인廣州府留守印이라고 전자篆字로 쓰고 다른 하나는 남한수어사인南漢守禦使印이라고 전자로 작성한다.

○ 지방관은 판관判官이라고 호칭하고 동시에 남한수어영 종사관南漢守禦營從事官을 겸하게 하되, 문관과 음관蔭官 5품 이상을 대상으로 이조에서 차출하고 임기는 30개월로 한다.

○ 판관 겸 종사관의 인신은 예조에서 만들어 주며 광주부판관인廣州府判官印이라고 전자로 써서 통용케 한다.

○ 중군中軍은 광주유수영중군이라고 하되 변방의 방어사防禦使 이상의 경력을 가진 사람을 대상으로 병조에서 특별히 가려 차출하게 하고, 인신은 예조에서 광주부중군인廣州府中軍印이라고 전자로 써서 만들어준다.

○ 경청京廳의 중군 1원員, 좌부左部와 우부右部의 별장別將 1원, 천총千摠 1원, 파총把摠 3원, 초관哨官 8원을 모두 없앤다.

○ 경청의 군관 3원, 가출군관加出軍官 1원, 교련관敎鍊官 8원, 산성입사과山城入仕窠 1원 등 도합 13원 가운데에서 산성과 1원만 산성에 소속시키고 나머지는 모두 없앤다.

○ 경표하군京標下軍은 모두 579명에서 늠료를 받지 않는 자들은 모두 없애버리고, 늠료를 받는 162명은 3군문과 용호영, 총융청에 나누어 소속시킨다.

○ 경청의 원역員役으로 서리 이하 16인과 고직庫直 이하 21명은 모두 없앤다.

○ 경청의 군수물자와 기계 등 모든 종류의 물품들은 모조리 산성으로 수송한다.

○ 유수가 공무公務로 왕래할 때에는 품마品馬를 파발마로 편입시켜 준다.

○ 방어사防禦使와 토포사討捕使를 혁파하고 전영장前營將은 예전대로 이천부에 옮긴다.

○ 유영별장留營別將과 성기별장城機別將은 모두 혁파한다.

○ 군관 4원은 유수가 직접 추천하여 계하 받도록 하고, 검율 1원은 3도都의 예에 따라 차출한다.

○ 군병은 속오군이든 일반 군사이든 따질 것 없이 실제 총액을 별단別單으로 작성하여 계하 받도록 한다.[285]

285 『정조실록』 권43, 정조 19년 8월 정유.

위의 비변사 절목에서 유수에게 병부와 인신을 주는 것에서 관원을 임명하고 배치하는 것은 여타의 군사조직과 동일하게 나타나고 있다. 다만 특이한 점은 중군을 변방에서 근무한 방어사 경력이 있는 자로 임명한다는 점과 수어청 경청의 조직과 기능을 소멸시키고 있는 부분이다. 중군을 5군영이나 중앙군에서 차출하지 않고 변방 근무자로 선발한다는 것은 실무를 경험한 무관으로 실무진을 구성한다는 것으로 광주유수부의 군사력을 높이는 한 방안으로 볼 수 있다. 그리고 수어청 경청의 인원과 기능을 이관시키는 것도 광주유수에 인력과 물력을 집중시켜서 수어청의 실질적인 운영을 남한산성을 중심으로 할 것임을 보여주는 부분이다.

광주부의 군사체제는 유수가 겸하는 수어사 휘하에 지휘관으로 중군 1명, 수성장守城將 1명, 별장 2명, 천총 2명, 유영별장留營別將 1명, 성기별장城機別將 1명, 파총 3명, 초관 16명을 두었으며, 군병은 수첩군관守堞軍官 1,953명, 이속군관移屬軍官 250명, 친아병親牙兵 15초, 훈어군訓禦軍 5초, 파하군把下軍 106명, 난후마병欄後馬兵 1초, 복로군伏路軍 150명, 별파군別把軍 385명, 국별파군局別把軍 1,870명, 표하군標下軍 1,320명, 도총섭都摠攝 1명, 승군 356명 등이 소속되어 있었다.[286]

유수 겸 수어사를 지낸 홍학연의 선정비
(경기 광주 남한산성비)

한편 도성 외곽을 중심으로 한 4도 유수부체제는 이 배도를 연결하는 수도권 공간을 탄생시키기도 하였다. 그리고 도성과 개성-광주-수원-강화를 연결하는 동심원 체제는 시장경제 공간의 확대와 도성의 거주 생활권을 넓히는 도시의 기능 분화를 촉진하는 계

286 이존희, 앞의 논문, 1984, 49쪽.

기가 되기도 하였다.[287]

수원의 경우에는 1789년(정조 13) 유수로 임명된 조심태趙心泰가 1790년 수원유수부의 진흥책으로 상공업 진흥책을 구사하였다. 조심태는 수원 백성 중에서 장사 경험이 있는 부유한 사람에게 관청의 돈을 빌려 주어 점포를 운영하게 하였다. 그는 서울의 시전과 같은 상가를 수원에 조성하고자 하여 인구의 증가는 물론 산업을 진흥시키는 방안을 구상한 것이다. 조심태의 구상은 당시 좌의정 채제공과 우의정 김종수 등 조정의 전폭적인 지지를 받아 시행되었으며 이들이 운영한 시전은 수원이 대도시로 발전하는 초석이 되었다.[288]

수원의 경우처럼 4도 유수부체제는 도성을 방위하는 군사적인 부분도 감안하여 이루어졌지만, 그 결과로 수도권으로의 인구 집중과 도시의 발달, 상업과 유통의 발전도 동시에 가져왔던 것이다. 따라서 조선후기 유수부체제의 성립은 도성을 중심으로 하는 새로운 군사체제의 성립이기도 했지만 사회경제적 발전을 가속화시킨 배경이었다.

2) 4도 유수부 체제의 성립

조선전기 유수부가 고려시대 도읍의 통제와 명나라 사신의 접대라는 정치적 측면이 중요시된 것에 반해, 조선후기 유수부는 도성의 방어라는 군사적 측면이 새롭게 부각되었다. 무엇보다 전쟁의 영향이 도성 방어에 집중하게 했다. 조선의 국왕과 지배층에게 조선-일본 전쟁과 조선-청 전쟁은 조선왕조 군사력의 실상을 대내외에 밝힌 뼈아픈 체험이었다. 특히 양차의 조선-청 전쟁으로 국왕 인조가 오랑캐라고 하던 청나라에 굴욕적인 항복 의식을 한 것은 중화주의를 외치던 지배층에게 무엇보다 큰 정신적 타격이었다. 이런 전란의 경험으로 제기된 것이 군제의 개편이었으며, 군제의 개편과 함께 노력한 것이 도성방어체제의 정비였고 그 방안의 하나가 유수부 강

287 장필기, 앞의 논문, 1998, 164쪽.

288 김선희, 「화성유수 조심태 연구-수원 이읍과 화성 건설에서의 역할을 중심으로」『조선시대사학보』 50, 2009, 159쪽.

화였다.

도성방어체제의 정비는 외부세력의 침입이라는 외적 요인도 있었지만 내부적인 요인도 있었다. 18세기에 도성의 거주 인구가 증가하고 한강을 중심으로 한 유통경제의 발달 등으로 도성이 대도시로 변모하자 번화한 도시와 백성을 보호할 필요성이 높아졌다. 이런 분위기에서 1704년(숙종 30)을 전후하여 도성수축론이 강화되었으며, 1728년(영조 4) 이인좌李麟佐의 난을 계기로 도성방어체제의 재정비가 새롭게 부각된다.[289] 영조대의 도성방어체제는 1746년(영조 22) 「수성절목」에 따라 호조와 선혜청 및 여러 군문들의 창고를 도성 안으로 옮기는 것과 함께 완성되었다.[290]

그렇지만 도성을 중심으로 한 방어체제는 도성만으로 감당하기에는 지형적으로 문제가 많았다. 무엇보다 한양은 한반도의 어떤 도회지보다 넓고 인구가 많아서 성곽을 유지하거나 방어군을 동원하는데 한계를 보일 수밖에 없었다. 도성 방어의 문제점은 조선-일본 전쟁시 파견 온 명나라 장수 마귀麻貴와 양호楊鎬도 동일하게 지적한 사안으로 외국인의 시각으로 보아도 문제가 있었다.[291]

도성 방어의 지형적인 문제는 시대가 지나도 언급되었는데, 도성방어가 삼군문체제로 정립되던 영조대에도 지속되었다. 당시 지적된 도성방어의 지형상 문제는, 첫째, 도성의 둘레가 넓어 군령軍令을 두루 통용시키기 어려우며, 사람과 가축은 많은데 저장된 식량이 적어서 양식과 땔감, 꼴을 충분히 공급하지 못하는 것, 둘째는 안현鞍峴·팔각현八角峴·만리현萬里峴·우수현雨水峴 등의 도성 외곽 지역에서 도성을 조이는 것과, 동교東郊 외곽으로는 평탄하여 막혀 있는 장애물이 없어서 적이 쉽게 침입할 지형이라는 것이 도성방어체제의 약점이었다.[292]

이런 도성방어체제의 약점을 보완하고 강화하기 위한 방책의 하나가 도성 외곽의 요해처에서 방어하는 유수부체제라고 볼 수 있다. 유수부 중에서 군사적 기능을 강화하여 도성을 방어하는 곳은 강화도와 남한산성이 위치한 광주, 그리고 화성 행궁이

---

289 서태원, 「조선후기 광주의 군사지휘체제의 변천」『실학사상연구』 29, 2006, 80~81쪽.
290 『영조실록』 권64, 영조 22년 12월 정묘.
291 『숙종실록』 권38, 숙종 29년 1월 병인.
292 『영조실록』 권62, 영조 21년 7월 갑신.

남한산성(경기 광주) 행궁 행전

있는 수원이었다. 강화도와 남한산성은 인조대 청과의 전쟁에 대비하여 방비를 강화하던 곳으로 인조 이후에도 지속적으로 도성의 피난처내지 방어처로 주목을 받았다.

그 중 남한산성은 유사시 국왕의 피신처 및 도성의 외곽을 방어하는 기능을 담당하였다. 1626년(인조 4) 후금과의 전쟁을 목전에 두고 광주목사가 남한산성 방어사를 겸임하고 광주의 읍치가 산성 안으로 이동하면서 방어처로서의 중요성이 부각되었다. 수원은 정조가 사도세자의 묘소인 현륭원을 조성하는 것과 동시에 화성 행궁을 건설하고 친위세력인 장용영 군병을 양성하던 정치적 목적이 투영된 곳이다.

유수부가 도성방어체제의 전면으로 등장하게 되는 것은 정조대 군영의 개편 과정이었다. 정조는 강화유수부 운영에 변화를 꾀하는 한편, 수원과 광주를 새롭게 유수부로 만들면서 도성을 중심으로 4개의 유수부체제를 완성하려고 했다. 정조가 유수부를 강화하거나 증설한 정책은 군영의 인력과 재원을 유수부로 집중하거나 분산하는 형태로 군영을 개편하려는 의도에서였다.

인조대 이후 증설된 군영은 정치적 집단에 의해 영향을 받기 쉬워서 군권의 분산은 물론 국왕의 통제권에서 벗어나는 구조적인 문제점을 가지고 있었기 때문이다. 국왕이 군권을 완벽하게 통제하지 못한다는 것은 정치적 환란이 많았던 숙종대의 군영대장 임명을 보아도 잘 알 수 있다. 인조 이후로 난립한 군영의 군권은 유력 무반가문들

화성 행궁 화령전(경기 수원)
정조 사후 정조의 어진을 모시기 위해 만든 건물이다.

이 정치세력과 직접 혹은 간접적인 관계를 가지고 있었다.

그렇기 때문에 영조가 숙종과 경종대 정쟁의 후유증을 치유하기 위한 방안으로 탕평책을 펼치게 되었으며, 그런 정책의 연장선에서 정조는 정파들이 장악하였던 군권을 정비하고자 했던 것이다. 더욱이 정파들이 장악한 군영이 제대로 운영되었으면 큰 문제가 없었겠으나 오히려 시간이 흐를수록 군병이 양성되기보다는 재정을 낭비하는 부작용을 야기하였다.

예컨대 정조 초기까지도 수어청과 총융청은 실제 군시기 없이 군문의 명칭만 있는 것이므로, 합쳐서 하나로 만드는 방도가 제안되었다. 당시 수어청과 총융청에는 번상하는 군사가 없었고 본청에도 표하標下 군사가 없으면서, 대장만이 도성 안에 있는 형세였다. 그리고 무엇보다 군권의 통제가 관건이었다. 군영의 대장에서 장병에 이르기까지 가병家兵처럼 되어버려 왕권을 제약할 수 있다는 점이 국왕들의 우려였다.[293] 이런 상황에서 정조는 유수부의 신설과 정비라는 명목으로 군영의 통합과 조정이라는

293 『정조실록』, 권5, 정조 2년 윤6월 임오.

융릉(경기 화성) 사도세자의 릉이다.

개편을 감행할 수 있었다.

나아가 정조의 군영제 개혁 구상은 군제만이 아니라 유수부의 구조를 바꾸는 일이었다는 점에서도 중요한 의미가 있다. 정조가 제시한 방안에서 강화유수부의 사례를 보면, 통어영統禦營을 강화도로 옮겨서 진무영鎭撫營에 합치는 것, 그리고 수어청과 총융청을 통합하여 경기병마영으로 만드는 것이 있었다. 통어영의 강화도 이전은 강화유수부가 수행하는 군사적, 사회경제적인 역할을 늘리기 위한 조치였다. 정조대 이전인 숙종대에도 통어영의 이전이 제기되기도 하였다. 통어영을 강화유수부로 이전한다는 것은 강화유수가 진무사와 통어사를 겸하게 하여 육군과 수군의 지휘권을 모두 가지게 하는 것이다.[294]

그런데 강화유수부를 보강하는 방안은 서해상으로의 위협이 더 이상 없는 상황과 함께 강화도 선착장의 수심이 조수 간만의 차로 인해 낮아질 때는 주변 수로를 관장하기에 역부족인 문제점들이 나타나서 다른 대안을 찾게 된다.[295] 결국 정조는 강화유

294 배우성, 앞의 논문, 2004, 246~247쪽.
『승정원일기』 1437책, 정조 3년 3월 8일 임진.

295 『정조실록』 권7, 정조 3년 3월 임진.

수부의 기능 확대를 포기하는 것과 함께 삼군문과 도성수비체제로부터 벗어날 수 있는 다른 대안들을 모색하였다. 군영의 재정 기반을 축소시키고 그것을 바탕으로 장용영壯勇營을 설립한 것, 수원을 재건하여 유수부로 승격시킨 것, 광주를 유수부화 한 것 등이 그것이다. 장용영의 설치는 수원에 화성 행궁을 건설하고 유수부화한 것의 일환이기 때문에 결국 정조의 새로운 군영 개편 정책은 수원과 광주의 유수부화였던 것이다.

특히, 화성의 건설은 장용영의 창설에서부터 예정된 일이라고도 볼 수 있다. 1788년(정조 12) 장용위壯勇衛를 확대하여 도성 내 어영청의 맞은편인 연화방蓮花坊 이현梨峴에 장용영 내영을 설치한 것이 화성에 유수부를 설치하는 첫 단계였다고도 볼 수 있다. 정조는 보위에 오르기 이전부터 즉위 초에 이르기까지 자신의 안위를 걱정할 만큼 암살과 정쟁의 표적으로 국왕의 안위를 심각하게 위협받았다.[296] 이에 정조는 자신의 안위는 물론 안정적인 정국의 운영을 위해서도 새로운 돌파구가 필요했으며, 그 방안의 하나로 유수부체제를 수원에 안착시킨 것이다.

정조의 고심은 수원에 유수부를 설치하면서 다른 유수부와는 차별적인 대우와 지위를 부여한 것에서도 확인된다. 1793년(정조 17) 수원이 화성으로 개칭되고 유수부로 승격된 이후 화성유수에게는 지방관이지만 당상관 자격으로 어전회의에 참석할 수 있는 자격이 부여되었다. 개성유수부와 강화유수부가 종2품이었던 것에 비해 화성유수부는 한성부와 같이 정2품의 관품이었기 때문이다.[297]

이렇게 조선후기 유수부 체제는 정조대에 이르러 전환점을 맞이하였으며, 개성, 강화, 광주, 수원으로 연결되는 도성 주변의 4개 유수부체제로 정착되었다. 4개 유수부 중에서도 수원은 정조의 생부 장조(사도세자)의 능침인 융릉(현륭원)과 함께 화성이 건설되었으며, 도성의 궁성을 제외하면 가장 장대한 행궁이 마련된 곳이었다. 또한 화성에는 장용영 외영이 설치되어 다른 유수부보다 월등한 군사력을 보유한 곳으로 정조대 유수부체제의 핵심이라고 할 수 있다.

---

296 김준혁, 「정조대 壯勇衛 설치의 정치적 추이」 『사학연구』 78, 2005, 152~165쪽.
297 『승정원일기』 1752책, 정조 19년 9월 23일 신미.

2. 장용영의 창설과 화성축조

1) 정국의 동향과 장용영의 창설

(1) 정조의 등극과 친위체제 정비

정조 군영개혁의 시발은 자신의 친위부대를 양성하는 것이었다. 정조는 생부 사도세자의 죽음을 시작으로 어린 시절부터 조정의 정치 원리를 몸으로 배우고 성장한 인물이다. 훈련도감을 시작으로 난립하였던 중앙 군영들이 국왕의 통제보다 척신들의 정치적 영향력으로부터 자유로울 수 없는 구조적인 문제를 안고 있었기에 군권을 장악하지 않고는 당파를 통제할 수 없었다.[298]

1776년(정조 즉위년) 3월 10일(양 4월 27일), 정조는 경희궁의 숭정문에서 즉위하면서 대신들에게 자신이 임오화변壬午禍變으로 죽임을 당한 사도세자의 아들임을 천명하여 정치적 반대세력과 긴장관계를 예고하였다. 이런 이유에선지 정조의 적대세력은 영조의 3년 상이 끝나기도 전에 암살을 기도하였다. 1777년 7월 경희궁 존현각尊賢閣에 자객이 침입하였으며, 8월에는 창덕궁에 동일범이 침입하다 체포되는 변란이 발생하였다.[299]

정조는 암살사건을 처리하면서 궁궐의 경비와 신변의 안전을 위해 창덕궁 건양문建陽門 동쪽에 숙위소宿衛所를 설치하였으며,[300] 궁궐의 수문守門을 직접 통제하기 위해

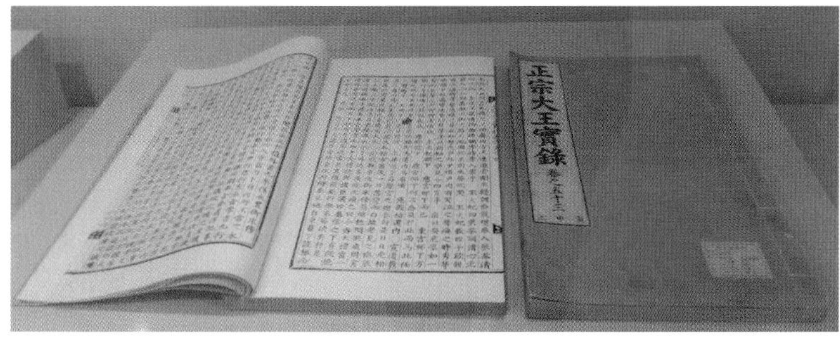

정조대왕실록

298 이태진, 『조선후기의 정치와 군영제 변천』, 한국연구원, 1985.
299 『정조실록』 권4, 정조 1년 7월 신묘 ; 『정조실록』 권4, 정조 1년 8월 갑진.
300 『정조실록』 권1, 정조 1년 11월 정축.

감문절목監門節目을 만들었다.[301] 그리고 홍국영洪國榮을 숙위대장에 임명하고 측근 세력에게 군권을 집중시키는 친위세력 양성에 전력했다. 그런데 정조가 왕권 강화를 위한 일환으로 군사력을 장악해가던 와중에 발생한 홍국영의 실각과 그의 종제인 홍복영洪福榮이 일으킨 역모사건은 친위부대의 창설을 정조가 직접 운영하게 되는 계기를 만들었다.[302]

정조의 심복으로 숙위대장이었던 홍국영은 시간이 지날수록 권력을 장악하려 했으며 자신의 집안을 벌열閥閱로 성장시키고자 했다. 정조는 왕권에 제약을 준다고 생각한 홍국영의 세력이 성장하지 못하도록 그를 실각시키는 것과 동시에 숙위소의 병력을 원래의 소속으로 환원시켜 불만세력화 되지 않도록 했다.[303]

이런 정조의 의구심이 증명된 것이 홍국영의 종제였던 홍복영의 역모사건이다. 홍복영은 산림세력과 연계하여 정조를 시해하려고 했다. 정조는 홍복영과 추종세력을 창덕궁에서 직접 심문하고 대부분 사형을 언도하였다.[304] 정조 집권 초기의 위기감은 홍국영 세력의 몰락 이후에도 군영대장인 구선복具善復의 반역에서도 지속되었다. 구선복은 임오화변에도 관여한 인물로 정조 집권초기부터 반정을 노렸던 인물이었다.[305]

정조는 이런 집권초기의 불안한 정국에서 암살위기와 역모를 처리하면서 자신만의 친위세력을 양성하고자 했다. 자신의 안위를 위해 등극 이전부터 존재한 홍국영과 같은 추종세력은 등극 이후에 오히려 정치적인 부담세력으로 탈바꿈되었다. 인지상정이라는 인간적인 고뇌에서 제왕의 권력을 장악하기 위해서는 주종의 군신관계로 이루어진 친위세력이 절실하게 된 것이다.

정조가 친위세력을 양성한 배경에는 국왕을 근접해서 호위하는 금군의 질적 저하도 문제가 되었다. 정조의 집권 초기 금군의 질은 훈련도감의 마병과 금위영의 기사騎士만도 못할 정도였다. 금군은 근기近畿에 거주하면서 생계를 위해 쌀 몇 말을 받기

301 이왕무, 『조선후기 국왕의 능행 연구』, 한국학중앙연구원 한국학대학원 박사논문, 2008, 190~194쪽.

302 차문섭, 『조선시대 군사관계 연구』, 단국대출판부, 1996, 81쪽.

303 『정조실록』 권11, 정조 5년 1월 계묘.

304 『정조실록』 권19, 정조 9년 3월 병자.

305 『정조실록』 권22, 정조 10년 12월 무신.

위해 투탁한 자들이 많이 소속된 조잡한 군용이었다.[306]

정조가 양성하고자 한 친위부대의 세력은 무예출신武藝出身이 기저가 되었다. 무예출신은 창경궁의 명정전 남쪽 회랑에 입직하고 있었다. 이들은 훈련도감의 별기군에서 선발한 무예별감 가운데 무과에 합격한 자들로 정예병이었다.[307] 정조는 이들을 이용하여 장용위壯勇衛[308]를 설치하였다. 정조가 무예출신을 장용위로 전환한 것은 선대의 사례를 이용한 것이다. 정조는 인조대 훈련도감 출신으로 청廳을 설치한 것과 숙종대 무예별감 출신을 국출신청局出身廳에 전속한 것, 그리고 영조대 금위영 출신으로서 별기위를 설치한 고사를 근거로 하였다.[309]

1788년(정조 12) 장용위는 장용영으로 확대 개편되었다. 장용영은 국초의 군제와 중국의 군제에서 5위의 한 위衛를 모방해 설치한 것이다. 하부 군사조직도 대부분 새

창경궁 명정전(서울 종로)

306 『정조실록』 권4, 정조 1년 7월 무자.
307 『정조실록』 권37, 정조 17년 1월 병오.
308 親軍衛, 武勇衛, 壯勇衛의 세 개에서 선택한 이름이다(『壯勇營故事』 권1, 을사 7월 2일). 장용(壯勇)은 '壯軍容鼓勇敢'의 의미를 지니고 있다(『壯勇廳節目抄』(장서각 K2-3371), 「節目」).
309 『정조실록』 권20, 정조 9년 7월 기유.

롭게 창출한 것이 아니라 기존의 군제를 참조하였다. 3부部를 설치하지 않고 5사司를 설치한 것은 명나라 남방의 군제에서, 군병을 취재하거나 출신으로 한 것은 내금위의 국출신局出身을 뽑는 것에서, 선기대善騎隊에서 기마에 재간이 있거나 기예를 가진 자를 뽑은 것은 마대馬隊에서, 승호군陞戶軍을 뽑아 올리게 한 것 등은 훈련도감에서 그 선례를 찾았다. 또한 장수를 두고서 관직은 사使로 부르고 문서에는 대장이라 한 것은 어영청에서, 내사內使와 외사外使를 둔 것은 용대장龍大將과 호대장虎大將에서, 중군中軍을 두지 않고 별장別將을 두어 조련할 때의 호령을 승접承接한 것은 세조대의 좌상左廂 ·우상右廂과 숙종대의 정초청精抄廳 제도에서, 천총千摠을 두지 않은 것은 명나라 남방 군대의 제도 등에서 참고 한 것이다.[310]

장용영의 군병도 기존 군영의 병력을 흡수하면서 성장하였다. 『장용영신정향군절목壯勇營新定鄕軍節目』을 보면 수어청 15초哨의 둔아병屯牙兵에서 매 초마다 25명을 줄여 장용영의 좌·우·후초로 만들었다.[311] 이는 장용영이 새로운 군영으로 창설된 것이 아니라 기존 5군영 군병의 일부를 이속시키는 것이므로 자연히 5군영의 군사력를 약화시키는 결과도 가져왔다. 더욱이 장용영으로 이속된 군병은 5군영의 정예군으로 기존 군문체제가 약화되면서 장용영의 군력軍力이 강화되었다.[312] 이런 현상은 화성에 현륭원을 조성하면서 건치建置한 장용외영壯勇外營의 경우에도 동일하게 이루어졌다.[313]

이와 같이 정조는 선대의 군제 운영에서 장점만을 선택해서 장용영을 설립하였다. 더욱이 5군영에 산재된 군제들을 하나로 통합하는 군영의 설치는 국왕만이 할 수 있었다. 따라서 5군영이 군신들 간의 이해관계에 따라 설치된 연혁과 달리 장용영은 국왕의 전폭적인 지지하에서 운영되었다. 예컨대 정조는 인경업의 충정을 장용영의 장졸에게 분명하게 알려주어 왕조에 대한 충성심을 고양하게 하였다.[314] 또한 장용영의

---

310 『정조실록』 권37, 정조 17년 1월 병오 ; 『壯勇營大節目』(장서각 K2-3369) 권1, 「差除」.

311 『정조실록』 권26, 정조 12년 7월 기묘.

312 『정조실록』 권25, 정조 12년 1월 을유 ; 『정조실록』 권30, 정조 14년 7월 갑진.장필기, 「정조대의 화성건설과 수도방위체제의 개편」 『조선후기의 수도방위체제』, 서울학연구소, 1998, 166~170쪽.

313 『장용영대절목』 권3, 制置.

314 『정조실록』 권27, 정조 13년 5월 임오.

위상은 훈련도감보다 상위의 군영으로 자리 잡았으며,[315] 국왕이 『병학지남兵學指南』을 장용영의 지방 무사가 있는 고을에까지 내려 보내 공부를 장려하도록 하는 등의 특별한 관심을 보여주어 사기를 높였다.[316]

물론 정조의 장용영에 대한 전폭적인 신뢰는 신료들의 반대를 받기도 했다. 신료들은 국가의 경비를 낭비하는 군문을 통합한다면서 금위禁衛를 병조에 소속시키고 수어청과 총융청을 혁파하여 경군京軍에 소속시키는 것은 어쩔 수 없으나 장용위를 설치하는 것은 새로운 경비의 지출이며, 궁내에는 금군과 무예청이 있고 밖으로는 5영의 장졸이 있어서 방비가 매우 견고한데도 장용위를 설치하는 것은 모순이라고 하였다.[317]

이러한 반대를 불식시키기 위해서인지는 몰라도 정조는 장용영의 재정 운영을 기존의 군영과는 달리 하였다. 정조는 내탕전內帑錢을 내놓아 여러 도에 곡식을 사들여 두게 하고, 내사內司의 전장 토지로 조세를 비싸게 받던 것을 폐지시켜서 그들의 요역을 가볍게 해주어 양서에 둔전을 설치하였으며, 심지어는 진상품이 첨가된 것과 상격賞格이 남용되는 것과 액정서掖庭署 하예下隷의 남아도는 인원과 군제에 어긋난 것들과 선혜청에 저장된 갑주가미甲冑價米와 호조에서 가져다가 내사에서 급대給代하던 것 등을 장용영에 주도록 하였다.[318] 즉 장용영의 재정은 내탕고에서 충당했다고 해도 과언이 아니었다.[319]

(2) 장용영의 내외영 군제

1788년(정조 12) 장용영이 창설된 이후 1793년(정조 17) 1월에는 장용영의 내영과 외영의 운영 규정이 완성되었다. 수원이 1793년 화성유수부로 승격되고 현륭원과 행

---

315 『일성록』 정조 12년 8월 17일, "本營事體, 重於訓局."
『일성록』 정조 20년 2월 11일, "今玆本營設施, 在於訓局之上"(송찬섭, 「정조대 장용영곡의 설치와 운영」 『한국문화』 24, 243쪽 재인용).

316 『정조실록』 권32, 정조 15년 5월 갑신.

317 『정조실록』 권25, 정조 12년 1월 병술.

318 『정조실록』 권37, 정조 17년 1월 병오 ; 『승정원일기』 1789책, 정조 22년 3월 18일 임오.

319 『정조실록』 권26, 정조 12년 8월 기유.

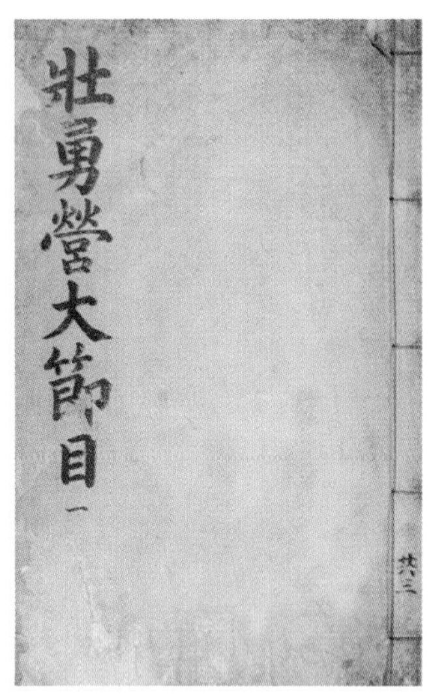

「장용영대절목」(한국학중앙연구원)

궁이 자리를 잡게 되면서 장용영의 외영이 수원에 주둔하였다. 화성이 설치되면서 장용영이 도성안의 내영과 외영의 2개 군영체제로 운영되게 되었으며, 그에 따라 군영의 운영 규정인 절목이 1793년 만들어지게 된 것이다.

장용영 내영과 외영의 절목을 보면 다음과 같다.

〈장용영 내영 절목〉

○ 본영의 설치는 이미 여러 해가 지났지만 제도가 확립되지 않고 호칭들도 정해지지 못하였다. 지금 내·외영을 함께 두고 규모를 크게 마련하는 때를 당해서는 당연히 호칭을 바로잡는 일이 있어야 할 것이다.

○ 병방兵房에 대한 일은 당연히 다른 영문의 규례에 따라 대장이라 호칭해야 할 것이나 본영의 사체가 지극히 엄중하니, 어영사御營使의 옛 제도를 본떠 병방을 장용내사壯勇內使라 하고 크고 작은 문서들에서의 호칭도 역시 어영사를 어영대장이라 호칭하는 규례를 본떠 대장이라 호칭해야 할 것이다. 이미 내·외영을 두었으니 내사內使는 그대로 군색제조軍色提調를 겸임하되 비국 당상이 역시 예겸하도록 한다.

○ 향색제조餉色提調 1원은 시임 호조나 선혜청의 당상을 이조가 의망擬望해서 낙점을 받는 것으로 하되, 만일 세 사람을 의망에 갖추지 못할 경우에는 이전에 지낸 사람을 계청啓請하여 통의通擬하도록 한다.

○ 본영의 대장은 일찍이 장신將臣 이상을 지낸 사람으로 제수한다.

○ 각 영의 장신들이 명소패命召牌를 차거나 혹은 밀부密符를 차기도 하나, 군중에서의 호부虎符는 곧 국초부터 시작된 것이다. 그렇다면 본영의 일은 전보다 더욱 특별한 만큼 부신符信 등의 절차도 의당 옛날 제도를 써야 할 것이니, 본영사本營使가 차는 것은 호부를 쓰도록 한다.

○ 군향색軍餉色의 낭청郞廳은 다른 군문軍門의 예에 따라 종사관이라 호칭하고, 음관으로 일찍이 군수를 역임한 문벌과 이력이 있는 사람을 본영에서 품지하여 삼망을

갖추어 제수한다. 그리고 직인職印 하나를 장용영종사관인壯勇營從事官印이라고 새겨서 사용한다.

○ 각 영에 중군中軍을 둔 것은 조련할 때에 호령을 승접하는 직무를 행하는 데에 불과할 뿐이므로, 그것을 두고 안 두는 것이 그렇게 긴밀할 것이 없다. 또 세조 때에 후원에서 습진과 조련을 할 적에도 윤사로尹師路와 양성지梁誠之가 좌상左廂과 우상右廂의 대장이 되어 이를 거행하면서 중군을 설치한 일이 없었다. 그리고 용대장龍大將과 호대장虎大將을 창설할 때에도 그들이 열무정閱武亭 조련에 참여한 때문에 역시 중군은 두지 않고 대장이 직접 호령을 받아 거행하였다. 그리고 정초청精抄廳을 설치하였을 때에도 대장 아래 별장만을 두어 금위영에 합속시키고 금군의 좌우 별장으로 하여금 번갈아가며 깃발을 흔들고 북소리를 울리며 호령을 주고받게 했었다. 본영의 군제가 대부분 국초의 제도에서 본뜬 것이고 보면 중군을 별도로 둘 필요가 없으니 본영에는 중군을 두지 않는다.

○ 별장 1원은 일찍이 포도대장이나 훈련도감의 중군이나 금군의 별장을 지낸 사람 중에서 차출한다.

○ 군제는 각기 근거한 바가 있으니, 3부部 6사司의 제도가 있고 5영 3사司의 제도가 있다. 3부는 바로 북방의 군제이고 5사는 곧 남방의 군제이다. 부部에는 천총千摠이 있고 영營에는 영장이 있는데, 본영은 5사를 두어 척계광의 남방 군제를 본떴으니 천총은 두지 않는다.

○ 기왕 천총을 두지 않은 바에는 본영의 파총把摠이 바로 다른 군문의 천총이니 이력履歷에 있어서도 당연히 이에 준해야 할 것이다. 파총은 가선대부인 병사兵使 이하로 일찍이 방어사를 지낸 사람에 이르기까지 융통해서 차출하되, 일찍이 변경을 다스린 경력이 있는 사람으로 특별 전교에 의해 제수된 자는 이 규정에 구애받지 않고 방어사의 이력을 가지고 바로 곤임閫任에 의망하는 규례를 적용한다.

○ 선기장善騎將은 일찍이 변경이나 중앙과 지방의 장수를 지낸 사람으로 차출한다.

○ 초관은 당하 정3품 이하 관원의 천거가 있는 출신인出身人으로 차출한다.

○ 본영에 방위하는 친위병으로 이미 마군馬軍과 보군을 두었으나 보군은 단지 3초뿐이라서 1사司의 제도에 차지 않으니, 2초를 더 두어 1사 5초의 제도에 맞게 한다.

그리고 어가御駕가 지나게 되는 지방 고을에서나 섣달 공물 마련을 위해 사냥을 하는 곳에서는 향군 20초를 나누어 배치해서 4사를 만들어 5사의 제도를 갖춘다.

○ 난후창검군攔後槍劍軍은 이미 본영에서 대령하게 되어 있으되, 60명이나 혹 30명을 임시로 해서 품지를 받아 거행토록 한다. 그리고 임시로 금위영의 아병牙兵 중에서 70명 정도와 어영청의 겸내취兼內吹 30명까지 도합 100명을 본영에 이속시키고, 요포料布와 수요 물자들도 인원수에 따라 모아서 이속시킨다.

○ 가초군병加抄軍兵의 수용에 드는 비용은 불가불 구분지어 조처해야 할 것이니, 부족한 수효로 돈 8천 냥, 무명 80동同, 쌀 4천 석을 좋을 대로 힘써 마련하여 그들 비용의 뒷받침으로 삼아야 할 것이다. 그리고 각처의 향군을 각기 그 지방에서 해결하는 것으로 처음 정한 규정에 따라 거행한다.

○ 배봉진拜峰鎭을 설치한 데에는 그 의의가 가볍지 않다. 일찍이 선왕의 능[현릉원]을 모셨던 곳이니, 각 영의 참군參軍에게 맡겨 소홀하게 하는 폐단을 초래해서는 안 될 것이다. 그래서 특별하게 진둔鎭屯을 설치하여 그곳을 금지하고 보호하는 일을 전적으로 관장하게 한 것이니, 해당 진의 별장은 본영이 스스로 임명하되, 전직의 직함이나 또는 이미 출신한 자이거나 아니거나를 막론하고 부천副薦과 말천末薦으로 추천된 사람으로 각별히 가려 임명한다.

○ 노량진은 매년 현릉원에 행행할 때에 거가가 들러서 주필駐蹕하는 곳이고 보면 사체가 다른 곳과는 특별하다. 그러므로 해당 진의 별장은 본영이 스스로 임명하는 자리로 바꾸고, 별아병別牙兵 1초는 부근의 백성들 중에서 뽑아 통솔하되, 배봉진의 아병 2초와 합해서 3초의 제도로 만든다. 그리고 배봉진 별장의 깃발은 별후사파총別後司把摠이라 호칭하고, 노량 별장의 깃발은 별아병장別牙兵將이라고 호칭한다.

〈장용영 외영 절목〉

○ 수원부에 현륭원을 모신 뒤로 보호하는 절차를 한껏 다하고 있으나, 3품 고을 수령에게 맡기고 있는 것은 체모를 높이는 뜻이 아니다. 또 군사 일로 본다면 본영의 내영과 외영이 함께 설치되었고, 직무로 본다면 행궁의 정리 책임이 주어져 있으니, 이점이 국왕의 마음속에서 영단을 내려 특별히 유수로 승격시킨 연유라 할 것이다.

관을 임명하는 일에 있어서는 이미 결정한 데에 따라 양도兩都에 비겨 한 등급을 높여서 문신인 경우는 정2품 이상으로 한정하여 묘당이 의망해 추천하고, 대신무장大臣武將의 경우는 특지에 따른다. 그러므로 수원부 유수로서 장용외사壯勇外使와 행궁정리사行宮整理使의 호칭을 겸한다.

○ 외영의 군제를 금방 바로 잡았으니, 조련에 참가하는 군사는 별효사別驍士 2초, 마병 4초, 속오군 26초, 각종의 표하군 547명, 치중군輜重軍 200명인데, 이것은 이미 훈련도감의 군제를 본뜬 것이므로 더 이상 가감할 필요가 없이 그대로 둔다. 그리고 근래에 조련이 오랫동안 중지되어 군정이 허술해졌다. 그러므로 지금 크게 경장更張하는 때를 당하여 병든 마필馬匹과 지쳐 있는 군사들을 특별히 찾아내어 기어코 진작시켜서 일신되도록 해야 한다. 조련은 본부가 전적으로 관장하여 거행하되, 가을이 된 뒤에 다른 군문의 예에 따라서 품지하여 조련을 행한다. 그리고 양인의 봉족이 낸 2천 석은 그대로 외영에 소속시켜 받아 유치한다.

○ 본부는 삼남의 요충으로 현륭원을 이미 이곳에 모셨고 또 행궁을 두었으니, 그 체모를 높이고 요새지를 중히 하는 도리가 전보다 특별해야 할 것이다. 성을 축조해야 한다는 의논은 예전부터 있어 왔는데, 더구나 유수부로 승격된 뒤이고 보면 더욱 당연히 바로 시설해야 할 것이다. 성을 축조할 물력을 먼저 구획해야만 일을 시작할 수 있을 것이니, 본부와 안산창安山倉에 소재한 환곡과 군량 등 각종 곡물들을 모두 축성곡築城穀으로 명목을 지어서 매년 그 모조耗條를 거두어 들여 차차로 경영해나갈 뒷받침으로 삼을 것이다.

○ 본부에 아직은 성을 축조하지는 못하나 앞으로 경영하는 것이 이미 순서가 정해진 일이고 보면 성정군城丁軍을 불가불 마련해야 할 것이다. 전에 총융청의 소관으로 집에 머무는 군관 150인, 본부의 소관인 방어사영의 번을 면제받은 군관 290인, 토포사의 소속으로 번을 면제받은 군관 459인을 수첩군관守堞軍官으로 호칭을 바꾸고, 본부의 군수별무사軍需別武士 2,002명에서 마사馬士 204명을 감하고 유방군留防軍 702명을 성정군이라고 한 이후에 성을 수비하는 제도를 이루도록 한다.

○ 독성산성禿城山城은 이미 요새로서의 중요한 지역이자 또 군량을 쌓아둔 곳이니, 방어하는 도리를 소홀하게 할 수 없다. 전에 총융청의 소관이었던 장초壯抄 2초, 아병

1초, 둔장초屯壯抄 68명, 군수보軍需保 125명을, 본성의 소관 아래 모집해 들인 군관 30인, 수첩군관 130인, 아병 2초, 봉족군 400명, 별무사 1,523명과 합해서 성을 수비한다는 명목으로 본성에 전속시키고, 그 중 장초 2초, 아병 1초, 둔장초 68명, 군수보 125명은 본래 쌀을 납부하는 군인들이었으니, 그 납부한 쌀은 외영에서 받아 유치한다.[320]

위의 절목에서 주목할 부분은 장용영 군제의 근간이 명나라 척계광戚繼光의 절강병법浙江兵法을 차용하고 있는 것이다. 장용영 군제는 척계광의 5사 1영제를 도입하였다. 따라서 장용영은 척계광이 왜구를 퇴치하기 위해 창안한 병법을 수용했음을 알 수 있다. 즉 기마전보다는 조총을 위주로 하는 보병전을 염두에 둔 병법이었다. 그리고 군제의 세부적인 사안과 군병의 확보는 기존 군영의 전례와 물력에 근거하고 있다는 점이 도처에 보이고 있다. 예컨대 장용영의 장신인 장용내사壯勇內使를 어영청의 어영사御營使 제도에서 차용한 것과 난후창검군攔後槍劍軍을 금위영의 아병 중에서 70명과 어영청의 겸내취 30명으로 마련한 것 등이다.

척계광 초상

지휘관의 선발에 있어서는 군사적 경험이 풍부한 자들로 임명하고 있다. 파총은 변경을 다스린 경력이 있는 사람으로 한다거나, 선기장은 변경이나 중앙과 지방의 장수를 지낸 사람으로 차출하는 것에서 알 수 있다. 그리고 배봉진과 노량진은 현륭원과의 관계로 인해 운영되었음을 알 수 있다. 배봉진은 현륭원에 천봉되기 전에 사도세자의 묘소가 있던 곳이며, 노량진은 화성의 현륭원에 행행할 때에 한강을 도하하면 반드시 거가가

320 『정조실록』 권37, 정조 17년 1월 기미.

주필하는 곳이었다.

이외에 장용영에는 중군을 두지 않고 있는 점이 특이하다. 다른 군영의 중군이 조련에서 호령을 전하는 일뿐이라며 조선전기 세조대에 궁궐의 후원에서 습진과 조련을 할 적에 중군을 설치한 일이 없었다는 것을 근거로 삼고 있다. 이는 정조가 장용영의 제도를 조선 초기의 5위제도를 전범으로 삼고 있었음을 보여주는 내용이기도 하다. 군제란 물질문명의 진보와 인구의 증감에 따른 시대적 변화에 발맞추는 것이 일반적이다. 그럼에도 정조는 조선전기의 5위제도를 장용영 군제에 적용하고 있는 것은 흥미로운 점이다.

따라서 장용영의 군제는 조선전기의 여러 사례와 중국의 병법에 이르기까지 군영 운영에 적합한 제도는 시대에 구애 없이 차용하고 있으며, 기존 군영의 인력과 물력에 의지하여 재원의 상당부분을 새로 신설하지 않았음을 알 수 있다. 또한 현륭원, 즉 사도세자와 인연이 있는 지역이 장용영과 밀접하게 연결되고 있는 것을 통해서, 장용영은 정조가 왕권 강화의 한 방안으로 창안한 군영이면서도 생부의 신원伸冤을 대외적으로 공공연하게 인지시키는 이중적인 역할을 하던 곳임을 보여주고 있다.

(3) 장용영 내영의 연혁과 창설

1787년(정조 11) 한양의 종묘와 흥인문 사이의 창경궁으로 진입하는 어귀인 연화방蓮花坊 이현梨峴에 자리하던 별궁別宮이 장용영 내영인 본영의 군영이 되었다.[321] 이 별궁은 광해군이 보위에 오르기 전 동궁으로 있으면서 처소로 삼던 잠저로 이현궁이라고 불렸으며, 그 이후에 이 지역은 이현궁지라고 하였다. 이현궁은 광해군대에 세자의 가례를 거행하면서 세자빈 간택 이후 별궁으로 사용하였다.[322] 이현궁이라고 한 것은 궁이 위치하던 지역에 이현[배오개]이 있어서 궁의 이름으로 정한 것이다. 인조반정 이후에는 인조가 생모인 연주부부인連珠府夫人(원종의 비 인헌왕후)을 이현궁으로 이거시키면서 계운궁啓運宮이라고 명칭을 바꾸어 사용하였다.[323]

---

321 이유원, 『林下筆記』 권13, 「文獻指掌編」, 各司.

322 『광해군일기』 권36, 광해군 2년 12월 기해. 본고에서 언급하는 날짜는 모두 음력을 기준으로 하였다.

능원대군 이보 신도비(경기 남양주)

광해군대에 영건된 이현궁(계운궁)은 인조 이후에도 시대에 따라 그 주인과 기능이 변화되었다. 조선-청 전쟁 이후에는 인조의 동생인 능원대군綾原大君 이보李俌가 거처했으며, 인조는 피우避寓하는 행궁으로 사용하였다. 효종은 봉림대군 시절인 1631년(인조 9) 인선왕후仁宣王后와 가례를 거행하는 별궁으로 이용하였다. 숙종대는 소현세자빈의 신주를 보관했다가 영조의 생모인 숙빈 최씨의 거처인 숙빈방으로 삼아 연잉군(영조)의 사저私邸가 되었다. 정조는 친위군인 장용영의 군영으로 삼았으며, 순조 이후에는 장용영이 해체되고 훈련도감의 동별영東別營과 선혜청의 동창고로 이용하기도 하였다.[324]

대한제국기에는 1904년 동별영의 피복창에 무관학교를 두었으며, 1907년 친위1대대와 일본군 보병 59연대 1대대의 주둔지였다. 일제시대인 1914년에는 행정구역 개편에 따라 인의동仁義洞이 되었으며, 1917년에는 동아연초회사 사택이 자리하게 되었고, 1927년 연초회사의 사택이 지국으로 바뀌면서 동대문경찰서가 이현로와 종로가 만나는 자리에 창설되었다.[325]

---

323 『인조실록』 권1, 인조 1년 3월 계축 ; 『月沙先生集』 권61, 「南宮錄」, 請奉移連珠府夫人梨峴宮啓辭, "啓曰 連珠府夫人梨峴宮修掃擇日奉移事入啓 則更爲下敎後擇日事傳敎 故恭竢命下矣 至今不爲移寓 而仍稱梨峴宮 似爲未安 梨峴宮本非定名 只以地在梨峴 故稱以梨峴宮 今當以東別宮稱之何如 傳曰 東別宮亦不妥當 更思以啓 開錄三望 以興慶別宮 啓運別宮 連珠別宮入啓 則以啓運別宮啓下."

324 『승정원일기』 461책, 숙종 37년 6월 22일 경진 ; 『승정원일기』 508책, 숙종 44년 4월 28일 병오 ; 『국조보감』 권54, 숙종조 14, 숙종 37년(신묘, 1711) ; 『만기요람』, 재용편6, 諸倉, 宣惠廳各倉庫 ; 『연려실기술』 30권, 孝宗朝故事本末 ; 『凝川日錄』 권6, 임신년.

325 『일성록』 광무 8년, 敎育部 以武官學校移接于前東別營奏 ; 서울역사박물관, 『서울지도』, 2006 ; 서울시, 『洞名沿革考 Ⅰ』, 1967, 521~423쪽.

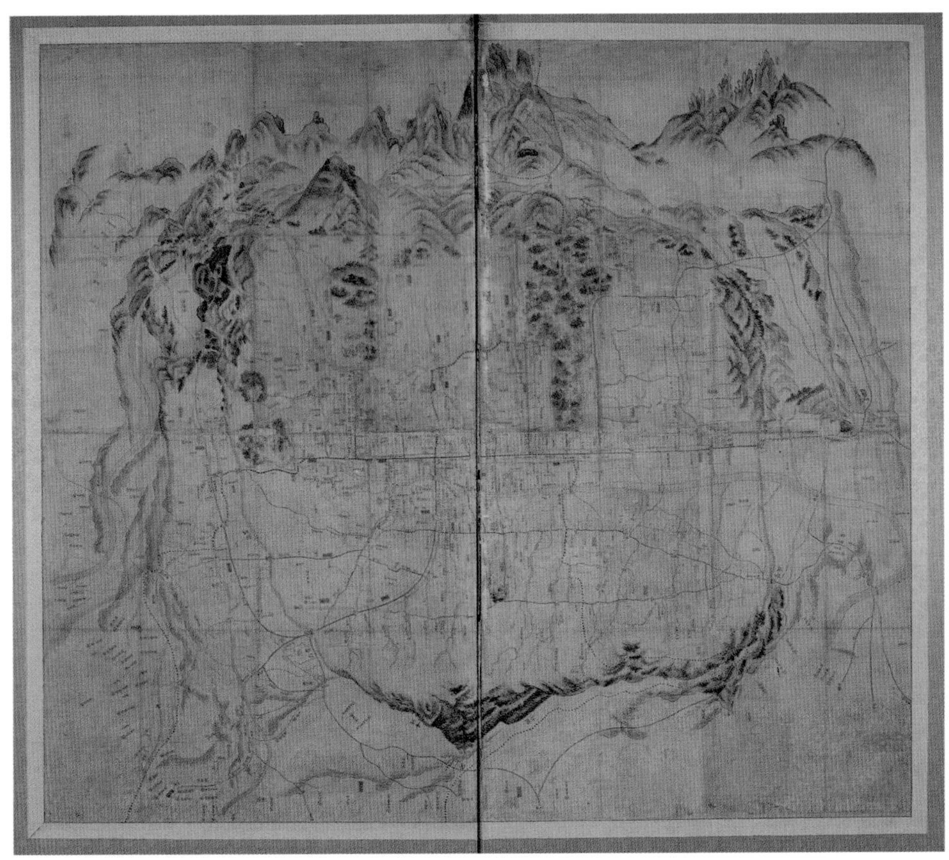

도성대지도(서울역사박물관)

이와 같이 조선-일본 전쟁 이후부터 장용영의 건치와 해체에 이르는 조선후기까지 장용영이 있던 이현궁지는 다난한 역사의 흐름이 묻혀 있는 곳임을 알 수 있다. 장용영은 연부蓮府라고도 불렸다.[326] 이 지역의 행정구역이 연화방이라는 것과 지도상에서 연지蓮池를 찾아 볼 수 있는 점을 감안한다면,[327] 장용영이 연부라고 불리던 이유를 알 수 있다. 그러므로 장용영은 새롭게 공지空地를 개척하거나 토지를 매입해서 설치한 군영이 아니라 기존의 왕실 건물을 활용하여 건치된 것이다.

---

326 『茶山詩文集 2』, 「詩」, 騎省作.
327 서울역사박물관, 『도성대지도』, 2004.

(4) 내영군의 군기(軍紀)와 출입

장용영은 5군영의 장졸을 이첩 받았으므로 직업군인과 상번군의 입번으로 이루어졌다. 내영에는 마보군馬步軍 5,245명, 당보수塘報手 66명, 장막군帳幕軍 50명, 별장 표하군別將標下軍 40명, 4사파총표하군四司把摠標下軍 120명, 선기장 표하군善騎將標下軍 18명, 선기대善騎隊 3초 345명, 중사中司 5초 615명, 전좌우후사前左虞侯事 20초 2,540명, 사후군伺候軍 52명, 공장아병工匠牙兵 26명(도변수都邊首 1명), 치중복마군輜重卜馬軍 40명, 별중사 표하군別中司 標下軍 58명, 별후사 표하군別後司 標下軍 23명, 별아병장 표하군別牙兵將 標下軍 23명과 뇌자牢子 118명내 입번入番 46명(대장소 43명, 도제조소 10명, 향색제조 7명, 종사관소 5명), 순령수巡令手 115명내 입번 46명(대장소 39명, 도제조소 10명, 향색제조 8명, 종사관소 5명), 고취수吹鼓手 95명내 입번 88명, 대기수大旗手 100명내 입번 93명, 등롱군燈籠軍 60명내 입번 26명, 아병牙兵 57명내 입번 32명(대장소 20명) 등의 입번군이 있었다.[328]

이 중 장용영 대장이 근무하던 대장소大將所에 근무하던 병사는 뇌자 43명, 순령수 39명, 아병 20명으로 모두 102명이다. 아래 그림은 장용영 내영의 심장부인 대장이 거처하던 대장소인 내대청이다. 대장소인 내대청에 102명이 배속되었다는 것은 이들이 모두 건물 내부에 있었다는 것이 아니라 건물을 중심으로 그 내외부에서 대령했다고 보는 것이 옳을 것이다.

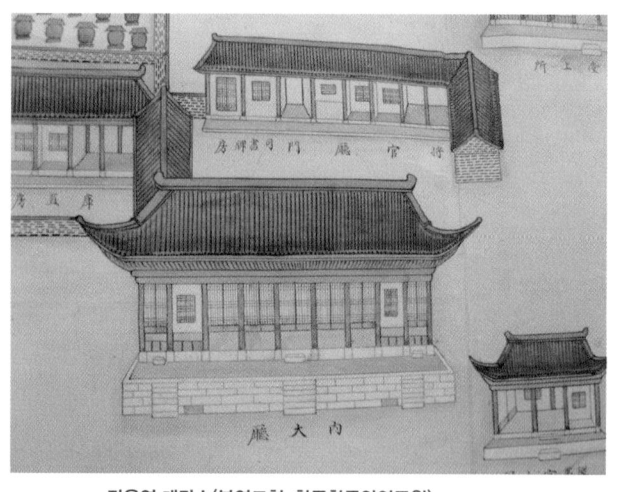

장용영 대장소(본영도형, 한국학중앙연구원)

뇌자, 순령수, 아병은 모두 하급 병사로 건물 외에서 명령을 받아 임무를 수행하는 직책이었다고 보아야 하며, 이들이 대장의 수족으로 움직

328 『장용영대절목』 권1, 「軍制」.

였다고 할 수 있다. 대장소에 소속된 병사만 해도 100명이 넘을 정도라면 장용영의 수많은 장병을 통제하는 일은 군율이 엄해야 가능한 일이다. 실제로 장용영은 정조의 전폭적인 신임과 지지로 유지되었던 만큼 군율도 엄격하였다. 조선후기 군영들의 군율을 알 수는 없지만, 장용내영의 장졸들이 융령戎令 10조를 매번 암송하고 실천에 옮기도록 교육받았던 사실에서 확인할 수 있다.

【융령(戎令) 10조】

영기막설(營機莫泄), 반호막통(班戶莫通), 무득수렴(毋得收斂), 무득투홍(毋得鬪鬨), 물착금복(勿着禁服, 도포와 당혜 등), 물차군장(勿借軍裝), 물위잡기(勿爲雜技), 물교무뢰(勿交無賴), 막모두목(莫侮頭目), 막흉가로(莫酗街路).

융령 10조는 정용영 군병이 항상 지켜야할 군기軍紀였다. 이 군령이 오늘날에는 상식적인 법이라고도 볼 수 있겠지만 왕조 사회에서는 중요한 사안이었다고도 볼 수 있다. 군병 중에 글과 언문을 모르는 자들에게는 사습私習하는 날 입번入番에서 해당 장관將官과 장령將令이 고강考講하게 했으며 외우지 못하면 처벌되었다.[329] 융령 10조의 내용에서 군영의 기밀을 외부에 누설하지 말고, 싸우거나 무뢰배와 사귀지 말며, 길에서 취해 다니지 말고, 도박을 하지 말 것 등이다. 그리고 정보를 흘리거나, 사복을 함부로 입거나 군장을 빌리는 행위를 금하는 것은 군병으로 당연히 지켜야할 규정이었다.

만약 군율을 어기는 자가 발생하면 연좌제를 적용했다. 장용영 1대에서 보름 내에 2명이 군율을 어기면 대장이 연좌되었으며, 1기旗에서 보름 내에 3인이 군율을 어기면 기총旗摠이 연좌되었고 1초에서 1삭朔 내에 5인이 범과犯科하면 초관이 연좌되었으며, 1사司에서 1삭 내에 10인이 범과하면 파총把摠이 연좌되었다.[330] 이런 연좌제는 군대라는 특수한 조직에서 장졸을 하나로 묶는 보이지 않는 역할을 했을 것으로 본다.

이러한 군율 이외에도 장병의 지위에 따라 행동의 제약이 있었다. 선기장善騎將, 초

329 『장용영대절목』 권1, 「飭令」.
330 『장용영대절목』 권1, 「飭令」.

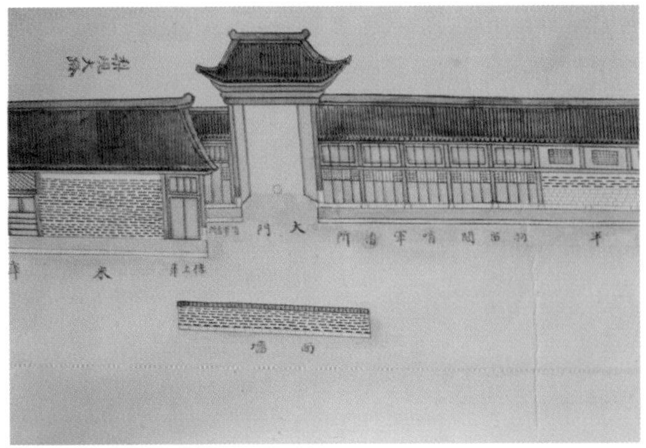

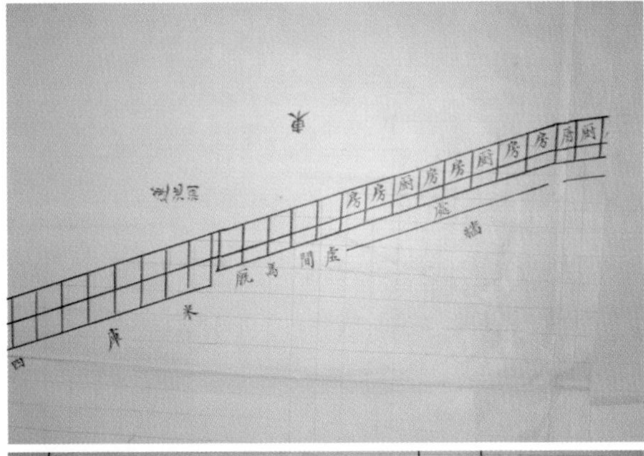

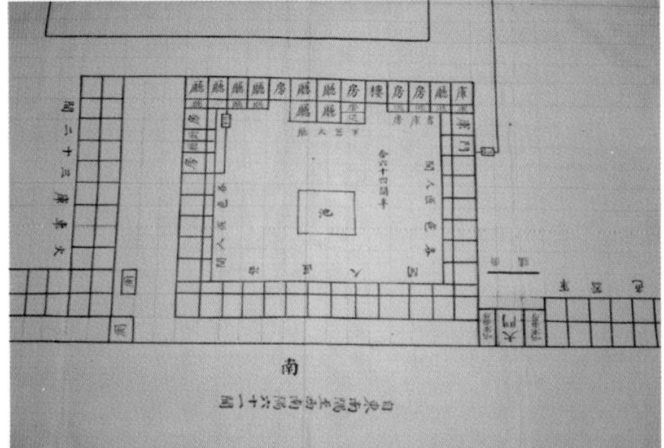

장용영 내영의 서쪽 대문과 남문(한국학중앙연구원)

관, 감관 이하의 각 청에 소속된 장교는 군영의 대문 밖에서 하마下馬하였다.[331] 군영의 문은 사방에 있었다. 북문은 북쪽 담장이 서쪽 담장에 연결되는 부근에 있으며, 동문은 향군입접처鄕軍入接處의 방과 방 사이에 위치한다. 북문과 동문의 규모는 서문과 남문보다 작은 것은 물론이고 문의 좌우에 출입자를 점검하는 초군번소哨軍番所도 나타나지 않는다. 군영에 출입하는 군병은 허리에 요패腰牌를 차서 신원을 확인했으며 분실한 자는 곤장 10대, 파상자破傷者는 20대, 환패換佩한 자는 30대의 처벌을 받았다.[332] 그러므로 군영의 문에는 출입자를 확인하는 초군번소가 있어야 되며, 북문과 동문에 초군번소가 없다는 것은 평소에 이곳이 출입문으로 이용되지 않았다는 것을 의미한다.

왼쪽 위의 그림은 장용영 내영內營의 서쪽문이며 정문으로 추정된다. 장용영의 서쪽문 밖에는 이현대로梨峴大路가 지나가고 있다. 이현대로는 창덕궁과 창경궁으로 들어가는 길목이었던 만큼 궁궐의 호위를 담당한 장용영

331 『장용영대절목』 권2, 「雜式」.
332 『장용영대절목』 권1, 「飭令」.

의 입지로 적합한 곳이기도 하다. 또한 이현은 칠패七牌와 함께 조선후기 경성의 대표적인 시장이 상설되던 곳이다.[333] 따라서 장용영 내영의 정문은 서쪽에 위치할 수밖에 없었던 것이다.

서쪽 대문의 좌측에는 초군번소哨軍番所가 미고米庫 앞에 있으며, 우측으로는 구유간狗留間 좌측에 초군번소哨軍番所가 있다. 초군哨軍은 군영의 출입자를 확인하고 규정에 어긋난 장병을 선도했을 것으로 생각된다. 그리고 출입문 안쪽에는 벽돌로 만든 면장面墻이 보인다. 면장은 외부인이 내부의 건물과 사람이 보이지 않게 하는 기능을 가지고 있다. 면장은 주로 중국과 조선의 궁궐이나 사대부가에 많이 보이는 것으로 지위가 높은 건물의 앞에 두는 것이 일반적이었다.

장용영에서 서쪽 대문 이외에 면장이 나타나는 것은 향군입접처鄕軍入接處의 앞쪽이다. 이곳은 향군의 숙소와 마굿간이 있어서 개인 생활을 보호하는 측면에서 설치한 것으로 보인다. 그러므로 대문에 면장을 둔 것은 군영이라는 특수한 건물이라서 내부의 움직임을 알리지 않으려는 군사적인 목적에서 설치한 것으로 추정할 수 있다. 이외에 번소番所에는 식정食鼎, 수통水桶, 표자瓢子 등이 갖추어져 있어서 내부 인원이 자리를 지키며 출입자를 관리할 수 있는 독립된 공간으로 운영될 수 있었다.[334]

이외에 면장이 설치된 곳은 장용영 남쪽의 대문이다. 이곳은 종로가 지나가는 대로이면서 상업 활동이 활발했던 곳으로 많은 사람들이 운집하던 곳이다. 남쪽 문에는 서쪽문과 같이 면장이 설치되어 외부와의 경계로 삼고 있다. 대문의 좌우에는 초군번방이 있으며, 초군들이 출입자들을 관리했음을 보여준다. 또한 서쪽 대문에 비해 남쪽 문의 규모가 작지만 종로 쪽이라는 점을 감안하면 이곳으로의 출입이 빈번했을 것이므로 초군번방을 좌우 2개 둔 것이다.

(5) 내영의 장병 배치와 처소

1801년(순조 1)의 장용영 내영은 전체적으로 653칸에 1만평에 가까운 구역을 차지하고 있었다.[335] 군영의 내부는 크게 대장이 거주하는 내대청內大廳 구역이 있는 북

---

333 『만기요람』 재용편5, 各廛, 六矣廛.

334 『壯勇廳節目抄』, 「절목」.

쪽과 주요 지휘관인 초관哨官과 지구관知彀官 등이 머무는 외대청外大廳 우측 부근인 중앙, 군기물의 제작과 수리를 담당하는 군기청이 있는 남쪽으로 나뉘며, 이 구역들은 동쪽의 훈련장과 군수품을 보관하는 창고들이 사방에서 에워싸고 있다. 그리고 각 구역은 담장과 대문으로 분명하게 구분되어 지휘체계에 따라 장병들이 생활하였음을 보여준다.

사실 장용영 내영의 군병이 어떤 형태로 어느 곳에 존재했는지를 파악하는 것은 쉽지 않은 일이다. 현전하는 연대기와 문헌에는 그런 내용이 잘 나오지 않기 때문이다. 다만 장서각 소장의 도면 자료들을 문헌과 비교하면 장용영 장병들의 존재 형태를 유추해낼 수 있다. 예컨대 『장용영대절목』에는 당상소堂上所, 장관청將官廳, 통장청統長廳에는 방자房子와 군사 각 1명, 별부료청別付料廳에는 방자 1명, 지구관청知彀官廳에는 방자 2명, 교련관청教鍊官廳에는 방자 1명과 군사 2명, 제본사청除本仕廳에는 군사 1명, 향색餉色에는 군사 2명, 군수색軍需色·향군색鄕軍色·군기색軍器色·약방藥房·기계색器械色·직방直房·분발分撥·조령대령朝報待令에 군사 1명, 광정문光政門에 군사 2명, 별고別庫와 야소冶所에 사환군使喚軍 10명 등이 배치되고 있다.[336] 이 중에서 지구관청의 경우를 보면 다음과 같다.

지구관은 조선후기 군영에 배속된 장교로서 초기에는 교육을 담당하는 교관으로 지방에 파견되어 군병을 훈련시켰다.[337] 지구관은 왕대별로 그 기능이 변화되었으며 구한말까지 존속하였다. 경종대는 직무를 상실하여 부적격한 자들의 온상이 되기도 하였으며,[338] 정조대는 야간 훈련에서 군령의 전달을 담당하였으며,[339] 고종대는 무위소武衛所에 지구관청을 설치하고 군령의 전달, 국왕의 호위, 궁성의 숙위 등을 담당하기도 하여[340] 지구관이 국왕의 지근에서 활동하였음을 알 수 있다. 장용영의 지구관은

335 1917년과 1927년 진내육조(陣內六助)가 간행한 『경성부관내지적목록(京城府管內地籍目錄)』에는 이 지역의 필지가 9,586평으로 거의 10,000여 평에 가깝다.
336 『장용영대절목』 권1, 「員役」.
337 『광해군일기』 권80, 광해군 6년 7월 임자.
338 『경종실록』 권1, 정조 즉위년 7월 경오.
339 『정조실록』 권31, 정조 14년 11월 갑오.
340 『知彀官廳日記』(장서각 K2-3375) 권1.

청사의 대臺 아래에서분부를 받고 명령을 전달하는 일과 신전信箭을 받드는 일 등을 하였다.[341]

장용영 내영의 지구관청(한국학중앙연구원)

지구관청은 외대청의 우하단에 위치하였으며, 부근에는 교련관청과 초서패방哨書牌房이 있었다. 지구관청은 내대청, 외대청 다음의 규모를 가지고 있으며, 청사의 위치도 군영의 중심 부분에 자리하고 있었다. 그리고 청사의 주변에는 벽돌 담장, 헛간과 마구간의 건물로 외부와 구분하고 있다. 문헌상으로는 주廚 1칸, 마구馬廐 3칸, 측간厠間 1칸이 있는데,[342] 그림상에서는 방이 3개, 주 1칸이 우측 건물 전면에 부속되어 독립적인 생활이 가능했다.

지구관청은 국왕의 직접적인 관심을 받기도 하였다. 정조는 지구관청의 벽에 태조가 활을 쏘는 솜씨가 탁월하여 왜구를 무찌르고 오랑캐들 소탕하고 대업을 창건한 고풍古風과 자신이 그것을 본받아 틈나는 대로 금원禁苑에서 활을 쏜다는 것, 원자元子가 첫돌이 지났는데도 왼손에는 책을 잡고 오른손에는 활과 화살을 잡았다는 등의 내용을 게양하게 해서 모두들 본받도록 했다.[343]

그리고 장용영에 소속된 장병과 군물의 현황을 관리하기도 했는데, 군안軍案, 통안統案, 마안馬案을 4건으로 만들어서 2건은 궁궐에 보내고 1건은 대장소大將所에 두고, 1건은 지구관청에 두었다.[344] 군영 장병과 군물에 대한 문서들이 국왕과 대장에게 있는 것은 이해가 되지만, 지구관에게도 관리하게 했다는 것은 흥미로운 부분이다. 지구관의 임무는 기패관旗牌官과 큰 차이가 없다고 하며,[345] 매일 군호를 받아서 내리는

341 『정조실록』 권38, 정조 17년 10월 신사.
342 『장용영대절목』 권1, 「廳舍」.
343 『靑莊館全書』, 「雅亭遺稿 3」, 記.
344 『장용영대절목』 권1, 「軍籍」.

역할도 했다.[346] 또한 장용영의 전좌殿座에서는 대소 군무를 지구관이 대臺 아래에서 거행하기도 하였다.[347] 따라서 지구관청은 선전관과 같이 국왕의 군령을 군영에 전달하는 임무를[348] 담당하였으므로 사리가 분명한 인물로 임명하였다.[349] 지구관은 장용영 철폐시 지방 수령으로 차정되기도 했다.[350]

지구관이 장용영 장교들의 생활을 보여준다면, 군영의 외곽에 위치하던 향군들은 군병의 일상을 보여준다. 향군들의 거처인 향군입접소鄕軍入接所는 장용영의 동북쪽에 있었으며, 평지정平志亭이라는 건물이 포함된 구역이었다. 이곳은 내대청內大廳, 당상소堂上所, 장관청將官廳의 주요 건물군과는 별도의 벽돌로 된 내부 담장으로 구획되었다. 그러므로 향군들은 장용내영에 속하면서도 군영의 외부에 부속된 독립된 건물에 있는 것으로 볼 수 있다. 향군입접소와 군영이 연결된 문은 남쪽과 서쪽에 2개가 있었다. 남쪽문은 궁사弓射를 하는 훈련장과 외부로 나가는 길목이며, 서쪽문은 군영 내부로 통한다.

그런데 향군들이 서쪽문은 실제 거의 사용할 수 없었던 곳으로 짐작된다. 이 문을 통하면 바로 장용영의 지휘부인 대장과 당상들의 처소가 있었기 때문이다. 다만 533쪽 위의 그림에서 평지정 마루에 깔린 노란 돗자리가 중요 건물에 놓은 것과 같은 양식이라는 점을 감안한다면 이곳에 고위 장령이 임했을 것이며, 그렇다면 내대청으로 통하는 문을 사용했다고 짐작할 수도 있다. 그러나 향군의 거처와 군영 사이에 담장을 두면서까지 구분한 것을 보면 이 문을 통한 왕래는 거의 없었다고 보는 것이 옳을 것이다. 물론 반대로 이 문들이 향군의 출입을 위해 만든 것이라고 생각할 수도 있다. 그렇다면 왜 향군들의 치소에서 내대청을 거쳐 군영의 안쪽으로 통하는 문이 없이 지구관청으로 대문이 되어 있는지를 설명하기 어렵다. 문이라는 통로는 이동이 용이한 곳에 두는 것이므로 향군의 출입을 위한 문을 둔다면 지구관청 쪽이 아니라 내대청으

345 『승정원일기』 1686책, 정조 15년 1월 21일 병신.
346 『장용영대절목』 권1, 「軍號」.
347 『정조실록』 권38, 정조 17년 10월 신사.
348 『정조실록』 권31, 정조 14년 11월 기사.
349 『정조실록』 권38, 정조 17년 10월 신사.
350 『순조실록』 권4, 순조 2년 2월 무신.

로 되어 있어야 할 것이다. 따라서 향군들이 군영으로 들어가기 위해 사용한 문은 궁사弓射를 하던 훈련장이기도 한 공지空址에서 군영으로 들어가는 문으로 보아야 할 것이다.

궁사를 하는 공지에서 좌측에 군영으로 통하는 2개의 문이 있다. 두 문의 가운데는 지구관청의 하리下吏가 머무는 방과 마방馬房이 있는 건물이 위치한다. 공지에서 이 건물의 우측으로 출입하면 지구관청에, 좌측으로 가면 연지蓮池에 도달한다. 따라서 향군들이 이 쪽 문으로 출입한다고 해도 장용영 내영의 주요 건물에는 접근하기 어렵다. 설령 지구관청으로 들어와도 내대청, 장관청, 당상소, 종사관소가 있는 곳에는 3개의 문을 거쳐야 들어 갈 수 있다. 물론 초서패방哨書牌房을 거쳐 미고의 뒤편으로 해서 들어가는 길이 있지만 이곳을 거치려면 다수의 장병들과 대면해야 하므로 통과하기가 쉽지 않은 곳이다. 그렇다고 향군의 거처가 다른 곳에 비해 차이가 있는 것은 아니다. 향군의 처소가 군영과 분리된 형태라고 해도 숙소와 함께 마구간과 헛간, 잡물고를 두어 군장軍裝과 생활품을 보관할 수 있었다. 그리고 각 방마다 아궁이가 있었는지 부엌[廚]이 있다. 부엌은

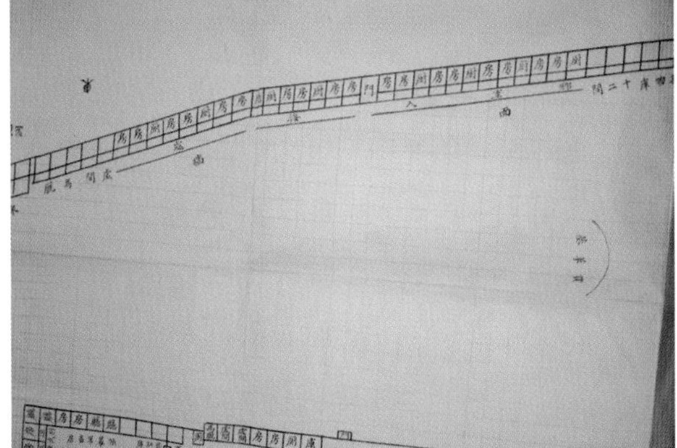
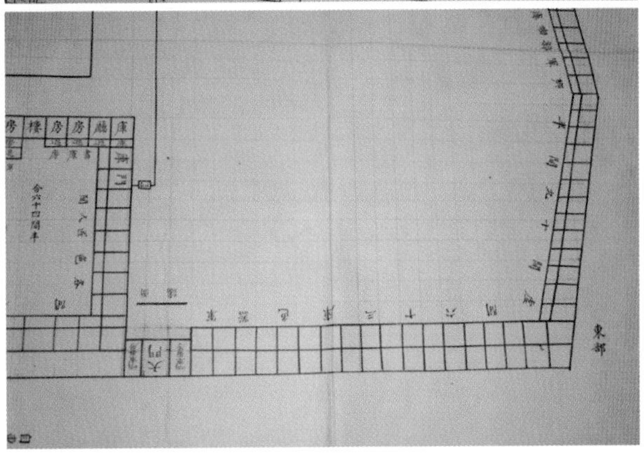

장용영 내영의 평지정(平志亭)과 향군처소(한국학중앙연구원)

2방에 1개씩 배속되었는데, 방과 방 사이에 있지 않고 부엌의 좌우에 2방씩 있거나 부엌이 2개가 있으면서 그 좌우로 방이 있는 형태이다. 그러므로 장용영에서 향군의 위치가 격리된 것으로 볼 수도 있겠지만 생활은 다른 장병과 큰 차이가 없었음을 알 수 있다.

(6) 내영 시설의 규모와 기능

장용영 내영은 남북으로는 행단杏亶과 삼문三門을 기준으로, 동서로는 향군 거처와 구분된 담장을 기준으로 크게 구획된다. 전체적으로 보면 영내의 서편에 주요 청사의 건물들을 두었고, 동편으로는 군사들의 막사와 집결처가 있었음을 알 수 있다. 장용영 이외의 5군영에 대한 지도나 도면이 없는 상황에서 현전하는 자료 중 군영의 모습을 보여주는 것은 구한말 총융청의 모습뿐이다.

장용영의 내영은 문헌상으로 총 446칸이다.[351] 반면 현존하는 1799년(정조 23)의 도면[352]에는 532칸 반, 1801년은 653칸 반이다. 1799년에서 1801년 사이 121칸의 건물이 증축된 것이다. 장용영이 설립되던 1785년(정조 9)의 건물이 446칸임을 감안

조선말기 총융청

351 『장용영대절목』 권1, 「廳舍」.
352 『본영도형』(장서각 K2-4365).

할 때 1799년의 532칸까지 86칸이 증축되었다. 그런데 1801년은 653칸이므로 불과 2년 만에 532칸에서 무려 121칸이 늘어난 것이다. 순조의 등극 이후 장용영이 폐지된 것을 생각한다면 121칸의 증축 시기는 정조가 서거하기 전인 1800년 초임을 알 수 있다. 불과 1년 만에 장용영의 건물이 100칸 이상 신설된 셈이다. 신축된 건물은 향군의 숙소와 고사庫舍, 남쪽의 출입구일 뿐이다. 향군의 숙소는 이전의 위치에서 옮긴 것이므로 향군의 인원이 증가했다고 보기는 어렵다. 그렇다면 고사와 남쪽 출입구만이 증설되었음을 알 수 있다.

도면과 회화자료[353]에는 사방의 표식과 좌측에는 '이현대로梨峴大路', 우측은 '연지동蓮池洞'이라고 한양에서 장용영이 위치하는 구역을 알려주고 있다. 장용영 내영 부지는 도면과 그림을 통해서 볼 수 있듯이 정방형正方形의 부지가 아니라 위에서 아래로 커져나가는 불규칙한 모습이다. 동문에서 서문까지는 56칸, 동남쪽에서 서남쪽까지 61칸, 북장北墻에서 남장南墻까지 99칸으로 상하의 비율이 다르다.

장용영 부지가 불규칙한 원인은 이 지역이 새로 신설된 군영지가 아니라 기존에 궁지宮址였기 때문이다. 그리고 이현궁을 왕족의 궁방宮房으로 사용하면서 수차례 영건의 역사役事가 있었다.[354] 따라서 현전하는 장용영 내영의 도면과 회화자료를 보면, 이현궁으로 추정되는 내대청과 그 부속시설로 보이는 행단, 연지, 우물이 나타나고 있다. 내대청은 군영 대장의 숙소로 이용하던 곳으로 장용영의 심장부이다. 내대청에는 퇴退와 청廳이 4개의 방을 사방에서 에워싸고 있으며, 정면에는 넓은 월대가 있다.

장용영이 설립되기 전의 건물을 밝히기 위해서는 정조대 화성을 건설하면서 도입한 벽돌식 건물과 군물 제작과 보관소, 고사庫舍를 제외한 나머지 건물을 정리하면 된다. 그 외의 건물은 내대청 24칸, 외대청 12칸, 동대청東大廳 6칸, 당상소 13칸반, 사정射亭, 평지정 6칸으로 모두 62칸이다. 이 중 사정은 주요 건물이 아니라고 볼 수 있으나 그 위치로 볼 때 군영의 부속 건물로 존재할 이유가 잘 드러나지 않는다. '정亭'이라는 이름부터 이곳은 거주를 위한 건물이 아니라 임시 거처로 이용하는 곳이며, 그 우측에 있는 군병들의 숙소 앞에 있다는 점도 이해하기 어려운 부분이다. 장교들

353 『본영도형』(장서각 K2-4365, K2-4366).
354 『영조실록』 권40, 영조 11년 6월 기사.

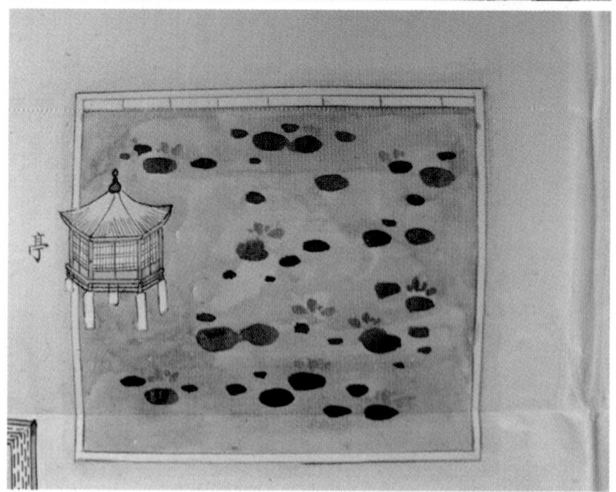

장용영 내영의 중심부와 이현궁의 자취
(한국학중앙연구원)

의 숙소이거나 군기고라면 몰라도 특별한 이유가 없이 이곳에 위치한다는 것은 원래 있던 건물을 그대로 사용한다고 밖에는 해석하기 어렵다. 다만 장교들이 경희궁의 황학정黃鶴亭과 같이 이곳에서 궁사弓射를 했을 것으로 생각할 수 있다. 그리고 내대청 뒤편에 자리한 연지蓮池와 정자도 군영 신설시 조성한 시설이라고 보기 어렵다.

조선시대 궁궐 건축에서 건물의 뒤편에 후원을 두는 것이 일반적이다. 위의 도면과 그림에서 연지는 내대청의 정중앙 후면에 위치한다. 내대청에서 바라볼 때 감상하기 제일 좋은 시야에 위치하는 것이다. 물론 내대청과 연지 사이에는 장관청이 가로막고 있지만 이 건물은 측면에서 보면 벽돌로 벽면을 쌓았으므로 정조 이후의 것이라고 보는 것이 좋다. 또한 연지에 있는 정자도 예사롭지 않다. 창덕궁 후원의 부용지芙蓉池에 있는 부용정과 같이 주춧돌을 연지에 담고 있는 운치어린 자태이다. 군영에서 이런 예술적인 부분까지 신경 쓰면서 유원遊園을 조성했다고 보기는 어려운 것이다. 행단杏亶도 주요 건물과 같이 군영 건치建置 이전에 식목되었다. 행단은 지금도 현전하고 있으며, 수령이 500여 년에 가까워서 이현궁지 조성 이전부터 있었던 것으로 보인다. 특히 행단 주변은 궁궐의 조경에서 많이 나타나는 화계가 있어서, 이곳이 궁지였음을 확인시키고 있다.

따라서 이 지역은 장용영 설치 이전의 건물들이 자리하고 있음을 알 수 있으며, 군영 전체에서 내대청이 위치한 주변이 이현궁이 위치하던 곳이며, 그곳을 제외한 곳이 군영을 세우면서 증설한 곳이라고 하겠다.

(7) 내영 군기물의 제조와 관리처

군영 건물에서 많은 부분을 차지하는 것이 고사庫舍이다. 그 중에서 군기와 미곡米穀을 보관하는 곳이 다수를 차지한다. 장용영의 군기고에는 기치旗幟, 무구武具, 군량이 보관되었다.[355]

군기물은 주로 누상고樓上庫라는 이층 구조의 건물에 보관하였다. 누상고는 중국과 일본의 목재 건물에서도 자주 나타나는 구조로 환기를 목적으로 하는 기능을 가지고

355 『장용영대절목』 권1, 「形名」; 『장용영고사』 권1, 무신 3월 28일.

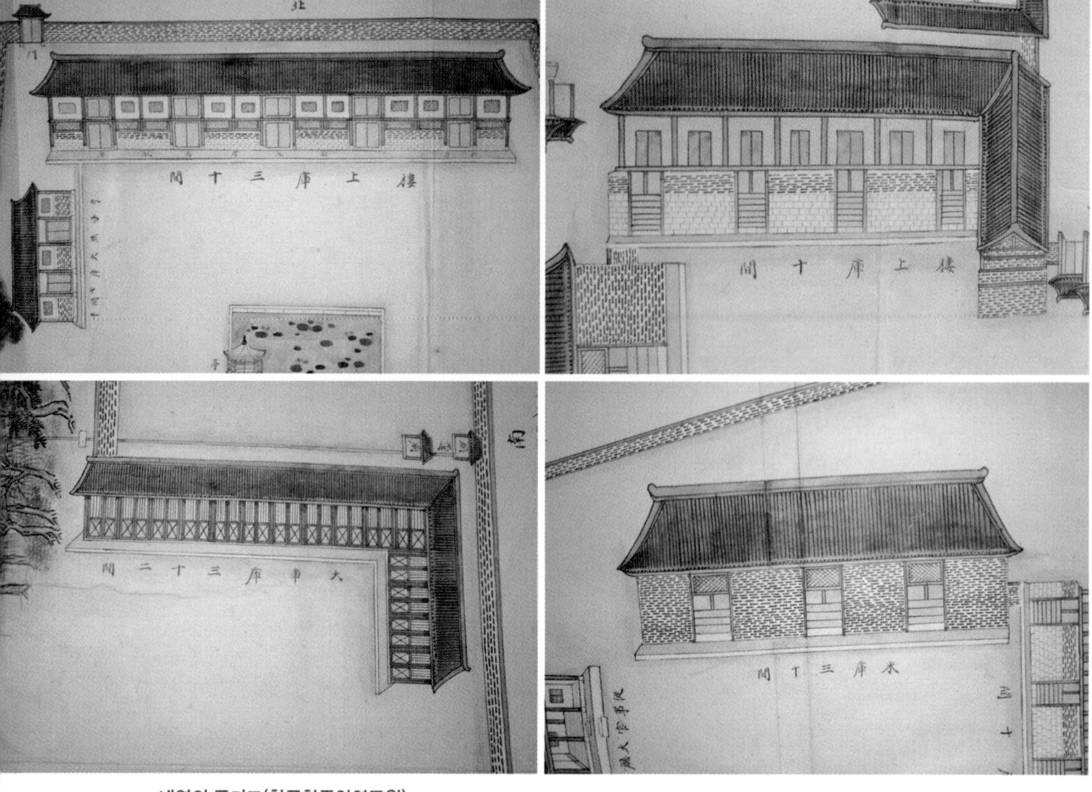

내영의 군기고(한국학중앙연구원)

있다. 장용영의 누상고는 1층의 정면 벽이 화강석과 벽돌로 이루어졌으며, 측면과 후면은 모두 벽돌로만 되었다. 정면에 화강암이 기단으로 사용된 것은 2층의 무게를 지지하기 위해 놓은 것으로 보인다. 그런 이유인지 2층의 정면은 나무와 회벽으로만 되어 있다. 문서와 서적, 기치와 같이 습기에 약한 물건이나 무게가 많지 않은 것은 2층에 보관하고 총기, 도검, 화약류는 1층의 견고한 곳에 두었을 것으로 생각된다. 측면과 후면에 벽돌을 사용한 것은 화재를 대비한 방화벽의 기능으로 추정된다.[356]

군기에서 주목되는 것은 화거火車이다. 문헌상으로는 화거 1승인데, 그림에는 화거고火車庫가 32칸으로 되어 있다. 건물의 1칸에 화거 1승씩 있다고 해도 32승이다. 그

356 종묘 정전과 영녕전의 측면과 후면에 벽돌을 사용하여 방화벽을 만든 것에서 그 용례를 찾을 수 있다.

러면 장용영의 초기에 이 건물이 없었거나 소규모였다는 것을 말해준다. 그림에서와 같이 화거고는 나무문에 창호지나 여타의 재질로 외부를 차단하지 않고 내부가 보이는 형태로 만들었다. 화거는 로켓과 같이 화기를 발사하는 장치로서 통풍이 중요했으므로 이런 형태의 건물이 필요했다고 본다.

군량미를 보관하는 미고米庫는 모두 벽돌로 지은 2층 건물이었다. 도면에서 장용영의 미고는 모두 112칸으로, 동쪽 담장의 향군입접처 마구간의 좌측에 40칸, 서쪽 대문의 좌측에 42칸, 종사관청 우측 하단에 30칸이었다. 이 중 종사관청 부근에 있는 미고가 인상적이다. 동서 담장에 위치한 미고는 독립된 공간이 아니라 외부와 경계를 이루는 곳이며 방어벽의 역할을 하기 때문에 독립된 군량 창고의 모습으로 보기는 어렵다. 물론 미고들의 건축 양식은 동일하게 나타난다. 건물의 기단에서부터 2층까지 벽돌로 쌓았으며 출입문은 좌우에 두고, 정면에는 통풍을 위한 나무창과 차단시설이 있다. 여기서 주목할 점은 미고米庫만이 아니라 장용영 전체 건물에서 벽돌로 된 건물이 많다는 사실이다. 정조는 화성에 행궁과 성곽을 건설하면서 다량의 벽돌을 사용하였다.[357] 이런 사례를 한양 내에 위치한 장용영에 그대로 적용하고 있는 모습이다.

군기는 다른 군영과 마찬가지로 엄격하게 관리했다. 종사관 교체시와 고자庫子 손장시損掌時에는 각 고를 반열反閱하고 이때 당상과 당하의 장관 중에서 한 명을 차출하여 함께 하였으며,[358] 마보군馬步軍의 총과 도검은 장부를 만들어 1건은 궁궐에 보내고 1건은 대장소에 두고, 1건은 군기물을 넣어두는 창고에 보관하였다. 조총과 환도에는 장용영을 의미하는 '장壯'자와 제조월일자를 새겼다. 군기는 군기고에 보관하기도 했지만 개인에게 주어서 관리하는 방법도 있었다. 훈련도감군의 경우에도 조총병이 자신의 무기를 소지하고 관리하였다. 예컨대 마군관馬軍官은 단조총短鳥銃과 환도, 그리고 화약 7냥 5전, 연환 30개, 장전長箭 15개, 편전片箭 15개, 통아桶兒, 편곤鞭棍, 유삼油衫을 받았으며, 보군관步軍官은 조총과 화약 12냥 5전, 연환 50개, 충죽衝竹, 환낭丸囊, 이약통耳藥桶, 세승석침細繩席針, 유삼油衫을 받았다.[359] 왕조시대 무기를 개인

357 『華城城役儀軌』(장서각 K2-3604).
358 『장용영대절목』 권2, 「反閱」.
359 『장용영대절목』 권1, 「군기」.

이 보관하다는 점은 의아할 수도 있지만 상번군이 화기인 조총과 개인 군장을 모두 구매해서 상경하던 일은 조선후기에 흔한 일이었다.[360]

그런데 개인에게 군기를 관리하게 했어도 보관과 이용에 규정이 있었다. 갑주甲冑는 새로 제작하면 10년을 기한으로 이용했는데 그 기간 내에 파손시키면 곤장 20대를 맞았으며, 새것으로 7년 내에 손상시키면 15대를 맞았다. 환급한 환도를 7년 내에 파손시키면 10대를, 편곤을 5년 내에 손상시키면 10대를 맞았다. 총포와 도검, 편곤 등의 군기를 스스로 방매放賣하거나 군기에 새긴 낙인을 환농幻弄시킨 자는 20대, 그리고 군기의 보관을 소홀히 하면 15대에 처했다.[361]

주지하다시피 조선후기에는 군기물의 사조私造 사매私買가 가능했으며, 군영에서는 군기의 독자적인 제조와 수리 시설을 갖추고 있었다. 장용영에서는 종로 쪽인 남쪽 담장 부근에 군기관련 부서인 군기대청軍器大廳을 두었다. 이곳에는 군기감관과 각종 군기물을 제작하고 수리하는 장인들이 배속되었다. 군기대청을 중심으로 좌측에서 우측으로 궁방弓房, 각색 장인各色匠人, 도변수방都邊首房, 야장인冶匠人, 각색장인各色匠人의 순서로 둘러져 있다.

이중 궁방은 다른 장인들과는 달리 기와로 된 문이 달려 있고 창호가 있지만 외부에서 내부를 볼 수 없는 칸막이가 되어 있으며, 지붕에도 또 다른 방이 만들어져서 2층 형태를 이룬다. 궁방과 달리 각색 장인들의 거처는 벽면의 중간에 일정하게 나무 창문이 있어서 외부에서 내부를 볼 수 있다. 궁방이 다른 장인과 다르게 꾸며진 것은 군영의 원역員役에서 궁시인은 인人이라고 하고 공장도변수工匠都邊首는 명名으로 표현한 것과 같이 다른 장인과 달리 남다른 대접을 받았기 때문으로 추정한다. 특히 원역의 배정에서 궁시인만이 차정差定되고 다른 공장은 보이지 않고 있다. 이것은 궁시장이 장용영에 소속된 것을 말하며, 다른 장인들은 장용영에서 고용한 자들이었음을 의미한다.[362]

그리고 궁방이 2층인 것은 아교로 접합한 부분을 말리거나 화살을 잘 건조시키기

---

360 이왕무, 「조선후기 조총제조에 관한 연구」『경기사론』 2, 1998, 95~122쪽.
361 『장용영대절목』 권1, 「飭令」.
362 『장용영대절목』 권1, 「員役」.

위한 방안이라고 생각된다. 야장은 쇠를 다루는 대장간과 용광로가 있었으므로 벽이나 문이 별도로 없고 기둥만이 열주列柱된 공간이다. 또한 야장소冶匠所가 위치한 곳은 종로대로와 붙은 담이었으므로 군영의 중심에서 보면 제일 시끄러운 작업 장소를 길가로 보낸 것이다.

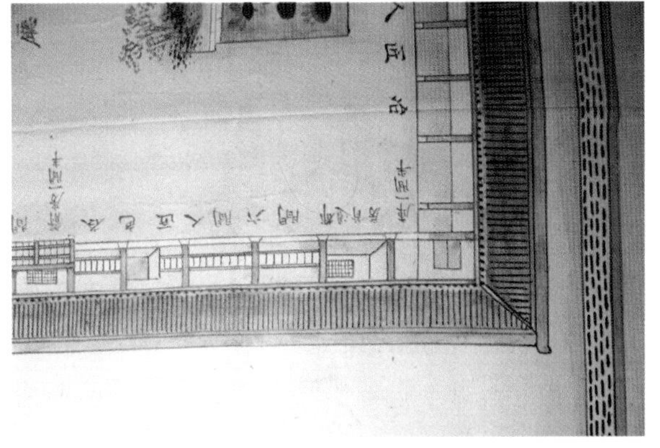

내영의 군기제작소(한국학중앙연구원)

군기대청이 있는 건물에서 보이는 특징은 군영의 동서 고사庫舍가 외부 담장의 역할을 한 것과 달리 이곳은 군영 내에서 독립된 공간으로 있다는 점이다. 그래서 남쪽 담장은 이중적인 구조로 나타난다. 남쪽 담장은 군기대청의 담장과 거리를 두었으며 그 사이는 2개의 문으로 제한하였다. 이는 군기라는 엄중한 물건을 다루는 곳에 외부인의 출입을 사전에 차단하기 위한 수단으로 보인다. 또 하나의 특징은 중앙의 연지蓮池와 식목植木이다. 군기를 제작하는 곳은 시끄럽고 연기와 고약한 냄새가 나는 곳이었을 것임에도 이런 정원이 갖추어져 있다는 사실은 의아한 부분이다. 장인들의 정서를 위해 놓았다고 보기에는 군영의 다른 시설과 형평성에서 맞지 않기 때문이다. 그러므로 장용영이 위치한 연지방蓮花坊의 유래와 같이 이 지역에 습지가 많아 이런 시설이 있게 되었으며, 무엇보다 이현궁지였을 때 만들어 놓은 것을 그대로 사용했다고 밖에는 볼 수 없겠다.

이 외에 군기대청 부근에는 조선시대 군영의 화장실 문화의 한 부분이 묘사되어 있다. 조선시대 화장실은 대부분 수세식이 아니라 비료로 재생하기 위해 모았다가 이용하는 형태로 알고 있으며, 실제로 오늘날에도 그런 형태가 전해지고 있다. 그런데 장용영 도면에서는 그런 형태의 화장실도 있지만, 그와는 달리 수세식에 가까운 화장실이 보이고 있다. 군기대청의 좌측 담장과 화기고 우측면의 사이에 연지에서 흘러나오는 물길이 2개의 측간을 지나고 있다. 2개의 측간 사이에는 '수도水道'라는 말이 있다. '수도'는 바로 물길로서 측간 아래로 물이 흘렀다는 의미이다. 고대 로마의 화장실이나 인도의 화장실 유적을 보면 화장실에 수도가 지나는 형태이다. 사람이 배설한 오물을 흐르는 물길을 이용해서 외부로 처리하는 시스템이다. 군영에서 이런 형태의 화장실을 사용했다는 것은 궁궐이나 상위 계층에서도 이용할 수 있는 방법이라고 생각한다. 물론 이런 형태의 하수처리는 물길이 거세지 않으면 공기와 토양을 오염시킬 수 있다. 그래서 수도를 자주 청소해야 한다. 이런 이유에서인지는 몰라도 장용영 내에 준천濬川을 실시하여 배수를 원활하게 했으므로[363] 수도를 이용한 하수의 처리가 용이했다고 생각한다. 이런 용례가 보편적이었다고 말하기엔 아직 근거가 적지만 군영의 오물 처리의 한 방법인 것만큼은 분명하다.

(8) 장용외영의 화성 설치

장용영의 외영은 수원부가 화성으로 개칭되고 유수부로 승격되는 1793년(정조 17) 1월에 설치되었다. 정조는 화성에 현륭원을 세우면서 묘소의 보호와 화성 행궁의 시위를 목적으로 장용외영을 설립하였다. 정조는 유수부로 승격되기 전의 수원이 3품 고을 원에게 맡겨져 있어서 현륭원을 모시기에는 체모가 낮다는 점과 장용외영의 직무는 화성 행궁을 시위하는 것이라고 했다. 또한 화성 유수의 지위도 개성과 강화 유수와 달리 한 등급을 높여서 문신인 경우는 정2품 이상으로 할 것임을 특지로 내릴 정도로 화성에 대한 국왕의 관심을 나타냈다.[364]

363 『승정원일기』 1653책, 정조 13년 3월 28일 을유.

364 『정조실록』 권37, 17년 1월 기미.

정조가 현륭원을 세운 것이 생부인 사도세자의 신원 회복을 통해 자신의 혈통적 약점을 보완하려는 차원에서 이루어진 것은 쉽게 알 수 있다. 그렇지만 정조가 화성에 장용외영을 설치한 것이 현륭원과 행궁 호위만을 위해서라고 보기에는 그 규모와 성격이 단순하지 않았다. 한편으로는 장용외영을 화성에 두면서 기존 군영의 군병과 물자를 이관시켜서 상대적으로 군영들의 군사력을 약화시키는 것도 목적이었기 때문이다. 조선-일본 전쟁과 양차의 조선-청 전쟁 이후 정립된 5군영이 노론을 비롯한 정파들에 의해 장악되었던 상황에서 정조는 근왕병 양성과 신도시 수호라는 두 가지 목적을 달성하기 위해 장용외영을 설치했던 것이다.

특히 장용외영이 현륭원의 보호와 화성 행궁의 수호라는 임무를 지닌 군대였다고는 하지만, 화성과 도성 사이의 거리를 감안한다면 오히려 도성에 웅거한 정조의 반대 정파와 군영 세력을 견제하는 무력으로 존재했다고 볼 수 있다. 따라서 장용외영이 화성에 설치된 배경에는 정조의 왕권 강화를 위한 정치적, 군사적 방법이 이중적으로 작용되었다는 것을 알 수 있다.

화성에 장용영이 설치되면서 도성에 주재하고 있던 장용영은 내영으로 호칭되고 화성의 군영은 장용외영으로 불렸다. 도성의 내영은 장용사로 불리었으며, 장용외영의 외사外使는 화성 유수가 겸직하도록 했다. 장용외사는 화성의 행궁을 담당하는 행궁정리사行宮整理使를 겸하면서 신도시와 현륭원을 수호하는 것이 고유의 임무였으며, 장용외영군이 그 핵심 군병이었다.

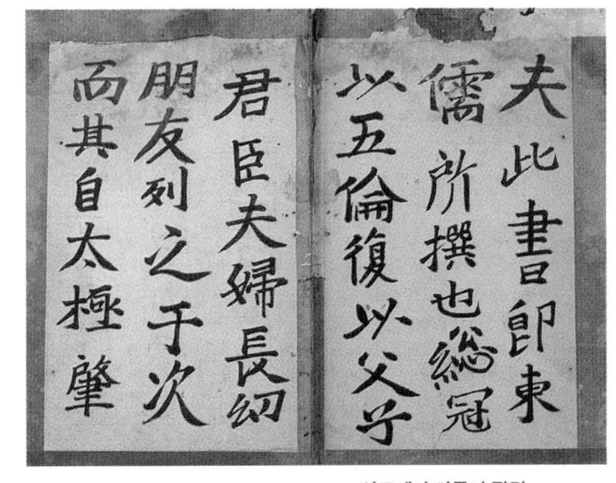

사도세자 아동기 필적

화성 신도시의 행정 수반인 유수가 장용외영의 무력까지 좌우한다는 것은 전대미문의 권한으로 정조가 왕권 강화를 위해 내놓은 정치적 결단이었음을 추론할 수 있다. 그런 배경으로 본다면 장용외영의 설치는 화성 성곽과 행궁, 현륭원과 함께 정조의 전제적專制的 왕권을 뒷받침하는 버팀목의

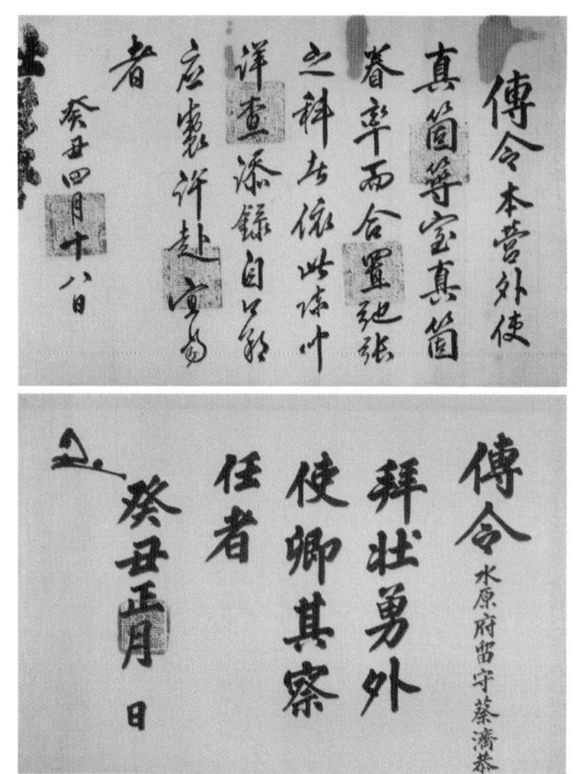

傳令 水原府留守蔡濟恭
拜壯勇外使卿其察任者
癸丑正月 日

장용외영의 장용외사 임명장과 명령서(수원화성박물관)

구실을 한 것이다.[365] 특히 초대 장용외사가 채제공이었음을 볼 때 정조의 복심을 쉽게 알 수 있겠다.

정조는 장용외영을 설치하면서 숙종대 이후 척신의 영향을 받는 무반 군영대장들을 자신의 통제하에 두기 위해 각 군영의 장관들이 군영대장에 임명되기 위해서는 반드시 장용영을 거쳐 가는 시스템으로 만들었다.[366] 그리고 기존 군영의 무력도 장용외영의 설치와 함께 이관하였는데, 수원 자체가 총융청의 중영中營으로 여기에 장용외영을 두어 총융청의 군력을 흡수하였다. 특히 수어청과 총융청은 창설에서부터 노론 세력과 깊은 관련을 맺고 있었다. 따라서 수어청과 총융청의 군사력을 장용영으로 이관하는 것 자체가 노론의 군사적 기반을 약화하면서 왕권의 신장을 불러오는 정책이었다.[367]

반면 장용외영의 설치가 정치, 군사적인 목적만이 아니라 국가 재정의 개편과도 밀접한 관련을 맺고 있다고 보는 견해도 있다.[368] 정조가 장용영을 설치하면서 10년만 재정을 축적하면 상당한 재정을 확보할 수 있고 이것은 국가를 운영하는데 큰 도움이 될 것이라는 말에 근거해서이다. 조선-일본 전쟁 이후 난립한 군영들은 국방력의 강화와 국가 군사력의 증대보다는 정치적 정쟁의 대상임은 물론이며, 국가 재정을 낭비

365 최홍규, 「정조대의 화성경영과 장용외영 문제」 『경기사학』 창간호, 1997, 35~36쪽.
366 배우성, 「정조년간 무반군영대장과 군영정책」 『한국사론』 24, 서울대학교 국사학과, 1991, 257~260쪽.
367 이태진, 『조선후기의 정치와 군영제 변천』, 한국연구원, 1985, 281~282쪽.
368 송찬섭, 「정조대 장용영곡의 설치와 운영」 『한국문화』 24, 1999, 244~249쪽.

하는 요인으로 작용하던 것도 사실이었다. 특히 정조가 장용영을 설치하면서 기존 군영의 재원을 활용하며 재정적으로 신 군영을 세우는데 문제가 없다고 한 점도 한 예일 것이다.[369]

그럼에도 불구하고 장용외영의 설치 배경은 정조의 사후에 벌어지는 장용영 혁파에서 단서를 찾을 수 있다. 만약 장용외영이 정조의 정치적 의사가 반영된 것이 아니라면 정조의 반대세력인 노론 벽파들이 정순왕후를 중심으로 그렇게 빨리 장용영의 내영과 외영을 혁파시키지 않았을 것이다. 또한 장용영의 무력과 재물을 기존의 5군영으로 환원시킨 점도 장용영 설립의 목적을 엿보게 한다.[370]

정조가 현륭원과 화성 행궁의 수호 및 기존 군영 운영에서 비롯된 재정적 문제를 해결하기 위해 내놓은 계획이 장용외영의 설치라는 점을 노론 벽파들이 모르지 않았을 것임에도 시급하게 장용외영을 해체해버린 것은 장용영이 지니는 정치적 상징성과 무력 때문일 것이다. 정조가 재위기간 심혈을 기울여 양성한 장용외영의 무력이 순조 초기의 정치세력에게는 부담이었다고 볼 수 있는 것이다. 그런 배경으로 장용외영의 해체를 본다면, 그 설치배경도 정조의 왕권강화를 위한 결단에서 이루어졌음을 쉽게 알 수 있다.

장용외영의 군제는 화성의 건설과 같이 진행되었다. 화성 건설의 논의가 진행 중이던 1793년(정조 17) 7월에 마병馬兵을 장별대壯別隊로 재편성하며 군제가 정비되었다. 화성 건설이 있기 전 수원부의 마병과 보병은 훈련도감에 준하여 정비하여 외도감外都監이라는 말을 듣기도 했다. 그런데 화성 건설이 임박한 1793년 9월에는 보병과 마병이 이름만 남게 되어 새로운 군병을 두게 되는데 그것이 친군위親軍衛였다. 친군위는 좌군과 우군을 각각 100명으로 하고 훈련도감의 예에 따라 탐라 목장의 말을 군사마다 각각 한 필씩 주었다. 친군위의 좌군 100명은 지방의 양반 출신 장교로서 절충장군과 가선대부를 지낸 사람 및 추천 없이 출신出身한 사람 가운데서 신체가 좋고 무예가 있는 사람을 각별히 선발하였다. 우군 100명은 문벌이 좋고 활쏘기와 말타기에 능하여 선전관·부장·수문장의 세 자리로 추천할 만한 한량閑良을 별도로 뽑

369 『정조실록』 권37, 정조 17년 1월 병오.
370 배우성, 앞의 논문, 1991, 251~252쪽.

아서 선발하였다.[371]

1793년 10월에는 비변사에서 장용외영 군제 절목을 정비하면서 1차적인 군제가 완비되었다. 당시 비변사가 올린 장용외영의 절목에서 중요한 점은 총융청 군병에서 성정군城丁軍을 선발한 것이다. 총융청의 재가군관在家軍官 150인, 방어사영의 번을 면제받은 군관 290인, 토포사의 소속으로 번을 면제받은 군관 459인을 수첩군관守堞軍官으로 호칭을 바꾸고, 화성의 군수 별무사軍需別武士 1,798명, 유방군留防軍 702명을 성정군으로 삼아서 성을 수비하게 하였다.[372]

당시 비변사에서 올린 군제는 장용외영군제절목壯勇外營軍制節目에 잘 나타나고 있다. 절목은 보병이정절목步兵釐正節目, 보병유방절목步兵留防節目, 친군위유방절목親軍衛留防節目, 친군위도시절목親軍衛都試節目, 유수영별군관절목留守營別軍官節目 등 5개였다. 정조는 장용외영의 절목을 내영과 함께 모두 인쇄하여 각 군영과 5개 처의 사고史庫에 나누어 간수하고 제신들에게도 반포하도록 명하였다.[373]

장용외영군제절목 5개의 주요내용을 보면 다음과 같다.

보병이정절목步兵釐正節目

○ 화성의 26초哨 가운데서 체력이 건장한 양정良丁 13초를 뽑아 부대를 편성하고, 그 나머지 13초는 보군保軍으로 강등하여 쌀을 거두어 군사를 기르게 하고 정군正軍의 자리가 비게 되면 차례대로 승급시켜 채우되 경영京營 대년군待年軍의 예와 똑같이 한다. 그러나 지금은 양정 확보가 어려워서 보군을 양정으로 채우면 7초에 지나지 않는다. 그 나머지 6초는 부득이 사천私賤으로 우선 숫자를 메우되 이는 3년을 기한하여 양정으로 바꾸어서 13초의 수를 맞추게 한다.

○ 장령將領 중 천총千摠의 직임은 별로 긴요하지 않아 내영內營에서도 설치하지 않았으니 외영도 내영의 예에 따라 설치하지 않는다. 3사司의 파총把摠은 경내에서 경력이 있는 당상 무관으로 차출하고, 초관哨官의 7자리는 수문장守門將과 부장部將

---

371 『정조실록』 권38, 정조 17년 9월 갑인.
372 『정조실록』 권37, 정조 17년 1월 기미.
373 『정조실록』 권38, 정조 17년 10월 신사.

으로 추천받은 자를 임명하고 6자리는 편제를 정하되 선전관·수문장·부장으로 추천받은 사람 중에서 전직 조관朝官으로 참상參上·참하參下와 출신出身을 통틀어 차출한다.

○ 본부는 원래 외도감外都監이기 때문에 군사들 복색도 훈련도감의 예를 모방하여 전건戰巾과 홑동달이單挾袖, 사방 색깔에 맞춘 더그레號衣를 갖추어 간편하고 비용을 줄이는 방도로 하고, 서울 군영의 예에 따라 스스로 마련하게 한다. 군기인 조총·환도·남날개南飛箇·화승火繩·화약·탄환 등의 물품은 본부의 군기소軍器所에 있는 것을 나누어주며, 역시 내영의 단총수單銃手에 대한 규정에 따라 기대장旗隊長과 사수射手의 활과 화살도 자체 마련하지 말도록 한다.

보병유방절목步兵留防節目

○ 외영을 설치하였고 군제를 정하였으니 보군도 내영의 향군鄕軍들과 함께 번갈아 번을 서야만 할 것이다. 해마다 동짓달부터 이듬해 정월까지 우선 행궁行宮 방어에 임하게 하여 번갈아 번을 서도록 한다.

○ 자체 훈련은 날마다 실시하되 첫 날과 마지막 날은 훈련장에서 하는 규정과 똑같이 연습하고 중간 날에는 18가지 무예를 『무예도보武藝圖譜』에 의거하여 가르치고 시험을 보인다.

○ 번이 교체할 때마다 상번上番하는 군사와 하번下番하는 군사는 같은 사의 편제를 이뤄야 되므로 반드시 새 번과 묵은 번이 합동 훈련을 하여 사의 단위로 하는 훈련법을 알도록 한다. 중사中司 3개 초는 단독으로 번을 서므로 하번하기 하루 전 합동 훈련 조례에 따라 전체적인 훈련을 실시한다.

친군위유방절목親軍衛留防節目

○ 좌열과 우열로 번을 나누고 외영外營에 주둔 근무하면서 행궁을 호위하고 한편으로는 날마다 기예를 익혀야 된다. 보병의 근무기간이 동짓달·섣달·정월의 3개월이므로 기병과 보병이 동시에 번을 서는 것은 불편하니, 반드시 봄·가을 농한기에 열을 나누어 번을 정하되 2월에는 좌열이 3개 번으로 나누어 매번이 10일간씩 34명이

교대하여 근무하고, 10월에는 우열이 좌열의 예와 같이 근무한다.

친군위도시절목親軍衛都試節目

○ 봄과 가을 두 차례 보이는 도시는 송도와 강화도에서 실시하는 예에 따라 시행하며 규정도 송도의 예를 따른다. 철전鐵箭은 1백 보 밖에서 3시矢를, 유엽전柳葉箭은 1순巡에 5시를, 편전片箭은 1순에 3시를, 기추騎芻는 한 차례에 5시를, 편추鞭芻는 한 차례에 6번 명중시키며, 조총은 1순에 3방을 명중시키면 합격자로 한다.

유수영별군관절목留守營別軍官節目

○ 별효사別驍士의 명칭을 별군관으로 고치고 무과에 급제한 자 중 사대부 출신으로 선전관 추천을 받은 사람과 중인中人·서출庶出로 부장部將이나 수문장守門將 추천을 받은 사람 및 장용군壯勇軍 출신을 통틀어 임명 보충하되 말을 바치고 들게 한다. 정원은 1백 명으로 좌열과 우열을 편성하여 유수영留守營에 직속시켜 뒤를 차단하는 임무를 맡게 한다.

○ 도시 규정은 별효사를 시취할 때처럼 『대전통편大典通編』에 실려 있는 대로, 철전鐵箭은 1백 보 거리에서 3시를, 유엽전은 1순에 5시를, 편전은 1순에 3시를, 기추는 한 차례에 5시를, 편추는 한 차례를 실시하여 시취한다.

위의 장용외영 군제절목에서 주목되는 부분을 정리하면, 병력의 부족한 부분을 사천私賤인 천인으로 보충하고, 훈련도감의 예에 따라 군장을 스스로 마련하며, 군기를 지급해 주고, 상번군과 하번군의 합동 훈련을 통해 전체 군병이 훈련법을 알게 하며, 경력이 있는 무반의 추천으로 장교를 선발하는 내용 등이다. 조선의 국법상 군역은 양인 이상에만 부담하며, 천인은 제외되는 것인데 장용외영에서는 사천도 이용하고 있다. 그리고 장용외영의 운영에 훈련도감을 전례로 삼고 있는 점은 기존 군영의 장점을 응용한 것으로 보인다. 또한 군기물에서 의복류는 병사들이 스스로 장만하게 하면서 무기는 군기고에서 지급하는 것은 다른 군영에서는 잘 나타나지 않는 사례이다. 훈련도감을 비롯한 대부분의 군영군은 스스로 무기를 구입하였기 때문이다. 이외에 상번군과 하번군이 동시에 훈련에 임하는 것도 타 군영에서는 볼 수 없었던 장용외영의 독특한 군제로 보인다.

장용외영의 군제는 1795년(정조 19) 성곽 건설이 본격화되면서 다시 거론되었으며, 이때 협수군協守軍이 신설되고 입방군入防軍과 성정군城丁軍이 확립되었다. 협수군은 화성의 외곽에서 성을 방어하는 병력으로 화성 주변의 고을에서 담당하게 했다. 협수군제를 비롯한 장용외영의 군제가 일대 변화를 맞는 것은 1797년(정조 21) 화성의 성곽이 완공되면서이다. 이해 12월 화성에서는 정조에게 군제와 협수군에 관한 추가 절목 및 수성절목을 올렸다. 새로운 군제의 주요 내용은 용인, 진위, 안산, 시흥, 과천 등의 5개 읍을 화성의 속읍으로 정해서 군병을 소속시키도록 결정한 것이다.

이들 5개 속읍 군사 수효의 많고 적음에 따라서 장정을 선발하여 어린형魚鱗形으로 13초哨를 만들어 입방군入防軍에 소속시켰다. 이때 용인은 10초 안에 2초 1기旗, 진위는 5초 안에 1초 2기, 안산은 5초 안에 1초 1기, 시흥은 4초 안에 1초, 과천은 3초 안에 2기를 선발했다. 이들 군병을 지휘하는 5개 읍의 수령이 파총把摠을 겸임하되 1원員은 당상 무관으로 더 차출하였으며, 초관은 4사司의 수요에 맞게 20원으로 했다. 초관은 아병으로 입방 정군入防正軍과는 다르니, 각 읍에 있는 출신을 가려 차출하되, 한량閑良 중에서도 지벌이 있는 자를 융통성 있게 차출하였다.[374]

이때의 군제는 1영營-4사司-20초哨의 규모였으며, 정군正軍 20초에서 매년 10초를 5번番으로 나누어 번마다 2초씩 한 해 걸러 입방入防하는 방식으로 했다. 그리고 입방군을 제외하고 20초 안에서 5초는 나누어 외사外使의 난후아병攔後牙兵, 2초는 주대책응병駐隊策應兵, 3초는 통구유병通衢遊兵, 10초는 4개 처에 나누어 소속시켜 협수군의 임무를 맡겼다. 입방군과 협수군의 양 체제는 곧 영제營制와 성제城制로 군대가 구분되는 것을 의미하였다. 협수장協守將은 별사파총別司把摠을 대신해서 호칭하였으며, 이들의 임무는 화성의 성곽을 방어하는 것이었다. 화성의 방위에 따라 구분하여 동성협수장東城協守將은 용인현령, 남성협수장은 진위현령, 서성협수장은 안산군수, 북성협수장은 시흥현령, 유병장은 과천 현감이 맡았다.[375]

374 『정조실록』 권47, 정조 21년 12월 을축.
375 『정조실록』 권47, 정조 21년 12월 을축.

협수군은 성곽의 인근에서 기각지세를 이루어 방어하려는 전술에서 나온 대안이다. 이미 남한산성과 북한산성 그리고 송도와 강화에서 협수군을 두고 있었으므로 화성에도 도입할 수 있었다. 협수 초관이 경보를 듣는 즉시 성으로 병력을 이끌고 오는 시스템이었다.[376]

이에 따라 1798년(정조 22)에는 화성 인근 5개 읍을 속읍으로 한 5위 체제가 완성되었다. 5위에 따른 화성 방어군은 크게 정병과 성정군으로 구별된다. 정병은 장락대長樂隊 5위로 구성되었는데, 전위는 남문의 팔달위八達衛, 좌위는 동문의 창룡위蒼龍衛, 우위는 서문의 화서위華西衛, 후위는 북문의 장안위長安衛로 편제되었다. 성정군은 화성과 인근 5개 읍의 5부에서 입속된 군사들이다. 이들은 각 위의 방어 위치에 따라 남문을 방어하는 팔달위 2,583명, 동문의 창룡위 2,271명, 서문의 화서위 2,378명, 북문의 장안위 2,463명, 화성의 중앙을 방어하는 유병游兵인 장락위 중위中衛에 소속되었던 신풍위新豐衛 960명 등의 10,655명이 있었다.[377]

그런데 1798년 정조가 개편한 군제의 큰 특징은 조선전기의 5위제五衛制를 도입하여 5위-속오위의 체제를 완성했다는 점이다. 정조는 5위제의 복귀를 강력하게 요구하였다. 정조는 군영의 창설로 재정이 낭비되고 병농일치의 좋은 제도가 폐지되었다고 보았다. 이에 따라 화성을 방어하는 장용외영의 군제를 조선전기 중앙군의 진법인 5위제로 재현하고자 했던 것이다. 당시 비변사에서는 화성을 중심으로 이원적인 방어 전략을 수립했다.

먼저 일반 농민을 전투병으로 만드는 병농일치의 대책으로 화성 외곽의 입방군인 5개 읍의 속오군을 1영 5사 25초의 제도로 정비하였다. 그리고 1영을 전·좌·중·우·후의 5위로 나누어 장락대라고 하는 한편, 위는 5부를 관할하고 부는 3통을 거느리게 하였다. 수성은 신지信地 내의 성문 이름을 가지고 위로 삼아, 동쪽은 창룡위, 남쪽은 팔달위, 서쪽은 화서위, 북쪽은 장안위라고 하였다. 또한 위의 조직은 부로 나뉘어지고 부는 통을 관할하며 통은 타장垜長과 타부垜夫를 이끌게 하였으며, 통구유병通

376 『정조실록』 권42, 정조 19년 5월 을해.

377 강문식, 「정조대 화성의 방어체제」 『한국학보』 82, 1996, 220~221쪽 ; 최홍규, 「정조대의 화성 경영과 장용외영 문제」 『경기사학』 창간호, 1997, 41~42쪽.

신풍루(수원 화성)

衢遊兵을 중앙에 위치시켜 신풍위라고 칭한 뒤 장락 5위에 분속시켰다.[378]

당시 5위 제도에 따라 소속된 군병을 보면 다음과 같다.

○ 장락전위長樂前衛

정병正兵은 본부의 장락대長樂隊 635명을 소속시키는데, 관하管下의 5부장部將이 각각 127명씩 거느린다. 성정城丁은 남성南城의 팔달위八達衛가 여기에 예속되는데, 본부의 팔달대八達隊 1,104명에 대해서는 전·좌·중 3부部가 각각 368명씩 거느리고, 진위振威의 팔달대 720명은 우·후 2부가 각각 360명씩 거느린다. 본부의 팔달대 245명과 진위의 팔달대 265명을 정문 및 남쪽 암문暗門 · 서남쪽 암문·각루角樓 · 수문水門 · 치성雉城 · 적대敵臺 · 봉돈烽墩 · 포루砲樓 · 포루舖樓 등 13개 지역에 증원 파견한다. 본부의 팔달대 39명으로 통장統長 12명과 타장垜長 27명을 마련하고, 진위의 팔달대 26명으로 통장 8명과 타장 18명을 마련하고, 진위의 팔달대 184명으로 위장·부장·통장

378 『정조실록』 권49, 정조 22년 10월 기유.

의 각색各色 표하標下 및 화부火夫를 마련하니, 총 병력은 2,583명이다.

○ 장락좌위長樂左衛

정병은 용인의 장락대 381명과 진위의 장락대 254명 등 도합 635명을 소속시키는데, 관하의 5부장이 각각 127명씩 거느리게 한다. 성정은 동성東城의 창룡위蒼龍衛가 예속되는데, 본부의 창룡대蒼龍隊 736명은 전·좌 2부가 각각 368명씩 거느리고, 용인의 창룡대 1,096명은 중부中部가 376명, 우右·후後 2부가 각각 360명씩 거느린다. 본부의 창룡대 40명과 용인의 창룡대 150명을 정문 및 포루砲樓·포루舖樓·치성雉城·노대弩臺·공심돈空心墩 등 7개 지역에 증원 파견한다. 본부의 창룡대 26명으로 통장 8명과 타장 18명을 마련하고, 용인의 창룡대 39명으로 통장 12명과 타장 27명을 마련하고, 용인의 창룡대 184명으로 위장·부장·통장의 각색 표하 및 화부를 마련한다. 총 병력은 2,271명이다.

○ 장락중위長樂中衛

정병은 본부의 각면各面에 있는 장락대 389명과 용인의 장락대 123명과 진위의 장락대 123명 등 도합 635명을 소속시키는데, 관하의 5부장이 각각 127명씩 거느린다. 유병遊兵은 신풍위新豐衛가 예속되는데, 용인의 신풍대新豐隊 275명과 안산의 신풍대 250명과 시흥의 신풍대 213명과 진위의 신풍대 170명과 과천의 신풍대 52명 등 도합 960명을 4개 처의 통구부장通衢部將 8인이 각각 120명씩 거느린다. 과천의 신풍대 56명으로 위장·부장의 표하를 마련한다. 총 병력은 1,016명이다.

○ 장락우위長樂右衛

정병은 본부의 장락대 361명과 안산의 장락대 274명 등 도합 635명을 여기에 소속시키는데, 관하의 5부장이 각각 127명씩 거느리게 한다. 성정은 서성西城의 화서위華西衛가 여기에 예속되는데, 본부의 서쪽 경내에 있는 화서대華西隊 1,464명에 대해서는 전前·좌左·중中 3부部가 각각 368명씩 거느리고 우부右部가 360명을 거느리며 후부는 안산의 화서대 360명을 거느리게 한다. 본부의 화서대 320명을 정문 및 각루·암문·치성·포루砲樓·포루舖樓·노대·공심돈 등 11 개 지역에 증원 파견한다. 본부의 화서대 52명으로 통장 16명과 타장 36명을 마련하고, 안산의 화서대 13명으로 통장 4명과 타장 9명을 마련하고, 안산의 화서대 15명과 본부의 화서대 169명으로 위장·부장·통장의 각색 표하 및 화부를 마련한다. 총 병력은 2,393명이다.

○ 장락후위長樂後衛

정병은 본부의 서북쪽 경내에 있는 장락대 266명과 시흥의 장락대 169명과 과천의 장락대 200명 등 도합 635명을 여기에 소속시키는데, 관하의 5 부장이 각각 127명씩 거느리게 한다. 성정은 북성北城의 장안위長安衛가 여기에 예속되는데, 본부의 서북쪽 경내에 있는 장안대長安隊 1,464명에 대해서는 전·좌·중 3 부部가 각각 368명씩 거느리고, 우부右部가 360명을 거느리며, 후부後部는 과천의 장안대 360명을 거느리게 한다. 본부의 서북쪽 경내에 있는 장안대 224명과 과천의 장안대 166명을 정문 및 수문水門·각루角樓·암문暗門·적대敵臺·포루砲樓·포루舖樓 등 10개 지역에 증강 파견한다. 본부의 장안대 52명으로 통장 16명과 타장 36명을 마련하고, 과천의 장안대 13명으로 통장 4명과 타장 9명을 마련하고, 과천의 장안대 184명으로 위장衛將·부장部將·통장의 각색 표하 및 화부火夫를 마련한다. 총 병력은 2,463명이다.

○ 장락 5위는 위마다 위장 1, 부장 5, 통장 3, 대정隊正 9인을 두며, 위는 부를 호령하고 부는 통을 호령하고 통은 대를 호령하게 한다. 속5위屬五衛는 위마다 위장 1, 부장 5, 통장 20, 타장 45인을 두며, 위는 부를 호령하고 부는 통을 호령하고 통은 타장을 호령하고 타장은 타부垜夫를 호령하게 한다. 이렇듯 상호 통제받는 관계를 형성하면서 단계별로 호령이 전달되게 한다.[379]

이와 같은 장용외영의 군제는 왕권을 강화하려는 대책이면서도 5군영의 난립에 따른 국가재정의 악화 상황을 개선하기 위한 정조의 개인적 의지가 반영된 것이라고 볼

379 『정조실록』 권49, 정조 22년 10월 기유.

수 있다. 정조는 화성의 군제를 조선전기의 5위제로 복구한 것임을 대외에 알리며 조종의 법도라면서 병농일치의 군제를 지향한다고 하였다. 정조가 5위제를 언급한 내용을 보면 다음과 같다.

> 화성의 군대 편제를 먼저 위衛와 부部로 편제되었던 옛 제도로 복구하였는데, 이것 역시 의리에 관계되는 일인 만큼 경들에게 두루 알리지 않을 수 없다. 대개 5위를 설치한 것은 우리 조종조의 아름다운 법제로서 군대와 농사를 하나로 일치시키고 중앙과 지방이 서로 보완하여 마치 강綱에 목目이 딸리고 팔이 손가락을 놀리는 것과 같은 것이다. 그리하여 평상시의 절제節制는 도총관과 부총관이 주관하여 하고, 유사시에는 전지를 받아 명을 내어 장수를 보내고 군대를 출동시킨다. 그러므로 친히 사열할 때에도 별도로 좌상대장左廂大將과 우상대장右廂大將을 세워 5위의 군병을 나누어 거느리게 하였으며, 총관摠管은 사열대 위에 올라가 시위侍衛하였다. 그런데 위와 부의 제도를 혁파하고 군영을 설치하면서부터는 옛 제도가 씻은 듯이 없어져 상고할 수가 없게 되었다.[380]

용주사 천보루(경기 화성)

380 『정조실록』 권50, 정조 22년 11월 임술.

앞의 글에서 정조가 구상한 장용외영의 모습은 조선초기의 중앙집권적인 군제인 5위체제를 통해 일원화된 군제와 지휘체계를 확립하여 국왕이 직접 군권을 장악하려는 것이었다. 이를 위해 정조는 『이진총방肄陣總方』과 『군려대성軍旅大成』 같은 병서의 편찬을 통해 고대의 5위 군제와 5위의 운영체제를 연구하기도 했다. 또한 정조는 이러한 병서들의 연구 작업 과정을 거치면서 조선전기의 5위체제와 그 진법을 분석할 수 있었으며, 그 결과 병농일치의 일원화된 군 통수권을 확보하려는 시도를 장용외영에 도입했던 것이다.[381]

한편, 장용외영에는 화성 방어를 위해 승도僧徒를 동원하려고 했다. 현륭원의 원찰이기도 한 용주사龍珠寺의 총섭摠攝에게 승도를 단속하게 하고 장용외영에서 그들에게 포 쏘는 법을 시험하게 하고 돈대墩臺의 감시에 파견하도록 했다.[382]

2) 화성의 축조

(1) 화성 축조의 배경과 현륭원(顯隆園) 조성

1789년(정조 13) 정조는 생부인 사도세자(장조)의 묘소인 양주 배봉산의 영우원을 수원으로 이장하기로 한다. 양주의 묘소가 비좁고 풍수상 나쁘다는 이유였다. 영우원의 이장지로는 여러 곳이 후보지로 올랐지만 정조의 의지에 따라 수원의 용복면龍伏面 화산花山으로 결정되었다. 정조가 수원을 영우원의 이장지로 선택한 것은 정조 치세기 동안 수원에 화성 행궁, 현륭원, 장용영 외영外營, 용주사 등을 설치한 것을 통해 정치적인 의도가 배경이었음을 파악할 수 있다.

화성 축성은 1793년(정조 17) 본격적으로 시작되었다. 물론 1790년(정조 14) 6월 부사직 강유姜游가 화성 인근에 토성의 축조를 주장한 상소가 있었지만, 주민의 대거 이주와 신도시 건설 같은 규모는 아니었다. 특히 정조의 정치적 결단이 가미된 화성 건축은 1793년에 와서야 실행되었으므로 그 이전에 논의된 화성 축성론은 국지적인 지방문제였다고 볼 수 있다.

---

381 노영구, 「정조대 오위체제 복구 시도와 화성 방어체제의 개편」 『진단학보』 93, 2002, 344~346쪽.
382 『정조실록』 권49, 정조 22년 10월 기유.

정조는 수원을 화성으로 개명하고 유수부로 승격시키면서 화성에 대한 정치적 의도를 내보이는데, 수원을 화성으로 개명한 것에서부터 정조의 의도가 나타난 것이라고 할 수 있다. 정조는 중국의 요 임금이 화華 지방을 돌아볼 때 그 지역의 봉인封人이 세 가지를 축원한 뜻을 취하여 이 성의 이름을 '화성華城'이라고 한다고 했다.[383] 요가 받은 축원은 장수長壽·부富·다남자多男子의 세 가지였는데, 제왕으로서 그 세 가지는 통치자의 자세로 받아들이기 어려운 부분이라는 것으로 정조가 해석했으며, 다만 요가 화 지역에 간 것을 전거로 하여 화의 명칭을 가져온 것이라고 볼 수 있다. 이외에 현륭원이 자리하던 곳의 산 이름이 화산이며, 그 화산의 화에서 따온 것이라는 의견도 있다. 화산은 주변의 산세들이 꽃잎 봉우리처럼 둘러 있어서 이름 붙여졌다는 것이다.[384]

정조는 수원을 화성으로 개명함과 동시에 부사를 유수로 승격시켜 장용외사壯勇外使와 행궁 정리사行宮整理使를 겸임하게 하였다. 그리고 광주부의 2개 면을 부속시켜 부 전체의 면적을 넓혔다.[385] 또한 어필로 화성이라는 현판을 써서 행궁의 정당인 장남헌壯南軒[봉수당]에 걸어두게 하고는 화성이 중국 주周나라의 풍豊이나 한漢나라의 패沛와 같이 융성할 것이라 해서, 화성이 풍패지향豊沛之鄕[386]으로 수도에 버금가는 곳임과 동시에 장차 천도遷都 후보지로 삼을 수 있음을 내비쳤다.[387]

정조가 수원을 화성 신도시로 개발하고 유수부로 승격시키면서 장용영 외영을 둔 것은 중국의 능읍陵邑 제도를 차용한 것으로 볼 수 있다. 왕실의 능침을 보호하는 목적으로 조성한 도시를 능읍이라고 하여 중국 역사에서 황제의 능이 있는 곳에는 읍을

---

383 『정조실록』 권39, 정조 18년 1월 계묘.

384 『화성성역의궤』 권1, 「筵說」, 갑인 정월 14일.

385 건치연혁, 『국역 수원부·남양부 읍지』, 화성시, 2006, 70~71쪽.

386 흔히 풍패지향은 한나라 고조가 패주 풍읍 출신인 것에 연유하여 제왕의 고향, 왕가의 발상지라는 개념으로 사용하였다. 조선시대에는 이성계의 고향인 함경도 함흥을 풍패지향이라고 했다. 화성과 관련해서는, 고조가 제위에 올라 수도를 장안으로 옮길 때, 고조의 부친이 풍으로 돌아가고 싶다고 하자, 장안의 한 곳에 풍 사람들을 이주시키고 그곳을 신풍현이라고 한 것을 설명하는 것으로 본다. 정조가 화성을 축조하면서 신풍루를 세운 것도 같은 맥락이라고 볼 수 있다. 그리고 화성의 북문이 장안문이라는 것도 한나라의 수도가 장안이라는 것에 연유하여 화성을 신도로 삼겠다는 정조의 의지가 드러난 것이라고 해석할 수 있겠다.

387 『정조실록』 권37, 정조 17년 1월 병오.

두어 군대와 백성을 거주하게 하는 사례가 나타난다. 예컨대 진의 시황제는 즉위하자마자 여산驪山 부근에 능묘를 조성하면서 3만여에 달하는 민가를 인근으로 이주시키고 여읍이라는 신도시를 조성하기도 했다. 이런 전례는 한나라에도 이어져서 장안의 북쪽에 고조 등의 능을 위해 조성한 읍들을 5릉이라고 하기도 했다. 그리고 한대 제왕들의 능읍 건설은 단순히 능묘를 호위하기 위한 것만이 아니라 중앙을 강하게 하고 지방을 약화시키려는 전력이었다고도 본다.[388]

물론 정조는 화성축조가 사도세자의 묘소를 보호하기 위한 것이라는 점을 강조하였다. 그래서 화성에 행궁을 세워 사도세자를 우러르는 생각을 두었으며, 영정을 모셔서 혼정신성昏定晨省의 정성을 대신할 것이라며, 효제孝悌의 입장이라는 것을 강조하였다. 그렇지만 정조가 현륭원의 수호를 위해 장용영의 외영을 설치하는 과정은 효제라는 차원보다는 왕권강화라는 색채가 짙게 풍기는 내용이었다. 만약 정조의 논리대로 선대의 능침을 보호하기 위해 신도시를 건설한다면, 정조 이후 역대의 국왕들도 중요하다고 생각하는 묘소마다 성곽과 보호시설을 신축해야 했을 것이다.

정조가 화성에 사람들을 이주시키려는 계획에서도 한나라의 능읍 제도를 전거로 삼고 있어서 단순히 능묘를 보호하기 위한 것이 아님을 시사한다.[389] 특히 정조는 한나라의 능읍 체제가 국왕의 도성을 보강하고 기간병력을 수도에 두어 지방을 상대적으로 약하게 한다는 내용을 높이 평가[390]하고 있어서 그의 화성 건설이 단순한 효도차원이 아님을 분명히 한다.

예컨대 장용영의 외영을 화성에 설치한 이유를 현륭원의 수호가 목적이라면서 용인·진위·안산·시흥·과천 등 5개 읍의 타 군영 소속 병력을 외영에 소속시킨 것,[391] 남한산성은 단지 방위하는 성의 역할만이 있을 뿐인데도 대신을 사使로 삼았다는 사례를 들어서 수원 부사를 유수로 승격시키고 장용외사로 임명한 조치 등은 정조의 정치적 의도를 나타내는 부분이라고 할 수 있다.[392]

388 배우성, 「정조의 유수부 경영과 화성(華城) 인식」『한국사연구』 127, 2004, 248~253쪽.
389 『홍재전서』 권45, 비답4.
390 배우성, 앞의 논문, 2004, 271쪽. 『정조실록』 권49, 정조 22년 10월 기유.
391 『정조실록』 권49, 정조 22년 10월 기유.
392 『정조실록』 권37, 정조 17년 1월 병오.

이런 다양한 정치적 목적을 지니고 1793년(정조 17) 정조는 채제공蔡濟恭, 정민시鄭民始, 윤행임尹行任, 조심태趙心泰 등과 화성 축조를 논하면서 금위영과 어영청의 번상군番上軍에게 10년을 한정하여 1초씩 감하는 비용으로 25만냥을 축성비용으로 마련하게 했다. 그리고 채제공이 총괄감독, 조심태가 감동당상監董堂上을 맡도록 하였으며, 전국의 지방관에게 각지의 성지를 그림으로 모사하여 올리도록 지방에 명령을 내렸다. 전국의 성지를 그림으로 그려 보고하게 한 것은 전통적인 축성술을 연구하여 화성 건설에 응용하려했다고 볼 수 있다. 또한 화성축조의 기본방침은 유형원이 『반계수록』에서 제시한 것을 따르도록 하였다. 정조는 화성축조를 계기로 유형원에게 성균관 좨주祭酒를 제수하기도 했다.[393]

정조가 채제공을 화성 축조의 총책임자로 한 것은, 화성이 현륭원을 모신 지방이며 부府로 승격된 초기이므로 원로를 얻어 그 성망聲望을 빌어 그 곳을 격상시키려는 생각에서 부득불 선택하였다고 하였다.[394] 정조의 부름에 부응하듯이 채제공은 1793년 1월 수원유수로 파견되어 장용영 외영을 창설하고 수원을 화성으로 개명하면서 축성방략築城方略을 정조에게 보고하여 화성 건설의 구체적인 계획을 제공하였다.[395]

이와 같이 화성 축조가 처음부터 정조의 정치적 의도가 복선으로 깔려 진행되었으므로 신료들의 반대에 부딪히는 것은 오히려 당연한 일이었다. 화성축조를 반대한 것은 심환지沈煥之를 비롯한 노론 벽파 세력이었다. 노론 벽파는 채제공을 중심으로 한 남인의 반대세력임과 동시에 사도세자를 죽게 한 사건인 임오화변壬午禍變의 주범이었으므로, 영우원의 천장遷葬과 화성의 축조로 이어지는 정조의 계획은 수도를 옮기는 친도로 여겨질 수밖에 없었다. 더욱이 천도와 함께 장용영이라는 국왕 친위 군대의 양성은 벽파의 실권과 함께 곧 정치적 탄압으로 정국이 바뀔 것이라는 두려움을 줄 수밖에 없었다.

화성이 완공된 이후에도 정조의 화성 건설에 대한 반대 의견은 지속되었다. 그 대표적인 사건이 헌납 임장원任長源의 상소였다. 임장원은 시골에 5년간 거주하다가 역

393 김성윤, 「조선후기 정조대의 수원육성과 천도시도」『부대사학』 20, 1996, 126~127쪽.
394 『정조실록』 권37, 정조 17년 5월 병진.
395 『정조실록』 권37, 정조 17년 1월 계축.

화성 동북 포루(경기 수원)

마驛馬를 타고 화성에 다녀온 후 문제점을 지적하였다. 그는 화성의 성곽과 600여 칸에 달하는 행궁의 경관을 보고나서 장대함보다 재물을 낭비한 점을 문제 삼았다. 특히 정조가 화성 건설의 첫 번째 이유로 삼았던 현륭원 원묘의 보호를 위한다는 것도 귀신이 옹호해준다는 논리로 초목에 맡기면 된다고 하였다. 그는 정조가 효도에만 집중하여 국가의 대사는 그르쳤음을 지적했다. 또한 사도세자에 대한 치성이 지나치며, 그렇게까지 받들 대상이 아니라는 의사도 개진하였다.[396]

정조로서는 임장원의 상소가 뼈아픈 내용이었을 것이다. 그의 상소 내용이 크게 어긋난 지적이 아니기 때문이었다. 정조의 생부라는 이미지를 제외하면 사도세자는 여전히 역적이었다. 그를 위해 성대한 묘소를 만드는 것은 물론 신도시까지 조성한다는 것이 납득하기에 어려운 부분인 것이다. 정조가 왕권강화라는 차원에서 정치적 공론을 거쳐 정책적으로 화성을 조성한 것이 아니라 생부에 대한 효심이라는 국왕 개인의 감성에 맞추어 대역사를 진행한 것은 충분히 비난할 만한 사안이었다. 더욱이 순조 이후 국가의 재정이 급속히 쇠퇴하는 것은 정조대 과도한 국가적 공사 때문이라고도

---

396 『정조실록』 권49, 정조 22년 8월 정사.

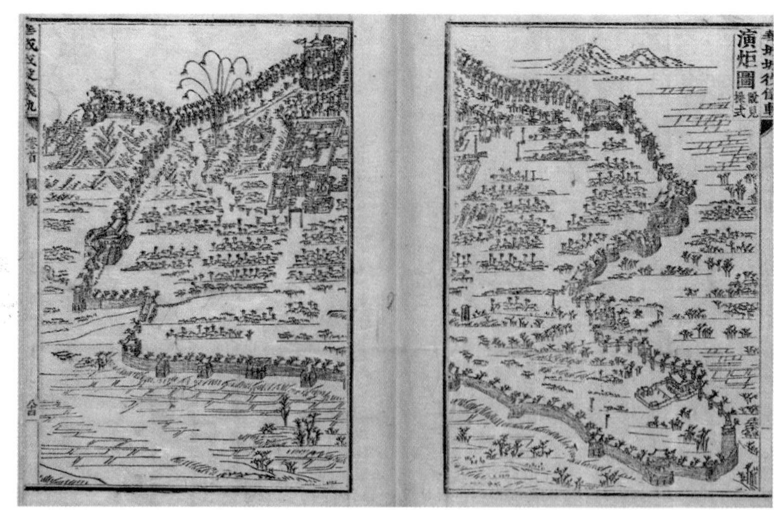

화성성역의궤(규장각한국학연구원)
화성 축조와 관련된 내용이 상세하게 기록되어 있다.

볼 수 있을 것이다. 사실 화성 성역 공사비에 돈으로만 80여만 냥이 소용된 것은 국가재정에 큰 부담이었다.[397]

그런데 정조는 그의 언사에 별다른 반응을 보이지 않고 무시하는 것으로 넘어갔다. 요순의 치세와 같은 제왕의 자리에서 덕치를 내세우고 싶었던 정조[398]에게, 이런 상소에 일일이 대응하는 것 자체가 이상한 일인 것이다. 그리고 화성은 이미 건설된 상태였으므로, 한낱 시골 유생의 시비를 확대하여 정치적 논란으로 만들고 싶지 않았을 것이라고 생각된다. 또한 임장원이 주장한 국가재용의 낭비도 실제 비용 조달 과정을 모르고 한 말이었다.

화성 건설 공사를 3년 만에 완공시키면서도 백성들을 강제로 동원하지도 않았고 국가의 경비를 축내지도 않았었다. 정조는 내탕고에 비축해 두었던 재물과 금위군 10여 초哨의 번을 10년 동안 중지함으로 얻은 40만냥을 합해서 사용하였다.[399] 그리고 인부의 동원도 채제공은 비용이 많이 들어 승군을 성역에 동원하자고 한데 반해, 정

397 『정조실록』 권43, 정조 19년 7월 갑자.
398 김문식, 「정조의 제왕학과 『대학유의』 편찬」 『규장각』 21, 1998, 68~69쪽.
399 『정조실록』 권45, 정조 20년 10월 갑오.

조는 한 명의 백성도 노역시키지 않으려는 원칙에 따라 임금을 지불하여 고용하는 노동체계를 유지하였다.[400] 따라서 정조의 입장에서 그런 정도의 반대 의견은 무시해도 지장이 없는 사안인 셈이다.

화성은 건설 초기부터 정조 치세 동안 자주 비난 받는 대상이었지만 당시로서는 최신의 계획도시였다. 화성 신도시는 정조의 거처인 행궁과 관청, 주민의 거주지, 도시를 보호할 성곽의 3부분으로 나뉘어 건설되었다. 그 중 먼저 완공된 것은 현륭원에 참배하러 가는 정조를 위한 행궁, 공자의 위패를 둔 향교, 토지신을 기리는 사직단이었다. 국왕을 중심으로 한 유교적 통치체제를 이루기 위한 전초 작업이었다고 볼 수 있다. 행궁이 가운데에 위치하면서 좌측에 향교, 우측에 사직을 둔 것도 조선시대 일반적인 지방 도시구조였다.[401] 따라서 화성의 기본적인 구조도 새로운 공법이 도입된 성곽을 제외하면 기본적인 구도는 전례를 따랐다는 것을 알 수 있다.

1789년(정조 13) 현륭원 조성을 위하여 기존의 읍치를 팔달산 아래로 옮기면서 신도시가 조성되었다. 정조는 박명원의 상소로 영우원의 천봉을 결정한 그날, 화성 건설의 실무 자리인 수원부사에 선대로부터 수원지역에 연고를 가지고 있던 조심태를 등용하였다.[402] 조심태는 1789년 7월부터 10월까지 4개월에 걸쳐 현륭원 조성과 그 원찰인 용주사 건립, 그리고 수원 구읍의 민가를 이전하여 화성을 조성하는 제반사항 일체의 실무를 담당하였다.

1789년 7월 12일(양 9월 1일), 수원부사에 부임한 조심태는 수원도호부 객사 앞에 읍내 백성들을 모두 모이게 하고는 영우원을 천봉하고 수원부를 이전한다는 임금의 하교내용을 알리고 사무를 맡기기에 적합한 사람을 뽑는 것으로 부사 업무를 시작하였다. 7월 15일(양 9월 4일)에는 화성을 신설할 장소를 팔달산 아래로 정한다는 장계를 정조에게 보고하였다. 그리고 7월 20일(양 9월 9일)에는 이주 대상 주민들의 가옥상태를 조사하여 일차적으로 이주시킬 244호를 각 호 별로 직역, 성명, 가옥의 구조,

---

400 『정조실록』 권40, 정조 18년 5월 무신.

401 김동욱, 「18세기 화성의 도시발달과 성곽 축조」 『정조시대 화성 신도시의 건설』, 백산서당, 2001, 101~103쪽.

402 『정조실록』 권28, 정조 13년 7월 을미.

규모와 집값에 해당하는 보상비를 정리하여 정조에게 보고했다. 예컨대 팔달산 인근에 향교를 설치하기 위해서는 이 산의 주인인 진사 이운항李運恒 집안의 허가가 필요했다. 당시 팔달산에는 이운항 집안의 분묘들이 누대에 걸쳐 매장되어 있었으므로 이장비용과 산의 가격을 지불해야 했다.[403]

이런 와중에 화성 축조의 전단계로 현륭원이 조성되었다. 현륭원은 정조의 생부인 사도세자의 묘소라는 이미지 그 자체가 정치권에서는 큰 부담이었다. 현륭원이 왕릉에 버금가는 길지에 조성된 것은 사도세자가 정치적 모략에 의해 희생당한 것을 신원伸寃시킨다는 의미가 강했기 때문이다. 또한 현륭원의 조성을 매개로 화성 축조에 박차를 가할 수 있었던 점도 있었다. 그러므로 화성 축조에 앞서 현륭원이 조성된 것은 단순한 원침園寢의 이장이 아니라 정조의 신도시 건설이라는 정치적 계획을 실현시키기 위한 첫 단계였다고 볼 수 있다.

현륭원 천장은 영조의 사위였던 금성위錦城尉 박명원朴明源의 상소로 인해 제기되었다.[404] 박명원은 사도세자의 영우원 천장을 주장하기에 앞서 사도세자의 생모인 의열영빈궁義烈映嬪宮의 묘호를 높여서 선희宣禧로 정하게 하는 상소를 올리기도 했다.[405] 물론 정조도 즉위 초부터 영우원의 형국이 나쁘다고 생각하여 이장할 뜻을 가졌으나, 몇 차례의 암살 위협과 역모를 거치면서 정국을 장악할 시간이 필요하였기 때문에 재위 14년에 이르러서야 생부의 묘소를 원하는 곳에 이장할 여력이 생긴 것이다. 또한 조야의 여론도 사도세자에 동정적이었으며 묘소의 천장에 대해서도 박명원만이 아니라 사람들의 공론이라는 분위기가 영우원 이장에 유리하게 작용하였을 것이다.[406]

박명원이 영우원 천장의 이유로 내세운 것은, 묘소 주변의 풀이 말라죽고 뱀이 많아서 정자각 기와 틈새에까지 있으며, 주변 지세까지 험하다는 것 때문이었다. 이에 정조는 창덕궁 희정당에서 박명원의 상소를 승지에게 읽게 하면서 목이 매어 대신과

---

403 『永祐園遷奉謄錄』(장서각 K2-2349), 기유 8월 4일.

404 『역주 현륭원원소도감의궤(譯註 顯隆園園所都監儀軌)』(경기도박물관, 2006), 사실, 연설, 기유 7월 11일.

405 『승정원일기』 1649책, 정조 12년 12월 26일 계축.

406 『영우원천봉등록』(장서각 K2-2349), 기유 7월 13일.

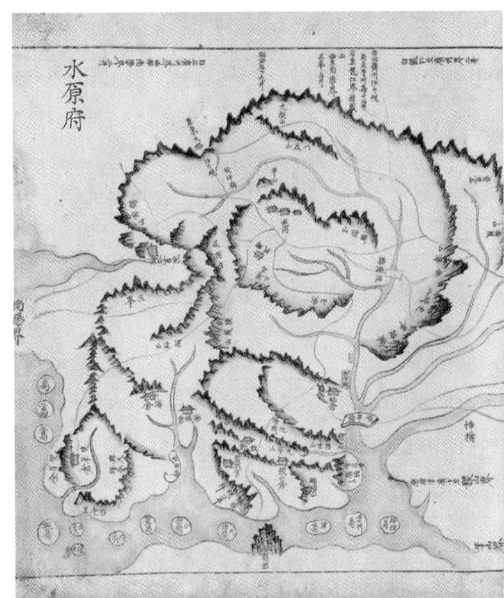

현륭원과 구수원(『해동여지도』「수원부」(좌)/ 경기문화재단, 『경기도의 옛지도』, 2005(우))

의 대화를 할 수 없을 정도였다. 그러면서 정조는 영우원이 천장할 이유로 풍수의 좌향坐向에서 주변 산세와 강물에 이르기까지 상세하게 지적하였다. 또한 문의文義 양성산兩星山, 장단長湍 백학산白鶴山, 광릉光陵의 달마동達摩洞, 헌릉獻陵의 이수동梨樹洞 등의 여러 길지들을 후보지로 예를 들었지만 어느 곳들도 마음에 드는 곳이 없다면서 오직 수원의 반룡농주盤龍弄珠 형국인 현륭원만이 마음에 든다고 하였다. 현륭이라는 말도 화산의 모습이 마치 용이 구슬을 가지고 노는 형상이라는 것에서 연유한 것이었다.[407] 현륭이라는 묘호는 태융泰隆, 덕융德隆 등과 비교하여 선택한 것이다.[408] 이처럼 정조는 현륭원 조성 이전부터 영우원의 천장 자리를 살피고 있었으며, 현륭원의 풍수도 깊이 연구하고 있었던 것이다.[409]

영우원 천장지를 현륭원 자리로 결정하여 최종적으로 보고한 것은 수원부사인 조심태의 장계였다. 그런데 조심태가 수원부사로 임명된 것이 영우원 천장일 이후 불과

407 『승정원일기』 1660책, 정조 13년, 7월 11일 을미.
408 『승정원일기』 1662책, 정조 13년, 8월 9일 임술.
409 『홍재전서』 권57, 잡저.

4일 만이었으므로[410] 그 기간 동안 화산의 이장지와 화성의 신도시 터를 조사해서 정한다는 것은 물리적으로 불가능하다. 조심태만이 화성에서 원소園所를 정하는 일을 담당하지는 않았다. 대신과 당상들이 원소도감의 관원과 3차에 걸쳐 지형을 살피는 간산看山을 마치고 현륭원의 자리를 결정하였다. 그런데 이들이 현륭원의 위치를 결정하는 과정도 2일 만에 만장일치로 정해지고 있었다.[411] 그러므로 정조가 사전에 치밀한 준비를 마치지 않았으면, 그런 단기간에 현륭원과 화성 건설이 이루어지지 않았을 것이다.[412]

앞쪽 그림에서 현륭원이 위치하는 구수원부는 사방의 산이 중첩적으로 둘러싸인 폐쇄적인 지역이다. 멀리 광교산光敎山에서 내려온 산줄기가 외곽 주변을 감싸며 발점산發岾山과 홍법산弘法山이 토성土城과 더불어 그 안쪽에서 구수원을 에워싸는 마치 꽃봉오리와도 같은 형국을 보이고 있다. 그리고 주산主山은 화산花山으로 읍의 북동쪽을 막고 있는 지형으로 안팎에서 수원부를 아우르는 지형이었음을 그림 〈현륭원과 구수원〉에서 확인할 수 있다.

정조는 현륭원을 조성하면서 다른 국왕과 달리 공사의 세심한 부분까지 관장하였다. 예컨대 묘소에 입히는 잔디[莎]까지 선정했는데, 현륭원의 잔디는 모화관慕華館의 것을 사용하기로 했으나 필요한 수량을 맞추기 어려워 수원부의 잔디를 사용하도록 지시했다.[413] 그리고 현륭원과 화성에 이르는 지역의 경관 조성을 위해 대대적인 식목을 지시하여 1789년(정조 13)부터 성역이 한참 거행되던 1795년(정조 19)까지 버드나무, 소나무 등의 1,200여만 그루가 식수되었다.[414] 정조의 세심함은 화성 성역에서도 동일하게 나타났다. 여름날 공역工役에 힘쓰는 장수匠手와 모군募軍 등을 위해 연구한 새로운 처방인 척서단滌暑丹 4천 정錠을 내려주어 더위를 먹은 증세에 1정 또는

---

410 『정조실록』 권27, 정조 13년 7월 을미.

411 『영우원천봉등록』(장서각 K2-2349), 기유 7월 13일.

412 김동욱·우희중, 「현륭원의 입지선정과 원침계획에서 정조의 역할」 『건축역사연구』 60, 2008, 26~27쪽.

413 『정조실록』 권28, 정조 13년 9월 경인.

414 유봉학, 「정조의 화성건설과 화성진흥책」 『정조시대 화성신도시의 건설』, 백산서당, 2001, 55~56쪽.

반정을 물에 타서 마시도록 하였다.[415]

현륭원 원역이 진행되는 와중에도 정조는 배봉산의 영우원에 자주 행차하여 천장을 위한 준비에 만전을 기하였다.[416] 천장을 하기 위해 3일 동안 재궁梓宮을 파낼 때는 생부에 대한 감정을 삭이지 못해 감정을 추스르기 위해 탕환湯丸을 먹기도 했으며,[417] 밤에도 방문하여 밤새 직접 감독하기도 했다.[418] 특히, 영우원의 무덤 안에 물이 차서 관이 뒤틀리고 얼음이 응결된 상태를 보고는 정조의 마음이 더욱 격해졌으며,[419] 관을 꺼내어 성빈전成殯奠을 하기 위해 움직일 때는 예법을 무시하고 가마에서 내려 곡을 하며 뒤따랐다.[420]

정조는 사도세자의 재궁이 현륭원에 이장될 때도 몸소 현장에 나아가 관장하였다. 이때 왕실에서는 혜경궁을 위시하여 중궁전까지 모두 소복을 입고 행차에 참여하였다.[421] 정조는 묘소의 주변 산세와 재궁이 들어갈 땅을 살피기 위해 수도각隧道閣에 나아가 광壙 안의 흙 빛깔과 사방 산의 국세局勢를 살피는 등 풍수에서 공역에 이르는 모든 부분을 점검하였다. 이때 정조는 걸어서 주산主山의 봉우리에 올랐으며, 산의 이름이 화산花山이니 만큼 꽃나무를 많이 심도록 하였다. 그리고 재궁이 상여에 오를 때부터는 가슴을 치며 슬피 울어 격기膈氣가 치밀어 올랐는데, 현궁玄宮을 내려놓은 뒤에 이르러서는 격기가 더욱 심하게 치밀어 오르므로 좌우의 신하들이 겨드랑이를 부축하고 겨우 배례를 행하였다. 또한 여러 신하들의 주달하는 말이 있었는데도, 가슴이 막혀 대답을 하지 못하였다. 사도세자의 재궁이 현륭원에 안장된 시간이 해시亥時(오후 9~11시)였음을 감안하면 정조가 한밤중에 느끼는 감정이 어떠했는지를 알 수 있다.[422]

정조는 현륭원의 역사를 모두 마치고 늘 거행하던 공사 참여 인원에 대한 시상에서

415 『정조실록』 권40, 정조 18년 6월 계미.
416 『영우원천봉등록』(장서각 K2-2349), 기유 7월·8월.
417 『정조실록』 권28, 정조 13년 10월 계축.
418 『정조실록』 권28, 정조 13년 10월 갑인.
419 『정조실록』 권28, 정조 13년 10월 병진.
420 『정조실록』 권28, 정조 13년 10월 갑인.
421 『영우원천봉등록』(장서각 K2-2349), 기유 7월 18일.
422 『정조실록』 권28, 정조 13년 10월 기미.

도 화성이 특별한 지역이라는 점과 자신의 각별한 마음을 드러내었다. 정조의 마음은 다음의 인용문에 잘 나타난다.

> 이 고을의 화산花山은 원래부터 영기靈氣가 모인 곳으로서, 그 형상은 서린 용龍이 구슬을 가지고 노는 모습이고, 그 땅은 천리를 가다가 한 번이나 만날까말까 한 곳이어서, 원침園寢으로 의논하여 정하고 드디어 천봉하는 예식을 거행하였다. 따라서 이 고을은 바로 나의 조상이 묻혀 있는 고을이고, 너희들은 이 고을의 백성들이다. 나는 너희들을 마치 한 식구처럼 여기면서 먹을거리를 넉넉하게 하고 산업을 풍부하게 함으로써, 생활에 안주하고 생업을 즐기는 방도를 알게 해줘야, 나의 책임을 다하고 나의 생각을 풀 수 있을 것이다. 더구나 이전할 지역으로 정한 처음부터 너희들에게 끼친 수고 또한 크다고 여긴다. 이런 생각이 떠오를 때마다 몸은 대궐에 있은들 어찌 마음이 편안하겠는가. 새 고을 소재지에 이르러 경영한 것을 두루 둘러보건대, 집들이 즐비하게 늘어서고 거리가 질서 정연하여 엄연히 하나의 큰 도회를 이루었으니, 너희들이 수고하고 애쓴 것을 또한 미루어 생각할 수 있다. 여느 행차 때에도 오히려 은택을 베푸는 법인데, 하물며 이 고장의 이 백성들에게야 더 말할 것이 있겠는가.[423]

정조는 현륭원이 천하명당이며, 자신이 의도한 사도세자의 추숭사업에 백성들이 살던 터전까지 옮기면서 부응한 점을 높이 평가하고 있다. 또한 정조는 영우원 천봉을 내 수십 년 원통함과 소원을 어느 정도 풀었다라고 할 정도로 감회가 남달랐다.[424]

그러므로 영우원에서 현륭원으로의 천장 과정에서 정조의 심기가 어떻게 돌아갔으며, 처음 의도한 것보다 더욱 과감하게 현륭원과 화성을 건설하였던 것임을 짐작할 수 있는 것이다. 정조의 심정은 현륭원의 석물배치에서도 잘 드러난다. 인조의 장릉을 1731년(영조 7)에 파주로 천장한 이후에 처음으로 모란과 연화문을 새긴 병풍석을 둘렀다. 병풍석은 봉분의 하부 둘레에 꽃이나 무늬로 장식한 면석으로 화려함을 돋보이게 하는 장식인 셈이었다.

---

423 『정조실록』 권28, 정조 13년 10월 계해.
424 유봉학, 「정조대 정국 동향과 화성성역의 추이」 『규장각』 19, 1996, 99쪽.

현륭원 산도(山圖)(『능원침내금양전도(陵園寢內禁養全圖)』, 한국학중앙연구원)

특히, 정조는 현륭원 이후에는 병풍석을 설치하지 말도록 하였는데, 실제로 현종 이후 철종까지 역대 왕릉에서 병풍석을 설치한 예를 찾아 볼 수 없고 난간석만 있다. 그리고 병풍석 이외의 석물은 광릉의 제도를 인용하였으며, 왕릉에만 있는 난간석이 없고, 호석虎石과 양석羊石 등의 석수石獸 수치가 반으로 줄었을 뿐 다른 석물은 왕릉에 버금가는 규모였다. 이 가운데 장명등은 조선전기의 팔각형과 숙종과 영조대의 사각형 양식을 합친 새로운 양식을 보이고 있으며, 이 장명등 양식은 정조의 건릉과 철

종 예릉의 모본이 되었다.[425]

한편, 정조가 영우원 천봉과 현륭원 조성을 위해 소비한 경비는 돈으로 184,600냥, 쌀이 6,326석, 목면이 279여동, 베가 14동이었다.[426] 이런 비용의 지출 이외에도 공사에 관련된 화성 사람들 중에서 현륭원으로 인해 이사한 백성들에게는 10년 동안 급복給復(잡역 면제)하고 새 환자還子(환곡)를 탕감시켰으며, 모든 면리에 1년 동안 급복하고, 오래된 환곡 가운데 가장 오래된 3년 조는 탕감하였다. 그리고 조관朝官으로서 70세 이상인 자와, 서인 가운데 80세 이상인 자에게는 가자하도록 했고, 유생과 무사들은 1790년(정조 14) 원행시에 설과設科하여 시취試取하는 조치를 취했다. 화성 이외에도 과천현의 부로父老 가운데 사도세자의 온천 행차와 영구 행렬을 바라본 자들로서 조관朝官은 70세 이상, 일반인은 80세 이상인 자에게 모두 가자하였고, 행차가 지나간 길가의 민호들은 1년간 급복하였다. 광주는 사천沙川 역참에 영여靈轝가 머물렀던 곳이라는 이유로 연로에 접한 면의 묵은 환곡 1년분을 탕감해 주고, 사천창沙川倉 근처에 거주하는 백성들의 당해 연도 요역徭役을 면제시키는 혜택을 주었다.[427]

정조는 1789년(정조 13) 현륭원 조성이 완료된 직후에 사도세자의 명복을 빌고, 묘소의 제사 준비와 보호를 위한 원찰 겸 조포사造泡寺로 용주사를 정비시켰다. 용주사는 1790년 2월 공사가 시작되어 9월 금불상이 봉안되고 낙성되었다. 용주사의 건립 비용으로 공명첩 250여 장이 소요되어, 정조의 직접적인 결재가 아니면 건립되지 못했을 것임을 알 수 있다. 또한 정조 서거 이후 용주사는 급격히 몰락하여 물품 지급이 중단되었으며, 순조 집권 초기 승도들이 일시 도산逃散하는 경우도 발생한 것은 정조가 의도적으로 용주사를 현륭원의 원찰로 세웠음을 시사해준다.[428]

이와 같이 현륭원이 조성되면서 본격적인 화성의 건설이 시작되었다. 화성 건설 이전에 거행한 현륭원 역사를 통해 국왕의 효심 발휘라는 도덕적 명분을 앞세워서 지역 민심의 위무와 함께 정조 자신의 계획을 견지할 정치적 분위기까지 만들어 나갔던 것

425 김동욱·우희중, 앞의 논문, 2008, 27~32쪽 ; 정해득, 『정조시대 현륭원 조성과 수원』, 신구문화사, 2009, 65~67쪽.

426 『정조실록』 권28, 정조 13년 10월 경신.

427 『정조실록』 권28, 정조 13년 10월 계해.

428 정해득, 「정조의 용주사 창건 연구」 『사학연구』 93, 2009, 153쪽.

이다. 따라서 화성 건설은 표면적으로 현륭원의 조성이라는 왕실의 추숭 사업을 내세우면서, 내심으로는 정조의 정치적 의도가 복합적으로 어우러진 일이었다.

(2) 화성의 건설과 신도시의 운영

화성 건설은 1794년(정조 18) 1월에 시작하여 1796년(정조 20) 9월에 완공하고 10월 16일(양 11월 15일) 낙성한 정조시대의 모든 역량이 총집결되었던 조선 후기 최대 규모의 국가사업이었다. 1794년 여름의 극심한 가뭄으로 6개월간 공사가 정지된 것을 감안하면 28개월 만에 성역을 마친 셈이다. 대량의 벽돌을 사용한 화성의 규모를 보더라도 단기간에 공사를 마친 것은 지휘감독에서 인부에 이르기까지 일사불란하게 움직였기에 가능한 일이었다.

예컨대 현륭원 조성과 함께 이루어진 구읍 주민들의 이주는 3개월여라는 짧은 시간이었음에도 무사히 끝마치게 된다. 정조가 화성 행궁의 득중정得中亭에서 여러 장수들을 불러 짝을 지어 활을 쏘도록 하면서 민가가 즐비한 것을 보고는 조심태를 칭찬하며 승지로 삼기까지 한 것에서 단기간에 신도심이 정비되었음을 알 수 있다.[429]

정조는 현륭원의 완성과 영우원의 천장 이후에 본격적인 화성 축조에 나섰다. 1793년 12월 성역을 담당할 임시기구인 성역소城役所가 조직되었으며, 정조는 현륭원에 가기 위해 화성 행궁에 행행하면서 팔달산에 올라 성 쌓을 터를 두루 살펴보기도 하였다. 정조는 화성의 성벽이 지나가는 팔달산이 기세가 웅장하고 탁 트였으니 하늘과 땅이 만들어낸 장대將臺라고 말할 만하다고 하였는데, 실제로 이곳은 오늘날까지 서장대(화성장대)라고 불리고 있다.[430]

화성의 전체적인 모습을 보면, 성벽의 일정한 간격마다 4개의 성문과 감시용 망루들, 수문, 포루와 치성들이 연이어서 붙어 있는 모습이다. 성내에는 팔달산 아래로 행궁과 관서들이 자리 잡고 있으며 그 앞에는 도로가 있다. 이 도로와 교차하는 큰 도로가 남북방향으로 되어 있어서 도심의 주요 간선도로를 이룬다. 당시 도로의 폭이 얼

---

429 『정조실록』 권32, 정조 15년 1월 신묘.
430 『정조실록』 권39, 정조 18년 1월 계묘.

서장대(수원 화성)

마인지는 정확히 알 수 없으나 넓은 곳은 대략 7~8미터, 작은 곳은 3미터였다고 본다. 남북의 간선도로와 평행하게 하천(수원천, 광교산 대천)이 도심을 흐르며 도로와 하천변에는 민가들이 자리하였다.[431]

성내의 하천들은 상습적인 범람을 방지하기 위해 준천을 하여 폭이 넓고 깊었다. 화성에는 하천이 도심의 중앙을 관통해 흐르는 형태인데, 조선시대 도성의 청계천을 제외하면 이런 규모의 하천이 도심을 지나는 경우는 찾기 어렵다. 하천이 생활용수의 공급과 오수의 처리 및 휴식 공간으로 작용하는 것은 동서고금을 막론한 일로서, 화성이 대도시로 성장하는데 필요한 배수시설이 잘 갖추어졌음을 짐작하게 한다.

화성은 신도시인 만큼 새로운 행정구역을 설정하였다. 동서남북 성문을 기준으로 십자로를 조성하고 각 성문에 따라 남성자내南城字內, 북성자내北城字內, 동성자내, 서성자내로 지역을 구분하였다. 자내字內에 따라 구분된 주민들은 매년 식목, 청소, 도

431 김동욱, 「18세기 화성의 도시발달과 성곽 축조」『정조시대 화성 신도시의 건설』, 백산서당, 2001, 143~144쪽.

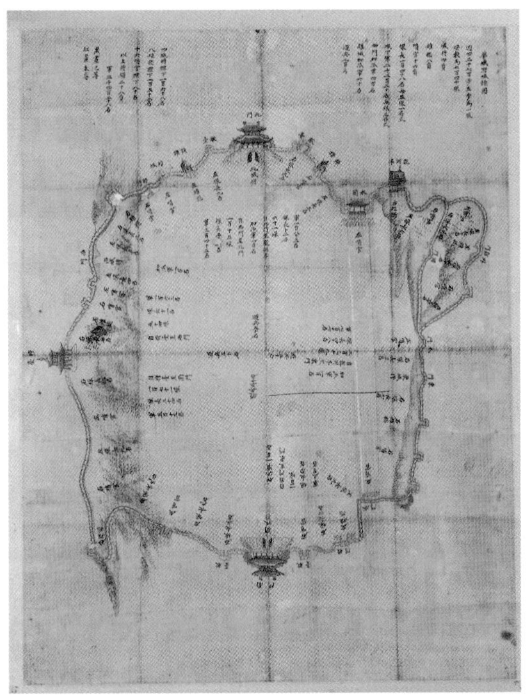

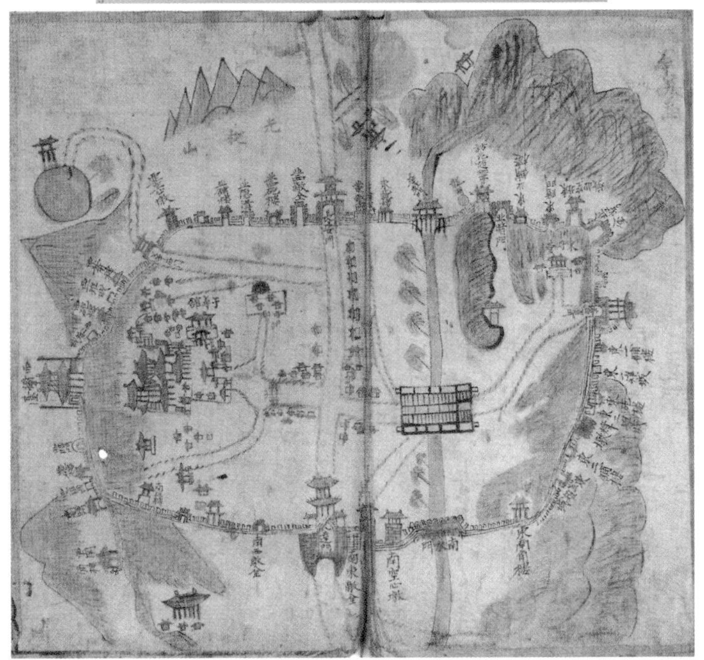

화성 전도(수원화성박물관)

로 정비 등을 번갈아 가며 사역하도록 하였다.[432] 기존의 지방 읍에서는 보통 남리南里나 북리北里로 통칭해서 부르던 것을 화성은 도성에 준하여 자내의 구분을 두어 성내의 구역을 정한 것이다. 더욱이 화성 중심에 십자로를 조성한 것도 다른 읍들이 일반적으로 정丁자 형태인 것과는 크게 다른 점이다. 도성의 경우에도 광화문 거리와 종로통이 연결되는 정자형이며, 화성과 같은 십자로를 가진 곳은 고려 전성기의 개경에서나 나타나던 것이다. 십자로가 있다는 것은 교통, 통신의 원활함은 물론 도시의 상업 기능을 활성화하겠다는 의지의 반영이기도 하다.[433]

화성의 북문인 장안문과 남문인 팔달문으로 지나는 도로는 천안에서 도성으로 가는 주요 도로이며, 십자로에서 동남으로 향하는 곳은 용인과 광주를 연결하는 도로이기도 하다. 장안문을 통과하면 40여리 거리인 과천으로 향하며, 동문인 창룡문을 통하면 용인과 광주로 나아간다. 남쪽의 팔달문은 진위로 연결되며, 서쪽의 화서문은 남양, 안산, 시흥으로 연결될 정도로 경기 남부의 전 지역과 연결되는 교통 중심지임을 알 수 있다.[434]

앞쪽 그림 〈화성 전도〉의 위편은 성곽을 중심으로 한 방어 및 경비체제를 정리한 것이며, 아래편은 화령전이 없는 정조대의 화성 내 건물 배치를 회화식으로 그린 것이다. 화령전이 없는 그림을 통해 보면, 행궁을 시작으로 하천을 가로지르는 큰 길과 그 길 좌우에서 십자로 지나는 길을 볼 수 있다. 그리고 사방의 문을 지난 길들이 중앙에서 만나고 있어서 성내에서의 이동이 방위에 관계없이 편리했음을 알 수 있다. 지도상에서 화성은 서쪽에 팔달산이 있으며, 동쪽에는 진산인 광교산의 산줄기가 뻗어 있다. 그리고 이 두 산줄기를 수원천이 관통하고 있다. 수원천을 중심으로 동쪽으로는 평지가 좁지만, 서쪽으로는 꽤 넓은 평지가 나타난다. 이런 지형적 이유에서인지, 행궁은 팔달산의 동사면에 위치하며 도로망도 수원천의 서쪽에 집중되었다.

따라서 앞쪽 그림 〈화성 전도〉에서 화성은 지방 읍 정도의 수준으로 경영하기에는 규모와 크기는 물론 도로의 기능을 충분히 활용한다는 측면에서 남다른 도시 경영이

---

432 『화성성역의궤』 권4, 감결, 병진 10월 초3일.

433 김동욱, 앞의 논문, 2001, 159~163쪽.

434 손승호, 「수원 화성의 도로망 형성과 변화」 『한국도시지리학회지』 9권 2호, 2006, 78~79쪽.

필요했음을 짐작하게 한다. 예컨대 화성에 사람과 물자의 원활한 소통을 위해 영화역迎華驛을 새로 신설하기도 했다. 영화역은 양재역良才驛을 옮겨서 신축한 것으로 장안문의 북쪽 1리 정도에 세워졌다.

화성의 거주민을 확보하는 것도 사람을 이주시키는 것만이 아니라 생업까지 확보해주는 국가적인 정책으로 거행되었다. 현륭원 조성이 끝난 1790년 (정조 14) 2월부터는 좌의정 채제공의 발의에 의해 화성에 새로운 민호民戶를 모으기 위한 상공업 진흥 방안들이 논의되기 시작하였다. 채제공을 비롯한 다수의 대신들은 서울의 부호에게 이자 없이 1천 냥을 대출해 주고 이들로 하여금 화성에 점포를 설립하여 상업에 종사하는 안을 제시 하였다.[435]

그런데 채제공의 안은 서울의 상권을 약화시켜서 노론 세력의 물적 기반을 무너뜨리려 한다는 의구심을 조성할 만 했다. 이에 따라 시전 설치와 같은 상업 진흥책이 제시되었다. 화성 주민 중에 장사를 할 만한 사람들에게 60,000냥을 이자 없이 대부하여 3년을 기한으로 원금을 받는 조건이었다.[436]

이 안에 대해서는 노론 반대파들도 적극 찬성하여 균역청 산하 진휼청의 65,000냥이 대여금으로 준비되었다. 도성의 부상富商을 유치하지 않고 서울 상권의 약화와 관련이 없다면 화성의 부양에 대해 반대할 이유가 없었다. 또한 이때 대여된 자금에서 5년 후 이자 25,000냥이 을묘원행의 경비로 사용되는 효과도 있었다.[437]

이외에 1794년(정조 18)부터 상설시장인 8개의 시전과 남북 장시를 설치했으며, 안성의 종이 제조자들을 유치하는 등의 상공업 진흥책을 거행했다. 특히, 1797년(정조 21) 「화성부호모삼절목華城富豪帽蔘節目」을 만들어서 화성에 이주하는 부호에게 모자와 인삼의 무역 및 판매의 독점권을 주겠다는 파격적인 안을 제시하기까지 했다. 정조의 정책은 신료들의 반대로 성사되지는 못했지만 화성을 대도시로 성장시키려는 정조의 의지를 엿볼 수 있는 부분이다.[438]

---

435 김선희, 「화성유수 조심태 연구-수원 이읍과 화성건설에서의 역할을 중심으로」 『조선시대사학보』 50, 2009, 159~160쪽.

436 『정조실록』 권30, 정조 14년 5월 정유.

437 유봉학, 「정조의 화성건설과 화성진흥책」 『정조시대 화성신도시의 건설』, 백산서당, 2001, 44~45쪽.

서호(경기 수원) 축만제가 있던 호수이다. 가운데 인공섬이 있다.

상공업 진흥책과 함께 과거 시행을 통해 양반 유생층의 이주정책도 진행되었다. 정조는 화성 인근 읍에서 매월 정기적으로 문무과의 별시를 시행하여 화성으로 이주하는 유생들에게 등용될 수 있는 특전을 열어주어 인구 유입을 장려하였다.[439] 이때 남도에 거주하던 윤지운尹持運·윤지섬尹持暹·윤지홍尹持弘·윤지익尹持翼·윤지식尹持軾·윤지상尹持常·윤지민尹持敏 등 윤선도의 후손인 해남 윤씨들이 대거 권솔들을 이끌고 이주하는 결과를 낳기도 했다.[440] 정조는 이들에게 특별히 1천냥과 거주지를 제공해주는 편의를 제공하도록 했다. 물론 이들은 남인계통이므로 과거를 치루기 위해 이주했다기보다는 정국이 남인에게 유리하게 변하던 당시의 조정 향방에 따라 움직였다고도 볼 수 있다. 그렇지만 결과적으로 화성이 대도회로 성장하는 밑거름이 된 것도 사실일 것이다.

이러한 화성 주민 안돈 정책은 성역이 마무리된 이후에도 지속되었다. 그 중 대표적인 것이 농업정책이다. 농업정책에서도 화성 주변의 황무지를 개간하여 둔전인 대유둔大有屯과 축만제둔築滿堤屯을 만들고 저수지인 만석거萬石渠와 만년제萬年堤, 축만

---

438 김문식, 「정조의 화성 경영과 문헌 배포」『규장각』 23, 2000, 94쪽.
439 김선희, 앞의 논문, 2009, 161쪽.
440 『정조실록』 권31, 정조 14년 12월 갑인.

제築滿堤를 만드는 것이었다. 1794년(정조 18) 가뭄으로 화성 건설 공사가 중단 되었을 때 성역에 참여한 백성들의 구휼책과 화성의 수리시설 확보라는 농업정책으로 장안문 밖의 황무지를 개간하였다. 이때 개간된 둔전은 화성 건설 이후에 장용영 외영의 장병들이 경작하여 군비와 생계비에 충당하는 터전이 되었으며, 만석거는 오늘날에 이르기까지 수원지역의 중요한 농업용수원으로 자리 잡게 된다. 특히 대유둔과 만석거는 대한제국기, 일제시대, 현대에 이르면서 국가가 경영하는 농업시험장으로 성장하는 역사적 의미를 지닌 곳이다.

정조는 둔전 조성을 위해 부사 조심태에게 2만 관의 엽전을 자금으로 주었다. 장안문 밖에 조성한 둔전의 형태를 보면 먼저 매입하거나 황무지인 땅에 1장丈 정도 땅을 파서 척박한 토질을 바꾸었으며, 제방을 만들어 용수를 확보했다. 그리고 100석의 종곡을 뿌릴 땅을 만든 뒤 주변에 말 다섯 필이나 수레 두 채가 종횡으로 달릴 수 있게 하여 경작인의 이동과 물품의 운송을 편리하게 했다. 또한 둔전 조성 공사의 품삯은 출근 일수가 아닌 실적을 기준으로 삼되 원근에 따라 차등을 두어 지급하여, 원거리의 임금 노동자들이 소문을 듣고 모여드는 정책을 사용하였다.[441]

둔전이 임금노동으로 건설된 것은 화성 건설이 기존의 강제성을 담보한 부역노동이 아닌 임금을 지불하는 급가모군給價募軍으로 이루어진 것에서 연유한 것이다. 임금노동자를 고용한 것은 정조의 의지이기도 했다. 정조는 화성 건설의 모든 공사에 임금을 지불할 것을 하교하여 당시 변하고 있던 민간의 노동체계를 정부에서 받아들이게 하는 정책을 거행한 것이다.[442] 정조의 정책은 조심태의 둔전 경영에도 이어졌다. 둔전의 경영을 2인씩 짝을 지어 농사를 짓게 하여 협동에 의한 경쟁을 유발하는 효율적인 방법을 채택한 것이다.[443]

물론 농업과 상공업 정책 이전에 정치, 군사적 시책에 의해 화성의 위상이 높아지고 거주민이 증가한 것도 사실이다. 화성은 경기 남부의 유수부로 서울 이남의 행정

441 『정조실록』 권43, 정조 19년 11월 갑인.

442 최홍규, 「정조대의 화성경영과 장용외영) 문제-특히 대민대책과 관련하여」 『경기사학』 1, 1997, 27~28쪽.

443 김선희, 앞의 논문, 2009, 167쪽.

을 관할하며, 장용영 외영은 타군영보다 월등한 군사력을 지녔다는 점에서도 확인할 수 있다. 그리고 정조가 화성 행궁에 국가가 간행한 각종 문헌을 규장각에 준하여 배포하고 보관하도록 한 것도 화성의 위상을 높이는데 일조하였다. 화성 행궁의 도서들은 장차 정조가 상왕으로 은퇴한 후 독서할 책으로 이용하기 위해 배치되었다고 볼 수 있다.[444] 조선시대에 국가와 왕실의 도서를 지방에 보관하는 경우는 사고史庫와 선대왕의 유적인 묘전궁廟殿宮 외에 행정기관에 두는 경우는 없기 때문이다.

이와 같이 정조는 화성을 자급자족이 가능한 상공업 도시로 성공시키기 위해 다양한 방안을 강구하여 실행에 옮겼다. 그리고 정조의 의지는 채제공과 조심태 같은 공사 책임자와 운영자에 의해 현실화 되었으며, 화성 건설 이후에도 지속되었던 것이다. 따라서 현륭원의 조성, 화성 건설로 이어지는 정조의 왕권 강화책은 일회성으로 그치는 것이 아닌 장기적인 안목을 가지고 진행된 것임을 알 수 있다.

(3) 화성의 성역(城役)과 구조

성곽은 도심의 내성을 의미하는 성과 외성을 말하는 곽郭의 합성어이다. 내성은 국왕과 지배층이 거주하는 공간이며 외성은 일반인이 거주하는 곳이었다. 화성은 조선시대 축성술을 계승하면서 새로운 방어시설을 도입한 성곽이라는 점이 큰 특징이다. 화성이 팔달산과 수원천의 자연지세를 이용하여 성벽을 조성한 것은 전통적인 조선의 읍성 구조라고 볼 수 있다. 그런데 조선의 읍성은 양차의 조선-일본 전쟁과 조선-청 전쟁을 거치면서 산성에 비해 상대적으로 위축되었다. 물론 명나라 전법의 도입과 일본인들이 건축한 왜성의 영향을 받기는 했다. 예컨대, 성곽의 옹성甕城, 현안懸眼은 조총을 비롯한 화기에 대항하기 위해 만들어졌다고 생각할 수 있다.

그럼에도 조선-일본 전쟁과 조선-청 전쟁을 거치면서 도성과 같은 평지의 읍성을 근거로 해서 적과 접전하는 대신 산성으로 대피하는 전술이 산성의 발달을 가져온 반면 평지의 읍성은 방어시설이 없거나 낙후되는 결과를 가져왔다. 이후 숙종과 영조대에 이르러 도성방어론이 대두되면서 읍성의 방어시설이 보강되었지만 여전히 도성

444 김문식, 「정조의 화성 경영과 문헌 배포」 『규장각』 23, 2000, 109쪽.

화서문에서 본 서포루(경기 수원)

이외에 남한산성과 강화도를 국왕의 피난처로 거론하는 입장이었다.

이런 배경에서 정조의 화성 건설은 조선후기 평지성의 방어력을 획기적으로 전환시키는 계기를 마련하였다. 화성의 방어시설에서 팔달문과 장안문의 옹성甕城, 공심돈空心墩, 포루砲樓, 현안懸眼, 누조漏槽 등이 조직적으로 연결되어 설치된 것은 조선 성곽에 처음으로 도입된 것이었다. 화성의 새로운 방어시설은 정약용이 제안한 방안에 기초하고 있다. 정약용은 1792년(정조 16) 정조의 명령에 따라 화성 건설 계획안을 작성했으며, 그 내용은 「어제성화주략御製城華籌略」으로 정리되어 『화성성역의궤』에 실렸다.[445]

정약용의 방안에서 중심이 되는 것은 적군의 화기 공격을 성곽에서 어떻게 방어, 혹은 공격하는 가에 있었다. 정약용이 제안한 방어시설에서 옹성은 성문 앞에 이중으로 성벽을 덧쌓아 성문을 보호하는 것이며, 포루는 성벽을 돌출시킨 치성에 화포를 둔 시설이다. 현안은 치성에 길게 경사진 구멍을 내어 성에 가까이 접근하는 적군을 감시하고 공격하는 것이며, 누조는 성문에 물을 저장해서 화공에 의해 불타는 것을

445 『화성성역의궤』 권1.

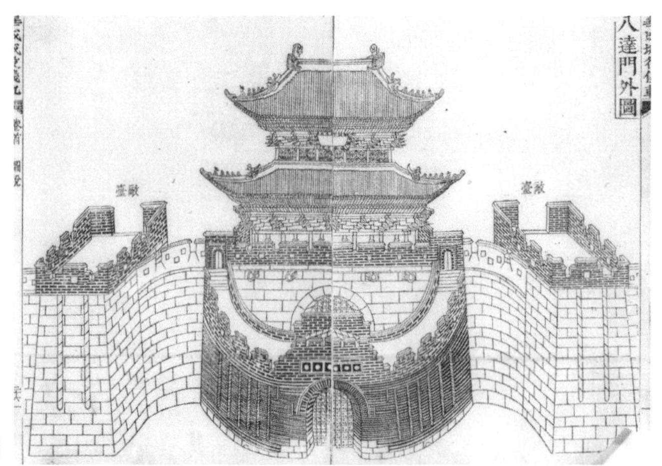

팔달문(화성 남문)의 옹성과 현안

대비하는 시설이었다. 이를 보면 성곽 건설의 주목적이 무엇이었는가를 잘 알 수 있다. 그런데 정약용이 제시한 화성의 방어시설은 정약용의 독자적인 논설이라기보다는 유성룡의 「성설城說」과 명나라 모원의茅元儀의 『무비지武備志』를 토대로 만들어진 것이었다. 특히 정조가 유성룡의 주장과 중국의 제도를 화성에 도입하라고 하였던 것을 보더라도 화성 건설은 한 사람의 고견 때문에 이루어진 것이 아니라 시대적으로 중첩된 성곽 기술과 시대적 요구에 따라 조성된 것임을 확인 할 수 있다.[446]

한편, 1794년(정조 18) 정월부터 화성 남북의 성벽 축조와 하천의 정비 및 행궁 조성이 이루어졌다. 다음해에는 화성의 동쪽인 만석거 지역과 북쪽 성문 밖을 주로 정비하였으며, 그 다음해에는 공심돈, 포루, 각루, 옹성 등의 방어시설의 정비와 성벽 위 어장을 완공하였다. 공사가 시작되던 1794년 1월 14일(양 2월 13일)에는 성을 축조할 위치에 깃발을 세우는 입표立標를 시작으로 부석소에서 돌을 떠내는 작업이 동시에 이루어졌다. 1월 15일(양 2월 14일)에는 정조가 팔달산에 올라 성문과 성벽의 위치를 최종적으로 결정하였다. 그리고 1월 25일(양 2월 24일)에는 공식적으로 성역이 시작되었다. 2월 28일(양 3월 29일)은 북문인 장안문과 남문인 팔달문, 북쪽 수문인 화홍문과 남쪽 수문의 건설이 개시되었으며, 3월 1일(양 3월 31일)에는 상남지上南池,

446 노영구, 「조선후기 성제 변화와 화성의 성곽사적 의미」 『진단학보』 88, 1999, 306~312쪽 ; 정연식, 「화성의 방어시설과 총포」 『진단학보』 91, 2001, 134쪽.

북지北池, 동지東池를 조성하는 하천의 준설과 함께 도심 정비가 이루어졌다. 또한 4월에는 북성과 남성의 성벽 공사가 진행되어 화성의 골격이 갖추어지기 시작했다. 을묘년(1795, 정조 19)에는 팔달문과 장안문의 옹성과 좌우의 적대, 그리고 창룡문과 동장대를 완성하였다. 또한 화서문과 남공심돈의 공사도 함께 하였다. 화성 건설이 완료되는 병진년(1796, 정조 20)에는 3월에 서북공심돈을 시작으로 서포루, 동북포루, 동북 노대, 서암문, 봉돈이, 7월에는 동북공심돈, 동포루 등이 조성되어 10월에 이르러 드디어 화성의 전체적인 공역을 끝마치는 낙성식을 거행하게 된다.[447]

화성의 축성에는 성역소가 임시로 개설되었다. 공사의 총괄책임자는 채제공이었으며, 실질적인 책임자인 감동당상은 화성유수였던 조심태였다. 조심태는 현륭원을 조성하는 와중에 수원부를 팔달산으로 옮기면서 신도시를 건설했던 경험이 있었으므로 성역의 실질적인 담당자로 그보다 적합한 사람이 없었다. 조심태의 휘하에는 도청都廳의 직책을 맡은 이유경李儒敬이 있었으며, 조심태와 함께 화성 성역의 완공까지 책임을 맡았다. 조심태를 비롯한 화성의 건설 담당자들은 기존의 성곽 건설자들과는 다른 면이 있었다. 기존의 성역이 대부분 지역 주민이나 승려들을 강제로 동원하는 부역이었던 것에 반해 화성 건설은 시장 경제적 관념에 따라 진행되었다. 이점은 성역에 동원된 민인들을 고용하거나 임금노동자 형태로 운영한 것에서 확인할 수 있다.

먼저 화성 성역에 소용된 물자들의 조달은 관청에서 직접 장만하는 경우보다 대부분을 민간 업자에게 비용을 지불하고 조달하는 방식이었다. 예컨대 석재는 화성 북쪽의 숙지산에서 캐온 것을 사용하였는데, 석재들의 운반과 가공은 모두 노역이 아닌 임금노동과 구매 절차에 따라 이루어졌다. 석재들은 공사 전에 미리 사용할 용도의 규격에 따라 가격을 정해놓고 일꾼들이 운반해오면 비용을 지불하는 형태였다. 장인들이 운반된 돌은 언제 어느 수레에 몇 개를 운반했으며, 돌 표면에는 길이와 너비, 돌을 뜬 곳, 석수의 이름을 작성하도록 하였다. 따라서 많은 양의 석재를 단시일에 운반하면 할수록 노동자와 상인들의 이익이 늘어나는 방식이었다.[448]

반면 관청에서 직접 조달하는 물자도 있었다. 기와와 벽돌은 성역소에 가마를 설치

447 『화성성역의궤』 권1.
448 이달호, 『18세기 상품화폐경제의 발달과 화성 건설』, 혜안, 2008, 127~128쪽.

장안문(경기 수원) 화성의 북문.

하여 마련하였으며, 기둥이나 대들보로 쓰이는 목재는 강원도 금성이나 안면도, 장산곶의 국유림에서 가져왔다. 이때 목재들의 해상 운반에는 수영水營의 병선이나 조운선이 동원되었으며, 한강을 통한 운반은 뗏목을 엮어 경강에 집결한 다음 조운선으로 다시 운송하는 방법이었다. 따라서 목재의 경우 민간에서 구입하는 것 이외에 대부분의 목재는 수송비만 들 뿐이었다. 수송비도 지방 관아의 공곡公穀에서 회감會減하였으므로 목재 조달에는 큰 비용이 소요되지 않았다.[449]

또한 철물의 경우 상인에게 구매하기도 하였지만, 각 지방 감영에서 공납을 받기도 하였다. 특히 성문의 철판에 사용된 철엽鐵葉은 전라도 감영과 경상도 성주목에서 조달되었다. 성주목은 당시 철 생산지로 20,000근의 생철生鐵을 가공하여 화성에 보냈다.[450]

화성의 공사는 비교적 빠른 시간 안에 마치는 공정이었다. 정조가 성역에 필요한 기계인 거중기 1부와 유형거 1량을 내려준 것도 영향을 미쳤는데, 화성부에서는 유형

449 『화성성역의궤』, 장계, 재용.
450 이달호, 앞의 책, 2008, 137~138쪽.

거 10량을 본떠서 만들어 사용하였다.[451] 장안문과 팔달문 같은 2층 지붕에 공포栱包가 촘촘한 다포식 건물이 7개월 정도 걸렸지만, 사실 누각을 만드는 데는 2개월이 걸렸고 누각을 받치는 석축을 쌓는 기간이 5개월이었다. 대부분의 목조 건축물의 설치가 단기간에 이루어졌다. 조선후기의 목조 건축 기술은 공사 비용을 줄이기 위해 세부의 복잡한 조작을 없애고 구조를 단순화하는 공정이었다. 목조 건물은 미리 세부 부재들을 가공해 놓았다가 공사가 시작되면 동시에 조립해 만드는 과정으로 공기 단축에 큰 도움이 되었으며, 장인들의 소득도 높일 수 있는 방법이었다.[452]

화성 축성에 동원된 장인은 석수, 목수, 니장泥匠, 야장冶匠, 와벽장瓦甓匠, 개장蓋匠, 회장灰匠 등 22개 직종에 1,840명이었다. 장인들의 60%인 1,101명은 도성에서 왔으며, 그들 중 관청 소속인 관장官匠은 393명이 있었다. 지방에서 동원된 장인은 석공이 대다수였으며 전체 장인의 30%인 662명이었다. 그리고 장인 중에서 석수, 목수, 니장, 와벽장, 야장, 개장 등의 6개 직종은 편수라는 지휘자가 있었다. 편수는 휘하에 30여 명 정도의 장인을 거느리고 작업을 통솔했으며, 이들은 각종 국가사업에 참여하던 전문기술가들이었다. 이들의 임금은 일의 성과와 기술 정도에 따라 지급되었으므로 팀원 간의 기술 연마가 진행되어 조선후기 건축 기술의 전반적인 향상을 가져오기도 했다.[453]

〈표 5-9〉『화성성역의궤』의 장인명단(단위: 명)

직종	지역별 인원													합계
	서울	수원부	개성부	강화부	광주부	경기	충청도	강원도	황해도	전라도	경상도	평안도	함경도	
석수(石手)	209	9	65	40	1	58	53	17	74	41	23	52		642
목수(木手)	238	43			10	15	4	16	1		8			335
미장이[泥匠]	213	13	67			1	1							295

451 『화성성역의궤』 卷首.
452 김동욱, 『실학 정신으로 세운 조선의 신도시, 수원 화성』, 돌베개, 2002, 82쪽.
453 김동욱, 앞의 책, 2002, 86~89쪽.

외벽장이 (瓦甓匠)	141	4			1	1							3	150
대장장이 [冶匠]	63	20												83
개와장이 [蓋匠]	34													34
수레장이 [車匠]	10													10
화공 (畵工)	5	11	1		1	28								46
가칠장이 (假漆匠)	38	10												48
큰끌톱장이 [大引鉅匠]	30													30
작은끌톱장이 [小引鉅匠]	16	3			1									20
기거장이 (岐鉅匠)	12	6				9								27
걸톱장이 [乬鉅匠]	9	1			2									12
조각장이 (彫刻匠)	31	2				3								36
마조장이 (磨造匠)	2													2
선장 (船匠)	2	6												8
나막신장이 [木鞋匠]	33	1												34
안장장이 [鞍子匠]	4													4
병풍장이 (屏風匠)	1													1
박배장이 (朴排匠)	1													1
부계장이 (浮械匠)		2												2
(灰匠) 회장이									1					1
합계	1,092	131	133	40	16	115	58	33	76	41	31	52	3	1,821

『화성성역의궤』에 당시 동원된 기술자들을 보면 앞의 〈표 5-9〉와 같다. 위의 기술자 명단에서도 석수가 가장 많듯이 화성의 공사에서 역시 많은 노력이 필요한 곳은 성곽이었다. 특히 화성은 산성이 아닌 평지성이었으므로 성벽의 안쪽에 흙을 채우는 내탁(內托)을 해서 성벽을 두껍게 하였다. 이때 돌로 쌓은 성벽 안쪽에 흙을 비탈지게 하여 빗물이 자연스럽게 흘러내려 성벽에 스며들지 않게 했으며, 성벽을 방어하는 병사들의 접근을 용이하게 했다. 특히 화성의 내탁은 기존의 성들과 달리 상대적으로 넓어서 병사들의 출입은 물론 각종 화기를 배치하기에도 좋았다.[454]

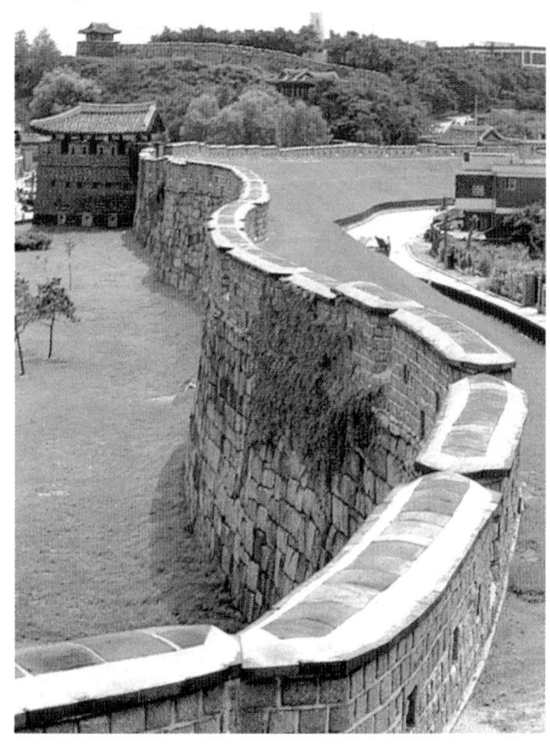

화성의 내탁과 성벽 (북서포루 부근)

기존의 성벽은 돌이나 벽돌로 쌓은 후 그 안에 흙을 채우는 것이 일반적이었다. 따라서 화포의 공격으로 벽돌이나 돌이 빠져나가게 되면 그 안의 흙도 함께 무너져 내려서 성벽이 붕괴되는 약점을 가지고 있었다. 1753년(영조 29) 강화도의 외성을 토성으로 한 뒤로는 성의 시설물만 벽돌을 사용하고 성곽의 본체는 사용하지 않는 것이 일반적이었다.[455]

화성의 성곽은 벽돌을 많이 사용한 것이 기존의 성곽 공사와 구별된다. 4대문의 옹성, 적대의 여장, 암문의 대부분, 수문의 여장, 노대의 여장과 몸체, 공심돈과 봉돈의 대부분, 동북각루의 누대와 벽, 포루의 대부분 등이 벽돌로 건설되었다. 벽돌은 접착

454 정연식, 「화성의 방어시설과 총포」 『진단학보』 91, 2001, 137~138쪽.
455 노영구, 「조선후기 성제 변화와 화성의 성곽사적 의미」 『진단학보』 88, 1999, 301쪽.

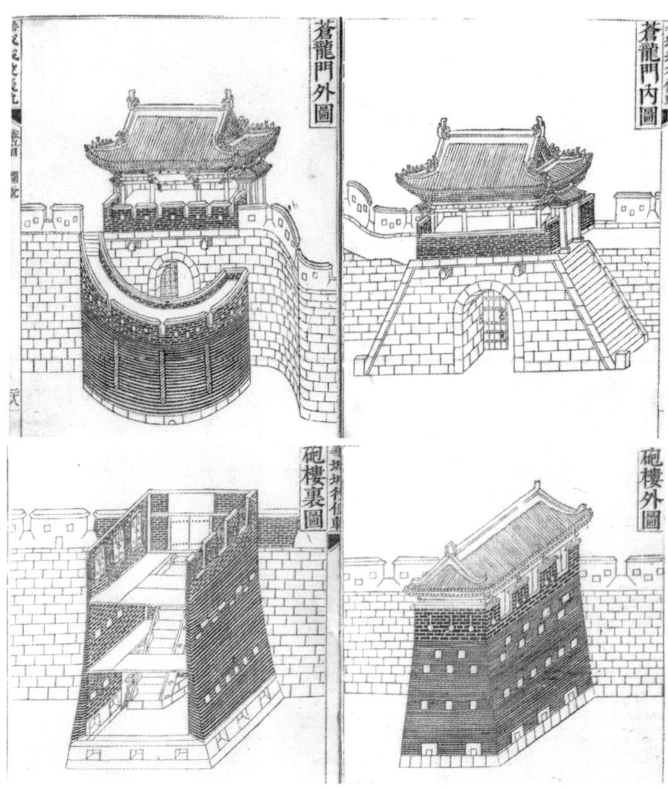

화성의 옹성과 포루

력이 강해서 화포로 맞아도 그 부분만 부서지고 다른 부분은 그대로 남는 것이 장점이며, 섬세한 건축을 하는데 용이하였다.

벽돌 건물 중에서 화성의 남문인 팔달문과 북문인 장안문을 보호하기 위해 만든 옹성은 모두 우리나라 최초의 벽돌로 만든 옹성이기도 하다. 이 옹성들은 군사적인 기능도 뛰어나며 오늘날에도 예술적으로도 훌륭한 건축물이다. 포루는 모두 5개가 있으며, 이들은 성 밖으로 돌출되어 벽돌로 치雉를 만들고 그 안에 3층의 나무 계단으로 이동할 수 있었다. 특히 포루는 동서양을 막론하고 화성에만 나타나는 것으로 화포를 대량으로 쏘기 위해 만든 것이다.[456]

그리고 벽돌과 화강암을 조화롭게 이용한 새로운 양식의 건축물도 나타났다. 돈대,

---

456 정연식, 앞의 논문, 2001, 143쪽.

동북공심돈과 서북공심돈

노대가 대표적인 벽돌과 화강암을 혼합한 건축물이다. 돈대는 숙종대에 강화도 해안에 46개를 설치할 정도로 성곽 방어의 주요 시설로 인식되고 있었다.[457] 화성의 돈대는 공심돈과 봉돈을 대표적으로 들 수 있다. 공심돈은 3개가 있는데, 서북공심돈, 동북공심돈, 남공심돈이다. 공심돈은 중국의 성제城制를 가장 잘 도입한 모습이다.[458]

공심돈은 말 그대로 건물의 가운데가 텅 비어 있으며, 그곳에 사다리나 계단을 두어서 층마다 화포를 발사하거나 적의 침입을 제지하는 건물이다. 공심돈은 원래 『무비지武備志』에서 처음 소개되었는데, 돈대 안을 비워 2층으로 만든 뒤 각 층의 방에 군사들이 적군의 출현을 경보하거나 총포로 사격하는 시설이었다.[459] 그런데 화성의 공심돈이 중국 제도를 본받았다고 해서 그대로 적용하지는 않았다. 오히려 화성의 공

457 노영구, 앞의 논문, 1999, 295쪽.
458 『화성성역의궤』 도설, 동북공심돈.
459 노영구, 앞의 논문, 1999, 304쪽.

심돈은 화기 발사구와 출입의 위치, 수치가 중국과는 다르게 구현되었다. 또한 공심돈은 하부는 석축으로 성벽과 연결하여 쌓고 상부는 벽돌을 이용하여 화기 발사구를 만들며 누각이 있는 정상의 중심부를 감싸는 형태였다. 따라서 벽돌을 거의 원형으로 이어서 쌓아 올리는 모습을 취해서 외부의 화포 공격에 의한 피해를 최소한으로 막을 수 있도록 하였다. 특히 동북공심돈은 성벽 위에 건축하여 망루의 기능까지 겸비하고 있다.[460] 또한 성벽에 치성을 돌출시켜 설치한 것이 아니라 성벽의 안쪽에 쌓은 것도 특징이다. 이를 통해 척후, 측면 공격 기능도 겸비하도록 하기 위해서였다.[461]

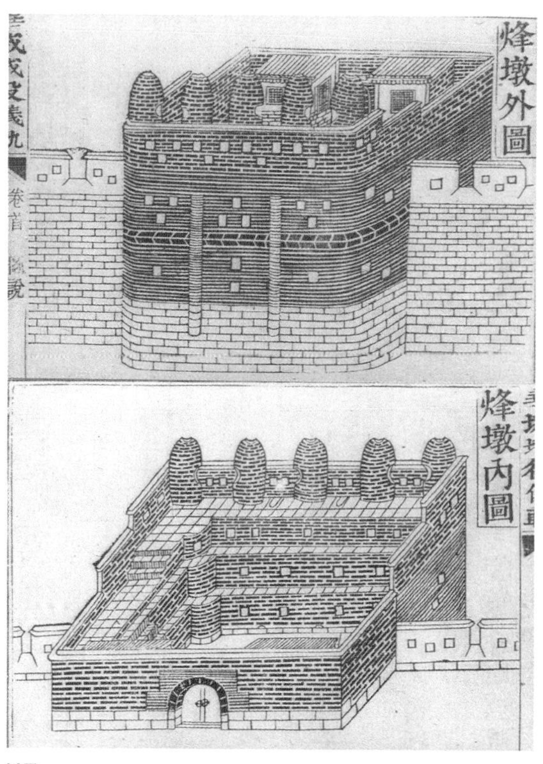

봉돈

화성에서 단일 건축물로 가장 많은 벽돌을 사용한 것이 봉돈일 것이다. 봉돈은 조선시대 어느 읍성에도 없는 봉수의 기능을 하던 돈墩이었다. 봉돈은 거의 모든 부분을 벽돌로 만들었다. 성벽 외에 치를 세우고 봉화불과 연기를 밝힐 화두 5개를 세웠다. 봉두에는 봉수라는 통신 기능만이 아니라 여러 개의 화기 발사구를 두어서 외부의 공격을 제압하는 시설도 갖추고 있다. 봉돈은 조선시대 봉수제도를 성내로 끌어들인 것으로 기존의 봉수제도를 효율적으로 하기 위한 새로운 방안이었다. 또한 벽돌을 사용하였기 때문에 높은 봉수대를 5개 세울 수 있었던 것이다.

위의 공심돈과 봉돈에는 장교 1인과 군졸 2인이 배정되어 늘 경비하도록 했다. 돈

460 이달호, 앞의 책, 2008, 290~294쪽.
461 노영구, 앞의 논문, 1999, 314~315쪽.

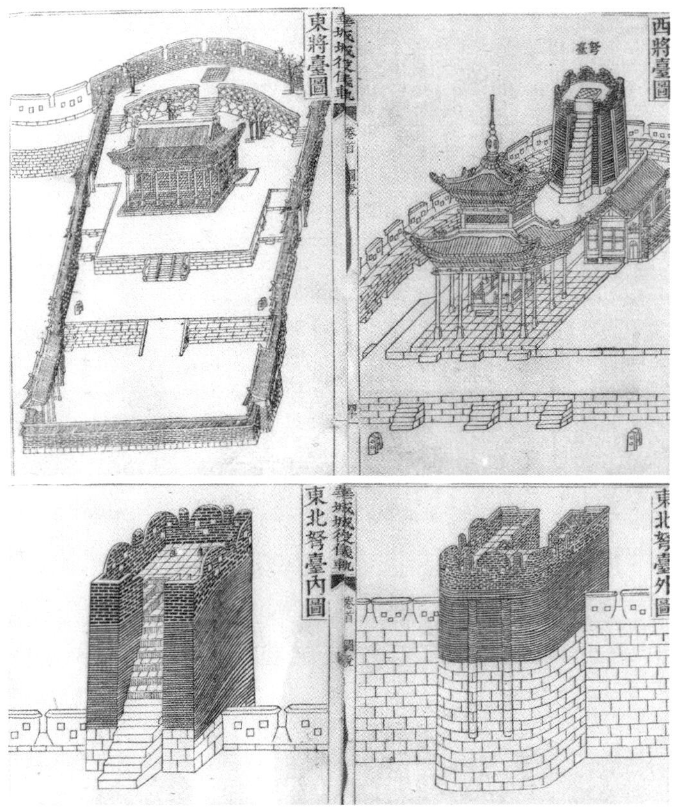

서노대와 동북노대

대와 같은 기능을 한 것이 포사舖舍이다. 포사는 장내墻內와 성 위에 설치하였는데, 전적으로 행궁을 호위하기 위해서였다. 따라서 비록 평상시라도 내외의 포사 6곳에는 2명의 군졸을 배치해서 분담 경비하게 하였다.[462] 화성에서 돈대와 함께 벽돌을 많이 사용한 것이 노대이다. 화성에는 위의 그림 서노대와 동북노대 2개가 있다. 노대는 여러 개의 화살을 동시에 사격할 수 있는 곳이다. 서노대는 팔달산 정상의 성벽 위에서 팔각형의 둘레에 계단 1개가 건축물이 없는 상부와 연결된 모습이다. 동북노대는 성벽과 연결되어 하단부는 석축을 하고 상부만 벽돌을 사용하였다.

화성에는 다양한 건축물에 중국의 성제城制를 모범으로 하여 다량의 벽돌을 자유롭

462 『정조실록』 권49, 정조 22년 10월 기유.

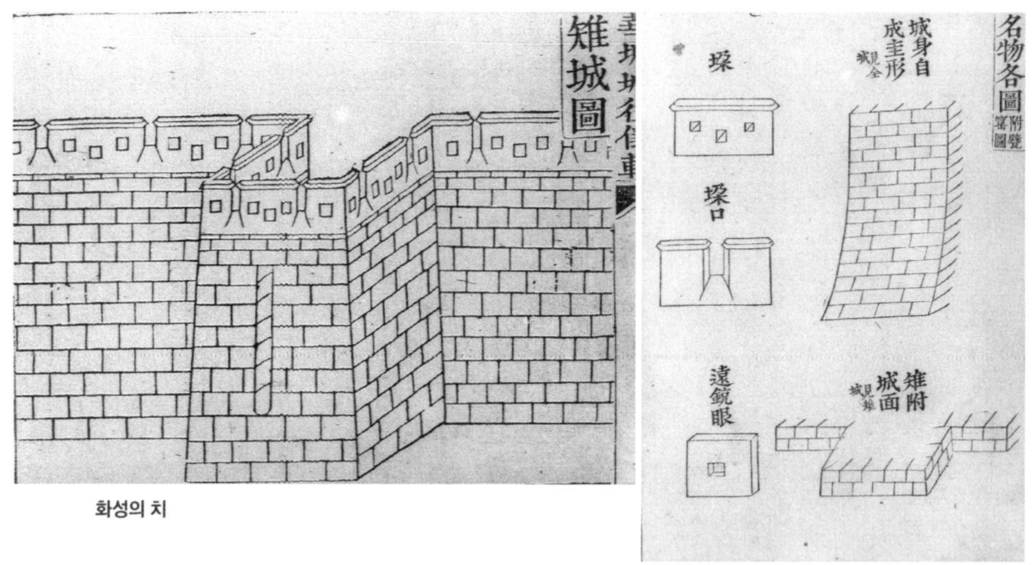

화성의 치

게 활용하고 있지만, 한국 고대의 성곽 기술도 충분히 응용되고 있다. 그 대표적인 것이 치雉이다. 치는 성벽에서 돌출하여 전면과 좌우의 3면을 통해 성벽에 접근하는 적을 공격하는 시설로서 고구려를 비롯한 역대 한국의 성곽에서 쉽게 볼 수 있다. 치에는 여장女墻과 타垜가 상부에 설치되어 병사들이 그 뒤에서 외부의 적을 공격할 수 있었다. 화성에는 32개의 치가 설치되었으며, 이들 치에는 돈대와 포루舖樓가 설치되어 그 기능을 더욱 확대하기도 하였다. 화성의 치는 모서리를 각지거나 둥글게 쌓기도 했으며, 벽돌과 암석을 혼용해서 활용하였는데, 조선-일본 전쟁(임진왜란)때 개축된 도성의 여장을 표본으로 한 것이다. 또한 타의 구멍은 조총을 활용하기 위한 총안이라고 할 수 있다.[463]

위의 화성의 치 위에 설치된 타에는 수성에 필요한 군기물을 배치했다. 1타마다 현등懸燈 1잔盞, 방梆 1구口, 조총 1문門이나 쾌창快槍 1지枝, 단창短槍이나 참마도斬馬刀 1파把, 크고 작은 돌멩이 1백 괴塊씩을 두었으며, 5타마다 낭기狼機 1위位, 수항水缸 1구口를 배치하였다.[464] 그런데 화성의 치는 8곳이지만 실제로는 16곳이었다. 치의 위에 집을 지은 것을 포舖라고 하는데, 8곳의 치 가운데 포가 5곳이다. 가운데를 비

463 정연식, 앞의 논문, 2001, 140~141쪽 ; 이달호, 앞의 책, 2008, 299~301쪽.
464 『정조실록』 권49, 정조 22년 10월 기유.

우고 벽을 친 것을 돈墩이라고 한다. 위에 노수弩手를 매복시키는 곳을 노대라고 하는데, 대가 곧 8개의 치 중 그 하나이다. 원래 위에 집을 얹지 않고 여장만 있는 것이 치성 본래의 제도이다. 지금 8군데 치라고 하는 것은 대臺와 포鋪 사이에 있으며, 그 간격은 대략 비슷하다. 옛 법에는 50타垜 만큼씩 하나의 치를 둔다고 하였다. 치의 어원은 치의 한자 의미인 꿩에서 왔다. 꿩은 제 몸은 숨기고 밖을 엿보기를 잘하는 까닭에 이 모양에서 취한 것이다.[465]

이외에 화성이 지니는 특징 중의 하나는 서북, 동북, 동남, 서남에 4개의 각루角樓를 설치한 것이다. 각루는 말 그대로 성의 사방 모서리에 세워진 누각이며 치와 유사하게 성벽 밖으로 조금 돌출된 형태이다. 그런데 각루가 설치된 위를 보면, 모두 각 성벽의 사방 모서리에 있어서 마치 경복궁의 십자각을 연상하게 하는 모습이다. 즉 각루는 고대 중국 궁궐 정문의 좌우에 세웠던 누각과 같은 기능을 하는 것으로 해석할 수도 있다고 본다. 만약 각루가 십자각과 같은 목적으로 세워졌다면 화성이 국왕이 거처하는 궁궐의 외성으로 기능하였음을 반증하는 것이기도 하다. 화성의 각루에서 대표적인 곳은 동북각루인 방화수류정訪花隨柳亭이다. 방화수류정은 1층에 온돌방과 화포를 사격할 수 있는 곳을 갖춘 시설이었는데, 용연龍淵이라는 자연 연못을 해자로 삼고 용두암이라는 바위 위에 세워졌다.

화성의 중요한 건축물과 방어시설을 논하면서 정리할 수 있는 공통점은 모든 방어시설이 조총과 화포 등의 화기가 중심이 되어 설계되었다는 점이다. 아마 이 점이 화성이 지니는 역사적 특징이며, 군사사적 의의일 것이다. 화성 이전의 한국 성곽들이 방어를 위주로 한 화기와 활 등의 각종 무기를 감안하여 설계되었다면, 화성은 화기를 성곽 방어의 핵심 무기로 삼아서 성곽의 모든 곳에 설치하고 있다. 특히 기존의 성곽과 달리 평지성이면서 성벽이 높지 않은 것은 화포를 이용한 적의 공격을 의식한 부분이기도 하다. 중세 유럽의 성들이 화포의 발달에 따라 성벽의 높이가 낮아진 것을 감안한다면, 화성의 성곽도 그런 영향을 받았다고 해석할 수 있다. 다만 화성은 유럽의 성벽들이 낮아지면서 그 보강책으로 해자를 넓히고 보루를 보강한 것과 같은 보

465 『화성성역의궤』 卷首.

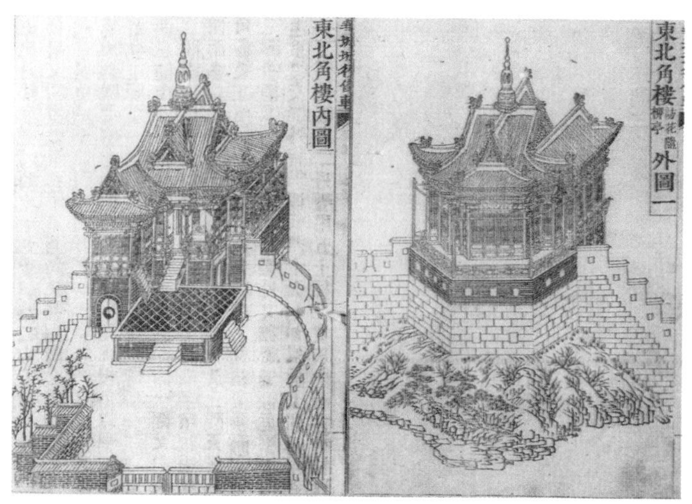

방화수류정

완책을 두지 않은 것이 취약점이기도 하였다.

마지막으로 화성의 군사훈련을 통해 장병이 동원되는 성곽 방어의 매뉴얼을 살펴보면 화성의 전체적인 방어체제를 구상할 수 있겠다. 당시 화성의 장병들이 숙지하던 군령을 보면 다음과 같다.

> ① 성과 함께 목숨을 바친다.
> ② 사람마다 각각 지키고 막는다.
> ③ 시끄럽게 떠들어서는 안된다.
> ④ 함부로 움직여서는 안된다.
> ⑤ 몰래 도망가면 군령을 어긴 것이니 군법이 용서하지 않는다.
> ⑥) 적군의 무리가 틈을 엿본다.
> ⑦ 일제히 한데 뭉쳐 충돌하라.
> ⑧ 기회를 타서 응원하라.
> ⑨) 머뭇거려 일을 그르치면 군법이 용서하지 않는다.[466]

466 『화성성역의궤』 권2, 親臨西將臺城操式.

방화수류정 (수원 화성)

위의 군령들은 훈련시마다 반복적으로 장병들에게 지시하고 응답하게 하여 늘 자신의 위치와 임무를 숙지하게 했다. 여타의 성곽 방어에서도 유사한 일들이 있었을 것으로 생각되지만, 현전하는 사료상으로 화성에만 위의 군령들이 보인다는 점을 감안한다면, 화성은 성제는 물론 군사 동원과 훈련에 있어서 당시로서 최고의 경지에 있었음을 알 수 있다.

참고문헌
찾아보기

참고문헌

1. 사료

『조선왕조실록(鮮王朝實錄)』
『비변사능록(備邊司謄錄)』
『승정원일기(承政院日記)』
『일성록(日省錄)』
『경국대전(經國大典)』
『속대전(續大典)』
『대전회통(大典會通)』
『수교집록(受教輯錄)』
『신보수교집록(新補受教輯錄)』
『각영이정청등록(各營釐整廳謄錄)』
『각영이정청등록(各營釐正廳謄錄)』
『간양록(看羊錄)』(姜沆)
『강도지(江都志)』
『강화부지(江華府志)』
『거관대요(居官大要)』
『경암집(絅菴集)』(申琓)
「경략복국요편(經略復國要編)」『임진지역사료회집(壬辰之役史料滙輯)』(북경대 조선문화연구소 편, 1990)
『고산현읍지(高山縣邑誌)』
『관동읍지(關東邑誌)』
『관서평난록(關西平亂錄)』
『괴천집(槐泉集)』(柳汶龍)
『구루문안(句漏文案)』
『국역 다산시문집』(민족문화추진회)
『국정정토록(國朝征討錄)』
『군국총목(軍國總目)』
『귀록집(歸鹿集)』(趙顯命)
『균역사목(均役事目-原事目)』
『균역사목(均役事目-追事目)』
『균역사실(均役事實)』
『균역청병국론(均役廳病國論)』
『난중일기(亂中日記)』(李舜臣)
『난중잡록(亂中雜錄)』(趙慶男)
『남면행정리황백첩무망군정구폐절목(南面杏亭里黃白疊無亡軍丁捄弊節目)』
『남한등록(南漢謄錄)』
『녹천소차초고(鹿川疏箚抄稿)』(李濡)
『대동지지(大東地志)』(金正浩)
『등록류초(謄錄類抄) 3』(『各司謄錄66』, 국사편찬위원회 영인본)
『만기요람(萬機要覽)』
『명곡집(明谷集)』(崔錫鼎)
『목민심서(牧民心書)』(丁若鏞)
『민장치부책(民狀置簿册)』
『반계수록(磻溪隨錄)』(柳馨遠)
『백전기법(百戰奇法)』
『병와집(瓶窩集)』「강도지(江都志)」(李衡祥)
『본영도형(本營圖形)』(장서각 K2-4365; K2-4366)
『부역실총(賦役實總)』
『북한지(北漢志)』(性能)
『사애집(沙厓集)』
『사정고(四政考)』
「서정일기(西征日記)」(『한국사료총서 15』, 국사편찬위원회, 1964)
『서헌문집(恕軒文集)』(李世珩)
『세종실록』지리지(世宗實錄地理志)
『속병장도설(續兵將圖說)』

『수조절차(水操節次)』(해군사관학교 박물관 71-579)
『수조홀기(水操笏記)』(서울대 규장각 古 9940-2)
『수조홀기(水操笏記)』(해군사관학교 박물관 수장번호 71-585)
『아계유고(鵝溪遺稿)』(李山海)
『약천집(藥泉集)』(南九萬)
『양역실총(良役實總)』
『양역총수(良役摠數)』
『兩朝平攘錄』(諸葛元聲) (국학자료원, 『壬辰之役史料匯輯3』, 1992)
『양호당일기(養浩堂日記)』(李德悅)
『여유당전서(與猶堂全書)』(丁若鏞)
『여지도서(輿地圖書)』
『연경재전집외집(研經齋全集外集)』(成海應)
『연려실기술(練藜室記述)』(李肯翊)
『영우원천봉등록(永祐園遷奉謄錄)』(장서각 K2-2349)
『영조무신별등록(英祖戊申別謄錄)』
『오리집(梧里集)』(李元翼)
『월사선생집(月沙先生集)』(李廷龜)
『은봉전서(隱峰全書)』(安邦俊)
『이충무공전서(李忠武公全書)』(윤행임 등)
「일도거의제공사실(一道擧義諸公事實)」『호남지방임진왜란사료집(湖南地方壬辰倭亂史料集) 4 -호남절의록(湖南節義錄)-』(전라남도, 1990)
『임술록(壬戌錄)』
『임실현세책(任實縣稅册)』
『임진세(壬辰稅)』(해군사관학교 박물관 수장번호 71-366)
『임진장초(壬辰狀草)』(李舜臣)
『임하필기(林下筆記)』(李裕元)
『자각만고(紫閣謾稿)』(任百經)
『장용영대절목(壯勇營大節目)』(장서각 K2-3369)
『장용청절목초(壯勇廳節目抄)』(장서각 K2-3371)
『재조번방지(再造藩邦志)』(申炅)
『전라병영이노작대성책(全羅兵營吏奴作隊成册)』
『정한위략(征韓偉略)』(川口長孺)
『제승방략(制勝方略)』
『조선민정자료(朝鮮民政資料)』
『좌해경방(左海經邦)』
『증보문헌비고(增補文獻備考)』
『지구관청일기(知彀官廳日記)』(장서각 K2-3375)
「진중일기(陣中日記)」(『한국사료총서 15』, 국사편찬위원회, 1964)
『징비록(懲毖錄)』(柳成龍)
『청장관전서(青莊館全書)』(李德懋)
『총위영사례(摠衛營事例)』
『추성삼정고록(秋成三政考錄)』
『충무공가승(忠武公家乘)』(이홍의·이봉상, 1709)
『충청병영소관각성진편오군총성책(忠清兵營所管各城鎭編伍軍摠成册)』
『택리지(擇里志)』(李重煥)
『통영지(統營志)』(서울대 규장각 도서번호 10876)
『원릉군실기(原陵君實記)』(원제철 편, 原州元氏花樹會, 1956)
『풍천유향(風泉遺響)』(宋奎斌)
『한음문고(漢陰文稿)』(李德馨)

『해서군병총록성책(海西軍兵摠錄成册)』
『해소실기(海蘇實記)』(金浣)
『현무공실기(顯武公實記)』(錦江祠, 靑友堂出版社, 1970)
『호서읍지(湖西邑誌)』
『호암면승호계책(虎岩面陞戶稧册)』
『홍재전서(弘齋全書)』(正祖)
『화성성역의궤(華城城役儀軌)』
『훈국촬요(訓局摠要)』
『희암문집(希庵文集)』(蔡彭胤)

2. 단행본 (박사학위논문 포함)

(1) 국내

강성문, 『韓民族의 軍事的 傳統』, 봉명, 2000.
강영오, 『한반도의 해상전략론』, 병학사, 1988.
강진군·조선대학교, 『전라병영사연구』, 조선대출판부, 1999.
경기도박물관, 『역주 현륭원원소도감의궤(譯註 顯隆園園所都監儀軌)』, 2006.
慶念, 『朝鮮日日記』(辛容泰 역, 『壬辰倭亂 從軍記』, 경서원, 1997).
고동환, 『朝鮮後期 서울商業發達史硏究』, 지식산업사, 1998.
고석규, 『19세기 조선의 향촌사회연구』, 서울대출판부, 1998.
고양시·서울대박물관, 『北漢山城 地表調査 報告書』, 1996.
국사편찬위원회, 『한국사 29 -조선중기의 외침과 그 대응-』, 1995.
권내현, 『조선후기 평안도 재정연구』, 지식산업사, 2004.
권태환·전광희·은기수, 『서울의 전통 이해 - 인구와 도시화』, 서울시립대 서울학연구소, 1997.
김건태, 『조선시대 양반가의 농업경영』, 역사비평사, 2008.
김경옥, 『조선후기 도서연구』, 혜안, 2004.
김덕진, 『조선후기경제사연구』, 선인, 2002.
김덕진, 『대기근 조선을 뒤덮다』, 푸른역사, 2008.
김동욱, 『실학 정신으로 세운 조선의 신도시, 수원 화성』, 돌베개, 2002.
김명숙, 『19세기 정치론 연구』, 한양대출판부, 2004.
김병기, 『조선명가 안동김씨』, 김영사, 2007.
김옥근, 『조선왕조재정사연구(Ⅱ)』, 일조각, 1987.
김용섭, 『한국근대농업사연구(상)』, 일조각, 1984.
김우철, 『조선후기 지방군제사』, 경인문화사, 2000.
김인걸, 『조선후기 향촌사회 변동에 대한 연구』, 서울대 박사학위논문, 1991.
김재근, 『한국의 배』, 서울대학교출판부, 1994.
김종수, 『朝鮮後期 中央軍制硏究-訓鍊都監의 設立과 社會變動』, 혜안, 2003.
김태영, 『조선전기토지제도사연구』, 지식산업사, 1983.
남도영, 『한국마정사』, 한국마사박물관, 1997.
노영구, 『朝鮮後期 兵書와 戰法의 연구』, 서울대 국사학과 박사학위논문, 2002.
레이 황, 『1587 아무 일도 없었던 해』(박상이 역), 가지않은 길, 1997.
룩 콴텐, 『유목민족제국사』(송기중 역), 민음

사, 1984.
마크 엘빈, 『중국역사의 발전형태』(이춘식 等譯), 신서원, 1989.
민족문화추진회, 『국역 아계유고』, 1984.
민현구, 『조선초기의 군사제도와 정치』, 한국연구원, 1983.
박준섭 외, 『국역 충장공정운장군실기』 충장공정운장군 숭모사업회, 1992.
반영환, 『한국의 성곽』, 세종대왕기념사업회, 1978.
배우성, 『조선후기 국토관과 천하관의 변화』, 일지사, 1998.
백기인, 『中國軍事制度史』, 국방군사연구소, 1998.
백기인, 『조선후기 국방론 연구』, 혜안, 2004.
北島万次, 「壬辰倭亂과 李舜臣」『南冥學硏究』 8, 경상대학교 남명학연구소, 1999.
서울대학교 규장각, 『古地圖와 古書로 본 서울』, 1994.
서울시, 『洞名沿革考 Ⅰ』, 1967.
서울역사박물관, 『도성대지도』, 2004.
서울역사박물관, 『서울지도』, 2006.
서울특별시사편찬위원회, 『서울지명사전』, 2009.
서인한, 『임진왜란사』, 국방부 전사편찬위원회, 1987.
서태원, 『조선후기 지방군제연구』, 혜안, 1999.
손병규, 『조선시대 재정시스템의 재발견 : 17·18세기 지방재정사연구』, 역사비평사, 2008.
손정목, 『朝鮮時代 都市社會硏究』, 一志社, 1977.
송양섭, 『조선후기 둔전연구』, 경인문화사, 2006.
영천전통문화연구소, 『海蘇實記 國譯本』(安在珍 譯), 1987.
오수창, 『조선후기 평안도 사회발전 연구』, 일조각, 2002.
오영교, 『조선후기 향촌지배정책연구』, 혜안, 1992.
오영교, 『조선후기 사회사 연구』, 혜안, 2005.
오종록, 『朝鮮初期 兩界의 軍事制度와 國防體制』, 고려대 사학과 박사학위논문, 1993.
육군군사연구소, 『한국고대무기체계』, 1979.
육군본부, 『한국군제사-근세조선후기편』, 1977.
육군본부군사연구실, 『한국군제사:조선후기편』, 1977.
윤희면, 『조선후기향교연구』, 일조각, 1990.
이경식, 『조선전기토지제도연구』, 지식산업사, 1986.
이근호 외, 『조선후기 수도방위체제』, 서울학연구소, 1998.
이능화, 『홍경래 반란기』, 1930.
이달호, 『18세기 상품화폐경제의 발달과 화성건설』, 혜안, 2008.
이민웅, 『임진왜란 해전사』, 청어람미디어, 2004.
이상배, 『조선후기 정치와 괘서』, 국학자료원, 1999.
이시바시 다카오, 『대청제국 1616~1799』(홍성구 역), 휴머니스트, 2009.
이영훈, 『조선후기사회경제사』, 한길사, 1988.
이왕무, 『조선후기 국왕의 능행 연구』, 한국학중앙연구원 한국학대학원 박사학위논문, 2008.
이왕무·양승률·서동일·정욱재 역, 『역주 감계

사등록 1 · 2』, 2008.
이 욱, 『조선후기 어염정책 연구』, 고려대 박사학위논문, 2002.
이은상, 『李忠武公 一代記』, 국학도서관출판, 1946.
이을호 역, 『간양록』, 서해문집, 2005.
이이화, 『한국사 이야기 16』, 한길사, 2003.
이장희, 『임진왜란사연구』, 아세아문화사, 1999.
이재룡, 『조선전기경제구조연구』, 숭실대출판부, 1999.
이종범, 『19세기말 20세기초 향촌사회구조와 조세제도의 개편-구례군 토지면 오미동 『유씨가문서』 분석』, 연세대 사학과 박사학위논문, 1994.
이준구, 『조선후기신분직역변동연구』, 일조각, 1993.
이태진, 『朝鮮後期의 政治와 軍營制 變遷』, 한국연구원, 1985.
이형석, 『임진전란사 (상·중·하권)』 서울대학교 출판부, 1967.
이홍두, 『조선시대 신분변동 연구 - 천인의 신분상승을 중심으로』, 혜안, 1999.
장학근. 『조선시대 해양방위사 연구』, 창미사, 1988.
井上 淸, 『일본의 역사』(서동만 譯), 이론과실천사, 1989.
정석종, 『조선후기의 정치와 사상』, 한길사, 1998.
정연식, 『조선후기 '役摠'의 운영과 良役變通』, 서울대 국사학과 박사학위논문, 1993.
정진영, 『조선시대향촌사회사』, 한길사, 1998.
정해득, 『정조시대 현륭원 조성과 수원』, 신구문화사, 2009.
조병로, 『한국역제사』, 마사박물관, 2002.
조병로, 『한국근세역제사연구』, 국학자료원, 2005.
조성윤, 『조선후기 서울주민의 신분구조와 그 변화-근대시민형성의 역사적 기원』, 연세대박사학위논문, 1992.
조용훈, 『홍경래』, 정음사, 1949.
주경철, 『대항해시대-해상팽창과 근대 세계의 형성』, 서울대학교출판부, 2008.
차문섭, 『朝鮮時代軍制硏究』, 단국대출판부, 1973.
차문섭, 『조선시대 군사관계 연구』, 단국대학교, 1996.
최완기, 『한양-그곳에서 살고 싶다?』, 교학사, 1997.
최윤오, 『조선후기 토지 소유권의 발달과 지주제』, 혜안, 2006.
최효식, 『조선후기 군제사 연구』, 신서원, 1995.
충무시, 『통제영과 통영성-성과 관아를 중심으로-』, 1994.
토마스 바필드, 『위태로운 변경』(윤영인 譯), 동북아역사재단, 2009.
통영시사편찬위원회, 『통영시사(統營市史) 상·하』, 1999.
하원호 외, 『한말일제하 나주지역의 사회변동 연구』, 성대 대동문화연구원, 2008.
해남문화원, 『鳴梁大捷의 再照明』, 1987.
허선도, 『조선시대화약병기사연구』, 일조각, 1994.
화성시, 『국역 수원부·남양부 읍지』, 2006.

(2) 국외

公爵島津家編纂所 編,『薩藩海軍史 上卷』, 原書房, 東京, 1968.

久保田正志,『日本の軍事革命』, 錦正社, 2008.

金子常規,『兵器と戰術の日本史』, 原書房, 1982.

德富猪一郎,『近世日本國民史 豊臣氏時代(丁·戊·己 篇)』, 民友社, 東京, 1921.

洞富雄,『鐵砲-傳來とその影響』, 思文閣出版, 1991.

劉 慶,『中國宋遼金夏軍事史』, 人民出版社, 1994.

北島万次,『豊臣秀吉の朝鮮侵略』, 吉川弘文館, 1995.

蘇同炳,『明代驛遞制度』, 集成圖書公司, 1969.

小田省吾,『辛未 洪景來亂 硏究』, 小田先生頌壽紀念會, 1934.

岸本美緖,『東アジアの「近世」』, 山川出版社, 1998.

岸本美緖·宮島博史,『明淸と李朝の時代』, 中央公論社, 1998.

王兆春,『中國火器史』, 軍事科學出版社, 1991.

宇田川武久,『日本の海賊』, 誠文堂新光社, 1983.

劉廣生,『中國古代郵驛史』, 人民郵電出版社, 1986.

有馬成甫,『朝鮮役水軍史』, 海と空社, 1942.

臧嵘,『中国古代驿站与邮传』, 天津教育出版社, 1991.

曹家齊,『宋代交通管理制度研究』, 河南大學出版社, 2002.

佐藤和夫,『海と水軍の日本史』, 原書閣, 1995.

池內宏,『文祿慶長の役 正編第一』, 吉川弘文館, 1914.

池內宏,『文祿慶長の役 付編·解說』, 吉川弘文館, 東京, 1987.

(日本)参謀本部,『日本戰史 朝鮮役』『本編·附記』, 1924.

(日本)参謀本部,『日本戰史 朝鮮役』『補傳』, 1924.

青山定雄,『唐宋時代の交通と地誌地図の研究』, 吉川弘文館, 1946.

村井章介,『中世倭人傳』, 岩波書店, 1993.

太田雅男 외,『戰略·戰術·兵器 事典②』(株)學習硏究社, 1994.

Anders Karllson, *The Hong Kyongnae Rebellion 1811-1812*, Stockholm University, 2000.

Ray Huang, *1587, a year of no significance : the Ming dynasty in decline, New Haven* : Yale University Press, 1981.

3. 논문

(1) 국내

강문식,「정조대 화성의 방어체제」『한국학보』82, 1996.

강석화,「19세기 전반 향촌사회세력간 대립의 추이」『국사관논총』8, 1989.

강석화,「조선후기 함경도의 친기위」『한국학보』89, 1997.

강석화,「조선후기 평안도의 별무사」『한국사론』41·42, 서울대 국사학과, 1999.

강석화,「조선후기 평안도 지역 압록강변의 방어체제」『한국문화』34, 2004.

강석화,「조선후기 함경도 육진지역의 방어체

제」『한국문화』 36, 2005.
강석화,「조선후기 황해도 연안 방위체계」『한국문화』 38, 2006.
강성문,「首都 서울 防衛에 대한 연구」『육사논문집』 45, 육군사관학교, 1993.
강성문,「英祖代의 都城 死守論에 관한 考察」『淸溪史學』 13, 韓國精神文化硏究院, 1997.
강신엽,「朝鮮 中期 李鎰의 關防政策」『學藝誌』 5, 1997.
강영훈,「이충무공의 군법운용」『龜海 趙成都 교수화갑기념 충무공이순신연구논총』, 해사 박물관, 1991.
고동환,「1811년~1812년 평안도 농민전쟁」『한국사 10』, 국사편찬위원회, 1994.
고동환,「조선후기 경강지역 행정편제의 변동과 인구추세」『서울학연구』 24, 서울학연구소, 2005.
고석규,「18세기말 19세기초 평안도지역 향권(鄕權)의 추이」『한국문화』 11, 1990.
고성훈,「조선후기 '海島起兵說' 관련 變亂의 추이와 성격」『조선시대사학보』 3, 1997.
고성훈,「1877년 장혁진(張赫晉)의 추자도(楸子島) 공략 모의의 추이와 성격」『실학사상연구』 30, 2006.
고승희,「조선후기 평안도 지역 도로 방어체계의 정비」『한국문화』 34, 2004.
고승희,「함경도 내지 진보의 변화」『한국문화』 36, 2005.
고승희,「조선후기 황해도 내지 방위체계」『한국문화』 38, 2006.
久芳 崇,「일본군의 선박과 무기의 과학적 검토」『임진왜란과 동아시아세계의 변동』, 경인문화사, 2010.
권내현,「숙종대 지방통치론의 전개와 정책운영」『역사와 현실』 25, 한국역사연구회, 1997.
권내현,「17세기 전반 對淸 긴장 고조와 平安道 방비」『한국사학보』 13, 2002.
권내현,「17세기 후반~18세기 전반 평안도의 대청사행 지원」『조선시대사학보』 25, 2003.
권내현,「18세기 후반-19세기 전반 평안도의 대청사행 지원과 무역수세」『사총』 56, 2003.
권태환·신용하,「朝鮮王朝時代 人口推定에 關한 一試論」『東亞文化』 14, 서울대 동아문화연구소, 1977.
김갑주,「18世紀 서울의 도시생활의 一樣相-陸契를 중심으로」『論文集』(동국대) 23, 1984.
김두현,「淸朝政權의 成立과 發展」『講座中國史 Ⅳ』, 지식산업사, 1989.
김석구,「이순신 장군의 용병술 연구」『군사연구』 116집, 육군군사연구소, 1995.
김용국,「肅宗朝 北漢築城考」『향토서울』 8, 1960.
김우철,「均役法 施行 前後의 私募屬 硏究」『忠北史學』 4, 1991.
김준석,「조선후기 國防意識의 전환과 都城防衛策」『典農史論』 2, 서울시립대, 1996.
김건태,「조선후기 호의 구조와 호정운영」『대동문화연구』 40, 2002.
김건태,「단성호적을 통해 본 호의 구성과 편제원리」『단성호적대장연구』, 성균관대 대동문화연구원, 2003.
김건태, 「호명을 통해 본 직역과 솔하 노비」 『한국사연구』 144, 2009.
김경란, 「18~19세기 서원의 양정모입형태 변화와 정부의 대책」 『한국사학보』 2, 1997.
김경옥. 「고금도의 역사문화적 배경」 『도서문화』 13, 목포대 도서문화연구소, 1995.
김구진 · 이현숙, 「《制勝方略》의 북방 방어체제」 『국역 제승방략』, 세종기념사업회, 1999.
김동욱, 「18세기 화성의 도시발달과 성곽 축조」 『정조시대 화성 신도시의 건설』, 백산서당, 2001.
김동욱 · 우희중, 「현륭원의 입지선정과 원침계획에서 정조의 역할」 『건축역사연구』 60, 2008.
김동철, 「국제교역의 발달과 마찰」 『한국사 28』, 국사편찬위원회, 1996.
김문식, 「정조의 제왕학(帝王學)과 『대학유의(大學類義)』 편찬」 『규장각』 21, 1998.
김문식, 「정조의 화성 경영과 문헌 배포」 『규장각』 23, 2000.
김상환. 「조선후기 통제영의 공해 건설」 『경상사학』 15 · 16, 경상사학회. 2000.
김석형, 「이조초기 국역편성의 기저」 『진단학보』 14, 1941.
김선경, 「19세기 농민 저항의 정치-1862년 농민항쟁, 官民 관계 위기와 법 담론」 『세도정권기 조선사회와 대전회통』 혜안, 2007.
김선민, 「인삼과 강역」 『명청사연구』 30, 2008.
김선희, 「화성유수 조심태 연구-수원 이읍과 화성 건설에서의 역할을 중심으로」 『조선시대사학보』 50, 2009.
김성우, 「조선 숙종대의 국방문제」 『백산학보』 25, 1979.
김성우, 「17 · 18세기 전반 '한유자층'의 증가와 정부의 대책」 『민족문화연구』 25, 고려대 민족문화연구소, 1992.
김성우, 「17세기 위기와 숙종대 사회상」 『역사와 현실』 25, 한국역사연구회, 1997.
김성우, 「16세기 중반 국가의 군역동원방식과 성주 사족층의 대응」 『조선시대사학보』 18, 2003.
김성윤, 「조선후기 정조대의 수원육성과 천도시도(遷都試圖)」 『부대사학』 20, 1996.
김용섭, 「조선후기 군역제이정의 추이와 호포법」 『성곡논총』 13, 1982.
김우철, 「균역법 시행 전후의 사모속 연구」』 『충북사학』 4, 1991.
김우철, 「조선후기 속오군의 급보 · 급복책의 추이」 『전주사학』 4, 1996.
김우철, 「조선후기 강원도 지방군제의 변천」 『조선시대사학보』 24, 2003.
김우철, 「17세기 후반 제주 속오군의 편성실태-『제주속오군적부』의 분석」 『한국사연구』 132, 2006.
김의환, 「17 · 18세기 염세정책의 변동」 『조선시대사학보』 6, 1998.
김일용, 「戰跡地로 통해 본 漆川梁海戰」 『全國鄕土文化硏究發表會』 제8회 수상자료집, 1992.
김일용, 「임진란 적진포해전」 『제10회 전국향토문화사연구발표 수상자료집』, 전국문화원련합회, 1995.

김종기, 「부산포해전」『임란수군활동연구논총』, 해군 군사연구실, 1993.

김종수, 「17세기 군역제의 추이와 개혁론」『한국사론』 22, 서울대 국사학과, 1990.

김준혁, 「정조대 壯勇衛 설치의 정치적 추이」『사학연구』 78, 2005.

김준형, 「18세기 이정법의 전개」『진단학보』 58, 1984.

김진봉·자용걸·양기석, 「조선시대 군역자원의 변동에 대한 연구 - 호서지방의 경우를 중심으로」『호서문화연구』 3, 1983.

김충영, 「이순신 장군의 전략에 관한 연구분석」『군사연구』 118집, 육군군사연구소, 1991.

김태영, 「과전법의 붕괴와 지주제의 발달」『한국사 28』, 국사편찬위원회, 1996.

김한규, 「임진왜란의 국제적 환경」『임진왜란, 동아시아 삼국전쟁』, 휴머니스트, 2007.

김현구, 「조선후기 통제사에 관한 연구-그 직임을 중심으로-」『부대사학』 9, 1985.

김현구, 「조선후기 통영곡의 운영 실태」『역사학보』 124, 1989.

김현영, 「1862년 농민항쟁의 새 측면」『고문서연구』 25, 2004.

김형기, 「조선후기 계방의 운영과 부세수취」『한국사연구』 82, 1993.

남도영, 「조선시대 군사통신조직의 발달」『한국사론』 9, 국사편찬위원회, 1981.

남상호, 「파발제고」『경주사학』 8, 동국대학교 국사학회, 1989.

노기식, 「만주의 흥기와 동아시아 질서의 변동」『중국사연구』 16, 2001.

노대환, 「세도정치기 산림의 현실인식과 대응론-노론 산림 오희상(吳熙常)·홍직필(洪直弼)을 중심으로」『한국문화』 42, 2008.

노영구, 「선조대 기효신서의 보급과 진법 논의」『군사』 34, 1997.

노영구, 「조선후기 성제(城制) 변화와 화성의 성곽사적 의미」『진단학보』 88, 1999.

노영구, 「18세기 기병강화와 지방무사층의 동향」『한국사학보』 13, 2002.

노영구, 「조선후기 평안도 지역 내지 거넘 방어체계」『한국문화』 34, 2004.

노영구, 「조선후기 함경남도 간선 방어체계」『한국문화』 36, 2005.

노영구, 「조선후기 개성부 일대 관방체제의 정비와 재정의 추이」『한국문화』 38, 2006.

노영구, 「임진왜란과 조선의 전술 변화」『한국학 그림과 만나다』, 태학사, 2011.

노재민, 「조선후기 '首都防衛體制'의 군사적 고찰-17C초~18C초의 방위체제를 중심으로-」, 국방대학교 석사학위논문, 2006.

니콜라 디코스모, 「세계사적 관점에서 본 만주족의 정복」『세계사 속의 중앙유라시아』, 서울대 중앙유라시아연구소, 2008.

류승주, 「조선후기 군수광공업의 발달-조총문제를 중심으로」『사학지』 3, 1969.

문일평, 「민중혁명의 선구 홍경래」『호암사논선』, 탐구당, 1975.

문형진, 「조선시대 군사관련법 제 규정과 사례연구」『군사연구』 120집, 육군군사연구소, 1995.

문형진, 「병자호란 전개과정과 그 전술적 한계」 『군사연구』 121집, 육군군사연구소, 2005.
문형진, 「동국병감에 나타난 전투현황과 전술형태분석」 『군사연구』 122집, 육군군사연구소, 2006.
문형진, 「병자호란 정묘호란의 전투현황과 그 영향에 관한 연구」 『군사연구』 124집, 육군군사연구소, 2008.
민덕식, 「朝鮮 肅宗代의 都城修築工事에 관한 考察-성곽사적 측면을 중심으로」 『백산학보』 44, 1994.
박광성, 「균역법 시행 이후의 양역에 대하여」 『성곡논총』 3, 1972.
박연호, 「인조~숙종연간의 군역과 교생고강」 『정신문화연구』 28, 한국정신문화연구원, 1986.
박현모, 「홍경래난을 통해서 본 19세기 조선정치」 『동양정치사상사』 제4권 2호, 2005.
박현모, 「세도정치기(1800-63)의 정국운영과 언론 연구-순조시대를 중심으로」 『동양정치사상사』 6권 1호, 2006.
박혜일. 「통영 고옥에서 수집된 수군 고문서에 대한 몇 가지 추론적 소견」 『한국과학사학회지』 21, 한국과학사학회. 1999.
방기중, 「조선후기 군역세에 있어서 금납조세의 전개」 『동방학지』 50, 1986.
방상현, 「조선후기 수군통제사 연구」 『국사관논총』 17, 국사편찬위원회, 1990.
배성수, 「숙종초 강화도 돈대의 축조와 그 의의」 『조선시대사학보』 27, 2003.
배우성, 「순조 전반기 정국과 군영정책의 추이」 『규장각』 4, 1991.
배우성, 「정조년간 무반군영대장과 군영정책」 『한국사론』 24, 서울대 국사학과, 1991.
배우성, 「정조의 유수부 경영과 화성(華城) 인식」 『한국사연구』 127, 2004.
배항섭, 「임술민란(壬戌民亂) 전후 명화적(明火賊)의 활동과 그 성격」 『한국사연구』 60, 1988.
배항섭, 「조선후기 민중운동 연구의 몇 가지 문제-임술민란을 중심으로」 『역사문제연구』 19, 2008.
백승철, 「17·18세기 軍役制의 變動과 運營」 『이재룡박사환력기념 한국사학논총』, 1990.
서태원, 「영장제와 토호통제」 『경주사학』 12, 1993.
서태원, 「조선후기 해미진영연구」 『역사교육』 92, 2000.
서태원, 「조선후기 청주진영연구」 『호서사학』 42, 2005.
서태원, 「조선후기 광주의 군사지휘체제의 변천」 『실학사상연구』 29, 2006.
서한교, 「17·8세기 납속책의 실시와 그 성과」 『역사교육논집』 15, 1990.
손병규, 「18세기 양역정책과 지방의 군역운영」 『군사』 39, 1999.
손병규, 「18세기 지방의 사노군역 파악과 운영-『경상도 단성현호적대장의 기재상황-」 『한국사학보』 13, 2002.
손승철, 「정조시대 『風泉遺響』의 도성방위책」 『鄕土서울』 54, 서울특별시사편찬위원회, 1994.

손승호, 「수원 화성의 도로망 형성과 변화」『한국도시지리학회지』 9권 2호, 2006.
송기중, 「17세기 수군방어체제의 개편」『조선시대사학보』 53, 2010.
송양섭, 「19세기 양역수취법의 변화-동포제의 성립과 관련하여」『한국사연구』 89, 1995.
송양섭, 「균역법 시행 이후 균역제 변동의 추이와 농포제의 운영」『군사』 31, 1995.
송양섭, 「조선후기 군역제 연구현황과 과제」『조선후기사 연구의 현황과 과제』, 창작과비평사, 2000.
송양섭, 「18세기 수령수취제의 확산」『한국사학보』 11, 2001.
송양섭, 「17세기 강화도 방어체제의 확립과 진무영의 창설」『한국사학보』 13, 2002.
송양섭, 「18·19세기 단성현의 군역 파악과 운영 -단성호적대장을 중심으로」『대동문화연구』 40, 2002.
송양섭, 「17세기 강화도 방어체제의 확립과 진무영의 창설」『한국사학보』 13, 2002.
송양섭, 「17·18세기 아병의 창설과 기능」『조선시대의 과거와 벼슬』, 집문당, 2003.
송양섭, 「조선시대 관권과 사족, 타협과 충돌」『역사비평』 65, 2003.
송양섭, 「19세기 유학호의 구조와 성격-단성호적대장을 중심으로」『대동문화연구』 47, 2004.
송양섭, 「조선후기 신분·직역연구와 '직역체제'의 인식」『조선시대사학보』 34, 2005.
송양섭, 「효종의 북벌구상과 군비증강책」『한국인물사연구』 7, 2007.
송양섭, 「『동국문헌비고』「전부고」에 나타난 사회경제정책과 이념」『진단학보』 106, 2008.
송양섭, 「균역법 시행기 잡역가의 상정과 지방재정운영의 변화-충청도 지역을 중심으로」『한국사학보』 38, 2010.
송양섭, 「유학: 조선후기 신분변동을 읽는 코드?」『조선사회 이렇게 본다』, 지식산업사, 2010.
송양섭, 「균역법 시행과 균역청의 재정운영-급대재원의 확보와 운영을 중심으로」『영조의 국가정책과 정치이념』, 한국학중앙연구원, 2012.
손종성, 「임진왜란시 대명외교-청병외교-」『국사관논총』 14, 국사편찬위원회, 1990.
송찬섭, 「19세기 경상도 병영의 재정구조와 진주농민항쟁 ; 병영곡 운영의 문제점과 그 대책을 중심으로」『한국문화』 11, 1990.
송찬섭, 「정조대 장용영곡(壯勇營穀)의 설치와 운영」『한국문화』 24, 1999.
송찬섭, 「1862년 농민항쟁기 파견관리 이삼현(李參鉉, 1807~1872)의 활동」『역사교육』 109, 2009.
송찬식, 「조선후기 교원생고」『국민대논문집』 11, 1971.
須川英德, 「동아시아 해역 국제경제 질서와 임진왜란」『류성룡의 학술과 경륜』, 태학사, 2008.
심승구, 「19세기전반 군영의 변동과 수도방위체제의 변화」『조선후기의 수도방위체제』, 서울학연구소, 1998.
안병욱, 「19세기 壬戌民亂에 있어서의 鄕會와

饒戶」『한국사론』 14, 1986.

오수창, 「홍경래군 봉기군의 최고지휘부」 『국사관논총』 46, 1993.

오수창, 「17, 18세기 평안도 유생(儒生)·무사층(武士層) 성장의 사회경제적 배경」 『규장각』 18, 1995.

오수창, 「18세기 영조、정조의 평안도에 대한 정책」 『역사와 현실』 17, 1995.

오수창, 「19세기초 평안도 사회문제에 대한 지방민과 중앙관리의 인식과 정책」 『한국문화』 36, 2005.

오수창, 「19세기 초 중국 팔괘교난(八卦敎亂)과 비교한 홍경래난의 정치적 특성」 『대동문화연구』 56, 2006.

오일주, 「조선후기 재정구조의 변동과 환곡의 부세화」 『실학사상연구』 3, 1992.

오종록, 「朝鮮後期 首都防衛體制에 대한 一考察」 『史叢』 33, 1985.

오종록, 「중앙군영의 변동과 정치적 기능」 『조선정치사 : 1800~1863 (하)』, 청년사, 1990.

원영환, 「漢城府研究(3); 都城과 首都防衛를 中心으로」 『鄕土서울』 41, 서울특별시사편찬위원회, 1983.

유봉학, 「정조대 정국 동향과 화성성역의 추이」 『규장각』 19, 1996.

유봉학, 「정조의 화성건설과 화성진흥책」 『정조시대 화성신도시의 건설』, 백산서당, 2001.

유선호, 「이순신과 어영담」 『임란수군활동연구논총』, 해군군사연구실, 1993.

육군사관학교 한국군사연구실, 「봉수」 『한국군제사 근세조선전기편』, 육군본부, 1968.

윤용출, 「17세기초의 결포제」 『부대사학』 19, 1995.

윤호량, 「선조 16년(1583) '니탕개의 난'과 조선의 군사전략」, 고려대학교 석사학위논문, 2009.

윤호량, 「효종의 북벌정책과 나선정벌의 역사적 성격에 대한 재검토」 『군사연구』 129집, 육군군사연구소, 2010.

이강길, 「조선후기의 忠淸兵營」 『實學思想研究』 27, 2004.

이겸주, 「조선후기 사회신분변동문제에 대한 연구」 『울산사학』 3, 1990.

이경찬, 「조선 효종조의 북벌운동」 『청계사학』 5, 1988.

이규대, 「군포의 대전납과 향촌사회의 변화-19세기 영동지방을 중심으로-」 『한국사론』 21, 1991.

이근호, 「18세기 전반의 首都防衛論 」 『군사』 37, 1998.

이민웅, 「18세기 강화도 수비체제의 강화」 『한국사론』 34, 서울대 국사학과. 1995.

이민웅, 「17~8세기 수조 운영의 일례 고찰」 『군사』 38, 국방부 군사편찬연구소, 1999.

이민웅, 「임진왜란과 동북아 삼국의 해양전략」 『도서문화』 25, 목포대학교 도서문화연구소, 2005.

이상창, 「조선조의 대외위협 인식과 평안도 관방체제의 변화」 『군사연구』 125집, 육군군사연구소, 2008.

이선희, 「조선후기 황해도 수영의 운영」 『한국문화』 38, 2006.

이수건, 「조선초기 호구연구」 『영남대논문집』

5, 1972.

이영훈, 「조선시대의 사회경제사 연구에 있어서 몇 가지 기초적 난제들」『국사관논총』 37, 1992.

이영훈, 「조선전호고」『역사학보』 142, 1994.

이왕무, 「광해군대 火器都監에 대한 연구-화기도감의궤를 중심으로」『民族文化』 21, 1998.

이왕무, 「조선후기 조총제조에 관한 연구」『경기사론』 2, 1998.

이왕무, 「1764년 河命祥의 解由文書를 통한 機張縣의 關防 연구」『藏書閣』 4, 2000.

이왕무, 「임진왜란기 조총의 전래와 제소-「철포기」를 중심으로」『학예지』 10, 2003.

이왕무, 「조선후기 국경수비체계의 편성과 운영」『군사사연구총서』 3, 국방부 군사편찬연구소, 2003.

이왕무, 「조선후기 해유문서를 통한 관방연구」, 『군사사연구총서』 3, 군사편찬연구소, 2003.

이왕무, 「아국여지도에 나타난 조선의 러시아 영역인식과 국경상황」『북방사논총』 5, 2005.

이왕무, 「조선후기 국왕의 행행시 궁궐의 숙위와 유도군 연구」, 『군사』 62, 2007.

이왕무, 「19세기말 조선의 疆域인식 변화-李重夏의 『勘界使謄錄』을 중심으로-」『역사와 실학』 37, 2008.

이왕무, 「『本營圖形』을 통한 조선후기 장용영의 모습」『藏書閣』 21, 2009.

이재범, 「宋奎斌의 生涯와 그의 都城死守論」『鄕土서울』 58, 서울特別市史編纂委員會, 1998.

이존희, 「조선왕조의 유수부 경영」『한국사연구』 47, 1984.

이진갑, 「1590년대 이조진관관병의 신장 및 근력에 관한 연구」『안동문화』 5, 1984.

이철성, 「17세기 평안도 강변 7읍의 방어체제」『한국사학보』 13, 2002.

이춘근, 「중국해군력 발전의 역사적 궤적」『중국의 해양전략과 동아시아 안보』, 한국해양전략연구소, 2003.

이태진, 「근세조선전기 군사제도의 동요」『한국군제사-근세조선전기편』, 육군본부, 1968.

이태진, 「임진왜란에 대한 이해의 몇 가지 문제」『군사』 1, 1980.

이태진, 「16세기 동아시아의 역사적 상황과 문화」『한국사회사연구』, 지식산업사, 1986.

이태진, 「16세기 한국사의 이해 방향」『한국사회사연구』, 지식산업사, 1986.

이태진, 「國際貿易의 성행」『한국사시민강좌 9』, 일조각, 1991.

이태진, 「조선시대 서울의 도시발달단계」『서울학연구』 1, 서울학연구소, 1994.

이태진, 「16세기 국제교역의 발달과 서울상업의 성쇠」『서울상업사』, 태학사, 2000.

이하전, 「임진왜란에 관한 소고」『군사연구』 110집, 육군군사연구소, 1992.

이해준·김경옥, 「청산도의 역사문화적 배경」『도서문화』 9, 목포대 도서문화연구소, 1991.

이해준, 「'관 주도' 지방지배의 심층화」『조선은 지방을 어떻게 지배하였는가』(한국역사연구회 조선시기 사회사 연구반),

아카넷, 2000.

이현수, 「18세기 北漢山城의 築造와 經理廳」 『淸溪史學』 8, 1991.

이혜은, 『조선시대 교통로에 대한 역사지리적 연구』, 이화여대 석사학위논문, 1976.

임민혁, 「조선후기의 유학」 『청계사학』 8, 1991.

장성진, 「17세기 초 평안도 및 경기도 관방의 특징」 『군사연구』 128집, 육군군사연구소, 2010.

장필기, 「17세기 전반기 속오군의 성격과 위상」 『사학연구』 42, 1990.

장필기, 「정조대 화성건설과 수도방위체제의 재편」 『조선후기의 수도방위 체제』, 서울학연구소, 1998.

장학근, 「宋奎斌의 國土防衛論」 『東西史學』 4, 韓國東西史學會, 1998.

정구복, 「1596년 평안도 진관관병편오책」 『고문서연구』 5, 1999.

정만조, 「균역법의 선무군관」 『한국사연구』 18, 1977.

정만조, 「조선후기의 양역변통론에 대한 검토」 『동대논총』 7, 1977.

정만조, 「숙종조 양역변통논의의 전개와 양역대책」 『국사관논총』 17, 1990.

정만조, 「朝鮮時代의 士林政治」 『韓國史上의 政治形態』, 一潮閣, 1993.

정만조, 「양역변통론과 균역법의 시행」 『한국사 32』, 국사편찬위원회, 1997.

정석종, 「홍경래난의 성격」 『한국사연구』 7, 한국사연구회, 1972.

정연식, 「17·18세기 양역균일화 정책의 추이」 『한국사론』 13, 서울대 국사학과, 1985.

정연식, 「균역법 시행 이후 지방재정의 변화」 『진단학보』 67, 1989.

정연식, 「18세기 결포론의 대두와 결미절목의 제정」 『국사관논총』 47, 1993.

정연식, 「균역법의 시행과 그 의미」 『한국사 32』, 국사편찬위원회, 1997.

정연식, 「화성의 방어시설과 총포」 『진단학보』 91, 2001.

정진술, 「한산도해전 연구」 『임란수군활동연구논총』, 해군군사연구실, 1993.

정진술, 「조선 수군의 임란 초기 대응에 관한 연구」 『해양전략연구』 제25집, 해군사관학교 해군해양연구소, 2000.

정진술, 「조선후기 거북선의 구조-이충무공전서의 귀선도설(龜船圖說)을 중심으로-」 『해양문화연구』 4, 2010.

정진영, 「18세기 호적대장 '호'와 그 경제적 기반」 『역사와 현실』 39, 2001.

정진영, 「국가의 지방지배와 새로운 세력」 『조선은 지방을 어떻게 지배하였는가』(한국역사연구회 조선시기 사회사 연구반), 아카넷, 2000.

정진영, 「조선후기 호적 '호'의 편제와 성격」 『대동문화연구』 40, 2002.

정진영, 「조선후기 호적대장 '호'의 편제양상」 『역사와 현실』 45, 2002.

정진영, 「조선후기 호적 '호'의 새로운 이해와 그 전망」 『단성호적대장연구』, 성균관대 대동문화연구소, 2003.

정해득, 「정조의 용주사 창건 연구」 『사학연구』 93, 2009.

정해은, 「호적대장에 등재된 호의 출입」 『단성

호적대장연구』, 성균관대 대동문화연구원, 2003.
제장명, 「임진왜란기 제2차 진주성전투와 조선 관군의 전술」『군사연구』 122집, 육군 군사연구소, 2006.
조성도, 「명량해전연구」『鳴梁大捷의 再照明』, 海南文化院, 1987.
조원래, 「임란해전의 승인과 전라도 연해민의 항전」『임진왜란과 호남지방의 의병항쟁』, 아세아문화사, 2001.
조정수, 「명량해전의 복원과 쟁점 연구」, 국방대학교 석사학위논문, 2009.
조준호, 「영조대 수성절목의 반포와 수도방위 체제의 확립」『조선후기의 수도방위체제』, 서울학연구소, 1998.
지두환, 「조선후기 호포제 논의」『한국사론』 19, 서울대 국사학과, 1994.
차문섭, 「임란 이후 양역과 균역법의 성립」『사학연구』 10·11, 1961.
차문섭, 「효종조의 군비증강책」『사학잡지』 1·2, 1967·1968.
차문섭, 「孝宗朝의 軍備擴張」『朝鮮時代軍制研究』, 단국대출판부, 1973.
차문섭, 「해제」『양역실총』, 여강출판사, 1984.
최정연, 「明朝의 統治體制와 政治」『강좌 중국사 Ⅳ』, 지식산업사, 1989.
최창국, 「追擊處와 邀擊處의 疆域史的 意義 -15~16世紀 北方 制勝方略과 고려 동북 9성을 中心으로」『군사』 73, 2009.
최홍규, 「정조대의 화성경영(華城經營)과 장용외영(壯勇外營) 문제-특히 대민대책과 관련하여」『경기사학』 1, 1997.
최홍규, 「정조대의 화성경영과 장용외영 문제」『경기사학』 창간호, 1997.
최효식, 「조선 숙종대의 군사정책」『경주사학』 11, 1992.
한명기, 「임진왜란과 동아시아 질서」『임진왜란과 한일관계』, 경인문화사, 2005.
한우근, 「백호 윤휴연구 1·2·3」『역사학보』 15·16·19, 1961·1962.
허선도, 「〈陣法〉考-書名 〈兵將圖說〉의 잘못을 바로 잡음」『역사학보』 47, 1970.
허선도, 「제승방략연구」『진단학보』 36·37, 1973·1974.
허선도, 「진관체제복구론연구」『논문집』 5, 국민대학교, 1974.
허선도, 「조선전기 화약병기의 발달과 그 금비책」『동양학』 14, 1984.
허선도, 「조선시대의 영장제」『한국학논총』 14, 1991.
홍경희·박태화, 「대동여지도에 나타난 역참의 분포와 입지」『교육연구지』 23, 1981.
홍종필, 「삼번난을 전후한 현종 숙종연간의 북벌론-특히 유림과 윤휴를 중심으로」『사학연구』 27, 1977.
황하현, 「양역의 실상과 균역법의 실시」『경제사학』 3, 1979.

(2) 국외

久芳 崇, 「16世紀末, 日本式鐵砲の明朝への傳播-萬曆朝鮮の役から播州楊応龍の亂へ」『東洋學報』 84-1, 東洋文庫, 2002.
久芳 崇, 「明末における新式火器の導入と京營」『東洋史論集』 36, 九州大學文學部東洋史研究會, 2008.
渡辺世祐, 「朝鮮役と我が造船の發達」『史學雜誌』46編 5号, 1935.
三鬼清一郎,「朝鮮役における水軍編成について」『名古屋大學文學部 20周年記念論集』, 1968.
西田信治,「李朝軍役体制の解体」『朝鮮史研究會論文集』21, 1984.
羽田亨,「蒙古驛傳考」『東洋協會調査部學術報告』1, 1909.
羽田亨,「元朝驛傳雜考」『羽田博士史學論文集 上』, 同朋舍出版部, 1957.
曹家齊,「關於南宋斥堠鋪,擺鋪的幾個問題」『浙江大學學報』32-5, 2002.
曹家齊,「唐宋驛傳制度變跡探略」『燕京學報』(北京大學出版社) 新17期, 2004.11.
曾我部靜雄,「宋代の駅傳郵鋪」『桑原博士還曆記念東洋史論叢』, 弘文堂書房, 1931.
池內宏,「文祿役に於ける小早川隆景の全羅道經略」『文祿慶長の役 (付編·解說)』, 1987.
陳沅遠,「唐代驛制考」『史學年報』1-5, 1933.

찾아보기

ㄱ

ㅁ

ㅂ

ㅅ

ㅇ

ㅈ

ㅊ

ㅋ

ㅌ

ㅍ

ㅎ

『한국군사사』 권별 집필진

구분	집필진		구분	집필진	
고대 Ⅰ	이태진	국사편찬위원장	조선 후기 Ⅱ	송양섭	충남대 교수
	송호정	한국교원대 교수		남상호	경기대 교수
	임기환	서울교대 교수		이민웅	해군사관학교 교수
	서영교	중원대 박물관장		이왕무	한국학중앙연구원 연구원
	김태식	홍익대 교수	근현대 Ⅰ	이헌주	국사편찬위원회 편사연구사
	이문기	경북대 교수		조재곤	동국대 연구교수
고대 Ⅱ	임기환	서울교대 교수	근현대 Ⅱ	윤대원	서울대 규장각 HK교수
	서영교	중원대 박물관장	강역	박영길	한국해양수산개발원 책임연구원
	이문기	경북대 교수		송호정	한국교원대 교수
	임상선	동북아역사재단 연구위원		임상선	동북아역사재단 연구위원
	강성봉	한국미래문제연구원 연구원		신안식	숙명여대 연구교수
고려 Ⅰ	최종석	동덕여대 교수		이왕무	한국학중앙연구원 연구원
	김인호	광운대 교수		김병렬	국방대 교수
	임용한	충북대 연구교수	군사 사상	임기환	서울교대 교수
고려 Ⅱ	김인호	광운대 교수		정해은	한국학중앙연구원 선임연구원
	홍영의	숙명여대 연구교수		윤대원	서울대 규장각 HK교수
조선 전기 Ⅰ	윤훈표	연세대 연구교수	군사 통신 · 무기	조병로	경기대 교수
	김순남	고려대 초빙교수		남상호	경기대 교수
	이민웅	해군사관학교 교수		박재광	전쟁기념관 학예연구관
	임용한	충북대 연구교수	성곽	서영일	단국대 교수
조선 전기 Ⅱ	윤훈표	연세대 연구교수		여호규	한국외국어대 교수
	임용한	충북대 연구교수		박성현	연세대 국학연구원
	김순남	고려대 초빙교수		최종석	동덕여대 교수
	김일환	순천향대 연구교수		유재춘	강원대 교수
조선 후기 Ⅰ	노영구	국방대 교수	연표		한국미래문제연구원
	이민웅	해군사관학교 교수	개설	이태진	국사편찬위원장
	이근호	국민대 강사		이현수	육군사관학교 명예교수
	이왕무	한국학중앙연구원 연구원		이영화	한국학중앙연구원 연구원

『한국군사사』 간행위원

4. 평가위원

김태준 (국방대 교수)
김　홍 (3사관학교 교수)
민현구 (고려대 교수)
백기인 (국방부 군사편찬연구소 선임연구원)
서인한 (국방부 군사편찬연구소 부장)
석영준 (육군대학 교수)
안병우 (한신대 교수)
오수창 (서울대 교수)
이기동 (동국대 교수)
임재찬 (위덕대 교수)
한명기 (명지대 교수)
허남성 (국방대 교수)

5. 자문위원

강석화 (경인교대 교수)
권영국 (숭실대 교수)
김우철 (한중대 교수)
노중국 (계명대 교수)
박경철 (강남대 교수)
배우성 (서울시립대 교수)
배항섭 (성균관대 교수)
서태원 (목원대 교수)
오종록 (성신여대 교수)
이민원 (동아역사연구소 소장)
이진한 (고려대 교수)
장득진 (국사편찬위원회 편사연구관)
한희숙 (숙명여대 교수)

집 필 자

- 노영구(국방대 교수) 제1장, 제2장 제1·2·3절, 제3장, 제4장, 제5장 제1절
- 이민웅(해군사관학교 교수) 제2장 제4·5절
- 이근호(국민대 강사) 제5장 제2절
- 이왕무(한국학중앙연구원 연구원) 제5장 제3절

한국군사사 7 **조선후기 I**

초판 인쇄 2012년 10월 15일
초판 발행 2012년 10월 31일

발 행 처 육군본부(군사연구소)
주　　소 충청남도 계룡시 신도안면 부남리 계룡대로 663 사서함 501-22호
전　　화 042) 550 - 3630~4
홈페이지 http://www.army.mil.kr

출　　판 경인문화사
등록번호 제10-18호(1973년 11월 8일)
주　　소 서울시 마포구 마포대로4다길 8 경인빌딩(마포동 324-3)
대표전화 02-718-4831~2　팩스 02-703-9711
홈페이지 http://www.kyunginp.co.kr
이 메 일 kyunginp@chol.com

ISBN 978-89-499-0874-8 94910 세트
　　978-89-499-0882-3 94910
육군발간등록번호 36-1580001-008412-01
값 57,000원